国家出版基金项目
NATIONAL PUBLICATION FOUNDATION

中華博物通考

總主編 張述錚

貨幣卷

本卷主編
沈江海

上海交通大学 出版社

圖書在版編目（CIP）數據

中華博物通考. 貨幣卷 / 張述錚總主編 ; 沈江海本卷主編.—上海：上海交通大學出版社, 2024.1
ISBN 978-7-313-29823-2

Ⅰ.①中… Ⅱ.①張… ②沈… Ⅲ.①百科全書—中國—現代②貨幣史—中國 Ⅳ.①Z227②F822.9

中國國家版本館CIP數據核字(2023)第237836號

特約編審：劉毅强
責任編輯：朱　菁
裝幀設計：姜　明

中華博物通考·貨幣卷

總 主 編：張述錚
本卷主編：沈江海
出版發行：上海交通大學出版社　　　　地　　址：上海市番禺路951號
郵政編碼：200030　　　　　　　　　　電　　話：021-64071208
印　　製：蘇州市越洋印刷有限公司　　經　　銷：全國新華書店
開　　本：890mm×1240mm　1 / 16　　印　　張：33.25
字　　數：673千字
版　　次：2024年1月第1版　　　　　　印　　次：2024年1月第1次印刷
書　　號：ISBN 978-7-313-29823-2
定　　價：418.00元

《中華博物通考》學術顧問

（按姓氏筆畫排序）

王　方	王　釧	王子舟	王文章	王志强	仇正偉	孔慶典	石雲里
田藝瓊	白庚勝	朱孟庭	任德山	衣保中	祁德樹	杜澤遜	李　平
李行健	李克讓	李德龍	李樹喜	李曉光	吳海清	佟春燕	余曉艷
邸永君	宋大川	苟天林	郝振省	施克燦	姜　鵬	姜曉敏	祝逸雯
祝壽臣	馬玉梅	馬建勛	桂曉風	夏興有	晁岱雙	晏可佳	徐傳武
高　峰	高莉芬	陳　煜	陳茂仁	孫　機	孫　曉	孫明泉	陶曉華
黃金東	黃群雅	黃壽成	黃燕生	曹宏舉	曹彥生	常光明	常壽德
張志民	張希清	張維慎	張慶捷	張樹相	張聯榮	程方平	鈕衛星
馮　峰	馮維康	楊　凱	楊存昌	楊志明	楊華山	賈秀娟	趙志軍
趙連賞	趙榮光	趙興波	蔡先金	鄭欣淼	寧　强	熊遠明	劉　静
劉文豐	劉建美	劉建國	劉洪海	劉華傑	劉國威	潛　偉	霍宏偉
魏明孔	蟲震寧	蘇子敬	嚴　耕	羅　青	羅雨林	釋界空	釋圓持
鐵付德							

《中華博物通考·貨幣卷》編纂委員會

主　　編：沈江海

副 主 編：張建華

撰 稿 人：沈江海　　張建華

導　論

——縱論中華博物學的沉淪與重建

引　言

　　在中國當代，西方博物學影響至巨，自鴉片戰争以來，屈指已歷百載。何謂"西方博物學"？"西方博物學"是以研究動植物、礦物等自然物爲主體的學科，但不包含社會領域的社會生活，至19世紀後期已完成學術使命，成爲一種保護大自然的公益活動，但國人却一直承襲至今。中華久有自家的博物學，已久被忘却，無人問津，這一狀况實是令人不安。前日偶見《故宮裏的博物學》問世，精裝三册，喜出望外，以爲我中華博物學終得重生，展卷之後始知，該書是依據清乾隆時期皇室的藏書《清宮獸譜》《清宮鳥譜》《清宮海錯圖》（"海錯"多指海中錯雜的魚鱉蝦蟹之類）繪製而成，其中一些并非實有，乃是神話傳説之物。其内容提要稱"是專爲孩子打造的中華文化通識讀本"，而對博物院内琳琅滿目的海量藏品則隻字未提。這就是説，博物院雖有海量藏品，却與故宮裏的博物學毫不相干，或曰并不屬於博物學的研究範圍。此書的編纂者是我國的著名專家，未料我國這些著名專家所認定的博物學仍是西方的博物學。此書得以《故宮裏的博物學》的名義出版，又證我國的出版界對於此一命題的認同，竟然不知我中華久有自家的博物學。此書如若改稱《故宮裏的皇室動物圖譜》，則名正言順，十分精彩，不失爲一部别具情趣的兒童讀物，但原書名却無意間形成一種誤導，孩子們可能會據此認定：唯有鳥獸蟲魚之類才是中華文化中的大學問，故而稱之爲“博物學”，最終會在其幼小心靈裏留下西方博物學的深深印記。

何以出現這般狀況？因爲許多國人對於傳統的中華博物及中華博物學，實在是太過陌生！那麼，何謂“博物”？本文指稱的“博物”，是指隸屬或關涉我中華文化的一切可見或可感知之物體物品。何謂“中華博物學”？“中華博物學”的研究主體是除却自然界諸物之外，更關涉了中國社會的各個方面各個領域，進而關涉了我中華民族的生息繁衍，關涉了作爲文明古國的盛衰起落，足可爲當代或後世提供必要的藉鑒，是我國獨有、無可替代的學術體系。故而重建中華博物學，具有歷史的、現實的多方面實用價值。我中華博物學起源久遠，至遲已有兩千年歷史，祇是初始沒有“博物學”之名而已。時至明代，始見“博物之學”一詞。如明楊士奇《東里續集》卷一八評述宋陸佃《埤雅》曰：“此書於博物之學蓋有助焉。”此一“博物之學”，可視爲“中華博物學”的最早稱謂。又，《四庫全書總目提要》卷一三六評清陳元龍《格致鏡原》曰：“〔此書〕分三十類：曰乾象，曰坤輿，曰身體，曰冠服，曰宫室，曰飲食，曰布帛，曰舟車，曰朝制，曰珍寶，曰文具，曰武備，曰禮器，曰樂器，曰耕織器物，曰日用器物，曰居處器物，曰香奩器物，曰燕賞器物，曰玩戲器物，曰穀，曰蔬，曰木，曰草，曰花，曰果，曰鳥，曰獸，曰水族，曰昆蟲，皆博物之學。”此即古籍述及的“中華博物學”最爲明確、最爲全面的定義。重建的博物學於“身體”之外，另增《函籍》《珍奇》《科技》等，可以更全面地融匯古今。在擴展了傳統博物學天地之外，又致力於探索浩浩博物的淵源、流變，以及同物異名與同名異物的研究，致力於物、名之間的生衍關係的考辨。“博物學”本無須冠以“中華”或“中國”字樣，在當代爲區别於西方的“博物學”，遂定名爲“中華博物學”，或曰“中華古典博物學”。“中華博物學”，國人本當最爲熟悉，事實却是大出所料，近世此學已成了過眼雲烟，少有問津者，西方博物學反而風靡於中國。何以形成如此狀況？何以如此本末倒置？這就不能不從噩夢般的中國近代史談起。

一、喪權辱國尋自保，走投無路求西化

清王朝自鴉片戰争喪權辱國之後，面對列强的進逼，毫無氣節，連連退讓，其後又遭

甲午戰爭之慘敗，走投無路，於是由所謂"師夷之長技"，轉而向日本求取西化的捷徑，以便苟延殘喘。日本自19世紀始，城鄉不斷發生市民、農民暴動，國內一片混亂。1854年3月，又在美國鐵艦火炮脅迫之下，簽訂《神奈川條約》。四年後再度被迫與美國簽訂通商條約。繼此以往，荷、俄、英、法，相繼入侵，條約不斷，同百年前的中國一樣，徹底淪爲半封建半殖民地社會，當權的幕府聲威喪盡。1868年1月，天皇睦仁（即明治天皇）下達《王政復古大號令》，廢除幕府制度，但值得注意的是仍然堅守"大和精神"，并未全部廢除自家原有傳統。同年10月，改元明治，此後的一系列變革措施，即稱之爲"明治維新"。維新之後，否定了"近習華夏"，衝決了"東亞文化圈"，上自天皇，下至黎民，勠力同心，在"富國强兵、置產興業"的前提之下，遠法泰西，大力引入嶄新的科學技術，從而迅速崛起，廢除了與列强的一切不平等條約，成爲令人矚目的世界强國之一。可見"明治維新"之前，日本內憂外患的遭遇，與當時的中國非常相似。在此民族存亡的關鍵時刻，中國維新派代表人物不失時機，遠渡東洋，以日本爲鏡鑒，在引進其先進科技的同時，也引進了日本人按照英文natural history的語意翻譯成的漢語"博物學"，雖并不準確，但因出於頂禮膜拜，已無暇顧及。況且，自甲午戰爭至民國前期，日源語詞已成爲漢語外來語詞庫中的魁首，遠超英法俄諸語，且無任何外來語痕迹，最難識別。如"民主""科學""法律""政府""美感""浪漫""藝術界""思想界""無神論""現代化"等，不勝枚舉。國人曾試圖自創新詞，但敗多勝少，衹能望洋興嘆。究其原因，并非民智的高下，也并非語種的優劣，實則是國力强弱的較量，國强則國威，國威則必擁有强勢文化，而强勢文化勢必涌入弱國，面對强勢文化，弱國豈有話語權？西方的"博物學"進入中國，遒勁而又自然。

那麼，西方博物學源於何時何地？又經歷了怎樣的發展變化？答曰：西方博物學發端於古希臘亞里士多德（公元前384—前322）《動物志》之類著述，又經古羅馬老普林尼（公元23—79）的《自然史》，輾轉傳至歐洲各國。其所謂博物除却動植物外，更有天文、地理、人體諸類。這是西方的文化背景與知識譜系，西人習以爲常，喜聞樂見。在歐洲文藝復興和美洲地理大發現之後，見到別樣的動物、植物以及礦物，博物學得到長足發展。至19世紀前半期，博物學形成了動物學、植物學和礦物學三大體系，達於鼎盛。至19世紀後期，動物學、植物學獨立出來，成爲生物學，礦物學則擴展爲地質學，博物學已被架空。至20世紀，博物學已不再屬於什麼科學研究，而完全變成一種生態與環境探索，以供民衆休閑安居的社會活動。其時，除却發端於亞里士多德的"博物學"之外，也有後起的"文化博物學"（Cultural Museology），這是一門非主流的綜合性學科，旨在研究人類一切文化遺産，試圖展示并解釋歷史的傳承與發展，但在題材視野、表達主旨等方面與中華傳統博物學仍甚有差异。面對此類非主流論説，當年的譯者或視而不見，或有意摒弃，其志在振興我中華。

在尋求救國的路途中，仁人志士們目睹了西方先進文化，身感心受，嚮往久之。"試航東西洋一游，見彼之物質文明，莊嚴燦爛，而回首宗邦，黯然無色，已足明興衰存亡之由，長此以往，何堪設想？"（吴冰心《博物學雜誌》發刊詞，1914 年 1 月，第 1 ~ 4 頁），此時仁人志士們滿腔熱血，一心救國。但如何救國，却茫茫然，如墮五里霧中。這一救國之路從表象上觀察似乎一切皆以日本爲鏡鑒，實則迥別於"明治維新"之路，未能把握"富國强兵、置産興業"之首要方嚮，而當年的執政者却祇顧個人權勢的得失，亦無此遠大志嚮。仁人志士們雖振臂疾呼，含泪呐喊，祇飄摇於上層精英之間，因一度失去民族自信、文化自信，而不知所措，矛頭直指孔子及千載儒學，進而直指傳統文化。五四運動前夜，北京大學著名教授錢玄同即正告國人"欲驅除一般人之幼稚的野蠻的頑固的思想"，就必須要"廢孔學"，必須要"廢漢文"（錢玄同《中國今後的文字問題》，載 1918 年 4 月 15 日《新青年》第 4 卷第 4 號）。翌年，五四運動爆發，仁人志士們高舉"德謨克拉西"（民主）、"賽因斯"（科學）兩面大旗，掀起反帝反封建的狂濤巨瀾，成爲中國近現代史上的偉大里程碑，中國人民自此視野大開。這兩面大旗指明了國家强弱成敗的方嚮。但與此同時，仁人志士們又毫不猶豫，全力以赴，要堅決"打倒孔家店"。於是，孔子及其儒家學説成了國弱民窮的替罪羊！接踵而至的就是對於漢字及其代表的漢文化的徹底否定。偉大革命思想家魯迅也一直抨擊傳統觀念、傳統體制，1936 年 10 月，在他逝世前夕《病中答救亡情報訪員》一文中，竟然斷言："漢字不滅，中國必亡！"而新文化運動的主要人物之一胡適更是語出驚人："我們必須承認我們自己百事不如人，不但物質機械上不如人，不但政治制度不如人，并且道德不如人，知識不如人，文學不如人，音樂不如人，藝術不如人，身體不如人。"中華民族是"又愚又懶的民族"，是"一分像人，九分像鬼的不長進民族"（胡適《介紹我自己的思想》，1930 年 12 月亞東圖書館初版《胡適文選》自序）。這是五四運動前後一代精英們的實見實感，本意在於革故鼎新，但這些通盤否定傳統文化的主張，不啻是在緊要歷史關頭的一次群情失控，是中國文化史中的一次失智！在這樣的歷史背景、這樣的歷史氣勢之下，接受西方"博物學"就成了必然，有誰會顧及古老的傳統博物學？

　　在引進西方博物學之後，國人紛予效法，試圖建立所謂中華自家的博物學，於是圍繞植物學、動物學兩大方面遍搜古今，窮盡群書，着眼於有關動植物之類典籍的縱橫搜求，但這并非我中華的博物全貌，也并非我中華博物學，況且在中華古典博物學中，也罕見西方礦物學之類著作，可見，試圖以西方的博物學體系，另建中華古典博物學，實在是削足適履、邯鄲學步。自 1902 年始，晚清推行學制改革，先後頒布了"壬寅學制""癸卯學制"。1905 年，根據《奏定學堂章程》，已將西方博物學納入中學的課程設置。其課程分爲植物、動物、礦物、人體生理學四種，分四年講授。1912 年中華民國成立後，江浙等地出現過博物學會和期刊，稍後武昌高等師範學校設立了博物學系，出版過《博物學雜誌》，主要研究動物學、植物學及人體生理學，隨後又將博物學系改稱生物學系，《博物學雜誌》也相應改稱《生物學雜誌》，重走了西方的老路。北京高等師範學校也有類似經歷，甚爲盲目而混亂。至 30 年代，發現西方博物學自 20 世紀始，已轉型爲生態與環境探索，國人因再無興趣，對西方博物學的大規模推廣、學習在中國遂告停止，但因影响至深，其餘風猶存。

二、中華典籍浩如海，博物古學何處覓？

　　應當指出，中國古代典籍所載之草木、鳥獸、蟲魚之類，亦有別於西方，除却其自身屬性特徵外，又常常被人格化，或表親近，或加贊賞，體現了另一種精神情懷。如動物龜、鶴，寓意長壽（其後，龜又派生了貶義）；豺、狼、烏鴉、猫頭鷹，或表殘忍，或表不祥；其他如十二生肖，亦各有象徵，各有寓意。而那些無血肉、無情感的植物，同樣也被賦予人文色彩。如漢班固《白虎通·崩薨》載："《春秋含文嘉》曰：天子墳高三仞，樹以松；諸侯半之，樹以柏；大夫八尺，樹以欒；士四尺，樹以槐；庶人無墳，樹以楊、柳。"足見在我國古老的典制禮俗中，松、柏、欒、槐、楊、柳，已被賦予了不同的屬性，被分爲五等，楊、柳最爲低賤；就連如何埋葬也分爲五等，嚴於區別，從墳高三仞到無墳，成爲天子到庶人的埋葬標志。實則墳墓分爲等級，早在公元前 3300 年至公元前 2300 年的良渚古城遺址已經發現。這些浩浩博物，廣泛涉及了古老民族和古老國度的典制與禮俗，我國學人也難盡知，西方的博物學又當如何表述？

可見西方博物學絕難取代中華古典博物學，中華古典博物學的研究範圍，遠超西方博物學，或可說中華古典博物學大可包容西方博物學。如今，這一命題漸引起國內一些有識之士、專家學者的關注。那麼，中華古典博物學究竟發端於何時何地？有無相對成型的體系？如何重建？答曰：若就人類辨物創器而言，上古即已有之，環宇盡同。若僅就我中華文獻記載而言，有的學者認爲當發端於《周易》，因爲"易道廣大，無所不包"（《四庫全書總目提要》卷九），或認爲發端於《書·禹貢》，因爲此書廣載九州山河、人民與物產。《周易》《禹貢》當然可以視爲中華博物學的源頭。而作爲中華博物學體系的領銜專著，則普遍認爲始於晉代張華《博物志》。而論者則認爲，中華博物學成爲一門相對獨立的學科體系，當始於秦漢間唐蒙的《博物記》，此書南北朝以來屢見引用，張華《博物志》不過是續作而已。對此，前人久有論述。如《四庫全書總目提要》卷一四二曰："劉昭《續漢志》注《律曆志》引《博物記》一條，《輿服志》引《博物記》一条，《五行志》引《博物記》二條，《郡國志》引《博物記》二十九條……今觀裴松之《三國志》注（《魏志·太祖紀》《文帝紀》《吳志·孫賁傳》等）引《博物志》四條，又於《魏志·涼茂傳》中引《博物記》一條，灼然二書，更無疑義。"再如宋周密《齊東野語·野婆》曰："《後漢·郡國志》引《博物記》曰：'日南出野女，群行不見夫，其狀晶且白，裸袒無衣襦。'得非此乎？《博物記》當是秦漢間古書，張茂先（張華，字茂先）蓋取其名而爲《志》也。"再如明楊慎《丹鉛總錄》卷一一："漢有《博物記》，非張華《博物志》也，周公謹云不知誰著。考《後漢書》注，始知《博物記》爲唐蒙作。"如前所述，此書南北朝典籍中多有引用，如僅在南朝梁劉昭《續漢志》注中，《博物記》之名即先後出現了三十三次之多。據有關古籍記載，其内包括了律曆、五行、郡國、山川、人物、輿服、禮俗等，盡皆實有所指，無一虛幻。故在明代有關前代典籍分類中，已將唐蒙《博物記》與三國魏張揖《古今字詁》、晉呂靜《韻集》、南朝梁阮孝緒《古今文詁》、唐顏元孫《干祿字書》、宋洪适《隸釋》等字書、韵書并列（見明顧起元《説略》卷一五），足見其學術地位之高，而張華《博物志》則未被録入。

至西晉已還，佛道二教廣泛流傳，神仙方士之説大興，於是張華又衍《博物記》爲《博物志》，其書内容劇增，自卷一至卷六，記載山川地理、歷史人物、草木蟲魚，這些當是紀要考訂之屬，合乎本文指稱的名副其實的博物學系統。此外，又力仿《山海經》的體例，旨在記載异物、妙境、奇人、靈怪，以及殊俗、瑣聞等，諸多素材語式，亦幾與《山海經》盡同，若"羽民國，民有翼，飛不遠……去九嶷四萬三千里"云云，并非"浩博實物"，已近於"志怪"小說。張華自序稱其書旨在"博物之士覽而鑒焉"，張序指稱的"博物之士"，義同前引《左傳》之"博物君子"，其"博物"是指"博通諸種事物"，虛虛實實，紛紛紜紜，無所不包。此類記述，正合世風，因而《博物志》大行其道，《博物記》則漸被冷落，南北朝之後已失傳，其殘章斷簡偶見於他書，可輯佚者甚微。後世輾轉相引，又常與《博物志》混同。《博物志》至宋代亦失傳，今本十卷爲采摭佚文、剽掇他書而成，真僞雜糅，亦非原作。其後又有唐人林登《續博物志》十卷，緊接《博物志》之後，更拓其虛幻内容，以記神异故事爲主，多是叙述性文字，其條目篇幅較長，宋代之後也已亡佚。再後宋人李石又有同名《續博物志》十卷，其自序稱："次第仿華書，一事續一事。"實則并不盡然，華書首設"地理"，李書改增爲"天象"，其他内容，間有與華書重複者，所續多是後世雜籍，宋世逸聞。此書雖有舛亂附會之弊，仍不失爲一部難得的繼補之作。李書之後，又有明人游潛《博物志補》三卷，仍係補張華之《志》，旨趣體例略如李石之《續志》，但頗散漫，時補時闕，猥雜冗濫。李、游一續一補，盡皆因仍張《志》，繼其子遺。以上諸書之所謂"博物"，一脉相承，注重珍稀之物而外，多以臚列奇事异聞爲主旨，同"浩博實物"的考釋頗有差异。游潛稍後，明董斯張之《廣博物志》五十卷問世，始一改舊例，設有二十二類，下列子目一百六十七種，所載博物始於上古，達於隋末，不再因仍張《志》而爲之續補，已是擴而廣之，另闢山林，重在追溯事物起源，其中包括職官、人倫、高逸、方技、典制，等等。其後，清人陳逢衡著有《續博物志疏證》十卷、《續博物志補遺》一卷，對李石《續志》逐條研究探索，并又加入新增條目，成爲最系統、最深入的《續》説。其後，徐壽基又著有《續廣博物志》十六卷，繼董《志》餘緒，於隋代之後，逐一相繼，直至明清，頗似李石之續張華。但《廣志》《續廣志》之類，仍非以專考釋"浩博實物"爲主旨。我國第一部以"博物"命名而研究實物的專著，當爲明末谷應泰之《博物要覽》。該書十六卷，惜所涉亦不過碑版、書畫、銅器、窯器、瑪瑙、珊瑚、珠玉、奇石等玩賞之器物，皆係作者隨所見聞，撮録成帙；所列未廣，其中碑版書畫，尤爲簡陋，難稱浩博，其影響遠不及前述諸《志》，但所創之寫實體例，則非同尋常。而最具權威者，當是明末黄道周所著《博物典彙》，該書共二十卷，所涉博物，始自遠古，達於當朝，上自天文地理，下至草木蟲魚，盡予囊括，并以其所在時代最新的觀點、視野，對歷代博物著述進行了彙總研究。如卷一關於"天文"之考釋，下設"渾天""七曜"，"七曜"下又設"日""月""五星"，再後又有"經星圖""緯星圖""二十八宿"。又如卷七關於"后妃"，下設"宮闈内外之分""宮闈預政之誡"，緊隨其後的即教育"儲貳"之法，等等，甚爲周嚴。

以上諸書就是以"博物"命名的博物學專著。在晚清之前，代代相繼，發展有序，并時有新的建樹。

與這些博物學專著相并行，相匹配，另有以"事"或"事物"命名，旨在探索事物起源的博物學專著。初始之作爲北魏劉懋《物祖》十五卷，稍後有隋謝昊《物始》十卷，是對《物祖》的一次重大補正。《物始》之後，有唐劉孝孫等《事始》三卷，又有五代馮鑑《續事始》十卷，是對《事始》的全面擴展與開拓。《續事始》之後，另有宋高承《事物紀原》十卷，此書分五十五個類目，上自"天地生植"，中經"樂舞聲歌""輿駕羽衛""冠冕首飾""酒醴飲食"，直至"草木花果""蟲魚禽獸"，較《物祖》《物始》尤爲完備，遂成博物學的百代經典。接踵而來者有明王三聘《古今事物考》八卷，效法《紀原》之體，自古至今，上至天文地理，下至昆蟲草木，中有朝制禮儀、民生器用、宮室舟車，力求完備，較之他書尤得要領，類居目列，條理分明，重在古今考釋，一事一物，莫不求源溯始，考核精審。此書載録服飾資料尤爲豐富，如卷一有上古禮制之種種服式，非常全面，卷六所載後世之巾冠、衣、佩、帶、襪、履舄、僧衣、頭飾、妝飾、軍服等百餘種，考證多引原書原文，確然有據，甚爲難得。就全書而言，略顯單薄。明徐炬又有《古今事物原始》三十卷，此書仿高承《紀原》之體，又參《事物考》之章法，以考釋制度器物爲主，古今上下，盡考其淵源，更有所得，凡日月星辰、山川草木，亦必確究其淵源流變，但此與天地共生之浩浩博物，四百餘年前的一介書生，豈可臆測而妄斷？爲此而輾轉援引，頗顯紛亂。且鳥獸花草之起首，或加偶語一聯，或加律詩二句，而後逐一闡釋，實乃蛇足。其書雖有此瑕疵，却不掩大成。與王、徐同代的還有羅頎《物原》二卷（《四庫》本作一卷），羅氏以《紀原》不能黜妄崇真，故更訂爲十八門，列二百九十三條，條條錘實。如，刻漏、雨傘、鋦子（用於連合破裂器物的兩脚釘）、酒、豆腐之類的由來，多有創見。惜違《紀原》明記出典之體，又背《事物考》之道，凡有考釋，則溷集衆説爲一。如，烏孫公主作琵琶，張華作苔紙，皆茫然不知所本。不過章法雖有差失，未臻完美，但其功業甚巨，《物原》成爲一部研究記述我國先民發明創造的專著。時至清代，陳元龍又撰

《格致鏡原》一百卷。何謂"格致鏡原"？意即格物致知，以求其本原。此書的子目多達一千七百餘種，明代以前天地間萬事萬物盡予羅致，一事一物，必究其原委，詳其名號，廣博而精審，終成中華古典博物學的巔峰之作。

以上兩大系列專著，自秦漢以來，連續兩千載，一脉相承，這并非十三經、二十六史之類的敕編敕修，無人號令，無人支持，完全出自一種無形的力量，出自文化大國、中華文脉自惜自愛的傳承精神，從而構成浩大的博物學體系。在我國學術研究史中，在我國圖書編纂史中，乃至於世界文化史中，當屬大纛獨立，舉世無雙！本當如江河之奔，生生不息，終因清廷喪權辱國、全盤西化而戛然中斷。

三、博物古學歷磨難，科技起落何可悲！

回顧我國漫長的文化史可知，中華博物學是在傳統的"重道輕器"等陳腐觀念桎梏下，以强大的民族自覺精神、民族意志爲推動力，砥礪前行，千載相繼，方成獨立體系，因而愈加難得，愈加可貴。

"重道輕器"觀念是如何出現的？何謂"道器"？兩者究竟是何關係？《周易·繫辭上》曰："形而上者謂之道，形而下者謂之器。"何謂"道"？所謂道乃"先天地生"，無形無象、無聲無色、無始無終、無可名狀，爲"萬物之所然也，萬理之所稽也"（見《韓非子·解老》），是指形成宇宙萬物之本原，是形成一切事理的依據與根由。何謂"器"？器即宇宙間實有的萬物，包括一切科技發明，至巨至大，至細至微，充斥天地間，而盡皆不虛，或有實物可見，或有形體可指。器即博物，博物即器。"道器關係"本是一種有形無形、可見與不可見的生衍關係，并無高下之分，但在傳統文化中却另有解釋。如《周禮·考工記序》曰："坐而論道，謂之王公；作而行之，謂之士大夫；審曲面執，以飭五材，以辨民器，謂之百工。"又曰："智者創物，巧者述之，守之世，謂之百工。百工之事，皆聖人之作也。"此文突顯了"道"對於"器"的指導與規範地位。"坐而論道"，可以無所不論，民生、朝政、國運、天下事，當然亦在所論之中。"道"實則是指整體人世間的一種法則、一種定律，或説是我古老的中華民族所創造的另一種學説。所謂"論道者"，古代通常理解爲"王公"或"聖人"，實則是代指一代哲人。《考工記序》却將論道與製器兩者截然分開，明確地予以區別，貶低萬衆的創造力，旨在維護專制統治，從而確定人們的身份地位。坐而論道者貴爲王公，親身製器者屬末流之百工（"審曲面埶，以飭五材、以辨民器"，謂觀察金、木、皮、玉、土之曲直、性狀，據以製造民人所需之器物）。《考工記序》所記雖名爲"考工"，實則是周代禮制、官制之反映，對芸芸衆生而言，這種等級關係之誘惑力超乎尋常，絶難抵禦，先民樂於遵從，樂於接受，故而崇敬王公，崇敬聖人，百代不休。因而在中國古代，科學技術大受其創。

"重道輕器"的陳腐觀念，在中國古代影響廣遠，"器"必須在"道"的限定之下進行，不得隨意製作，不得超常發揮，"道"漸演化爲統治者實施專政的得力手段。"坐而論道"，似乎奧妙無盡。魏晉時期，藉儒入道，張揚"玄之又玄"，乃至於魏晉人不解魏晉文章，本朝人爲本朝人作注，史稱"玄學"。兩宋由論道轉而談理，一代理學宗師應運而生，闡理思辨，超乎想象，就連虛幻縹緲的天宫，亦可談得妙理聯翩，後世道家竟繪出著名的《天宫圖》來。事越千載，五四運動時期，那些新文化運動主將們聯手痛搗"孔家店"，却不攻玄理，"論道""崇道""樂道""惜道"，滾滾而來，遂成千古"道"統，已經背離《易》《老》的本義。出於這樣的觀念，如何會看重"形而下"的博物與博物學？

那麼，古代先民又是如何看待與博物學密切相關的科學技術？《書・泰誓下》載，殷紂王曾作"奇技淫巧，以悦婦人"，爲百代不齒，萬世唾駡。何謂"奇技淫巧"？唐人孔穎達釋之曰："奇技謂奇異技能，淫巧謂過度工巧……技據人身，巧指器物。"所謂"奇技淫巧"，今大底可釋爲超常的創造發明，或可直釋爲科學技術。論者認爲，"百代不齒，萬世唾駡"者并不在於"奇技淫巧"這一超常的創造發明，而在於紂王奢靡無度，用以取悦婦人的種種罪孽。至於紂王是否奢靡無度，"以悦婦人"，今學界另有考證。紂王當時之所以能稱雄天下，正是由於其科技的先進，軍事的强大，其失敗在於大拓疆土，窮兵黷武，導致内外哀怨，決戰之際又遭際叛亂。所謂"以悦婦人"之妲己，祇是戰敗國的一種"貢品"而已，對於年過半百的老人并無多大"媚力"。關於殷商及妲己的史料，最早見於戰國時期成書的《國語・晋語一》，前後僅有二十七字，并無"酒池肉林""炮烙之刑"之類記載，後世史書所謂紂王對妲己的種種寵愛，實是一種演繹，意在宣揚"紅顏禍水"之説（此説最早亦源於前書。"紅顏禍水"，實當稱之爲"紅顏薄命"）。在中國古代推崇"紅顏禍水"論，進而排斥"奇技淫巧"，從而否定了科技的力量，否定了科技强弱與國家强弱的關係。時至周代，對於這種"奇技淫巧"，已有明確的法律限定："作淫聲、異服、奇技、奇器以疑衆，殺！"（見《禮記・王制》）這也就是説，要杜絶一切新奇的創造發明，連同歌聲、服飾也不得超乎常規，否則即犯殺罪！此文自漢代始，多有注疏，今擇其一二，以見其要。"淫聲"者，如春秋戰國時鄭、衛常有男女私會，謳歌相引，被斥爲淫靡之聲；"奇技"者，如年輕的公輸班曾"請以機窆"，即以起重機落葬棺木，因違反當時人力牽挽的埋葬禮節，被視爲不恭。一言以蔽之，凡有違禮制的新奇科技、新奇藝術，皆被視爲疑惑民衆，必判以重罪。這就是所謂"維護禮制"，其要害就是維護統治者的統治地位，故而衣食住行所需器物的質材及數量，無不在尊卑貴賤的等級制約之中。如規定平民不得衣錦綉，不得鼎食，商人、藝人不得乘車馬，就連權貴們娛樂時選定舞蹈的行列亦不可違制，違制即意味着不軌，意味着僭越。杜絕"奇技淫巧"，始自商周，直至明清而未衰。我國著名的四大發明，千載流傳，未料却如同國寶大熊猫一樣，竟由後世西方科學家代爲發現，實在可悲！四大發明、大熊猫之類，或因史籍隱冷，疏於查閱，或因地處山野，難以發現，姑可不論，但其他很多非常具體的發明創造，雖有群書連續記載，也常被無視，或竟予扼殺。如漢代即有超常的"女布"，因出自未嫁少女之手而得名（見《後漢書·王符傳》），南北朝時已久負盛名，稱"女子布"（見南朝宋盛弘之《荆州記》）。宋代又稱"女兒布"，被贊爲"布帛之品……其尤細者也"（見宋羅濬《寶慶四明志·郡志四》）。其後歷代製作，不斷創新，及至明清終於出現空前的妙品"女兒葛"。"女兒葛"爲細葛布的一種，其物纖細如蟬翼紗，又如傳說中的"蛟女絹"，僅重三四兩，捲其一端，整匹女兒葛便可出入筆管之中，精美絕倫，明代弘治之後曾發現於四川鄰水縣，但却被斷然禁止。明皇甫録《下陴記談》卷上："女兒葛，出鄰水縣，極纖細，必五越月而後成，不減所謂蟬紗、魚子纈之類，蓋十縑之力也。予以爲淫巧，下令禁止，無敢作者。"對此美妙的"女兒葛"，時任順慶府知府的皇甫録，并沒給予必要的支持、鼓勵，反而謹遵古訓，以杜絕"奇技淫巧"爲己任，堅決下達禁令，并引以爲榮。皇甫録乃弘治九年（1496）進士，爲官清正，面對"奇技淫巧"也如此"果斷"！此後清代康熙年間，"女兒葛"再現於廣東增城縣一帶，其具體情狀，清屈大均《廣東新語·貨語·葛布》中有翔實描述，但其遭遇同樣可悲，今"女兒葛"終於銷聲匿迹。在中國古代，類似的遭遇，又何止"女兒葛"？杜絕"奇技淫巧"之風，一脉相承，何可悲也。

但縱觀我華夏全部歷史可知，一些所謂的"奇技淫巧"之類，雖屢遭統治者的禁弃，實則是禁而難止，況統治者自身對禁令也時或難以遵從，歷代帝王皇室之衣食住行，幾乎無一不恣意追求舒適美好，爲了貪圖享樂，就不得不重視科技，就不得不啓用科技。如

"被中香爐"（爐內置有炭火、香料，可隨意旋轉以取暖，香氣縷縷不絕。發明於漢代）、"長信宮燈"（燈內裝有虹管，可防空氣污染。亦發明於漢代）的誕生，即明證。歷代王朝所禁絕的多是認定可能危及社稷之類的"奇技淫巧"，并未禁止那些有利於民生的重大發明，也没有壓抑摧殘黎民百姓的靈智（歷史中偶有以愚民爲國策者，祇是偶或所見的特例而已）。帝王們爲維護其統治地位，以求長治久安，在"重道輕器"的同時，也極重天文、曆算、農桑、醫藥等領域的研究，凡善於治國的當權者，爲謀求其國勢得以强盛，則必定大力倡導科技，《後漢書·和熹鄧皇后紀》所載即爲顯例。和熹皇后鄧綏（公元 81—121），深諳治國之道，兼通天文、算數。永元十四年（102），漢和帝死後，東漢面臨種種滅頂之灾，鄧綏先後擁立漢殤帝和漢安帝，以"女君"之名親政長達十六年，克服了有史以來最嚴重的十年天灾，剿滅海盜，平定西羌，收服嶺南三十六個民族，將九真郡外的蠻夷夜郎等納入版圖，恢復東漢對西域的羈縻，征服南匈奴、鮮卑、烏桓等，平息了內憂外患，使危機四伏的東漢王朝轉危爲安。正是在這期間，鄧綏大力發展科技，勉勵蔡倫改進造紙術，任用張衡研製渾天儀、地動儀等儀器，并製造了中尚方弩機，這一可以連續發射的弩機，其射程與命中率令時人驚嘆，成爲當時世界上最具殺傷力的先進武器（此外，鄧綏又破除男女授受不親的陳腐觀念，創辦了史上最早的男女同校學堂，并通過支持文字校正與字詞研究，推動了世界第一部字典《説文解字》問世）。這就爲傳統的博物研究提供了巨大的空間，因而先後出現了今人所謂的"四大發明"之類。實際上何止是"四大發明"？天文、曆算等領域的發明創造，可略而不論。鄧綏之前，魯班曾"請以機窆"的起重機，出現於春秋時期，早於西方七百餘年。徐州東洞山西漢墓出土的青銅透光鏡，歐洲和日本人稱其爲"魔鏡"，當一束光綫照射鏡面而投影在墙壁上時，墙上的光亮圈內就出現了銅鏡背面的美麗圖案和吉祥銘文。這一"透光鏡"比日本"魔鏡"早出現一千六百餘年，而歐洲的學者直到 19 世紀纔開始發現，大爲驚奇，經全力研究，得出自由曲面光學效應理論，將其廣泛運用於宇宙探索中。今日，國人已能够恢復這一失傳兩千餘載的原始工藝，千古瑰寶終得重放异彩！鄧綏之後，又創造了"噴水魚洗"，亦甚奇妙，令人大開眼界。東漢已有"雙魚洗"之名（見明梅鼎祚《東漢文紀》卷三二引《雙魚洗銘》），未知當時是否可以噴水。"噴水魚洗"形似現今的臉盆。盆內多刻雙魚或四魚，盆的上沿兩側有一對提耳，提耳的設置，不祇是爲了便於提動，同時又具有另外一個功用，即當手掌撫摩時，盆內還能噴射出兩尺高的水柱，水面形成一片浪花，同時會發出樂曲般的聲響，十分神奇。今可確知，"噴水魚洗"興起於唐宋之間（見宋王明清《揮麈前録》卷三、宋何薳《春渚紀聞》卷九），當是皇家或貴族所用盥洗用具。魚洗能够噴水，其道理何在？美國、日本的物理學家曾用各種現代科學儀器反復檢測查看，試圖找出其導熱、傳感及噴射發音的構造原理，雖經全力研究，但仍難得以完整的解釋，也難以再現其效果。面對中國古代科技創造的這一奇迹，現代科學遭遇了空前挑戰，衹能"望盆興嘆"。

中華民族，中華博物學，就是在這樣複雜多變的背景之下跌宕起伏，生存發展，在晚清之前，兩千餘年來，從未停止前進的步伐，這又成爲中華民族的民族性與中華博物學的一大特點。

四、西化流弊何時休，誰解古老博物學？

自晚清以還，中華博物學沉淪百年之久，本當早已復蘇，時至今日，幸逢盛世，正益修典，又何以總是步履維艱？豈料經由西學東漸之後，在我國國内一些學人認定科學決定一切，無與倫比，日積月累，漸漸形成了一種偏激觀念——"唯科學主義"，即以所謂是否合於科學，來判定萬事萬物的是非曲直，科學擁有了絕對的話語權。"唯科學主義"通常表現爲三種態度：一、否認物質之外的非物質。凡難以認知的物質，則稱之爲"暗物質"。這一"暗"字用得非常巧妙，"暗"，難見也！於是"暗物質"取代了"非物質"；二、否認科學之外的其他發現。凡是遇到無從解釋的難題，面對別家探索的結論，一律斥爲"僞科學"。三、否認科學範圍以外的其他一切生產力，唯有科學可以帶動社會發展，萬事萬物必須以科學爲推手。

何謂"科學"？中國古代本有一種認識論的命題，稱之爲"格致"，意謂"格物致知"，指深究事物原理以求得知識，從而認識各種客觀現象，掌握其變化規律。這種哲學我國先秦諸子久已有之，雖已歷千載百代，但却未得應有的重視，終被西方科學所取代。自16世紀始，歐洲由於文藝復興，掙脱了天主教會的長期禁錮，轉向於對大自然的實用性的探索，其代表作即哥白尼的"日心說"與伽利略天文望遠鏡的發明，同時出現牛頓的力學，這是西方的第一次科技革命。這一時期已有"科學"其實，尚無後世"科學"之名，起始定名爲英語science一詞，源於拉丁文，本意謂人世間的各種學問，隸屬於古希臘的哲學思想，是一種對於宇宙間萬事萬物的生衍關係的一種想象、一種臆解，原本無甚稀奇，此時已反響於歐洲，得以廣泛流傳。至 18 世紀，新興的資産階級取得政權，爲推行資本主義，又大力發展科學，西方科學已處於世界領先地位。時至 19 世紀 60 年代後期及 20 世紀初，歐洲發生了以電力、化學及鋼鐵爲新興産業的第二次科技革命，英語 science 一詞迅速擴展於北美和亞洲。日本明治維新時期，赴歐留學的日本學者將 science 譯成"科學"，學界認爲是藉用了中國科舉制度中"分科之學"的"科學"一詞，如同將英文 natural history 的語意翻譯成漢語"博物學"一樣，也并不準確，中國的變法派訪日時，對之頂禮膜拜，欣然接受，自家固有的"格致"一詞，如同國學中的其他語詞一樣被弃而不用，"科學"一詞因得以廣泛流傳。"科學"當如何定義？今日之"科學"包括了自然科學、社會科學、思維科學以及交叉科學。除却嚴謹的形式邏輯系統之外，本是一種具體的以實踐爲手段的實證之學。實踐與實證的結果，日積月纍，就形成了人類關於自然、社會和思維的認知體系，成爲人類評斷事物是非真僞的依據。但科學不可能將浩淼無盡的宇宙及宇宙間的萬事萬物盡皆予以實踐、實證，能够實踐、實證者甚微，因而科學總是在不斷地探索，不斷地補正，不斷地自我完善之中，其所能研究的領域與功能實在有限。當代科學可以在指甲似的晶片上，一次性地裝載五百億電晶體，可以將重達六噸以上的太空船射向太空，并按照既定指令進行各種探索，但却不能造出一粒原始的細胞來，因爲這原始細胞結構的複雜神秘，所藴含的奇妙智慧，人類雖竭盡全力，却至今無法破解。細胞來自何處？是如何形成的？科學完全失去了話語權！造不出一粒原始的細胞，造一片樹葉尤無可能，造一棵大樹更是幻想，遑論萬千物種，足證"科學"并非萬能的唯一學問。況且，"暗物質"之外，至少在中國哲學體系中尚有"非物質"。何謂"非物質"？"非物質"是與"物質"相對而言，區別於"暗物質"的另一種存在，正如前文所述，它"無形無象、無聲無色、無始無終、無可名狀"，在中國古代稱之爲"道"。"道"可以不遵循因果關係，可以無中生有，爲"萬物之所然也，萬理之所稽也"，可以解釋萬物的由來，可以解釋宇宙的形成。今以天體學的的視野略加分析，亦可見"唯科學主義"的是非。人類賴以生存的地球，其直徑約爲 12 742 公里，是太陽系中的第三顆小行星。太陽系的直徑約爲 2 光年，太陽是銀河系中數千億恒星之一，銀河系的直徑約爲 10 萬光年，包括 1 千億至 4 千億顆恒星，而宇宙中有一千至兩千億銀河系，宇宙有 930 億光年。一光年約等於 9.46 萬億公里。地球在宇宙中祇是一粒微塵，如此渺小的地球人能創造出破解一切的偉大科學，那是癡人説夢！中華先賢面對諸多奧妙，面對諸多不可思議的現象，提出這一"無可名狀"之"道"，當然并非憑空想象，自有其觀測與推理的依據，這顯然不同於源自西方的科學，或曰是西方科學所包容不了的。先賢提出的"無可名狀"的"道"，已超越物質的範圍，或曰"道"絕非"暗物質"所能替代的。這一"無可名狀"的"道"，在當今的別樣的時空維度中已得到初步驗證（在這非物質的維度中滿富玄機）。論者提出這一古老學說，旨在證明"唯科學主義"排斥其他一切學說，過分張揚，不足稱道，絕無否定或輕忽科學之意。百年前西學東漸，尤其是西方科學的傳入，乃是我中華民族思維與實踐領域的空前創獲，是實踐與思維領域的一座嶄新的燈塔，如今已是家喻戶曉，人人稱贊，任誰也不會否認科學的偉大，但却不能與偏激的"唯科學主義"混同。後世"科學"一詞，又常常與"技術"連稱爲"科學技術"，簡稱"科技"。何謂"技術"？"技術"一詞來源於希臘文"techs"，通常指個人的技能或技藝，是人類利用現有實物形成新事物，或改變原有事物屬性、功能的方法，或可簡言之曰發明創造。科學技術不同於科學，也不同於技術，也不是科學與技術的簡單相加。科學技術是科學與技術的有機結合體系，既是人類認識世界和改造世界的成果或產物，又是人類認識世界和改造世界最有力的工具或手段，兩者實難分割。某些技術本身可能祇是一種技法，而高深技術的背後則必定是科學。

出於上述"唯科學主義"偏激觀念，重建中華博物學就遭致了質疑或否定，如有學者認爲，中國古代祇有技術而沒有科學，哪有什麼中華博物？中華博物學被看作"前科學時代的粗糙的知識和技能的雜燴"，是一種"非科學性思考"，沒有什麼科學價值，當然也就沒有重建的必要，因爲西方博物學久已存在，無可替代。中國古代當真"祇有技術而沒有科學"麼？前文已論及"科學"與"技術"很難分割，在中國古代不祇有"技術"，同樣也有"科學"。回眸世界之歷史長河，僅就中西方的興替發展脉絡略作比較，就可以看到以下史實：當我中華處於夏禹已劃定九州、建有天下之際，西方社會多處於尚未開化的蠻荒歲月；當我中華已處於春秋戰國鋼鐵文化興起之際，整個西方尚處於引進古羅馬文明的青銅器時代；當我宋代以百萬册的印數印刷書籍之際，中世紀的西方仍然憑藉修士們成年纍月在羊皮卷上抄寫複製；著名的火藥、指南針等其他重大發明姑且不論，單就中國歷朝歷代任何一件發明創造而言，之於西方社會也毫不遜色，直至清代中葉，中國的科技一直處於世界領先地位。英國科學家李約瑟主編的七卷巨著《中國科學技術史》，即認爲西方古代科學技術 85% 以上皆源於中國。這是西方人自發的沒有任何背景、沒有任何色彩的論斷，甚爲客觀，迄今未見異議。此外又有學者指出，中華傳統博物學不祇擁有科技，又超越了科技的範疇，它是"關於物象（外部事物）以及人與物的關係的整體認知、研究範式與心智體驗的集合"，"這種傳統根本無法用科學去理解和統攝"，中華古典博物學"給我們提供的'非科學性思考'，恰恰是它的價值所在"（余欣《中國博物學傳統的重建》，載《中國圖書評論》，2013 年第 10 期，第 45～53 頁）。這無疑是對"唯科學主義"最有力的批駁！是的，本書極重"科技"研究，又不拘泥於"科技"，同樣重視"非科學性思考"。

中華古典博物學的研究主體是"博物"，是"博物史"，通過對"博物""博物史"的探索，而展現的是人，是人的生存、生活的具體狀況，是人的直觀發展史。中華傳統博物學構成了物我同類、天人合一的博大的獨立知識體系，是理解和詮釋世界的另一視野，這種視野中的諸多"非科學性思考"的博物，科學無法全面解讀，但却是真真切切的客觀存在。所謂傳統博物學是"前科學時代的粗糙的知識和技能的雜燴"，是"非科學性思考"的評價，甚是武斷，祇不過是一種不自覺的"唯科學主義"觀念而已。另將"科學"與"技術"分割開來，強調什麼"科學"與否，這一提法本身就不太"科學"。對此，本書前文已論及，無須複述。我國作爲一個古老國度，在其漫長的生衍過程中，理所當然地包容了"粗糙的知識和技能"。這一狀況世界所有古國盡有經歷，并非中國獨有。"粗糙的知識"的表述似乎也并不恰當，"知識"可有高下深淺之分，未聞有粗糙細緻之別。這所謂"粗糙"，大約是指"成熟"與否，實際上中華傳統博物學所涉之"知識和技能"，并非那麼"粗糙"，常常是合於"科學"的，有些則是非常的"科學"。英國科學家李約瑟等認定古代中國涌現了諸多"黑科技"。何謂"黑科技"？這是當前國際間盛行的術語，即意想不到的超越科技之科技，可見學界也是將"科學"與"技術"連體而稱，而并非稱"黑科學"。認定中國古代"祇有技術而沒有科學"，傳統博物學是"前科學時代的粗糙的知識和技能的雜燴"之說，頗有些"粗糙"，準確地說頗有些膚淺！這位學者將傳統博物學統稱爲"前科學時代"的產物，亦是一種妄斷，也頗有些隨心所欲！何謂"前科學時代"？"前科學時代"是指形成科學之前人們僅憑五官而形成的一種感知，這種感知在原始社會時有所見，但也并非全部如此，如鑽木取火、天氣預測、曆法的訂立、灸砭的運用等，皆超越了一般的感知，已經形成了各自相對獨立的科學。看來這位學者并不怎麼瞭解中國古代科技史，并不太瞭解自家的傳統文化，實屬自誤而誤人。

中華博物學的形成及發展歷程，與西方顯然不同。西方博物學萌生於上古哲人的學説，其後則以自然科學爲研究主體，遍及整個歐洲，全面進入國民的生活領域。在這樣的文化背景之下，西方日益强大，直接影響和推動了社會的發展，因而步入世界前列。我中華悠悠數千載，所涉博物，形形色色，浩浩蕩蕩，逐漸形成了中華獨有的博物學體系，但面臨的背景却非常複雜，與西方比較是另一番天地，那就是貫穿數千載的"重道輕器"觀念與排斥"奇技淫巧"之國風，這一觀念、這一國風，其表現形式就是重文輕理，且愈演愈烈。如中國久遠的科舉制度，應試士子們本可"上談禮樂祖姬孔，下議制度輕儺玄"（見明高啓《送貢士會試京師》詩），縱論古今國事，是非得失，而朝廷則可藉此擇取英才，因而國家得以强盛。時至明代後期，舉國推行的科舉制度竟然定型爲千篇一律的八股文，泯滅了朝廷取才之道，一代宗師顧炎武稱八股之禍勝似"焚書坑儒"（見《日知録·擬題》）。清代後期爲維護其獨裁統治，手段尤爲專横强硬，又向以"天朝"自居，哪裏會重視什麽西方的"科學技術"？"科學技術"的落伍最終導致文明古國一敗塗地，這也就是"李約瑟難題"的答案！"科學"之所以成爲"科學"，是因爲其出自實踐、實證，實踐、實證是科學的生命。實踐、實證又必須以物質爲基礎，這正與我中華博物學以浩浩博物爲研究主體相合！但中華博物學，或曰博物研究，始終被置於正統的國學之外，這一觀念與國風，極大地制約了中華博物學的發展。制約的結果如何？可以毫不誇張地説，直接阻礙了中國古代社會的歷史進程。

五、中華博物知多少，皓首難解千古謎

中華博物如繁星麗天，難以勝計，其中有諸多別樣博物，可稱之爲"黑科技"者，令人百思不得其解。如八十餘年前四川廣漢西北發現的三星堆古蜀文化遺址，距今約四千八百年至三千年左右，所在範圍非常遼闊，遠超典籍記載的成都平原一帶，此後不斷探索，不斷有新的發現，成爲 20 世紀人類最偉大的考古發現之一。該遺址内三種不同面貌而又連續發展的三期考古學文化，以規模壯闊的商代古城和高度發達的青銅文明爲代表的二期文化最具特點。二期文化中青銅器具占據主導地位，極爲神奇。衆多的青銅人頭象、青銅面具，千姿百態。還有舉世罕見的青銅神樹，該樹有八棵，最高者近 4 米，共分三層，樹枝上栖息有九隻神鳥，應是我國古籍所載"九日居下枝"的體現；斷裂的頂部，當有"一日居上枝"的另一神鳥，寓意九隻之外，另一隻正在高空當班。青銅樹三層

九鳥，與《山海經・海外東經》中所載"扶桑""若木""九日居下枝，一日居上枝"正同。上古時代，先民認爲天上的太陽是由飛鳥所背負，可知九隻神鳥即代表了九個太陽。其《南經》又曰："有木，其狀如牛，引之有皮，若纓、黃蛇。其葉如羅，其實如樂，其木若蕳，其名曰建木。"何謂"建木"？先民認爲"建木"具有通天本能，傳說中伏羲、黃帝等盡皆憑藉"建木"來往神界與人間。由《山海經》的記載可知，這神奇物又來源於傳統文化，大量青銅文化明顯地受到夏商文明、長江中游文明及陝南文明的影響。那些金器、玉器等禮器更鮮明地展現出華夏中土固有的民族色彩。如此浩大盛壯，如此神奇，這一古蜀國究竟是怎樣形成的？又是怎樣突然消失的？詩人李白在《蜀道難》中曾有絕代一問："蠶叢及魚鳧，開國何茫然？"意謂蠶叢與魚鳧兩位先帝，是在什麼時代開創了古蜀國？何以如此茫茫然令人難解？今論者續其問曰："開國何茫然，失國又何年？開失兩難知，千古一謎團。"三星堆的發掘并非全貌，僅占遺址總面積的千分之一左右，只是古蜀文化的小小一角而已，更有浩瀚的未知數，國人面臨的將是另一個陌生的驚人世界。中華民族襟懷如海，廣納百川，中外文化相容并包，故而博大精深。這些百思不得其解的神奇之物，向無答案，確屬於所謂"非科學性思考"，當代專家學者亦爲之拍案。"唯科學主義"面臨這些"黑科技"的挑戰，當然也絕難詮釋。以下再就已見出土，或久已傳世之實物爲例。上世紀 80 年代，臨潼始皇陵西側出土了兩乘銅車馬，其物距今已有兩千二百餘年，造型之豪華精美，被譽爲世界"青銅之冠"，姑且不論。兩輛車的車傘，厚度僅0.1 ～ 0.4 厘米，一號車古稱"立車"或"戎車"，傘面爲 1.12 平方米，二號車傘面爲 2.23 平方米，而且皆用渾鑄法一次性鑄出，整體呈穹隆形，均勻而輕薄，這一鑄法迄今亦是絕技，無法超越。而更絕的是一號立車的大傘，看似遮風擋雨所用，實則充滿玄機，此傘的傘座和手柄皆爲自鎖式封閉結構，既可以鎖死，又可以打開，同時可以靈活旋轉 180 度，隨太陽的方位變化而變化，亦可取下插入野外，遮烈日，擋風雨，賞心隨意。令人尤爲稱奇的是，打開傘柄處的雙環插銷，傘柄與傘蓋可各獨立，傘柄就成了一把尖銳的矛，傘蓋就成了盾，可攻可守。這一 0.1 ～ 0.4 厘米厚的盾，其抗擊力又遠勝今人的製造技術，令今人望塵莫及，故國際友人贊之爲罕見的"黑科技"。此外分存於西安與鎮江東西兩方的北宋石刻《禹迹圖》，尤爲奇異。此圖參閱了唐賈耽《海內華夷圖》，并非單純地反映宋代行政區劃及華夷之間的關係，而是上溯至《禹貢》中的山川、河流、州郡分布，下至北宋當世，已將經典與現實融爲一體。此圖長方約 1 平方米，宋朝行政區劃即達三百八十個之多，五個大湖，七十座山峰，更有蜿蜒數千里的長江、黄河等江川八十餘條；不衹是中原的地域，尚有與之接壤的大理、吐蕃、西夏、遼等區域，這些區域的山野江河亦有精準的繪製。作爲北宋時代的製圖人，即使能够遍踏域内、域外，也絶難僅憑一己的目力俯瞰全景。此圖由五千一百一十個小方格組成，每一小方格皆爲一百平方公里，所有城市、山野江河的大小距離，盡包容在這些格子裏，全部可以明確無誤地測算出來，其比例尺與今世幾無差异。如此細密精準，必須具有衛星定位之類的高科技纔能繪製出來，九百年前的宋人是憑藉什麽儀器完成的？此一《禹迹圖》較之秦陵銅車馬，更超乎想象，詭异神奇，故而英國學者李約瑟評之爲"世界上最神秘、最杰出的地圖"，美國國家圖書館將一幅19世紀據西安圖打製的拓本作爲館藏珍品。中國古代"黑科技"，又何止臨潼銅車馬與《禹迹圖》？

除却上述文獻記載與出土及傳世之物外，另一些則是實見於中華大地的奇特自然景觀，這些百思不得其解的神奇之物，散處天南海北，自古迄今，向無答案，亦屬於所謂"非科學性思考"，當代專家學者亦爲之拍案。"唯科學主義"面臨這些"黑科技"的挑戰，當然也絶難詮釋。我中華大地這些神奇之物，在當世尤應引起重視，國人必須迎接"超科技時代"的到來。如"應潮井"，地處南京市東紫金山南麓定林寺前。此井雖遠在深山之間，却與五公里外的長江江潮相應，江水漲則井水升，江水退則井水降，同處其他諸井皆無此現象。唐宋以來，已有典籍記載，如《江南通志·輿地志·江寧府》引唐段成式《酉陽雜俎》："蔣山有應潮井，在半山之間，俗傳云與江潮相應，嘗有破船朽板自井中出。"《景定建康志·山川志三·井泉》："應潮井在蔣山頭陁寺山頂第一峰佛殿後。《蔣山塔記》云：'梁大同元年，後閣舍人石興造山峰佛殿，殿後有一井，其泉與江潮盈縮增减相應。'"何以如此，自發現以來，已歷千載，迄今無解。以上的奇特之物，多有記載，名揚天下，而另一些奇物，却久遭冷落，默默無聞。如"靈通石"，亦稱"神石""報警石"，俗稱"猪叫石"。該石位於太行大峽谷林縣境内高家臺輝伏巖村。石體方正，紫紅色，裸露於地面約4立方米，高寬各3米，厚2米，象是一頭體積龐大的卧猪，且能發聲如猪叫。傳聞每逢大事（包括自然灾害、重大變革等）來臨之前，常常"鳴叫"不止，大事大叫數十天，小事則小叫數日，聲音忽高忽低，一次可叫百餘聲，百米之内清晰可聞。但其叫聲衹能現場聆聽，不可録音。何以如此怪异？同樣不得而知！中華博物浩浩洋洋，漫漫無涯，可謂無奇不有，作爲博物之學，亦必全力探究，這也正是中華博物學承担的使命。

六、中華博物學的研究範圍與狀況，新建學科的指嚮與體式如何？

中國當代尚未建立博物學會，也没有相應的報刊，人們熟知的則是博物院館，而博物院館的職責在於收藏、研究并展出傳世的博物，面對日月星辰、萬物繁衍以及先民生息起居等數千年的古籍記載（包括失傳之物），豈能勝任？中華博物全方位研究的歷史使命祇能由新興的博物學承擔。古老中華，悠悠五千載，博物浩茫，疑難連篇，實難解讀，而新興的博物學却不容迴避，必須做出回答。

本書指稱的博物，包括那些自然物，但并不限於對其形體、屬性的研究，體現了博物古學固有的格致觀念，且常常懷有濃厚的人文情結，可謂奥妙無窮，這又迥别於西方博物學。

如"天宇"，當做何解釋？在中國傳統文化中是與"宇宙"并存的稱謂，重在强調可見的天體和所有星際空間。前已述及，天體直徑可達930億光年以上，實際上可能遠超想象。這就出現了絶世難題：究竟何謂天體？天體何來？戰國詩人屈原在其《天問》篇中，曾連連問天："上下未形，何由考之？""馮翼惟象，何以識之？""明明闇闇，惟時何爲？"千古之問，何人何時可以作答？天宇研究在古代即甚冷僻，被稱爲"絶學"。中國是天宇觀測探索最爲細密的文明古國之一，天象觀測歷史也最爲悠遠，殷墟甲骨、《書》《易》諸經，盡有記載，而歷代正史又設有天文、曆律之類專志，皇家設有司天監之類專職機構，憑此"觀天象、測天意"，以决國策。於是，天文之學遂成諸學之首。天宇研究的主體是天空中的各種現象，這些現象又以各種星體的位置、明暗、形狀等的變化爲主，稱之爲星象。星象極其繁複，難以辨識。於是，在天空位置相對穩定的恒星就成爲必要的定位標志。在人們目力所及的範圍内，恒星數以千計，簡單命名仍不便查找和定位，我華夏先民又將天空劃分爲若干層級的區域，將漫天看似雜亂無章的恒星位置相近者予以組合并命名，這些組合的星群稱之爲星宿。古人視天上諸星如人間職官，有大小、尊卑之分，故又稱星官，因而就有了三垣二十八宿，成爲古天宇學最重要理論依據，這一理論西方天文學絶難取代。

再如古代類書中指稱的"蟲豸"，當代辭書亦少有確解。何謂"蟲豸"？舉凡當今動物學中的昆蟲綱、蛛形綱、多足綱，以及爬行動物中的綫形動物、扁形動物、環節動物、軟體動物中形體微小者，皆爲蟲豸之屬。蟲豸形雖微小，然其生存之久、種類之繁、分布之廣、形態之多、數量之巨，從生物、生態、應用、文化等角度，其意義和價值都大异於其他各類動物，或説是其他各類動物所不能比擬的。蟲豸之屬，既能飛於空，亦能游於水，既能潛於土，亦能藏於山，形態萬千，且各具靈性，情趣互异，故古代典籍遍見記叙，不僅常載於詩文，且多見筆記、小説中。先民又常憑藉其築穴或搬遷之類活動，以預測氣象變化或靈异別端，同樣展現了一幅具體生動的蟲文化畫卷，既有學術價值，又充滿趣味性。自《詩》始，就出現了咏蟲詩，其後歷代從蝶舞蟬鳴、蟻行蛇爬中得到靈感者代不乏人，或以蟲言志，或以蟲抒懷，或以蟲爲比，或以蟲爲興，甚至直以蟲名入於詞牌、曲牌，如僅蝴蝶就有“蝴蝶兒”“玉蝴蝶”“粉蝶兒”“蝶戀花”“撲蝴蝶”“撲粉蝶”等名類。唐歐陽詢《藝文類聚》收集有關蟬、蠅、蚊、蝶、螢、叩頭蟲、蛾、蜂、蟋蟀、尺蠖、螳、蝗等蟲類的詩、賦、贊等數量浩繁，後世仿其體例者甚多，如《事物紀原》《五雜俎》《淵鑑類函》《古今圖書集成·禽蟲典》等，洋洋大觀。不僅詩詞歌賦，在成語、俗語中，言及蟲豸者，亦不可勝數，如莊周夢蝶、螓首蛾眉、金蟬脱殼、螳螂捕蟬、螳臂當車、蚍蜉撼樹、作繭自縛、飛蛾撲火（詞牌名爲“撲燈蛾”）等；不僅見諸歷代詩文，今世辭章以蟲爲喻者，仍沿襲不衰，如以蝸喻居、以蝶喻舞、以蟬翼喻輕薄、以蛇蠍喻狠毒等，比比皆是，不勝枚舉。

本博物學所指稱博物又包括了人類社會生活的各方面、領域，自史前達於清末民初，有的則可直達近現代，至巨至微，錯綜複雜。而對於某一具體實物，必須從其初始形態、初始用途的探討入手，而後追逐其發展演變過程，這樣纔能有縱橫全面的認定，從而作出相應的結論，這正是新興博物學的使命之一。今僅就我中華民族時有關涉者予以考釋。今日，國人對於古代社會生活實在太過陌生，現當代權威工具書所收録的諸多重要的常見詞目，常常不知其由來，遭致誤導。如“祭壇”一詞，《漢語大詞典·示部》釋文曰：

> 祭壇：供祭禮或宗教祈禱用的臺。劉大傑《中國文學發展史》第一章三：“無論藝術哲學都得屈服於宗教意識之下，在祭壇下面得着其發展生命了。”艾青《吹號者》詩：“今日的原野呵，已用展向無限去的暗緑的苗草，給我們布置成莊嚴的祭壇了。”亦指上壇祭祀。侯寶林《改行》：“趕上皇上齋戒忌辰，或是皇上出來祭壇，你都得歇工（下略）。”

以上引用的三個書證全部是現代漢語，檢索此條的讀者可能會認定“祭壇”乃無淵源的新興詞，與古漢語無關。豈不知《晋書·禮志下》《舊唐書·禮儀志三》《明史·崔亮傳》

諸書皆有"祭壇"一詞，又皆爲正史，并不冷僻。《漢語大詞典》爲證實"祭壇"一詞的存在，廣予網羅，頗費思索，連同侯寶林的相聲也用作重要書證。侯氏雖被贊爲現代語言大師，但此處的"祭壇"，并非"供祭禮或宗教祈禱用的臺"，"祭"與"壇"爲動賓語結構，并非名詞，不足爲據。還應指出，"祭壇"作爲人們祭祀或祈禱所用實體的臺，早在史前即已出現，初始之時不過是壘土爲臺罷了。

此外，直接關涉華夏文化傳播形式的諸多博物更是大异於西方。如"文具"初稱"書具"，其稱漢代大儒鄭玄在《禮記・曲禮上》注中已見行用。千載之後，宋人陶穀《清異錄・文用》中始用"文具"一詞。文具泛指用於書寫繪畫的案頭用具及與之相應的輔助用具。國人憑藉這些文具，創造了最具特色的筆墨文化、筆墨藝術，憑藉這些文具得以描述華夏五千載的燦爛歷史。中華傳統文具究有多少？國人最爲熟悉的莫過於"文房四寶"，實際又何止"文房四寶"？另有十八種文房用具，定名爲"十八學士"，宋代林洪曾仿唐韓愈《毛穎傳》作《文房職方圖贊》（簡稱《文房圖贊》，即逐一作圖爲之贊）。實際上遠超十八種，如筆筒、筆插、筆捵、筆洗、墨水匣、墨床、水注、水承、水牌、硯滴、硯屏、印盒、帖架、鎮紙、裁刀、鉛槧、算袋、照袋、書床、筆擱、高閣，等等，已達三十種之多。

"文房四寶""十八學士"之類中華獨具的傳統文化，今國人熟知者已不甚多，西方博物又何從涉及？何可包容？

七、新興博物學的表述特點，其古今考辨的啓迪價值

當代新興博物學所展現的是中華博物本身的生衍變化以及其同物异名、同名异物等，其主旨之一在於探尋我古老的中華民族的真實歷史面貌，温故知新，從而更加熱爱我們偉大的中華文明。

偉大的中華民族，在歷史上產生過許多杰出的思想觀念，比如，我中華民族風行百代的正統觀念是"君爲輕，民爲本，社稷次之"（見《孟子・盡心下》），這就是强調人民高於君王，高於社稷（猶"國家"），人民高於一切！古老的中華正統對人民如此愛護，如此尊崇，在當今世界也堪稱難得。縱觀朝代更迭的全部歷史可知，每朝每代總有其興起及消亡的過程，有盛必有衰。在這部《通考》中，常有實例可證，如有關商代都城"商邑"的

記載，就頗具代表性。試看，《詩・商頌・殷武》："商邑翼翼，四方之極。"鄭玄箋："極，中也。商邑之禮俗翼翼然……乃四方之中正也。"孔穎達疏："言商王之都邑翼翼然，皆能禮讓恭敬，誠可法則，乃爲四方之中正也。"《詩》文謂商都富饒繁華，禮俗興盛，足可爲全國各地的學習楷模。"禮俗"在上古的地位如何？《周禮・天官・大宰》曰："以八則治都鄙：一曰祭祀，以馭其神……六曰禮俗，以馭其民。"這是説周代統治者以禮俗馭其民，如同以祭祀馭鬼神一樣，未敢輕忽怠慢，禮俗之地位絶不可等閑視之。古訓曰："倉廩實而知禮節，衣食足而知榮辱。"（見《史記・管晏列傳》）此處的"禮節"是禮俗的核心内容，可見禮俗源於"倉廩實"。"倉廩實"展現的是國富民强，而國富民强，必重禮俗，禮俗展現了國家的面貌。早在三千年前的商代，已如此重視禮俗。"商邑翼翼"所反映的是上古時期商都全盛時期的繁華昌明，其後歷代亦多有可以稱道的興盛時期，如"漢武盛世""文景盛世"、唐"貞觀盛世""開元盛世"、宋"嘉祐盛世"、明"永宣盛世"、清"康乾盛世"等，其中更有"夜不閉户，路不拾遺"的佳話。盛世總是多於亂世，或曰温飽時代總是多於飢寒歲月。唐代興盛時期，君臣上下已萌生了甚爲隨和的禮儀狀態，不喜三拜九叩之制，宋元還出現了"衣食父母"之類敬詞（見宋祝穆《古今事物類聚别集》卷二〇、元關漢卿《竇娥冤》第二折），這正體現了"王者以民爲天，民以食爲天"（見《漢書・酈食其傳》）的傳統觀念。中國歷史上的黎民百姓并非一直生活在水深火熱之中，在漫長的歲月中也常有温飽寧静的生活，因而涌現了諸多忠心報國的詩詞。如"但使龍城飛將在，不教胡馬度陰山"（唐王昌齡《出塞二首》之一）；"忘身辭鳳闕，報國取龍庭"（王維《送趙都督赴代州得青字》）；"僵卧孤村不自哀，尚思爲國戍輪臺"（宋陸游《十一月四日風雨大作》）；"奇謀報國，可憐無用，塵昏白羽"（宋朱敦儒《水龍吟・放船千里凌波去》）。

　　久已沉淪的傳統博物學今得重建，可藉以知曉我中華兒女擁有的是何樣偉大而可愛的祖國！偉大而可愛的祖國，江山壯麗，蘭心大智，光前裕後，莘莘學子尤當珍惜，尤當自豪！回眸古典博物學的沉淪又可確知，鴉片戰爭給中華民族帶來的是空前的傷害，不祇是漢唐氣度蕩然無存，國勢極度衰微，最爲可怕的是傷害了民族自信，爲害甚烈。傷害了民族自信，則必會輕視或否定傳統文化，百代信守的忠義觀念、仁義之道，必消失殆盡，代之而來的則是少廉寡耻，爾虞我詐，以崇洋媚外爲榮，這一狀況久有持續，對青少年的影響尤甚，怎不令人痛心！時至當代，正全力弘揚中華優秀傳統文化，全力推行科技創新，踔厲奮發，重振國風，這又怎不令人慶幸！

　　新興博物學在展現中華博物本身的生衍變化進而展現古代真切的社會生活之外，又展現了一種獨具中華風采的文化體系。如常見語詞"揚州瘦馬"，其來歷如何？衹因元馬致遠《天净沙・秋思》中有"西風古道瘦馬"之句。自2008年山西呂梁市興縣康寧鎮紅峪村發現元代壁畫墓以來，其中的一首《西江月》小令："瘦藤高樹昏鴉，小橋流水人家，古道西風瘦馬，夕陽西下，已獨不在天涯。"在學界引發了關於《天净沙・秋思》的爭論熱議。由《西江月》小令聯想元代的另一版本："瘦藤老樹昏鴉，遠山流水人家，古道西風瘦馬，夕陽西下，斷腸人去天涯。"於是有學人又認爲此一"瘦馬"當指"揚州藝妓"，意謂形單影隻的青樓女子思念遠赴天涯的情郎——"斷腸人"，但這小令中的"瘦馬"之前，何以要冠以"古道西風"四字？則不得而知。通行本狀寫天涯游子的冷落凄凉情景，堪稱千古絶唱，無可置疑。那麽何以稱藝妓爲"瘦馬"？"瘦馬"一詞，初見於唐白居易《有感》詩三首之二："莫養瘦馬駒，莫教小妓女。後事在目前，不信君看取。馬肥快行走，妓長能歌舞。三年五年間，已聞換一主。"金董解元《西厢記諸宫調》中的《仙吕・賞花時》又載："落日平林噪晚鴉，風袖翩翩吹瘦馬。"此處的"瘦馬"無疑確指藝妓。稱妓女爲人人可騎的馬，後世又稱之爲"馬子"，是一種侮辱性的比擬。何以稱"瘦"？在中國古代常以"瘦"爲美，"瘦"本指腰肢纖細，故漢民歌曰："楚王好細腰，宮中多餓死。""細腰"强調的是苗條美麗。"好細腰"之舉，在南方尤甚，揚州的西湖所以稱之爲"瘦西湖"，不衹是因其狹長緊連京杭大運河，實則是因湖邊楊柳依依，芳草萋萋，又有荷花池、釣魚臺、五亭、二十四橋，美不勝收，較之杭州西湖有一種别樣的美麗。國人何以推崇揚州？《禹貢》劃定九州之中就有揚州，今之揚州已有兩千五百餘年的歷史。其主城區位於長江下游北岸，可追溯至公元前486年。春秋時期，吳王夫差在此開鑿了世界最早的運河——邗溝，建立邗城，孕育了唯一與邗溝同齡的運河城；因水網密布，氣候温潤，公元前319年，楚懷王熊槐在此建立廣陵城（今揚州仍沿稱"廣陵"），遂成爲中華歷史名城之一。此後歷經魏晋等朝代多次重修，至隋文帝開皇九年（589），廣陵改稱揚州。揚州除却政治地位顯赫之外，又是美女輩出之地，歷史上曾有漢趙飛燕、唐上官婉兒及南唐風流帝王李煜先後兩任皇后周薔、周薇，號稱"四大美女"。隋煬帝楊廣又在此開鑿大運河，貫通至京都洛陽旁連涿郡，藉此運河三下揚州，尋歡作樂。時至唐代，揚州更是江河交匯，四海通達，成爲全國性的交通要衝，故有"故人西辭黄鶴樓，煙花三月下揚州。孤帆遠影碧空盡，唯見長江天際流”的著名詩篇（唐李白《黃鶴樓送孟浩然之廣陵》，今之揚州已遠離長江）。揚州在唐代是除却長安之外的最爲繁華的大都會，商旅雲聚，青樓大興，成爲文壇才士、豪門公子醉生夢死之地。唐王建《夜看揚州市》詩贊曰：“夜市千燈照碧雲，高樓紅袖客紛紛。”詩人杜牧《遣懷》更有名作：“落魄江湖載酒行，楚腰纖細掌中輕。十年一覺揚州夢，贏得青樓薄幸名。”此“楚腰纖細掌中輕”之用典，即直涉楚靈王好細腰與趙飛燕的所謂“掌中舞”兩事。杜牧憑藉豪放而婉約的詩作，贏得百世贊頌，此詩實是一種自嘲、以書懷才不遇之作，却曾遭致史家“放浪薄情”的詬病。大唐之揚州，確是令人嚮往，令人心醉，故而詩人張祜有“人生只合揚州死”（見其所作《縱游淮南》）之感嘆。元代再度大修的京杭大運河弃洛陽直達北京，揚州之地位愈加顯赫。總之，世界這一最古最長的大運河歷代修建，始終離不開揚州。時至明清，揚州經濟依然十分繁盛，仍是達官貴人喜於擇居之地，兩淮鹽商亦集聚於此，富甲一方，由此振興了園林業、餐飲業，娛樂中的色情業也應運而生，養“瘦馬”就是其中的一種，一些投機者低價買進窮苦人家的美麗苗條幼女，令其學習言行禮儀、歌舞繪畫及其他媚人技能技巧，而後以高價賣至青樓或權貴豪門，大發其財。除却“揚州瘦馬”之外，又催生了著名的“揚州八怪”，文化藝術色彩愈加分明。

“揚州瘦馬”本是一種當被摒弃的陋習，不足爲訓，但這一陋習所反映出的却是關聯揚州的一種別樣的文化，反映了揚州古今社會的經濟發展與變化，這當然也是西方博物學替代不了的。

結　語

綜上所述可知，中華博物學是學術研究中的另一方天地，無可替代，必須重建，且勢在必行。如何重建？如何展現我中華博物獨有的神貌？答曰：中華博物絕非僅指博物館的收藏物，必須是全方位的，無論是宮廷裏，無論是山野間，無論是人工物，無論是天然品，無論是社會中，無論是自然界裏，皆應廣予收録考釋。考釋的主旨，乃探索我中華浩浩博物的淵源、流變。此一博物學甚重“物”的形體、屬性及其淵源流變，同時又關注其得名由來，重視兩者間的生衍關係。通常而言（非通常情況當作別論），在人類社會中有其物必當有其名，有其名亦必有其物。此外，更有同物異名，或同名异物之別。探究"物"本體的淵源流變并釐清名物關係，這就是中國古典博物學的使命，這也正是最爲嚴密的格物致知，也正是最爲嚴肅的科學體系。但中國古典博物學，又必須體現《博物記》以還的國學傳統，必須體現博大的天人視野及民胞物與情懷，有助於我中華的再度振起，乃至於世界的安寧和諧。而那些神怪虛無之物，則不得納入新的博物學中，祇能作爲附錄以備考。如何具體裁定，如何通盤布局，并非易事，遠超想象。因我中華民族是喜愛并嚮往神話的古老民族，又常常憑藉豐富的想象對某種博物作出判斷與解讀，判斷與解讀的結果，除却導致無稽的荒誕之外，又時或引發別樣的思考，常出乎人們的所料，具有別樣的價值。如水族中的"比目魚"，亦稱"王餘魚""兩鯡""拖沙魚""鞋底魚""板魚""箬葉"，俗稱"偏口魚"，爲鰈形目魚類之古稱。成魚身體扁平而闊，兩眼移於頭的另一端，習慣於側卧，朝上的一面有顏色鮮明的眼睛，朝下一面似無眼睛，先民誤以爲祇有一眼，必須相互比并而行。此一判斷與解讀，始自漢代《爾雅·釋地》："東方有比目魚焉，不比不行。"郭璞注："狀似牛脾……一眼，兩片相合乃得行。今水中所在有之，江東又稱爲王餘魚。"事過千載，直至明代李時珍《本草綱目》問世，盡皆認定比目魚僅有一隻眼，出行必須各藉他魚另一眼（見《本草綱目·鱗四·比目魚》）。傳統詩文中用比目魚以比喻形影不離的情侶或好友，先民爭相傳頌，百代不休，直至 1917 年徐珂的《清稗類鈔》問世，始知比目魚兩眼皆可用，不必兩兩并游（《清稗類鈔·動物篇》）。古人憑藉想象，又認爲尚有與比目魚相對應的"比翼鳥"，見於《爾雅·釋地》："南方有比翼鳥焉，不比不飛。"這一"比翼鳥"，僅一目一翼，須雌雄并翼飛行，如同比目魚一樣，亦用以比喻形影不離的情侶或好友。"比目魚""比翼鳥"之類虛幻者外，後世又派生了所謂"連理枝"，著名詩作有唐白居易《長恨歌》曰："在天願爲比翼鳥，在地願爲連理枝。"何謂"連理枝"？"連理枝"是指自然界中罕見的偶然形成的枝和幹連爲一體的樹木。"連理枝"之外，又出現了"并蒂蓮"之類。"并蒂蓮"亦稱"并頭蓮""合歡蓮"等，是指一莖生兩花，花各有蒂，蒂在花莖上連在一起的蓮花。這種"連理枝""并蒂蓮"，難以納入下述的世界通行的階元系統，也難依照林奈創立的雙名命名法命名，但却又是一種不可忽視的實物，是大自然所形成的另一種奇妙的實物。此一"并蒂蓮"如同"比目魚""連理枝"一樣，亦用以喻情侶或好友，同樣廣見於傳統詩文。歲月悠悠，始於遠古，達於近世，先民對於我中華博物的無限想象以及與之并行的細密觀察探索，令人嘆爲觀止，凡天地生靈、袞袞萬物，無所不及，超乎想象，從而構成了一幅文明古國的壯闊燦爛畫卷。

　　這當是歷經百年沉淪、今得復蘇的我國傳統的博物學，這當是重建的嶄新的全方位的中華博物學。

　　中華博物學除却遵循發揚傳統的名物學、訓詁學、考據學及近世的考古學之外，也廣泛汲取了當代天文、地理、生物、礦物、農學、醫學、藥學諸學的既有成就，其中動植物的本名依照世界通行的階元系統，分爲界、門、綱、目、科、屬、種七類。又依照瑞典卡爾·馮·林奈（瑞文Carl von Linné）創立的雙名命名法命名。“連理枝”“并蒂蓮”“比目魚”“比翼鳥”之屬旁及龍、鳳、麒麟、貔貅等傳説之物，則作爲附録，劃歸相應的動物或植物卷中。這樣的研究章法，這樣的分類與標注，避免了傳統分類及形狀描述的訛誤或不確定性，即可與國際接軌。綜合古今中外，論者認爲《中華博物通考》的研究主體，可劃歸三十六大類，依次排列如下：

　　《天宇》《氣象》《地輿》《木果》《穀蔬》《花卉》《獸畜》《禽鳥》《水族》《蟲豸》《國法》《朝制》《武備》《教育》《禮俗》《宗教》《農耕》《漁獵》《紡織》《醫藥》《科技》《冠服》《香奩》《飲食》《居處》《城關》《交通》《日用》《資産》《珍奇》《貨幣》《巧藝》《雕繪》《樂舞》《文具》《函籍》。

　　存史啓智，以文育人，乃我中華千載國風。新時代習近平總書記甚重民族自信、文化自信，極力倡導“舊邦新命”，明確指出要“盛世修文”，怎不令人振奮，令人鼓舞！今日，我輩老少三代前後聯手、辛苦三十餘載、三千餘萬言的皇皇巨著——《中华博物通考》欣幸面世，并得到國家出版基金資助。這就昭示了沉淪百載的中華傳統博物學終得復蘇，這就是重建的全新中華博物學。“舊邦新命”“盛世修文”，重建博物學，旨在賡續中華文脉，發揚優秀傳統文化，汲取生生不息的精神力量，再現偉大民族的深邃智慧，展我生平志，圓我强國夢！

張述錚

乙丑夾仲首書於山東師範大學映月亭
甲辰南吕增補於歷下龍泉山莊東籬齋

總　說

——漫議重建中華博物學的歷史意義與現實價值

緣　起

　　《中華博物通考》（下稱《通考》）是一部通代史論性的華夏物態文化專著，係“九五”“十五”“十四五”國家重點出版物專項規劃項目，并得到 2020 年度國家出版基金資助。全書共三十六卷，另有附録一卷，其中有許多卷又分上下或上中下，計有五十餘册，逾三千萬字。《通考》的編纂，擬稿於 1990 年夏，展開於 1992 年春，迄今已歷三十餘載，初始定名爲《中華博物源流大典》，原分三十二門類（即三十二卷）。此後，歷經斟酌修補，終成今日規模。三十餘載矣，清苦繁難，步履維艱，而大江南北，海峽兩岸，衆多學人，三代相繼，千里聯手，任勞任怨，無一退縮，何也？因本書關涉了古老國度學術發展的重大命題，足可爲當今社會所藉鑒，作者們深知自家承擔的是何樣的重任，未敢輕忽，未敢怠慢。

　　何謂中華物態文化？中華物態文化的研究主體就是中華浩博實物。其歷史若何？就文字記載而言，中華物態文化史應上溯於傳說中的三皇五帝時期，隸屬於原始社會。“三皇五帝”究竟爲何人，我國史家多有不同見解，大抵有三說：一曰“人間君主說”，“三皇”分別指天皇、地皇、人皇，“五帝”分別指炎帝烈山氏、黄帝有熊氏、顓頊高陽氏、帝堯陶唐氏和帝舜有虞氏；二曰“開創天下説”，三皇分別指有巢氏、燧人氏、伏羲氏，“五帝”分別指炎帝烈山氏、黄帝有熊氏、顓頊高陽氏、帝堯陶唐氏和帝舜有虞氏；三曰“道治德化説”，認爲“三皇以道治，五帝以德治”，“三皇”是遠古三位有道的君主，分別指太昊伏羲氏、炎帝神農氏及黄帝軒轅氏，五帝則是少昊金天氏、顓頊高陽氏、帝嚳高辛氏、帝堯陶唐氏和帝舜有虞氏。有關三皇五帝的組合方式，典籍記載亦不盡相同，大抵有四種，在此不予臚列。“三皇五帝”所處時間如何劃定，學界通常認爲有巢、燧人、伏羲屬於舊石器時代，有巢、燧人爲早期，伏羲爲晚期，其餘皆屬新石器時代，炎帝、黄帝、少昊、顓頊等大致同時，屬仰韶文化後期和龍山文化早期。“三皇五帝”後期，已萌生并逐步邁進文明史時代。

　　中華文明史，國際上通常認定爲三千七百年（主要以文字的誕生與城邑的出現等爲標志），國人則認定爲逾五千年，今又有九千年乃至萬年之説。後者可以上溯至新石器時代，如隸屬裴李崗文化的河南省舞陽縣賈湖村出土了上千粒碳化稻米，約有九千年歷史，是世界最早的栽培粳稻種子。經鑑定其中百分之八十以上不同於野生稻，近似現代栽培稻種，可證其時已孕育了農耕文化。其中發現的含有稻米、山楂、葡萄、蜂蜜的古啤酒也有九千年以上的歷史，可證其時已掌握了釀造術。賈湖又先後出土了幾十支骨笛，也有七千八百年至九千年的歷史，其中保存最爲完整者，可奏出六聲音階的樂曲，反映了九千年前，中華民族已具有相當高度的生産力與創造力、具有相當高度的文化藝術水準與審美情趣。有美酒品嘗，有音樂欣賞，彼時已知今人所稱道的“享受生活”，當非原始人所能爲。賈湖遺址的發現并非偶然，近來上山文化晚期浙江義烏橋頭遺址，除却出土了古啤酒之外，又發現諸多彩陶，彩陶上還繪有伏羲氏族所創立的八卦圖紋飾，故而國人認爲這一時期中華文明已開始形成，至少連續了九千載。中華文明的久遠，當爲世界四大文明古國之首，徹底否定了中華文明西來之説。九千載之説雖非定論，却已引起舉世關注。此外，江西省上饒市萬年縣大源鄉仙人洞遺址發現的古陶器則産生於一萬九千至兩萬年前，又遠超前述的出土物的製作時間。雖有部分學界人士認爲仙人洞遺址隸屬於舊石器遺址，并未進入文明時代，但其也足可證中華博物史的久遠。

一、何謂 "博物" 與《中華博物通考》? 《通考》的要義與章法何在?

何謂 "博物"? "博物" 一詞, 首見於《左傳・昭公元年》: "晉侯聞子産之言, 曰: '博物君子也。'" 其他典籍也時有記載, 如《漢書・楚元王傳贊》: "自孔子後, 綴文之士衆也, 唯孟軻、孫況、董仲舒、司馬遷、劉向、揚雄此數公者, 皆博物洽聞, 通達古今。"《周書・蘇綽傳》: "太祖與公卿往昆明池觀魚, 行至城西漢故倉地, 顧問左右莫有知者。或曰: '蘇綽博物多通, 請問之。'" 以上 "博物" 指博通諸種事物, 一般釋爲 "知識淵博"。此外,《三國志・魏書・國淵傳》: "《二京賦》博物之書也, 世人忽略, 少有其師可求。" 唐釋玄奘《大唐西域記・摩臘婆國》: "昔此邑中有婆邏門, 生知博物, 學冠時彦, 内外典籍, 究極幽微, 曆數玄文, 若視諸掌。" 明王褘《司馬相如解客難》: "借曰多識博物, 賦頌所託, 勸百而風一。" 這些典籍所載之 "博物", 即可釋爲今義之 "浩博實物"。這一浩博實物, 任一博物館盡皆無法全部收藏。本《通考》指稱的 "博物" 既可以是天然的, 也可以是人工的; 既可以是静態的, 也可以是動態的; 既可以是斷代的, 也可以是歷時的, 是古今并存, 巨細俱備, 時空縱橫, 浩浩蕩蕩, 但必須是我中華獨有, 或是中土化的。研究這浩蕩博物的淵源流變以及同物异名或同名异物之著述即《博物通考》, 而爲與西方博物學相區别, 故稱之爲《中華博物通考》。

在中國古代久有《皇覽》《北堂書鈔》等類書、《儒學警語》《四庫全書》等叢書以及《爾雅》《説文》等辭書, 所涉甚廣, 却皆非傳統博物典籍。本書草創之際, 唯有《中國學術百科全書》《中華百科全書》《中國大百科全書》之類風行於世, 這類百科全書亦皆非博物學專著。專題博物學著作甚爲罕見, 僅有今人印嘉祥《物源百科辭書》, 俞松年、毛大倫《生活名物史話》, 抒鳴、鋭鏵《世界萬物之由來》等幾種, 多者收詞約三千條, 少者僅一百八十餘款, 或洋洋灑灑, 或鳳毛麟角, 各有千秋, 難能可貴。《物源百科辭書》譽稱 "我國第一部物源工具書"（見該書序）, 此書中外兼蓄, 虚實并存, 堪稱廣博, 惜略顯雜蕪。本《通考》則另闢蹊徑, 别有建樹, 可稱之爲當代第一部 "中華古典博物學"。

《通考》甚重對先賢靈智的追蹤與考釋。中華民族是滿富慧心的偉大民族, 極善觀察探索, 即使一些不足挂齒的微末之物也未忽視, 且載於典籍, 十分翔實生動。如對常見的鳥類飛行方式即有以下描述: 鳥學飛曰翎, 頻頻試飛曰習, 振翅高飛曰翯, 向上直飛曰翀, 張翼扶摇上飛曰翚, 鳥舒緩而飛、不高不疾曰翻、曰翂, 快速飛行曰翏, 水上飛行曰猱，高飛曰翰，輕飛曰翩，振羽飛行曰翻，等等，不一而足。如此細密的觀察探隱，堪稱世界之最，令人嘆服！而關於禽鳥分類學，在中國古代也有獨到見解。明代李時珍所著《本草綱目》已建立了階梯生態分類系統，將禽鳥劃分爲水禽、原禽、林禽、山禽等生態類別，具有劃時代意義。這一生態分類法較瑞典生物學家林奈的《自然系統》（第十版）中的分類要早一百六十餘年，充分展示了我國古代鳥類分類學的輝煌成就，駁正了中國傳統生物學一貫陳腐落後的舊有觀念。此外，那些目力難及、浩瀚的天體，也盡在先民的觀察探索之中，如關於南天極附近的星象，遠在漢代即有記載。漢武帝元鼎六年（公元前 111），滅南越國，置日南九郡事，《漢書》及顏注、酈道元《水經注》有關"日南"的定名中皆有詳述，而西方於 15 世紀始有發現，晚中國一千四百餘年。再如，關於太陽黑子，在我國漢代亦有記載，《漢書・五行志》載："日黑居仄，大如彈丸。"其後《晋書・天文志中》亦載："日中有黑子、黑氣、黑雲。"而西方於 17 世紀始有發現，晚於中國一千六百餘年。惜自清朝入關之後，對於中原民族，對於漢民族長期排斥壓抑，致使靈智難展，尤其是中後期以來的專制國策，遭致國弱民窮，導致久有的科技一蹶不振，於是在列强的視野下，中華民族變成了一個愚昧的"劣等"民族。受此影響，一些居留國外或留學國外的學人，亦曾自卑自弃，本書《導論》曾引胡適的評語：中華民族是"又愚又懶的民族"，是"一分像人，九分像鬼的不長進民族"（見胡適《介紹我自己的思想》，1930年 12 月亞東圖書館初版《胡適文選》自序）。本《通考》有關民族靈智的追踪考索，巨細無遺，成爲另一大特點。

　　《通考》遵從以下學術體系：宗法樸學，不尚空論，既重典籍記載，亦重實物（包括傳世與出土文物）考察，除却既有博物類專著自身外，今將博物研究所涉文獻歸納爲十大系統：一曰史志系統，即史書中與紀傳體并列，所設相對獨立的諸志。如《禮樂志》《刑法志》《藝文志》《輿服志》等，頗便檢用。二曰政書類書系統。重在掌握典制的沿革，廣求佚書异文。三曰考證系統。如《古今注》《中華古今注》《敬齋古今黈》等，其書數量無多，見重實物，頗重考辨。四曰博古系統。如《刀劍錄》《過眼雲煙錄》《水雲錄》《墨林快事》等，這些可視爲博物研究散在的子書，各有側重，雖常具玩賞性，却足資藉鑒。五曰本草系統。其書草木蟲魚、水土金石，羅致廣博，雖爲藥用，已似百科全書。六曰注疏系統。爲古代典籍的詮釋與發揮。如《易》王弼注、《詩》毛亨傳、《史記》裴駰集解、《老子》魏源本義、《楚辭》王夫之通釋、《三國志》裴松之注、《水經》酈道元注、《世說新語》

劉孝標注等。七曰雅學系統、許學系統，或直稱之爲訓詁系統，其主體就是名物研究，後世稱爲“名物學”。八曰異名辨析系統。已成爲名物學的獨立體系。如《事物異名》《事物異名録》等，旨在同物異名辨析。九曰説部系統。包括了古代筆記、小説、話本、雜劇之類被正統學者輕視的讀物，這是正統文化之外，隱逸文化、民間文化的淵藪，一些世俗的衣、食、住、行之類日常器物，多藉此得見生動描述。十曰文物考古系統，這是博物研究中至爲重要的最具震撼力的另一方天地，因爲這是以歷代實物遺存爲依據的，足可印證文獻的真僞、糾正其失誤，多有創獲。

二、《通考》内容究如何，今世當作何解讀？

《通考》内容極爲豐富，所涉範圍極廣，古今上下，時空縱橫，實難詳盡論説，今略予概括，主要可分兩大方面，一爲自然諸物，二爲社科諸物，兹逐一分述如下：

（一）自然諸物：包括了天地生殖及人力之外的一切實體、實物，浩博無涯，可謂應有盡有。

如“太陽”“月亮”，在我中華凡是太空中的發光體（包括反射光體）皆被稱爲“星”，因此漢語在吸納現代天文學時，承襲了這一習慣，將“太陽”這類自身發光的等離子物體命名爲恒星。《天宇卷》研究的主體就是天空中的各種星象。星象就是指各種星體的位置、明暗、形狀等的變化。星象極其繁複，難以辨識。於是，在天空中位置相對穩定的恒星就成爲必要的定位標志。在人們目力所及的範圍内，恒星數以千計，先民將漫天看似雜亂無章的恒星位置相近者予以組合并命名，這些組合的星群稱之爲星宿，因而就有了三垣二十八宿之説。在远古難以對宇宙進行深入探索的時代，先民未能建立起完整的天體概念，也不知彼此的運動關係，僅憑藉直感認知，將所見的最強發光體——“太陽”本能地給予更多的關注，作出不同於西方的別樣解釋。視太陽爲天神，太陽的出没也被演繹成天神駕車巡游，而夸父追日、后羿射日等典故，則承載了諸多遠古信息。先民依據太陽的陰陽屬性、形體形象、光熱情況、時序變化、神話傳説及俗稱俗語等特點，賦予了諸多別名和異稱，其數量達一百九十餘種，如“陽精”“丙火”“赤輪”“扶桑”“東君”“摩泥珠”等，可見先民對太陽是何等的尊崇。對人們習見的“月亮”，《天宇卷》同樣考釋了其異名別稱及其得名由來。今知月亮異名別稱竟達二百二十餘種，較之“太陽”所收尤爲宏富。如

"太陰""玉鏡""嬋娟""姮娥""顧兔""桂影""玉蟾蜍""清凉宫",等等。而關於"月亮"的所見所想,所涉傳聞佳話,連綿不絕,超乎所料。掩卷沉思,無盡感慨!中華民族是一個明潔溫婉、追求自由、嚮往和平、極具夢想的偉大民族。愛月、咏月、賞月、拜月,深情綿綿,與月亮别有一番不解之緣!饒有趣味者,爲東君太陽神驅使六龍馭車的羲和,如同爲太陰元君駕車的望舒一樣,竟也是一位女子,可見先民對於女性的信賴與尊崇。何以如此?是母系社會的遺風流韵麽?不得而知!足證《通考》探討"博物"的意義并不衹在"博物"自身,而是關乎"博物"所承載的傳統文化。

再如古代出現的"雪""雹"之類,國人多認定與今世無多大差异,實則不然。《氣象卷》收有"天山雪""陰山雪""燕山雪""嵩山雪""塞北雪""南秦雪""秦淮雪""廬山雪""嶺南雪""犬吠雪"(偏遠的南方之雪。因犬見而驚吠,故稱),等等,這些雪域不衹在長城内外,又達於大江南北,可謂遍及全國各地,令人眼界大開。這些雪域的出現,又并非遠古間事,所見文字記載盡在南北朝之後,而"嶺南雪"竟見於明清時期,致使今人難以置信。若就人們對雪的愛惡而言,有"瑞雪""喜雪""灾雪""惡雪";若就雪的屬性而言,有"乾雪""濕雪""霧雪""雷雪";若就降雪時間長短而言,有"連旬雪""連二旬雪""連三旬雪""連四旬雪";若就雪的危害而言,有"致人凍死雪""致人相食雪"等,不一而足。此外,雪另有色彩之别,本卷收有"紅雪""綠雪""褐雪""黑雪"諸文,何以出現紅、綠、褐、黑等顏色?這是由於大地上各類各色耐寒的藻類植物被捲入高空,與雪片相遇,從而形成不同色彩。對此,先民已有細微觀察,生動描述,但未究其成因。1892 年冬,意大利曾有漫天黑雪飄落,經國際氣象學家研究測定,此一現象乃是高空中億萬針尖樣小蟲,在飛翔時與雪片粘連所致。這與藻類植物被捲入高空,導致顏色的變幻同理。或問,今世何以不見彩色之雪?因往昔大地之藻類及針尖樣小蟲,由於生態環境的破壞而消失殆盡。就氣象學而言,古代出現彩雪,是正常中的不正常,現代衹有白雪,則是不正常中的正常。本卷中有關雹的考釋,同樣頗具情趣,十分精彩。依雹的顏色有"白色雹""赤色雹""黑色雹""赤黑色雹",依形狀有"杵狀雹""馬頭狀雹""車輪狀雹""有柄多角雹",依長度有"長徑尺雹""長尺八雹",依重量有"重四五斤雹""重十餘斤雹",依危害則有"傷禾折木雹""擊殺鳥雀雹""擊殺獐鹿雹""擊死牛馬雹""壞屋殺人雹"等,這些記載并非出自戲曲小説,而是全部源於史書或方志,時間地點十分明確,毋庸置疑。古今氣象何以如此不同?何以如此反常?衹嘆中國古代的科研體系多注重對現象的觀察,而不求其成因，衹是將以上現象置於史志之中，予以記載而已。本《通考》對中華"博物"的考辨，不衹是展現了大自然的原貌、大自然的古今變幻，而且也提供了社會的更迭興替和民生的禍福起落等諸多耐人尋味的思考。

另如，《水族卷》中收有棘皮動物"海參"，其物在當代國人心目中，是難得的美味佳餚和滋補珍品。《水族卷》還原其本真面貌，明確指出海參爲海洋動物中的棘皮動物門，海參綱之統稱，而後依據古代典籍，考證其物及得名由來：三國吳沈瑩《臨海水土異物志》："土肉，正黑，如小兒臂大，中有腹，無口目……炙食。"其時貶稱"土肉"，衹是"炙食"而已。既貶稱爲"土"，又止用於燒烤而食，此即其初始的"身份""地位"，實是無足稱道。直至明代謝肇淛《五雜俎·物部一》中，始見較高評價，并稱其爲"海參"："海參，遼東海濱有之，一名海男子。其狀如男子勢然，淡菜之對也。其性温補，足敵人參，故名海參。""男子勢"，舊注曰"男根"，因海參形如男性生殖器，俗名"海男子"，正與形如女性生殖器的淡菜（又稱"海牝""東海夫人"，即厚殼貽貝）相對應。此一形似"男根"之物，何以又被重視起來？國人對食療養生素有"以形補形"的觀念，如"芹菜象筋骼，吃了骨頭硬；核桃象大腦，吃了思維靈"之類，而因海參似男根，故認定其有補腎壯陽的功能，這就是"足敵人參"的主要根據之一。謝氏在贊其"足敵人參"的同時，又特別標示了其不雅的綽號"海男子"，則又從另一側面反映了明代對於海參仍非那麼珍視，故而在其當代權威的醫典《本草綱目》中未予記載。"海參"在清朝的國宴"滿漢全席"中始露頭角，漸得青睞。本卷作者在還其本真面貌的過程中，又十分自然地釐清了海參自三國之後的异名別稱。如，"土肉""海男子"之後，又有"虷""沙噀""戚車""龜魚""刺參""光參""海鼠""海瓜""海瓜皮""白參""牛腎""水參""春皮""伏皮"諸稱，"虷"字之外，其他十三個异名別稱，古今辭書無一收録，唯一收録的"虷"字，又含混不清。而"海參"喻稱"海瓜"，則爲英文 sea cucumber 的中文義譯，較中文之喻稱"海男子"似有异曲同工之妙，又可證西人對海參也并不那麼重視。

全書三十六卷，卷卷不同。本書設有《珍奇卷》，別具研究價值。如"孕子石"，發現於江蘇省溧陽市蘇溧地區。此石呈灰黃色，質地堅硬，其外表平凡無奇，但當人們把石頭敲開時，裏面會滾出許多圓形石彈子，直徑 21 厘米左右，和母石相較，顏色稍淺，但成分一致。因石中另包小石，好似母石生下的子石，故稱"孕子石"。這種"石頭孕子"史志無載，首次發現，地質學家們同樣百思而不得其解，衹能"望石興嘆"。再如"預報天旱井”，位於廣西全州縣內，每年大旱來臨前二十天，水井會流出渾水，長達兩天之久，附近村民見狀，便知大旱將臨，便提前做好抗旱準備。此外，該井每二十四小時漲潮六次，每次約漲五十分鐘，水量約增加兩倍。此井如同“孕子石”一樣，史志無載，首次發現，對此井的奇特現象有關專家同樣百思不得其解，也衹能“望井興嘆”。

（二）社科諸物：自然物外，中華博物中的社科諸物漫布於社會生活之中，其形成發展、古今變化，尤爲多彩，展現了一種別樣的國情特徵和民族靈智。

如《國法卷》，何謂“國法”？國法係指國家之法紀、法規。國法其詞作爲漢語語詞起源甚爲久遠，先秦典籍《周禮・秋官・朝士》中即已出現，“國法”之“法”字作“灋”，其文曰：“凡民同貨財者，令以國灋行之，犯令者刑罰之。”同書《地官・泉府》中又有另詞“國服”，其文曰：“凡民之貸者，與其有司辨而授之，以國服爲之息。”此“國服”言民間貿易必須服從國法，故稱“國服”。作爲語詞，“國法”“國服”互爲匹配。國法爲人而設，國服隨法而施，有其法必有其服，有法無服，則法罔立，有服無法，舉世罔聞。今“國法”一詞存而未改，“國服”則罕見使用。就世界範圍而言，中國的國法自成體系，具有國體特色與民族精神，故西方學者稱之爲“中華法系”或“東方法系”。本《國法卷》即以“中華法系”爲中心論題，全面考釋，以現其固有特色與精神。中華法系如同世界諸文明古國法系一樣，源於宗教，興於禮俗，而最終成爲法律，遂具有指令性、强制性。中華法系一經形成，即迥異於西方，因其從不以“永恒不變的人人平等的行爲準則”自詡，也沒有立法依據的總體理論闡釋，而是明確標示法律應維護帝王及權貴的利益。在中國古代，從没出現過如古希臘或古羅馬的所謂絶對公正的“自然法”，毋須在“自然法”指導下制定“實在法”。中國古代的全部法律皆爲正在施行的“實在法”，但却有不可撼動的權威理論——“君權天授”說支撐。“天”，在先民心目中是無可比擬的最神秘、最巨大的力量。“天”，莊重而仁慈，嚴厲而公正，無所不察，無所不能。上自聖賢哲人，下至黎民百姓，少有不“敬天意”、不“畏天命”者，帝王既稱“天子”，且設有皇皇國法，條文森然，何人敢於反叛？天下黔首，非處垂死之地，絶不揭竿而起，妄與“天”鬥！故而在中國古代，帝王擁有最高立法權與司法權，享有無盡的威嚴與尊貴。今知西周時又强化了宗族關係，即血緣關係。血緣關係又分爲近親、遠親、异姓之親等。血緣關係成爲一切社會關係的核心，由血緣關係擴而廣之，又有師生、朋友及當體恤的其他人等關係。由血緣關係又進而强化了尊卑關係，即君臣關係、臣民關係，這些關係較之血緣關係更爲細密，爲此而設有"八辟"之法，規定帝王之親朋、故舊、近臣等八種人，可以享有減免刑罰之特權。漢代改稱"八議"，三國魏正式載入法典。其後，歷代常有沿襲。這一血緣關係在我國可謂根深蒂固，直至今世而未衰。爲維護這尊卑關係，西周之法典又設有《九刑》，以"不忠"爲首罪。另有《八刑》以"不孝"爲首罪。"忠"，指忠君，"孝"指孝敬父母，兩者難以分割。《九刑》《八刑》雖爲時過境遷之古法，但其倡導的"忠孝"，已成爲中華民族的一種處世觀念，一種道德規範。作爲個人若輕忽"忠孝"，則必極端自私，害及民衆；作爲執政者若輕忽"忠孝"，則必妄行無忌，危及國家。今世早已摒弃愚忠愚孝之舉，但仍然繼承并發揚了"忠孝"的傳統。"忠"不再是"忠君"，而是忠於祖國，忠於人民，或是忠於信守的理想；"孝"謂善事父母，直承百代，迄今不衰。"忠孝"是人們發自心底的感恩之情，唯知感恩，始有報恩，人間纔有真情往還，纔有心靈交融。佛家箴言警語曰"上報四重恩，下濟三途苦"（見《大乘本生心地觀經》），"四重恩"指父母恩、師長恩、國土恩、衆生恩（衆生包括動植物等一切生靈）。我國傳統忠孝文化中又融入了佛家的這一經典旨意，可謂相得益彰。"忠孝"乃我文明古國屹立不敗的根基，絕不可視之爲"封建觀念"。縱觀我中華信史可知，舉凡國家昌盛時代，必是忠孝振興歲月，古今如一，堪稱鐵律。國家可敬又可愛，所激起的正是人們的家國情懷！"忠孝"這一處世觀念，這一道德規範，直涉人際關係，直涉國家命運，成爲我中華獨有、舉世無雙的文化傳統。

　　中國之國法，并非僅靠威懾之力，更有"禮治"之宣導，而關乎禮治的宣導今人常常忽略。前已述及中華法系如同世界諸文明古國法系一樣，源於宗教，興於禮俗，由禮俗演進爲禮治，禮治早於刑法之前已經萌生。自商周始，《湯刑》《吕刑》（按，《湯刑》《吕刑》之"刑"當釋爲"法"）相繼問世，尤重"禮治"，何謂"禮治"？"禮治"指遵守禮儀道德與社會規範，破除"禮不下庶人"的舊制，將仁義禮智信作爲基本的行爲規範，《孟子·公孫丑上》曰："辭讓之心，禮之端也。""辭讓"指謙和之道，尊重他人，由"禮讓"而漸發展爲"禮制"。至西周時，"禮治"已成定制。這一立法思想備受推崇。夏商以來，三千餘載，王朝更替，如同百戲，雖脚色各异，却多高揚禮制之大旗，以期社會和諧，民生安樂。不瞭解中國之禮治，也就難以瞭解中華法制史，就難以瞭解中國文化史。此後"禮治"配以"刑治"，相輔相成，久行不衰。"禮刑相輔"何以行使？答曰：升平之世，統治者無不强調禮制之作用，藉此以示仁政；若逢亂世，則用重典，施酷刑（下將述及），軟硬兩手交替使用。這就組成了一張巨大的不可錯亂、不可逾越的法律之網，這就是中華民族百代信守的國家法制的核心，這就是中華民族有史以來建國治國之道。這一"禮刑相輔"的治國之道，迴別與西方，爲我中華所獨有，在漫長而多樣的世界法制史中居於前沿地位。

在我古老國度中，國家既已形成，於是又具有了不同尋常的歷史意義與價值觀。自先秦以來，"國家"一詞意味着莊嚴與信賴。在國人心目中，"國"與"家"難以分割，直與身家性命連爲一體，故"報效國家"爲中華民族的最高志節，而"國破家亡"則爲全民族的最大不幸。三十年前本人曾是《漢語大詞典》主要執筆者之一，撰寫"國家"條文時，已注意了先民曾把皇帝直稱爲"國家"。如《東觀漢紀・祭遵傳》："國家知將軍不易，亦不遺力。"《晉書・陶侃傳》："國家年小，不出胸懷。"稱皇帝爲"國家"，以皇帝爲國家的代表或國家的象徵，較之稱皇帝爲天子，更具親切感，更具號召力。中國歷史上的一些明君仁主也多以維護國家法制爲最高宗旨，秦皇、漢武皆曾憑藉堅定地立法與執法而國勢強盛，得以稱雄天下，這對始於西周的"八辟"之法，無疑是一大突破。本書《國法卷》第一章概論論及隋唐五代立法思想時，有以下論述：據《隋書・王誼傳》及文帝相關諸子傳載，文帝楊堅少時同王誼爲摯友，長而將第五女嫁王誼之子，相處極歡，後王誼被控"大逆不道，罪當死"，文帝遂下詔"禁暴除惡"，"賜死於家"。《隋書・文四子傳》又載，文帝三子秦王楊俊，少而英武，曾總管四十四州軍事，頗有令名，文帝甚爲愛惜，獎勵有加。後楊俊漸奢侈，違制度，出錢求息，窮治宮室，文帝免其官。左武衛將軍劉升、重臣楊素，先後力諫曰："秦王非有他過，但費官物、營廨舍而已。"文帝答曰："法不可違！"劉、楊又先後諫曰："秦王之過，不應至此，願陛下詳之。"文帝答曰："我是五兒之父，若如公意，何不別制天子兒律？"文帝四子、五子皆因違法，被廢爲庶民，文帝處置毫不猶豫，毫不留情。隋文帝身爲人君，以萬乘之尊，率先力行，實踐了"王子犯法，與民同罪"的古訓。在位期間，創建"開皇之治"，人丁大增，百業昌盛，國人視文帝爲真龍天子，少數民族則尊稱其爲聖人可汗。《國法卷》主編對歷史上身爲人君的這種舉措，有"忍割親朋私情，立法爲公"的簡要評論。這一評論對於中國這種以宗族故交爲關係網的大國而論，正是切中要害。此後，唐太宗李世民、玄宗李隆基、憲宗李純等君王皆有類似之舉，終成輝煌盛世。時至明代，面對一片混亂腐敗的吏治，明太祖朱元璋更設有"炮烙""剝皮"之類酷刑嚴法，懲治的貪官污吏達十五萬之衆，即便自家的親朋故舊，也毫不留情。如進士出身的駙馬，朱元璋的愛婿歐陽倫只因販茶違法，就直接判以死刑，儘管安慶公主及儲君朱允炆苦苦哀求，也絶不饒恕。據《明史·循吏傳序》載："〔官吏〕一時受令畏法，潔己愛民，以當上指……民人安樂、吏治澄清者百餘年。"其時，士子們甘願謀求他職，而不敢輕率爲官，而諸多官員却學會了種田或捕魚，呈現了古今難得一見的別樣的政治生態。明太祖的這類嚴酷法令雖是過當，却勝於放縱，故而明朝一度成爲世界經濟大國、經濟強國。中國歷史上的諸多建國之名君仁主，執法雖未若隋文帝之果决，未若明太祖之嚴酷，但無一不重視國家安危。這些建國名君仁主"上以社稷爲重，下以蒼生在念"（見《舊唐書·桓彥範傳》），故而贏得臣民的擁戴。今之世人多以爲帝王之所以成爲帝王，盡皆爲皇室一己之私利，祇貪圖自家的享榮華富貴而已，實則并非盡皆如此。歷代君王既已建國，亦必全力保國，并垂範後世，以求長治久安。品讀本書《國法卷》，可藉以瞭解我國固有的國情狀況，瞭解我國歷史中的明君仁主如何治理國家，其方策何在，今世仍有藉鑒價值。縱觀我國漫長的歷史進程，有的連續數代，稱爲盛世；有的衰而復起，稱爲中興；有的則二世而亡，如曇花一現。一切取决於先主與後主是否一脉相繼，一切取决於執法是否穩定。要而言之：嚴守國法，則國家興盛，嚴守國法，則社會祥和，此乃舉世不二之又一鐵律。

　　《國法卷》雖以國法爲研究主體，却力求超越法律研究自身，力求探索法律背後的正反驅動力量，其旨義更加廣遠。因而本卷又區別於常見的法律專著。

　　另如《巧藝卷》，在《通考》全書中未占多大分量，但在日常社會生活中却有無可替代的獨特地位，藉此大可飽覽先民的生活境遇和精神世界。何謂"巧藝"？古代文獻中無此定義。所謂"巧藝"，專指巧智與技藝性的娛樂及各種健身活動，同時展現了與之相應的家國關係。中華民族的"巧藝"別具特色，所涉內容十分廣泛，除却一般游戲活動外，又包涵了棋類、牌類、養生、武術、四季休閑、宴飲娛樂、動物馴化等等。細閱本卷所載，常爲古人之智巧所折服。如西漢東方朔"射覆"之奇妙，今已成千古佳話。據《漢書·東方朔傳》載，漢武帝嘗覆守宮（即壁虎）於杯盂之下，令衆方士百般揣度，各顯其能，并無一言中的者，而東方朔却可輕易解密，有如神算，令滿座驚呼。何謂"射覆"？"射覆"爲古代猜測覆物的游戲。射，揣度；覆，覆蓋。"射覆"之戲，至明清始衰，其間頗多高手。這些高手似乎出於特異功能，是古人勝於今人麼？當作何解釋？學界認爲這些高手多善《易》學，故而超乎常人，但今世精於《易》學者并非罕見，却未見有如東方朔者，何也？難以作答，且可不論，但古代對動物的馴化，又何以特別精彩，令今人嘆服？

著名的唐代象舞、馬舞，久負盛名，這些大動物似通人性，故可不論，而那些似乎笨拙的小動物，如"烏龜疊塔""蛤蟆說法"之類的馴養，也常常勝過今人，足可展現先民的巧智，"'疊塔''說法'，固教習之功，但其質性蠢蠢，非他禽鳥可比，誠難矣哉！"（見明陶宗儀《輟耕錄·禽戲》）古人終將蠢蠢之蟲馴化得如此聰明可愛，藉此可見古人之扎實沉着，心智之專一，少有後世浮躁之風。目前，國人甚喜馴養，寵物遍地，却未見馴出如同上述的"疊塔"之烏龜與"說法"之蛤蟆，今之馬戲或雜技團體，爲現代專業機構，也未見絕技面世。

《巧藝卷》的條目詮釋，大有建樹，絕不因襲他人成說，明確關聯了具體事物形成的歷史淵源與社會背景。如"踏青"，《漢語大詞典》引用了唐代的書證，并稱其爲"清明節前後，郊野游覽的習俗"。本卷則明確指出，"踏青"是由遠古的"春戲"演變而來。西周時曾爲禮制。漢代已有"人日郊外踏青"之俗，同時指出"踏青"還有"游春"的別稱。《漢語大詞典》與本卷的釋文内容差異如此之大，實出常人之所料。何謂"春戲"？所有辭書皆未收錄。本卷有翔實考證，茲錄如下：

> 春戲：古代民間春季娛樂活動。以繁衍後代和期盼農作物豐收爲目的的男女歡會活動。始於原始社會末期，西周時仍很流行。《周禮·地官·司徒》："中春之月，令會男女。於是時也，奔者不禁。若無故而不用令者，罰之。司男女之無夫家者而會之。"《墨子·明鬼篇》："燕之有祖，當齊之社稷。宋之有桑林，楚之雲夢也，此男女之所屬而觀也。"《詩·鄭風·溱洧》："溱與洧，瀏其清矣。士與女，殷其盈矣。女曰：'觀乎？'士曰：'既且。''且往觀乎！洧之外，洵訏且樂。'維士與女，伊其將謔，贈之以芍藥。"《楚辭·九歌·少司命》："秋蘭兮糜蕪，羅生兮堂下。綠葉兮素枝，芳菲菲兮襲予。夫人兮自有美子，蓀何以兮愁苦？"戰國以後逐漸演變爲單純的春游活動"踏青"。

《巧藝卷》精心地援引了以上經典，可證在中國上古時期男女歡會非常自然，而且是具有相當規模的群體性活動。此舉在中國遠古時代已有所見，青海大通縣上孫家寨出土的舞蹈紋彩陶盆，已展現了男女携手共舞的親密生動場景，那是馬家窑文化的代表，距今已有五千年歷史，但必須明確，這并非蒙昧時期的亂性之舉。這是一種男女交往的公開宣示。前述《周禮·地官·司徒》曰："中春之月，令會男女……司男女無夫之家者而會之。"其要點是"男女無夫之家者"。這是明確的法律規定，故而作者的篇首語曰："以繁衍後代和期盼農作物豐收爲目的。”這就撥正了後世對於中國古代奴隸社會或封建社會有關男女關係的一些偏頗見解，可證本卷之“巧藝”非同一般的娛樂，所展現的是中華先民多方位的生活狀態。

三、博物研究遭質疑，古老科技又誰知？

《通考》所涉博物盡有所據，無一虛指，如繁星麗天，構成了浩大的博物學體系，千載一脉，本當生生不息，如瀑布之直下，但却似大河之九曲，時有峽谷，時有險灘，終因清廷喪權辱國、全盤西化而戛然中斷，故而迥异於西方。由於西方科技的巨大影響，致使一些學人缺少文化自信，多認爲中國古老的博物學，無甚價值。豈知我中華民族從不乏才俊、精英，從不乏偉大的發明，很多祇是不知其名而已。如《淮南子·泰族訓》：“欲知遠近而不能，教之以金目則快射。”漢代高誘注曰：“金目，深目。所以望遠近射準也。”何謂“金目”？據高注可知，就是深目。“深目”之“深”，謂深遠也（又説稱“金目”爲黃金之目，用以喻其貴重，恐非是）。“金目”當是現代望遠鏡或眼鏡之類的始祖。“金目”其物，在古代萬千典籍中僅見於《淮南子》一書，別無他載。因屬古代統治者杜絶的“奇技淫巧”，又甚難製作，故此物宫廷不傳，民間絶踪，遂成奇品。上世紀80年代，揚州邗江縣東漢廣陵王劉荆墓中出土一枚凸透鏡，此鏡之鏡片直徑1.3厘米，鑲嵌在用黃金精製而成的小圓環内，視物可放大四五倍，此鏡至遲亦有兩千餘年的歷史。廣陵墓之外，安徽亳州曹操宗族墓等處，亦有出土。是否就是“金目”已難考證。作爲眼鏡其物，發展到宋代，始有明確的文字記載，其時稱之爲“靉靆”（見明方以智《通雅·器用·雜用諸器》引宋趙希鵠《洞天清録》）。今日學者皆將眼鏡視爲西方舶來品，一説來自阿拉伯，又説來自英國，如猜謎語，不一而足；西方的眼鏡實則是由中國傳入的，如若説是西方自家發明，也晚於中國千年之久。

“金目”其物的出現絶非偶然，《墨子》中的《經下》《經説下》已有關於光的直綫傳播、反射、折射、小孔成象、凹凸透鏡成象等連續的科學論述，這一原理的提出，必當有各式透體器物，如鏡片之類爲實驗依據，這類器物的名稱曰何今已不得而知，但製造出金目一類望遠物，是情理之中的必然結果。據上述《經下》《經説下》記載可知，早在戰國時期，先賢已有光學研究的成就，與後世西方光學原理盡同。在中國漫長的古代日常生活中，隨時可見新奇的創造發明，這類創造發明所展現的正是中國獨有的科學。《導論》中所述"被中香爐""長信宮燈"之外，更有"博山爐"（一種形似傳說中神山"博山"的香爐，當香料在爐內點燃時，烟霧通過鏤空的山體宛然飄出，形成群山蒙蒙、衆獸浮動的奇妙景象，約發明於漢代）、"走馬燈"（一種竹木扎成的傳統佳節所用風車狀燈具，外貼人馬等圖案，藉燈內點燃蠟燭的熱力引發空氣對流，輪軸上的人馬圖案隨之旋轉，投身於燈屏上，形成人馬不斷追逐、物換景移的壯觀情景，約發明於隋唐時期）之類。古老中華何止是"四大發明"？此外，約七千年前，在天災人禍、形勢多變的時代背景之下，先民爲預測未來，指導行爲方嚮，始創有易學，形成於商周之際，今列爲十三經之首，稱爲《周易》，這是今世的科學不能完全解釋的另一門"科學"，其功用不斷地爲當世諸多領域所驗證，在我華夏、乃至歐美，研究者甚衆，本《通考》對此雖有涉及，而未立專論。

那麼，在近現代，國人又是如何對待古代的"奇技奇器"的呢？著名的古代"四大發明"，今已家喻户曉，婦幼皆知，但却如同可愛的國寶大熊猫一樣，乃是西方學者代爲發現。我仁人志士，爲喚醒"東方睡獅"，藉此"四大發明"，竭力張揚，以振奮民族精神。這"四大發明"影響非凡，但在中國傳統文化中亦無重要地位，其中"火藥"見載於唐孫思邈《丹經》，"指南針""印刷術"同見載於宋沈括《夢溪筆談》，皆非要籍鴻篇，唯造紙術見於正史，全文亦僅七十一字，緊要文字祇有可憐的四十三字（見《後漢書·宦者傳·蔡倫》）。而這"四大發明"中有兩大發明，不知爲何人所爲。

在古老中國的歷史長河中，更有另一種科學技術，當今學界稱之爲"黑科技"（意謂超越當今之科技，出於人類的想象之外。按，稱之爲"超科技"，似更易理解，更準確），那就是現代科學技術望塵莫及、無法破解的那些千古之謎。如徐州市龜山西漢楚襄王墓北壁的西邊牆上，非常清晰地顯示一真人大小的影子，酷似一位老者，身着漢服，峨冠博帶，面東而立，作揖手迎客之狀。人們稱其爲"楚王迎賓圖"。最初考古人員發掘清理棺室時，并無壁影。自從設立了旅游區正式開放後，壁影纔逐漸地顯現出來，仿佛是楚王的魂魄顯靈，親自出來歡迎來此參觀的游人一樣。楚襄王名劉注，是西漢第六代楚王，死後葬於此。劉注墓還有五謎，今擇其三：一、工程精度之謎。龜山漢墓南甬道長 55.665 米，北甬道長爲 55.784 米，沿中綫開鑿，最大偏差僅爲 5 毫米，精度達 1/10000；兩甬道相距 19 米，夾角 20 秒，誤差爲 1/16000，其平行度誤差之小，大約需要從徐州一直延伸到西安纔能使兩甬道相交。按當時的技術水準，這樣的墓道是何人如何修建的？二、崖洞墓開鑿之謎。龜山漢墓爲典型的崖洞墓，其墓室和墓道總面積達到 700 多平方米，容積達 2600 多立方米，幾乎掏空了整個山體。勘察發現，劉注墓原棺室的室頂正對着龜山的最高處，劉注府庫中的擎天石柱也正位於南北甬道的中軸綫上。龜山漢墓的工程人員是利用什麼樣的勘探技術掌握龜山的山體石質和結構？三、防盜塞石之謎。南甬道由 26 塊塞石堵塞，分上下兩層，每塊重達六至七噸，兩層塞石接縫非常嚴密，一枚硬幣也難以塞入。漢墓的甬道處於龜山的半山腰，當時生産力低下，人們是用什麼方法把這些龐大的塞石運來并嵌進甬道的？今皆不得而知。

斷言"中國古代祇有技術而没有科學"者，對中國歷史的瞭解實在是太過膚淺，并不瞭解在中國古代不祇有科技，而且竟然有超越科學技術的"黑科技"。

四、當世灾難甚可懼，人間正道何處覓？

在《通考》的編纂過程中，常遇到的重要命題，那就是以上論及的"科技"。今之"科技"，在中國上古曾被混稱爲"奇技奇器"，直至清廷覆亡，迄未得到應有的重視，導致國勢衰微，外寇侵略，民不聊生。這正是西方視之爲愚昧落後，敢於長驅直入，爲所欲爲的原因。因而一個國家、一個民族，要立於不敗之地，必須擁有自家的科技！世人當如何評定"科技"？如何面對"科技"？本書《導論》已有"道器論"，今《總説》以此"道器論"爲據，就現代人類面臨的種種危機，論釋如下：

何謂"道器"？所謂"道"是指形成宇宙萬物之原本，是形成一切事理的依據與根由。何謂"器"？"器"即宇宙間實有的萬物，包括一切科技，一切發明，至巨至大，至細至微，充斥天地間，而盡皆不虛。科技衍生於器，驗證於器，多以器爲載體，是推進或毁壞人類社會的一種無窮力量，故而又必須在人間正道的制約之下。此即本書道器并重之緣由，或可視爲天下之通理也。英國自 18 世紀第一次工業革命以來，其科學技術得以高速而全方位地發展，引起西方乃至全世界的密切關注與重視，影響廣遠。這一時期，英帝國統治者睥睨全球，居高臨下，自我膨脹，發表了"生存競争，勝者執政"等一系列宏論；托馬斯·馬爾薩斯的《人口論》亦應時而起，其核心理論是："貧富强弱，難以避免。承認現實，存在即合理。"甚而提出"必須控制人口的大量增長，而戰争、饑荒、瘟疫是最後抑制人口增長的必要手段"（這一理論在以儒學爲主體的傳統文化中被視爲離經叛道，滅絕人性，而在清廷走投無路全面西化之後，國人亦有崇信者，直至 20 年代初猶見其餘緒）。在這樣的時代背景下，查爾斯·達爾文所著《物種起源》得以衝破基督教的束縛，順利出版，暢行無阻。該書除却大量引用我國典籍《齊民要術》《天工開物》與《本草綱目》之外，還鄭重表明受到馬爾薩斯《人口論》的啓示和影響。《物種起源》的問世，形成了著名的進化理論："物競天擇、優勝劣汰，弱肉强食，適者生存。"（近世對其學説已有諸多評論，此略）進化學説在人們的社會生活中留下了深刻的印迹，在世界範圍内引起巨大反響，當時英國及其他列强利用了自然界"生存法則"的進化理論，將其推行於對外擴張的殖民戰爭中，打破了世界原有生態格局，在巨大的聲威之下，暢行無阻，遍及天下。縱觀人類的發展史，尤其是近世以來的發展史可知，科技的高下決定了國家的强弱，以强凌弱，已成定勢，在高科技强國的聲威之下，無盡的搜羅，無盡的采伐，無盡的探測實驗（包括核試驗），自然資源和自然環境漸遭破壞，各種弊端漸次顯露。時至 20 世紀中後期，以原子能、電子電腦、信息技術、空間技術等發明和應用爲標志、第三次科技革命的到來，學界稱之爲"科技革命的紅燈時刻"，其勢如風馳電掣，所向披靡，人類社會發生了翻天覆地的變化，時至 21 世紀，又凸顯了另一灾難，即瘟疫肆虐，病毒猖獗，危及整個人類。這一系列禍患緣何而生？天灾之外，罪魁爲人。何也？世間萬種生靈，習性歸一，盡皆順從於大自然，但求自身生息而已，别無他求，而作爲"萬物之靈"的人類，在茹毛飲血，跨越耕獵時代之後，却欲壑難填，毫無節制！爲追求享樂、滿足一己之貪婪，塗炭萬種生靈，任你山中野外，任你江面海底，任你晝藏夜出，任你天飛地走，皆得作我盤中佳餚。閑暇之日，又喜魚竿獵槍，目睹异類掙扎慘死，以爲暢快，以爲樂趣，若爲一己之喜慶，更可"磨刀霍霍向猪羊"，視之爲正常！"萬物之靈"的人類，永無休止，地表搜刮之外，還有地下的搜索挖掘，如世界著名的南非姆波尼格金礦，雖其開采僅起始於百年前，憑藉當代最先進的科技，挖掘深度已超 4000 米（我國的招遠金礦，北宋真宗年間已進行開采，至今深度不過 2000 米左右），現有 370 千米軌道，用以運送巨大的設備與成噸重的礦石，而每次開采都必須用兩千多公斤的炸藥爆破，可謂地動山摇！金礦之外，又有銀礦、鐵礦、銅礦、煤礦、水晶礦（如墨西哥的奈咯水晶洞，俗稱"神仙水晶礦"，其中一根重達 50 噸，挖出者一夜暴富），種種礦藏數以萬計。此外尚有對石油、純净水，乃至無形的天然氣等的無盡索取，山林破壞，大地沙化，水污染、大氣污染、核污染，地球已是百孔千瘡，而挖掘索取，仍未甘休，愈演愈烈，故今之地球信息科學已經發現地球性能的變异以及由此帶來可怕的全球性灾難。今日世界，各國執政者憑仗高科技，多是從一國、一族或一己之私利出發，或結邦，或聯盟，争强鬥勝，互不相顧，國際關係日趨惡化，人類時刻面臨可怕的威脅，面臨毁滅性的核戰争。凡此種種，怎不令人憂慮，令人悲痛？故而有學者宣稱：“科技確實偉大，也確實可怕。一旦失控，後患無窮。”又稱：“人類擁有了科技，必警惕成爲科技的奴隸。”此語并非危言聳聽，應是當世的警鐘，因爲人類面對强大的科技，常常難以自控，這是科技發展必然的結果。而作爲“萬物之靈”的人類，具有高智慧，能够擁有高科技，確乎超越了萬物，居於萬物主宰的地位，而執政者一旦擁有失控的權力，肆意孤行，其最終結局必將是自戕自毁，必將與萬物同歸於盡。一言以蔽之，毁滅世界的罪魁禍首是人類自己，而并非他類。

　　面對這多變的現實與可怕的未來，面對這全球性的灾難，中外科學家作了不懈努力，而收效甚微。1988 年 1 月，七十五位諾貝爾獲獎者及世界著名學者齊聚巴黎，探討了 21 世紀科學的發展與人類面臨的種種難題，提出了應對方略。在隆重的新聞發布會上，瑞典物理學家漢内斯·阿爾文發表了鄭重的演説：“如果人類要在 21 世紀生存下去，必須回頭到兩千五百年前去汲取孔子的智慧。”（見 1988 年 1 月 24 日澳大利亞《堪培拉時報》原文——《諾貝爾獎獲得者説要汲取孔子的智慧》）這是何等驚人的預見，又是何等嚴正的警示！這七十五位諾貝爾獲獎者没有一位是我華夏同胞，他們對孔子的認知與崇敬，非常客觀，非常深刻，超乎我們的想象。這種高屋建瓴式的睿智呼籲，振聾發聵，可惜并没有警醒世人，也没有引起足够多的各國領導人的重視。

　　人類爲了自救，不能不從人類自身發展史中尋求答案。在人類發展史中，不乏偉大的聖人，孔子是少有的没有被神化、起於底層的聖人（今有稱其爲“草根聖人”者），他生於春秋末期，幼年失父，家境貧寒，又正值天下分裂，戰亂不斷，在這樣的不幸世道裏，孔子及其弟子大力宣導“克己復禮”，這是人類歷史上最切實際的空前壯舉。何謂“禮”？《説文·示部》曰：“禮，履也。所以事神致福也。”禮本來是上古祭祀鬼神和先祖的儀式。史稱文、武、成王、周公據禮“以設制度”，此即“周禮”。“周禮”的内容極爲廣泛，舉凡國家的政治、經濟、軍事、行政、法律、宗教、教育、倫理、習俗、行爲規範，以及吉、凶、軍、賓、嘉五類禮儀制度，均被納入禮的範疇。周禮在當時社會中的地位與指導作用，《禮記·曲禮》中有明確記載：“分争辯訟，非禮不決；君臣上下、父子兄弟，非禮不定；宦學事師，非禮不親；班朝治軍、涖官行法，非禮威嚴不行。”當然也維護了"君臣朝廷尊卑貴賤之序，下及黎庶車輿衣服宮室飲食嫁娶喪祭之分"（見《史記·禮書》），這符合於那個時代的階級統治背景。孔子提出"克己復禮"，期望世人克服一己之私欲，以應有的禮儀禮節規範自己的言行，建立一個理想的中庸和諧社會，這已跨越了歷史局限。孔子的核心思想是"敬天愛人"，何謂"敬天"？孔子強調"巍巍乎唯天爲大"（見《論語·泰伯》），又曰："天何言哉？四時行焉，百物生焉，天何言哉！"（見《論語·陽貨》）孔子所言之"天"，并非指主宰人類命運的上蒼或上帝，并非是孔子的迷信，因"子不語怪力亂神"（見《論語·述而》）。孔子認爲四季變化、百物生長，皆有自己的運行規律，人類應謹慎遵從，應當敬畏，不得違背。孔子指稱的"天"，實則指他所認知的宇宙。此即孔子的天人觀、宇宙觀。"巍巍乎唯天爲大"，在此昊天之下，人是何樣的微弱，面臨小小的細菌、病毒，即可淒淒然成片倒下。何謂"愛人"？孔子推行"仁義之道"，何謂"仁"？子曰："仁者，愛人！"（《論語·顏淵》）即人人相親、相愛。又曰："己所不欲，勿施於人。"意即重正義，絕不損人利己。何謂"義"？"義"指公正的道理、正直的行爲。子曰："不義而富且貴，於我如浮雲。"（見《論語·述而》）這就是孔子的道德觀與道德規範，當作爲今世處理人與自然、人與社會的規範與行動指南。其弟子又提出"親親而仁民，仁民而愛物"（見《孟子·盡心上》），漢代大儒又有"天人之際，合而爲一"的主張（董仲舒在《春秋繁露·深察名號》中，爲維護皇權的需要而建立了皇權天授的觀念），這種主張已遠遠超越了維護皇權的需要，成爲了一種可貴的哲理。時至宋代，大儒張載再度發揚孟子"親親而仁民，仁民而愛物"的襟懷，又有"民吾同胞，物吾與也"（見其所著《西銘》）之名言箴語，即將天下所有的人皆當作同胞，世間萬物盡視爲同類，最終形成了著名的另一宏大的儒學系統，其主旨則是"天人合一"論。何謂"天人合一"？"天人合一"有兩層意義：一曰天人一致，天是一大宇宙，人則如同一小宇宙，也就是説人類同天體各有獨立而相似之處；二是天人相應，這是説人與天體在本質上是相通的，是相互相連的。因此，一切人事應順乎自然規律，從而達到人與自然的和諧。達到人與自然的和諧統一，當作爲今世處理人與自然、人與社會的明確規範與行動指南。這是真正的"人間正道"，唯有遵循這一"人間正道"，人際關係纔能融洽，社會纔能和諧，天下纔能太平。

　　古老中國在形成"孔子智慧"之前，早已重視人與自然的關係。約在七千年前，我中華先祖已能够通過對於蟲鳥之類的物候觀察，熟練地確定天氣、季節的變幻，相當完美地適應了生産、生活、繁衍發展的需求，這一遠古的測算應變之舉，處於世界領先地位。約

四千年前，夏禹之時，已建有令今人嚮往的廣袤的綠野濕地。如《書·禹貢》即記載了
"雷夏""大野""彭蠡""震澤""菏澤""孟豬""豬野""雲夢"諸澤的形成及其利用情
況，如其中指出："淮海惟揚州，彭蠡既豬（瀦），陽鳥攸居；三江既入，震澤厎定。篠簜
既敷，厥草惟夭，厥木惟喬……厥貢惟金三品，瑤琨篠簜，齒革羽毛，惟木。"這是説揚
州有彭蠡、震澤兩方綠野濕地，適合於鴻雁類禽鳥居住，適合於篠竹（箭竹）、簜竹（大
竹）生長，青草繁茂，樹木高大，向君主進貢物品有金銀銅等三品，又有瑤琨美玉、箭
竹、大竹以及象齒皮革與孔雀、翡翠等禽鳥羽毛。所謂"大禹治水"，并非衹是被動的抗
灾自救，實則是大治山川，廣理田野，調整人與大自然的關係，使之相得益彰。《逸周
書·大聚解》又載，夏禹之時"且以并農力，執成男女之功，夫然則有生不失其宜，萬物
不失其性，人不失其事，天不失其時……放此爲人，此謂正德"，此即所謂夏禹"劃定九
州"之功業所在。其中"放此爲人，此謂正德"的論定，已蘊含了後世儒家初始的"天人
合一"的觀念。西周初期，已設定掌管國土資源的官職"虞衡"，掌山澤者謂"虞"，掌川
林者稱"衡"（見《周禮·天官·太宰》及賈疏）。後世民衆，繼往開來，對於保護生態環
境，保護大自然，采取了各種措施，又設有專司觀察氣象、觀察環境的機構，并有方士之
類的"巫祝史與望氣者"，多管道、多方位進行探測研究，從而防患於未然。《墨子·號令
篇》（一説此篇非墨子所作，乃是研究墨學者取以益其書）曰："巫祝史與望氣者，必以善
言告民，以請（讀爲'情'）上報守（一説即太守），上守獨知其請（情）。無［巫］與望
氣，妄爲不善言，驚恐民，斷弗赦。"這裏明確地指出，由"巫祝史與望氣者"負責預告
各種灾情，但不得驚恐民衆，否則即處以重刑，絕不饒恕。愛惜生態，保護自然，這是何
樣的遠見卓識，這又是何樣的撫民情懷！

　　是的，自夏禹以來，先民對於大自然、對於與蒼生，有一種別樣的愛惜、保護之舉
措，防範措施非常細密，非常全面而嚴厲。《逸周書·大聚解》有以下記載：夏禹時期設
定禁令，大力保護山林、川澤，春季不准帶斧頭上山砍伐初生的林木；夏季不准用漁網撈
取幼小的魚鱉，此即世界最早的環境保護法。《韓非子·內儲説上》又載：殷商時期，在
街道上揚弃垃圾，必斬斷其手。西周時又有更爲具體規定：如，何時可以狩獵，何時禁止
狩獵，何樣的動物可以獵殺，何樣的動物禁止獵殺；何時可以捕魚，何時禁止捕魚，何樣
的魚可以捕取，何樣的魚禁止捕取，皆有明文規定，甚而連網眼的大小也依季節不同而嚴
予區別。并特別强調：不准搗毀鳥巢，不准殺死剛學飛的幼鳥和剛出生的幼獸。春耕季節

不准大興土木。《禮記·月令》又載："毋變天之道，毋絕地之理，毋亂人之紀。"這一"毋變""毋絕""毋亂"之結語，更是展現了後世儒家宣導并嚮往的"天人合一"説。至春秋戰國之際，法律法規的範圍更加全面，特別嚴厲。這一時期已經注意到有關礦山的開發利用，若發現了藏有金銀銅鐵的礦山，立即封禁，"有動封山者，罪死而不赦。有犯令者，左足入，左足斷，右足入，右足斷"（見《管子·地數》）。古人認爲輕罪重罰，最易執行，也最見成效，勝過重罪重罰。這些古老的嚴厲法令，雖是殘酷，實際却是一聲斷喝，讓人止步於犯罪之前，因而犯罪者甚微。這就最大限度地保護了大自然，同時也最大限度地保護了人類自己。而早在西周建立前夕，又曾頒布了令人欽敬的《伐崇令》："文王欲伐崇，先宣言曰……令毋殺人，毋壞室，毋填井，毋伐樹木，毋動六畜，有不如令者，死無赦！崇人聞之，因請降。"（見漢劉向《説苑·指武》）這是指在殘酷的血火較量中，對於敵方人民、財産及生靈的愛惜與保護。我中華上古時期這一《伐崇令》，是世界戰争史中的奇迹，是人類應永恒遵守的法則！當今世界日趨文明，闊步前進，而戰争却日趨野蠻，屠殺對方不擇手段，實是可怖可悲！我華夏先祖所展現的這些大智慧、大慈悲，爲後世留下了賴以繁衍生息的楚山漢水，留下了令人神往的華夏聖地，我國遂成爲幸存至今、世界唯一的文明古國。

五、筆墨革命難預料？卅載成書又何易？

《通考》選題因國内罕見，無所藉鑒，期望成爲經典性的學術專著，難度之大，出乎想象，初創伊始，即邀前輩學者南京大學老校長匡亞明先生主其事。這期間微信尚未興起，寧濟千里，諸多不便，盛岱仁、康戰燕伉儷滿腔熱情，聯絡於匡老與筆者之間，得到先生的熱情鼓勵與全力支持，每逢疑難，必親予答復，但表示難做具體工作，在經濟方面也難以爲力。因爲先生於擔任國家古籍整理領導小組組長之外，又全面主持南京大學中國思想家研究中心的工作，正在編纂《中國思想家評傳》，百卷書稿須親自逐一審定，難堪重任。筆者初赴南大之日，老人家親自接待，就餐時當場現金付款，没有讓服務員公款記賬，筆者深受感動，終生難以忘懷。此後在匡老激勵之下，筆者全力以赴，進而邀得數百作者并肩携手，全面合作，并納入國家"九五"重點出版規劃中。1996年12月，匡老驟然病逝，筆者悲痛不已，孤身隻影，砥礪前行，本書再度確定爲國家"十五"重點出版規劃項目，并將初名更爲今名。那時，作者們盡皆恪守傳統著述方式，憑藏書以考釋，藉筆墨以達志。盛暑寒冬，孜孜矻矻，無敢逸豫。爲尋一詞，急切切，一目十行，翻盡千頁而難得；爲求善本，又常千里奔波，因限定手抄，不得複印，纍日難歸！諸君任勞任怨，潛心典籍，閱書，運筆，晝夜伏案，恂恂然若千年古儒。至上世紀末，一些年輕作者已擁有個人電腦，各種信息，數以億計，中文要籍，一覽無餘，天下藏書，“千頃齋”“萬卷樓”之屬，皆可盡納其中，無須跋涉遠求。搜集檢索，祇需“指點”，瞬息可得；形成文章，亦祇需“指點”，頃刻可就。在這世紀之交，面临書寫載體的轉換，老一輩學人步入了一個陌生的电腦世界，遭遇了空前的挑戰。當代作家余秋雨在其名篇《筆墨祭》中有如下陳述：“五四新文化運動就遇到過一場載體的轉換，即以白話文代替文言文；這場轉換還有一種更本源性的物質基礎，即以‘鋼筆文化’代替‘毛筆文化’。”由“毛筆文化”向“鋼筆文化”的轉換，經歷了漫長的數千載，而今日再由“鋼筆文化”向“電腦文化”轉換，却僅僅是二十年左右，其所彰顯的是科學技術的力量、“奇技奇器”的力量。作家所謂的“筆墨”，係指毛筆與烟膠之墨，《筆墨祭》祇在祭五四運動之前的“毛筆文化”。今日當將毛筆文化與鋼筆文化并祭，乃最徹底的“筆墨祭”。面對這世紀性的“筆耕文化”向“電腦文化”的轉換，面對這徹底的“筆墨祭”，老一輩學人没有觀望，没有退縮，同青年作者一道，毅然決然，全力以赴，終於跟上了時代的步伐！筆者爲我老一輩學人驕傲！回眸曩日，步履維艱，隨同筆墨轉型，書稿也隨之經歷了大修改、大增補，其繁雜艱辛，實難言喻。天地逆旅，百代過客，如夢如幻，三十餘年來，那些老一輩學人全部白了頭，却無暇“含飴弄孫”，又在指導後代參與其事。那些“知天命”之年的碩博生導師們皆已年過花甲，却偏喜“舞文弄墨”，又在尋覓指導下一代弟子同步前進。如此前啓後追，無怨無悔，這是何樣的襟懷？憶昔乾嘉學派，人才輩出，時有“高郵王父子，棲霞郝夫婦”投入之佳話，今《通考》團隊，於父子合作、夫婦合作之外，更有舉家投入者，四方學人，全力以赴。但蒼天無情，繼匡老之後，另有幾位同仁亦撒手人寰。上海那位《天宇卷》主編年富力强，却在貧病交加、孩子的驚呼聲中，英年早逝。筆者的另一位老友爲追求舊稿的完美，於深夜手握鼠標闃然永訣，此前他的夫人曾勸其好好休息，答說“我没有那麽多時間”！可謂鞠躬盡瘁，死而後已，這又是何樣的壯志，思之怎能不令人心酸！這就是我的同仁，令我驕傲的同仁！

　　自 2012 年之後，因面臨多種意外的形勢變化，筆者連同本書回歸原所在單位山東師範大學，于是增加了第一位副總主編——文學院副院長、古籍整理研究所所長韓品玉，解決了編務與財力方面的諸多困難，改變了多年來的孤苦狀況。時至 2017 年春，爲盡快出版、選定新的出版社，又增加了天津人民出版社總編輯、南開大學客座教授陳益民，中國職工教育研究院常務副院長、全國職工教育首席專家俞陽，臺北大學人文學院東西哲學與詮釋學研究中心主任賴賢宗教授三位爲副總主編，於是形成了現今的編纂委員會。

在全書編纂過程中，編纂委員會和學術顧問，以及分卷正副主編、主要作者所在單位計有：中國國家博物館、中國國家圖書館、中央文史研究館、中國佛教圖書文物館、全國總工會、中聯口述歷史研究中心、河北省文物與古建築保護研究院、河北省文物考古研究院、河北閱讀傳媒有限責任公司、北京大學、浙江大學、南京大學、南京師範大學、東北師範大學、鄭州大學、河北大學、河北師範大學、河北醫科大學、廈門大學、佛山大學、山東大學、中國海洋大學、山東師範大學、曲阜師範大學、山東中醫藥大學、濟南大學、山東財經大學、山東體育學院、山東藝術學院、山東工藝美術學院、山東省社會科學院、山東博物館、山東省圖書館、山東省自然資源廳、山東省林業保護和發展服務中心、濟南市園林和林業綠化局、濟南市神通寺、聊城市護國隆興寺、臺北大學、臺灣成功大學、臺灣大同大學、臺北中國文化大學、臺灣中華倫理教育學會，以及澳大利亞國立伊迪斯科文大學等，在此表示由衷的謝忱！

本書出版方——上海交通大學領導以及上海交通大學出版社領導，高瞻遠矚，認定《通考》的編纂出版，不祇是可推動古籍整理、考古研究的成果轉化，在傳承歷史智慧，弘揚中華文明，增强民族凝聚力和認同感，彰顯民族文化自信等各個方面具有重要意義。出版方在組織京滬兩地專家學者審校文字的同時，又付出時間精力，投入了相當的資金，增補了不少插圖，這些插圖多來自古籍，如《考工記解》《考工記圖解》《考工記圖說》《考古圖》《續考古圖》《西清古鑑》《西清續鑑》《毛詩名物圖說》《河工器具圖說》等等，藉此亦可見出版方打造《通考》這一精品工程的決心。而山東師範大學各級領導同樣十分重視，社科處高景海處長一再告知筆者："需要辦什麼事情，儘管吩咐。"諸多問題常迎刃而解，可謂足智善斷。筆者所屬文學院孫書文院長更親行親爲，給予了全面支持，多方關懷，令筆者備感親切，深受鼓舞，壯心未老，必酬千里之志。此前，著名出版家和龔先生早已對本書作出權威鑒定，并建議由三十二卷改爲三十六卷。本書在學術界漂游了三十餘載終得面世，并引起學界的關注。今有國人贊之曰：《通考》是中華優秀傳統文化創造性轉化、創新性發展的優异成果，是一部具有極高人文價值的通代史論性的華夏物態文化專著，凝聚了中華民族的深層記憶，積澱了民族精神和傳統文化的精髓。又有國際友人贊之曰：《通考》如同古老中國一樣，是世界唯一一部記述連續數千載生機盎然的人類生活史。國内外的評論衹是就本書的總體面貌而言，但細予探究，缺憾甚爲明顯，因本書起步於三十餘年前，三十餘年以來，學術界有諸多新的研究成果未得汲取，田野考古又多有新的發現，國内外的各類典藏空前豐富，且檢索方式空前便捷，而本書作者年齡與身體狀況又各自不同，多已是古稀之年，或已作古，或已難執筆，交稿又有先後之别，故而三十六卷未能統一步伐與時俱進，所涉名物，其語源、釋文難能確切，一些舊有地名或相關數據，亦未及修改，而有些同物异名又未及增補。這就不能不有所抱憾，實難稱完美！以上，就是本書編纂團隊的基本面貌，也是本書學術成就的得失狀況。

　　筆者無盡感慨，卅載一瞬渾似夢，襟懷未展，鬢髮盡斑，萬端心緒何曾了？長卷浩浩，古奥繁難，有幾多知音翻閱？何處求慰藉？人道是紅袖衹揾英雄泪！歲月無情，韶光易逝，幾位分卷主編未見班師，已倏而永别，何人知曉老夫悲苦心情？今藉本書的面世，聊以告慰匡老前輩暨謝世的同仁在天之靈！

張述錚

丙子中吕初稿於山東師範大學映月亭
甲辰南吕增補於歷下龍泉山莊東籬齋

凡　例

　　一、本書係通代史性的中華物態文化學術專著，旨在對構成中華博物的名物進行考釋。全書三十六卷，另有附録一卷。各卷之基本體例：第一章爲概論，其後據内容設章，章下分節，爲研究考釋文字，其下分列考釋詞目。

　　二、本書所涉博物，分兩種類型：一曰"同物异名"，二曰"同名异物"。前者如"女牆"，隨從而來者有"女垣""女堞""女陴""城堞""城雉""陴堄"等，盡皆爲"女牆"的同物异名；後者如"衽"，其右上分別角標有阿拉伯數字，分別作"衽¹"（指衣襟）、"衽²"（指衣服胸前交領部分）、"衽³"（指衣服兩旁掩裳際處）、"衽⁴"（指衣袖）、"衽⁵"（指下裳）等，皆爲"衽"的同名异物。

　　三、各卷詞目分主條、次條、附條三種。次條、附條的詞頭字型較主條小，并用【　】括起。主條對其得名由來、産生年代、形制體貌、歷史演進做全面考釋，然後列舉古代文獻或實物爲證，并對疑難加以考辨，或列舉諸家之説；次條往往僅用作簡要交代，補主條不足，申説相佐；附條一般祇用作説明，格式如即"××"、同"××"、通"××"、"××"之單稱、"××"之省稱，等等。

　　四、各卷名物，或見諸文獻記載，或見諸傳世實物，循名責實，依物稽名，於其本稱、別稱、單稱、省稱，務求詳備，代稱、雅稱、謔稱、俗稱、譯稱，旁搜博采。因中華博物的形成、演化有自身規律，實難做人爲的斷代分割。如"朝制"之類名物，隨同帝王的興起而興起，隨同帝王的消亡而消亡，因而其下限達於辛亥革命；"禮俗"之類名物起源於上古，其流緒直達今世；而"冠服"之類名物，有的則起源甚晚，如"中山裝"之類。故各卷收詞時限一般上起史前，下迄清末民初，有的則可達現當代。

五、各卷考釋條目中的文獻書證一般以時代先後爲序；關乎名物之最早的書證，或揭示其淵源成因之書證，尤爲本書所重，必多方鉤索羅致；二十五史除却《史記》《漢書》外，其他諸史皆非同朝人編纂，其書證行用時間則以書名所標時代爲準；引書以古籍爲主，探其語源，逐其流變，間或有近現代書證爲後起之語源者，亦予扼要采用。所引典籍文獻名按學術界的傳統標法。如《詩》不作《詩經》，《書》不作《尚書》，《説文》不作《説文解字》等；若作者自家行文爲了强調或區別於他書，亦可稱《詩經》《尚書》《説文解字》等。文獻卷次用中文小寫數字：不用"千""百""十"，如卷三三一，不作卷三百三十一；"十"作○，如卷四○，不作卷四十。

六、本書使用繁體字。根據 1992 年 7 月 7 日新聞出版署、國家語言文字工作委員會發布的《出版物漢字使用規定》第七條第三款、2001 年 1 月 1 日施行的《中華人民共和國通用語言文字法》第二章第十七條第五款之規定，本書作爲大量引徵古籍文獻的考釋性學術專著，既重視博物的源流演變，又重視對同物異名、同名異物的考辨，故所有考釋條目之詞頭及文獻引文，保留典籍原有用字，包括異體字，除明顯錯別字（必要時括注正字訂誤）之外，一仍其舊。其中作者自家釋文，則用正體，不用異體，但關涉次條、附條等異體字詞頭等，仍予保留。繁體字、異體字的確定，以《規範字與繁體字、異體字對照表》（國發〔2013〕23 號附件一）及《通用規範漢字字典》爲依據。

七、行文叙述中的數字一律采用漢字小寫，但標示公元紀年及現代度量衡單位時，用阿拉伯數字。如"三十六計"，不作"36 計"；"36 米"，不作"三十六米"。

八、各卷對所收考釋詞條設音序索引，附於卷末，以便檢索。

目　録

序　言 1

第一章　概　論 1

　　第一節　中國貨幣的種類和名稱 1

　　第二節　中國貨幣的演進和分期 3

　　第三節　中國貨幣的特色和作用 8

　　第四節　研究中國貨幣的目的和意義 11

第二章　原始貨幣説 14

　　第一節　原始貨幣萌芽考 14

　　第二節　貨貝考 15

第三章　普通金屬幣説 18

　　第一節　布幣考 18

　　第二節　刀幣考 23

　　第三節　圜錢考 30

　　第四節　楚國銅貝考 36

　　第五節　錢牌考 37

第六節　半兩錢考 39

　　戰國 40

　　秦 40

　　西漢 41

第七節　三銖錢考 42

第八節　五銖錢考 43

　　西漢 45

　　新莽 47

　　東漢 51

　　三國、晋、十六國 52

　　南北朝 56

　　隋 62

第九節　寶文錢考 62

　　唐 64

　　五代十國 69

　　北宋 78

　　南宋 88

　　遼 99

　　西夏 105

　　金 107

　　元 109

　　明 115

　　清 121

　　太平天国 129

第十節　近代機製幣考 130

　　銅元 132

　　鎳幣 147

　　錫幣 149

鉛幣 149

第四章　貴重金屬幣説 150

　第一節　銀幣考 150

　　銀幣 154

　　銀餅 155

　　銀鋌 158

　　銀錠 161

　　銀錢 163

　　銀圓 167

　　紀念銀幣 192

　第二節　金幣考 198

　　金幣 200

　　紀念金幣 208

第五章　紙幣説 210

　第一節　紙幣總述 210

　　原始紙幣時期 210

　　古紙幣時期 211

　　近現代紙幣時期 212

　第二節　原始紙幣考 213

　第三節　宋、金紙幣考 214

　第四節　元代紙幣考 221

　第五節　明代紙幣考 224

　第六節　清代紙幣考 226

　　大清王朝幣 231

　　地方官錢局（銀號）幣 237

　　民間私票 255

　　商業銀行幣 285

　　辛亥革命幣 289

第七節　民國時期紙幣考 …………………………………………………………… 291

　　民國初期紙幣 ……………………………………………………………………… 293

　　國家銀行幣 ………………………………………………………………………… 301

　　地方銀行幣 ………………………………………………………………………… 305

　　市縣銀行、錢局、商會、銀號紙幣 …………………………………………… 330

　　商業銀行幣 ………………………………………………………………………… 352

　　民間幣 ……………………………………………………………………………… 365

　　新民主主義革命時期的人民貨幣 ……………………………………………… 395

索　引 ………………………………………………………………………………… 433

序　言

　　《中華博物通考》（下稱《通考》）是一部通代史論性的華夏物態文化專著，係"十四五"國家重點出版物出版專項規劃項目，并得到 2020 年度國家出版基金資助。全書共三十六卷，另有附錄一卷，達三千萬字，《貨幣卷》即其中的一卷。

　　本卷探索考證中國貨幣之淵源流變，涉及中國社會之政治、經濟、文化、哲學、軍事、歷史、考古、金融、鑄造、印刷、藝術等領域。作者廣泛查閱相關著作，藉鑒近現代專家學者既有的研究成果，依據豐富的中國貨幣實物、最新考古資料，儘力使本卷在編寫內容、選用實證及結構安排方面做到與時俱進，在探究中國貨幣產生和發展之淵源流變、總體特徵、性質和作用等方面，嘗試從貨幣之外的不同角度，重新審視中國貨幣體制與貨幣史。

　　中國是世界上最早產生錢幣學之國家，距今已有約一千五百年的歷史。

　　中國最早研究錢幣學的著作是南朝齊、梁年間劉潛（484—550）的《劉氏錢志》，惜已亡佚。

　　《漢書·食貨志》是中國現存最早記載貨幣史的著作，但并非一部專門的貨幣史。

　　兩晉至唐代，著史風盛。貨幣史多采用《史記》《漢書》的記述方法，即紀傳體體裁，且内容簡略，亦大多亡佚。杜佑（735—812）所著《通典》有《食貨》《錢幣》兩卷，爲中國第一部記述貨幣起源的通代貨幣史（止於唐乾元重寶）。但它未考證貨幣實物，而是依據文獻資料彙編而成。

中國現存最早的有實物考證的錢幣學著作是南宋洪遵（1120—1174）的《泉志》，作於南宋紹興十九年（1149），全書十五卷，引用著作九十餘種，列舉古錢幣三百四十八品。這部著作對後世之錢幣學有較大影響。

元代，馬端臨《文獻通考・錢幣考》采用綱目式的記述體例，爲中國又一部系統記述貨幣起源的通代貨幣史（止於南宋紙幣）。

清代，以考據學爲代表的錢幣學著作有長足發展。體裁一新，計有三種：通史體，如乾隆年間翁樹培（1765—1809）著《古泉彙考》，全書八卷，是一部系統記述貨幣起源的通代貨幣史（止於明代）；專史體，如晚清唐與崑著《制錢通考》，成於咸豐二年（1852），祇談清錢（止於道光年間）；札記體，如戴熙（1801—1860）著《古泉叢話》，成於道光十七年（1837），係對明代之前的古錢進行考辨、評定等。

清代及其以前文字性的貨幣著作多出自史學家手筆。祇有前述乾隆年間翁樹培的《古泉彙考》乃泉學家所著，該書不僅是從上古到明末的貨幣史，也是唯一引用《永樂大典》中錢幣史料的錢幣著作，使《永樂大典》中錢幣部分得以流傳後世。乾隆年官修《續文獻通考・錢幣考》五卷和《清朝文獻通考・錢幣考》六卷，分別續載了南宋寧宗嘉定七年（1214）至明末的古錢幣和清初至乾隆年的古錢幣。這三部錢幣學著作爲中國古代系統記載從上古至清代乾隆年間的貨幣史書。

民國時期，出現了辭典體體裁的貨幣著作。其作者多爲古錢幣收藏愛好者。最有代表性的辭典體體裁的貨幣著作是丁福保的《古錢大辭典》，收編了從上古至清朝末年的中國貨幣圖錄，并選錄了歷代貨幣文獻資料。該書成爲收藏和研究中國古錢幣之劃時代性的錢幣學著作。

中華人民共和國成立後，研究中國貨幣的專題著作多，通代貨幣著作少；其體裁主要以圖譜爲主，而以通史體、辭典體爲稀。其中最具代表性的通史體貨幣著作乃彭信威教授的《中國貨幣史》。這是一部從貨幣制度、貨幣購買力、貨幣研究、貨幣信用和信用機關等四個方面闡述中國貨幣從上古至清末發展的經典性學術專著。當今，已經陸續出版的馬飛海的《中國歷代貨幣大系》則是最具代表性的圖譜式的權威性貨幣叢書，而楊公博等的《中國錢幣大辭典》當屬中國規模最大的貨幣辭書。三者在海內外影響最爲深遠。

本卷以文字記述爲主，酌情配以圖譜說明爲輔，對中國歷代貨幣進行了系統梳理和解析。作者依據大量的貨幣實證和豐富的歷史文獻，從中國貨幣史和貨幣學的角度對中國歷代貨幣種類之形態、幣材，發行機構、發行量、流通地區和時間、資本總額、印造機構及製造工藝，信用及信用機構、版別、真僞、珍稀等進行具體闡述，同時，對歷代貨幣的總體特徵和作用進行了綜合考察。

本卷所收之貨幣實證達兩千多種。其收編之時限，上可追溯至中國夏代以遠，下至民國時期。

中國是世界上最早使用貨幣的文明古國之一，形成了極其豐厚的中國貨幣文化。傳承中國優秀的貨幣文化，突出中國貨幣的文物價值、史料價值和學術價值，是本卷收錄貨幣實證最重要的宗旨。

本卷還增補了不少國内最新出土、博物館重金購回、流散在海内外收藏家手中上自春秋下迄清末的百餘種貨幣珍罕品。其中有些古錢幣、紙幣爲首次收錄考證。它補充或糾正了以往貨幣著作中出現的缺失和訛誤，如：以往貨幣著作多認爲中國銀票産生於清嘉慶、道光年間，而本書對明代王嘉錫銀票的收錄，把中國銀票産生時間向前推進了約二百年，同樣，宋金時期貞祐寶鈔壹仟貫的發現及其收錄，又將中國現存最早紙幣實物向前推進了近半個世紀；中國民間私票，如明萬曆元年（1573）五屯通行錢票、清康熙二十二年（1683）會票、乾隆三十年（1765）匯票的收錄爲中國錢票、會票、匯票之産生提供了準確年代；對春秋戰國時期貨幣的廣泛收錄，更填補了這一時期秦、楚、衛國歷史上沒有鑄幣記録的空白。

本卷還試着將不再具有商品“價值符號”的中國文物貨幣，引入市場經濟理念，以期得到更廣泛的社會關注和重視。

中國市場經濟已基本確立。在全球經濟一體化大潮迅猛衝擊之下，一部分中國古錢幣、紙幣已順應市場經濟的潮流，以嶄新的姿態再放異彩。本卷收録的海内外之孤品、珍罕品，其價值連城。中國古錢名珍，目前市場價一枚少則幾萬元，多則幾十萬、上百萬元，甚至有市無價。清代金銀幣猶被看重。1896 年湖北省造“本省”光緒元寶庫平七錢二分銀幣一枚，2007 年 11 月 7 日人民幣拍賣成交價是 436.8 萬元，等等。以市場經濟理念，重新審視中國歷代貨幣，重視開發中國貨幣的文物資源，亦是本卷饒有趣味的亮點。

將辛亥革命幣列爲中國清代獨立系列貨幣，恢復清末孫中山在海外發行辛亥革命幣的歷史地位和作用，成爲本卷的又一亮點。由孫中山領導的中國同盟會組織募捐發行流通紙幣，是中國歷史上唯一一次在海外發行的紙幣。它既不屬國家銀行、地方銀行幣，也不屬商業銀行幣，更不是一般的地方民間私票，因此，本卷將辛亥革命幣作爲中國清代時期獨立系列貨幣，從而彰顯了此幣在中國貨幣史上的地位及其意義。

關於中國貨幣文化，本卷作出了諸多新的論斷。從中讀者不難看出作者具有扎實深厚的理論基礎及出衆的分析和綜合能力。

作者在編寫考證中國貨幣實物和探究中國貨幣產生、發展的過程中，發現了一些很有思索價值的現象。如貨幣產生和發展通常分爲四個階段，即簡單價值、複雜價值、一般價值和貨幣價值四個不同發展階段。在研究中國原始貨幣產生時，作者發現中國漢字"幣"的涵義演進，由開始專指一種禮物"帛"，直到指所有禮物，演進到既指禮物、又指交易物，最後，發展到專指貨幣，這與貨幣發展四個階段不謀而合。由此足見，作者的學術敏感與勇氣。

進一步研究還發現，中國原始社會末期已經出現了"以物易物"的原始交換方式。它必定涉及交換物品的數量、大小、輕重、長短等問題，此即度量衡制產生的最初社會基礎。在以物易物的初期階段，交易時祇注意到物品的數量、大小，不可能產生貨幣。交易時祇有發展到不僅注意到物品的數量、大小、輕重、長短，而且注意到同一認可的物品交換和同一認可的度量標準，貨幣纔能產生。由此看出，中國原始貨幣的產生必需具有兩個前提：同一認可的最初交換物品和同一認可的最初度量標準。

作者指出，清前期，錢莊、票號等民間金融勢力代表了中國封建社會商品經濟中最爲活躍的經濟要素，對促進清代商品經濟的發展發揮了極其重要作用。同時還指出，代表中國新型生產關係的近代銀行幣取代中國封建社會的銅鑄幣是清代貨幣發展的必然趨勢。這個觀點，有很高的學術價值。

1840 年鴉片戰爭後，世界各殖民主義勢力先後入侵中國，隨之在中國設立銀行和發行貨幣，進行經濟侵略和物資掠奪。中國由封建社會淪爲半殖民地半封建社會，外國資本主義在華的金融勢力和中國封建官僚的金融勢力在經濟上的激烈對抗和鬥爭，使中華民族有識之士認識到，祇有建立中國自己的新型銀行，纔能保證社會穩定和市場繁榮。中國通商銀行的成立是中國近代貨幣史上的一件大事，標志着清代社會封建官僚資産階級在經濟方面的覺醒和崛起。中國近代銀行業的產生和發展，在清代後期形成了一種新的國家金融勢力，而代表這種新的金融勢力的銀行幣，受到國家法律保護并得到不斷發展，中國民間私票開始走向衰落，流通了二千餘年的傳統之銅鑄幣退出歷史舞臺。

通過對清代民間私票、中國近代銀行幣的考證，作者作出如下論斷：貨幣的性質決定着貨幣的興衰，也就是説，貨幣祇有代表社會發展的新經濟要素或新的生產關係時，纔能得到生存和發展。

本卷之結構由概論、原始貨幣説、普通金屬貨幣説、貴重金屬貨幣説、紙幣説五章組成，其中概論、原始貨幣説，在中國貨幣考證史上具有探索性質。

本卷初始，擬定爲銅鐵錢幣、金銀幣、紙幣等三部分，其中銅鐵錢幣部分由張建華先生編寫；金銀幣、紙幣部分由沈江海先生編寫。

1998 年初，本卷由原來的辭書性質，改爲典志體體裁，其各卷之首增加綜合考論，稱爲概論，獨立爲一章，由張建華先生執筆。年底，本卷初稿全部完成，其基本輪廓由概論、銅鐵錢幣、金銀幣、紙幣部分四部分組成。

本卷主編在統稿時發現，以上"四分法"猶未完善。第一，銅鐵錢幣篇没有包括其他金屬幣，如鉛、鎳、銻幣等，提出將銅鐵錢幣部分易名爲"普通金屬幣"，金銀幣部分則易名爲"貴重金屬幣"。第二，貝幣中既有各種天然貝、人造貝，也有青銅貝、包金貝，難以按傳統的貨幣質材分類，理應單獨設立一篇。而從中國貨幣的整體結構與歷史演進方嚮着眼，銅鐵錢幣部分之前也應有一個過渡時期的原始貨幣部分。本卷主編向總主編提出建議，決定補寫原始貨幣部分，於是形成了以上之結構。

當今學界，學科紛繁細割，"專家"衆多，而通才絕少。沈、張二作者堪稱"博物君子"，可謂難得。兩君曾先後任職於國內兩所頗有影響力的博物館，或作領導，或爲骨幹，雖擁有之"博物"，却非博物館所能容納，此即序者稱引古漢語語詞"博物君子"之意也！兩君皆博學，張君視沈君爲師長，沈君視張君爲摯友。一客居南疆，一世居北國，千里聯袂，七易其稿，終成名山大業。驀然回首，已是十五載矣！今序者垂垂已老，無計重挽韶華，祇暗驚二君鬢亦有絲，蒼穹悠悠，人生一何促？

忝爲總編，奉命爲序。信筆由繮，唯直抒胸臆耳。

張述錚

太歲重光單閼杏月下浣於山東師範大學映月亭初稿
太歲重光赤奮若陬上浣於歷下龍泉山莊東籬齋定稿

第一章 概 論

第一節 中國貨幣的種類和名稱

何謂貨幣？即一般等價物的特殊商品。它是隨着商品交換的發展而從商品中分離出來的特殊商品。它不僅具有一般商品的共性，即使用價值、交換價值，同時還具有特殊商品的個性，即具有價值尺度、支付手段、流通手段、儲藏手段、世界貨幣等職能。它反映了商品生産者之間勞動與勞動時間、技術、信息的交換關係，構成社會生活的媒介、命脉。它和普通商品的區別：普通商品祇能滿足人們的特殊需要，而貨幣可以滿足人們的一般需要；普通商品的價值不能直接表現，而是通過貨幣形式間接表現出來；貨幣本身就體現社會勞動，是價值的一般代表。財富可以通過貨幣形式表現出來，各種商品、勞動、信息、技術等也可以通過貨幣形式進行交換。

中國貨幣指在中國範圍内的一般等價物的特殊商品。中國是世界上最早使用貨幣的文明古國之一。中國貨幣在悠久的歷史發展過程中，形成獨立的中國貨幣體系和優秀的中國貨幣文化。它是中華民族優秀文化的重要組成部分。

中國悠久的貨幣歷史給人類社會留下了極爲豐富的貨幣實物，其名稱之多更是前所未有。中國貨幣的名稱隨歷史的發展而變化，不同的歷史時期，其名稱不同；同一歷史時期內，因地域不同、商品經濟的發展規模和生產力的發展水平不同、各地社會文化習俗的差异，或發行機構的不同，甚至於同一發行機構的不同時期，其所發行貨幣的名稱也不相同。稱謂，反映一種社會文化觀念或物態文化理念，受社會政治、經濟、文化、宗教信仰、道德、習俗等影響和製約。中國貨幣的稱謂，反映中國貨幣的物態文化理念，同樣，中國社會各個歷史時期的貨幣稱謂反映中國社會各個歷史時期貨幣文化觀念和貨幣理念。社會各個歷史時期的經濟、政治、文化無不對其貨幣的發展演變產生深刻的影響，因此遺留至今的貨幣實物，成爲研究中國經濟史、貨幣史、鑄造史等不可或缺的實物憑證。

中國使用貨幣的歷史，約有五千餘年，流通數量更是龐大。如早在兩千多年前的漢代，從漢武帝即位（前 141）到漢元帝建昭元年（前 38），鑄造了二百八十億枚錢幣，平均每年鑄造近二億八千萬枚，這在當時也是驚人的數字。因歷史久遠，其文獻古籍多有湮滅，中國貨幣實際發行總量已無法統計。爲便於對中國貨幣進行研究考證，我們把中國貨幣劃分爲八大類：

按貨幣形態來分，共分三大類：原始貨幣；金屬貨幣，包括銅錢、銅元、金銀幣等；紙幣，包括宋代紙幣、金代紙幣、元代紙幣、明代紙幣、清代紙幣、民國紙幣等。原始貨幣、銅錢、金幣、銀幣、紙幣相互間沒有主輔關係，各自形成獨立統一的貨幣結構，共同組成中國的五大貨幣體系。

按幣材來分，共分三大類：自然貝幣；金、銀、銅、鐵、鉛、錫、鎳、鋁、鎂、銻等各種金屬幣；龜殼、骨、珠、玉、皮、木、竹、帛、布、紙等各種非金屬質材幣。其中以銅、鐵、金、銀、紙幣最爲多見。幣材種類之多，世所少有。這不僅反映出當時生產力發展的水平、經濟發展的規模，同時也證明中國人民在貨幣發展的不同階段使用不同材質造幣的積極嘗試。研究貨幣形態是貨幣學的重要内容，而幣材是決定貨幣形態的基礎。

按製造方法來分，共分四大類：自然貨幣、鑄造貨幣、印刷貨幣、信用卡貨幣。貨幣的製造方法在一定程度上反映社會生產力及生產工藝發展水平。縱觀中國貨幣史，最先進的印造設備、工藝技術大多首先應用在製造貨幣上，因此有許多貨幣都成爲精美的工藝品。

按貨幣發展歷史分，共分四大類：原始貨幣、古代貨幣、近代貨幣、現代貨幣。研究中國歷史，尤其政治經濟史，往往離不開對貨幣發展歷史的研究。

按發行機構來分，有國家銀行貨幣、地方銀行貨幣、商業銀行貨幣、軍用貨幣、民間錢莊（票號）貨幣、工礦鄉村貨幣等。發行機構之多，也是世界上少見的。

按功用來分，有流通貨幣、匯兌貨幣、信用貨幣、財政貨幣、代用幣、電子貨幣、數字貨幣等。

按貨幣名稱來分，不同時期發行的貨幣有不同的名稱，同一時期發行的不同材質的貨幣或同一時期不同地區發行的貨幣，其名稱也不同。我們從五大貨幣體係來看名稱，原始貨幣名稱有貝幣、原始布等；紙幣名稱有交子、會子、會票、關子、製錢票、銀兩票、銀圓票、銅元票、兌換券等；銅錢名稱有布、刀、圓錢、錢牌、半兩錢、三銖錢、四銖錢、五銖錢、寶文錢，還有銅元、二體文錢或三體文錢等；金幣名稱有金餅、金錢、金鋌、金錠、金條、金幣等；銀幣名稱有銀布、銀餅、銀錢、銀鋌、銀錠、銀圓等。

按貨幣經濟來分，有自然貨幣經濟、鑄造貨幣經濟、紙幣貨幣經濟、信用貨幣經濟。

當然，還有其他許多分類的方法，就其中某種貨幣而言還可以細分出許多子目貨幣。通過以上分類，我們可以對中國貨幣的種類和名稱有一個概括性的瞭解，進而可以從不同角度認識、考證中國貨幣。

第二節　中國貨幣的演進和分期

中國貨幣是中國社會歷史發展的產物，由於各個歷史時期的經濟、政治、文化、哲學、軍事、民俗等對它的發展演變產生重要的影響，所以不同歷史時期的中國貨幣銘刻着典型的時代特徵。我們根據其特徵、製造方法、幣材的不同，把中國貨幣的發展分爲原始貨幣萌芽、原始貨幣、金屬鑄幣、紙幣等四個時期。不同歷史時期的貨幣，不僅其名稱、形態不同，而且貨幣制度、職能和組織的規章制度、條例規定的有關貨幣流通的結構和組織形式亦不同。而國家法律規定以何種商品作爲衡量貨幣價值標準的本位制，是貨幣制度的主要內容和貨幣政策的關鍵，也是貨幣文化的重要組成部分。

原始貨幣萌芽時期

中國貨幣的萌芽狀態，早在夏代甚至更早就已經產生了。隨着原始社會生產力的發展，部族社會內部開始出現簡單分工，最初的物品交換隨之在部族成員之間產生，交換內容主要是與生活息息相關的物品，如牲畜、布帛、穀粟、器具、裝飾品等。交易時經常出現供求不對等的矛盾，爲解決這一矛盾，先民們試圖尋找一種可交換一切物品的特殊商品，并逐漸認識到這種特殊商品要具備便於保存、經常使用、易於分割、價值穩定等特性。從漢字"幣"的涵義演進和中國早期"以物易物"的發展過程看，中國原始貨幣萌芽的產生不僅與物品交換有關，還與中國原始社會末期國家制度，即禮制、度量衡制的形成有關。這個認識的過程非常緩慢，從開始任何物品以物易物演變到祇有貝殼、龜甲、玉器、布帛、皮幣等幾種物品充當一般等價物，經過了漫長的時間。最初的交換祇在部族內部進行，貨幣的基本特徵爲原始自然狀態或簡單加工狀態。

原始貨幣時期

從商代直到周代，大約一千多年時間，爲原始貨幣時期。這時期主要以自然貝充當一般等價物，説明貝幣已具有原始商品的基本特徵，即使用價值成爲價值的表現形式，具體勞動成爲抽象勞動的表現形式，私人勞動成爲社會勞動的表現形式。貝幣包含着一切價值形式和貨幣的最初萌芽。隨着社會生產力的發展，社會成員已有明確分工，商品的種類不斷增加并擴大到生產、軍事、文化等領域，商品交換範圍也擴大到氏族或部落之間。自然貝充當一般等價物已經不能滿足交換的需要，人們嘗試用各種材料加工人造貝和鏟幣。隨着交易規模、範圍的擴大，借貸和訴訟的需要，又產生出新的一般等價物——里布、質劑、約劑、傳別等原始票據。人造玉貝、骨貝、銅貝、金貝、錢鏄等新型原始貨幣的出現，標志着中國原始貨幣已經完成從原始自然貝幣向人造貝幣的過渡。貝幣、錢鏄雖經過加工製造，但沒有完全脱離原始狀態，也沒有發行機構和制度，貨幣職能也不完備，仍然兼備禮品的性質。銅貝和原始布的誕生，在中國貨幣史、經濟史上具有劃時代的意義，標志着中國貨幣的第一次飛躍。

金屬鑄幣時期

從殷商到民國末年，大約經過了三千年，爲金屬鑄幣時期。這段時間大抵可分四個階段，即鑄幣初期階段、統一發展階段、鼎盛發展階段、鑄幣衰落和銅元階段。青銅的發現以及在生產上的使用，不僅促進了生產力的發展，也爲中國貨幣由非金屬貨幣向銅鑄幣轉化創造條件，加速銅鑄幣的轉化和發展。封建社會使銅幣制度和鑄造技術不斷完善，使中國貨幣逐步走向統一。

（1）鑄幣初期階段。大約在商代晚期，隨着金屬冶煉技術的發展，原始貨幣出現朝金屬鑄幣過渡的趨向。據考古資料，金屬鑄幣在商代和西周時期還比較少，但到了春秋、戰國時期，鑄造技術日漸成熟，各地出現不同形態和風格的鑄幣。中原地區周晋用布幣，東部齊、燕行刀幣，趙國刀、布并用，南方楚國并行銅貝與金爰，個別地區還有牌狀銅幣，及至戰國中期以後，携用方便的圜錢在魏、秦、燕、齊諸國日漸盛行。

（2）統一發展階段。秦始皇統一六國後，中國進入大一統的封建社會，秦實行貨幣改革，統一文字、度量衡，以方孔圓錢取代六國的刀、布等幣，中國貨幣首次統一。秦代統一貨幣，在中國貨幣史、經濟史上具有極其深遠的歷史意義。漢承秦製，前期仍行半兩錢，唯大小輕重各不相等，或八銖、或四銖、或三銖、或二銖半，甚至薄小如榆莢等。

（3）鼎盛發展階段。漢武帝鑒於幣制混亂，遂於元狩五年（前118）廢半兩而行五銖，從此開啓歷時七百餘年的五銖錢時代，中國貨幣再次統一。通常，五銖錢又按西漢、東漢、曹魏、南朝梁、南朝陳、北魏、西魏、隋等朝代劃分爲八個五銖錢系列。但也有一些不以"五銖"爲文的錢幣，如劉宋四銖、太貨六銖尚屬記重的銖錢系列，而新莽、孫吳、後趙、成漢、凉、北周之錢皆不以記重爲名，傳統的銖兩錢制不斷受到挑戰。

從唐高祖武德四年（621）開始，五銖錢被通寶錢取代，這是我國貨幣史上繼秦半兩、漢五銖之後又一次極其重要的幣制改革，完成重量貨幣到寶文貨幣的轉變，從此中國錢幣不再以重量單位作名稱，這種情形一直延續到清末，歷時一千兩百多年。通寶錢的產生，是中國貨幣史上又一重大事件，影響和改變了中國衡制的計量單位、方法。

商代至漢代，貨幣制度實行銀錢平行本位制。金銀貨幣主要是儲藏手段，也有價值尺度、國際貨幣的職能。而銅錢主要爲流通、支付手段，這是因爲銅錢的購買力與幣材的價值大多不符，銅幣貶值，物價上漲，甚至於物價上漲離譜，百姓不願儲藏；祇有在社會安定，銅錢的購買力與幣材的價值相一致時，標準的銅錢纔具備儲藏的手段。

六朝至隋唐，實行錢帛平行本位。銅錢主要爲流通、支付手段。金銀禁止流通。因佛教盛行於中原，鑄佛像成風，造成銅材奇缺、銅錢流通不足，因而允許帛可與銅錢充當貨幣流通。

（4）鑄幣衰落及銅元階段。宋代紙幣的産生到民國末年近一千年的時間，其間宋交子到明中葉實行錢鈔流通制度，一定程度上緩解了銅材需求緊張的狀況，但客觀上制約了金屬錢幣的發展，鑄幣走向衰落。明中葉發行鈔票失敗，准許白銀交易，錢幣纔有了一定程度的發展。清咸豐朝因財政嚴重困難，想藉鑄造大錢和發行紙幣度過危機，却因發行貨幣過濫，造成貶值，發行紙幣失敗，鑄幣從此也一蹶不振。光緒末年，清王朝爲解決財政困難，又采用機製銅元，想重振鑄幣生機。光緒二十六年（1900）廣東首開其風。因新式銅元整齊美觀，使用方便，大受歡迎，而地方府衙也大獲收益，因此各省紛紛仿效，到光緒三十一年，有十二個省鑄造銅元。後因發行過多過濫，造成貶值而停止流通。銅元在中國流通不過三十幾年，却因種類繁多而形成一個獨立的貨幣系列。

以上的分期主要指銅錢幣，其實與銅錢幣平行流通的還有金銀幣等幣種。早在先秦時期，就開始用黃金和白銀鑄造貨幣。盛産黃金的楚地，流行鈐有印記的版狀金幣。河南扶溝、河北平山分別出土銀布幣與銀貝幣。兩漢時期有麟趾金、馬蹄金與金五銖。唐宋以降，金幣又有圓形方孔的開元通寶、太平通寶諸品。白銀開始鑄成鋌形大量進入貨幣市場。金章宗承安二年（1197），鑄有名曰"承安寶貨"銀鋌，這是自漢武帝以來第一次有史可查的官鑄銀幣。元代盛行紙幣，但白銀仍是重要的價值尺度，其紙幣也以銀爲本位。明初爲推行寶鈔曾禁金銀交易，英宗時寶鈔貶值不用，遂取消用銀禁令，田稅、徭役等皆折收銀兩，白銀成爲正式貨幣。隨着外國銀元的流入，清王朝及各省市地方府衙、銀號、銀莊等，還鑄造了各種銀餅、銀元、金幣等；民國時期亦鑄有各種銀元、金幣等。中國金、銀貨幣各自形成獨立的貨幣體系。

紙幣時期

從宋代交子産生開始到民國時期，有一千多年的時間，爲紙幣時期。這期間大抵可分兩個階段：即古紙幣階段、近現代紙幣階段。唐宋兩朝，是中國封建社會商品經濟發展的輝煌時期，生產規模之大，交易數量之多、範圍之廣前所未有，銅錢交易不便的矛盾日漸突出，加上佛教東傳，鑄佛像成風，銅材奇缺，改鑄鐵錢，使交易不便的矛盾更加尖銳，紙幣便在這種社會呼喚中出現。紙幣是從貨幣流通、支出手段的職能中分離出來的，是代替真實貨幣行使流通、支付手段的符號。正如馬克思所說，"在貨幣不斷轉手的過程中，單有貨幣的象徵存在就够了"。(《馬克思恩格斯全集》第 23 卷) 造紙是古代中華民族的四大發明之一，而成熟的造紙、刻板印刷技術爲中國紙幣——交子產生創造了可能。中國交子的出現，標志着中國貨幣的第二次飛躍，在中國貨幣史上具有劃時代意義。

古紙幣階段。從宋初淳化三年（992）到清咸豐十一年（1861），七百多年的時間，發行的紙幣主要是宋代交子、會子，金代交鈔，元代的交鈔、寶鈔，明代的大明通行寶鈔和清代的順治鈔貫、户部官票、大清寶鈔，還有民間的私票等。以木刻印、鑄版印或手寫的方法，牌形或以竪版爲特徵，面值、編號、日期是臨時寫上去的。防僞的方法是對騎封印章、編號，手寫暗號及其内部規定的暗記。從宋交子產生到明代中葉，實行錢鈔流通制度，其中元代紙幣的發行是成功的。這時銅錢的性質介於紙幣與金銀幣之間，紙幣成了銅錢、金銀兑换券。發行機構有兑坊、錢肆，其主要行使放款、兑换業務功能。明中葉至清末，實行銀錢平行本位，貨幣發行機構有錢鋪、錢莊、票號和各種銀行。主要業務有存放款、匯兑、發鈔、兑换錢票等。

近現代紙幣階段。從清同治元年（1862）到中華人民共和國成立（1949），有近一百年的時間，主要發行的紙幣有大清銀行幣、交通銀行幣、通商銀行幣、商業銀行幣，以及各省官銀號（銀行）幣、辛亥革命幣、各種民間幣、代價幣、軍票、新民主主義革命時期發行的人民貨幣等。分竪版、横版兩種。印製方式又分爲木刻印、鑄版印、石印、機器雕刻金屬版印、膠版印等。發行機構主要有大清銀行、中國通商銀行、交通銀行、中央銀行、中國農民銀行、中國銀行及各省市銀行、商業銀行、軍隊、錢鋪、錢莊、票號及工礦、鐵路、商行、鄉村等，主要職能爲存放款、發鈔、匯兑、調控等。清末銀行建立時間不長，發行機構多、貨幣種類繁雜，没有統一的貨幣管理組織和貨幣制度，屬於銀行信用制度的初期階段。近現代銀行的建立及銀行幣的發行、新民主主義革命時期人民貨幣的發行，是中國近現代貨幣史上的重大事件，具有十分重要的歷史意義。

第三節　中國貨幣的特色和作用

中國貨幣經歷了中國社會的各個發展階段，見證了歷史上每一個朝代的興衰和更替，經過了大小數百次的幣制改革，形成了與西方貨幣截然不同的獨具特色的中國貨幣體系，突顯其民族性、獨立性、穩定性、多樣性的特點。

民族性。早在先秦時期就產生了布、刀、貝、圜錢等四大系統，反映出春秋戰國時期多元化的經濟文化格局。秦代行用方孔圓錢，從形態看外圓內方，是對圓錢的繼承和發展。秦以半兩、漢以五銖、唐以通寶錢統一幣制，分別與中國歷史上統一的封建王朝的建立、鞏固和發展的不同階段相對應，被認爲是中國貨幣發展史上的三個重要階段。不同於西方貨幣的以圖案爲裝飾，中國錢幣以漢字爲裝飾，其文字書法不僅反映了中國文字的發展軌迹，而且，弘揚了中國歷代漢字的書法藝術美。其文字的書寫、閱讀順序也是中國式的，體現了中華民族右爲上、爲大的傳統思維觀念。中國古代紙幣的形態也是中國式的。其特徵是豎式木板刻印或鑄版印製，或手寫信函式。1840 年後，中國引進了外國石印、機器印製設備和西式印刷技術，但近代紙幣的裝飾風格仍然是中國式的，尤其是中國私票的裝飾藝術體現出了中國版刻、治印藝術的最高水平。

獨立性。中國是世界上貨幣起源最早的國家之一，西方發現的最早鑄幣是公元前七、八世紀小亞細亞時期鑄幣，而中國目前出土的最早鑄幣是周定王時期即公元前 10 世紀的銅鑄幣，比西方要早二、三百年。商代青銅器的出現，促進了生產力的大發展，加速了原始社會的衰亡，使中國進入了奴隸社會，青銅的發明及使用，使生產工具錢鎛、刀及紡輪等演進成布幣、刀幣、圜幣成爲可能，成爲中國獨有的民族貨幣。秦朝幣制改革實行方孔銅錢，其形態、裝飾、鑄造方法也是中國特有的，形成了獨特的中國錢幣特徵及錢幣藝術，并在中國延續行用了二千多年，成爲世界貨幣史上流通時間最長的古錢幣。中國古代紙幣同金屬鑄幣一樣，在世界範圍內，不僅產生最早，而且金代交鈔於 1189 年、南宋的會子在淳祐七年（1247）分別取消分界的作法，已是真正意義上的紙幣了。西方的法國和俄羅斯分別在 1716 年和葉卡捷琳娜時代纔有紙幣，比中國晚五、六百年。中國古代紙幣的形態、裝飾方式、印刷方法也都是中國獨有的。

穩定性。中國封建社會每有朝代更替，其幣制多有改革，或朝代不更替，亦有幣制改革，但很少有改變錢幣形態的，所以，從西漢到民國兩千多年，銅鑄幣形態、重量不變，這在世界貨幣史上獨一無二。因幣材時常受到市場價格波動的影響，中國歷代貨幣會出現經常性的升值或貶值，但仍没有影響到貨幣的形態，表現貨幣的單位也基本不變，如秦半兩、漢五銖到唐一錢等。中國貨幣穩定性還表現在貨幣流通的時間上，如西漢的五銖錢在清末還可以流通，這在外國也是不可想象的事。中國古代紙幣的情况也一樣，從宋代交子的産生，直到清末民間紙幣，竪式的特點差不多也保持了一千年。

多樣性。中國古代貨幣多樣表現在幣材多樣性、名稱的多樣性、發行機構的多樣性、形態多樣性、版別種類多樣性等方面。中國銅錢鑄造爲手工操作，即先做錢範，再用銅水澆鑄。不同的地方鑄造的錢幣，其版別不同；即使同一地方，因由不同人製造其版別也不同；不同歷史時期所鑄的銅幣也有差异；加上各地的銅質成色不同，所以銅錢的種類、版別特別多。據日本出版的《昭和錢譜》：僅北宋的元豐錢，八年内鑄出的版別，即有近三百種之多。中國紙幣同錢幣一樣，也呈現多樣性的特點。

貨幣是私有制度的産物。歷代貨幣代表了人類社會各個不同歷史發展階段生産力的發展水準，而不同歷史階段的貨幣思想、理論及其政策也充分反映了那個歷史階段的生産關係，所以，歷代貨幣文化都有其鮮明的階級性。國家貨幣都受那個時代的國家法律所保護，具有合法性和强制性，也可以說，貨幣的發行權和管理權是國家政權的重要組成部分。

中國貨幣的作用：（1）爲國家政權服務。中國貨幣史告訴我們，貨幣的發行權和管理權是國家權力的重要組成部分，必須牢牢掌握在國家手中。（2）是實行國家管理的重要工具之一。通過宏觀調控、經濟管理、社會分配等正確貨幣政策實現管理國家的目的，而完善的貨幣制度和正確的貨幣政策，是保證國家穩定，促進經濟發展的重要條件。（3）推動生産力的發展。貨幣通過有效地調節經濟總量和經濟結構，使社會資源配置達到最優化。貨幣不是社會再生産的基本要素，但它作爲生産的第一推動力和持續推動力，可以加速生産資料、勞動力和科技藝術的有效結合和發揮，進一步解放和發展生産力。（4）具有促進商品生産和交換、活躍商品市場、方便群衆生産和生活的作用。（5）促進國際間的商品貿易、匯兑、結算以及消除國際間突發性金融危機，抗擊嚴重自然灾害等。

中國貨幣的歷史發展表明，代表先進社會生産力和生産關係的新型貨幣决定着貨幣的興衰和發展方向。

任何貨幣文化都要傳播。縱觀世界貨幣史，貨幣文化是隨着貨幣的流動傳播的，而貨幣的流動通常有兩種方式：一是隨戰争傳播，這種傳播方式帶有强制性。如亞力山大東征，使東亞、南亞等許多國家的貨幣制度都受到了影響。翻開世界近現代貨幣史，世界上許多國家的貨幣都曾經、或至今仍帶有殖民地貨幣文化的色彩。在中國近代歷史上，一百年間也先後曾有四十六家外國銀行（商行）在中國發行過貨幣。二是伴隨着商品貿易和文化交流而傳播。中國古代貨幣文化的傳播屬於這一種。中國與近鄰日本、朝鮮、韓國、越南、菲律賓、印尼、馬來西亞、新加坡等在歷史上商業及文化交流頻繁，所以，這些國家都曾仿製或流通過中國錢幣。如日本出土了從唐代到明代中國貨幣約五十五萬三千枚。因深受中國貨幣文化影響，日本所鑄錢幣亦多爲方孔圓錢，漢字錢文，形成了以中國貨幣爲主體的東方貨幣體系。再如中國古代絲綢之路的開通，中國的絲綢、茶葉、瓷器等商品通過絲綢之路運到中亞、西亞及歐洲，而歐洲、中西亞的商品也順着絲綢之路被運到中國。東西方文化包括貨幣文化相互進行着交流和碰撞，其交匯處就在中國的甘肅、青海、新疆等省區，這從近現代出土的貨幣實物可以得到證明。從上可以看出，不論是戰爭，還是商貿文化交流，其特點都是先進貨幣文化地區向落後貨幣文化地區傳播貨幣文化，它和商品流動的方嚮是一致的。

縱觀中國歷史，影響中國貨幣制度的因素大體有以下幾種：（1）政權的變化。國家政權的更替或帝王更號，推行新貨幣或進行貨幣改革。（2）社會動亂。翻開中國的歷史，曾發生過數不清的旱、澇、蟲、地震等天災人禍，引起社會劇烈動蕩，從而導致貨幣的發行多而雜亂、規格不統一，幣值不一致；反之，社會穩定，國家強盛，貨幣就統一或基本統一。（3）戰爭的影響。這分兩種情況，一是外來侵略戰爭，二是國內戰爭。不管是哪種戰爭，凡是發生戰爭，國家貨幣就貶值，物價就上漲。在中國歷史上有上百次農民起義，許多農民起義政權都發行過錢幣，但最終以失敗告終的居多。（4）國際間商業貿易和貨幣文化交流。近現代貨幣史告訴我們，外來貨幣文化對中國貨幣文化產生過重要影響。（5）幣材價值的變化。幣材貴於錢幣，則錢幣貶值。（6）宏觀調控和管理對貨幣的影響。任何一個社會都會產生貨幣流通與商品流通不相適應的矛盾。商品的價格會隨着生產力的不斷發展而變化，貨幣作爲特殊商品，也會受到市場價格的影響而波動，導致貨幣的升值或貶值。國家與國家、地區與地區之間也一樣，同樣的商品在不同的國家、地區，其價格的差別有時也會很大，它也會影響到國家、地區之間的貨幣價值比率。所以，貨幣的宏觀管理是非常重要的。

第四節　研究中國貨幣的目的和意義

中國貨幣是世界上使用人數較多、發行種類較多、流通範圍較廣幣種之一。它不僅是東方貨幣體系中的主體貨幣，也是世界貨幣中的重要成員之一。極其豐富的中國貨幣實物和貨幣文獻史料，成爲中華民族十分珍貴的文化資源和厚重的文化遺產。因此，深入研究這些貨幣實物及其文獻史料，對繼承和發揚優秀的中國貨幣文化，繁榮經濟，加快中國社會主義現代化建設，具有極其重要的現實的意義和深遠的歷史意義。

研究中國貨幣的目的，就是爲中國社會主義現代化建設服務。包括：（1）爲建設中國特色的社會主義提供科學的理論依據。馬克思通過對資本主義國家商品和貨幣的研究，提出了社會主義社會必將代替資本主義社會的科學結論。世界近現代歷史發展的進程，完全證明了馬克思這一論斷的正確性。新時期的中國貨幣理論工作者，應當通過對中國貨幣史的深入研究，爲建設有中國特色的社會主義提供理論依據。（2）繼承和發揚優秀的中國貨幣文化。中國貨幣實物及其文獻史料承載着中國社會大量的政治、經濟、文化、軍事、哲學、宗教、道德、藝術等方面的資訊，充分挖掘和利用寶貴的中國貨幣文化資源，弘揚優秀的中國貨幣文化，促進中國貨幣學、貨幣史和金融史研究的發展。（3）促進中國社會主義商品經濟的繁榮和發展。通過系統地研究中國貨幣理論，找出貨幣發展內在規律，進一步穩定、繁榮中國金融貨幣市場，不斷完善、發展社會主義市場經濟。（4）爲其他相關學科提供可靠的實物佐證及考古斷代的標準器。中國歷代貨幣是研究中國鑄造史、印刷史、版畫史、造紙史、雕刻史、考古學、金石學、文字史、中外文化交流史等不可或缺的實物憑證，如中國早期鑄幣及遺址的發現，足以證明中國是最早冶煉和鑄造銅器的國家之一。（5）充分開發和利用貨幣文物資源。已退出流通的中國歷代貨幣同資訊、技術一樣是一種資源，充分開發利用這種資源，不僅有極重要的文物、歷史、藝術價值，而且也有很好的市場經濟價值，所以，退出流通的貨幣，有時比貨幣流通時的市場價值高出幾倍、幾十倍甚至幾百倍。退出流通的貨幣作爲文物，有不可再生性，又使它今後有較大的潛在升值空間。

中國古代的貨幣思想、貨幣理論和貨幣制度一直走在世界的最前列，其中諸多創見對世界貨幣文化影響深遠。早在一千多年前的南朝，就出現了譜錄性的錢幣著作。《劉氏錢志》《顧烜錢譜》，比歐洲譜錄性的錢幣著作要早八百多年。中國貨幣的理論研究也比西方早一千多年，而且早在宋代，沈括就已經概括了貨幣的流通規律，而歐洲到了 17 世紀纔有貨幣流通的發現。現存最早的是南宋洪遵的《泉志》十五卷，這是對後世錢幣學影響較大的一部作品。中國清代乾嘉時期，由於學術風氣的濃厚和考據學的盛行，爲錢幣研究注入了新的活力。他們突破了以往傳統的研究方法，糾正了對某些錢幣的曲解，解決了刀布時代的存在等重大課題。翁樹培《古泉彙考》、初尚齡《吉金所見錄》、李佐賢《古泉匯》等，皆爲這一時期的代表作。

民國時期，中國錢幣研究運用了西方貨幣理論的研究方法，提出了"按諸貨幣原理，以究其製作沿革、變遷源流、利病得失之所在，治亂興替之所係"的研究主張，對貨幣的理論研究有了進一步提高。20 世紀 30 年代丁福保編撰的《古錢大辭典》，至今仍是重要的研究錢幣工具書。抗戰期間中國泉幣學社及其創辦的雙月刊《泉幣》雜志，學社的成立及雜志發行的時間雖然不長，但成立了貨幣的研究機構，創辦了貨幣刊物，開創了中國貨幣研究的先河，爲新中國培養了一批造詣很深的錢幣學家，爲推動新中國貨幣理論研究和發展起到了積極的作用。

彭信威著《中國貨幣史》是新中國成立後第一部系統地闡述論證中國貨幣起源、發展及演變過程的經典性巨著。1982 年中國錢幣學會在北京成立，之後各省市的錢幣學會也相繼成立，各種錢幣雜志、圖譜、辭典、論著相繼問世，尤其是中國錢幣學會、中國錢幣博物館主辦的《中國錢幣》雜志，爲培養優秀的貨幣人才、推動中國貨幣學的深入研究作出了重要貢獻。當今，學界對中國貨幣的研究方興未艾，而信息化、網絡化、科學技術的迅速發展，地層學、標型學被日益普遍地運用，其研究手段日趨完備，因而使其研究的深度、廣度都今非昔比，不少貨幣的專題研究領域都已取得了可喜的研究成果。近年已出版或正在編撰的《中國歷代貨幣大系》《中國錢幣大辭典》系列叢書專著，更是彙集了古今學者的大成。

本卷通篇分五章論述。第一章概論，介紹中國貨幣的種類和名稱；中國貨幣的歷史演進和分期；中國貨幣的特色和作用；研究中國貨幣的目的及意義。第二章中國原始貨幣說。第三章普通金屬幣說，分十節，前九節主要考證中國歷代的布、刀、圓、楚貝、錢牌、半兩錢、三銖錢、五銖錢、寶文錢等九個系列幣；第十節考證近代中國的機製幣。第四章貴重金屬幣說，分別對歷代的金、銀幣進行系統的實物考證。第五章紙幣說，按歷史階段劃分爲四個時期，分別對中國紙幣進行了比較全面系統地實物考證，考證下限定爲 21 世紀初期。本卷第一次比較系統地考證了有代表性的部分民間私票。突出了近代辛亥革命貨幣、新民主主義人民貨幣的歷史地位和作用。

　　本卷力求詳盡地收錄中國貨幣實物，其中原始貨幣類近十種，銀幣類二百三十多種，金幣類六十多種，銅幣類約四百五十種，銅元類（含鎳、鋁等）一百二十多種，紙幣類一千二百多種。并對涉及的中國貨幣實物發行時間、機構、流通的地區，發行種類、數量、版別，貨幣形態等，做到盡可能詳細描述。對其印刷方式、印製單位，貨幣的購買力和信用，貨幣真僞等亦盡力予以記述。有些最新發現的重要貨幣爲首次收錄，如秦初“珠重一兩·十四”“襄陰二方孔圓錢”，戰國衛釿、金代貞祐寶鈔壹仟貫、王嘉錫銀票、康熙年會票、乾隆年匯券等，都是近年發現的海內外孤品，或填補了中國貨幣歷史的空白；或將某種貨幣的歷史時期向前推進了幾十年至幾百年。本卷在吸收了近現代貨幣專家學者諸多研究成果的基礎上，依據新發現的貨幣實物、最新考古史料和歷史文獻，以一種新的體裁和結構，進行了較爲系統地實物考證，并試圖從政治經濟學、哲學、社會學、文化藝術等方面，多方位、多角度、多層次綜合分析探討中國貨幣的內在聯繫及其規律，爲學界提供上下縱跨五千年的中國歷代貨幣考述性學術著作。同時，對中國貨幣的分期、結構、特色和作用等學術理論，本卷提出了一些新的觀點和看法，以供專家學者指正。

第二章　原始貨幣説

第一節　原始貨幣萌芽考

　　中國貨幣的萌芽狀態，早在夏代甚至更早就已經産生了，《易·繫辭下》："日中爲市，致天下之民，聚天下之貨，交易而退，各得其所。"交易物主要是與飲食有關的物品，可見簡單的商品經濟已經産生，《淮南子·齊俗訓》："以所有易所無，以所工易所拙。"似乎唐堯時代，産品交換市場便很活躍，而且已出現社會分工。交換物中除了農産品之外，還有手工産品：《詩·衛風·氓》："氓之蚩蚩，抱布貿絲。"《詩·小雅·小宛》："握粟出卜，自何能穀。"這裏已明確記載交換産品有布帛、穀粟、絲、龜卜等。當然日常生産生活的物品還不止這些，但可以看出商品交換是爲買而賣的物物交換，最簡單最原始的商品交換形式。《書·康王之誥》："王出在應門之内，太保率西方諸候入應門左，畢公率東方諸候入應門右，皆布乘黄朱，賓稱奉圭兼幣。"《周禮·地官·媒氏》："凡嫁子娶妻，入幣純帛，無過五兩。"先秦的文獻有多處提到皮幣：《孟子·梁惠王下》："昔者大王居邠，狄人侵之，事之以皮幣，不得免焉；事之以犬馬，不得免焉。"《墨子·魯問》："厚爲皮幣，卑辭令，亟遍禮四鄰諸侯。"又《尚賢》："外有以爲皮幣與四鄰諸侯交接。"《國語·齊語》："而重爲之皮幣，以驟聘眺於諸侯。"《史記·平準書》："古者皮幣，諸侯以聘享。"足證春秋戰國時期諸侯之間相互禮儀往來，各諸侯給天子進貢的主要禮品即皮幣、布帛、圭玉等，并規定了婚嫁時布帛的數量。這時候布帛已作爲貴重禮品，從諸多商品中脱離出來。不僅如此，由於布帛的可分割性，商品經濟的發展，布帛除作爲禮品形式又出現新的形態——原始票據。《周禮·地官·載師》："凡宅不毛者，有里布。"《周禮·天官·小宰》："四曰聽稱責以傅別。"鄭玄注："傅別，謂券書也……傅，傅著約束於文書；別，別爲兩，兩家各得一也。"又《士師》："凡以財獄訟者，正之以傅別、約劑。"鄭玄注："傅別，中別手書也。約劑，各所特券也。"又《地官·質人》："凡賣債者質劑焉。大市以質，小市以劑。"鄭玄注："鄭司農云：'質劑，月平賈也。質大賈；劑小賈。'玄謂：'質劑者，爲之券藏之也。大市，人民牛馬之屬用長券；小市，兵器珍異之物用短券。'"所謂"傅別"，爲古代券據。手書大字於券之中間，一剖爲二，雙方各執其一，以便核對。所謂"質劑"，亦古代"傅別"之類券據，長者稱"質"，用以購買人民牛馬之屬；短者稱"劑"，用以購買兵器珍异之物。周代初期不僅存在着活躍的以物換物的商品交換形式，而且已出現如貝幣、皮帛、錢鏄、里布、傅別、約劑、質劑等多種形式的原始萌芽貨幣，第一次清楚地記載在買賣、訴訟、債務、地稅過程中，出現的原始期票，即票據的原始萌芽形式。

原始布

中國早期原始金屬貨幣之一。約在西周時期，出現了仿青銅農具錢鏄的原始布。它既保留了農業生産工具的特徵，具有重農勸業價值，又有貨幣的職能，被認爲是中國早期的原始金屬鑄幣。

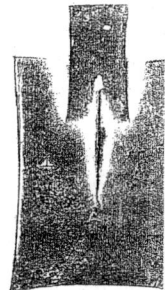

原始布

第二節　貨貝考

古文獻中有關貝幣的記載較少，但彝銘中記載較多。當時除了以布、帛、皮作爲貴重禮品外，在氏族、部落内部賜贈的貴重禮品或財富主要是貝、金，而且從漢字結構看，凡是與價值有關的字都有貝旁，如寶、貨、財、貧、賤、賺、資……據考古資料，公元前三千年的河南仰韶遺址曾出土大量貝，説明夏代以前的新石器時期，貝已伴隨着玉器、彩陶等使用，逐步進入禮品贈送、商品交換之中，成爲財富的象徵。從仰韶遺址發現使用貝到殷商大量用貝，尤其是銅貝及各種仿製貝的出現，説明貝已完成了由自然、原始形態向高級形態的過渡，它伴隨着社會經濟形態的發展，逐步從粟穀、布帛、圭、皮、絲、牲口等衆多的産品中脱穎而出，成爲中國的最早原始貨幣——貝幣。它一方面執行着貨幣的職能，另一方面又充當着裝飾品，大約經歷了一千五百餘年的漫長歷史。

貝幣

中國早期原始貨幣之一。學名貨貝，多爲齒貝。種類有大貝、小貝、蚌、螺螄。據考古資料，北京周口店山頂洞人已經認識貝，洞內

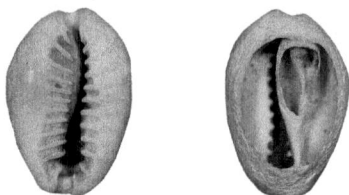

貝幣

曾發掘出三枚小海蚌、淡水貝的碎片。公元前三千年的仰韶文化中，人們已使用貝作裝飾品。新石器時代晚期開始，貝可能逐漸進入農産品市場，擔負起以物易物的交換職能。商周時期貝幣廣泛地進入交換過程中，成爲最初的原始貨幣。公元前 221 年，秦始皇統一中國，廢止貝幣。但據考古資料，中國雲南地區直到元明時期，仍然使用貝幣。除自然貝外，還有以金、銀、銅、蚌、石、陶、骨等材料仿製的貝幣，一度被作爲貨幣流通過。參閱孫仲彙等《簡明錢幣辭典》。

珧貝

質地似貝殼、松而無光亮、略微透明，體略小於真貝，一面平、一面凸起，中央有一道深深的溝紋，另有幾條平行的短刻畫切在溝紋兩旁，以仿真貝的齒紋。這種短刻劃多至五六條，有的完全没有。一般兩端各有一個穿孔，也有不帶穿孔的。此類貝以河南安陽殷墟出土最多。參閱彭信威《中國貨幣史》。

蚌貝

有多種。一種像真貝，但一面磨平；另一種扁平，中間有一連串圓孔并形成一道深溝。兩面相通，以仿鑿紋。貝身質地極脆。體形大

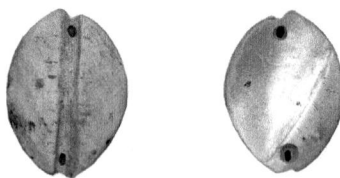

蚌貝

小不一，小的如珧貝，大者倍之，多出土於河南洛陽地區。還有一種菱形蚌貝，很厚，河北、遼寧及内蒙古等均出土。參閱彭信威《中國貨幣史》。

骨貝

形制同珧貝。溝紋上的短刻劃有八至十排。數量最多，出土範圍最廣，有河南洛陽、新安，

骨貝

山東滕縣，河北磁州，青海西寧朱家寨，還有
山西等。有一孔或二孔。河北磁州出土的有的
染成綠色或褐色。參閱彭信威《中國貨幣史》。

石貝

形仿真貝。多爲米黃色軟石製成，背面經
過磨製，出土於河北等地。一種爲菱形，一端
有一穿孔，有的中間有一條溝，但沒有刻劃。
出土於河南、山東等地。參閱彭信威《中國貨
幣史》。

石貝

陶貝

形仿真貝，中空，近乎球形，背存一孔，
較少見。參閱彭信威《中國貨幣史》。

銅貝

形仿真貝。中國最早的銅貝，河南安陽大
司空村商墓曾出土三枚。（見《考古》1955 年
第九期）背面中空，中間有一道齒槽，或直或

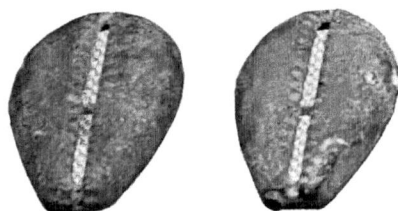
銅貝

曲。直槽者有貼金的，即以極薄的金箔用加熱
或其他方法膠貼上去。曲槽者有包金的，即用
金葉包上去。這種金葉比貼金貝的金箔厚，因
而包金貝比貼金貝美觀。河南、安徽、山西侯
馬等地有出土。1997 年 2 月山東曲阜魯故城
遺址出土三百餘枚。銅貝分大、小二種，大的
2.1~2.5 厘米，寬 1.6 厘米、重約 3 克；小的長
約 1.5 厘米，寬 1 厘米、重約 1 克。另有一種
實心銅貝，同骨貝相仿。有一孔或二孔，河南
鄭州出土。參閱彭信威《中國貨幣史》。

銀貝

1974 年河北平山戰國中山國一號墓出土幾
枚。形制大小仿真海貝。參閱錢嶼《金銀貨幣
的鑒定》。

金貝

形狀像真海貝。用薄金片壓成，中央有一
道齒紋，背部扁平，首端有一穿孔。長 1.1 厘
米。含金成色爲百分之九十二。1984 年秋，河
北靈壽西盆頭村戰國墓出土四枚。參閱錢嶼
《金銀貨幣的鑒定》。另一種金貝，形如沒有鑿
紋的珧貝。現僅見一枚，用薄金片壓成，中央
有一道溝，沒有齒紋，兩端各有一穿孔，重 4
克。

第三章　普通金屬幣説

第一節　布幣考

　　所謂布幣，主要指先秦時期各國模仿實用的錢鎛類鏟形農具而鑄造的一種貨幣，以"布"相稱者，殆由錢鎛之"鎛"得音，或取貨幣流布之義。《史記·平準書》："農工商交易之路通，而龜貝金錢刀布之幣興焉。"又"虞夏之幣……或錢，或布，或刀，或龜貝。"裴駰集解引三國魏如淳曰："布於民間也。"司馬貞索隱："布泉者，言貨流布，故《周禮》謂三夫之布。"據研究，布幣至遲在春秋中期便已出現，其上限可能早至西周晚期，及至戰國，中原一帶已廣泛行用。按首部特徵，泉家通常將其分爲空首布與平首布兩大類。空首布形體較大，銎部中空，形狀最接近實用農鏟，故又有"鏟幣"之稱。空首布又進一步分爲平肩弧足、斜肩弧足、聳肩尖足三式。平肩、斜肩布多出河南洛陽一帶，屬周王畿地區鑄幣，少數或爲晉、鄭、衛、宋所鑄。聳肩布多出山西，爲晉國鑄幣。平首布由空首布演變而來，首已扁平，體亦變小，形制上分尖足、橋足、方足、鋭角、圓足、三孔及梁布等數種，爲戰國時期趙、魏、韓、燕、中山及楚國鑄幣，出土數量與範圍均遠超空首布。及至秦始皇統一幣制，布幣與刀幣等皆被圓形方孔的半兩錢取代，但後來王莽篡漢復古時曾一度鑄行十布與貨布，五代初幽燕劉仁恭也曾模仿莽錢鑄行鐵質貨布。

空首布

　　早期布幣。仍較多地保留着農具鏟的形狀，首部中空，似仍可納柄，故稱。始於春秋中期，達於戰國，主要鑄行於地處中原的周晋地區。通常依其形制，分爲平肩弧足、聳肩尖足、斜肩弧足三種。幣面或有數目、干支、名稱及城邑名稱等字樣。清初尚齡《吉金所見録》卷二："此種（指平肩弧足空首布）出土最晚，元明以前未有言及者。近來見者甚多，大小文字互異，賞鑒家呼爲'鏟幣'，或曰'空心幣'，實無所稽，以其形似爲名耳。今細玩其銅質篆文，似在前諸布（指平首布）之先，爲春秋以前物。其上中空，可以安柄……邇來中州出土者甚多，他處無之，聞山右亦間有之，是亦近於中州者。"參見本卷《普通金屬幣説·布幣考》"平肩弧足空首布""聳肩尖足空首布""斜肩弧足空首布"文。

平肩弧足空首布

　　空首布之一種。因呈平肩弧足狀，故稱。始於春秋，達於戰國。布首作長鋬，身部有郭。錢面及背各有三道竪紋。銘文在錢面竪紋間，多爲單字，少數二至四字，如一、十、雨、禾、山、戈、武、成、周、安臧、東周、市南小化等。今所見不同銘文已達兩百餘種，多數獲釋，間有不易釋或釋而未定者。是幣多出河南洛陽、

孟津、新安、伊川、臨汝、登封及偃師一帶，一般爲周王畿内鑄幣，少數或爲晋、鄭、衛、宋所鑄。據載自 1949 年以來至 20 世紀 80 年代初，已先後出土十餘批，約三千五百枚，數量居各類空首布之首。幣分大小兩等：大者通長 8～10 厘米，重 33～44 克；小者長約 7 厘米，重 18 克左右。參閲《考古》1974 年第一期。

聳肩尖足空首布

　　空首布之一種。呈聳肩尖足狀，類似古農具耒，或由其演變而來。始於春秋，達於戰國。大小可分二式。大者面背有三道平行竪紋，體薄而大，多無銘文，俗稱"無文大布"；少數有記數、記地等簡單文字，如一、二、八、左、右、吕、工、刾、甘丹（邯鄲）等，通長約 14 厘米，重 35 克左右。小者見於著録者僅兩種。一種面文五字，或釋"新晋共黄釿"，前三字釋讀尚有存疑。一種面文二字，自右至左釋"幺金"。二品皆出山西侯馬晋都遺址。1995 年 6 月，山西稷山城西南蔡村鄉楊村磚廠又出土五百四十九枚。其中一百〇三枚有銘文。銘文

平肩弧足空首布

聳肩尖足空首布

單字的有金、糸、文、工、羽、朕，雙字的有涅金、糸金等，此外還有多字的，面文尚待釋。經測定，稷山所出該布通長約 12 厘米，帶範芯重 29.5 ～ 32.5 克。參閱《文物》1959 年第六期、《中國錢幣》1997 年第二期。

斜肩弧足空首布

空首布之一種。因雙肩下削，襠呈弧形，故稱。始於春秋，達於戰國。大小分爲二式：大者通長約 8 厘米，重 22 ～ 27 克；小者通長約 7 厘米，重 18 ～ 24 克。幣面鑄二斜紋，背一直二斜紋，銘文在幣面二斜紋間，大者可見盧氏、三川釿（或釋濟釿）、武、武安等字樣，小者有武、武安、武守、武釿四種。主要出土於洛陽、鄭州一帶，據析爲周王畿與晉、鄭等國鑄幣。參閱《考古》1974 年第一期。

斜肩弧足空首布

平首布

布幣之一種，由空首布演變而來，唯首已不空，不能納柄，體亦變小，脫離了農鏟之原始狀態。主要流行於戰國時期，至秦統一幣制而廢。通常依其形制，分爲尖足、橋足、梁布、方足、銳角、圓足及三孔布數種。錢文多爲地名，部分有記重文字，其記重單位橋足布作"釿""守"，三孔布作"朱""兩"。一般尖足者屬趙，橋足者屬魏，銳角者屬韓，圓足者屬趙或秦，方足者韓、趙、魏、燕、周均有鑄造，三孔布多爲趙幣，個別或爲中山國所鑄。參見本卷《普通金屬幣説·布幣考》"平首尖足布"

至"三孔布"諸文。

平首尖足布

平首布之一種。因雙足呈尖狀，故稱。主要流行於戰國時期趙國境內，至秦統一幣制而廢。布之四周有郭，肩部多微聳，通説源於聳肩尖足空首布。幣面首部有二直紋，腹一直紋。背首一直紋（少數直通襠部），腹二直紋。面文記地有數十種，如甘丹（邯鄲）、晋陽、兹氏、大陰、藺、晋陽半、兹氏半、大陰半、藺半、榆鄉、新城、中陽、西都、中都、霍人、離石、皮氏、莆子等，所揭示的地望多在太行山兩麓，幣之出土亦集中於山西省北部一帶，範圍大致在戰國時期趙國境內。部分錢背可見記數文字，如五、十、十八等。或分大小二等：大者爲一釿布，通長 8.5 厘米，重 10 ～ 13 克；小者爲半釿布，通長約 5 厘米，重 6.5 ～ 7 克。參閱《文物》1965 年第一期、《考古》1965 年第四期。

平首尖足布

平首橋足布

平首布之一種。因襠部弧似橋拱，故稱。鑄行於戰國早中期，至秦統一幣制而廢。目前發現并著録者有三十餘種，分平肩（或稍聳肩）、弧肩兩式。面文記地稱"釿"，或有"當守"字樣，亦有僅鑄地名者。背多平素，個別有背文。據考多係魏國鑄幣，少數或爲韓、鄭所鑄。幣分大、中、小三等：大者爲二釿布，如安邑二釿、晋陽二釿、梁充（新）釿五十當寽等，通長 6.5 厘米，重 25 ～ 29 克；中者爲一釿布，如安邑一釿、晋陽一釿、陰晋一釿、甫反一釿、梁充（新）釿百當寽、梁正尚百當寽等，通長 5.5 厘米，重約 14 克；小者爲半釿布，如安邑半釿、高安半釿、盧氏半釿、共半釿、梁半尚二百當寽等，通長 3.5 ～ 4 厘米，重 6 ～ 7 克。參閲《考古》1987 年第二期。

平首橋足布

梁布

平首橋足布之一種。因面文首字記地作"梁"，故稱。戰國時期魏國鑄幣，至秦統一幣制而廢。已發現并著録者有四種，分三等：大者爲二釿布，面文篆作"梁充釿㠯（即"五十"與"二"爲合文符）當寽"，重 26 ～ 28 克；中者爲一釿布，面文兩種分別作"梁充釿百當寽""梁正尚百當寽"，重 11 ～ 14 克；小者爲半釿布，面文作"梁半尚二百當寽"，重 7 克左右。據考，面文"梁"指魏都"大梁"，公元前 340 年魏惠王自舊都安邑徙都於此（此從《史記·魏世家》記載），是幣即魏都大梁之後所鑄。"充"，通"新"。"百"，錢文作"全"，舊多釋"金"，自河北平山中山王墓銅器銘文證明"全"可作"百"後，此布之讀

梁布

法始得釋。"寽"，重量單位。"百當寽"即"布百枚當一寽"，餘類推。"寽"之重量或據實測此布推定爲 1400 克左右；或謂"寽"在此當指黄金重量，按，是説雖知此布若干抵黄金一寽，然一寽究爲多重，仍待考。參閲《中國錢幣》1985 年第二期、《考古》1987 年第二期。

平首方足布

平首布之一種。因兩足與襠部均作方折，故稱。流行於戰國中晚期韓、趙、魏、燕等國，爲各種布幣中種類最繁、鑄量最多者，至秦統一幣制而廢。其制體小襠方，布面自首至襠鑄一豎紋，背有一直二斜紋，少數面首二斜紋，腹一直紋，背首一直紋，腹二直紋。面文均爲城邑名稱，如趙國的同是、中都、北屈、北箕、平陽、祁、兹氏等；魏國的皮氏、蒲子、高都、戈邑、安陽、王氏等；韓國的屯留、

平首方足布

郲子、宜陽、陽城、郟以及燕國的右明新冶、益昌、匋陽、襄平、平陽等，總計獲釋者已逾百種。少數背面有數目、左、右等字樣。通長 4 ～ 4.5 厘米，重 4 ～ 6 克；偶有大者長約 5 厘米，重 12 ～ 14 克。參閲《文物》1972 年第四期。

平首鋭角布

平首布之一種。因布首頂端有兩鋭角，故稱。鑄行於戰國時期韓、魏地區，至秦統一幣制而廢。大小分爲兩式：大者布身微作束腰，方足，面背正中自首至襠有一豎紋，背兩側各

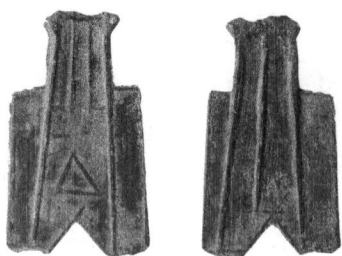

平首鋭角布

有一斜紋，面背有郭，襠呈方形，錢文有“涅金”“盧氏涅金”“洮涅金”等。或釋“金”作“百”，“洮”作“俞”“渝”。通長約 7 厘米，重 17 ～ 19 克。均甚罕見。小者布身呈直腰狀，方足，錢面自鋭角至兩足有二直紋稍斜，或無紋，背一直二斜紋或二斜紋，有郭或無郭，襠呈等腰三角形。錢文有“公”（或釋“谷”）“垂”兩種。其中“公”字幣 1981 年於河南鶴壁獅跑泉一次出土三千五百三十七枚，數目之多，令泉界注目。同出者尚有“垂”字鋭角布一枚、“垣”字圜錢一千一百八十枚以及橋足布、方足布共百餘枚。此外，河南輝縣市、淇縣亦有“公”字布出土。通長 4.4 ～ 5 厘米，重 5 ～ 10 克。參閱《中國錢幣》1989 年第一期。

平首圓足布

平首布之一種。因首、肩、足、襠凡轉折處均呈圓弧形，故稱。鑄行於戰國中晚期趙國境内，至秦統一幣制而廢。所見分爲兩式：一式錢面有“藺”“離石”字樣，面背皆有周郭，背自肩至足有二竪紋稍斜，其間有一、二、廿五、四十六等數字，有的中間有短竪紋。面文藺、離石皆爲地名，離石在今山西吕梁山西部之離石區，藺在今離石區西。背文數字據析爲鑄範次第。該式大小分爲二等：大者通長 7.4 ～ 7.8 厘米，重 10 ～ 18.5 克；小者通長 5 ～ 5.6 厘米，重 6 ～ 7.5 克。今藺布易見而離石布甚罕。二式由尖足小布演變而來，面文有“晋陽”“大陰”“茲”“茲氏”“茲氏半”數種，形制除首、肩、足呈圓形外，餘如尖足小布；通長 5 ～ 5.3 厘米，重 6 克左右。圓足布

平首圓足布

種類少，鑄量稀，面文多爲趙邊邑名，且多於趙地出土，一般將其列爲趙幣，亦有疑爲秦占趙地之後所鑄者。

三孔布

平首布之一種。狀如圓足布，唯布首與兩足各有一圓形穿孔，故稱。鑄行於戰國晚期，至秦統一幣制而廢。國屬諸説不一，一説秦占布錢區後所鑄，亦有趙幣、中山幣等説。或分大小二等。幣面均鑄地名，目前所見約三十種，計有上專、下專、上阝陽、下阝陽、安陽、安陰、上艾、阿、平臺、北九門、姑邑、渝陽、應鄉（或釋雁鄉）、南行唐、家陽（或釋華陽）、宋子、無終（或釋亡冬）、封氏、毛氏（或釋屯氏）等。錢背首部記數，腹文記重，大者文曰“一兩”，小者曰“十二朱”，分别重 15 克與 8 克左右。因形制奇特，出土絶少，故向被泉家視爲珍品。參

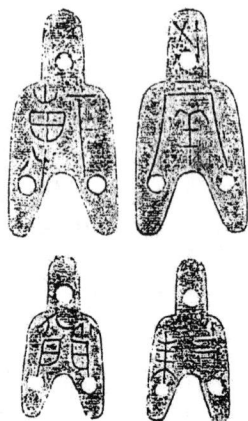

三孔布

閱《中國錢幣》1993 年第四期。

武陽三孔布

戰國時期趙國鑄幣。重 15.5 克，銅質。周沿有邊廓，澆口在首部，合範準確。首部與兩足各有一圓形穿孔。布面上下篆書陽文"武陽"兩字，"陽"的兩邊分距較大，與"陽"字呈三足鼎立之勢。背首穿孔上鑄有數字"十五"，正中有篆書陽文"一兩"。據《史記·趙世家》載：孝成王"十九年（前 247），趙與燕易土，以龍兌、汾門、臨樂與燕；燕以葛、武陽（今河北易縣南）、平舒與趙"。武陽大型三孔布是目前發現的唯一孤品。其學術、文物、藝術價值極高（現藏陝西西安金泉錢幣博物館）。

斾錢當釿

平首布之一種。其制體長而大，中腰微束，二方足外分形如燕尾。形狀類似三晉地區的方足小布，唯更長大。布首有穿，自穿至襠面背皆鑄一中綫，銘文在中綫兩側。面文篆作"斾錢當釿"。"斾錢"，或謂即"大錢"，"當釿"，即"當一釿"。背文二字多釋"十貨"，意此布一枚值十枚銅貝貨。面背文釋讀亦有他說。據載出土地點有河南新鄭，江蘇徐州、丹陽，浙

斾錢當釿

江杭州、紹興、仙居及山東臨沂等，一般認爲屬戰國時期楚國鑄幣，也有人認爲是鄭地商人專爲對楚貿易而鑄。通長約 10 厘米，重約 33 克。參閱朱活《古錢新探》。

四錢當釿

亦稱"連布"。布幣之一種。因形似兩枚方足小布雙足相連，故稱。錢文一面"四錢"，一面"當釿"，意此錢四枚（即連布兩枚）相當一釿。據析與"斾錢當釿"同時鑄造流通，爲戰國時期楚幣。通長約 8 厘米，重 15 克左右。今甚罕見。參閱朱活《古錢新探》。

【連布】

即四錢當釿。其形如兩枚布幣雙足相連，故稱。見該文。

第二節　刀幣考

先秦時期齊、燕、趙諸國鑄行的刀削狀青銅貨幣。其制弧背凹刃，柄端有環，狀如實用刀削，蓋因實用刀削曾於上古用作交換媒介，起過等價物的作用，故而發展爲貨幣。根據鑄地不同，泉家通常將其分爲燕刀、齊刀、趙刀和中山刀；或依其特徵，分別稱尖首刀、針首刀、截首刀、明刀、大刀及圓首刀。尖首刀因刀首較尖得名，出土範圍主要在河北中部至遼寧西南部一帶，據考鑄行於春秋中期至戰國初年，屬燕地早期鑄幣。刀身常見

形態古拙的一二字銘文，或在面，或在背，或面背皆有，不同字形總計已逾百種。尖首刀又有截去首部者，主要發現於山東地區，招遠出土尤多，即墨、壽光、章丘等地亦有少量發現，研究者稱"截首刀"或"剪首刀"，認爲該刀是在齊國幣制紊亂時由外地流入的，剪切的目的是偷銅取料，以不足值錢幣進行交易。一般完整的尖首刀通長 14 ～ 17 厘米，重 14 ～ 18 克。針首刀首尖如針，舊出河北張家口、承德一帶，其地古代曾屬匈奴，故有"匈奴刀"之稱，據考當爲燕地早期鑄幣，鑄行年代大致與尖首刀相當。針首刀通長約 14 厘米，重 10 克左右。明刀以面文類似"明"字得名，它是燕國繼尖首刀之後的鑄幣，出土範圍涉及今河北、遼寧、吉林、内蒙古、山東諸省區，甚至遠及朝鮮和日本等國。考古中常成百上千地發現，爲各種刀幣鑄量最豐、流通最廣者。明刀按形體特徵分圓折與方折兩式，鑄造年代以圓折在先，方折在後。通長 13 ～ 14 厘米，重 12 ～ 19 克。此外，山東地區出土面文"明"字方折之明刀，與燕地明刀書體迥異，其背文有"莒冶□""莒冶法化""莒冶齊化"等，泉家稱爲"齊明刀"，或以最初於清嘉慶年間發現於山東博山香峪村而稱"博山刀"，其鑄造年代一般認爲是在燕將樂毅伐齊下七十餘城至田單以即墨之師破燕復齊的前後五年間，爲燕軍占領齊地後鑄幣。齊刀鑄行於齊，製作厚大精整，錢文分三字、四字、五字、六字數種，起首爲國名或城名，如"齊""即墨""安陽"等，尾二字作"法化"，意爲法定貨幣。根據幣面有無"之"字、外緣於身柄間是否中斷兩條標準，泉家將其分爲姜齊刀與田齊刀，以田齊所鑄"齊法化"最爲多見，其餘幾種皆少，六字刀尤稀。齊刀通長 18 ～ 19 厘米，重 40 ～ 60 克。圓首刀刀首圓鈍，形狀較直，主要出土於趙地，故又稱"直刀"或"趙刀"。根據銘文不同，分爲"甘丹（邯鄲）刀""白人（柏人）刀""藺字刀""成白刀""晋陽刀"等。除成白刀因近年多出河北平山中山故都靈壽城址而被考爲中山國鑄幣外，其餘均爲戰國趙幣。圓首刀通長 10 ～ 14 厘米，重 4.5 ～ 15 克。通觀先秦刀幣，論厚大精整，當首推齊刀；按發現數量，則燕明刀最豐。齊、燕雖有圜錢，燕地又行布幣，但發現數量都遠不及刀幣。各種趙刀形體較小，鑄量亦稀，殆與趙地多用布幣有關。一般説，秦以半兩錢統一幣制，是先秦刀幣的下限。（見《史記·平準書》）後來王莽托古改制，又鑄錯刀與契刀兩種刀幣，其狀頗類今之鑰匙，與先秦刀幣迥異。（見《漢書·食貨志》）

齊刀

齊國鑄行的青銅貨幣，因呈刀削狀，故稱。始於春秋，達於戰國，至秦統一幣制而廢。其制弧背凹刃，柄端有環，因較燕、趙地區的刀幣厚大，故又稱“大刀”。通長 18 ~ 19 厘米，重 40 ~ 60 克。幣面鑄國名或城名，如齊、即墨、安陽等，下有“法化”或“之法化”字樣。目前所見不同面文有“齊法化”“齊之法化”“齊建邦駅法化”“即墨之法化”“即墨法化”“安陽之法化”凡六種。此外尚見面文作“覃邦”之殘刀頭一段。“法化”，“法”猶法定，“化”與“貨”通，“法化”連稱，取法幣或標準鑄幣之意，亦有釋“圜化”或“大刀”者。刀背上端多有三道水平橫劃，中部有一標記，下有一至二字銘文或符號。據悉不同背文已逾五十種，目前尚未完全獲釋。一般認爲齊之法化、即墨之法化、安陽之法化爲姜齊鑄幣，齊法化、齊建邦駅法化爲田齊鑄幣。亦有即墨之法化屬萊，安陽之法化屬莒之説。齊刀鑄量尚豐，出土遍及齊國故地。1972 年海陽小紀公社汪格莊一次出土完整齊刀一千五百餘枚，臨沂大嶺鄉大城後村一次出土兩千餘枚，數量之多，令泉界注目。存世十之八九爲三字刀，四字刀、即墨刀與安陽刀則不多見，而六字刀尤爲珍稀。參閲朱活《古錢新探》。

齊之法化

亦稱“四字刀”。齊刀之一種，始於春秋，達於戰國，至秦統一幣制而廢。該刀刀身外緣隆起，斷於身柄相接處，特徵與即墨、安陽刀同，別於不斷緣之三字或六字刀。刀背上有三橫，下有一至二字銘文或符號，如上、化、工、日等。一般認爲此類斷緣刀係姜齊時期鑄幣，而不斷緣之三字與六字刀爲田齊鑄幣。通長 18 ~ 19 厘米，重 44 ~ 50 克。參見本卷《普通金屬幣説·布幣考》“齊刀”文。

【四字刀】

即齊之法化。此稱後世泉家所定。見該文。

齊之法化

節墨之法化

齊刀之一種，鑄行於春秋戰國時期，至秦統一幣制而廢。此刀身部外緣隆起，特徵與早期齊刀如四字刀、安陽刀同。面文“節墨”爲邑名，即“即墨”，其地初屬萊，齊靈公十五年（前 567）滅萊後入齊，故址在今山東平度東南約 25 千米。刀背上有三橫，下有一至二字銘文，如上、工、屮、日、安邦、辟封、大行等。通長 18 ~ 19 厘米，重 55 ~ 61 克，其長度、重量居各類齊刀之首。目前多數學者認爲此刀鑄行於齊滅萊得即墨之後，亦有繫之於萊幣者。參見本卷《普通金屬幣説·布幣考》“齊刀”文。

節墨之法化

節墨法化

亦稱“小節墨刀”。齊刀之一種。形制略同於五字節墨刀，唯刀體狹小，面文省去“之”字，背上部三橫亦省。所見背文有屮、土、人、日、工、大、化、一、七、八、九、十等十餘種。據分析製作晚於大節墨刀，有疑始鑄於春秋晚期，亦有謂燕將樂毅伐齊即墨未下之時鑄。通長 15 厘米，重 20 ~ 38 克。參見本卷《普通金屬幣説·布幣考》“節墨之法化”文。

【小節墨刀】

即節墨法化。此稱後世泉家所定。見該文。

安陽之法化

齊刀之一種。或繫於莒幣，鑄行於春秋戰國時期，至秦統一幣制而廢。形制與四字刀、節墨刀略同，具有斷緣特徵。面文“安陽”爲地名，《後漢書·方術列傳·趙彦》：“莒有五陽之地。”李賢注：“謂城陽、南武陽、開陽、陽都、安陽，並近莒。”或以此安陽與幣名安陽爲一地，其地初屬莒，後入於齊，確切所在尚待考。刀背上有三橫，下部銘文可見上、日、中、工等數種。通長 18 ~ 18.5 厘米，重 45 ~ 55 克。參見本卷《普通金屬幣説·布幣考》“齊刀”文。

安陽之法化

齊法化

亦稱“三字刀”。齊刀之一種。鑄行於戰國田齊時期，至秦統一幣制而廢。該刀弧部外緣隆起而不斷，特徵與六字刀同，而别於外緣斷於身柄相接處的四字刀、即墨刀與安陽刀。背文多爲一字，如土、日、吉、化、上、工、中等。今存各類齊刀中，此刀占絶對多數。研究者多將其定爲戰國中期威王、宣王統一齊國幣制及其以後的鑄幣。通長 18 ~ 19 厘米，重 45 ~ 47 克。參見本卷《普通金屬幣説·布幣考》“齊刀”文。

齊法化

【三字刀】

即齊法化。此稱後世泉家所定。見該文。

齊建邦𨓈法化

亦稱“齊返邦𨓈法化”“齊造邦𨓈法化”“六字刀”。齊刀之一種。鑄行於戰國時期，至秦統一幣制而廢。此刀外緣隆起不斷，特徵與齊法化同，而别於其他齊刀。刀背上有三横，下部銘文可見卜、日、工、吉、上、六等數種。通長 18 ~ 19 厘米，重 42 ~ 47 克。其始鑄年代尚無確論，建邦刀説認爲此刀是田齊的開國紀念幣，返邦刀説則謂此刀鑄於田單破燕、齊襄王自莒返還臨淄之後。屬齊刀中之稀品。參見本卷《普通金屬幣説·布幣考》“齊刀”文。參閱《中國錢幣》1986 年第三期。

齊建邦𨓈法化

【齊返邦𨓈法化】

即齊建邦𨓈法化。此稱後世泉家所定。見該文。

【齊造邦𨓈法化】

即齊建邦𨓈法化。此稱後世泉家所定。見該文。

【六字刀】

即齊建邦𨓈法化。此稱後世泉家所定。見該文。

譚邦刀

齊刀之一種。舊僅見一殘刀頭，1930 年於山東章丘平陵城西南出土。形制頗類齊刀。銘存二字或釋"譚邦"，謂此種刀係齊滅譚後所鑄。或釋首字爲"莒"，謂戰國晚期燕軍伐齊、齊襄王亡命在莒時所鑄。實物現藏天津市博物館。此種刀近年又發現一枚完整者，銘文四字作"譚邦法化"，出處不詳，曾由錢幣專家朱活目驗，斷爲真品。

尖首刀

尖首刀

刀幣之一種，因刀首呈尖狀，故稱。流通於春秋中期至戰國初年，爲燕國早期鑄幣。該刀弧背凹刀，柄細削薄，弧背兩面有郭，中斷於身柄相接處；柄有縱綫兩道，個別一道，端有環。所見多有銘文，一般爲單字，少數二字，或在面，或在背，或面背皆有，如一、三、五、六、乙、上吉、己、魚、上匕等，總計已逾百種。出土範圍主要在河北中部之石家莊、靈壽、藁城、安國、河間、保定、易縣及遼寧省西南部一帶，數量遠不及明刀。參閲《中國錢幣》1993 年第二期。

針首刀

亦稱"匈奴刀""鋭鋒刀"。因出河北張家口、承德一帶，此古屬匈奴故地，且刀首尖鋭如針，故稱。鑄行於春秋末至戰國初，爲燕國早期鑄幣。該刀刀身較短且薄，面背柄間各有兩道直紋。銘文多爲一字，分記數、記干支、記名物等，書體古拙，筆劃簡單，與尖首刀銘文大同小异。少數面背鑄有不同文字。各類不同銘文總計約四五十種。通長 14 ~ 15 厘米，重 15 ~ 16.5 克。

【匈奴刀】

即針首刀。此稱後世泉家所定。見該文。

【鋭鋒刀】

即針首刀。此稱後世泉家所定。見該文。

截首刀

截首刀

亦稱"剪首刀""切頭刀"。指首部被剪截的尖首刀。通常完整之尖首刀多出遼寧、河北兩省，截首刀則主要出土於山東地區，近年尤以招遠出土最多，此外，即墨、膠州、壽光、章丘等地亦有少量發現。截口呈斜狀，清晰無毛邊，或截及銘文。目前所見不同銘文或符號約十餘種，如六、匕、行、王、北、己等。據分析此刀係齊國幣制紊亂時流入，剪截的目的是偷銅取料，以不足值錢幣進行交易。參閲《中國錢幣》1987 年第三期。

【剪首刀】

即截首刀。此稱當今學者所定。見該文。

【切頭刀】

即截首刀。此稱當今學者所定。見該文。

明刀

亦稱"燕刀"。因面文類似"明"字，且多出土於燕地，故稱。鑄行於春秋晚期至戰國末期，至秦統一幣制而廢。據考，面文乃燕下都"易"之古字，一説爲燕國國號，亦有釋爲"莒""盟""召""泉"諸説。該刀遞嬗於尖首刀，主要分圓折與方折（磬折）兩式。圓折刀身柄連接處略成圓弧，形體較大，面文篆作"刁"形，背文爲尖首刀常鑄之數字與干支字，屬早期明刀，通長 14 厘米，重 17 ～ 19 克。方折刀身柄連接處呈方折，形體較小，面文篆作"ゑ"形，背文除單字者外，二字以上者多冠以"左""右"等字，屬晚期明刀，通長 13 厘米，重 12 ～ 18 克。該刀遺存甚豐，出土動輒千百枚，數量居各類刀幣之首，出土範圍涉及河北、遼寧、吉林、内蒙古、山東等數省區，甚至遠及朝鮮、日本等地。參閱朱活《古錢新探》。

【燕刀】

即明刀。此稱後世泉家所定。見該文。

磬折刀

亦稱"方折刀""折背刀"。燕明刀之一種，因身柄連接處呈方折，故稱。鑄行於戰國時期，至秦統一幣制而廢。該刀面文篆作"ゑ"形，背文種類繁雜，除單字者外，二字以上者首字多作"左""右"或

磬折刀

"外"等，或疑此與鑄造場所或爐次有關。在各式明刀中，此刀鑄時最晚，體亦最小，通長 13 ～ 13.8 厘米，重 12 ～ 18 克。參見本卷《普通金屬幣説·布幣考》"明刀"文。

【方折刀】

即磬折刀。此稱後世泉家所定。見該文。

【折背刀】

即磬折刀。此稱後世泉家所定。見該文。

博山刀

亦稱"齊明刀"。最初於清嘉慶間出土於山東博山香峪村，因古時屬齊，故稱。刀身呈弧背形，類圓折明刀，柄有脊綾兩道，端爲圓環。面文"明"字方折，與燕地明刀書體迥异。刀背或有銘文，如"莒冶口""莒冶法化""莒冶齊化"等，其首字與"譚邦刀"之首字同，舊釋"簟"，通"譚"，今多釋"莒"。"莒冶"，或謂即莒地冶造。亦有無背文或背文首字不作"莒"者。1987 年，莒國故城二城南垣北側出土該刀面、背範凡十二塊，每範列五個刀幣模，模長 14 厘米。面範刀身下部反刻一方折明字，背範刀身上部刻一符號。1988 年，山東青州郊某村又出該刀一批，完整者十一枚，與截首刀共存。據考，該刀乃燕樂毅伐齊下七十餘城至田單以即墨之師破燕復齊之前後五年間所鑄。通長 13.5 ～ 14 厘米，重 14 克左右。參閱《中國錢幣》1986 年第三期。

【齊明刀】

即博山刀。此稱當今學者所定。見該文。

圓首刀

亦稱"直刀""趙刀"。因刀首圓鈍，形狀較直，且多出趙國故地，故稱。鑄行於戰國時期，至秦統一幣制而廢。通常據銘文不同而分爲"甘丹（邯鄲）刀""白人刀""成白刀""藺字刀""晋陽刀"等。除成白刀或謂係中山國鑄幣外，其餘均爲趙國鑄幣。

【直刀】

即圓首刀。此稱後世泉家所定。見該文。

【趙刀】

即圓首刀。此稱後世泉家所定。見該文。

甘丹刀

圓首刀之一種，因錢面有"甘丹"字樣，故稱。鑄於戰國時期趙都邯鄲，至秦統一幣

制而廢。該刀刀體微弧，刃稍凹，柄面有脊綫兩道，柄環多呈橄欖形。"甘丹"，即趙都"邯鄲"之古文。亦見面文三字作"甘丹化"者。通長 12.3 ～ 14.2 厘米，重 4.5 ～ 13.2 克。參見本卷《普通金屬幣説·布幣考》"圓首刀"文。

甘丹刀

藺字刀

圓首刀之一種，因面文記地作"藺"，故稱。鑄於戰國時期趙國藺邑，至秦統一幣制而廢。該刀刀體微弧，刃稍凹，柄有脊綫一道，柄端爲圓環。"藺"，趙邑，後入於秦。《史記·趙世家》："趙疵與秦戰，敗。秦殺疵河西，取我藺、離石。"地在今山西離石縣南。通長 10 ～ 11 厘米，重 8 克左右。屬極罕之品。參見本卷《普通金屬幣説·布幣考》"圓首刀"文。

白人刀

圓首刀之一種，因錢面有"白人"字樣，故稱。鑄行於戰國時期，至秦統一幣制而廢。該刀刀體直或微弧，刃稍凹，柄有脊綫兩道，柄環呈截底橢圓形。面文"白人"，即趙邑"柏

白人刀

人"，地在今河北隆堯境，亦有釋爲"白化"者。此外尚見一字作"白"及三字作"白人

化"者。刀背多平素，少數有簡單背文。通長 13 ～ 14 厘米，重 7.5 ～ 13 克。

晋陽刀

圓首刀之一種，因錢面或有"晋陽"字樣，故稱。鑄行於戰國時期趙國，至秦統一幣制而廢。該刀刀體平直或微弧，柄無脊綫，環呈圓形，爲各種刀幣中形體最小者。面文凡四種："晋陽化""晋陽新化""晋化""晋半"。晋陽，地名。《春秋·定公十三年》："秋，晋趙鞅入于晋陽以叛。"其地春秋屬晋，戰國入趙，位於今山西太原西南。"新化"之新，或謂對舊鑄晋陽布而言。通長 9 ～ 10 厘米，重 6 ～ 7 克。

成白刀

亦作"成帛刀"。圓首刀之一種。舊譜繫於趙刀，近年河北平山中山故都靈壽城址曾幾次大量出土，并發現該刀石範一塊，遂有中山國刀之説。鑄行於戰國時期，至秦統一幣制而廢。形制爲鈍首，背

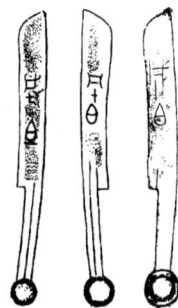

成白刀

稍凸，刃稍凹，柄面多有脊綫一道，柄環爲圓形。面文"成白"二字，少數一字作"成"，書體繁簡不一。背多平素，間有"成白"二字鑄於錢背者。通長 13.5 厘米，重 15 克左右。參閲《中國錢幣》1984 年第三期。

【成帛刀】

即"成白刀"。此體後世泉家所定。見該文。

第三節　圜錢考

圜錢是戰國中晚期繼刀布之後出現的一種承前啓後的貨幣形態，形制取法璧環或紡輪，有圓孔方孔之別，又有無郭有郭之分，以圓孔無郭者鑄行較早。或僅以圓孔者稱圜錢，方孔者別稱方孔圜錢，這裏取其廣義。從出土情形看，地處關中的秦國一向使用圜錢，中原布幣區的周、魏，東方刀幣區的燕、齊，刀布并用的趙國，也或先或後、或少或多地鑄行。由於鑄時鑄地不一，形制遂有差異。大致魏、趙、周所鑄均作圓穿，其中魏錢種類最多，錢文或記地，或記地兼記重。記地者有"垣""共""共屯赤金"（"共"爲地名）和"濟陰""皮氏"諸品，但後三種發現極少，有的真僞尚有存疑。出土較多的衹有"垣"字幣與"共"字幣，體大穿小，内外無郭，文作大篆，製作氣息甚古，泉家將其列爲最早的圜錢之一。記地兼記重的有"黍垣一釿"與"黍睘一釿"，二錢穿孔所占比例已大，但内外仍無輪郭。"黍垣"爲地名，"睘"與"垣"通，其地在今陝西彬州境。"釿"爲記重單位，此稱多見於魏國的橋足諸布，與秦錢記重皆作"兩"者异。魏錢尚有錢體較小文作"半睘"者，殆黍睘一釿的半釿型輔幣。趙幣布多刀少，圜錢更稀，僅見面文記地作"藺"與"離石"者兩種，或疑秦占趙地之後鑄。周錢今知三種："西周""東周""安臧"。前兩種以國號爲文，乃戰國時周室封君所鑄，圓孔仍沿古制，但内外鑄有輪郭，异於早期圜錢。"安臧"錢形體略大，内外無郭，多出洛陽一帶，存世較"西周""東周"二品爲多。秦錢圓孔、方孔兼有。圓孔者爲一兩型，有"珠重一兩十二""珠重一兩十三""珠重一兩十四"三種，内外無郭，形制古樸，屬秦錢中之最早者。方孔者有半兩型的"半兩"與"兩甾"，鑄時較圓孔者晚，其中"半兩"一種較爲多見。另見記封號作"文信""長安"者，據分析分别爲秦文信侯吕不韋和始皇弟長安君鑄幣。燕齊所鑄穿孔皆方，各有三等。燕地三品自小至大錢文依次爲"一化""明化""明四"，齊錢三品依次爲"賹化""賹四化""賹六化"。通觀先秦圜錢，其共同特徵是輕重適中，不像早期刀布那麼厚大，又不似楚貝如此輕小，更兼其形圓不易磨損，有孔可供穿繫，既利於長久流通，又便於携帶計數，這些優點，使它在戰國中晚期的各個國家得以普遍流行，最終在秦代以圓形方孔的形制取代刀、布、貝幣，成爲後來金屬鑄幣的普遍式樣。

垣字錢

戰國時期魏國鑄行的圜錢，形圓而大，穿圓而小，無內外郭，背平素。面文記地作"垣"，多位於穿右，偶有位於穿左并作反書者。《史記·秦本紀》："〔昭襄王〕十五年，大良造白起攻魏取垣。"幣名之"垣"即此"垣"，其地在今山西垣曲境。該幣肉大穿小，文作大篆，製作氣息甚古，與魏"共"字錢同屬早期圜錢，今多在山西南部至河南北部一帶出土，尤以近年河南鶴壁獅跑泉村一次出土一千一百八十枚最令泉界注目，堪稱圜錢中鑄量較多者。及至秦始皇統一幣制，遂爲半兩錢取代。徑 4 ~ 4.2 厘米，重 8 ~ 16 克，亦有僅重 5 ~ 6 克者。

共字錢

戰國時期魏國鑄行的圜錢，形圓而大，穿圓而小，無內外郭，背平素。面文記地作"共"，多位於穿右，偶有位於穿左者。《左傳·隱公元年》："大叔出奔共。"或謂幣名之"共"即此"共"，其地春秋屬衛，戰國入魏，故址在今河南輝縣市境。該幣形制古樸，與"垣"字錢同屬早期圜錢。曾於山西聞喜東鎮蒼底村一次出土七百餘枚，爲圜錢中鑄量較多者。及至秦始皇統一幣制，遂爲半兩錢取代。徑 4.4 ~ 4.65 厘米，重 15 ~ 18.5 克。參閱《泉幣》第二十期、《文物》1976 年第十期。

共屯赤金

傳爲戰國時期魏國所鑄圜錢。形圓而大，圓穿，無內外郭，背平素。面文"共屯赤金"四篆字作環形書寫。"共"，地名，與"共"字錢之"共"殆同一地。"屯"，"純"

共屯赤金
（清李佐賢《古泉匯》）

之省。"赤金"，赤色金屬，即銅。《漢書·地理志》："金有三等：黃金爲上，白金爲中，赤金爲下。"錢文連稱，意爲共地所鑄純赤金幣。因所出極少，故有對其真僞存疑者。參見本卷《普通金屬幣説·圜錢考》"共字錢"文。

桼垣一釿

亦稱"長垣一釿""長垣一金"。圜錢之一種，戰國時期魏國鑄幣，或疑秦占魏地後鑄，至秦統一幣制而廢。其制圓形圓穿，無郭背平，面文"桼垣一釿"作右環讀，筆法頗有刻劃遺風。"桼垣"，地名，即"漆垣"。《漢書·地理志》上郡屬縣有"漆垣"，地在今陝西彬州境。"釿"，

桼垣一釿

重量單位，此稱多見於魏布，據考一釿約當今之 15 克。1991 年初，陝西富縣出土一灰陶瓦罐中除有此錢兩枚外，另有文作"半釿"的半橢圓形錢兩枚，殆此錢之輔幣。目前發現并著録的此錢數量尚不及"垣""共""安臧"諸圜錢，但較其他圓穿諸品爲多。徑 3.5 ~ 3.8 厘米，重 12 ~ 16 克。

【長垣一釿】

即桼垣一釿。此稱後世泉家所定。見該文。

【長垣一金】

即桼垣一釿。此稱後世泉家所定。見該文。

半釿

該幣 1991 年初出土於陝西富縣茶坊鎮西延鐵路工地附近，爲首次問世的創見品。僅兩枚，與兩枚"漆垣一釿"圜錢共存。幣爲半橢圓形，中有小圓穿，錢文穿右"半"，穿左"釿"。其

中一枚短軸徑 3.35 厘米，長軸半徑 2.2 厘米，重 5.7 克。另一枚短軸徑 3.23 厘米，長軸半徑 2.26 厘米，重 5.48 克。據悉，該幣有可能爲同坑所出"漆垣一釿"圜錢的輔幣。參閱《陝西金融·錢幣研究》1992 年第四期、《中國錢幣》1993 年第二期。

桼睘一釿

亦作"漆睘一釿"。魏國圜錢之一種，或繫於秦幣，鑄行於戰國時期，至秦統一幣制而廢。其制圓形圓穿，無郭背平，製作風格一如"桼垣一釿"，唯幣文次字异。"桼"，通"漆"，"睘"，通"垣"，"桼睘"即"漆垣"，其地在今陝西彬州境。徑約 3.5 厘米，重 11.5 克。今存世甚罕。參見本卷《普通金屬幣説·圜錢考》"桼垣一釿"文。

【漆睘一釿】

同"桼睘一釿"。此稱後世泉家所定。見該文。

半睘

魏國圜錢之一種，或秦占魏地後鑄，至秦統一幣制而廢。其制圓形圓穿，無郭背平，錢體較一釿型圜錢明顯輕小，徑約 2.8 厘米，重約 8 克。面文穿右"半"，穿左"睘"，或自左至右讀作"睘半"。"睘"，通"垣"。"半睘"，殆即"桼垣半釿"，蓋此錢與"桼垣一釿"相輔而行，爲二等制。屬極罕之品。參見本卷《普通金屬幣説·圜錢考》"桼垣一釿"文。

濟陰

圜錢之一種，戰國晚期魏國鑄幣，或疑秦占魏地後鑄，至秦統一幣制而廢。其制圓形圓穿，無郭背平，面文穿右"濟"，穿左"陰"，亦有"陰"字反書在右、"濟"字在左作傳形者。"濟陰"，魏邑，後入於秦，地在今山西万榮境。徑 3 ~ 3.5 厘米，重 7 ~ 9.5 克。另有小型者，徑約 2.6 厘米，重 4 克左右。今大小者均罕見。

皮氏

圜錢之一種，戰國時期魏國鑄幣，或疑秦占魏地後鑄。其制圓形圓穿，無郭背平，徑約 4 厘米，重約 9.4 克。面文篆作"皮氏"二字。"皮氏"，地名。《史記·秦本紀》："〔惠文君〕九年，渡河，取汾陰、皮氏。"幣名"皮氏"殆即此。其地最初屬魏，後入於秦，故址在今山西河津南。因傳世絶少，又無出土記録，故其真僞待考。

藺字錢

趙國圜錢之一種，一説秦占藺邑後鑄。鑄行於戰國時期，至秦統一幣制而廢。其制圓形圓穿，有外郭，背平素，徑約 3.5 厘米，重 11 克左右。面文記地作"藺"。《史記·趙世家》："〔肅侯廿二年〕趙疵與秦戰，敗。秦殺疵河西，取我藺、離石。"一般認爲幣名之"藺"即此，其

藺字錢

地在今山西離石西。又，尖足、方足、圓足諸平首布及圓首刀中皆有以"藺"字爲銘者，鑄造年代當以布幣在先，圜錢在後。今藺布易遇，藺刀、藺錢均罕。

離石

趙國圜錢之一種，一説秦占離石後鑄。鑄行於戰國時期，至秦統一幣制而廢。其制圓形圓穿，有外郭，背平素，徑約 3.5 厘米，重約 10 克，面文記地作"離石"，其地在今山西離

石境。屬極罕之品。又，平首尖足、圓足布均有銘作"離石"者，鑄造年代當以布幣在先，圓錢在後。參見本卷《普通金屬幣説·圓錢考》"蘭字錢"文。

安臧

圓錢之一種。戰國時期周王畿鑄幣，或疑秦占王畿後鑄，至秦統一幣制而廢。其制圓形圓穿，無郭背平，"安臧"二字直書於穿右。徑約 4 厘米，重約 10

安臧

克。所見多出河南洛陽一帶，本頗稀見，然近年洛陽戰國糧倉遺址一次出土四十七枚，令泉界注目。又，平肩弧足空首布亦有銘作"安臧"者，鑄時當以布幣在先，圓錢在後。參閲《文物》1981 年第十一期。

西周

圓錢之一種。戰國初，周考王封其弟揭於河南城（今河南洛陽西），號"西周"，此錢即其後西周某君所鑄，非平王東遷前之西周幣。其制圓形

西周
（清李佐賢《古泉匯》）

圓穿，體薄而小，錢文篆作"西周"二字，面有內外郭，背平素。出土於河南洛陽附近。始鑄年代不詳，一般認爲屬戰國中晚期物，鑄造下限當不過公元前 255 年秦滅西周時（據《史記·六國年表》）。徑 2.5 ～ 2.6 厘米，重 4 克左右。屬極罕之品。

東周

圓錢之一種。戰國時，西周惠公封其少子班於鞏，號"東周"，此錢即東周某君鑄，或疑秦併東周後鑄。其制圓形圓穿，錢文

東周
（清李佐賢《古泉匯》）

篆作"東周"二字，面有內外郭，背平素，徑約 2.6 厘米，重 4 ～ 4.5 克。因東周國小勢弱，鑄錢不多，故此錢罕見。清初尚齡《吉金所見録》卷一："東周錢，好圓，微有輪郭，背夷漫。此錢小於前之'寶貨'。平王遷洛，謂之東周，然此時尚混一天下，應不改其軌物。細玩其形制、篆文，疑是考王所封之東周君鑄於周末時耳。"

珠重一兩十二

秦國圓錢之一種。屬一兩型，鑄於戰國晚期，至秦始皇統一幣制而廢。其制圓形圓穿，無郭背平，錢面環鑄大篆"珠重一兩十二"六字。"珠重一兩"，即"圓錢重一兩"，"珠"在此取圓錢或幣名義。或釋其文曰"重一兩十二銖"，"銖"爲記重之稱。此錢銅色純赤，文字隱起，錢肉高低不平，面穿稍大於背穿，邊緣或有合範不嚴殘存的銅漬，形制甚古樸。徑 3.6 ～ 3.7 厘米，重 13 ～ 15 克。屬極罕之品。

珠重一兩十三

秦國圓錢之一種。屬一兩型，鑄於戰國中晚期，至秦始皇統一幣制而廢。形制除錢文末字作"三"外，餘均如"珠重一兩十二"。因"三"字末筆近"珠"而離上二橫稍遠，故有將"三"分作"二""一"兩字而釋"一珠重一兩

十二"者。徑 3.6 ~ 3.7 厘米，重 13 ~ 15 克。今存世極罕。參見本卷《普通金屬幣説·圜錢考》"珠重一兩十二"文。

珠重一兩十四

秦國圜錢之一種，屬一兩型，鑄於戰國中晚期，至秦始皇統一幣制而廢。1996 年 3 月陝西西安北郊龍家莊戰國墓出土一枚。圓形圓孔，孔面大於背，無郭素背，周邊鋭薄，錢肉平整。面文"珠重一兩十四"，大篆文體。錢徑 3.7 ~ 3.9 厘米，重 13.3 克。該幣古樸莊重，製作精良，屬極罕品。著録中有此錢陰文青石殘範。參閱《中國錢幣》2001 年第二期。

文信

亦稱"四曲文錢"，圜錢之一種，傳爲秦始皇親政前文信侯呂不韋在其封國所鑄。其制圓形方孔，無內外郭，背平素。錢面橫書"文信"二篆字，"信"字亦有釋"部""計""陽"諸説。錢文篆法古樸，當鑄於秦統一文字之前。錢文上下飾外向四曲紋如"屮"，狀如古之"行"字，或謂取通行之義。1955 年，

文信
（清李佐賢《古泉匯》）

時中國科學院考古研究所洛陽發掘隊於洛陽西郊河南城遺址內曾發現鑄造此錢之石殘範，地點與呂不韋封邑相符。錢徑 2.3 ~ 2.5 厘米，重 2.9 ~ 3.4 克。今存世甚罕。宋洪遵《泉志》："右四曲文錢。舊譜曰：形制類半兩，肉好無輪郭，面有四曲文外向。有二字，右類'文'字，左不可識。"參閱《泉幣》第十九期。

【四曲文錢】

即文信。此稱宋代已行用。見該文。

長安

圜錢之一種，傳爲戰國末秦始皇弟長安君所鑄。其制圓形方孔，"長安"二字分鑄於穿右與穿下，無內外郭，背平素。徑 2.1 ~ 2.3 厘米，重約 2 克。屬極罕之品。

長安
（清李佐賢《古泉匯》）

兩甾

秦半兩錢之別種，鑄行於戰國中晚期，至秦始皇統一幣制而廢。其制圓形方孔，分有外郭與無外郭兩種，錢面橫書"兩甾"二字。"甾"，通釋爲"甾"，即"錙"省。《説文·金部》："錙，六銖也。"兩甾即十二銖，即半兩。此錢舊出甚少，民國二十一年（1932），山西汾水下游曾掘獲四五十枚，有郭無郭兩種均有之，無郭者稍輕薄。1954 年，重慶冬笋壩 49 號戰國晚期墓中出土一枚，與二十餘枚半兩錢共存。1962 年，陝西長安又發現一枚，與九百九十七枚半兩、兩枚賹化錢同出。一般徑 2.9 ~ 3.2 厘米，重 7.9 克。宋洪遵《泉志》引敦素曰："此錢重四銖，徑一寸三分。微有外輪，背面無好郭。其文篆書，右曰'兩'，左曰'甾'，形質大抵似'半兩'。製作古異，源流莫知……然左邊之字不當爲'繪'，但未識耳。"參閱《陝西金融·錢幣研究》1986 年第五期。

一化

燕國圜錢之一種，鑄行於戰國晚期，至秦統一幣制而廢。形制爲圓形方孔，錢體在燕國

三種圜錢中屬最小者。銘文穿右"一"，穿左"𠨖"，或釋"一夕""一刀""一匕"。亦見錢文左右易置作傳形者。多有內外郭，背平素。徑1.7～1.95厘米，重1.5～2.5克。除銅品外，另有背銘一"吉"字之鉛錢。

明化

亦稱"明月錢"。燕國圜錢之一種，鑄行於戰國晚期，至秦統一幣制而廢。其制圓形方孔，錢體大於"一化"而小於"明四"，無內外郭，背平素。銘文穿右"𓏤"，穿左"𠨖"，舊釋"明月"而列爲秦錢，亦有釋"明夕""明刀""召刀""匽化"者。一般徑2.5厘米，重2.6～3.5克。宋洪遵《泉志》："右明月錢。徐氏曰：'此錢文曰明月。'余按：此錢徑九分，重四銖二參。製作鍱薄，形質簡古，外無輪郭，背文明澈。舊譜所圖與此小異，又不載輕重大小，計得其名而未見之也。"

明化

【明月錢】

即明化。此稱宋代已行用。見該文。

明四

燕國圜錢之一種，鑄行於戰國晚期，至秦統一幣制而廢。其制圓形方孔，錢體較"一化""明化"均大，無內外郭，背平素。面文穿右"𓏤"，穿左"彡"。舊譜多釋"𠨖"爲"四"，由此推演爲"召四""莒四"等。亦有謂金文"四"無斜書而以此爲明刀柄之遺文者。其鑄造

明四

年代據悉較"明化""一化"二品爲早。一般徑2.8厘米，重4.2～4.6克。屬極罕之品。

賹化

齊國圜錢之一種，鑄於戰國晚期，至秦統一幣制而廢。其制圓形方孔，有外郭，背平素，錢文穿右"𧵑"，穿左"化"。"𧵑"，通釋爲"賹"，即"廿朋貝"之合體，一說通金屬重量單位"鎰"，或謂即齊國地名益都之"益"，又有釋作"寶"字者。徑約2.2厘米，重1.1～2.3克。今所出甚少，存世遠較賹四化、賹六化二品爲稀。

賹化

賹四化

齊國圜錢之一種，因面文"賹四化"三字，故稱。鑄行於戰國晚期，至秦統一幣制而廢。其制圓形方孔，面有郭，背平素，一般徑3厘米，重5～7克。舊譜所錄多無出處，近年山東濟南、博興、青島、日照等地皆有新出，且伴有齊國刀幣，不雜秦以後錢。"四化"一說值齊刀四枚，一說值"賹化"四枚。宋洪遵《泉志》："右古文錢，徑一寸，重四銖五參，背文夷漫，面肉坦平，微有輪郭，頗類圜法。"參見本卷《普通金屬幣説·圜錢考》"賹化""賹六化"文。

賹四化

賠六化

戰國晚期齊國鑄行的賠化三錢之一，圓形方孔，文作古篆，"賠"在穿右，"六化"直書於穿左，面有内外郭，背平素，一般徑 3.5 厘米，重 8 ~ 9 克。"六化"者，意值"賠化"六枚。此錢近年在山東濟南、博興、青島、日照等地均有出土，數量較"賠化""賠四化"爲多，且伴有齊國刀幣，不雜秦似後錢。昔有疑爲周景王大泉者，或斷爲漢景帝時"七國之亂"膠西國所鑄，或繫於漢武帝之時，均不確。宋洪遵《泉志》引宋李孝美曰："此錢徑一寸，重十銖，面有兩字不可識，肉好皆有周郭，皆夷漫如半兩狀。"參見本卷《普通金屬幣説·圜錢考》"賠化""賠四化"文。參閱《中國錢幣》1988 年第一期、1993 年第二期。

賠六化

第四節　楚國銅貝考

戰國時期廣泛鑄行於楚國的貝形銅幣，上限可能早至春秋晚期，至楚亡或秦統一幣制時廢。形近橢圓而小，兩端闊狹不一，狹處有孔，然多不透，面稍凸，背平素。錢面皆鑄一陰文字樣，已發現并著録的有君、金、釿、行、匋及鬼臉錢等。舊譜稱之爲蟻鼻錢（見宋洪遵《泉志》），今多沿其稱。其出土範圍涉及安徽、湖北、湖南、江蘇、河南及山東數省，甚至遠及陝西咸陽。近年安徽、湖北兩省出土尤多，僅 1985 年安徽肥西新倉一次就發現約一萬枚。各類銅貝中以鬼臉錢占絕對多數。鬼臉錢文字的寫法偶有變化，或中間多一橫，或上部多一橫，或上橫斷作兩筆，或下部兩筆之間加一"十"字，或下部兩筆省作一弧。個別有兩面皆鑄錢文作合背者。在先秦各種青銅鑄幣中，該幣形體最小，通長 1.5 ~ 2 厘米，重 3 ~ 4.5 克，也有輕於 2.5 克或重達 5.4 克者。泉家認爲它與斾錢等同爲楚國金幣的輔幣，但斾錢的鑄量遠不及此錢。斾錢背文"十貨"，或解釋爲一枚斾錢值十枚銅貝貨。值得注意的是，1974 ~ 1988 年，武漢、上海及安徽繁昌共發現五件該錢銅範。其中較完整的三件範内皆有四行錢模，每行或十六枚，或十九至二十枚。第一、二行和三、四行之間各夾一條澆鑄銅液的槽溝，兩槽溝在範首交匯爲主澆口。這些銅範的發現爲研究楚國的鑄幣工藝提供珍貴的實物資料，引起國内外考古學界、古錢幣學界的廣泛重視。

蟻鼻錢

楚國青銅鑄幣之一種。由上古貝幣演化而來，略呈橢圓形，面凸而背平，兩端闊狹不一，因幣面陰文看去類似螞蟻，故有"蟻鼻錢"之稱。錢文舊釋"各六銖""汝六銖""有土之本"等，疑爲資財之"資"，迄無定論。存世遠不及鬼臉錢，但多於其他楚貝。其鑄年據悉較鬼臉錢爲早。實測枚重3克左右。有時也用此稱泛指楚國的各類銅貝。參閱朱活《古錢新探》。

蟻鼻錢

鬼臉錢

楚國青銅鑄幣之一種。由上古貝幣演變而來，略呈橢圓形，面凸而背平，兩端闊狹不一。面部陰文與穿看去猶如一副醜面，遂有"鬼臉錢"之稱。從出土情況看，該幣廣泛分布在楚

鬼臉錢

國各地，出土數量占各類楚貝總數的百分之九十以上。平均枚重約2.6克，初鑄者有重達5克的，後期減重品僅重1.2克。

君字貝

楚國銅貝之一種，因錢面鑄一"君"字，故名。曾發現於陝西咸陽、安徽肥西等地，重1.4～2克，屬楚貝中之稀品。

全字貝

楚國銅貝中之一種，面文釋"金"或"百"，頗爲罕見。

第五節　錢牌考

錢牌是我國古代鑄行的特殊式樣錢幣，僅出現於個別時期。其狀長方如牌，遂以爲名。目前所見共分兩種類型，一種是戰國時期所鑄，錢面圜錢狀凸圈内環鑄"良金×朱"四篆字，大小分爲三等，稱"良金銅錢牌"。因出自楚地，且與楚銅貝等物共存，泉家遂將其定爲戰國楚幣。另一種是南宋所鑄，根據面文不同又別爲兩類。一類錢面鑄"臨安府行用"楷書字樣，背文記值作"準××文省"，銅鉛兼有，大小分等。銅牌多大額而鉛牌多小額。另一類錢面有"和州行用"、"準拾捌界壹百江州行使"字樣，鉛質，僅各見一枚。據分析此牌乃地方當局鑄造的權會子的代用幣。

良金銅錢牌

戰國時期楚國鑄幣。呈長方板狀，面背飾捲龍紋與鈎連雲紋，雲雷紋爲地。牌面中央有圜錢狀凸脊兩圈，內鑄右旋讀篆文四字。迄今所見不同錢文共三種："良金一朱""良金二朱""良金四朱"，形制重量依次遞大。據云是牌最初由清劉燕庭於道光年間得一朱、四朱型各一枚於陝西，其後諸譜多據之入錄，亦偶見版式不同者。因舊時所見極少，又無出土資料可參，遂有列爲無考品或漢武帝白金三品者。泉家羅伯昭以良金一朱錢圖形同垣、共、藺、離石諸圜錢，"金"字篆法同共屯赤金之"金"，"朱"字同三孔布之背文"朱"，圖案與安徽壽縣楚墓之漆木板花紋極相似，否定白金三品之說，斷言其"非秦以後物"（見《泉幣》第三期），但於國屬則慎而未言。1982年，湖北大冶金牛鎮出土一批窖藏青銅器，其中有"良金一朱""良金四朱"各一枚。次年湖北陽新國和出土一陶罐，內有"良金一朱"三枚、"良金四朱"二枚。1986年，湖北蘄春長石除出土"良金一朱"與"良金四朱"各兩枚外，首次發現兩枚"良金二朱"。參諸羅氏所考，證之以出土地域及共存之箭鏃、帶鈎、鬼臉錢等物，遂有戰國楚幣之說。其鑄行時代大致起於戰國中晚期或偏早，最遲不過戰國晚期。錢文"×朱"，意權黃金×朱，非指錢牌自重。經實測："良金一朱"長9.2厘米、寬3.1～3.2厘米，重34～40克；"良金二朱"長9.2～10.5厘米、寬3.6厘米，重60克；"良金四朱"長13厘米、寬4厘米，重110～138克。參閱《中國錢幣》1990年第三期、1993年第二期。

臨安府行用錢牌

錢牌又稱"鈄牌""鑞牌"。臨安府行用錢牌是南宋臨安府鑄行的特殊式樣錢幣，略呈長方形，分銅、鉛兩種，大小不一，或殺其角，上端有一圓孔。錢面鑄真書"臨安府行用"五字，背真書記值。銅牌自小至大依次爲："準貳伯文省""準叄伯文省""準伍伯文省"。鉛牌除傳世小額的"準壹拾文省""準肆拾文省"

臨安府行用錢牌

兩種外，近年浙南又發現"準伍伯文省"的大額牌。"準"，平也，值也。"伯"通"百"。"省"猶短少或小減意，在此指以不足數之錢以充足數用。文獻中常見的"省陌"（"陌"通"百"）即以不足百數之錢當一百錢用。宋太平興國二年（977）曾規定以七十七文爲百。牌之始鑄年代尚無確論，一說鑄於南宋高宗建炎間，亦有謂鑄於理宗淳祐年間或景定年間者。實測銅牌三種自小至大長度依次爲6.1～6.3、6.8～6.9、7.3～7.9厘米，寬度依次爲1.7～1.9、2、2.3～2.6厘米。《續文獻通考・錢幣考》引元孔齊《至正雜記》："宋季錢牌，長三寸有奇，闊二寸，大小不同，背鑄臨安府行用，面鑄貫文云一百之類，額有小竅，貫以致遠。"宋人吳自牧《夢粱錄・都市錢會》："朝省因錢法不通，杭城增造鑞牌，以便行用。"參閱《中國錢幣》1984年第二期。

和州行用錢牌

南宋和州鑄行的鉛質錢牌。僅一見。略呈長方形，殺上端兩角，首鑄穿孔，邊有輪廓。

牌面上部自右至左分兩行直書"和州行用"四字，其下直書"使酉"二字。背面上首橫書"權宜"二字，"宜"從"冝"，其下直書"準拾捌界貳佰"。面背文字俱爲宋體。牌的發現經過不詳，據悉經泉家馬定祥等鑒定，視爲真品。"和州"爲地名，地在今安徽和州一帶。"使酉"之"酉"爲劃押抑或記年（嘉熙元年爲丁酉），尚待考。"拾捌界"，指十八界會子，史載其始發於端平三年（1236），止於咸淳三年（1267），此牌殆此時地方當局鑄造的權會子的代用幣。牌長 7.4 厘米、寬 3.3 厘米、厚 0.3 厘米，重 27克。參閱《中國錢幣》1990 年第四期。

江州行使錢牌

南宋江州鑄行的鉛質錢牌。1993 年 4 月在江西省九江老城區首次出土一枚南宋江州鉛質錢牌，長 5.8 厘米、寬 2.4 厘米、厚 0.2 厘米，上圓下方，呈長方形。錢牌正面鑄有兩行陽文，由右往左豎書："準拾捌界壹百江州行使"十個字；錢背面上下各鑄一陰文"使"、形似"片"字花押，中間偏右模壓"口宜便民"四字。錢牌上部有一穿孔。鉛質錢牌又稱"鑞牌"，吳自牧《夢梁録》有記載："杭城增造鑞牌。"江州，江西宋代州名，治所德化縣（唐代潯陽，今九江市），轄區相當於今九江市及轄下德安、彭澤、湖口、都昌等地。參閱《中國錢幣》1996年第二期。

第六節　半兩錢考

半兩錢，即錢面銘鑄"半兩"兩字的錢。形制爲圓形方孔，早期少數作圓孔，一般無內外郭，背平素。通常以青銅爲幣材，漢代有少數鐵鑄者。依鑄時先後，分爲戰國半兩、秦半兩和各種西漢半兩。最初僅爲戰國秦一國之幣，始於秦惠王二年（前336）"初行錢"（見《史記·秦始皇本紀》）或稍後，近年四川、陝西、湖北等地的戰國墓葬曾出有半兩錢，爲其創制於戰國提供了依據。秦滅六國後，廢除六國的刀、布等幣，將半兩錢由秦一國之幣推廣爲全國的法定貨幣（見《史記·平準書》），我國的貨幣形制從此固定爲方孔圓錢。漢承秦制，前期仍沿用之，唯大小輕重各不相等。漢初曾"令民鑄莢錢"（見《漢書·食貨志》），法重三銖（見《史記·平準書》"集解"引《古今注》），然實際製作多有減重，或薄小如榆莢。劣幣既濫，物價遂騰，於是"米至石萬錢，馬至匹百金"（《漢書·食貨志下》）。因患莢錢輕小，高后二年（前186）遂復行重八銖的半兩錢，稱"八銖錢"。後因八銖錢多被私熔改鑄莢錢牟利，又於六年改行"五分錢"（即錢重爲十二銖半兩的五分之一），文仍曰"半兩"（見《漢書·高后紀》）。文帝以莢錢、五分錢皆輕小，於前元五年（前175）更鑄四銖半兩，并縱民自鑄。時吳王濞以“即山鑄錢，富埒天子”，大夫鄧通“以鑄錢財過王者”（《史記・平準書》）。武帝即位，一改錢制，於建元元年（前 140）二月令縣官銷半兩而鑄三銖，至建元五年又罷三銖而復行半兩（見《漢書・武帝紀》），此錢鑄有外郭，重量爲十二銖半兩的三分之一，泉家呼爲“有郭半兩”，史書上稱“三分錢”（見《史記・漢興以來將相名臣年表》），這是見諸史載的最後一種半兩錢。除銅品外，湖南長沙、衡陽等地的西漢墓又見鐵品，分無外郭與有外郭兩種，無郭者類文帝四銖半兩，或爲其時所鑄，有郭者依銅錢例一般定爲武帝時物。通觀半兩錢制，自秦惠王二年（前 336）“初行錢”以來，半兩錢先後由秦一國之幣變爲全國統一之幣，鑄量日多，大小時變，至文帝法重四銖時方趨於適中。及至武帝元狩五年（前 118）改行五銖而罷，其前後行用凡二百餘年，在國家經濟生活與商品經濟發展中發揮重要作用。

戰國

戰國半兩

戰國時期秦國鑄造的半兩錢。舊說半兩錢始鑄於秦統一後，1954 年，重慶發掘冬笋壩與昭化寶輪院船棺葬，針對發掘成果，學術界首倡始鑄於戰國之說，然頗有爭議。1980 年，四川青川郝家坪五十號墓中七枚半兩錢與秦昭王元年（前 306）紀年木牘同出，半兩錢始於戰國之說遂成定論。除四川外，陝西、湖北等地戰國墓亦有半兩錢出土。幣爲圓形方孔，早期少數作圓孔，無內外郭，背平素。與秦代半兩比，戰國半兩鑄法原始，大篆氣濃，“半”字下橫與“兩”字上橫均較短，“兩”字中間兩“人”上部豎筆較長，筆劃頗高挺。幣緣常見上下流口，亦有在左或在右者，流口較寬，乃合範工藝鑄造所致。背亦不甚平整。徑多在 3 厘米以上，重多 6～7 克之間，大者有 11～15.5 克，小者有不足 4 克者。《史記・秦始皇本紀》：“惠文王生十九年而立。立二年，初行錢。”又《六國年表》：“惠文王二年書‘天子賀行錢’。”或即此錢。參閱《中國錢幣》1988 年第二期。

秦

秦半兩

秦并天下及統一幣制後鑄造的半兩錢。形制爲圓形，方孔，多無內外郭，背平素。史云其重十二銖，但出土的實物輕重大小多不相同，且罕有重達十二銖者。近年湖北雲夢睡虎地秦二十三號墓、內蒙古赤峰敖漢旗所出頗爲精整，其中睡虎地一枚尚有內外郭，錢徑均在 3 厘米以上，重 6.5～12 克，或列爲秦初官鑄。秦始皇陵臨葬坑出土者僅少數徑逾3厘米，一般在2.7厘米左右，當多爲秦代晚期物。近年陝西臨潼油王村秦代芷陽遺址手工作坊區出土一件該

秦半兩

錢銅範母，樹幹狀主澆道兩側各有錢模七枚，字文高挺，錢徑2.7厘米，或視爲秦代晚期官鑄錢範。從幣文看，秦半兩"半"字兩橫或近乎等長，"兩"字上橫或與下橫等齊，筆劃多不及戰國半兩高挺。秦以大小適宜携用方便的方

孔圓錢取代六國的刀布等幣，在我國貨幣史上具有劃時代的意義，從此我國貨幣的形制固定下來，沿用兩千餘年，并影響到其他一些國家和地區。《史記·平準書》："及至秦，中一國之幣爲三等，黃金以鎰名，爲上幣；銅錢識曰半兩，重如其文，爲下幣。而珠玉、龜貝、銀錫之屬爲器飾寶藏，不爲幣。"又"漢興……於是爲秦錢重難用"，司馬貞索隱引晉崔豹《古今注》云："秦錢半兩，徑寸二分，重十二銖。"參閱《中國錢幣》1989年第一期。

西漢

榆莢錢

漢初民間鑄行的半兩錢，因減重特甚，或薄小如榆莢，故稱。其制體小穿大，質脆肉薄。錢文狹長突起，書體猶含小篆氣韵，雖仍曰"半兩"，但錢徑大者多不過2.2厘米，重1.8～1.9克，小者徑不足1厘米，重不足1克。山東章丘出土一莢錢石

榆莢錢

範，上刻錢模三百二十四個，錢徑僅0.6厘米。《史記·平準書》："漢興……爲秦錢重難用，更令民鑄錢。"裴駰集解引《漢書·食貨志》曰："鑄榆莢錢。"司馬貞索隱引晉崔豹《古今注》云："莢錢重三銖。"《漢書·食貨志下》："孝文五年，爲錢益多而輕，乃更鑄四銖錢，其文爲'半兩'。"參閱《中國錢幣》1989年第一期。

八銖錢

西漢呂后時期行用的一種半兩錢。錢文

"半兩"二字，因重八銖，故稱。此錢究爲復行秦錢，抑或別有新鑄，學術界尚有爭訟。或以漢半兩中徑大體薄字文扁平而顯隸意者屬之，然其與秦代晚期之小型

八銖錢
（朱活《古錢新譚》）

半兩仍難區別。今姑存疑，待考。《漢書·高后紀》："二年……行八銖錢。"應劭注："本秦錢，質如周錢，文曰'半兩'，重如其文，即八銖也。漢以其太重，更鑄莢錢，今民間名榆莢錢是也。民患其太輕，至此復行八銖錢。"參閱《中國錢幣》1989年第一期。

五分錢

半兩錢之一種，西漢高后六年（前182）始鑄，因重量爲十二銖半兩的五分之一，故稱。其時八銖半兩多被私鎔改鑄莢錢牟利，於是停鑄八銖改行此錢。錢文仍曰"半兩"，内外無

郭，穿孔甚大，背平素。徑約 2.2 厘米，重 2.5 克左右。《漢書·高后紀》："六年……行五分錢。"又《文帝紀》："〔五年〕夏四月，除盜鑄錢令，更造四銖錢。"應劭注："文帝以五分錢太輕小，更作四銖錢，文亦曰'半兩'。"

四銖半兩

半兩錢之一種，西漢文帝時因患莢錢益多而輕，遂於前元五年（前 175）更鑄此錢，并除盜鑄令，聽民放鑄。因文曰"半兩"，法重四銖，故稱。時吳王濞以"即山鑄錢，富埒天子"，大夫鄧通"以鑄錢財過王者"（《史記·平準書》）。從出土實物看，此錢大小整齊劃一，鑄製頗精。錢文書體規整，"半"字下劃與"兩"字上劃與其他平劃等齊，略具漢隸氣韵。一般無內外郭，背平素。徑多在 2.2 ～ 2.5 厘米之間，重 2.5 ～ 2.8 克。《史記·平準書》："至孝文時，莢錢益多，輕，乃更鑄四銖錢，其文爲'半兩'。"《漢書·文帝紀》："〔五年〕夏四月，除盜鑄錢令。"應劭注："聽民放鑄也。"又"更

四銖半兩

造四銖錢"應劭注："文帝以五分錢太輕小，更作四銖錢，文亦曰'半兩'。"參閱《中國錢幣》1989 年第一期。

三分錢

亦稱"有郭半兩"。半兩錢之一種，漢武帝建元五年（前 136）罷行三銖之後鑄造，法重四銖，因鑄有外郭，且重量爲半兩的三分之一，故稱。《史記·漢興以來將相名臣年表》："〔建元五年〕行三分錢。"《漢書·武帝紀》："〔建元〕五年春，罷三銖錢，行半兩錢。"顏師古注："又新鑄作也。"參閱《中國錢幣》1989 年第一期。

【有郭半兩】

即三分錢。此稱後世泉家所定。見該文。

鐵半兩

西漢半兩錢之一種，因幣材爲鐵質，故稱。所見多出湖南長沙、衡陽的西漢墓中，分無外郭與有外郭兩種，無郭者與文帝四銖半兩相似，或爲其時所鑄，有郭者一般爲武帝時物。徑 2.3 ～ 2.5 厘米，重 2 ～ 2.8 克。近人丁福保引《續泉匯》："鐵半兩，舊譜無徵，制與文帝錢同。觀此知鐵錢又不始於公孫述矣。"

第七節　三銖錢考

三銖錢

即始行於漢武帝建元元年（前 140）錢文記重作"三銖"的錢。時文帝四銖半兩或因"盜摩錢裏取鉛"而減重，加之官民濫鑄不可勝數，致"錢益多而輕，物益少而貴"，爲整頓幣制，遂造白鹿皮幣與白金三品，并令縣官銷半

兩而鑄此錢。當時明令盜鑄者罪皆死，然"吏民之犯者不可勝數"（《漢書·食貨志》）。至建元五年（前 136），武帝遂將此錢罷廢，改行四銖半

三銖

兩（見《漢書·武帝紀》）。此錢形圓孔方，錢面外緣多有郭，背無郭。"三銖"二字書體規整，朱頭方折，亦見少數無郭、傳形及文字模糊者，殆民間私鑄。徑2.1～2.3厘米，重2～2.2克。今傳世與出土均罕見。1973年，山東萊蕪曾發現一件該錢殘石面範，存錢模四排十六枚，枚徑2.5厘米，文字特徵與出土的三銖錢基本一致，同出者爲四銖半兩石範。《史記·平準書》：

"令縣官銷半兩錢，更鑄三銖錢，文如其重。"《漢書·武帝紀》："〔建元元年春二月〕行三銖錢。"顏師古注："新壞四銖錢造此錢也，重如其文。"又"〔建元〕五年春，罷三銖錢，行半兩錢。"又《食貨志下》："有司言三銖錢輕，輕錢易作奸詐，乃更請諸郡國鑄五銖錢。"參閱《中國錢幣》1985年第二期、1987年第一期。

第八節　五銖錢考

五銖錢，即錢文記重作"五銖"的錢，亦見少數"五銖"之前冠以當值、年號等字樣者。皆圓形方孔，內外有郭（穿郭多見於錢背）。創始於漢武，廢止於唐初。幣材以青銅爲多見，蕭梁時亦有鐵錢。因歷時甚久，鑄主屢更，故種類頗爲繁雜。最早於漢武帝元狩五年（前118）罷半兩、三銖之後而行，時有司"更請郡國鑄"，故有"元狩五銖""郡國五銖"之稱。（見《漢書·武帝紀》）後因"郡國多奸鑄錢，錢多輕"，元鼎二年（前115），武帝又令京師鑄鍾官赤側，幣值一當郡國五銖之五，規定賦官用非赤側不得行。（見《史記·平準書》）不久郡國錢多輕，赤側錢亦賤，武帝遂於元鼎四年（前113）禁止郡國鑄錢，專令上林三官鑄（水衡都尉掌上林，其屬有均輸、鍾官、辨銅令），謂之"三官錢"，并令天下非三官錢不得行（見《史記·平準書》），鑄幣權從此收歸中央。後歷昭、宣、元、成、哀諸朝，至平帝元始中，成錢二百八十億萬餘。（見《漢書·食貨志》）西安一帶又出小型五銖，徑僅1.1～1.2厘米，多與西漢五銖并存，製作工細，銅色紫紅，據考爲西漢皇室或高級貴族的特殊冥幣，亦有視爲赤側五銖或宣帝、元帝之鑄幣者，其確切歸屬待考。王莽篡漢，於始建國元年（9）將五銖錢廢止，專行大小泉，次年又行五物六名二十八品的"寶貨制"，錯綜紛紜，造成幣制紊亂。新莽末，光武族兄劉玄被起義軍立爲天子，建元更始，所鑄之錢稱更始五銖，傳世有更始二年（24）五銖錢銅範母。東漢諸帝鑄錢，史有明文者僅光武帝及靈、獻二帝。建武十六年（40），光武帝采納馬援"宜如舊鑄五銖錢"的建議，恢復鑄行五銖錢（見《後漢書·光武帝紀》《後漢書·馬援傳》），是爲建武五銖。傳世有建武十七年五銖錢銅範母。靈帝中平三年（186），鑄"四出文錢"，其錢背穿四角各有一道斜紋直抵外郭，頗便識別。（見《後漢書·孝靈帝紀》《後漢書·宦者列傳·張讓》）漢獻帝時，權臣董卓毀舊五銖并熔洛陽長安銅人、銅馬之屬更鑄小錢，是爲"董卓五銖"。其錢體小穿大，無輪郭文章，於是錢賤穀貴，擔穀萬錢，後曹操爲相時將其廢止。（見《後漢書·董卓傳》）入三國後，魏文帝曾於黃初二年（221）春復行五銖，同年十月因穀貴而罷，并使百姓以穀帛爲幣。及至明帝，"錢廢穀用既久，人間巧僞漸多"（《漢書·食貨志》），不法奸人爲牟厚利紛紛以濕穀薄絹交易，雖嚴刑峻法而不能禁。司馬芝等建議更鑄五銖以"豐國省刑"，明帝從之，遂於太和元年（227）夏四月復行五銖，沿用於晋。（見《晋書·食貨志》）建安十六年（211），割據益州的劉璋邀劉備入蜀爲援，劉備趁機於建安十九年拔成都而遷劉璋。時軍用不足，遂納劉巴建議，鑄"直百五銖"錢，府庫很快充實起來（見《三國志·蜀書·劉巴傳》裴松之注引《零陵先賢傳》），今四川一帶多有"直百五銖"出土，當即劉備所鑄。東晋以建康爲都，仍沿孫吳舊錢。元帝時吳興沈充曾鑄小錢，"銖"簡作"朱"，史稱"沈郎錢"。（見《晋書·食貨志》）因其薄小而色青，故有以榆莢相喻者。（見唐王建《故梁國公主池亭》）南朝劉宋時曾鑄四銖、二銖諸品，梁武帝天監元年（502），鑄五銖，肉好周郭，重如其文。後又別鑄，除其肉郭，謂之"女錢"。普通四年（523），又鑄鐵五銖，并聽民私鑄，及至"大同已後，所在鐵錢，遂如丘山，物價騰貴，交易者以車載錢，不復計數，而唯論貫"。（《隋書·食貨志》）梁元帝承聖年間，鑄兩柱錢，錢文"五銖"，面穿上下各有一凸起星點，故稱。梁敬帝太平二年（557）又鑄"四柱錢"，形制類似兩柱錢，唯背穿左右各增鑄一星，亦有面穿上下各列二星或穿上并列四星者。（見《梁書·敬帝紀》）陳文帝天嘉三年（562），鑄五銖錢，製作精好，初出，一枚當鵝眼錢十枚。陳宣帝太建十一年（579），又鑄"太貨六銖"，一枚當五銖十枚，與五銖并行，後還當一，人皆不便，至宣帝崩而廢。（見《隋書·食貨志》）北朝自北魏孝文帝太和十九年（495）始鑄五銖，其錢於記重之外復署年號，曰"太和五銖"，詔令京師及諸州鎮皆通行之。"民有欲鑄，聽就鑄之，銅必精煉，無所和雜。"（《魏書·食貨志》）宣武帝永平三年（510）冬，鑄五銖錢，文曰"五銖"。（見《魏書·食貨志》）孝莊帝永安二年（529），更鑄"永安五銖"，錢文"永"字下筆、"安"字寶蓋及"銖"字右劃，皆與穿郭相合，書體近玉箸篆。鑄行之初，製作尚好，遷鄴以後，百姓私鑄，輕濫尤多，北齊文宣帝時，將此錢廢止。東魏孝静帝天平元年（534），北魏分裂，東西魏對峙正式形成。西魏文帝大統六年（540），鑄五銖錢。（見《北史·西魏文帝紀》）公元 550 年，高洋廢東魏孝靜帝自立，建北齊。北齊文宣帝天保四年（553），廢永安錢，改鑄"常平五銖"。此錢最初製作精好，幣值頗高，後私鑄漸興，製作遂劣，甚者有以生鐵和銅者，至齊亡而不能禁。（見《北史·齊文宣帝紀》《隋書·食貨志》）隋文帝即位，以天下錢貨輕重不等，於開皇元年（581）更鑄五銖，每千錢重四斤二兩。開皇三年，詔令四面諸關各置百錢爲樣，以禁劣錢，是爲"置樣五銖"。（見《隋書·食貨志》）隋末又有五銖白錢，幣材多含錫鑞，故色泛白，千枚"初重二斤，其後愈輕，不及一斤，鐵葉皮紙皆以爲錢"，直至隋亡。（見《新唐書·食貨志四》）通觀歷代五銖，大致西漢五銖形制厚大，輪郭深峻，文字挺勁，"五"字常見直交而"朱"頭多方折，間有穿上橫郭、穿下橫郭、穿上半星、穿下半星、四決文等標記。東漢五銖形體雖大，但輪郭字口已淺，"五"字多彎交而"朱"頭多圓折，部分可見穿上橫文、豎文、數碼、穿下橫文、背四出文等標記。三國兩晋以至六朝，除少數官鑄者外，一般不及兩漢五銖精整。自漢武帝元狩五年（前 118）廢半兩、三銖而始鑄，至唐高祖武德四年（621）改行通寶而廢止，五銖錢前後流通凡七百三十九年。其間如新莽、孫吳、後趙、成漢、夏、劉宋、北周等朝，雖一度不鑄五銖，甚至不以重量名錢，但最後還是恢復到五銖錢制，五銖錢始終是這一時期錢幣的主流。

西漢

郡國五銖

　　亦稱"元狩五銖"。西漢乃至我國最早的五銖錢，因於漢武帝元狩五年（前 118）始令各郡國鑄行，故稱。此錢繼承了"半兩""三銖"圓形方孔的形制，唯內外加鑄輪郭，更耐磨損，是其進步於半兩錢之處。錢面橫書"五銖"兩篆字，重如其文。面背均有外郭，郭多纖細，尚有三銖錢遺風，穿郭僅見於錢背。一般徑 2.5 厘米，重 3.5 ～ 4 克。《史記·平準書》云此錢由三銖錢更鑄，《漢書·武帝紀》則謂從半兩錢改鑄。因大小適中，式樣先進，故其制被後世長期仿效，開創我國貨幣史上歷時七百三十九年的五銖錢時代。《史記·平準書》："有司言三銖錢輕，易奸詐，乃更請諸郡國鑄五銖錢，周郭其下，令不可磨取鋊焉。"《漢書·武帝紀》："〔元狩五年〕罷半兩錢，行五銖錢。"參閱《中國錢幣》1990 年第三期。

【元狩五銖】

　　即郡國五銖。此稱後世泉家所定。見該文。

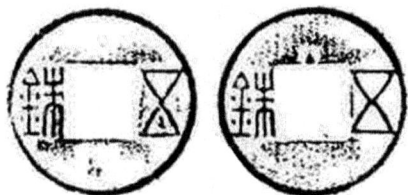

郡國五銖

鍾官赤側

亦稱"官赤仄"。漢武帝時京師鍾官鑄造的一種五銖錢。始鑄於元鼎二年（前115），或推爲元年或三年。時"郡國多奸鑄錢，錢多輕"（《史記・平準書》），故公卿請令京師鑄此錢，規定賦官用非此錢不得行。幣值"一當五"者，蓋當郡國五銖輕錢五枚。"赤側"，如淳謂"以赤銅爲其郭"，然後世從未見郭色獨赤之錢，蓋一種錢不能用兩種銅鑄。一説乃磨光其邊側，係對邊側不磨光之郡國五銖而言。今泉家多以錢質殷赤厚重，製作規範精整，文字周郭纖細者屬之。是幣行用二年後而賤，不復能以一當五，"民巧法用之，不便"（《史記・平準書》），遂於元鼎四年（前113）廢止而更鑄三官五銖。《史記・平準書》："郡國多奸鑄錢，錢多輕，而公卿請令京師鑄鍾官赤側，一當五，賦官用非赤側不得行……其後二歲，赤側錢賤，民巧法用之，不便，又廢。"裴駰集解引《漢書音義》曰："俗所謂紫紺錢也。"《漢書・食貨志下》："郡國鑄錢，民多奸鑄，錢多輕，而公卿請令京師鑄官赤仄，一當五，賦官用非赤仄不得行。"應劭曰："〔赤仄〕所謂子紺錢也。"如淳曰："以赤銅爲其郭也。令錢郭見有赤者，不知作法云何也。"師古注："充賦及給官用，皆令以赤仄。"據《收藏》2005年第七期載：該幣肉好周廓，紫紅色，徑2.55厘米，重3.3克，製作精美。參閱《中國錢幣》1992年第二期。

【官赤仄】

即鍾官赤側。此稱漢代已行用。見該文。

【紫紺錢】

即鍾官赤側。此稱漢代已行用。見該文。

【子紺錢】

即鍾官赤側。見該文。

三官錢

上林三官鑄造的五銖錢。三官指均輸、鍾官與辨銅令，屬水衡都尉。其錢始鑄於漢武帝元鼎四年（前113）。時諸郡國鑄錢多輕，赤仄錢亦賤，於是禁止郡國鑄錢，而專令上林三官鑄，鑄幣權從此收歸中央。錢既多，遂令天下非三官錢不得行，并廢銷諸郡國此前鑄造的輕錢，其銅輸往三官。因由國家統一鑄造，故形制精厚，輪郭峻深，文字清晰規整。一般徑2.5厘米，重3.5～4克。存世五銖中有面穿上鑄一橫劃者，其精整者或疑即三官錢。《史記・平準書》："其後二歲，赤側錢賤，民巧法用之，不便，又廢。於是悉禁郡國無鑄錢，專令上林三官鑄。錢既多，而令天下非三官錢不得行，諸郡國所前鑄錢皆廢銷之，輸其銅三官。而民之鑄錢益少，計其費不能相當，唯真工大奸乃盜爲之。"裴駰集解："《漢書・百官表》：'水衡都尉，武帝元鼎二年初置，掌上林苑，屬官有上林均輸、鍾官、辨銅令。'"參閱《中國錢幣》1983年第一期、1990年第三期。

小五銖

五銖錢之一種，因錢體較普通五銖小，故稱。所見多出陝西西安一帶，銅色殷赤，徑1.1～1.25厘米，重約0.7克。形體雖小，但輪郭周整，文字清晰，製作頗爲精緻。舊譜定爲王莽錢、沈郎錢，或稱鷄目、鵝目等，均難置信。錢文"五"字交筆略曲，"朱"字頭方折，"金"字頭呈矢鏃狀或三角形，與"朱"頭等齊，其書體特徵與西漢中期五銖甚似，亦多與西漢五銖同出，屬西漢五銖無疑。近年有人提出此錢當爲西漢上林三官所鑄，但非正式通貨，而是皇室或宮廷貴族的一種特殊冥幣。或疑其與武帝赤仄五銖有關，亦有繫於宣帝、元帝之鑄幣者。其確切歸屬待考。參閲《中國錢幣》1986 年第四期、1989 年第一期。

新莽

金錯刀

省稱"錯刀"。王莽居攝二年（7）第一次貨幣改制時與契刀、大泉五十同時鑄行的一種刀幣，與五銖錢凡四品并行流通。建新朝後，王莽忌幣文中之"金""刀"與漢室"劉"姓相關而於新朝不祥，遂於始建國元年（9）將其與契刀和五銖錢并廢，專行大小泉。錢體由刀環、刀身兩部分組

金錯刀

成。環如方孔圓錢，上下直書"一刀"，身如刀，銘作"平五千"。因"一刀"二字多由黃金鑲錯，故稱。錢文史籍作"一刀直五千"，"直"通"值"，意此錢一枚值五銖錢五千枚。通長7.3 厘米，環徑 2.6 厘米，重 20～40 克。因鑄製精美，款式別緻，且傳世與出土均稀少，故向被泉家視爲珍品。《漢書·食貨志下》："王莽居攝，變漢制，以周錢有子母相權，於是更造大錢……又造契刀、錯刀……錯刀，以黃金錯其文，曰'一刀直五千'。與五銖錢凡四品，並行。莽即真，以爲書'劉'字有金刀，乃罷錯刀、契刀及五銖錢，而更作金、銀、龜、貝、錢、布之品，名曰'寶貨'。"又，《王莽傳上》："〔居攝二年〕五月，更造貨：錯刀，一直五千。"宋梅堯臣《長刀二寸半》詩："次觀金錯刀，一刀平五千。"近人丁福保《古泉雜記》云："班志文義似以'一刀直五千'五字皆以黃金錯其文也。今刀文僅'一刀'二字錯金，其餘則否。又刀文作'一刀平五千'，班志以'平'作'直'，其義雖同，而其字則否。讀班志者，當據刀文改'直'爲'平'。"參閲《中國錢幣》1983 年第三期。

【錯刀】

"金錯刀"之省稱。此稱漢代已行用。見該文。

契刀

王莽居攝二年（7）第一次貨幣改制時與金錯刀、大泉五十同時鑄行的一種刀幣，與五銖錢凡四品并行流通。錢體由刀環、刀身組成，青銅鑄就，其狀與金錯刀同，類似今之鑰匙。

契刀五百

錢文環部橫書"契刀"，刀身直書"五百"，意值五銖錢五百枚。前後行用兩年，至始建國元年（9）王莽篡位後而罷。通長 7.3 厘米，重 16克左右。今存世較罕。《漢書·食貨志下》："又造契刀、錯刀。契刀，其環如大錢，身形如刀，長二寸，文曰'契刀五百'……莽即真，以爲書'劉'字有金刀，乃罷錯刀、契刀及五銖

錢。"又《王莽傳上》："〔居攝二年〕五月，更造貨：錯刀，一直五千；契刀，一直五百；大錢，一直五十，與五銖錢並行。"

大泉五十

王莽居攝二年（7）第一次貨幣改制時始鑄之方孔圓錢，與同鑄的金錯刀、契刀及原有的五銖錢并行流通。後金錯刀、契刀與五銖因錢文含"劉"字之"刀"部或"金"旁而被廢止，此錢仍繼續鑄造，并先後與小泉、十布以及貨布、貨泉等錢并行。面文"大泉五十"四字作篆書，直讀。"大泉"，班志作"大錢"，"泉"與"錢"通。"五十"，意值五銖錢五十枚。唯天鳳元年（14）王莽第四次貨幣改制貨布、貨泉二錢出，幣值遂由當五十而改爲與貨泉"俱枚直一"。所見版式繁雜。大凡初鑄者錢體厚重，製作精美，後鑄者漸趨輕薄。除大小輕重不同外，又有面四出、背四出、傳形、重輪、合背、倒書合背等多種。一般徑 2.6 ~ 2.8 厘米，重 7 克左右。《漢書·食貨志下》："王莽居攝，變漢制，以周錢有子母相權，於是更造大錢，徑寸二分，重十二銖，文曰'大錢五十'……與五銖錢凡四品，並行。"又《王莽傳上》："〔居攝二年〕五月，更造貨：錯刀，一直五千；契刀，一直五百；大錢，一直五十，與五銖錢並行。"參閱《中國錢幣》1984 年第一期。

大泉五十

小泉直一

王莽始建國元年（9）第二次貨幣改制時始鑄之方孔圓錢。時莽已代漢，因居攝二年（7）貨幣改制未達目的，又忌錯刀、契刀、五銖錢文均與"劉"字相關，遂將此三錢罷廢而更鑄"小泉直一"，與前鑄"大泉五十"二品并行。至天鳳元年（14），王莽又鑄貨布與貨泉，遂將此錢廢止。錢文"泉"，班志作"錢"，"泉"與"錢"通。"直一"，意"當一"行用。一般徑 1.3 厘米，重 0.7 ~ 1 克。錢體雖小，但鑄製精整，文字秀美，堪稱歷代小錢中之佳品。《漢書·王莽傳中》："〔始建國元年，莽〕又曰：'……今百姓咸言皇天革漢而立新，廢劉而興王。'夫'劉'之爲字'卯、金、刀'也，正月剛卯，金刀之利，皆不得行。'……乃更作小錢，徑六分，重一銖，文曰'小錢直一'，與前'大錢五十'者爲二品，並行。欲防民盜鑄，乃禁不得挾銅炭。"《漢書·食貨志下》："小錢徑六分，重一銖，文曰'小錢直一'。"

錢貨六品

省稱"六泉"。指王莽始建國二年（10）第三次貨幣改制實行"五物"（金、銀、龜、貝、銅）、"六名"（金貨、銀貨、龜貨、貝貨、布貨、錢貨）、"二十八品"之"寶貨制"中的六種方孔圓錢。因寶貨制中方孔圓錢謂之"錢貨"，且大小有六等，故稱。六品自小至大錢文依次爲："小泉直一""幺泉一十""幼泉二十""中泉三十""壯泉四十""大泉五十"文。錢文皆作篆書，直讀。班志以"泉"作"錢"，義雖通而字則否，當以實物爲正。"直一"文，指當一行用，"一十"謂當"小泉直一"十枚，餘類推。除大泉五十、小泉直一兩種在寶貨制之前便已鑄行且廢止較遲而存世尚豐外，其餘四種均因寶貨難行鑄時未久即廢而存世稀少，尤以"中泉三十""壯泉四十"兩種最罕。《漢書·食貨志下》："〔王莽〕小錢徑六分，重一銖，文曰'小錢直一'。次七分，三銖，曰'幺錢一十'。次八分，五銖，曰'幼錢二十'。次九分，七銖，曰'中錢三十'。次一寸，九銖，曰'壯錢四十'。因前'大錢五十'，是爲錢貨六品，直各如其文。"顏師古注："幺，小也，音一堯反。"參見本卷《普通金屬幣説·五銖錢考》"大泉五十""小泉直一"文。

【六泉】

"錢貨六品"之省稱。此稱後世泉家所定。見該文。

布貨十品

省稱"十布"。王莽始建國二年（10）第三次貨幣改制實行"寶貨制"時始鑄之十種布幣。因分大小十等，故稱。其制取法先秦布幣，平首平肩，方襠方足，面背及首部穿孔均有周郭，依中豎綫通頂與否而分兩式，總計十等二十品。自小至大幣文依次爲：小布一百、幺布二百、幼布三百、序（厚）布四百、差布五百、中布六百、壯布七百、弟布八百、次布九百、大布黃千。十布有法定長度、重量與幣值。小布長寸五分，重十五銖，每枚值"小泉直一"一百枚。自小布以上，每遞增一級，便增長一分，增重一銖，進而增值一百。但從面世的實物看，同一種布幣其大小往往有變化。存世僅"大布黃千"數量較多，餘皆因"寶貨"難行旋即廢止而較罕見，尤以"序布""差布""中布"三品最稀。《漢書·食貨志下》："大布、次布、弟布、壯布、中布、差布、厚布、幼布、幺布、小布。小布長寸五分，重十五銖，文曰'小布一百'。自小布以上，各相長一分，相重一銖，文各爲其布名，直各加一百。上至大布，長二寸四分，重一兩，而直千錢矣。是爲布貨十品。"又，"百姓憒亂，其貨不行……莽知民愁，乃但行小錢直一，與大錢五十，二品並行，龜貝布屬且寢"。

【十布】

"布貨十品"之省稱。此稱後世泉家所定。見該文。

貨布

王莽天鳳元年（14）第四次改革幣制時始鑄之幣。時莽罷廢大小泉，并更鑄此布與貨泉以代之。此布一枚值貨泉二十五枚。形制略如十布中之大布，唯首更寬大，足枝更長。面背自穿至襠各有一中豎綫，四周及穿孔均有周郭。"貨布"二字作垂針篆，結體修長，筆劃纖細，最長一豎逾30毫米，爲歷代錢文中所僅見。通長5.6厘米，重16.5克。

貨布

《漢書·食貨志下》："天鳳元年，復申下金銀龜貝之貨，頗增減其賈直。而罷大小錢，改作貨布，長二寸五分，廣一寸，首長八分有奇，廣八分，其圜好徑二分半，足枝長八分，間廣二分，其文右曰'貨'，左曰'布'，重二十五銖，直貨泉二十五。"

貨泉

王莽天鳳元年（14）第四次改革幣制時始鑄之方孔圓錢，同時鑄行貨布，以代大小泉。

法定重五銖，與暫時留用的大泉五十"俱枚直一"，二十五枚值貨布一枚。錢文"貨泉"二字作垂針篆，結體修長，筆劃纖細，"泉"字中豎斷爲兩筆。錢體大小不等，小者係晚出或私鑄。鑄量較豐，版式繁雜，可見半星、重好、決紋、出紋、傳形、合背及餅錢等。一般徑 2.2～2.4 厘米，重 2.8～3.6 克。《漢書·食貨志下》："﹝貨布﹞直貨泉二十五。貨泉徑一寸，重五銖，文右曰'貨'，左曰'泉'，枚直一，與貨布二品並行。又以大錢行久，罷之，恐民挾不止，乃令民且獨行大錢，與新貨泉俱枚直一，並行盡六年，毋得復挾大錢矣。每壹易錢，民用破業，而大陷刑。"

布泉 [1]

亦稱"布錢"。王莽第四次幣制改革後鑄行的方孔圓錢。因史書缺載，故鑄造年代迄無確論。或認爲是沒有記載的第五次幣制改革的產物，鑄造此錢是王莽恢復五銖錢制的體現。所見鑄造精美，銅質精良，外緣外高內低，穿郭多作重好，少數有決紋。"布泉"二字篆如垂針，"泉"字中豎一斷爲二，與北周布泉錢文篆如玉箸"泉"字中豎不斷者迥異。雖不見於史

貨泉

布泉

志，然因其書體酷似王莽貨布之"布"、貨泉之"泉"，且曾與"大泉五十""貨泉"等錢同坑出土，故泉家將其繫於莽幣。《漢書·王莽傳中》："吏民出入，持布錢以副符傳。"顏師古注："舊法行者持符傳，即不稽留。今更令持布錢，與符相副乃得過也。"或據這一記載，認爲此錢曾作通行證用。也有認爲作通行證者乃"十布"中之布錢。舊傳已婚女子佩帶此錢可以生男，故又有"男錢"之稱。參閱《中國錢幣》1984 年第二期。

【布錢】

即布泉 [1]。此稱漢代已行用。見該文。

【男錢】

即布泉 [1]。見該文。

更始五銖

新莽末年更始將軍皇族劉玄被擁立爲天子并建元更始時鑄造的五銖錢。錢文"五銖"二字，"五"字交筆彎曲，"朱"字頭圓折，"金"字頭呈等腰三角形，徑約 2.5 厘米，重 3.5 克左右。傳世有更始二年（24）五銖錢銅範母。

大泉五銖

此錢鑄主不詳，或疑其鑄於王莽亡後（24）至漢光武十六年（40）之間。形制略如西漢五銖，紅銅質，穿稍大。"大泉五銖"四字篆書，直讀。徑約 2.5 厘米。舊時各地或有出土，品種不一，1982 年内蒙古凉城一廢品收購站之廢銅中又發現兩枚，令泉界注目。

東漢

建武五銖

漢光武帝所鑄五銖錢。始鑄於建武十六年（40）。史載王莽始建國元年（9）將五銖錢廢止，貨幣雜用布、帛、金、粟。建武十六年，光武帝采納馬援的建議，恢復鑄行五銖錢，天下以爲便。錢體大小略如西漢五銖，"五"字交筆彎曲，"朱"字頭圓折，"金"字四點略長，徑約 2.5 厘米，重 3.5 克左右。傳世有建武十七年五銖錢銅範母。《後漢書·光武帝紀下》："〔建武十六年〕初，王莽亂後，貨幣雜用布、帛、金、粟。是歲，始行五銖錢。"李賢等注："武帝始爲五銖錢，王莽時廢，今始行之。"又《馬援傳》："〔建武十三年〕初，援在隴西上書，言宜如舊鑄五銖錢。事下三府，三府奏以爲未可許，事遂寢。及援還，從公府求得前奏，難十餘條，乃隨牒解釋，更具表言。帝從之，天下賴其便。"

四出文錢

亦稱"四出五銖""角錢"。因背穿四角各有一斜紋向外延伸直抵外郭，故稱。始鑄於東漢靈帝中平三年（186）。製作尚好，外緣稍闊，"五"字彎交。部分銅質黃而帶白，幣材不及西漢及東漢早期五銖，且愈鑄愈輕。一般徑 2.5 厘米，重 3.5 克。《後漢書·孝靈帝紀》："〔中平〕三年春二月……又鑄四出文錢。"又《宦者列傳·張讓》："又鑄四出文錢，錢皆四道。識者竊言侈虐已甚，形象兆見，此錢成，必四道而去。及京師大亂，錢果流布四海。"清初尚齡《吉金所見錄》卷七引《獻帝春秋》曰："靈帝作角錢，錢猶五銖錢，而有四道連於邊輪。"

【四出五銖】

即四出文錢。此稱後世泉家所定。見該文。

【角錢】

即四出文錢。此稱漢代已行用。見該文。

董卓五銖

漢獻帝時權臣董卓熔洛陽及長安銅人、銅馬之屬鑄造的輕惡小錢。體小穿廣，肉薄質劣。既無外郭，又無內郭。錢文或有或無，有者亦模糊難辨，鑄造工藝極差。一般徑 1.2 ～ 1.7 厘米，重多不足 1 克。時因劣幣充斥市場，致物貴錢賤，擔穀售價達數萬錢。後曹操爲相時將其廢止。《後漢書·孝獻帝紀》："〔初平元年〕董卓壞五銖錢，更鑄小錢。"又《董卓傳》："又壞五銖錢，更鑄小錢，悉取洛陽及長安銅人、鍾虡、飛廉、銅馬之屬，以充鑄焉。故貨賤物貴，穀石數萬。又錢無輪郭文章，不便人用。"李賢等注引《魏志》曰："卓鑄小錢，大五分，無文章，肉好無輪郭，不磨鑢。"

綖環五銖

指被鑿去錢心而僅餘外環的五銖錢。大量出現於劣幣充斥的東漢晚期。被鑿者多爲東漢中期以前的舊幣，鑿後尚留"五"字之半，"銖"之"金"旁，減重五分之二至五分之三。出土數量遠不及剪邊五銖。或謂其主要用於回爐重鑄，少作正式流通。參閱《中國錢幣》

四出文錢

1984 年第二期。

磨郭五銖

亦稱"磨邊五銖"。外郭被磨銼的五銖錢。始見於西漢武、昭之時，大量出現於東漢中晚期。被磨銼者一般減重 1 克左右，但多數仍殘留細窄之外郭。磨下的銅屑則作回爐重鑄用。參閱《中國錢幣》1986 年第一期。

【磨邊五銖】

即磨郭五銖。此稱後世泉家所定。見該文。

剪邊五銖

亦稱"剪輪五銖""對文五銖"。指被鑿去外環而僅餘錢心的五銖錢。大量出現於劣幣充斥的東漢晚期。被冲鑿者一般爲東漢中期以前的舊幣，冲鑿後錢文尚餘"五"字之半，"銖"之"朱"旁，餘徑在 1.4 ～ 2.2 厘米之間。多數減重五分之二，甚者一半以上。1987 年 6 月，漢魏許都故城出土此錢一萬四千枚，徑多在 1.4 ～ 1.6 厘米之間，每枚平均重 1 克左右。參閱《中國錢幣》1984 年第二期、1986 年第一期。

【剪輪五銖】

即剪邊五銖。此稱後世泉家所定。見該文。

【對文五銖】

即剪邊五銖。此稱後世泉家所定。見該文。

三國、晋、十六國

直百五銖

蜀錢。建安十六年（201），割據益州的劉璋邀劉備入蜀爲援，劉備趁機於建安十九年攻下成都，并遷走劉璋。時軍用不足，劉巴建議鑄直百錢以平抑物價，劉備從之，府庫得以充實。此錢多出蜀漢故地四川一帶，亦見於雲南、湖北、陝西等地。面文篆作"直百五銖"，"直百"

直百五銖

直書於穿孔上下，意值五銖錢一百枚。鑄量尚多，版式繁雜。除光背一類，背面可見多種陰文或符號。穿左銘一陽文"爲"字者據考係犍爲郡鑄，這是方孔圓錢中最早的記地錢。一般徑 2.6 ～ 2.8 厘米，重 8 ～ 9.5 克。亦見面文省作"直百"二字者，但數量較少，減重亦甚，徑 1 ～ 1.8 厘米，重 0.8 ～ 1.5 克，當爲後期所鑄。《三國志·蜀書·劉巴傳》："先主辟〔劉巴〕爲左將軍西曹掾。"裴松之注引《零陵先賢傳》曰："初攻劉璋，備與士衆約：'若事定，府庫百物，孤無預焉。'及拔成都，士衆皆捨干戈，赴諸藏競取寶物。軍用不足，備甚憂之。巴曰：'易耳，但當鑄直百錢，平諸物價，令吏爲官市。'備從之，數月之間，府庫充實。"參閱《文物》1981 年第十二期、《中國錢幣》1986 年第三期。

直百

後期蜀錢。多出四川地區，製作風格與定平一百及小型太平百錢相類，大小不一，小者多而大者少。錢面自右至左橫書"直百"二字，意以一值百，偶見左"直"右"百"作傳形者。徑 11.8 厘米，重 0.8 ～ 1.5 克。參見本卷《普通金屬幣説·五銖錢考》"直百五銖"文。

魏五銖

　　三國魏明帝太和元年（227）始鑄之五銖錢。此前五銖曾一度罷廢而行實物貨幣穀帛，不法商人爲牟厚利紛紛以濕穀、薄絹交易，雖嚴刑峻法而不能禁。司馬芝等建議更鑄五銖錢以"豐國省刑"，明帝從之。此錢形制如何，過去泉家長期不得要領。1997 年 5 月，"曹魏五銖錢學術研討會"在曹魏故都洛陽舉行，與會的專家學者對曹魏五銖作了認定，提出"面輪侵壓錢文"的五銖錢即曹魏五銖。這種錢常出三國兩晋南北朝的墓葬和窖藏中，形制大致界於東漢五銖和剪輪五銖之間，面有外郭，無内郭，背内外有郭，面文"五"字右側、"銖"字"金"旁左側分別被錢的外郭侵壓，或稱"壓五壓金五銖"。該錢大者製作尚好，字文清晰，徑 2.4 厘米，重 3.4 克以上；小者字文漫漶，徑不足 2.1 厘米，重不足 1 克。《三國志·魏書·明帝紀》："太和元年……夏四月乙亥，行五銖錢。"《晋書·食貨志》："至明帝世，錢廢穀用既久，人間巧僞漸多，競濕穀以要利，作薄絹以爲市，雖處以嚴刑而不能禁也。司馬芝等舉朝大議，以爲用錢非徒豐國，亦所以省刑。今若更鑄五銖錢，則國豐刑省，於事爲便。魏明帝乃更立五銖錢，至晋用之，不聞有所改創。"參閱《中國錢幣》1997 年第四期。

大泉五百

　　三國吳大帝嘉禾五年（236）始鑄之大銅錢，東晋時仍沿用。形仿王莽大泉五十而較大，面文篆作"大泉五百"，意值五銖錢五百。面背内外有郭，背無文。見於史書記載，唯書載"錢"字，而實物作"泉"與史文異。所見多出南京、武昌一帶吳墓及吳地晋墓或窖藏中，亦多與吳鑄大泉當千共存。1975 年，江蘇句容葛村發現孫吳鑄錢遺址，出土此錢與大泉當千多枚，有泥質範母等遺物，爲瞭解此錢的

大泉五百

鑄造工藝提供了珍貴資料。錢體大小不等，一般徑 2.9 ～ 3.3 厘米，重 6 ～ 7 克。小者徑僅 1.8 厘米，殆後期減重所鑄。《三國志·吳書·吳主傳》："〔嘉禾〕五年春，鑄大錢，一當五百。"《晋書·食貨志》："孫權嘉禾五年，鑄大錢一當五百。"又，"晋自中原喪亂，元帝過江，用孫氏舊錢，輕重雜行"。參閱《中國錢幣》1983 年第三期、1988 年第一期。

大泉當千

　　三國吳大帝赤烏元年（238）始鑄之大銅錢。面文篆作"大泉當千"，意值五銖錢一千。面背内外有郭，背無文。錢文四字旋讀，與皆直讀之大泉五百异。所見多出南京、武昌一帶吳墓及吳地晋墓或窖藏中，江蘇句容葛村還發現了孫吳鑄錢遺址，出土此錢和大泉五百以及泥質錢範等遺物。從實物看，此錢大小頗不一致，大者徑 3.8 厘米，重 14 克以上，當屬初期所鑄。

大泉當千

中者徑 3.4 厘米，重 6 ～ 8 克，制與大泉五百相近。小者有重僅 3.5 克者，殆晚期減重時鑄。《三國志·吳書·吳主傳》："赤烏元年春，鑄當千錢。"《晋書·食貨志》："赤烏元年，又鑄當千錢。故呂蒙定荆州，孫權賜錢一億。錢既太貴，但有空名，人間患之。權聞百姓不以

爲便，省息之，鑄爲器物，官勿復出也。私家有者，並以輸藏，平卑其直，勿有所枉。"參見本卷《普通金屬幣説·五銖錢考》"大泉五百"文。參閱《中國錢幣》1988年第一期。

大泉二千

三國時期吳國鑄幣之一種，不見史籍記載，然形制、文字及幣材銅質等均與"大泉當千"相類，歸於孫吳遺制已久無异議。面文篆作"大泉二千"，旋讀，光背無文。舊時頗以稀有見珍，近世浙江、廣東等地又有新出。參閱《中國錢幣》1988年第一期。

大泉二千

大泉五千

三國時期吳國鑄幣之一種。面文篆作"大泉五千"，旋讀。内外有郭，光背無文。不見史籍記載，因其製作頗類孫吳初鑄之"大泉當千"，故繫之於吳幣。傳世極少，昔唯清代泉家劉喜海《泉苑精華》殘册中存一泉拓，原泉久已不知下落。近世僅兩枚傳世：一枚據聞已流落域外；另一枚原爲錢幣學家戴葆庭足齋藏品，現入藏中國國家博物館。參閱《中國錢幣》1983年第三期。

比輪

錢名，喻錢大如輪。三國時期吳國鑄造的大錢，至東晉初年仍在流通。見於記載之吳錢有"大泉五百"與"大泉當千"兩種，未見記載而考爲吳鑄者又有"大泉二千"與"大泉五千"，此外未發現其他大型吳幣，故泉家多疑"比輪"與上述四種大錢有關。《晉書·食貨志》："晉自中原喪亂，元帝過江，用孫氏舊錢，輕重雜行，大者謂之比輪，中者謂之四文。"

太平百錢

此錢鑄主衆説紛紜，有黄巾農民軍錢説、東漢末張魯據漢中錢説、劉焉父子錢説、蜀劉備錢説、吳孫權錢説、吳孫亮錢説、晉初平蜀錢説、晉益州刺史趙廞錢説、齊神武錢説等。按，此錢出土地點涉及四川、湖北、浙江、江蘇、廣西等省區，且多與蜀漢直百五銖同出，但出土直百五銖的墓葬或窖藏不必皆出此錢，或據此斷定此錢的鑄造年代稍晚於直百五銖。

太平百錢

另從武昌任家灣一孫吳墓中一百二十八枚此錢與吳大帝黄武六年（227）鉛質地券共存的情況看，此錢的鑄造下限當距黄武六年不遠。1980年4月，時成都市營門公社發現此錢銅範母一件，爲蜀地鑄造説又添一證據。從鑄造年代與地點推斷，蜀漢劉備父子有可能是此錢的鑄主，但確切歸屬待考。錢體大小不等。面文篆、隸二體，直讀。"太"字篆體作"㣲"，與王莽"大泉五十"之"大"字同，遂有讀"大平百錢"者。但隸書錢文首字作"太"（即"大"下有一點），且有與篆文"㣲"并見於一範者，可知"太""㣲"乃同一錢文兩種字體，"㣲"在此應解作"太"，錢文應讀"太平百錢"。此外錢文末字或省作"金"，"百""金"二字或左右易置。除光背一類，部分錢背可見水波紋。一般大者徑約2.5厘米，重約3.5克。最小者徑不足1.2厘米。《隋書·食貨志》："〔梁武帝時〕百姓或私以古錢交易，有直百五銖、五銖、女錢、太平百錢、定平一百、五銖雉錢、五銖對文等號。"《通典·食貨九》："太平百錢二種，並徑一寸，重四銖，源流本一，但文字古今之殊耳，文並曰'太平百錢'。"參閲《中國錢幣》1986年第三期。

定平一百

亦稱"晏平一百"。鑄主不詳。多出土於四川。形制類似小型太平百錢或漢興錢，體小穿大，製作粗疏。"定平一百"四字直讀。據日本學者考證，"定"字當釋爲"安"，乃"晏"字之省，"定平"即"晏平"，此錢當爲十六國時李雄據蜀稱帝立大成國建元晏平（306—310）時鑄。亦有將此錢列爲三國蜀漢鑄幣者。其確切歸屬待考。一般徑1.25厘米，重0.7克左右。《隋書·食貨志》："梁初……百姓或私以古錢交易，有直百五銖、五銖、女錢、太平百錢、定平一百、五銖雉錢、五銖對文等號。"宋洪遵《泉志》引南朝梁顧烜曰此錢："徑六分，重一銖半，文曰'定平一百'，三吴屬縣行之。"參閲《中國錢幣》1985年第一期。

【晏平一百】

即定平一百。此稱日本學者所定。見該文。

沈郎錢

東晋元帝時期沈充所鑄劣質小五銖錢。銅色青白，肉薄穿大，錢面鑄有外郭。"五銖"二字橫讀，"銖"簡作"朱"。徑1.7～1.9厘米，重1克左右。因極薄小，故有以榆莢相喻者。《晋書·食貨志》："晋自中原喪亂，元帝過江，用孫氏舊錢，輕重雜行，大者謂之比輪，中者謂之四文，吴興沈充又鑄小錢，謂之沈郎錢。錢既不多，由是稍貴。"唐周萬《送沈芳謁李觀察求仕進》詩："爲貪盧女曲，用盡沈郎錢。"唐王建《故梁國公主池亭》詩："素奈花開西子面，綠榆枝散沈郎錢。"唐李賀《殘絲曲》詩："榆莢相催不知數，沈郎青錢夾城路。"

豐貨

亦稱"富錢"。十六國時後趙石勒始稱趙王時（319）於其都襄國（今河北邢臺）始鑄。錢文"豐貨"二字橫讀，書體不一，或分篆、隸二體，篆品面背内外均有周郭，隸品穿郭僅見於錢背。一般徑2.4厘米，重2～3克。因"豐貨"含"致富"意，後世遂有"富錢"之稱。

豐貨

北魏崔鴻《十六國春秋·後趙録·石勒》："〔石勒趙王元年夏四月〕鑄豐貨錢。"《晋書·石勒載記》："〔石勒〕鑄豐貨錢。"《通典·食貨九》："豐貨錢徑一寸，重四銖，代（世）人謂之'富錢'，藏之令人富也。"

【富錢】

即豐貨。此稱唐代已行用。見該文。

漢興

古錢名。十六國時成國漢王李壽廢其主李期自立，改國號爲漢，建元漢興（338—343），并鑄行此錢。這是我國最早以年號爲錢文的錢。梁顧烜《錢譜》將其誤作西漢初之莢錢，北宋董逌《續錢譜》、李孝美《歷代錢譜》、南宋洪遵《泉志》等皆因之。至清梁詩正等撰《欽定錢録》，考定"漢興"爲東晋時成國李壽年號，

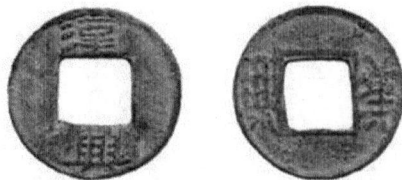

漢興

始確認爲李壽鑄幣。所見多出其故都成都一帶。"漢興"二字隸書，分直讀、橫讀兩種。直讀者背穿下或銘一"川"字記地。一般徑1.7厘米，重1克左右。今存世較少，橫讀者尤罕。《欽定錢錄》卷五："右一品文曰漢興。洪志以爲漢莢錢，蓋緣顧烜、李孝美之誤。按成李壽於東晉成帝咸和十三年改國號曰漢，改元漢興，此當是李壽鑄。若云漢初錢，文實無據，且形質篆法亦與西京全不類。今改之，謹錄於此。"

涼造新泉

古錢名。此錢發現至今已有一百多年，不見於史載，泉界雖作了不少考證，但鑄主仍未最後確定。目前多數學者將其繫於前涼張軌或其後人鑄幣，亦有北涼沮渠蒙遜或新莽至東漢初年涼州竇氏鑄之說。所見數品多涼州（今甘肅武威）故地，錢體輕小，面背有郭。"涼造新泉"四字篆書，直讀。

涼造新泉

"涼造"字方而"新泉"字長。"涼"字京部中間分從"日"、從"口"兩種寫法，以從"口"者爲罕。"泉"字中竪不作斷筆，亦別於莽錢。徑1.8～2.1厘米，重1.4～2.3克。參閱《中國錢幣》1988年第二期。

太夏真興

古錢名。東晉末至南北朝初匈奴貴族赫連勃勃建大夏國，此錢爲其定都統萬（今陝西榆林），改元真興（419—425）時鑄。僅見銅質平錢，"太夏真興"四字旋讀，筆劃細勁，書體楷而兼隸。面背內外有郭，輪郭周整，穿孔略大。徑約2.3厘米，重2.8克左右。按，此錢集國號、年號於一體，不用篆隸而近真書，均爲當時首創；加之其出土絕少，傳世極罕，故有對其真僞而存疑者。參閱《泉幣》第三十二期。

太夏真興
（清李佐賢《古泉匯》）

南北朝

元嘉四銖

南朝劉宋文帝元嘉七年（430）始鑄之銅錢。錢體較五銖略小，"四銖"二字橫讀，內外有郭，穿郭僅見於錢背，穿稍大。少數錢面鑄一星號，或穿孔上下各飾一星，背亦偶見星號。另見錯範、剪輪及錢文交叉作重文諸品。

元嘉四銖

一般徑2.2厘米，重2～2.2克。《宋書·文帝紀》："〔元嘉七年冬十月〕戊午，立錢署，鑄四銖錢。"又《顏竣傳》："元嘉中，鑄四銖錢，輪郭形制，與五銖同，用費損，無利，故百姓不盜鑄。"《通典·食貨九》："宋文帝元嘉七年，立錢置法，鑄四銖，文曰'四銖'，重如其文。人間頗盜鑄，多翦鑿古錢取銅，帝甚患之，錄尚書江夏王義恭建議以一大錢當兩，以防翦鑿，議者多同之。"

孝建四銖

南朝劉宋孝武帝孝建元年（454）始鑄之銅錢，至明帝泰始三年（467）罷。大小不等，面書"孝建"年號，背記錢重"四銖"，書體爲薤葉篆。後省背文，專留年號。時民間盜鑄雲起，雜以銅錫，致錢體越鑄越小。《宋書·顏竣

孝建四銖

傳》："及世祖即位，又鑄孝建四銖。"《通典·食貨九》："孝武孝建初，鑄四銖，文曰'孝建'，一邊爲'四銖'。其後稍去'四銖'，專爲'孝建。'"據載此錢曾有兩次成批出土。一次是清道光年間，江蘇毗陵（今常州）出土一窖，細分爲五十餘品。一次是1987年11月，江蘇溧水寺橋出土一百九十二枚。除常品外，可見面星、背星、傳形、合背、倒書、重文等多種版式。實測初鑄者徑約2.2厘米，重約2.8克；後期減重者徑約1.6厘米，重1克左右。參閱清呂佺孫《毗陵出土孝建四銖拓本》、《中國錢幣》1992年第三期。

兩銖

南朝劉宋前廢帝永光元年（465）鑄造的銅錢。1998年12月，重慶忠縣一劉宋磚室墓中曾有出土，體雖薄小，但面背內外均有周郭。錢文"兩銖"二字，"兩"在穿右，"銖"在穿左，皆篆書，筆劃清晰細挺，銖字"金"旁有在"朱"旁右側作傳形者。參閱《中國錢幣》1999年第三期。

永光

南朝劉宋前廢帝永光元年（465）鑄造的銅錢。1988年夏，安徽壽縣南關村出土一枚，青銅質，法重二銖，體甚薄小。錢面橫書薤葉篆"永光"年號，背無文。面背內外均有周郭，郭細而穿大。徑1.9厘米，重1.15克。因鑄時短暫而存世極罕。《宋書·前廢帝紀》："〔永光元年春二月〕庚寅，鑄二銖錢。"又《顏竣傳》："前廢帝即位，鑄二銖錢，形式轉細。"《資治通鑑·宋明帝泰始元年》："自孝建以來，民間盜鑄濫錢，商貨不行。庚寅，更鑄二銖錢，形式轉細。"參閱《中國錢幣》1995年第二期。

永光

景和

南朝劉宋前廢帝景和元年（465）鑄造的銅錢。法重二銖，體甚薄小，面背內外均有周郭，錢面橫書篆文"景和"年號，背無文。其製作風格與永光錢頗類。徑1.6～1.8厘米，重1.9～2克。因景和年號僅行數月，鑄量有限，故其錢極難一見。1998年12月，重慶忠縣一劉宋時期的磚室墓出土劉宋錢幣四五十枚，內有此錢和"永光""兩銖"等劉宋珍錢，令泉界注目。《通典·食貨九》："廢帝景和二年，鑄二銖錢，文曰'景和'，形式轉細。官錢每出，人間即模效之，而大小厚薄皆不及也。"宋洪遵《泉志》引南朝梁顧烜曰："宋中廢帝景和元年鑄，重二銖，文曰'景和'，其年還用古錢。"參閱《中國錢幣》1999第三期。

耒子

南朝劉宋前廢帝時民間鑄造的劣幣，體薄

小而無輪郭，類翦鑿錢。《宋書·顏竣傳》："前廢帝即位，鑄二銖錢，形式轉細。官錢每出，民間即模效之，而大小厚薄，皆不及也。無輪郭，不磨鑢，如今之翦鑿者，謂之耒子。"

鵝眼錢

南朝宋、梁時期民間鑄行的劣錢，因小如鵝眼，故稱。《宋書·顏竣傳》："景和元年，沈慶之啓通私鑄，由是錢貨亂敗，一千錢長不盈三寸，大小稱此，謂之鵝眼錢。"《隋書·食貨志》："梁末又有兩柱錢及鵝眼錢，於時人雜用，其價同，但兩柱重而鵝眼輕。"

天監五銖

南朝蕭梁武帝天監元年（502）始鑄之銅錢。文曰"五銖"，重如其文，面背內外均有周郭，或穿郭僅見於錢背。徑約 2.4 厘米，重 3.4 克。《隋書·食貨志》："梁初，唯京師及三吳、荆、郢、江、湘、梁、益用錢。其餘州郡，則雜以穀帛交易。交、廣之域，全以金銀爲貨。武帝乃鑄錢，肉好周郭，文曰'五銖'，重如其文。"宋洪遵《泉志》引南朝梁顧烜曰："天監元年鑄，徑一寸，文曰'五銖'，重四銖三參二黍，每百枚重一斤二兩。"參閱《泉幣》第一期。

女錢

亦稱"公式女錢"。南朝蕭梁武帝天監元年（502）始鑄之銅錢，大小略如同期天監五銖，唯外緣無郭，與翦邊五銖相類，然翦邊五銖僅餘半邊錢文，此錢字文則完整無缺。因屬官鑄，故稱"公式"，形制輕薄，是謂"女錢"。《隋書·食貨志》："〔梁武帝〕又別鑄，除其肉郭，謂之女錢。"《通典·食貨九》："〔梁武帝〕又別鑄，除其肉郭，謂之公式女錢，徑一寸，文曰

'五銖'，重如新鑄五銖，二品並行。"又，"女錢徑一寸，重五銖，無輪郭，郡縣皆通用"。宋洪遵《泉志》引南朝梁顧烜曰："天監元年，鑄公式女錢，徑一寸，文曰'五銖'，稱兩如新鑄五銖，但邊無輪郭，未行用。又聽民間私鑄，以一萬二千易取上庫古錢一萬，以此爲率。普通三年，始與新鑄五銖並行用，斷民間私鑄。"

【公式女錢】

即女錢。此稱南北朝時期已行用。見該文。

蕭梁鐵五銖

南朝蕭梁武帝普通四年（523）始鑄之五銖錢。體厚而小，背文四出，內外均有周郭，穿郭見於錢背而錢面不顯，面穿上或有一橫劃，一般徑 2 厘米，重 2.5～3.5 克。時朝廷民間大興鼓鑄，鐵錢充斥市場，遂引發惡性通貨膨脹，斗米貴至八十萬錢。《隋書·食貨志》："至普通中，乃議盡罷銅錢，更鑄鐵錢。人以鐵賤易得，並皆私鑄。及大同已後，所在鐵錢，遂如丘山，物價騰貴。交易者以車載錢，不復計數，而唯論貫。"1982 年 12 月，浙江桐廬七里蘢猪頭山出土一批鐵五銖，大小分兩種：大者徑 2.1 厘米，小者徑 1.9 厘米，背皆有四出紋，殆蕭梁鑄幣。參閱《泉幣》第七期。

大吉五銖

南朝蕭梁武帝普通四年（523）鑄。史載爲鐵錢，文曰"大吉五銖"。1935 年，南京通濟門外出一批蕭梁四出五銖合土範，內有此錢與大富五銖、大通五銖三錢合一泥範一件。實物未聞出土，僅一鐵錢與數枚銅錢傳世，其徑較錢範幣樣略小，字文亦殊。錢文以"大吉"相稱，似非行用之幣，或疑爲開爐祝語錢。宋洪遵《泉志》："右大吉錢。顧烜曰：'普通四年，

鑄大吉鐵錢，大小輕重如五銖，文曰五銖大吉，背文四出。'"參閲《泉幣》第七期。

兩柱錢

亦稱"兩柱五銖""兩星五銖"。南朝蕭梁元帝承聖年間（552—555）所鑄銅錢，或謂鑄於蕭梁末年。錢面橫書"五銖"二篆字，因面穿上下各有一星凸起呈柱石狀，故稱。錢體較薄，穿孔頗大，面無穿郭，製作不甚規整。一般徑2.2厘米，重2.3克左右。《隋書·食貨志》："梁末又有兩柱錢及鵝眼錢，於時人雜用，其價同，但兩柱重而鵝眼輕。"

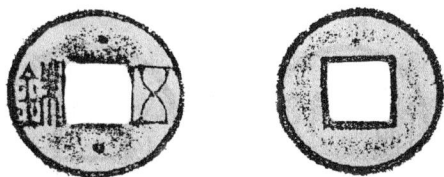

兩柱錢

【兩柱五銖】

即兩柱錢。此稱後世泉家所定。見該文。

【兩星五銖】

即兩柱錢。此稱後世泉家所定。見該文。

四柱錢

亦稱"四柱五銖""四星五銖"。南朝蕭梁敬帝太平二年（557）夏四月始鑄之銅錢，形制輕重與兩柱錢略同，唯背穿左右各增鑄一星。初出一枚當民間私鑄細錢（即小錢）二十枚，旋即改爲當十。一般徑2.3厘米，重2.3克左右。《梁書·敬帝紀》："〔太平二年夏四月〕己卯，鑄四銖錢，一准二十。齊遣使請和。壬辰，改四柱錢一准十。丙申，復閉細錢。"

【四柱五銖】

即四柱錢。此稱後世泉家所定。見該文。

【四星五銖】

即四柱錢。此稱後世泉家所定。見該文。

天嘉五銖

亦稱"陳五銖"。南朝陳文帝天嘉三年（562）始鑄之銅錢。昔難確認。1990年，蘇州滸墅關出土古錢一罐，罐中三百餘枚五銖與八十餘枚太貨六銖共存。五銖特徵基本一致，從出土地域及共存遺物看，此錢殆即天嘉五銖。錢文篆作"五銖"二字，橫讀。"五"字如二對頂三角形，"朱"字頭方折，外緣齊整而略闊，穿郭僅見於錢背。除常品外，偶有面穿下星、背穿下月、穿下劃、穿右劃、穿上人紋諸品。徑2.4～2.5厘米，重2.3～2.9克。《陳書·世祖本紀》："〔天嘉三年閏二月〕甲子，改鑄五銖錢。"《隋書·食貨志》："文帝天嘉五年，改鑄五銖。初出，一當鵝眼之十。"參閲《中國錢幣》1992年第二期。

【陳五銖】

即天嘉五銖。此稱後世泉家所定。見該文。

太貨六銖

亦作"大貨六銖"。南朝陳宣帝太建十一年（579）始鑄之銅錢，初出一枚當五銖錢十枚，後還當一，人皆不便，乃訛言此錢有不祥之兆。錢文"六"字篆體類人雙手叉腰狀，時人呼爲"叉腰哭天子"。至宣帝崩，遂廢而不用，復行五銖錢。所見製作精好，面背內外均有周郭。錢文"太貨六銖"作玉箸篆，直讀，字體凝重端莊。徑約2.5厘米，重3克左右。《陳書·宣帝紀》："〔太建十一年〕秋七月辛卯，初用大（太）

太貨六銖

貨六銖錢。"《隋書·食貨志》："宣帝太建十一年，又鑄大（太）貨六銖，以一當五銖之十，與五銖並行。後還當一，人皆不便。乃相與訛言曰：'六銖錢有不利縣官之象。'未幾而帝崩，遂廢六銖而行五銖。竟至陳亡。"

【大貨六銖】

同"太貨六銖"。此體隋代已行用。見該文。

太和五銖

北魏孝文帝太和十九年（495）始鑄之銅錢。錢文"太和五銖"作方折篆，直讀，筆法柔中寓剛，"和"字篆文頗似"松"字。因聽民自鑄，故版式繁雜，大小各異，且多有質粗文晦製作欠佳者。一般大者徑 2.5 厘米，重 3.5 克；小者徑 2 厘米，重 2.5 克。今不多見。《魏

太和五銖

書·食貨志》："魏初至於太和，錢貨無所周流，高祖始詔天下用錢焉。十九年，冶鑄粗備，文曰'太和五銖'，詔京師及諸州鎮皆通行之……民有欲鑄，聽就鑄之，銅必精練，無所和雜。"

永平五銖

北魏宣武帝永平三年（510）始鑄之銅錢。錢文"五銖"二字，內外有郭，穿郭僅見於錢背，徑約 2.4 厘米，重 3.4 克左右。《魏書·食貨志》："世宗永平三年冬，又鑄五銖錢。"參閱《中國錢幣》1993 年第二期。

永安五銖

北魏孝莊帝永安二年（529）始鑄之五銖錢，其後東魏、西魏均仿鑄，至北齊文宣帝時廢。錢文篆體稍方，"永"字下筆、"安"字寶蓋及"銖"字右劃皆與穿郭相合，外郭稍寬。

除光背品外，又有背四出文及穿上銘一"土"字者，以背"土"者爲罕見。一般徑 3 厘米，重 3 克。光背品有重 2 克之小型者，徑 1.9 厘

永安五銖

米，殆私鑄錢。《魏書·食貨志》："至永安二年秋，詔更改鑄，文曰'永安五銖'，官自立爐，起自九月，至三年正月而止。"《隋書·食貨志》："齊神武霸政之初，承魏猶用永安五銖。遷鄴已後，百姓私鑄，體制漸別，遂各以爲名……神武帝乃收境內之銅及錢，仍依舊文更鑄，流之四境。未幾之間，漸復細薄，奸僞競起。文宣受禪，除永安之錢，改鑄常平五銖，重如其文。"參閱《泉幣》第二十一期。

大統五銖

西魏文帝大統六年（540）始鑄之銅錢。錢文"五銖"二字，"五"字近穿處有一豎劃，外郭較闊，穿郭僅見於錢背，徑 2.3 ～ 2.5 厘米，重 3 克左右。《北史·西魏文帝紀》："〔大統六年〕二月，鑄五銖錢。"

常平五銖

北齊文宣帝天保四年（553）始鑄之銅錢。乾明、皇建間往往私鑄，武平以後尤甚，直至齊亡。初鑄者製作精緻，輪郭周整，"常平五銖"四字篆書，直讀，"常平"字扁而"五銖"稍長，"平"字上橫與穿郭合爲一綫，一般徑 2.5 厘米，重 3.5 ～ 4 克。後期私鑄者漸趨輕小，有赤郭、青熟、細眉、赤生等名目。《北史·齊文

常平五銖

宣帝紀》:"〔天保四年〕自魏末用永安錢,又有數品,皆輕濫,己丑,鑄新錢,文曰'常平五銖'。"《隋書·食貨志》:"文宣受禪,除永安之錢,改鑄常平五銖,重如其文。其錢甚貴,且製造甚精。至乾明、皇建之間,往往私鑄……武平已後,私鑄轉甚,或以生鐵和銅。至於齊亡,卒不能禁。"

布泉 [2]

北周武帝保定元年(561)始鑄之銅錢,一枚當五銖五枚,與五銖并行,後漸賤而人不用,至建德五年(576)而罷。所見製作精緻,面背內外郭規整。"布泉"二字篆如玉箸,"泉"字中豎不作斷筆,與新莽"布泉"錢文作懸針篆而斷其中豎者迥异。徑約2.5厘米,重4.3克左

布泉

右。《周書·武帝紀》:"〔保定元年秋七月〕更鑄錢,文曰'布泉',以一當五,與五銖並行。"《隋書·食貨志》:"後周之初,尚用魏錢。及武帝保定元年七月,乃更鑄布泉之錢,以一當五,與五銖並行……〔建德〕五年正月,以布泉漸賤而人不用,遂廢之。"

五行大布

北周武帝建德三年(574)始鑄之當十銅錢,與布泉并行流通。錢文"五行大布"作玉箸篆,直讀,文字端莊秀美。背多無文,亦見面背倒書作合背者。因私鑄盛行,故大小輕重不一。大者徑2.7厘米,重3克;小者徑2.3厘米,重2.1克。據載山東臨淄齊國故城近年曾出此錢石範,長23.8厘米、寬12厘米、厚1.8厘米。範面刻五行大布錢模兩行,分列主流槽兩側,每行六枚,皆陰文反書。錢模徑2.5厘米,穿寬0.7厘米,內外輪郭俱全。現藏山東淄博齊國故城遺址博物館。

五行大布

《周書·武帝紀上》:"〔建德三年六月〕壬子,更鑄五行大布錢,以一當十,與布泉錢並行。"《隋書·食貨志》:"建德三年六月,更鑄五行大布錢,以一當十,大收商估之利,與布泉錢並行。四年七月,又以邊境之上,人多盜鑄,乃禁五行大布,不得出入四關,布泉之錢,聽入而不聽出。"

永通萬國

北周孝宣帝傳位太子改元大象,於大象元年(579)始鑄之銅錢,以一當十,與五行大布、五銖錢并行。錢文"永通萬國"作玉箸篆,直讀。錢體大小不等,有狹緣、闊緣之別,又有合背及鉛錢等。錢文強調流通職能,以示天下萬國永久通用,繼布泉與五行大布之後,再

永通萬國

次突破了傳統的紀重錢制。其鑄造之精緻,篆法之華麗,堪稱魏晋以來錢中之冠。一般徑3厘米,重6克左右。《周書·宣帝紀》:"〔大象元年十一月〕丁巳,初鑄永通萬國錢,以一當十,與五行大布並行。"《北史·周宣帝紀》:"〔大象元年十一月〕乙巳,初鑄永通萬國錢,以一當千,與五行大布並行。"

方圓四朱

亦稱"砝碼錢"。因其形制有方有圓,且錢文記重作"四朱",故稱。體厚小,中有小圓

穿，間有廣穿、雙穿、無穿或底部帶一紐環者。錢文多爲陰刻，圓者有陽文，内容記地兼記重，有書於一面者，如臨淄四朱、臨朐四朱、姑幕四朱、淳于四銖、下蔡四朱、宜陽四朱等，亦有地名、重量面背分書者，其地名可見東阿、定襄、濮陽、䔲、陳、呂、驪等。另有僅記重量作"四朱"或"三朱"一類。其歸屬尚無定論，一說係漢文帝時衡"半兩"錢之砝碼，非貨幣，或疑爲北魏、北齊時民間行用之錢。因形制奇特，存世稀少，故嚮爲泉家所珍。

【砝碼錢】

即方圓四朱。此稱後世泉家所定。見該文。

隋

開皇五銖

亦稱"置樣五銖"。隋文帝開皇元年（581）始鑄之銅錢，因曾用作樣錢置於四面諸關以禁劣錢，故又稱"置樣五銖"。《隋書·食貨志》："高祖既受周禪，以天下錢貨輕重不等，乃更鑄新錢。背面肉好，皆有周郭，文曰'五銖'，而重如其文。每錢一千重四斤二兩。是時錢既新出，百姓或私有熔鑄。三年四月，詔四面諸關，各付百錢爲樣。從關外來，勘樣相似，然後得過。樣不同者，即壞以爲銅，入官。"所見製作規整，錢文"五"字交筆較直或稍曲，近穿處有一豎劃，内外郭略闊，穿郭僅見於錢背。一般官鑄者徑 2.4 厘米，重 3.4 克，小者徑

開皇五銖

2.1 ~ 2.2 厘米，殆係私錢。

【置樣五銖】

即開皇五銖。此稱隋代已行用。見該文。

五銖白錢

隋末流行的一種五銖錢，因幣材多含錫鑞，色泛白，故稱。錢體較開皇五銖略小，邊郭略闊，面無内郭，錢文筆劃纖細，"五"字交筆彎曲，近穿處有一豎劃如開皇五銖，或謂此錢即楊廣在揚州所鑄之夾錫錢。一般徑 2.3 厘米，重 2.3 ~ 3 克。《新唐書·食貨志四》："隋末行五銖白錢，天下盜起，私鑄錢行。千錢初重二斤，其後愈輕，不及一斤，鐵葉、皮紙皆以爲錢。"宋洪遵《泉志》引舊譜曰此錢："徑一寸，重一銖六絫，肉郭平闊，'五'字右邊傍好有一畫，餘三面無郭，用鑞和鑄，故錢色白。"

第九節　寶文錢考

寶文錢是我國貨幣史上繼五銖錢之後出現的一種新的貨幣系統，自唐高祖武德四年（621）興鑄開元通寶始，至清末民初被新式銅元取代止，縱貫唐宋元明清諸朝，歷時近

一千三百年。它在形狀上仍取法五銖錢的圓形方孔，但面文却不再標明錢重，而以年號或國號等加“通寶”“重寶”“元寶”一類字樣相稱，南宋嘉定四川鐵錢更雜用“崇寶”“全寶”“永寶”“安寶”等二十餘種不同名目。因面文不標重量而均含一“寶”字，別於記重的銖兩錢，故謂之“寶文錢”，或通稱“通寶錢”。它的問世，是我國貨幣發展史上的一個重要里程碑，從此我國錢幣面文不再記重，歷時七百餘年的五銖錢時代遂告結束。與以往的半兩錢和五銖錢相比，寶文錢不僅歷時更久，鑄量更大，而且品種也更爲豐富。

在形制上，寶文錢仍繼承五銖錢的圓形方孔，但因不以重量爲名，故大小輕重、錢文不再受制約，而依幣值高低而別，因而更富於變化。除平錢外，唐時有當十與當五十，史思明更鑄當百錢。五代後梁、十國閩、楚、南唐等也鑄有大錢或大小兼行。至北宋中葉，折二、折三日多，崇寧、大觀間尤盛行折十，南宋淳祐時四川更有大中小樣當百錢多種。遼與西夏多平錢，西夏偶有折二。金更有折十。元大錢以蒙文大元通寶較常見，漢文至正之寶五等權鈔錢尤碩大而精美。明初頒行五等錢制，其淵源可上溯到元末幣制。而大小最富於變化的莫過於清代自小平至當千一應俱全的咸豐錢了。

寶文錢不標錢重，使鑄幣減重現象變得更爲隱蔽。一些統治者爲彌補財政赤字，往往不顧貨幣流通的實際需要，濫行不足價的大錢。如唐於安史之亂期間鑄行的重輪乾元重寶，重量爲平錢的三倍，幣值却當平錢五十。清於太平天國起義時鑄行的咸豐元寶，其當千大錢的重量僅爲千枚咸豐平錢的幾十分之一。大錢的泛濫，往往引起通貨膨脹。

寶文錢以銅爲主要幣材，在貨幣需求量大而銅源不足之時也取材於其他金屬，其中主要是鐵，其次爲鉛。五代十國的閩、楚、後蜀及劉燕均鑄有鐵質錢幣，南漢境內以鉛錢交易，閩地亦兼行鉛錢。北宋承襲以往的貨幣流通格局，有銅錢區、鐵錢區和銅鐵錢并行區的劃分。南宋爲防銅錢外流，規定與金鄰近的地區專行鐵錢。此外，西夏仁宗天盛、乾祐間，南明唐王隆武時以及清咸豐朝的一些錢局也曾鑄造過鐵錢。黃金和白銀鑄造的寶文錢也有，但數量不多，且多用於宮廷賞賜。少數用牙、木雕製者一般爲進呈樣錢。西安法門寺地宮中還發現數枚用玳瑁雕製者。

從文字書體看，寶文錢終唐一代基本爲隸書，五代十國篆隸真皆有，并出現同一錢文用不同書體的對錢。北宋對錢盛行，行書、草書亦入錢文。同一書體的錢文在書寫上常有各種變化。南宋以降，楷書的使用日益普遍，篆隸日漸式微，錢文諸體并用的情形已不復有，但遼錢可見契丹文，西夏錢可見西夏文，元錢可見蒙古文（八思巴文），後金錢可見老滿文，這些都進一步豐富我國錢文的書體形式。

　　寶文錢不獨在字體上諸體俱備，在書法上也是异彩紛呈，其中有不少出自名家乃至帝王手筆：隸而兼篆的武德開元爲歐陽詢書；篆法婉潤的南唐開元爲徐鉉書；淳化、至道錢有真、行、草三體，爲宋太宗親書之御書三體錢；徽宗崇寧、大觀錢有瘦金體者，鐵劃銀鈎，勁健飄逸，亦爲御書錢；另見結體茂美的玉箸篆泰和重寶，構架謹嚴的楷書至正之寶，分由金代的黨懷英和元代的周伯琦書寫；而在咸豐錢上留下手迹的更有一時名家多人。稽諸實物，歷代寶文錢書法堪稱精好者還有不少，唯史書有闕，一些錢文書者的名字今已無從知曉了。

　　除光背、背星、背月（甲痕）一類，寶文錢背面還常鑄有這樣那樣的文字。唐會昌、開元多記州名，十國閩地開元銘以國號，南宋乾道以後流行記監，淳熙七年開始記年，紹熙元寶始記範次，金大定通寶可見漢文地支記年，元至正通寶記年或以蒙文地支。有的背文更爲複雜，如南宋兩淮、荆湖鐵錢，記監與記年相兼。四川所鑄鐵錢，有記值兼記範、記地兼記範、記地記值兼記範等多種。元至正通寶亦有地支記年兼記值、蒙文記值兼漢文記重之類。明代後期記局錢興，入清以後極爲常見，或漢文、或滿文、或滿漢文、或滿維文，以滿文記局最爲常見，大錢於滿文記局之外復兼漢文記值。

　　隨着近代工業的出現，福建、浙江、天津、廣東等地於清光緒年間先後采用機器製造方孔圓錢。由於虧折太多，廣東率先於光緒二十六年（1900）改製中無方孔的新式銅元，名曰“光緒元寶”，各省也因興鑄幣值較高的銅元利大而紛紛仿造。從此，機器造幣逐漸取代了土法鑄造，行用近一千三百年的圓形方孔的寶文錢終於隨着清王朝的崩潰而退出歷史舞臺，僅個別地區民國初年有少量鑄造。

唐

開元通寶

　　錢面銘鑄“開元通寶”的方孔圓錢。始鑄於唐高祖武德四年（621），達於五代十國。依鑄主、形制不同，分爲武德開元、會昌開元、閩開元與南唐開元等。幣材以青銅爲多見，閩開元亦用鐵或鉛鑄。另見金、銀或玳瑁製作者，當非正用品。武德開元以始鑄於武德四年得名，這是我國最早的通寶錢。它鑄製精良，輪郭規整，文字含八分及隸體，直讀，由唐初書法名家歐陽詢書。錢文“開元”意開新朝、新幣之元，非年號。“通寶”，即“通行的寶貨”。其後我國銅錢不再以重量爲名，而以通寶、重寶、元寶等相稱，歷時七百餘年的五銖錢時代至此結束。武德開元大小適中，每一文稱"一錢"，十文重一兩，後世"兩"以下十進位之衡法即源

開元通寶

於此。因鑄製精整，百姓樂用，故武德以後仍不斷仿造，終唐之世鑄行近三百年。鑄量既豐，版式亦繁。初鑄者輪郭深峻，"元"字次筆左挑，錢背多無紋飾。其後"元"字又有右挑及雙挑和不挑者，錢背亦出現月紋（一般稱甲痕）、斜月、雙月、星、月星及月孕星等紋。一般徑 2.4 厘米，重 3.6 克左右。《新唐書·食貨志四》："武德四年，鑄'開元通寶'，徑八分，重二銖四參，積十錢重一兩，得輕重大小之中，其文以八分、篆、隸三體。洛、并、幽、益、桂等州皆置監。賜秦王、齊王三鑪，右僕射裴寂一爐以鑄。盜鑄者論死，沒其家屬。其後盜鑄漸起。"《舊唐書·食貨志上》："開元錢之文，給事中歐陽詢製詞及書，時稱其工。其字含八分及隸體，其詞先上後下，次左後右讀之。自上及左迴環讀之，其義亦通，流俗謂之開通元寶錢。"參閱《中國錢幣》1992 年第三期。

乾封泉寶 [1]

唐高宗乾封元年（666）鑄行的當十銅錢。鑄造精緻規整，"乾封泉寶"四字旋讀，"乾"字作魚鈎乾如"乹"。一般徑 2.5 厘米，重 3.5 ~ 5 克。錢體稍大於開元通寶，然流通一枚却當開元錢十枚。因比價過高，百姓拒用，行使不足一年即廢。今存世甚罕。《舊唐書·食貨志上》："至乾封元年封岳之後，又改造新錢，文曰'乾封泉寶'，徑一寸，重二銖六分。仍

與舊錢並行，新錢一文當舊錢之十。周年之後，舊錢並廢……及鑄新錢，乃同流俗，'乾'字直上，'封'字在左。尋寤錢文之誤，又緣改鑄，商賈不通，米帛增價，乃議却用舊錢。"

乾封泉寶

乾元重寶

亦稱"乾元十當錢"。唐肅宗乾元元年（758）在御史中丞第五琦主持下始鑄造的當十銅錢，為歷代最早稱"重寶"的大錢。製作精好，面文隸書直讀，"乾"字為魚鈎乾作"乹"。所見大小不一，版式繁雜，一般為光背，偶見背穿上祥雲或穿下瑞雀諸品。因作價過高而致物價飛漲，遂於代宗初年減作當二行用，不久改為當一。徑 2.7 ~ 2.8 厘米，重 7 ~ 10 克。

乾元重寶

《通典·食貨九》："乾元元年，有司以甲兵未息，給用猶費，奏鑄乾元重寶錢，每貫十斤，一文當開元通寶錢一十文。又鑄重稜錢，每貫重二十斤，一文當開通五十文。奸猾之人多破用舊錢私鑄新錢，雖獲深利，隨遭重刑，公私不便，尋總停廢，還用開元通寶錢，人間無復有乾元、重稜二錢者，蓋並鑄為器物矣。"《新唐書·食貨志四》："肅宗乾元元年，經費不給，鑄錢使第五琦鑄'乾元重寶'錢，徑一寸，每緡重十斤，與開元通寶參用，以一當十，亦號'乾元十當錢'……代宗即位，乾元重寶錢以一當二，重輪錢以一當三，凡三日而大小錢皆以一當一。"1989 年無錫市區出土一批鐵乾元

重寶，徑約 2.5 厘米，版式分闊緣小字與狹緣大字兩種，闊緣者背穿下隱有月紋。同出者僅見鐵開元通寶平錢。兩者總重達數百公斤，或疑其爲中晚唐鑄幣。此外，高麗成宗與穆宗時期亦鑄"乾元重寶"，前者爲鐵質，背穿上下有"東國"二字，意在中國之東，後者爲銅錢，有光背與背"東國"兩種，應注意區別。參閱《泉幣》第十五期。

【乾元十當錢】

即乾元重寶。此稱唐代已行用。見該文。

重輪乾元重寶

亦稱"重稜錢"。唐肅宗乾元二年（759）始鑄之，當五十大錢，因錢背外郭鑄有雙圈，故稱。錢文"乾元重寶"四字隸書，直讀，"元"字次筆左挑如開元錢。除光背品外，可見背星、背月、背祥雲一類，又有面背各飾四星者。因作價過高而致物價飛漲，遂於上元元年（760）改爲當三十行用，代宗即位後減作當三，旋即改爲當一。除私鑄小錢外，一般徑 3.5 厘米，重 12 克左右。《通典・食貨九》："又鑄重稜錢，每貫重二十斤，一文當開通五十文。"《新唐書・食貨志四》："第五琦爲相，復命絳州諸爐鑄重輪乾元錢，徑一寸二分，其文亦曰'乾元重寶'，背之外郭爲重輪，每緡重十二斤，與開元通寶錢並行，以一當五十。是時民間行三錢，大而重稜者亦號'重稜錢'……上元元年，減重輪錢以一當三十，開元舊錢與乾元十當錢，皆以一當十。"又"代宗即位，乾元重寶錢以一當二，重輪錢以一當三，凡三日而大小錢皆以一當一。"

【重稜錢】

即重輪乾元重寶。此稱唐代已行用。見該文。

得壹元寶

唐安史之亂期間史思明據東都洛陽銷熔銅佛所鑄造的大錢，一枚當開元通寶一百枚。體大緣闊，銅色暗紅。錢文含八分及隸體，旋讀，"元"字次筆左挑如開元錢。背多見月紋，分爲穿上仰月、穿下俯月，穿右月及四月諸品。一般徑 3.6 厘米，重 12.5 克。史載史思明於乾元二年（759）正月自稱大聖燕王，建元"應天"，

得壹元寶

四月更國號大燕，稱應天皇帝，建元"順天"，此錢殆應天或順天之初所鑄。得壹之"壹"，有初始、專一、同一、純一等義。《老子》："昔之得一者，天得一以清，地得一以寧……侯王得一以爲天下正。"錢名得壹，殆取其義。然"得壹"又可被嘲爲"只得壹年"，非國運長久之兆。史思明惡其非佳號，旋即改鑄順天錢。因鑄未及年，且所出甚少，故泉界有"順天易得，得壹難求"之說。錢文得壹，史書或小寫作"得一"，與實物異。《新唐書・史思明傳》："〔乾元二年〕夏四月，更國號大燕，建元順天，自稱應天皇帝……鑄'順天得一'錢。"又《食貨志四》："史思明據東都，亦鑄'得一元寶'錢，徑一寸四分，以一當開元通寶之百。既而惡'得一'非長祚之兆，改其文曰'順天元寶'。"參閱《中國錢幣》1983 年第三期、1984 年第二期。

順天元寶

唐安史之亂期間史思明僭號稱帝建元順天（759—761）時鑄造的當百大錢。形大體

厚，銅色暗紅，"順天元寶"四字隸書，旋讀，書體較得壹元寶規整。背穿上多有月紋，間有飾月孕星或上月下星者。徑 3.6 ～ 3.9 厘米，重

順天元寶

18 ～ 22 克。《新唐書·食貨志四》："史思明據東都，亦鑄'得一元寶'錢，徑一寸四分，以一當開元通寶之百。既而惡'得一'非長祚之兆，改其文曰'順天元寶'。"宋洪遵《泉志》："舊譜曰：'順天錢，徑寸五分，重十五銖。'張臺曰：'得壹、順天錢，思明並銷洛陽佛銅所鑄。賊平之後，無所用焉，刀兵之家還將鑄佛。今所餘伊洛間甚多。'李孝美曰：'二錢大小如一，但順天重而得壹輕耳。'"又，越南後黎朝太祖曾以順天爲年號（1428—1433），并鑄順天元寶錢，面文亦作隸書，然形同小平，且作直讀，與史思明當百大錢不難區別。

大曆元寶

唐代宗大曆年間（766—779）鑄造的銅錢。有大小樣兩種，面文隸書，旋讀，背無文，製作不及開元通寶規整。一般徑 2.3 厘米，重 3 克。此錢與建中通寶在中原一帶罕有發現，而主要出土於新疆庫車地區，據分析爲唐安西都護府所鑄。與之同出者可見"元"字錢、"中"字錢及其他唐代錢幣，"元"字錢殆由大曆元寶衍生而來。宋洪遵《泉志》："右大曆錢。張臺曰：'大曆是代宗年號，計此時所鑄。'余按：此錢，徑九分，重三銖六參。銅色昏濁，字畫遒勁。史氏不叙鑄作之因，竊考《代宗實錄》云：'大曆四年正月丁酉，關內道鑄錢等使第五琦上言，請於絳州汾陽銅源兩監增置五爐鑄錢，

許之。'豈非當時鑄此耶。"參閱《泉幣》第九期、《中國錢幣》1995 年第一期。

建中通寶

唐德宗建中年間（780—783）鑄造的銅錢。略小於初唐開元，銅色鈍赤，製作粗疏，錢文四字隸書，旋讀，背無文，一般徑 2.1 厘米，重 1.8 ～ 2 克。據載此錢與大曆元寶主要出土於新疆庫車一帶的唐代遺址中，殆唐安西都護府所鑄。同出者尚有"中"字錢及其他唐錢，清代泉家李佐賢曾謂"中"乃建中年號之省文，其錢實爲建中錢之別品，此說甚是。史載德宗建中初曾復商州洛源廢監十爐鑄錢，又載判度支趙贊采連州白銅鑄當十大錢，不知是否以建中爲文，亦未見白銅建中大錢。《新唐書·食貨志四》："建中初，户部侍郎韓洄以商州紅崖冶銅多，請復洛源廢監，起十爐，歲鑄錢七萬二千緡，每千錢費九百，德宗從之。"又，越南陳朝太宗曾以建中爲年號（1225—1231），并鑄"建中通寶"錢，較之唐建中錢直徑略大，外緣略闊，且錢文不作隸書而作真書，兩者不難區別。參閱《中國錢幣》1995 年第一期。

會昌開元通寶

唐武宗時用所廢佛寺銅材等鑄造的開元通寶，因始鑄於會昌五年（845），故稱。版別繁多，除淮南節度使李紳在揚州於錢背鑄一"昌"字以表年號外，其他州府皆鑄地名簡稱，或復於地名之外加飾星號或月紋。地名可見：京

會昌開元通寶

（京兆府，今陝西長安）、洛（洛陽，今河南洛陽）、益（益州，今四川境）、藍（藍田，今陝西境）、襄（襄州，今湖北境）、荆（荆州，今湖北境）、鄂（鄂州，今湖北境）、越（越州，今浙江境）、宣（宣州，今安徽境）、洪（洪州，今江西境）、潭（潭州，今湖南境）、兖（兖州，今山東境）、潤（潤州，今江蘇境）、平（平州，今河北境）、興（興元府，今陝西境）、梁（梁州，今陝西境）、梓（梓州，今四川境）、福（福州，今福建境）、廣（廣州，今廣東境）、桂（桂陽，今湖南境）、丹（丹州，今陝西境）、永（永州，今湖南境）。總計二十二種。因鑄地不一，故錢體大小不等，背文位置上下左右不定。除背京、背洛錢鑄文清晰質量尚可外，其餘製作多不規整。背平、福、丹、永諸品尤爲稀見。一般徑 2.3 厘米，重 3.4～3.5 克。《新唐書・食貨志四》：“及武宗廢浮屠法，永平監官李郁彥請以銅像、鍾、磬、爐、鐸皆歸巡院，州縣銅益多矣。鹽鐵使以工有常力，不足以加鑄，許諸道觀察使皆得置錢坊。淮南節度使李紳請天下以州名鑄錢，京師爲京錢，大小徑寸，如開元通寶，交易禁用舊錢。”

咸通玄寶

　　唐懿宗咸通十一年（870）桂陽監鑄的錢幣。爲銅質平錢，字近隸書，直讀。因開鑄未久即遭停廢，故傳世絕少。1990 年，甘肅寧縣廣播局基建工地一錢幣窖藏又出一品，通體生坑綠銹，肉厚郭隆，徑 2.4 厘米，重 4 克，現藏寧縣博物館。宋洪遵《泉志》引舊譜：“唐咸通十一年，桂陽監鑄錢官王彤進新錢，文曰‘咸通玄寶’，尋有敕停廢不行。”參閱《中國錢幣》1996 年第一期。

高昌吉利

　　西域麴氏高昌國（499—640）鑄幣。存世稀少，所見數枚多出新疆吐魯番一帶，一般爲銅質，偶見銀品。略大於平錢，厚度則倍之。面文“高昌吉利”作隸書，旋讀。除光背外，偶見背穿上飾一星號者。史載高昌地區先後建立過闞氏、張氏、馬氏、麴氏王朝，宋元時期又有回鶻高昌，故有認爲其鑄造年代相當於元代

高昌吉利
（清李佐賢《古泉匯》）

者。1973 年，新疆吐魯番阿斯塔那五百一十九號張隆悦妻麴文姿墓新出一品，據該墓唐貞觀十六年（642）推斷，此錢當鑄於麴氏高昌王朝時期。該王朝始建於南北朝，傳國九世，歷時百有餘年，至唐太宗貞觀十四年伐滅前，其地“橫八百里，縱五百里”“凡三州、五縣、二十二城，户八千，口三萬，馬四千”（《新唐書・西域上・高昌》），故都在今新疆吐魯番城區東南約四十千米的火焰山附近。錢文以“吉利”相稱，殆屬吉語錢類。一般徑 2.6 厘米，重 10～12.5 克。參閱《文物》1975 年第七期。

五代十國

開平通寶

此錢史志不載，相傳爲後梁太祖定都汴京建元開平（907—911）時鑄。傳世僅一見，大如當五，鏽色斑斕，面文隸書旋讀，背無文，文字及製作均草率，徑3.4厘米左右，現藏中國國家博物館。傳世又有"開平元寶"當十大錢，形制書體均類通寶，但熟坑無鏽，故人多疑其爲贗品，亦僅一見，今未詳所在。

天成元寶

後唐明宗天成年間（926—930）鑄幣。僅見銅質平錢，面文旋讀，書體在隸楷之間。製作規整，"元"字次筆作右上挑，背無文。徑約2.3厘米，重3.4克左右。屬極罕之品。宋洪遵《泉志》："右天成錢。宋白《續通典》曰：'天成元年十二月，敕中外所使銅錢，内鐵鑞錢即宜毁棄，不得行使。二年八月，禁銷銅錢，四年，禁鐵鑞錢。'余按：此錢，徑九分，重三銖六參，文曰'天成元寶'，計當時所鑄，而《五代史·後唐紀》不載。"

天福元寶

後晉高祖天福三年（938）始鑄。僅見銅質平錢，面文旋讀，背無文。因詔公私有銅者并鑄，且"輕重從便"，故大小輕重不一。大者殆官爐所出，製作尚好。小者肉薄緣狹，製作粗疏，當係私錢。此錢過去出土不多，1999年1月，河南許昌一錢幣窖藏出土古錢1000餘公斤，内有此錢一千餘枚。官鑄大樣僅見一枚，頗厚重，徑2.37厘米，重

天福元寶

4.8克，銅質泛青白，文字上左下右序讀（左旋讀），與常品异。其餘除少數官鑄小樣外，大量的均爲私錢。面文均右旋讀。除光背外，可見背穿上月、穿右月、上下月諸品。徑2～2.2厘米，重2～3.73克。《舊五代史·晉書·高祖紀三》："〔天福三年十一月〕癸亥……詔許天下私鑄錢，以'天福元寶'爲文。"《資治通鑑·後晉高祖天福三年》："〔十一月〕癸亥，敕聽公私自鑄銅錢，無得雜以鉛鐵，每十錢重一兩，以'天福元寶'爲文，仍令鹽鐵頒下模範。惟禁私作銅器……敕先許公私鑄錢，慮銅難得，聽輕重從便，但勿令缺漏。"胡三省注引《五代會要》："時令三京、鄴都諸道州府，無問公私，應有銅者並令鑄錢，仍以'天福元寶'爲文，左環讀之，委鹽鐵司鑄樣頒下諸道。每一錢重二銖四參，十錢重一兩。"又，存世又有面文"天福鎮寶"背穿上銘一"黎"字者，爲安南前黎朝天福五年（984）始鑄之品。參閱《中國錢幣》1999年第四期。

助國元寶

傳爲後晉宣武軍節度使楊光遠鑄幣。僅見銅質平錢，面文旋讀，書體在隸楷之間，背無文，一般徑2.3厘米，重2.6克左右。此錢形制書體頗類姊妹錢"壯國元寶"，兩者當屬同期鑄行。今存世不多。因所見數枚多出遼地，故又有疑爲遼錢者。《新五代史·晉本紀·高祖》："〔天福二年夏四月辛卯〕宣武軍節度使楊光遠進助國錢。"參見本卷《普通金屬幣説·寶文錢考》"壯國元寶"文。參閱《中國錢幣》1989年第三期。

壯國元寶

　　此錢不見史載，舊譜或列爲無考品。據《中國錢幣》1996 年第一期載：1982 年 8 月 29 日，内蒙古巴林右旗索博日嘎蘇木輝騰高勒村出土一枚壯國元寶，徑 2.5 厘米，重 2.1 克。錢面、背肉好周廓，錢文隸書旋讀，文字清晰規範，光背廣穿，體薄、黄色銅質（現藏巴林右旗博物館）。錢文首字或據《隸辨・漾韵・第四十一》中《度尚碑》碑文，斷爲"壯"字隸書别體。嗣後民國泉家張絅伯又以北齊《宇文萇碑》、隋《張貴南墓志》及《首山舍利塔銘》中壯字，進一步肯定錢文首即"壯"字。壯國者，壯大國家也，其義與"助國"相輔相成。幣之形制書體亦頗類"助國元寶"，兩者當爲同期鑄行的姊妹錢。其錢歸屬有二：一説據《新五代史・晋本紀・高祖》"楊光遠進助國錢"之記載，將其繫於楊光遠鑄幣。另一説以多出遼地而疑爲遼錢。參閲《中國錢幣》1993 年第四期。

漢元通寶

　　後漢隱帝乾祐元年（948）始鑄之銅錢。形制書體均仿初唐開元，製作規整，面文直讀。除光背外，又有背穿上仰月、穿下俯月、穿右月及穿上月孕星諸品。

漢元通寶

一般徑 2.4 厘米，重 3.4 克左右。今存世較多。此錢或旋讀作"漢通元寶"。宋洪遵《泉志》："此錢徑寸，重三銖六參，文曰'漢通元寶'。字文明坦，製作頗精。蓋懲天福之幣，則漢代所鑄明矣。"

周元通寶

　　後周世宗顯德二年（955）始鑄之銅錢。形仿初唐開元，面文隸書直讀，文字及製作均精好。除光背品外，錢背又有星、月或横紋一類記號，或在穿上，或在穿下，或在穿側，或星月相配，版式較多，以面背同文倒書合背者爲稀見品。因幣材取自佛寺銅像，故舊時有"握之可禁瘧""兼治難産"等迷信説法。徑 2.4 ～ 2.5 厘米，重 3.5 克左右。《新五代史・周

周元通寶

本紀・世宗》："〔世宗〕即位之明年，廢天下佛寺三千三百三十六。是時中國乏錢，乃詔悉毀天下銅佛像以鑄錢。"此錢或旋讀作"周通元寶"。宋洪遵《泉志》："蘇者《開譚録》曰：'世宗朝鑄周通元寶錢，於後殿設巨爐數十，親觀鼓鑄。'李孝美曰：'徑寸，重五銖，文曰'周通元寶'。形制精妙，與唐開元錢同。'"

永平元寶

　　前蜀王建永平年間（911—915）鑄造的銅錢。形仿晚唐開元，面文隸書旋讀，書體樸拙欠工。除光背外，可見背穿上飾一仰月者。一般徑 2.3 厘米，重 2.8 ～ 3 克。史載永平建元凡五年，通正、天漢、光天各一年，然通正、天漢、光天諸幣皆不難見，唯此錢在前蜀六錢中最爲稀少，屬極罕品。明陶宗儀《説郛・錢譜》："永平元寶，前僞蜀王建鑄。"參閲《中國錢幣》1987 年第一期。

通正元寶

前蜀王建通正元年（916）鑄造的銅錢。形仿晚唐開元，面文隸書旋讀，文字及製作尚規整。錢文"通"字有大字小字之分，"元"字次筆有左挑右挑之別，左挑者錢背或飾上月下星紋。徑 2.2 ～ 2.35 厘米，重 2.5 ～ 4 克。今存世較少，但多於永平錢。宋洪遵《泉志》：

通正元寶

《五代史·前蜀世家》：'王建永平五年改元通正。'……余按：通正、天漢、光天、乾德錢，皆重三銖。"明陶宗儀《説郛·錢譜》："通正元寶，前僞蜀王建鑄。"參閲《中國錢幣》1987 年第一期。

天漢元寶

前蜀王建天漢元年（917）鑄造的銅錢。製作規整，面文隸書旋讀，"元"字次筆左挑如開元錢。除光背品外，又有背穿上飾一仰月者。一般徑 2.2 厘米，重 3.5 克左右。宋洪遵《泉志》："右天漢錢。《五代史·前蜀世家》曰：'王建通正元年十月，大赦，改明年元曰天漢，國號漢。'……余按：通正、天漢、光天、乾德錢，皆重三銖，獨咸康錢重三銖三參。"參閲《中國錢幣》1987 年第一期。

天漢元寶

光天元寶

前蜀王建光天元年（918）鑄造的銅錢。多爲小平銅錢，面文旋讀，製作粗疏，文字草率。錢文"天""元""寶"三字作隸書，"光"字猶含行韻。錢面"天"字之上或有一星點。背除無紋者外，又有穿上飾一仰月者。偶見鐵錢。一般徑 2.15 厘米，重 2.5 克左右。宋洪遵《泉志》："右光天錢。《五代史·前蜀世家》曰：'王建天漢元年十二月，大赦，改明年元曰光天。'……余按：通正、天漢、光天、乾德錢，皆重三銖，獨咸康錢重三銖三參。"明陶宗儀《説郛·錢譜》："光天元寶，前僞蜀王建鑄。"參閲《中國錢幣》1987 年第一期。

光天元寶
（清李佐賢《古泉匯》）

乾德元寶

前蜀王衍乾德年間（919—924）鑄造的銅錢。多爲銅質平錢，面文隸書旋讀。錢文分大字小字兩式，"乾"字爲魚鈎乾如"乹"，"元"字次筆左挑，其右或有一星。一般爲光背，少數背穿上飾一仰月紋。另有鐵錢。實測銅品大者徑 2.35 厘米，重 3.5 克左右。宋洪遵《泉志》："右乾德錢。《五代史·前蜀世家》曰：'王建卒，子衍立。明年，改元乾德。'……余按：通正、天漢、光天、乾德錢，皆重三銖，獨咸康錢重三銖三參。"明陶宗儀《説郛·錢譜》："乾德元寶，前僞蜀王衍鑄。"參閲《中國錢幣》1987 年第一期。

乾德元寶

咸康元寶

前蜀王衍咸康元年（925）鑄幣。僅見銅質平錢，面文隸書旋讀，"康"字大而欠工。

背無文，或穿上飾一仰月。一般徑 2.3 厘米，重 3.2 克。今不難見。宋洪遵《泉志》："右咸康錢。《五代史·前蜀世家》曰：'王衍乾德七年改元曰咸康。'……余按：通正、天漢、光天、乾德錢，皆重三銖，獨咸康錢重三銖三參。"明陶宗儀《説郛·錢譜》："咸康元寶，前僞蜀王衍鑄。"參閲《中國錢幣》1987 年第一期。

咸康元寶

廣政通寶

後蜀孟昶廣政年間（938—965）鑄幣。形制如平錢，分銅鐵兩種，面文隸書，直讀，背無文，一般徑 2.4 厘米，重 2.8 ～ 3.5 克。今銅鐵兩種均罕見。《資治通鑑·後周世宗顯德二年》："蜀主致書於帝請和，自稱大蜀皇帝；帝怒其抗禮，不答。蜀主愈恐，聚兵糧於劍門、白帝，爲守禦之備，募兵既多，用度不足，始鑄鐵錢，榷境内鐵器，民甚苦之。"宋洪遵《泉志》："此錢計當時所鑄，徑九分，重三銖。銅質渾厚，字八分書。"

廣政通寶

大蜀通寶

後蜀孟昶鑄幣。大小如平錢，銅色深淺不一，"大蜀通寶"四字直讀，書體在隸楷之間，背無文。雖不見於史志，但形制書體均類"廣政通

大蜀通寶
（清李佐賢《古泉匯》）

寶"，故前賢定爲後蜀孟氏錢。徑約 2.4 厘米，重 3.5 克，屬極罕之品。

閩開元通寶

閩國王審知鑄造的開元通寶。有小平、大錢二等。小平多爲鉛質，形仿會昌開元，背穿上記地銘一"福"或"閩"字，亦見上"閩"下月、上"福"下星及右星、左星諸品，均少見，光背者尤稀。一般徑 2.2 厘米，重 2.5 克左右。亦有銅品，然極罕見。大錢形如折十，有銅、鐵、鉛三種，均極罕。銅錢背穿上飾一巨星，鐵錢分背星與上"閩"下月兩種，銅錢除上"閩"下月者外，又有上"閩"下月右星者。一般徑 3.8 ～ 4 厘米，重 22 ～ 28 克不等。各錢的比值爲：大小相同而幣材不同者，一枚銅錢值五枚鐵錢，或十枚鉛錢。幣材相同而大小不同者，一枚大錢值十枚小錢。餘類推。宋洪遵《泉志》："右鉛錢。《十國紀年·閩史》曰：'王審知爲閩王，梁貞明元年，汀州寧化縣出鉛，置鉛場。二年，鑄鉛錢，與銅錢並行。'右鐵錢。陶岳《貨泉録》曰：'王審知鑄大鐵錢，闊寸餘，甚粗重，亦以開元通寶爲文，仍以五百文爲貫，俗謂之鉎励（賀），與銅錢並行。'"參閲《中國錢幣》1987 年第四期。

永隆通寶

閩王延羲永隆四年（942）始鑄之大鐵錢，一枚當小鉛錢一百枚。形體厚大，製作粗疏，"永隆通寶"四字直讀，書體在隸楷之間。錢背穿上鑄一"閩"字，穿下飾一仰月，亦見上"閩"下月右星者。徑 3.5 ～ 4 厘米，重 22 ～ 25 克。今極罕見。1972 年底，福建泉州第三中學和承天寺先後發現此錢泥範，其中承天寺堆積頗厚，表明曾爲當時鑄幣中心。這一

發現彌補了史志鑄地失載之闕，亦爲研究此錢的鑄製工藝提供了寶貴資料。據悉亦有大銅錢與大鉛錢，然極難一見。《資治通鑑·後晉高祖天福

永隆通寶
（清李佐賢《古泉匯》）

七年》："閩人鑄永隆通寶大鐵錢，一當鉛錢百。"宋洪遵《泉志》："《五代史·閩世家》曰：'王延羲立，改元永隆，鑄大鐵錢以一當十。'《十國紀年·閩史》曰：'王延羲永隆四年八月，鑄永隆通寶大鐵錢，一當鉛錢百。'余按：此錢徑寸四分，重十銖二參，文曰'永隆通寶'。字文夷漫，製作不精，以銅爲之。《五代史》不載錢文，《十國史》又遺銅品。此錢計當時所鑄。"參閱《中國錢幣》1987 年第四期。

天德重寶

閩富沙王王延政稱帝建州（今福建建甌）建元天德（943—945）時鑄幣。延政爲閩主王曦（即王延羲）之弟，初爲建州刺史，因諫其兄淫虐猜忌，遂不和，起兵互攻。公元 943 年，王延政據建州稱帝，國號大殷，建元天德，凡三年。後得福州，仍號閩，旋爲南唐所滅。此錢有銅、鐵兩種，皆厚大，面文真書直讀，背穿上銘一"殷"字以表國號，徑約 3 厘米，今存世極罕。宋洪遵《泉志》："董逌曰：'建州王氏錢，面文天德重寶，背文穿上有殷字。'余按：王延政以建州建國稱殷，故幕文爲殷字。"參閱《中國錢幣》1987 年第四期。

天德通寶

閩殷王延政天德二年（944）始鑄之當百大鐵錢。面文真書直讀，書體略含行韵。徑約

3.5 厘米，重約 20 克。屬極罕之品。傳世有天德通寶大銅錢，初由泉家鄭家相獲於浙江，後屢更其主，爲海内孤品。另據吉林省《榆樹縣文物志》

天德通寶
（清李佐賢《古泉匯》）

記載，該縣恩育鄉永發村 1983 年 6 月發現天德通寶銅質平錢，面文真書旋讀，直徑 2.5 厘米，未見拓片，究竟是否王延政鑄幣尚待考。《資治通鑑·後晉紀四·齊王開運元年》："殷鑄天德通寶大鐵錢，一當百。"宋洪遵《泉志》："《十國紀年·閩史》曰：'王延政天德二年，鑄天德通寶大鐵錢，一當百。'"參閱《中國錢幣》1987 年第四期。

開元通寶背殷鉛錢

此錢不見於舊譜。1987 年 3 月，福州長樂城關福州火電廠基建工地出土小平鉛錢數百枚，内有此錢一枚。錢徑 2.2 厘米，重 3 克，文作隸書，直讀。據出土地點及背文"殷"字推測，此錢當係閩國王延政據建州稱帝建號大殷之時（943—945）鑄。參閱《中國錢幣》1987 年第四期。

天策府寶

楚王馬殷據湖南八州封天策上將軍建天策府時鑄造的大錢。分銅、鐵兩種。銅錢形大體厚，面文真書旋讀，製作精好，"策"字"竹"下從"宋"，背無文，一般徑 3.8 厘米，重 33 克。羅伯昭《沐園四十泉拓》刊有一枚鎏金者。錢無咎《古泉考略》云長沙先後出土鎏金三品，爲估人所得。因厚大精美，且傳世出土甚少，被泉家視爲珍品。舊譜又録鐵錢，亦極罕。

宋洪遵《泉志》："《五代史・楚世家》曰：'馬殷請依唐太宗故事，開天策府，梁太祖拜殷天策上將軍。'張臺曰：'馬氏錢也。'董逌曰：'馬殷據湖南八州地，建天策府，因鑄天策府寶。'余按：此錢文曰'天策府寶'，徑寸七分，重三十銖二參。銅質渾厚，字文明坦。史氏失其傳，張董之説當有所憑也。"參閱《中國錢幣》1983年第三期。

天策府寶

乾封泉寶 [2]

楚王馬殷封天策上將軍建天策府時鑄造的大錢。有銅、鐵兩種，面文隸書旋讀，"乾"字爲魚鈎乾如"乹"，"泉"字猶含篆意。銅錢徑約 3.8 厘米，重 22 ~ 33 克，其背"天""天府"之品皆製作精好，文字端莊肥壯。光背者體較小而字欠佳。鐵錢形似銅錢而品種稍多，可見背穿上"天"、穿上"策"、上"天"下"策"、上"天"下"府"諸品，製作略遜。今銅品存世極少，鐵錢偶聞出土，亦甚罕見。宋洪遵

乾封泉寶
（清李佐賢《古泉匯》）

《泉志》："《十國紀年・楚史》曰：'……高郁請鑄鐵錢，圍六寸，文曰乾封泉寶，以一當十。錢既重厚，市肆以券契指垛交易。'《湖南故事》曰：'馬殷置鐵冶，鑄大錢，可六寸圍，重非銖兩，用九文爲貫，文曰乾封泉寶。'"參閱《中國錢幣》1983年第三期。

大齊通寶

徐知誥代吴稱帝建號"大齊"改元"昇元"時鑄幣，一説黄巢起義軍鑄。迄今僅見兩枚，大小如平錢，肉薄緣狹，質爲紅銅，錢文四字隸書，直讀，背略呈平夷狀，徑約 2.3 厘米。其中一品左角殘缺，稱"缺角大齊"，下落早已不明。一品鑽有四孔，稱"四眼大齊"，係 1925年江西鄱陽所出，曾爲泉家戴葆庭所獲，後歸張叔馴而由其携往美國，今亦未詳所在。因稀有名貴，遂有複製品或僞品，其拙劣者望之立辨，而張叔馴使人以真品翻鑄者則幾可亂真，唯其暗中將錢背穿郭隆起，是别於真品之關鍵。另如片型較厚，銅呈褐色，作舊之傳世古頗欠自然，亦不合於真品。參閱《中國錢幣》1983年第二期。

大齊通寶
（清李佐賢《古泉匯》）

保大元寶

南唐李璟保大年間（943—957）鑄造的銅錢。僅見寥寥數枚，皆厚大而規整，"保大元寶"四字真書，旋讀，背穿上銘一"天"字。不見於史載，因"保大"係李璟年號，且錢之形制書體均類南唐"永通泉貨"，故泉家多繫於南唐李璟錢。或以長沙曾出一品，背銘"天"字類楚馬氏錢制，而考爲馬殷之子馬希萼奉南唐正朔時鑄。

南唐開元通寶

南唐李璟時期鑄造的開元通寶。多爲銅質平錢，"開元通寶"四字直讀，外緣闊而文字小，形制與武德開元有别。錢文分篆、隸兩體，

南唐開元通寶

爲我國最早的對錢。今存世較多。除光背常品一類，可見背穿上巨星、穿上仰月、穿下俯月、上下月及穿郭微作四決者，亦有面"元"左星、"元"右星及"元"鈎内星諸品，版別較繁雜。一般徑 2.4 ~ 2.5 厘米，重 3.1 ~ 3.5 克。史載有篆書小鐵錢，然無實物面世。另見當十大銅錢，徑 4 厘米，重約 12 克，質地細密，銅色微帶金黄，文字與南唐小開元隸品如出一手，大小輕重與永通泉貨相近，或考爲南唐鑄幣，今極罕見。宋陶岳《貨泉録》："〔南唐〕元宗時，韓熙載上疏，請以鐵爲錢。其錢之大小一如開元通寶，文亦如之。徐鉉篆其文。比於舊錢稍大，而輪郭深闊，既而鐵錢大行，公私便之。"近代方若《言錢别録》："南唐開元，文字必小，輪郭特闊，有篆書，有隸書，成對品，隸書元字只左挑。故予謂對品盛於北宋，而實始於南唐也。"參閱《中國錢幣》1985 年第一期、1992 年第三期。

唐國通寶

南唐李璟交泰二年（959）始鑄。多爲銅質平錢，面文篆、隸、真三體，直讀。製作精好，外緣略闊，小樣或作狹緣。一般爲光背，隸書錢背穿上或飾一巨星。除平錢外，篆品又有當

唐國通寶

十大錢，緣闊肉厚，鑄製精好，唯遠不及平錢多見。一般平錢徑 2.4 厘米，重 3 ~ 4 克。大錢徑 3 厘米，重 10 克。傳有鐵錢，然頗不易見。《資治通鑑·後周世宗顯德六年》："又鑄當二錢，文曰'唐國通寶'，與開元錢並行。"宋洪遵《泉志》："《十國紀年·唐史》曰：'元宗以周師南伐及割地，歲貢方物，府藏空竭，錢貨益少，遂鑄唐國通寶錢，二當開元錢一。'"

大唐通寶

南唐李璟鑄幣。均爲銅質平錢，分大、中、小樣等數種，面文隸書，直讀。存世不及唐國錢多見，製作亦不及唐國錢精美，小樣尤肉薄欠工，殆百姓盜鑄之品。一般大樣者徑 2.4 厘米，重 3克。舊譜又録篆品與鐵錢，尚待考。宋洪遵《泉志》："右大唐錢。馬令《南唐書》

大唐通寶
（清李佐賢《古泉匯》）

曰：'元宗鑄大唐通寶錢，與唐國錢通用，數年漸弊，百姓盜鑄，極爲輕小。'余按：此錢徑八分，重二銖四參，文曰'大唐通寶'。又有徑七分者，字文相類，豈當時盜鑄耶。"

永通泉貨

南唐李璟交泰二年（959）始鑄之當十錢。舊時僅見銅品，形大體厚，質爲紅銅。錢文篆、隸二體，直讀。隸書錢大小微別，"永"字由"二水"構成，版式有闊緣、狹緣、粗字、細字等，一般徑 3.8 厘米，重 15 克。篆書錢較隸品略

永通泉貨

小，一般徑 3.2 厘米，重 7～8 克。今篆、隸二品均甚罕見。《新五代史・南唐世家二》：“景困於用兵，鍾謨請鑄大錢以一當十，文曰‘永通泉貨’。謨嘗得罪，而大錢廢。”史載有鐵錢，如《資治通鑑・後周世宗顯德六年》：“唐自淮上用兵及割江北……錢益少，物價騰貴。禮部侍郎鍾謨請鑄大錢，一當五十，中書舍人韓熙載請鑄鐵錢；唐主始皆不從，謨陳請不已，乃從之。是月，始鑄當十大錢，文曰‘永通泉貨’。”但過去一直沒有實物面世。1994 年，安徽船民用長繩繫磁鐵，在蕪湖青弋江與長江匯合處的淺水航道中，曾兩次吸出鐵質永通泉貨。錢均銹結成棒，第一次棒長 12 厘米，第二次經處理共分出四十六枚，製作精好，文作隸書，一般徑 4 厘米，重 13.5 克。它的問世爲此錢又添新品，亦爲文獻記載提供了實物佐證。隨永通泉貨一起吸上來的還有蕭梁五銖、開元通寶、乾封泉寶等鐵錢。參閱《中國錢幣》1994 年第三期。

乾亨重寶

南漢劉龑乾亨年間（917—925）鑄。龑初名巖，原爲清海、建武節度使，後梁貞明三年（917）即皇帝位於番禺，國號大越，改元乾亨，次年改國號爲漢。其錢有銅、鉛兩種，皆平錢，面文真書直讀。銅錢存世較少，背無銘文，幣值一枚當銅錢十枚，徑約 2.3 厘米，重 3.7～3.9 克。鉛錢鑄量頗豐，近年廣州時有大批出土，製作欠精，筆法粗拙，大小輕重亦多不等，一

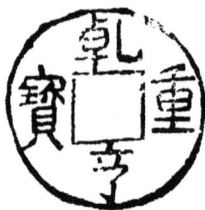

乾亨重寶
（清李佐賢《古泉匯》）

般爲光背，少數背穿上銘一“邕”或“邑”字，“邑”即“邕”之省文，一般徑 2.4 厘米，重 4～5 克。宋洪遵《泉志》：“《十國紀年・漢史》曰：‘劉龑以國用不足，鑄鉛錢，十當銅錢一。乾和後多聚銅錢，城內用鉛，城外用銅，禁其出入，犯者抵死，俸祿非特恩不給銅錢。’余按：鉛錢有二品，輪郭錙薄，文曰‘乾亨重寶’。大者徑寸，重三銖九參，重寶二次傳形。小者徑九分，重三銖六參。余抵嶺外始獲此錢，若銅錢，今世所存至多。”參閱《中國錢幣》1988 年第一期。

乾亨通寶

南漢劉龑乾亨年間（917—925）鑄幣。有銅鉛兩種平錢，面文真書直讀，背無文。不見於史載，形制書體與重寶相類，唯重寶易見而通寶極罕。一般徑 2.3 厘米，重 3.5 克左右。參見本卷《普通金屬幣說・寶文錢考》“乾亨重寶”文。

乾亨通寶
（清李佐賢《古泉匯》）

永安一十

五代劉仁恭、劉守光父子據幽州時鑄幣，一說唐叛將安祿山鑄。舊出北京房山大安山麓（或謂北京居庸關附近大王山麓）。有銅鐵兩種，真書面文“永”左“安”右，“一十”上下直書。“永安”二字分布與永安一百、五百、一千諸錢異。背無文。徑約 2.85 厘米。今銅品極少，鐵錢較其稍多。

永安一百

五代劉仁恭、劉守光父子據幽州時鑄幣，

一説唐叛將安禄山鑄。舊出北京房山大安山麓（或謂北京居庸關附近大王山麓）。分銅鐵兩種，真書面文"永"右"安"左，"一百"上下直書，背無文，徑 3 厘米左右。今存世甚少，銅品尤稀。

永安五百

五代劉仁恭、劉守光父子據幽州時鑄幣，一説唐叛將安禄山鑄。舊出北京房山大安山麓（一説北京居庸關附近大王山麓）。分銅鐵兩種，皆厚大，真書面文"永"右"安"左，"五百"上下直書，背無文，徑 3.6 厘米左右。今銅品極少，鐵錢較之稍多。

永安一千

五代劉仁恭、劉守光父子據幽州時鑄幣，一説唐叛將安禄山鑄。多出北京一帶，幣材爲鐵質，形體厚大，邊郭寬闊，真書面文"永"右"安"左，"一千"上下直書，背無文，徑 4.5 厘米。銅品，形體同鐵質幣，徑 4.85 厘米，重 41.6 克。據悉乃後人據鐵錢僞作。參閲《收藏》2005 年第七期。

永安一千

鐵貨布

五代初劉仁恭割據幽燕假王莽舊範所鑄之錢，與永安諸錢同出北京大安山，一説大王山。形制面文均與王莽貨布同，唯幣材爲鐵質，且錢背橫書"三百"二字，以示一枚值平錢三百枚。參見本卷《普通金屬幣説·寶文錢考》"永安一百"文。

鐵順天元寶

五代初劉仁恭於幽州假史思明舊範所鑄之錢，一説史思明鑄。舊時與永安錢、鐵貨布等同出北京房山大安山麓（一説北京居庸關附近大王山麓）。形制面文與史思明順天元寶略同，唯幣材爲鐵質，且分大中小三等。小者背穿上飾一仰月，穿下銘一"百"字以示當百。中者背穿上飾一巨星，下無記值字樣。大者背穿上仰月穿下"千"，其值之大，列歷代鐵錢之最。今大中小三種均少見，尤以背"千"大錢最稀。

應天元寶

五代劉守光割據幽燕自稱燕帝建元應天（911—913）時鑄造的銅錢。僅一見，形體厚大，面文真書旋讀，字體欠工，"元"字略含行韵。背穿上一字舊譜曰簡體字"万"，今實物模糊不清，故其釋讀有"万""天""百"諸説。此錢據傳已流入日本。宋洪遵《泉志》："右應天錢。董逌曰：'幽州劉守光錢，面文曰應天元寶，背文曰萬。'"

應聖元寶

五代劉守光割據幽燕時鑄造的當十銅錢。傳世僅一見，徑約 3.3 厘米，"應聖元寶"四字旋讀，文字欠工，書體略含行韵，背穿上銘一"拾"字以示折十。不見於史載，因文字及製作頗有"應天元寶"氣息，故泉家定爲劉守光鑄幣。

乾聖元寶

五代劉守光割據幽燕時鑄造的當百銅錢。傳世僅一見，徑約 3.4 厘米，"乾聖元寶"四字旋讀，背穿上銘一"百"字以示當百。不見於史載，因文字及製作頗有應天元寶氣息，故泉家定爲劉守光鑄幣。

北宋

宋元通寶

宋太祖建隆元年（960）始鑄之錢。有銅鐵兩種，皆爲平錢，面文真書直讀。製作規整，版式繁雜。銅品除光背外，又有背穿上星、穿右星、穿上月、穿下月、穿左月、斜月等數種，以面文"元"字次筆作右挑者爲稀見品。鐵錢係雅州百丈監所鑄，流通於四川地區，多作廣

宋元通寶

穿，大小略如銅錢，幣值則十當銅錢一，鑄量亦豐。另見少量廣穿鐵母。宋沈括《夢溪筆談·官政二》："國朝初，平江南，歲鑄錢七萬貫，自後稍增廣。"《文獻通考·錢幣二》："宋初錢文曰'宋元通寶'。"此錢亦有旋讀作"宋通元寶"者。《宋史·食貨志下二》："太祖初鑄錢，文曰'宋通元寶'。"又"蜀平，聽仍用鐵錢。開寶中，詔雅州百丈縣置監冶鑄，禁銅錢入兩川。"

【宋通元寶】

即宋元通寶。錢文直讀爲宋元通寶，旋讀爲宋通元寶。此稱宋代已行用。見該文。

太平通寶[1]

宋太宗太平興國年間（976—984）鑄。有銅鐵兩種，面文楷兼八分，直讀。錢文"太平"取"太平興國"年號之首二字。銅品唯見平錢，

太平通寶
（清李佐賢《古泉匯》）

版式多爲光背，間有背穿上星或穿下俯月一類，一般徑 2.5 厘米，重 3.4 克。《宋史·食貨志下二》："太宗改元太平興國，更鑄'太平通寶'。"鐵錢有大小兩種。小者爲四川諸監所鑄，制如平錢，多作廣穿，尚不難見。亦見銅品作廣穿者，一般爲鐵母。大者徑逾 4 厘米，背穿上飾一巨星，形制類五代十國閩地開元，殆建州所鑄，存世遠較蜀地小鐵錢稀有。《宋史·食貨志下二》："〔太平興國八年〕是時，以福建銅錢數少，令建州鑄大鐵錢並行，尋罷鑄，而官私所有鐵錢十萬貫，不出州境，每千錢與銅錢七百七十等，外邑鄰兩浙者亦不用。"該錢日本、安南亦有仿鑄品多種，唯形體輕薄。另有厭勝錢，取其面文而背鑄各式圖紋。

淳化元寶

宋太宗淳化元年（990）始鑄之幣。多爲銅質平錢，面文真、行、草三體，旋讀。錢文由宋太宗親筆書寫，御書錢制遂發其端，草書入幣文亦自此始。背多無文，間有穿上鑄一星號者。一般徑 2.5 厘米，重 3.7 克。其中"淳"字水旁偏上緊縮者（俗稱"縮水淳化"）爲稀品。另有金錢，學術界定其爲紀念幣。《宋史·食貨志下二》："淳化更鑄，又親書'淳化元寶'，作真、行、草三體。"另有大小鐵錢，鑄行於川蜀地區，大者一枚當小平銅錢一枚，當小鐵錢十枚。今大小鐵錢均少見，其廣穿鐵母者尤爲珍罕。《宋史·食貨志下二》："淳化二年，宗正少卿趙

淳化元寶

安易言：嘗使蜀，見所用鐵錢至輕，市羅一匹，爲錢二萬。堅請改鑄一當十大錢，御書錢式，遣詣川峽路諸州冶鑄，所在並爲御書錢監；諸州舊貯小鐵錢悉輦送官，民間小錢許送監，計數給以大錢，若改鑄未集，許民大小兼用。既而一歲纔成三千餘貫，衆皆以爲不便。會安易入奏事，因留不遣，遂罷冶鑄。"參閲《中國錢幣》1985 年第一期、1989 年第二期。

至道元寶

宋太宗至道年間（995—997）鑄幣。多爲銅質平錢，面文真、行、草三體，旋讀，錢文亦太宗御書。一般徑 2.5 厘米，重 3.7 克。除常品外，行書錢有合背、背俯月、背巨星及闊緣大樣等數種，隸書錢有背俯月者，均少見。舊譜又錄鐵錢，今極罕見。《宋史·食貨志下二》："至道中，歲鑄八十萬貫。"

至道元寶

咸平元寶

宋真宗咸平年間（998—1003）鑄幣。多爲銅質平錢，面文僅見真書，旋讀，背無文。一般徑 2.5 厘米，重 3.7 克。舊譜或錄闊緣大錢，人多疑爲贋品。

咸平元寶

景德元寶

宋真宗景德年間（1004—1007）鑄幣。多爲銅質平錢，面文僅見真書，旋讀，外緣闊狹不等，"德"字無"心"上一横，一般徑 2.5 厘米，重 3.7 克。《宋史·食貨志下二》："至道中，歲鑄八十萬貫；景德中，增至一百八十三萬貫。"另見大銅錢與大小鐵錢。大鐵錢爲嘉州豐遠監與邛州惠民監鑄品，始鑄於景德二年，枚重四錢，千錢重二十五斤半。幣值一值小平銅錢一，值小鐵錢十。一般徑 3.3 厘米。今較罕見。

景德元寶

祥符元寶

宋真宗大中祥符年間（1008—1016）鑄幣。有銅、鐵兩種，面文真書，旋讀。錢文"祥符"取年號"大中祥符"之尾二字。銅品均爲平錢，大小略異，緣闊有別，除常見的光背品外，偶見背穿上星及上星下俯月一類，一般徑 2.5 厘米，重 3.5 ～ 4 克。鐵錢多出四川，大小不一。小者形同折二而略大於銅品，大者徑約 3.3 厘米，製作氣息與景德大鐵錢頗類，唯更多見。亦有銅質鐵母大錢，屬極罕品。

祥符元寶

祥符通寶

宋真宗大中祥符年間（1008—1016）鑄幣。多爲銅質平錢，面文真書旋讀，版式有闊緣單點"通"、小字三點"通"及大字隸"通"三種，一般徑 2.4 ～ 2.5 厘米，重 3.5 ～ 4 克。另有少量鐵錢。

祥符通寶

天禧通寶

宋真宗天禧年間（1017—1021）鑄幣。有銅鐵兩種，面文僅見真書，旋讀。銅錢大如小平，外緣闊狹不等，背無文，以"通"字走之不同，可分單點通與三點通兩種，皆多見。一般徑 2.5 厘米，重 3.8 克，以"細緣"者爲稀有。鐵錢多出四川、陝南一帶，大小形同折二，徑 2.7 ~ 2.8 厘米，重 7 ~ 8 克，屬利州路小鐵錢類型，存世數量遠不及銅品。《宋史·食貨志下二》："天禧末，〔歲〕鑄一百五萬貫。"

天禧通寶

天聖元寶

宋仁宗天聖年間（1023—1032）鑄幣。分銅、鐵兩種，均有真、篆二體，旋讀，宋代對錢即自此始。其後每易年號大都鑄行對錢，直

天聖元寶 （對錢）

至南宋淳熙七年爲紀年錢取代。銅錢多爲小平，徑 2.5 厘米，重 3.7 ~ 4 克，其真書品"聖"字下部有從"王"、從"正"兩種寫法，以後者爲少見。篆書錢偶見闊緣大樣者，徑 2.8 厘米，重 5 克。鐵錢小平文作真書，折二真篆兼有。近年山西柳林地區出土一批北宋河東小鐵錢，內有真篆二體對錢數枚，徑在 2.7 ~ 2.8 厘米之間，重 7 ~ 8 克。宋沈括《夢溪筆談·官政二》："至天聖中，歲鑄一百餘萬貫。"

明道元寶

宋仁宗明道年間（1032—1033）鑄幣。有真、篆二體小平銅錢，面文旋讀，背無文，一般徑 2.5 厘米，重 4 克，今存世較豐。據載 1988 年山西柳林地區又有折二鐵錢出土，徑 2.8 厘米，重 7.5 克，屬北宋河東小鐵錢系統，今不多見。又，安南李朝太宗曾以明道爲年號（1042—1043），并鑄明道元寶錢，面文真書旋讀。應注意區別。

明道元寶
（清李佐賢《古泉匯》）

景祐元寶

宋仁宗景祐年間（1034—1038）鑄幣。分銅、鐵兩種。銅錢形如小平，面文有真、篆二體，旋讀，背無文，一般徑 2.5 厘米，重 3.7 ~ 4 克。今傳世與出土均多見，唯"狹穿斜寶"一種爲稀見品。鐵錢大小不一，大者形同折三，面文皆作真書。以大者爲罕。《宋史·食貨志下二》："景祐初……許申爲三司度支判官，建議以藥化鐵與銅雜鑄，輕重如銅錢法，銅居三分，鐵六分，皆有奇贏，亦得錢千，費省而利厚。詔申用其法鑄於京師。大率鑄錢雜鉛、錫，則其液流速而易成，申雜以鐵，流澀而多不就，工人苦之。初命申鑄萬緡，逾月裁得萬錢。"

景祐元寶
（清李佐賢《古泉匯》）

皇宋通寶

宋仁宗寶元元年（1038）始鑄之幣，俗稱"北皇宋"，以別於南宋以"元寶"爲名的"南皇宋"。時年號爲"寶元"，因"寶元"入錢不

皇宋通寶

便於稱呼，故仁宗特命以"皇宋通寶"爲文。所見多爲小平銅錢，面文有篆、隸、真三體，直讀。字體多變，版式繁雜。可分大字、小字、闊緣、狹緣等多種。又有"九疊篆"文錢，錢文仿璽印書體，其筆劃自上而下呈對稱狀層層摺疊，雖往復數重仍清晰可觀，我國古錢文作九疊篆者僅此一見。九疊之"九"，乃泛指其多，非實指。據云國內現存此錢不過三四枚。《歷代古錢圖說》曾錄一拓圖，1979 年北京密雲廢舊物資回收站所收雜錢中又揀出一枚。因精美絕倫，存世極稀，故向被泉家視爲大珍之品。一般銅平錢徑 2.5 厘米，重 3 ~ 4 克。另有小平及折二鐵錢。《宋史·食貨志下二》："至是改元寶元，文當曰'寶元元寶'，仁宗特命以'皇宋通寶'爲文。"《文獻通考·錢幣二》："國朝錢文皆用元寶，而冠以年號。及改號寶元，文當曰'寶元元寶'，詔學士議，因請改曰'豐濟元寶'，仁宗特命以'皇宋通寶'爲文。"

康定元寶

宋仁宗康定元年（1040）鑄幣。僅見小平鐵錢，面文真書旋讀，大小不等，版式或異。因"康定"年號僅行一年，鑄時甚

康定元寶
（清李佐賢《古泉匯》）

暫，故其錢傳世與出土不多。據載八十年代陝西渭南出土的北宋小鐵錢中有此錢八枚，山西柳林地區出土的北宋河東小鐵錢中亦有數品。一般徑 2.2 ~ 2.4 厘米，重 3.5 ~ 5 克。參閱《陝西金融·錢幣研究》1989 年第六期。

慶曆重寶

宋仁宗慶曆年間（1041—1048）鑄幣。多爲銅、鐵大錢，面文作真書。爲宋代"重寶"錢之始。銅錢文多直讀，偶見旋讀，初行一枚當小銅錢十枚，至慶曆末減作當三行用，旋即改爲當二。鐵錢多出陝西關中及附近地區，略大於銅品，面文僅見旋讀，徑一般在 3.4 ~ 3.5

慶曆重寶

厘米之間，重 13 克左右，此殆河東路晉、澤二州所鑄"以一當十（指當小鐵錢十枚）助關中軍費"之錢，其後亦改當二行用。《宋史·食貨志下二》："陝西都轉運使張奎、知永興軍范雍請鑄大銅錢與小錢兼行，大錢一當小錢十；又請因晉州積鐵鑄小錢。及奎徙河東，又鑄大鐵錢於晉、澤二州，亦以一當十，助關中軍費。"又"慶曆末，葉清臣爲三司使，與學士張方平等上陝西錢議，曰：'關中用大錢，本以縣官取利太多，致奸人盜鑄，其用日輕……請以江南、儀商等州大銅錢一當小錢三，小鐵錢三當銅錢一，河東小鐵錢如陝西，亦以三當一，且罷官所置爐。'自是奸人稍無利，猶未能絕濫錢。其後，詔商州罷鑄青黃銅錢，又令陝西大銅錢、大鐵錢皆以一當二，盜鑄乃止。"

至和元寶

宋仁宗至和年間（1054—1056）鑄幣。多

爲銅質平錢，面文有真、篆二體，旋讀，背無文。版式不一，以闊緣者文字及製作較佳。一般徑 2.4 厘米，重 3.4 克左右。另有隸書小平錢，其製作精好，極罕見。

至和通寶

宋仁宗至和年間（1054—1056）鑄幣。有真、篆二體小平銅錢，面文直讀，背無文，文字及製作均精好。一般徑 2.4 厘米，重 3.4 克。

至和通寶

至和重寶

宋仁宗至和年間（1054—1056）鑄幣。分銅、鐵兩種，面文真書旋讀，"和"字"口"部有出頭與不出頭兩種寫法。銅錢緣闊字大，分折二、折三二等，文字及製作均精美。折三背穿上有銘一"號"字或"坊"字者，爲宋代錢幣記地之始。亦見光背鐵母。因存世極少，且背"坊"亦有鐵品，故有疑此類折三銅品俱爲鐵母者。鐵錢形同折三，除光背、背"坊"諸品外，20 世紀八十年代陝西、甘肅又出背穿上銘一"同"字者，均屬稀有之品。與背"號"銅品相應的鐵錢目前尚未面世。實測折三銅錢徑 3.3 厘米，重 10 克左右。鐵錢徑 3.4 厘米，重 13 ～ 14 克。

至和重寶
（清李佐賢《古泉匯》）

嘉祐元寶

宋仁宗嘉祐年間（1056—1063）鑄幣。有真、篆二體小平銅錢，面文旋讀，與皆直讀之通寶錢異。背無文。鑄製尚好，版式不一。一般徑 2.5 厘米，重 3.6 克。

嘉祐通寶

宋仁宗嘉祐年間（1056—1063）鑄幣。有真、篆二體小平銅錢，面文直讀，與皆旋讀之元寶錢異。背無文。鑄製精好，版式不一。一般徑 2.5 厘米，重 3.6 克。

嘉祐通寶

治平元寶

宋英宗治平年間（1064—1067）鑄幣。有真、篆二體小平銅錢，面文旋讀，與皆直讀之通寶錢異。篆書品以"平"字中豎通頂與否而分兩式，通頂者"治"字水旁作三筆，不通頂者作五筆。背多無文，偶見鑄四出紋者。一般徑 2.5 厘米，重 3.6 克。另有少量鐵錢與銅錢。《宋史·食貨志下二》："至治平中，饒、池、江、建、韶、儀六州鑄錢百七十萬緡，而嘉、邛以率買鐵炭爲擾，自嘉祐四年停鑄十年，以休民力，至是獨興州鑄錢三萬緡。"

治平元寶

治平通寶

宋英宗治平年間（1064—1067）鑄幣。有真、篆二體小平銅錢，面文直讀，與皆旋讀之元寶錢異。真書品以"治平"二字扁寬與否而分兩式，篆書品"平"字有三種不同寫法。所見多爲光背，近年新出一背四出紋者，與傳世四出紋元寶成對。一般徑 2.5 厘米，重 3.6 克。另有少量小平鐵錢。

熙寧元寶

宋神宗熙寧年間（1068—1077）鑄幣。有真、篆二體小平銅錢，面文旋讀，鑄量豐而版式繁。真書錢"熙"字可分三種寫法，"寧"字心下或作省筆，"元"字次筆間有左挑，"寶"足或含隸韵。篆書錢"熙"字從"火"，寫法更富變化，"火"或在下，或右下，"元"字分雙挑與不挑，"寧"字寶蓋或作長冠，或"寧""寶"皆長冠。所見多爲光背，偶有背穿上銘一"衡"（字欠晰，或釋"衛"）字者，是爲稀品。另見少量小平鐵錢，近年出土於四川，僅真書一種。一般銅錢徑 2.3 ～ 2.5 厘米，重 3 ～ 4 克。宋沈括《夢溪筆談·官政二》："熙寧六年以後，歲鑄銅、鐵錢六百餘萬貫。"

熙寧元寶

熙寧重寶

宋神宗熙寧年間（1068—1077）鑄造的折二銅錢，面文有真、篆二體，旋讀。鑄量豐而版式繁。除光背外，真書品又有背穿上星、背斜月一類。此外偶見面文作直讀者，是爲奇品。一般徑 2.8 厘米，重 7.5 克。《宋史·食貨志下二》："〔熙寧〕四年，陝西轉運副使皮公弼奏：'自行當二錢，銅費相當，盜鑄衰息。請以舊銅鉛盡鑄。'詔聽之。自是折二錢遂行於天下。"

熙寧通寶

宋神宗熙寧年間（1068—1077）鑄造的鐵錢。分小平與折三兩種，面文皆作真書，旋讀。小平殆蜀地鑄幣，四川有出土，分大字、小字兩種版式。折三主要出土於陝西關中及附近地區，屬陝西路大鐵錢系統，徑 3.2 ～ 3.5 厘米，重 11 ～ 15 克，版式有光背與背穿上俯月兩種。陝西路大鐵錢從這時起鼓鑄漸豐，至哲宗、徽宗時達於極盛。亦見鐵母銅錢，屬極罕之品。

元豐通寶

宋神宗元豐年間（1078—1085）鑄幣。分銅、鐵兩種，均有小平、折二，面文篆、行二體，銅品小平又有隸體，皆旋讀。鑄量既豐，版式亦繁。銅、鐵大小各式對錢達百種之多。除光背外，又有背穿上星、穿上月一類。以銅品小平隸書、篆行背月及篆行鐵母諸品最罕。《宋史·食貨志下二》："元豐以後，西師大舉，邊用匱闕，徐州置寶豐下監，歲鑄折二錢二十萬緡，轉移陝府。"又，越南陳朝太宗曾以元豐爲年號（1251—1257），并鑄元豐通寶錢，面文

熙寧重寶

元豐通寶

篆書旋讀，"通"或隸化，"豐"或省筆，錢體輕薄，與北宋元豐通寶易別。

元祐通寶

宋哲宗元祐年間（1086—1094）鑄幣。有銅、鐵兩種，面文篆、行二體，旋讀。銅錢分小平、折二兩等，鑄量既豐，版式亦繁。小平篆行二品偶見背穿上銘一真書"陝"字者，是爲記地對錢。鐵錢分小平與折三。小平多出四川，殆蜀地鑄，有光背、背星、背月諸品。折三本不多見，然近年陝西多有出土，屬陝西路大鐵錢系統，版式可見篆品大"通"、小"通"，行書品大口"祐"、長撇"元"等多種，製作精好。亦偶見篆、行鐵母。

元祐通寶
（清李佐賢《古泉匯》）

紹聖元寶

宋哲宗紹聖年間（1094—1098）鑄幣。有銅、鐵兩種，面文篆、行二體，旋讀。銅錢分小平與折二，鐵錢爲小平與折三。鑄量既豐，版式亦繁。小平銅品可分細字、粗字、闊緣、狹緣等多種。除光背外，又有背穿下星、穿上仰月一類對錢，以背鑄上星下月者爲稀品，小平銅錢文作隸書者尤爲珍稀。鐵錢小平多出四川，殆蜀地鑄幣。折三則多見於陝西一帶，屬陝西路大鐵錢系統，亦發現於蜀地。折三行書

有鐵母，列爲極罕之品，傳有篆書者，其品級又在行書錢之上。一般銅平錢徑 2.5 厘米，重 3.6 ～ 4 克。折三鐵錢徑 3.2 ～ 3.4 厘米，重 10 ～ 14 克。

紹聖通寶

宋哲宗紹聖年間（1094—1098）鑄幣。有銅、鐵兩種。銅錢大如小平，面文真書直讀，有光背與背穿下"施"兩種，後者稀見。鐵錢亦僅見小平，1988 年山西柳林地區出土一批，屬北宋河東路小鐵錢系統，徑 2.4 ～ 2.5 厘米，重 5 ～ 5.4 克，面文分真、隸二體，背多無文，偶有穿上銘一"上"字者。

元符通寶

宋哲宗元符年間（1098—1100）鑄幣。有銅、鐵兩種。銅品分小平、折二兩種，面文篆、行二體，旋讀，背無文。一般徑 2.5 厘米，重 3.6 克左右。鐵品有小平與大錢。小平流通於宋代河東、利州諸路，亦多出今之山西、四川地區。版式以河東小鐵錢最爲繁雜，面文有篆、行旋讀及隸書直讀數種，背除無文者外，又有穿上銘一"汾"字或"上"字者。背"汾"者面文有隸、行二體，背"上"者篆、隸、行皆有，其中隸品文皆直讀而與篆、行二品异。大錢形同折三（或謂折二），面文有篆、行二體，旋讀，多出陝西關中及附近地區，屬陝西路大鐵錢系統。據悉四川地區亦有出土，殆陝西路流入。小平、折三均見鐵母數種，精美而珍稀。

紹聖元寶

元符通寶

一般小平鐵錢徑 2.5 厘米，重 4 ～ 6 克；大鐵錢徑 3.1 ～ 3.4 厘米，重 11 ～ 15 克。

元符重寶

宋哲宗元符年間（1098—1100）鑄幣。僅見折二樣錢，面文在真、隸之間，旋讀。製作精美，外緣較狹而异於通寶，"元寶"二字隸韵頗濃，"元"字次筆作左上挑，背無文。屬極罕珍品。

聖宋元寶

宋徽宗建中靖國元年（1101）鑄幣。分銅、鐵兩種。銅錢有小平、折二兩等，面文篆、隸、真、行四體，旋讀，鑄量多而版式繁，其中不

聖宋元寶

乏字秀制美之品。鐵錢有大小兩種，皆有篆、隸、行三體，亦旋讀。大者字口深峻，鑄製精良，多出陝西路地域，屬宋陝西路大鐵錢系統，其隸書品背穿上有飾一仰月者。小鐵錢多出四川、山西及陝西東部地區，一般爲光背，1988年山西出土的北宋河東小鐵錢中有背穿上銘一"汾"字或"上"字者，爲舊譜所不載。另見折二錫錢，錢文深峻清晰，質地稍軟，裸露處潔白如銀，含錫量據測高達 95%，或疑其爲錫母。一般小平銅錢徑 2.5 厘米，重 3.8 克。大鐵錢徑 2.9 ～ 3.3 厘米，重 12 ～ 13 克。參閱《中國錢幣》1993 年第一期、1999 年第四期。

聖宋通寶

宋徽宗崇寧二年（1103）鑄幣。此錢見諸史載，然存世極稀。僅見銅品數枚，面文篆、

行二體，旋讀，形同小平而記大錢值，背穿上下銘真書"當伍"二字。傳有形同當五之篆文錢，背"當伍"二篆字作左右列，其真僞待考。《宋史·食貨志下二》："〔崇寧二年〕五月，始令陝西及江、池、饒、建州，以歲鑄小平錢增料改鑄當五大銅錢，以'聖宋通寶'爲文。"通說鑄於建中靖國元年（1101），疑誤。

建國通寶

傳爲宋徽宗建中靖國元年（1101）鑄幣。僅一見，舊出蘇北。形同小平，銅色金黃，面文篆書直讀，背無文。版式字大穿小，寶含圓貝，輪郭風氣酷肖北宋政和、宣和諸錢。據悉錢文取自徽宗"建中靖國"年號。按，太平、祥符錢例，銘錢當取首二字或尾二字，然首二字與唐"建中"重，尾二字或不足概括"建中靖國"涵義，遂取首尾二字銘錢。也有人認爲首尾二字不符"建中靖國"原意，且宋錢均大量鑄造，唯此錢爲傳世孤品，故疑其非宋徽宗所鑄。參閱《中國錢幣》1989 年第二期《泉幣》第七期。

崇寧通寶

宋徽宗崇寧年間（1102—1106）鑄幣。分銅、鐵兩種，面文爲徽宗御書之瘦金體，旋讀。錢文結體修長，筆劃瘦硬勁拔，橫筆末端或有頓折，竪鈎遠挑，捺如折刀，在真書幣文中具有獨特的風采。存世以折十大錢數量最豐，製作亦美。平錢鑄量較少，折十倒書合背及鐵母諸品尤罕。一般折十銅錢徑 3.5 厘米，重 12 克左右。《宋史·食貨志下二》："〔崇寧〕四年，立錢網

崇寧通寶

驗樣法。崇寧監以所鑄御書當十錢來上，緡用銅九斤七兩有奇，鉛半之，錫居三之一。詔頒其式於諸路，令赤仄及烏背，書畫分明。"

崇寧重寶

宋徽宗崇寧年間（1102—1106）鑄幣。分銅、鐵兩種，面文隸書直讀，均爲當十錢，製作厚大規整。所見背多無文，銅品偶有背穿上銘一"十"字記值者。據載其幣值或因流通地區不同而異。另見形體薄小者，當屬私鑄之品。《宋史・食貨志下二》："〔崇寧四年〕令以江爲界，淮南重寶錢亦作當五用焉。"又"〔崇寧五年〕荊湖、江南、兩浙、淮南重寶錢作當三，在京、京畿、京東西、河東、河北、陝西、熙河作當五。"

崇寧重寶

崇寧元寶

宋徽宗崇寧年間（1102—1106）鑄幣。僅見折二一種，銅、鐵兼有，面文隸書旋讀。傳世絕少，亦罕聞出土，頗可珍焉。

大觀通寶

宋徽宗大觀年間（1107—1110）鑄幣。有銅、鐵兩種，錢文爲徽宗御書之瘦金體，直讀。銅錢有小平、折二、折三、折五、折十數等，其中小平、當十兩種鑄量最多，而當十大錢製作最美，且有作合背者。蔡京曾鑄夾錫折五錢罕

大觀通寶

見，平錢偶見行書鐵母，文字秀麗生動，據傳亦出徽宗御筆。另有大小鐵錢。大鐵錢文作瘦金體，多出陝西路地域，屬陝西路大鐵錢系統。小鐵錢有真（瘦金體）、行二體，多出宋之河東路地域，屬河東路小鐵錢系統。《宋史・食貨志下二》："〔大觀元年〕時蔡京復相，再主用折十錢。二月，首鑄御書當十錢，以京畿錢監所得私錢改鑄……喬年鑄烏背瀘銅錢來上，詔以瀘銅式頒行諸路。"又，"是歲，京畿既置錢監，乃專鑄當十大錢，而小平錢則鑄於諸路"。

政和通寶

宋徽宗政和年間（1111—1118）鑄幣。有小平、折二銅錢、大小鐵錢及夾錫錢數種，面

政和通寶

文篆、隸、真三體，直讀。鑄量多而版式繁。隸書錢"政"字右傍分從"攴"、從"夂"兩種，從"夂"者稱"文政和"，傳爲徽宗御書。銅平錢與大鐵錢偶見面文作瘦金體者，後者係20世紀八十年代陝西所出，不見於舊譜。從出土資料看，當時大小鐵錢各自按路行使，大鐵錢行於陝西路，小鐵錢行於河東路，前者尤爲多見。此外可見篆、隸大鐵母數種，精美而珍稀。一般銅平錢徑2.4厘米，重3.5克。大鐵錢徑2.9～3.3厘米，重9～13克。《宋史・食貨志下二》："陝西用'政和通寶'舊大鐵錢，與夾錫錢雜。"

政和重寶

宋徽宗政和年間（1111—1118）鑄幣。僅見折二鐵錢，錢文爲徽宗御書之瘦金體，直讀，文字及製作精好，然遠不及通寶鐵錢多見。據載近年陝西、河南等地有出土。一般徑 3.1 厘米，重 9.5 ~ 11 克。另有鐵母數種，極珍罕。

重和通寶

宋徽宗重和年間（1118—1119）鑄幣。僅見銅質平錢，面文有篆、隸二體，直讀。筆劃細勁，鑄制精美，隸品"重和"二字近於真書。史載重和年號始於政和八年十一月己酉朔，至次年二月庚辰改元宣和，爲時僅三閱月，鑄時甚暫，故傳世與出土均罕。1985 年 3 月，陝西漢陰出土南宋建炎初年窖藏銅錢八百餘公斤，其中又有此錢篆、隸二品，徑 2.5 厘米，重 4.3 克，皆精緻可觀。

重和通寶
（清李佐賢《古泉匯》）

宣和通寶

宋徽宗宣和年間（1119—1125）鑄幣。有銅、鐵兩種，面文直讀。銅錢分小平、折二、折三共三等。小平有篆、隸、真（瘦金體）三體，折二以上篆、隸二體。書體多變，版式繁雜，以隸品楷"通"、楷"宣"、圓貝"寶"及瘦金面文背"陝"平錢較爲稀有。鐵錢大小不等，大者多出陝西路地域，屬陝西路大鐵錢系統，錢文有真（瘦金）、篆二體，無背文。小者有篆、隸、真（瘦金）三體，篆、隸二品出土於宋之河東路地域，皆無背文。瘦金品背穿上記地作"陝"，亦出陝西，20 世紀八十年代以來西安發現頗多，亦有背無"陝"字者。一般銅平錢徑 2.4 ~ 2.5 厘米，重 3.5 ~ 3.8 克。大鐵錢徑 2.8 ~ 3 厘米，重 7 ~ 9 克。《宋史·宗室傳四·子湜》："初，蔡京鑄夾錫錢，民病壅滯，子湜請鑄小鐵錢以權之，因範格以進。徽宗大說，御書'宣和通寶'四字爲錢文。既成，子湜奏令民以舊銅錢入官，易新鐵錢。旬日，易得百餘萬緡。"

宣和通寶

宣和元寶

宋徽宗宣和年間（1119—1125）鑄幣。多爲小平銅錢，面文篆、隸二體，旋讀。筆劃纖細，文字秀美。鑄量雖遠不及通寶，然版別亦有數種。除小字小樣尚易偶獲外，餘均難得。

宣和元寶
（清李佐賢《古泉匯》）

靖康通寶

宋欽宗靖康年間（1126—1127）鑄幣。有銅、鐵兩種，皆有真、篆二體，直讀，與皆旋讀之元寶錢異。銅錢分小平、折二、折三共三等，皆屬極罕之品。鐵錢僅見廣穿小平，較之銅品稍易偶獲，亦有銅質鐵母。因金人南侵而致社會動蕩，加之"靖康"年號行不及兩年，

靖康通寶

實僅半載，故其鑄量甚稀。在歷年各地所出巨量北宋錢中，此錢不過寥寥數枚。

靖康元寶

宋欽宗靖康年間（1126—1127）鑄造的銅錢。有小平、折二兩種，面文篆、隸二體，旋讀。鑄量甚少，平錢尤珍。折二隸品多於篆品。隸品"元"字次筆有左挑、雙挑之分。此錢傳世少見，據載20世紀八十年代杭州、湖北、江西、西沙群島等地所出凡數十萬斤古錢中又發現數枚，令泉界注目。

靖康元寶
（清李佐賢《古泉匯》）

應運元寶

北宋李順起義軍鑄幣。宋淳化五年（994），李順軍攻入成都，建大蜀政權，立年號"應運"，此錢即其時所鑄。傳世僅見平錢三枚，銅色青白，面文隸書旋讀；"元寶"二字與同期"縮水淳化"筆意甚似；背穿上或隱約有月孕星紋。據傳亦有鐵鑄者。1939年，四川簡陽胡家場出土一批唐宋古錢，內有此錢及"應運通寶""應感通寶"各一枚。因李順稱王僅數月即敗亡，鑄時甚暫，故傳世與出土均極罕見。參閱《文物》1976年第四期。

應運通寶

北宋農民起義首領據蜀稱王建元"應運"（994）時鑄幣。僅見小平鐵錢，與應運元寶、應感通寶等錢同出四川胡家場，文作隸書，旋讀。因李順稱王未久即敗亡，鑄時甚暫，故其存世極罕。參見本卷《普通金屬幣說・寶文錢考》"應運元寶"文。

應感通寶

北宋李順起義軍鑄幣。一說李順戰死後其部將張餘、吳蘊轉戰蜀中時鑄。制爲平錢，有銅、鐵兩種，面文真書旋讀，因鑄時未久而存世甚罕。1939年，四川簡陽胡家場出土一批唐宋古錢，內有鐵質此錢一枚，另有應運元寶、應運通寶等錢。參見本卷《普通金屬幣說・寶文錢考》"應運元寶"文。

應感通寶
（清李佐賢《古泉匯》）

南宋

建炎通寶

宋高宗建炎年間（1127—1130）鑄幣。有銅、鐵兩種，面文真、篆二體，多對錢，直讀。銅錢分小平、折二、折三共三等，錢文多變，版式繁雜。以真書品小平背"川"、折二點"建"及瘦金體折三爲稀見品。鐵錢僅見廣穿小平，真、篆體皆有，唯鑄量遠不及銅品。真書又有銅質鐵母，亦極罕。實測銅平錢徑2.4厘米，重3.5克，折三徑3～3.1厘米，重9克。《宋史・高宗本紀一》："〔建炎元年九月〕壬辰……鑄建炎通寶錢。"

建炎重寶

宋高宗建炎年間（1127—1130）鑄幣。傳世僅見銅品大錢，面文篆書直讀，"寶"字寶蓋作長冠，篆法與通寶錢異。錢體大小如通寶折三，徑 3.2 厘米，重 9 克左右，或疑其作折十行用。今不多見。

建炎重寶
（清李佐賢《古泉匯》）

建炎元寶

宋高宗建炎年間（1127—1130）鑄幣。僅見銅小平錢，面文有篆、隸二體，對錢旋讀，背無文。傳世極少，亦罕聞出土。

紹興元寶

宋高宗紹興年間（1131—1162）鑄幣。有銅、鐵兩種。銅錢分小平、折二、折三共三等，面文真、篆二體，旋讀。其中平錢存世甚少，故多私鑄者。據載 20 世紀八十年代陝西銅川、山東長清及微山等地有零星出土。折二以上鑄量較多，版式亦繁。除光背外，折三對錢可見背穿上飾一仰月或穿上仰月穿下星一類，文字及製作堪稱精美。鐵錢僅見真書光背品，文亦旋讀，大小略如銅品折二。《宋史·高宗本紀三》："〔紹興元年八月〕壬午……鑄紹興錢。"又《食貨志下二》："紹興初，併廣寧監於虔州，併永豐監於饒州，歲鑄緡及八萬緡。以銅、鐵、鉛、錫之入，不及於舊，而官吏稍廩工作之費，視前日自若也，每鑄錢一千，率用本錢二千四百文。"

紹興元寶

紹興通寶

宋高宗紹興年間（1131—1162）鑄幣。有銅、鐵兩種，面文僅見真書。銅錢有小平、折二、折三共三等，折二、折三常見而平錢較少，平錢鐵母及折二背"三"者尤稀。銅品又有瘦金體光背大錢，形同折五，文作旋讀，屬極罕之品。鐵錢有小平、折二兩種，皆有光背與背穿上"利"字者。

紹興通寶
（清李佐賢《古泉匯》）

光背平錢或爲嘉州豐遠、邛州惠民監所鑄，背"利"品則爲利州紹興監所鑄，以背"利"品較爲罕見。《宋史·食貨志下二》："紹興九年，詔陝西諸路復行鐵錢。十五年，置利州紹興監，歲鑄錢十萬緡以救錢引。二十二年，復嘉之豐遠、邛之惠民二監，鑄小平錢。二十三年，詔利州並鑄折二錢，後又鑄折三錢。"

隆興元寶

宋孝宗隆興年間（1163—1164）鑄幣。有銅、鐵兩種。銅品僅見折二，面文真、篆皆有，旋讀，背無文。史載有平錢，但無實物面世。鐵錢有小平、折二兩種，小平面文有真、篆二體，皆旋讀。折二僅見真書，旋讀或直讀，直讀者較少。《宋史·食貨志下二》："孝宗隆興元年，詔鑄當二、小平錢，如紹興之初。"

隆興元寶
（清李佐賢《古泉匯》）

隆興通寶

宋孝宗隆興年間（1163—1164）鑄幣。舊譜僅録折二真書光背鐵錢，面文直讀，列爲罕見品。近年浙江慈溪一古墓又出真書小平金錢一枚，徑約 2 厘米，重 3.25 克，面文旋讀而異於鐵錢，當非正式行用之幣。

乾道元寶

宋孝宗乾道年間（1165—1173）鑄幣。有銅、鐵兩種，面文真、篆二體，旋讀。銅錢僅見折二，有光背、背穿上"正"及背上月下星一類對錢，以背"正"者較罕見。鐵錢小平、折二兼有，兩淮鐵錢之鼓鑄自此進入極盛時期，四川諸監亦多鼓鑄，故鐵錢的數量、品種均富

乾道元寶

於銅錢。除光背、背月星諸品外，錢背可見記監字樣多種，計有："同"（舒州同安監）、"松"（舒州宿松監）、"春"（蘄州蘄春監）、"邛"（邛州惠民監）、"冶"（興國大冶監）、"裕"（撫州裕國監）、"廣"（江州廣寧監）、"豐"（臨江豐餘監）等。監名多書於穿上，"同""松"亦見於穿下或穿左，穿左者穿下又配一仰月。光背小平、折二鐵錢面文"乾"字偶有異作魚鈎乾如"乹"者，係近年江蘇高郵新出，是爲罕品。另見光背、折二背"同""春""松"之銅質鐵母數種，亦珍罕。《宋史·食貨志下二》："淮南舊鑄銅錢，乾道初，詔兩淮、京西悉用鐵錢，荆門隸湖北，以地接襄、峴，亦用鐵錢……於是子中以舒、蘄、黃皆產鐵，請各置監，且鑄折二錢。以發運司通領四監。"又《孝宗紀》："〔乾道五年八月〕命淮西路鑄小鐵錢。"參閱

《中國錢幣》1987 年第二期、1999 年第四期。

乾道通寶

宋孝宗乾道年間（1165—1173）鑄幣。舊譜僅録真書光背大銅錢，形同折五，面文旋讀，今甚難一見。八十年代江蘇高郵又出篆書鐵錢，形同折二，亦旋讀，背穿上記監作"安"（黃州齊安監），爲此錢增添了新品。參閱《中國錢幣》1987 年第二期。

乾道重寶

南宋孝宗乾道年間（1165—1173）鑄幣。20 世紀八十年代出土一枚折五型乾道重寶。徑 3.48 厘米，重 12.8 克，銅質，面文隸書旋讀。製作精良，有北宋崇寧大錢風範。因史料、圖譜無載，出土時布滿生坑綠銹，屬試樣大錢。該幣是目前發現的唯一孤品（現藏西安金泉錢幣博物館）。

淳熙元寶

宋孝宗淳熙年間（1174—1189）鑄幣。分銅、鐵兩種，皆有小平與折二，鐵錢又有折三。錢文多真書而少篆書。銅錢背或記年，始於"柒"，止於"十六"，其背"柒"一種爲我國乃至世界上最早的記年錢。記年數字自"柒"至"拾"作大寫，"十一"至"十六"作小寫，但

淳熙元寶

小平鐵錢篆書品背"春柒"之外可見作"春七"者。此外尚見光背、背"泉"、背"正"及背星月諸品。鐵錢背多記監，監名有同、松、春、利、泉、邛、冶、豐、裕多種，同、松、春三種或兼記年。亦見光背、背月、月孕星、月孕雙星及上"舒"下"松"、上"舒"下"松"右

月、上“舒”下“同”諸品。一般認爲光背、背單字或單字加月痕而不記年者鑄造下限不晚於淳熙六年底。此外20世紀八十年代江蘇高郵所出背穿上“同”之小平鐵錢面文“淳”字有異作“純”者，令泉界注目。《宋史·食貨志下二》：“淳熙五年，詔舒州歲增鑄十萬貫，以三十萬貫爲額，蘄州增鑄五萬貫，以十五萬貫爲額，如更增鑄，優與推賞。”又“淳熙十五年，四川餉臣言：諸州行使兩界錢引，全籍鐵錢稱提，止有利州紹興監歲鑄折三錢三萬四千五百貫有奇，邛州惠民監歲鑄折三錢一萬二千五百貫。”參閲《中國錢幣》1987年第二期。

淳熙通寶

宋孝宗淳熙年間（1174—1189）鑄幣。僅見小平、折二鐵錢，面文多作真書，直讀或旋讀。背記監兼記年，監名有“春”“同”兩種。“春”字皆鑄於穿上，穿下記年自“十一”至“十六”。“同”字或在穿上，穿下記年作“十五”，僅見折二；或在穿右而穿左記年作“十六”，小平、折二兼有。平錢又有篆書旋讀背穿上飾一仰月者，屬極罕品。《宋史·食貨志下二》：“〔淳熙〕十二年，詔舒、蘄鑄鐵錢，並增五萬貫，以‘淳熙通寶’爲文。”

紹熙元寶

宋光宗紹熙年間（1190—1194）鑄幣。分銅、鐵兩種，皆有小平、折二，鐵錢又有折

紹熙元寶

三，面文真書旋讀。銅錢背穿下記年自“元”至“五”。鐵錢小平、折二記年兼記監，計有“春元”至“春五”、“漢二”至“漢五”、“同二”至“同五”以及“光二”諸品。除“同二”“光二”作橫書外，餘皆上下直書。鐵錢折三背穿上記值作月孕雙星，穿孔兩側橫書“四八”“四九”等數字，亦有穿下作“四六”者，均爲四川地區鑄幣，錢背數字據析爲範次序號。此外折二鐵錢有面文作篆書者，背穿上仰月穿下星，屬極罕品。《宋史·光宗本紀》：“〔紹熙三年〕命漢陽、荆門軍、復州行鐵錢。”

紹熙通寶

宋光宗紹熙二年至三年（1191—1192）所鑄鐵錢。有小平、折二（或謂折三）兩種，面文真、篆二體，直讀，折二“同三”又有旋讀。背文記監兼記年，可見“同二”“同三”“春二”“春三”“定二”“漢三”等多種，多於穿孔上下分書，唯折二“漢三”有自右至左橫書者。以“同三”“春三”小平諸品較罕。《宋史·食貨志下二》：“光宗紹熙二年，減蘄春、同安兩監歲鑄各十萬貫。”

紹熙通寶
（清李佐賢《古泉匯》）

慶元通寶

宋寧宗慶元年間（1195—1200）鑄幣。有銅、鐵兩種，皆有小平、折二、折三，面文真書，銅錢作旋讀，鐵錢旋

慶元通寶
（清李佐賢《古泉匯》）

讀、直讀皆有。銅錢背文記年，小平、折二自"元"至"六"，折三自"四"至"六"，皆位於穿下。另見瘦金面文背穿上銘一"永"字之大錢，形同折五，列爲極罕品。鐵錢背文小平、折二記監兼記年，監名有"同""春""漢"三種，銘於穿上，記年自"元"至"七"，鑄於穿下。1998年四川蒲江出土面文篆書小平一枚，爲舊譜所不載。折三有光背與背穿上月孕雙星兩種，後者穿下或有數字，如"五十""五一""五二""五三""五五""五六"等。史載慶元年號凡行六年，然存世可見背銘"同七""春七""漢七"之鐵錢，殆嘉泰元年初改元詔令尚未頒至同、春、漢三監之時所鑄，或謂慶元六年底詔令改元嘉泰之前預鑄。《宋史·食貨志下二》："慶元三年，復禁銅器，期兩月鬻於官，每兩三十。湖州舊鬻監，至是官自鑄之。復神泉監，以所括銅器鑄當三大錢，隸工部。"

慶元元寶

宋寧宗慶元年間（1195—1200）四川地區鑄造的大鐵錢，不見於兩淮和荊湖同、春、漢諸監。形同折五，面文真書。背穿上多記地作"川"，穿側記範可見"卅五""三六""卅七"字樣。亦有穿上"川、卅四"或穿上"川六"穿下"卅七"之品。此外，上"川"側"三六"或"卅七"之品可見鐵母，尤爲珍稀。

嘉泰通寶

宋寧宗嘉泰年間（1201—1204）鑄幣。分銅、鐵兩種，皆有小平、折二，面

嘉泰通寶
（清李佐賢《古泉匯》）

文真書直讀。銅錢背文記年，始於"元"，止於"四"，皆銘於穿上。另見光背折五錢，文作旋讀而與小平、折二異。鐵錢背穿上記監，穿下記年，監名有"同""春""漢"三種，記年自"元"至"三"。又，安南後黎朝世宗曾以嘉泰爲年號（1573—1577），并鑄嘉泰通寶銅錢，其制爲小平，面文真書直讀，書體略遜，亦無背文，錢體形制輕薄，與字文端莊背皆記年之宋錢易別。

嘉泰元寶

宋寧宗嘉泰年間（1201—1204）鑄造的鐵錢。面文皆真書。依鑄地形制可分兩大類：一類是兩淮、荊湖鐵錢，背記監兼記年，監名有"同""春""漢"三種，記年唯見"元"字。三監均有折二，同安監又有小平。蘄

嘉泰元寶
（清李佐賢《古泉匯》）

春監所鑄面文直讀，餘二監皆旋讀。另一類出自四川，大如折三，面文旋讀，又依背文不同而分兩種：一種背文有上"川一"下"卅八"、上"川二"下"卅九"、上"川三"下"四十"、上"川三"下"四一"等，背文數字穿上爲記年，穿下爲記範。另一種爲利州路紹興監所鑄，背文可見上"利"下"六十"、上"利元"下"五元"、上"利元"下"五七"、上"利元"下"五八"數品，"利元"之"元"，當釋元年。以背"川"、背"利"者較罕。

開禧通寶

宋寧宗開禧年間（1205—1207）鑄幣。有銅、鐵兩種，皆有小平、折二；面文真書旋

讀，漢陽監鐵錢折二兼有直讀者。銅錢背穿上記年自“元”至“三”。鐵錢背穿下記年文如銅錢，穿上記監有“同”“春”“漢”三種。另見小平背“同二”之鐵母，尤爲珍罕。

開禧通寶
（清李佐賢《古泉匯》）

開禧元寶

宋寧宗開禧年間（1205—1207）四川地區所鑄鐵錢。形同折三，面文真書旋讀。背文記地、記範或兼記值，有上“利（地）”、上“利”下“六一（範）”、上“利”下“六二”、下“六二”、上“三川（地）”下“四二”、上“川三”下“四三”、上“川三”下“四四”、上“川三”下“四九”等數種，徑多在 2.8～3.2 厘米之間。

開禧元寶
（清李佐賢《古泉匯》）

嘉定通寶

宋寧宗嘉定年間（1208—1224）鑄幣。有銅、鐵兩種。銅錢分小平與折二，面文真書直讀，背文記年自“元”至“十四”。鐵錢分兩淮與四川兩大系統。兩淮鐵錢形同折二，版式繁多，面文真書，直讀或旋讀；背穿上下記監記年，監名有“同”“春”“漢”三種，記年背“同”錢

嘉定通寶
（清李佐賢《古泉匯》）

自“元”至“三”，“春”“漢”兩種自“元”至“十七”。四川鐵錢僅見折五，面文真書直讀，背穿上下有“用五”或“行五”記值字樣。另見少量背銘“同三”“春十”“漢五”“漢十七”之銅質鐵母。

嘉定元寶

宋寧宗嘉定年間（1208—1224）鑄。分銅、鐵兩種，面文真書旋讀。銅品僅見當十大錢，背穿上下銘“折十”二字，製作頗精美。鐵錢有小平、折二、折三、折五四等，版式繁雜，計有：小平光背、背上“漢”下俯月；折二背上“邛”下“五一”；折三背上月孕雙星，或上月孕雙星下“西一”、上“利州”下“三”、上“三”下“三”；折五上“利壹”下“五”、上“利貳”下“伍”、上“利三”下“伍”、上“西二”下“伍”，或上下作“當五”“行伍”“用五”。其中上“利貳”下“伍”與上“當”下“五”係 1998 年四川蒲江惠民監遺址新出。此外，小平、折二可見鐵母，背穿上有“利州”字樣，穿下小平作“一”，折二爲“二”，均珍罕。

嘉定永寶

宋寧宗嘉定年間（1208—1224）四川鑄造的鐵錢。有折二、折三兩種，面文真書旋讀，背穿上記地作“定”，穿下記值折二作月孕星或“二”，折三作月孕雙星或“三”。史載嘉州於慶元二年（1196）以寧宗潛邸升嘉定府（今四川樂山），背文“定”字即嘉定府簡稱，其

嘉定永寶
（清李佐賢《古泉匯》）

錢殆嘉州豐遠監所鑄。因記值作月孕星，或由此推及鑄有這種符號的崇寶、真寶、泉寶、正寶、萬寶等亦爲嘉州所鑄。昔不多見，20世紀八九十年代四川雅安、綿竹、蒲江等地又有所出。參閱《泉幣》第十三期羅伯昭《西川嘉定鐵錢之分析》。

嘉定安寶

宋寧宗嘉定年間（1208—1224）四川鑄造的鐵錢。僅見折三一種，面文真書旋讀，背穿上記值作"三"。昔不多見，20世紀八九十年代四川雅安又有所出。參見本卷《普通金屬幣説·寶文錢考》"嘉定永寶"文。

嘉定安寶
（清李佐賢《古泉匯》）

嘉定萬寶

宋寧宗嘉定年間（1208—1224）四川鑄造的鐵錢。僅見折三一種，面文真書旋讀，錢文"萬"用俗字作"万"。背穿上記值作月孕雙星，亦有光背者。昔不多見，20世紀八九十年代四川雅安和綿竹又有所出。參見本卷《普通金屬幣説·寶文錢考》"嘉定永寶"文。

嘉定全寶

宋寧宗嘉定年間（1208—1224）四川鑄造的鐵錢。分折二、折三兩種，面文真書旋讀，背穿上記值折二作月孕星，折三爲"三"。昔不多見，20世紀八九十年代四川雅安、綿竹又有所

嘉定全寶
（清李佐賢《古泉匯》）

出。參閱《泉幣》第十三期羅伯昭《西川嘉定鐵錢之分析》。

嘉定崇寶

宋寧宗嘉定年間（1208—1224）四川地區鑄造的鐵錢。分折二、折三兩種，面文真書旋讀，背穿上記值折二作月孕星，折三作月孕雙星。昔不多見，20世紀八九十年代四川雅安、綿竹、蒲江均有所出。參閱《泉幣》第十三期羅伯昭《西川嘉定鐵錢之分析》。

嘉定崇寶
（清李佐賢《古泉匯》）

嘉定正寶

宋寧宗嘉定年間（1208—1224）四川鑄造的鐵錢。僅見折三一種，面文真書旋讀，背穿上記值作月孕雙星。昔不多見，20世紀八九十年代四川雅安和綿竹又有出土。參見本卷《普通金屬幣説·寶文錢考》"嘉定永寶"文。

嘉定正寶
（清李佐賢《古泉匯》）

嘉定真寶

宋寧宗嘉定年間（1208—1224）四川鑄造的鐵錢。僅見折三一種，面文真書直讀，背穿上記值作月孕雙星。昔不多見，20世紀八九十年代四川雅安和綿竹又有出土。參見本卷《普通金屬

嘉定真寶
（清李佐賢《古泉匯》）

幣説·寶文錢考》"嘉定永寶"文。

嘉定新寶

宋寧宗嘉定年間（1208—1224）四川鑄造的鐵錢。僅見折三一種，面文真書旋讀，背穿上記值作"三"。昔不多見，20世紀八九十年代四川雅安和綿竹均有出土。參見本卷《普通金屬幣説·寶文錢考》"嘉定永寶"文。

嘉定新寶
（清李佐賢《古泉匯》）

嘉定洪寶

宋寧宗嘉定年間（1208—1224）四川鑄造的鐵錢。僅見折三一種，面文真書旋讀，有光背與背穿上"三"兩種。昔不多見，20世紀八九十年代四川雅安和綿竹又有出土。參見本卷《普通金屬幣説·寶文錢考》"嘉定永寶"文。

嘉定洪寶
（清李佐賢《古泉匯》）

嘉定珍寶

宋寧宗嘉定年間（1208—1224）四川鑄造的鐵錢。僅見折五一種，面文真書直讀，背穿上下直書"使伍"二字。昔不多見，20世紀八九十年代四川雅安、蒲江等地又有新出。舊説有折三，然未見實物。參見本卷《普通金屬幣説·寶文錢考》"嘉定永寶"文。

嘉定珍寶
（清李佐賢《古泉匯》）

嘉定隆寶

宋寧宗嘉定年間（1208—1224）四川鑄造的鐵錢。僅見折三一種，面文真書旋讀，背穿上記值作"三"。今不多見。參見本卷《普通金屬幣説·寶文錢考》"嘉定永寶"文。

嘉定泉寶

宋寧宗嘉定年間（1208—1224）四川鑄造的鐵錢。僅見折三一種，面文真書旋讀，背穿上記值作月孕雙星。今不多見。參見本卷《普通金屬幣説·寶文錢考》"嘉定永寶"文。

嘉定封寶

宋寧宗嘉定年間（1208—1224）四川鑄造的鐵錢。僅見折五一種，面文真書直讀，背穿上下直書"權伍"二字。今不多見。參見本卷《普通金屬幣説·寶文錢考》"嘉定永寶"文。

嘉定之寶

宋寧宗嘉定年間（1208—1224）四川鑄造的鐵錢。有折三、折五兩種，面文真書直讀。折三背銘"利州行使"四字，分列穿孔上下右左。折五背文上"正"下"五"。均罕見，20世紀八九十年代四川雅安和綿竹曾有出土。參見本卷《普通金屬幣説·寶文錢考》"嘉定永寶"文。

嘉定之寶
（清李佐賢《古泉匯》）

嘉定至寶

宋寧宗嘉定年間（1208—1224）四川鑄造的鐵錢。僅見折五一種，面文真書直讀，背穿上記監作

嘉定至寶
（清李佐賢《古泉匯》）

"惠"（邛州惠民監）、穿下記值作"伍"。昔不多見，20世紀八九十年代四川雅安和綿竹有新出。參見本卷《普通金屬幣説·寶文錢考》"嘉定永寶"文。

嘉定興寶

　　宋寧宗嘉定年間（1208—1224）四川鑄造的鐵錢。僅見折五一種，面文真書直讀，背穿上下直書"正伍"二字。昔不多見，20世紀八九十年代四川雅安有新出。舊説有折三，然未見實物。參見本卷《普通金屬幣説·寶文錢考》"嘉定永寶"文。

嘉定興寶
（清李佐賢《古泉匯》）

嘉定重寶

　　宋寧宗嘉定年間（1208—1224）四川鑄造的鐵錢。形制如折五，面文分篆、隸、真三體，皆直讀。背穿上下篆書錢作真書"行五"，隸書錢爲"通五"，真書錢爲"用五"。其中隸書錢爲20世紀八九十年代四川雅安所出之品。

嘉定重寶
（清李佐賢《古泉匯》）

聖宋重寶

　　宋寧宗嘉定年間（1208—1224）四川鑄造的鐵錢。僅見折五一種，面文真書直讀。背文穿上"川壹"，穿下篆"五"。因舊時所出背文模

聖宋重寶
（清李佐賢《古泉匯》）

糊，故穿上二字多誤讀爲"利壹"。20世紀八九十年代四川蒲江惠民監遺址出土六枚，四川雅安亦有出土，文皆作"川一"，當以此爲正。

寶慶元寶

　　宋理宗寶慶年間（1225—1227）鑄造的鐵錢。有小平、折三兩種，面文真書旋讀。平錢背穿上記監作"漢"，穿下飾一俯月以示當一，今甚罕見。折三背文可見"惠（邛州惠民監）三""惠、正二""惠、正三""定三"數種，亦罕見，背"定三"者尤稀。

寶慶元寶
（清李佐賢《古泉匯》）

大宋元寶

　　宋理宗寶慶年間（1225—1227）鑄幣。有銅、鐵兩種，面文真書旋讀。銅錢分小平、折二兩等，背穿下記年自"元"至"三"。鐵錢爲小平與折三。小平有光背、背上"漢"下俯月、上"春"下記年諸品，記年自"元"至"三"。折三背文可見"三""泉三""西三""定三""利州行用"等，以背泉、西、定諸品較罕。《宋史·理宗本紀一》："〔寶慶元年秋七月〕乙酉，詔行大宋元寶錢。"又《食貨志下二》："寶慶元年，新錢以'大宋元寶'爲文。"

大宋元寶
（清李佐賢《古泉匯》）

大宋通寶

　　宋理宗寶慶年間（1225—1227）鑄幣。有

大宋通寶

小平、當十兩種。小平僅見鐵品，面文真書旋讀，背穿上下鑄"漢三"二字記監記年，今不多見。當十爲銅錢，製作碩大精美，徑 5 ~ 5.2 厘米，重 30 克左右，面文真書直讀，背穿上下直書"當拾"二字，今存世極罕。

紹定通寶

宋理宗紹定年間（1228—1233）鑄幣。有銅、鐵兩種。銅錢分小平、折二兩等，面文真書直讀，背穿上記年自"元"至"六"。鐵錢多爲小

紹定通寶
（清李佐賢《古泉匯》）

平，文亦真書，背穿上下記監記年，可見"春元"至"春五"、"漢元"至"漢四"數品。背"春"錢面文旋讀，背"漢"錢則作直讀。此外亦見光背鐵錢。《續文獻通考·錢幣一》："四年，改元紹定，鑄錢曰'紹定通寶'。"

紹定元寶

宋理宗紹定年間（1228—1233）鑄幣。僅見折三鐵錢，面文真書旋讀，背無文。今不多見。

紹定元寶
（清李佐賢《古泉匯》）

端平元寶

宋理宗端平年間（1234—1236）鑄幣。有銅、鐵兩種。銅錢僅見小平，面文真書旋讀，

背文記年唯穿上"元"字一種。鐵錢爲四川地區鑄幣，多爲折五，偶有折三，面文真書直讀，其品種富於銅錢。背文或穿上記監作"邛"，或上"邛"下"伍"記監記值，皆邛州惠民監鑄；或穿上"定伍"記監記值，穿下分東、北兩系記範，每系又有上、中、下三種，據悉爲嘉州豐遠監鑄；或穿上"北上""北中""北下""東中"等記範，穿下銘一"伍"字記值。鐵錢亦有面文作旋讀者，背穿下銘一"伍"字記值，據悉爲利州紹興監鑄。今鐵錢諸品均罕見。另有穿上"定伍"穿下"北下"之鐵母，尤屬珍稀之品。

端平通寶

宋理宗端平年間（1234—1236）鑄幣。有銅、鐵兩種，面文真書直讀。銅錢形同折五，"端平"二字微含行韵，背無文。鐵錢分小平與折五。小平背文僅見"春元"，因端平二年（1235）蒙古始大舉南侵，兩淮鐵錢從此停鑄，故小平背"春元"是兩淮鐵錢的最後一種。折五爲邛州惠民監鑄品，背穿上記監記值銘作"惠伍"，穿下記範分東、西兩系，每系又有上、中、下三種，以折五諸品較爲罕見。此外可見小平背"春元"與折五背"惠伍、東上"之鐵母，屬極罕品。《續文獻通考·錢幣一》："七年，改元端平，鑄錢曰'端平通寶'。"

端平重寶

宋理宗端平年間（1234—1236）鑄幣。僅見折五銅錢，面文真書直讀，背無文。今甚罕見。

端平重寶
（清李佐賢《古泉匯》）

嘉熙通寶

宋理宗嘉熙年間（1237—1240）鑄幣。有銅、鐵兩種，面文真書直讀。銅錢有小平、折二兩等，背穿下記年自

嘉熙通寶

"元"至"四"。鐵錢鑄行於四川，舊譜僅錄折五，背穿上銘一"五"字記值，穿下記範有"東中""西上"等。1989年春，四川雅安百丈鄉一鐵錢窖藏又發現背穿上記值作"十"、穿下記範作"東二"的當十鐵錢，爲此錢又添新品。今銅品易見而鐵錢較罕。

嘉熙重寶

宋理宗嘉熙年間（1237—1240）鑄造的當三錢。傳世僅見銅品，面文真書旋讀，分光背與背四出紋兩種，均精美，以

嘉熙重寶
（清李佐賢《古泉匯》）

背四出紋者較爲罕見。《宋史·食貨志下二》："嘉熙元年……當三錢以'嘉熙重寶'爲文。"

淳祐元寶

宋理宗淳祐年間（1241—1252）鑄。所見均爲銅錢，有小平、折二兩等，面文真書旋讀，背文記年自"元"至"十二"。今二十四品俱全。《續文獻通考·錢幣一》："嘉熙五年，改元淳祐，鑄錢曰'淳祐通寶''淳祐元寶'。"

淳祐通寶

宋理宗淳祐年間（1241—1252）鑄幣。有銅、鐵兩種，面文真書直讀。銅錢分小平、折二、折三、當百數等。折三以下皆無背文，亦極難遇。當百錢背穿上下直書"當百"，錢體

有大、中、小樣等數種，較之折三以下易見，但中樣者頗罕。鐵錢分當二十、當百兩種。前者背穿上銘一"慶"字，兩側記值作"當二十

淳祐通寶

文"，屬極罕品。後者制如當百銅錢小樣，與銅品同爲四川地區鑄幣，今亦罕見。《續文獻通考·錢幣一》："嘉熙五年，改元淳祐，鑄錢曰'淳祐通寶''淳祐元寶'。"

皇宋元寶

宋理宗寶祐年間（1253—1258）鑄幣。俗稱"南皇宋"，以別於北宋以"通寶"爲名的"北皇宋"。所見皆爲銅錢，分小平、折二兩等，面文真書旋讀，背穿上記年自"元"至"六"，今不難見。《宋史·食貨志下二》："寶祐元年，新錢以'皇宋元寶'爲文。"《續文獻通考·錢幣一》："寶祐元年八月，行皇宋元寶錢。"

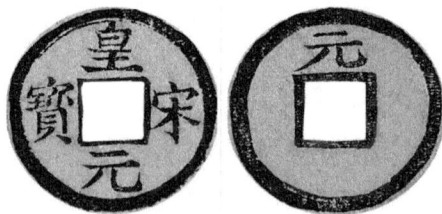

皇宋元寶
（清李佐賢《古泉匯》）

開慶通寶

宋理宗開慶元年（1259）鑄幣。皆銅錢，分小平、折二兩種，面文真書直讀，因"開慶"年號行一年，故背文記年唯穿上"元"字一種，今不難見。《宋史·理宗本紀》："〔開慶元年五月〕乙丑，行開慶通寶錢。"《續文獻通考·錢幣一》："寶祐七年，改元開慶，鑄錢曰'開慶

開慶元寶
（清李佐賢《古泉匯》）

通寶'。"

景定元寶

宋理宗景定年間（1260—1264）鑄幣。皆銅錢，分小平、折二兩種，面文真書直讀，背穿上記年自"元"至"五"，今不難見。傳世又有"景定萬年"銅質宮錢，屬極罕品。《續文獻通考·錢幣一》："開慶二年，改元景定，鑄錢曰'景定元寶'。"

景定元寶
（清李佐賢《古泉匯》）

咸淳元寶

宋度宗咸淳年間（1265—1274）鑄幣。南宋最後一代年號錢。銅、鐵皆有，面文真書直讀。銅錢各譜所錄皆小平、折二兩種，背穿上記年自"元"至"八"。1985年，福建建寧一

咸淳元寶

錢幣窖藏新出折三大錢一枚，徑3.5厘米，重10.1克，背穿上紀年作"九"。它的問世爲銅錢三等説提供了實物證據。鐵錢僅見折二，今極難遇。《續文獻通考·錢幣一》："度宗咸淳元年，行咸淳元寶錢。"

招納信寶

南宋將領劉光世於紹興年間（1131—1162）鑄造的"信錢"，專作招撫納降金兵之用，不作正式流通。時宋、金兩軍夾江對峙，宋爲分化敵軍，獲敵不殺，而令携帶此錢回金營分發，凡持此錢南渡者即予接納，由此歸附者不絶，宋因建"奇兵""赤心"二軍，金兵遂退。實物大如折二，面文真書旋讀，背穿上鑄一"使"字，穿下爲畫押符號。除銅品外，亦有鎏金、鎏銀者，均極罕見。《宋史·劉光世傳》："完顔昌屯承、楚，光世知其衆思歸，欲携貳之。乃鑄金銀銅錢，文曰'招納信寶'。獲敵不殺，令持錢文示其徒，有欲歸者，扣江執錢爲信。歸者不絶，因創'奇兵''赤心'兩軍，昌遂拔砦去。"

遼

開丹聖寶

此錢史志不載，泉家多繫於遼幣。形如銅質平錢，"開丹聖寶"四字隸書，直讀。錢文"開丹"，據悉取契丹國之義，一説爲"契丹"之音譯，或旋讀作"開聖丹寶"，疑爲趙宋時方士所鑄之壓勝錢。屬極罕之品。

丹巡貼寶

　　此錢史志不載,《古泉彙》列爲無考品,近世泉家多繫於遼幣。形如銅質平錢,"丹巡貼寶"四字真書,直讀,背無文。徑約 2.4 厘米,重 4.5 克左右。據悉錢文"丹"乃契丹國號之省,"巡"猶巡幸,"貼"爲契丹語之"錢"字。其錢存世甚少,形制與百貼之寶、巡貼千寶適成大小三等,有疑爲遼帝巡幸時之賞賜物者。

百貼之寶

　　此錢史志不載,因舊出遼東,且文字及製作頗有遼錢氣息,故泉家多繫於遼幣。製作渾厚,大如折五,"百貼之寶"四字真書,旋讀,背無文。據悉錢文"百"示幣值"當百","貼"爲契丹語之"錢"字。錢徑 3.4 厘米左右,重不測,屬極罕之品。

巡貼千寶

　　此錢史志不載,因舊出遼地,故泉家繫於遼錢。形如折十銅錢,徑約 4.3 厘米。錢文"巡貼千寶"四字作真書,旋讀。背無文。據分析錢文"巡"取巡幸義,"貼"即契丹語之"錢"字,"千"謂當千行用,由此推爲遼帝巡幸時所賜之錢。今存世極罕。參閱《中國錢幣》1984 年第一期。

天朝萬順

　　遼契丹文大錢。因錢面四個楷體契丹大字或作此釋讀,故稱。亦有釋"天朝萬歲""天贊五萬"及"天禄通寶"者,其確切釋讀尚待契丹字研究之進展。所見有銀、銅兩種。銅品分大、中兩式,大者徑 6 厘米,中者 3.9 厘米,面文下、左二字有易置者。銀品係 1977 年 5 月內蒙古巴林左旗遼上京遺址所出,形如中型銅品,字序與大型者同。背面陰刻八個契丹小字尚未獲釋。據分析此錢屬某種慶典性質的壓勝錢,非正式流通貨幣。參閱《文物》1981 年第一期。

通行泉貨

　　早期遼錢。僅見銅質平錢一種,面文隸楷相兼,旋讀。輪郭深闊,文字拙樸。傳世僅見數枚。錢文不具年號,舊譜列爲不知年代品,近世多以出自北方而繫之初期遼錢,謂契丹未有年號時所鑄。日人奧平昌宏認爲"其銅質文字與永通泉貨相似"而繫之南唐李璟鑄幣。亦有疑爲"突厥之所遺"者。1981 年夏,內蒙古林西遼上京饒州古城附近於出土二十餘萬枚古錢中發現一品,爲遼錢説又添一新證據。徑約 2.3 厘米,重 4 克左右。宋洪遵《泉志》:"右通行泉貨錢。余按:此錢徑八分半,重二銖七參,銅質簡古,字含八分體,背文穿上有月形。"

天贊通寶

　　遼太祖天贊年間（922—926）鑄幣,爲遼代第一種年號錢。傳世僅見小平銅錢數枚,出處不詳,真僞混雜。面文有真、隸二體,旋讀。隸書者"通"字走之末筆上折如尾,俗稱"虎尾天贊",有光背與背穿上仰月兩式。20 世紀八九十年代瀋陽又發現隸書虎尾天贊一枚,據悉與"政和通寶"等錢同坑出土,經審定爲真品。錢徑 2.3 厘米,重 2.65 克。真書者文字及製作毫無遼錢氣息,人多疑爲贋品。宋洪遵《泉志》:"右契丹國天贊錢。《五代史·四夷附録》曰:'契丹主阿保機僭號名年曰天贊。'余按:此錢徑九分,重三銖六參,文曰'天贊通寶'。"

天顯通寶

　　遼太宗天顯年間（927—938）鑄幣。形如小平銅錢，面文隸楷相兼，旋讀。傳世僅一二見。20 世紀 30 年代北京房山曾出一枚，爲泉賈駱澤民所獲。其錢銹色碧綠，間有斑駁紅銹，文字及製作遼韵甚濃，時南北泉家并斷其爲真品。後駱以高價售與日本錢幣收藏家大川鐵雄，遂流傳海外。20 世紀八九十年代遼錢中之珍品如通行泉貨、會同通寶、天禄通寶等均有新出，唯此錢尚未面世。參閱《中國錢幣》1986 年第二期、1994 年第一期。

會同通寶

此錢史志、舊譜均不載，係 20 世紀八九十年代於遼寧朝陽某廢品公司一麻袋銅錢中與“重熙通寶”等十六枚遼錢一起揀出，實乃首次面世的奇珍之品。目前僅知這批錢出土於朝陽地區，具體地點已不可詳考。錢爲銅質小平，徑約 2.4 厘米，重 4 克。“會同通寶”四字旋讀，

會同通寶

書體在隸楷之間。錢文“會”字“日”部省作一橫，“通寶”二字筆法與天顯、天禄、應曆諸錢酷似，直徑、厚度及内外郭闊狹亦與遼代其他平錢相合。考之《遼史》，會同爲遼太宗獲幽雲十六州後所建年號（938—947），其錢即此時所鑄。它的面世爲遼錢又添新品，亦彌補了《遼史·食貨志》之闕。參閱《中國錢幣》1990 年第四期、1994 年第一期。

天禄通寶

遼世宗天禄年間（947—951）所鑄銅質平錢。不見史書記載。民國年間曾出一枚，錢幣學家鄭家相定爲遼幣，泉界或因其非得自科學發掘而存疑，其幣亦因南京劫後而不明下落。

1981 年 8 月，内蒙古赤峰市巴林右旗羊場鄉上石匠山出土 180 公斤古錢中又發現一枚，因於遼上京臨潢府附近出土，且同統和元寶、重熙通寶等其他八種遼錢凡一百二十二枚，遂確認爲遼幣。錢文大小錯落，書體在隸楷之間，旋讀。“通寶”二字遼韵甚濃。徑 2.4 厘米，重 4 克。據悉遼瀋地區亦有問世。參閱《内蒙古文物考古》1982 年第二期。

應曆通寶

遼穆宗應曆年間（951—969）鑄幣。僅見銅質平錢，書體隸楷相兼，旋讀。製作渾樸，傳世絶罕。舊時遼東曾出三品。1987 年，内蒙古哲里木盟庫倫旗平安鄉一錢幣窖藏所出三百餘公斤近八萬枚古錢中又有一枚，爲建國以後此錢出土之首次記録。徑 2.3 ~ 2.4 厘米，重 2.7 ~ 4.4 克。屬極罕之品。參閱《中國錢幣》1989 年第三期。

保寧通寶

遼景宗保寧年間（969—979）所鑄銅錢。不見於史志，舊時僅見四品，多出遼東地區，分大字、小字兩種版式。

保寧通寶

20 世紀八九十年代遼西巴林左旗遼上京遺址又有出土。錢體大如小平，面文隸楷相兼，旋讀，書體與大樣清寧通寶頗類。徑約 2.3 厘米，重 2.65 克。屬極罕之品。參閱《文物》1979 年第五期。

統和元寶

遼聖宗統和年間（983—1012）鑄幣。僅見小平銅錢，面文近真書，旋讀，寶足猶含隸韵。舊時曾見數品，20 世紀八九十年代内蒙古

巴林右旗與林西縣均有新出，版式可分大字、小字、厚肉、薄肉數種。除光背一類，又有背穿上仰月與上月下星者。以面文系下從"一"、背飾星月諸品最罕。徑 2.3 ~ 2.4 厘米，重 2.7 ~ 5.1 克。參閱《中國錢幣》1986 年第一期、第二期。

統和元寶
（清李佐賢《古泉匯》）

重熙通寶

遼興宗重熙年間（1032—1055）鑄幣。僅見小平銅錢，面文近隸書，旋讀，背無文。傳世不甚稀見，20 世紀八九十年代內蒙古巴林右旗上石匠山一錢幣窖藏又出三十三枚。形制拙樸。錢文"重"字首撇較短，或僅呈一點。"通"字"甬"頭、"走"之書寫均有變化。一般徑 2.4 厘米，重 3.4 克。遼錢鑄量至此始多。宋洪遵《泉志》："右重熙錢。趙至忠《虜庭雜記》曰：'聖宗卒，少主宗真立，改元景福，一年，又改重熙。'余按：此錢徑九分，重三銖，文曰：重熙通寶。"《遼史・興宗本紀三》："〔重熙二十二年閏七月〕癸巳，長春州置錢帛司。"《續文獻通考・錢幣二》："興宗鑄重熙通寶錢。"參閱《中國錢幣》1986 年第一期。

重熙通寶

清寧通寶

遼道宗清寧年間（1055—1064）鑄幣。僅見小平銅錢，書體在隸、楷之間，旋讀，製作渾樸。傳世不甚難尋，20 世紀八九十年代內蒙古巴林右旗上石匠山一錢幣窖藏又出二十一品，分大、小樣兩式。大樣"寧"字寶蓋下從"心"，"通"字"甬"頭從"一"，徑 2.4 厘米，重 3.4 克。小樣"寧"字寶蓋下從"丁"，"通"之"甬"頭從"丷"，地張不净，邊緣稍有毛刺，徑 2.2 厘米，重 3.1 克。宋洪遵《泉志》："右清寧錢。陳昉《虜庭須知》曰：'契丹主洪基改元清寧。'余按：此錢徑九分，重三銖，文曰'清寧通寶'。"《續文獻通考・錢幣二》："道宗清寧二年閏三月，始行東京所鑄錢。"參閱《中國錢幣》1986 年第一期。

清寧通寶

清寧二年紀年銅錢

遼道宗清寧二年（1056）鑄幣。存世僅一見，體大緣細，製作渾樸，"清寧二年"四字環書，旋讀，徑 3.5 厘米左右。據吉林哲里木盟庫倫旗（今屬內蒙古）一號遼墓所出"大康六年"錢推之，此錢亦屬特為殉葬而鑄之瘞錢，非正用品。實物現藏天津市博物館。參見本卷《普通金屬幣説・寶文錢考》"大康六年紀年銅錢"文。

咸雍通寶

遼道宗咸雍年間（1065—1074）鑄幣。僅見銅質平錢，書體在隸楷之間，旋讀。錢文筆劃疏勻，"雍"字"乡"旁省簡，"佳"旁缺頂上一點，"通"之"甬"頭從"一"，中豎略偏左。背郭多因錯範而寬窄不勻。製作拙樸古茂，遼錢氣韻頗濃。今遼故地時

咸雍通寶
（清李佐賢《古泉匯》）

有出土。一般徑 2.4 厘米，重 3.6 克左右。《遼史·食貨志下》："道宗之世，錢有四等：曰咸雍，曰大康，曰大安，曰壽隆，皆因改元易名。其肉好，銖數亦無所考。"

大康通寶

遼道宗大康年間（1075—1084）鑄幣。多爲小平銅錢，銅色暗紅，面文旋讀，書體在隸、楷之間。傳世尚不稀見，20 世紀八九十年代內蒙古林西縣與巴林右旗等地又有出土。版式或異，製作均較"大康元寶"規整。徑 2.3 ～ 2.4 厘米，重 3.3 ～ 3.5 克。又有銀質大錢，面文真書旋讀，徑約 3.6 厘米，重約 30 克，今山西省博物館有藏。宋洪遵《泉志》："右大康錢。徐兢《高麗圖經》曰：'契丹咸雍十年改大康，至十年，改元大安。'余按：此錢有二品，並徑九分，重二銖四參，以大康通寶、大康元寶爲文。"

大康元寶

遼道宗大康年間（1075—1084）鑄幣。僅見小平銅錢，面文旋讀，書體在隸楷之間。傳世較少見，20 世紀八九十年代內蒙古林西縣、巴林右旗等地又有出土。形制樸拙，錢文草率，"大"字一捺遠離上筆，"康"字中豎僅留於"水"部，"寶"字中部省簡不清。一般徑 2.3 厘米，重 3.4 克左右。參見本卷《普通金屬幣説·寶文錢考》"大康通寶"文。

大康元寶
（清李佐賢《古泉匯》）

大康六年紀年銅錢

遼道宗大康六年（1080）鑄造的大型紀年銅錢。僅一見，1972 年出土於吉林省哲里木盟（今屬內蒙古）庫倫旗奈林稿公社前勿力布格屯一號遼墓。這是一座葬有遼代貴族的大型壁畫墓，同時出土宋代影青、定窯瓷器、鎏金器、墓志與經幢殘塊以及開元通寶、祥符元寶等。此錢鑄製尚好，錢文"大康六年"作旋讀，書體在隸楷之間，"康""六"首筆均作一橫猶含隸韵。徑 4.85 厘米，重 47.8 克。現藏吉林省博物館。傳世又有"清寧二年""大康七年"紀年銅錢，據悉皆非正用品，而屬特爲墓主殉葬所鑄造的瘞錢。參閱《中國錢幣》1985 年第二期。

大康六年紀年銅錢

大安元寶

遼道宗大安年間（1085—1094）鑄幣。僅見銅質平錢，面文旋讀，書體在隸楷之間。依"安"字之別，分"長安"與"短安"兩式。徑 2.3 ～ 2.4 厘米，重 3.3 ～ 3.5 克。20 世紀八九十年代內蒙古巴林右旗曾一次出土二十四枚，屬遼錢中之常見品。宋洪遵《泉志》："右大安錢。李季興《東北諸蕃樞要》曰：'契丹主天祐年號大安。'余按：此錢徑八分，重二銖八參，文曰'大安元寶'。今世多有。"

大安元寶
（清李佐賢《古泉匯》）

壽昌元寶

遼道宗壽昌年間（1095—1101）鑄幣。僅見銅質平錢，面文真書旋讀。"壽"字上部省簡作"吉"，"元"字次筆左挑，背無文，間有錯範者。"昌"字《遼史》誤書作"隆"，義雖同而字則否，當以實物爲正。徑約2.3厘米，重2.7～2.9克。宋洪遵《泉志》："右壽昌錢。李季興《東北諸蕃樞要》曰：'契丹主天祐年號壽昌。'余按：此錢徑九分，重二銖四參，文曰'壽昌'。"

壽昌元寶
（清李佐賢《古泉匯》）

乾統元寶

遼天祚帝乾統年間（1101—1110）鑄幣。多爲銅質平錢，面文隸書旋讀。"乾"字作魚鈎乾如"乹"，"元"字次筆左挑。文字及製作均精好。一般徑2.3厘米，重3克。傳世有折十大錢，人多疑爲贋品。宋洪遵《泉志》："右乾統錢。《北遼通書》曰：'天祚即位，壽昌七年，改爲乾統。'余按：此錢徑寸，重三銖二參，文曰'乾統元寶'。"

乾統元寶

天慶元寶[1]

遼天祚帝天慶年間（1111—1120）鑄幣。僅見銅質平錢，面文旋讀。書體半隸半楷，"慶"字大而欠工，與西夏所鑄真書"天慶元寶"不難區別。徑2.3～2.4厘米，重3克左右。宋洪遵《泉志》："右天慶錢。李季興《東北諸蕃樞要》云：'契丹主天祚年號天慶。'余按：此錢徑九分，重二銖四參，文曰'天慶元寶'。"西安金泉錢幣文化股份有限公司出版《中國大歷史》資料載一枚"天慶元寶"折十大錢、徑4.5厘米、重32.4克，銅質、書體半隸半楷，面文旋讀。據傳出土於東北遼上京故地，民國時流失海外，幾經易手後，1998年被重金索回，成爲目前遼代年號大錢孤品（現藏陝西西安金泉錢幣博物館）。

天慶元寶
（清李佐賢《古泉匯》）

大遼天慶

傳爲遼天祚帝天慶年間（1111—1120）鑄造的鎮庫錢。舊時遼東曾發現二品，形體渾厚，大如當十，"大遼天慶"四字真書，旋讀，背無文，徑4.4厘米左右。"大遼"爲國號，"天慶"爲年號，這是繼夏赫連氏之"大夏真興"之後又一集國號、年號於一體之錢。史載遼聖宗時叛將大延琳曾僭號"興遼"改元"天慶"（1029），故又有疑爲大延琳之鑄幣者。

大遼天慶

西夏

福聖寶錢

西夏毅宗福聖承道年間（1053—1056）所鑄西夏文錢，爲目前所知最早的西夏錢幣。僅見銅質平錢，面文旋讀。形制規整，筆劃清晰。其傳世品於中國國家博物館、山西省博物館、西安市文管處、上海博物館均有收藏。1985 年，寧夏鹽池萌城一錢幣窖藏出土百餘公斤古錢中發現二枚。1987 年 2 月，内蒙古烏審旗西沙灣一錢幣窖藏於所出 430 公斤（據載共出 605 公斤，其中 170 餘公斤流散）十餘萬枚古錢中又發現七枚，令泉界注目。參閱《甘肅金融》1989 年增刊五。

大安寶錢

西夏惠宗大安年間（1075—1085）所鑄西夏文錢。有小平、折二兩種，面文旋讀。小平曾著録於舊譜，列爲極罕之品。1987 年 2 月，内蒙古烏審旗西沙灣一錢幣窖藏於出土 430 公斤（共出 605 公斤，其中 170 餘公斤流散）十餘萬枚古錢中發現二十

大安寶錢

枚，令泉界注目。此外，近年内蒙古林西，寧夏賀蘭山、鹽池以及甘肅武威等地亦有零星出土。折二僅一見，藏於陝西西安市文管處，輪郭周整，筆劃清晰，然因非得自科學發掘，且錢文筆劃略嫌呆板，故有疑其爲贋品者。參閱《中國錢幣》1989 年第三期。

大安通寶

疑爲西夏惠宗大安年間（1075—1085）鑄造的漢文錢。此錢係 1981 年於内蒙古林西三道營子村一錢幣窖藏所出二十餘萬枚古錢中揀出，實乃首次問世之孤品。銅色赤褐，輪郭規整，"大安通寶"四字直讀，書體在隸楷之間，背穿上飾一仰月，徑 2.3 厘米，重 4 克左右。考歷代以"大安"爲年號者有三：西夏惠宗之大安、遼道宗之大安（1085—1094）、金衞紹王之大安（1209—1211）。或據文字及製作風格，將其斷爲西夏鑄幣，亦有疑爲遼錢者，其確切歸屬尚待新的發現。參閱《中國錢幣》1985 年第四期。

貞觀寶錢

西夏崇宗貞觀年間（1101—1113）所鑄西夏文錢。不見於舊譜，錢幣家趙權之於 1937 年購得一品，爲銅質平錢，徑約 2.5 厘米。錢面穿上與穿右二字趙氏疑爲"貞觀"，但又"以書無確據，不敢漫爲推定"。此前羅福葨《西夏國書略説》附録"河西字藏經書目""貞觀政要"目中已將此二字釋出，羅振玉《西夏官印集存》亦著録邊款作此二字的官印數方。銅錢鑄此文者僅此一見，今未詳所在。

元德通寶

西夏崇宗元德年間（1119—1126）鑄造的漢文錢。最早著録於清初尚齡《吉金所見録》，爲銅質平錢，面文有真、隸二體，直讀。因所出極少，遂有疑隸書"元德"爲安南錢者。1987 年，内蒙古烏審旗西沙灣錢幣窖藏一次出土隸書品三枚，同時出土西夏福聖寶錢、大安寶錢、天盛元寶與乾祐元寶凡兩

元德通寶
（清李佐賢《古泉匯》）

千餘枚，爲確定隸書"元德"屬西夏鑄幣提供了可靠依據。參閱清初尚齡《吉金所見録》《中國錢幣》1990 年第二期。

元德重寶

西夏崇宗元德年間（1119—1126）鑄造的漢文銅錢。大如折二，面文真書直讀，文字及製作均精好。傳世本極罕見，20 世紀八九十年代内蒙古鄂托克旗、甘肅武威近郊均有出土。參閱《中國錢幣》1984 年第四期、1989 年第三期。

天盛元寶

西夏仁宗天盛年間（1149—1169）鑄造的漢文平錢。有銅、鐵兩種，面文真書旋讀。製作規整，鑄量頗豐。一般背無文，民國時《泉幣》雜志曾載背穿上銘一"西"字之鐵錢，泉家王蔭嘉考"西"字爲西興監之省。因出處不詳，又有疑爲臆造品者。1982 年 4 月，内蒙古包頭以東三十公里黄河北岸陰山南麓之阿都賴村出土百餘公斤鐵錢中又有背"西"鐵錢一枚，遂確認爲真品。一般徑

天盛元寶

2.3 ～ 2.4 厘米，重 2.4 ～ 3.4 克。《宋史·外國二·夏國下》："〔紹興〕二十八年，始立通濟監"，命監察御史梁惟忠執掌，鑄天盛元寶錢。參閱《中國錢幣》1985 年第二期。1998 年西安金泉錢幣文化股份有限公司從臺灣收藏家手中重金購得一枚"天盛元寶"折十大錢。徑 4.56 厘米，重 44.6 克，銅質。面文真書旋讀，製作精美，爲目前發現的唯一孤品，極有可能是當時的開爐錢或鎮庫錢，彌足珍貴。（陝西西安金泉錢幣博物館藏）

乾祐寶錢

西夏仁宗乾祐年間（1170—1193）鑄造的西夏文錢。僅見銅質平錢，面文旋讀，背無文。鑄製規整，文字清晰。傳

乾祐寶錢

世與出土絶少，20 世紀八九十年代寧夏賀蘭山一西夏錢幣窖藏又有出土。一般徑 2.4 厘米，重 3.8 克左右。

乾祐元寶

西夏仁宗乾祐年間（1170—1193）鑄造的漢字平錢。有銅、鐵兩種，面文旋讀。銅錢有真、行二體，文字及製作頗精好，唯傳世與出土均罕見。間有酷似鐵錢者，殆爲鐵母。鐵錢僅見真書，鐵質堅實，敲之其聲悦耳。僅 1980年内蒙古伊克昭盟達特

乾祐元寶

拉旗一次即出土兩萬餘枚，鑄量遠過於銅品。一般銅錢徑 2.4 厘米，重 3.8 克。鐵錢略如銅錢而稍重。參閱《中國錢幣》1985 年第四期。

天慶寶錢

西夏桓宗天慶年間（1194—1205）鑄造的西夏文錢。僅見銅質平錢，面文旋讀，背無文。昔傳世與出土均極少見，20

天慶寶錢

世紀八九十年代甘肅武威、寧夏鹽池一帶又有出土。錢文字體繁雜，筆劃細而清晰，製作尚精整。一般徑 2.4 厘米，重 4 克。

天慶元寶[2]

西夏桓宗天慶年間（1194—1205）鑄造的

漢文錢。僅見銅質平錢，面文真書旋讀，背無文，或穿上飾一仰月。鑄製既精，文字亦工，與遼鑄"天慶元寶"字近隸書"慶"字獨大者易別。一般徑 2.4 厘米，重 4克。存世甚罕，背仰月者尤珍稀。

天慶元寶
（清李佐賢《古泉匯》）

皇建元寶

西夏襄宗皇建元年（1210）鑄造的漢文錢。僅見銅質平錢，面文真書旋讀，背無文。所見多出寧夏銀川與甘肅武威、蘭州一帶，文字及製作皆精好，徑 2.4 ~ 2.5 厘

皇建元寶
（清李佐賢《古泉匯》）

米，重 4 ~ 4.7 克。屬西夏錢之常見品。參閱《中國錢幣》1989 年第三期。

光定元寶

西夏神宗光定年間（1211—1223）鑄造的漢文錢。僅見銅質平錢，面文真、篆二體，旋讀。真書錢多出西夏故地，製作精好，書體微含行韵。篆書錢不見著録，唯 1984 年寧夏銀川賀蘭山滾鍾口（俗稱小口子）一錢幣窖藏出土一品。錢文"光""定""元"三字作篆書，"寶"字隸化。文字及製作均

光定元寶
（清李佐賢《古泉匯》）

精美。它的問世爲西夏錢幣增添了新品，表明西夏幣制猶存對錢之遺風。參閱《中國錢幣》1985 年第二期。

金

正隆元寶

金海陵王正隆年間（1156—1161）鑄幣。史載金於正隆二年始議鼓鑄。正隆三年，金在中都（今北京）設錢監二，京兆設錢監一，三監并鑄。大小輕重仿宋朝平錢，銅質精良，輪郭深峻，文字及製作均甚精美。"正隆元寶"四字作真書，旋讀，無背文。其版式以"正"字末筆出頭與否分爲兩種，不出頭者左竪與下橫相連如"凵"，今世多見，出頭者則爲稀品。一般徑 2.5 厘米，重 3.4克左右。《金史·食貨志三》："正隆二年，歷

正隆元寶

四十餘歲，始議鼓鑄……三年二月，中都置錢監二，東曰寶源，西曰寶豐。京兆置監一，曰利用。三監鑄錢，文曰'正隆通寶'，輕重如宋小平錢，而肉好字文峻整過之，與舊錢通用。"按，《金史》此處所謂"正隆通寶"，據實物應爲"正隆元寶"。

大定通寶

金世宗大定年間（1161—1189）鑄幣。有銅、鐵兩種，多爲平錢，偶見折二，面文真書直讀。存世以銅品爲多見，皆鑄製精良，文字峻美，書體仿宋大觀錢而含瘦金書韵。除光背一類，可見背"申"、背"酉"地支記年者，亦見合背、合面及闊緣折二諸品。鐵錢存世較少，

大定通寶

《古錢大辭典》曾收錄一枚，20世紀八九十年代河南、吉林、山東等地有零星出土，文字及製作略遜於銅品，背穿或微作四決。亦有背四決之鐵母，尤珍稀。《金史・食貨志三》：“〔世宗大定〕十八年，代州立監鑄錢……其錢文曰‘大定通寶’，字文肉好，又勝正隆之制，世傳其錢料微用銀云。十九年，始鑄至萬六千餘貫。二十年，詔先以五千進呈，而後命與舊錢並用。”參閱《中國錢幣》1989年第三期。

泰和重寶

金章宗泰和四年（1204）始鑄之折十大銅錢，與交鈔并行流通。錢體碩大，郭細肉深，玉箸篆錢文由書法

泰和重寶

名家黨懷英書，製作極爲精美。一般徑4.5厘米，重16～19克。今易見。《金史・食貨志三》：“〔泰和四年〕鑄大錢一直十，篆文曰‘泰和重寶’，與鈔參行。”

泰和通寶

此錢史志不載，傳世有小平、折二、折三、當十凡四等，面文真書直讀，背無文。製作規整，字含瘦金書韵。因無出土記錄，且傳世極難一見，故泉界對其真偽尚有存疑。

泰和通寶
（清李佐賢《古泉匯》）

崇慶通寶

此錢史志不載，傳爲金衛紹王崇慶年間（1212—1213）鑄幣。有小平、折二銅錢兩種，面文真書直讀。小平徑2.4厘米，重3克。折二徑2.7厘米，重6.4克。皆製作規整，字含瘦金書韵，無背文。因均屬傳世孤品，故泉界對其真偽尚有存疑。

崇慶元寶

傳爲金衛紹王崇慶年間（1212—1213）鑄幣。不載於史志。舊時獲自遼東，大如折五，玉箸篆面文作旋讀，背無文。製作精整，肉間細翠。泉家方地山於民國七年（1918）將其携至上海，滬上諸家皆疑爲偽品，唯鄭家相觀後嘆爲瑰寶。後方藥雨以三百金之高價及异書大觀錢易之。參閱《泉幣》第六期。

至寧元寶

此錢史志不載，傳爲金衛紹王至寧元年（1213）鑄。大如折五，面文真書旋讀，背無文。形制書體頗類北宋“崇寧通寶”。因係傳世孤品，故泉界對其真偽尚有存疑。

貞祐通寶

金宣宗貞祐年間（1213—1217）鑄幣。有銅、鐵兩種，面文真書直讀，背無文。銅錢有小平與折二，均極罕見。鐵錢僅1988年於甘肅臨夏發現一枚，係由五十餘枚北宋鐵錢中揀出，銹蝕較重，左下略殘，“寶”字模糊不清，徑3.3厘米，重10克，屬金代錢幣中之珍品。參閱《中國錢幣》1989年第三期。

阜昌元寶

南宋初年濟南知府劉豫降金，被金太宗册爲傀儡皇帝，國號大齊，都大名府，後遷都汴。此錢即劉豫稱帝建元阜昌時（1130—1137）

阜昌元寶

鑄。錢爲銅質，形同小平，有真、篆二體，皆旋讀，文字及製作均精好。昔頗不易見，20世紀八九十年代陝西銅川有真書品問世。一般徑2.5厘米，重3.4克。

阜昌通寶

南宋初濟南知府劉豫降金，被金太宗册爲傀儡皇帝，國號大齊，初以大名府爲都，後

阜昌通寶

遷都汴。此錢即劉豫稱帝建元阜昌時（1130—1137）鑄。錢爲銅質，形如折二，有真、篆二體，皆直讀，文字及製作均精美。傳世與出土頗不易見，20世紀八九十年代陝西銅川有篆書品新出。一般徑2.8～2.9厘米，重8克。

阜昌重寶

南宋初年濟南知府劉豫降金，被金太宗册爲傀儡皇帝，國號大齊，都大名府，後遷都汴。

阜昌重寶

此錢即劉豫稱帝建元阜昌時（1130—1137）鑄。錢爲銅質，大如折三，有真、篆二體，皆直讀，文字及製作均精美。傳世甚少見，20世紀八九十年代江蘇贛榆、陝西安康又有真書品出土。一般徑3.4厘米，重8～11.5克。

元

大朝通寶

傳爲蒙古入主中原之前稱“大朝”時鑄幣。形如平錢而略小，有銀、銅、鉛三種，面文真書直讀。因傳世稀少，舊時所見出處不詳，且除蒙古外稱大朝的又有唐、後唐、後晋、北宋等，故有疑其非蒙古者。1986年，寧夏賀蘭拜寺口雙塔西塔刹室內發現銀質此錢一枚，色灰白，徑2.3厘米，錢文“大”“通”“寶”三字書體頗類金之大定通寶，背有陽文似字，但模糊難辨。與之共存的遺物如銅佛像、木雕勝樂金剛、印花布、供桌、椅等不僅均具元初風格，且同時發現了元世祖中統年間（1260—1264）發行的中統元寶交鈔叁佰文（存世僅此一張）、伍佰文各一張，遂爲確認大朝錢爲蒙古鑄幣提供了可靠的證據。據分析其鑄造年代約在成吉思汗創建蒙古汗國時期，下限不晚於元初。除寧夏賀蘭拜寺口雙塔所出一品外，20世紀八九十年代甘肅天水及轄下清水、秦安，內蒙古烏蘭察布盟等地均有出土，尤以1993年天水市一次出土五十餘枚最爲引人注目。這批銀錢通體綠銹，面文“大”“通”“寶”三字書體頗類北宋“大觀通寶”和金代“大定通寶”，錢

背多有鑄造的陽文字符，有的加砸蒙文印記，皆不可識。部分錢外緣細窄，呈剪輪狀。一般徑 2.2 厘米，重 3.5 克左右。參閱《中國錢幣》1989 年第四期、1995 年第三期、1999 年第四期。

中統元寶

元世祖中統年間（1260—1264）鑄造的漢文銅錢。形如小平，字分真、篆兩體，徑 2.2～2.3 厘米。真書錢字體健美，文作直讀，背穿周圍或飾四星，今極難一見。篆書錢爲傳世孤品，文作旋讀而與真書品異。真書品又有特小者，徑僅 1.45 厘米，"寶"字省簡作"宝"，當屬廟宇供佛之錢。

至元通寶[1]

元世祖至元年間（1264—1294）鑄造的銅錢。有蒙、漢文兩種，每種均有小平、折二、折三共三等。蒙文錢上下左右序讀，漢文錢真書直讀。蒙文錢上的文字是"蒙古新字"（以別於畏兀式蒙古字），也稱"蒙古字"或"蒙古國書"。由於創製者是八思巴，故又稱八思巴字。今蒙、漢兩種錢均不多見，尤以蒙文小平與漢文折二、折三最罕。

至元通寶
（清李佐賢《古泉匯》）

元貞通寶

元成宗元貞年間（1295—1297）鑄造的銅錢。有蒙、漢文兩種。蒙文（八思巴文）錢大如折三，面文上下左右序讀，製作頗佳，今極難一見。漢文錢爲小平，又可分大、

元貞通寶
（清李佐賢《古泉匯》）

中、小樣數種，面文真書直讀，亦不多見。

元貞元寶

元成宗元貞年間（1295—1297）鑄造的銅錢。僅見漢文一種，略大於平錢，面文真書而含行韵，直讀，文字欠工，"寶"字特大，徑 2.6 厘米左右，今甚罕見。

大德通寶

元成宗大德年間（1297—1307）鑄造的銅錢。有蒙、漢文兩種。蒙文（八思巴文）錢大如折三，錢文上下左右序讀。漢文錢有小平、折二、折三數等，小平又有大、小樣之分，字皆真書直讀。當時主要通行紙幣，銅錢鑄量稀少，蒙文錢尤罕。另有"大德元年"小樣漢文錢，似應爲廟宇供養錢。

大德通寶
（清李佐賢《古泉匯》）

至大通寶

元武宗至大年間（1308—1311）鑄造的銅錢。至大二年，武宗從尚書省變更鈔法議，於大都立資國院，下設泉貨監六處，次年正式鼓鑄此錢，同時鑄造蒙文（八思巴文）大元通寶銅錢，與至大二年印造發行的至大銀鈔并行流通，規定一文準至大銀鈔一厘，十文準大元通寶一文，歷代古錢依古例與之通用。今實物有小平、折二兩等，錢徑分別爲 2.3、2.6 厘米，字皆真書直讀，略含瘦金書韵，鑄製頗精。小平尚不難見，折二則甚罕。至大四年武宗死，仁宗即位，銅錢、銀鈔及所立院監皆廢，復行中統、至元鈔。《元史·食

至大通寶

貨志一》："武宗至大三年，初行錢法，立資國院、泉貨監以領之。其錢曰至大通寶者，一文準至大銀鈔一厘；曰大元通寶者，一文準至大通寶錢一十文。歷代銅錢，悉依古例，與至大錢通用。其當五、當三、折二，並以舊數用之。明年，仁宗復下詔，以鼓鑄弗給，新舊資用，其弊滋甚，與銀鈔皆廢不行。所立院、監亦皆罷革，而專用至元、中統鈔云。"

至大元寶

元武宗至大年間（1308—1311）鑄造的漢文銅錢。有小平、折二兩種，面文真書直讀。平錢文字欠工，"寶"字或特大，製藝遠不及同期之通寶錢，今罕見。折二文字及製作較之平錢稍好，唯更罕見。

至大元寶
（清李佐賢《古泉匯》）

大元通寶

元武宗至大三年至四年（1310—1311）鑄造的蒙文（八思巴文）折十銅錢，一文準同時鑄行的至大通寶漢文銅錢十文，準至大銀鈔紙幣一分。歷代古錢依舊例與之通用。形體大而規整，錢文上下左右序讀，無背文，徑4～4.2厘米，重19克左右，今存世尚多。傳世又有漢文錢，形同小平或略大，面文真書直讀，今甚罕見。至大四年，武宗死，仁宗即位，新舊銅錢及至大銀鈔皆廢不用，專用中統、至元鈔。參見本卷《普通金屬幣說·寶文錢考》"至大通寶"文。

大元通寶
（《山東省博物館藏珍·錢幣卷》）

皇慶元寶

元仁宗皇慶年間（1312—1313）鑄造的漢文銅錢。史志不載。僅見小錢數枚，面文真書直讀。體既薄小，字亦模糊。除光背外，可見背穿上飾一仰月者。徑1.4～1.9厘米，重2克左右。今頗不易見。

延祐元寶

元仁宗延祐年間（1314—1320）鑄造的漢文銅錢。不見於史載。形制如平錢，分大、中、小樣數種，面文真書直讀，背無文。製作粗疏，"寶"字或簡作"宝"。徑1.5～2.5厘米，重1.5～3.6克。其最小一類當屬廟宇供養錢。

延祐通寶

元仁宗延祐年間（1314—1320）鑄造的漢文銅錢。不見於史志，存世僅小平錢，分大、小樣兩種，面文真書直讀。大樣製作尚可，字亦規整，徑2.3厘米左右。小樣文字欠工，徑僅1.9厘米。今小樣少見，大者尤罕。另有"延祐貞寶""延祐三年"背"大昊天寺"小錢諸品，當屬廟宇供養之錢。

至治通寶

元英宗至治年間（1321—1323）鑄造的漢文銅錢。不見於史載。形制如平錢，面文真書直讀，錢體大小不一。大樣徑約2.1厘米，文字及製作稍好，"治"字三點水略含行韵，今罕見。小樣徑僅1.7厘米，錢文多模糊不清，"寶"字或獨大，當屬廟宇供養錢。

至治元寶

元英宗至治年間（1321—1323）鑄造的漢文銅錢。不見於史載。實物分小平、折二兩種，面文真書直讀。折二文字及製作較規整，然僅見傳世，未聞出土。小平文字不清，體甚薄小，當屬廟宇供養錢，今亦罕見。另有"至治六年"小錢，亦爲廟宇供養錢類。

泰定通寶

元泰定帝泰定年間（1324—1328）鑄造的漢文銅錢。不見於史載。形制如平錢，面文真書直讀，大小不等，粗精各異。小樣徑約1.5厘米，存世不多，內有文字較佳之品。大者徑約2厘米，今尤少見。

至治元寶
（清李佐賢《古泉匯》）

泰定通寶
（清李佐賢《古泉匯》）

泰定元寶

元泰定帝泰定年間（1324—1328）鑄造的漢文銅錢。形如小樣平錢，面文真書而含行韵，直讀，製作不工，"寶"簡作"宝"。徑約1.6厘米。今罕見。另見錢文記年作"泰定元年"者，字較工整，錢徑2厘米左右，當非正式行用之幣。

致和元寶

元泰定帝致和元年（1328）鑄造的漢文銅錢。形如平錢中之小樣者，面文真書直讀。製作不工，"致"含行韵，"寶"簡作"宝"。徑約1.6厘米，重約2克。當屬廟宇供佛之錢，今甚罕見。

天曆元寶

元文宗天曆年間（1328—1330）鑄造的漢文銅錢。徑僅1.6厘米，重不足2克。面文四字作直讀，多模糊不清，"曆"字尤甚。"寶"字省簡作"宝"。錢文聚縮於穿郭四周，即俗之

所謂"寄郭錢"。據悉出自佛臟，當屬廟宇供養之錢。

至順元寶

元文宗至順年間（1330—1332）鑄造的漢文銅錢。存世皆小平，分大樣、小樣數種，面文真書直讀。大樣直徑約2厘米，製作稍好，書體頗有"至大通寶"遺風。小樣體既薄小，製作亦逐，一般徑不過1.5厘米，殆屬廟宇供養之錢。其最小一品徑僅1厘米，"寶"字省簡作"宝"，爲元代最小的錢幣。今大、小樣兩種均罕見。

至順元寶
（清李佐賢《古泉匯》）

至順通寶

元文宗至順年間（1330—1332）鑄造的漢文銅錢。存世僅見小平，可分大、小樣數種，面文真書，直讀。大樣徑約2.3厘米，重約2.7克，文字及製作較好，但不多見。小樣徑1.3～1.6厘米，製作粗率，穿郭四決，背穿上下或有"太乙""護聖"等字樣，當屬廟宇供養之錢。另有面文"至順壬申"，背文"太乙""護聖"諸小錢，亦屬供養錢類。

至順通寶
（清李佐賢《古泉匯》）

元統元寶

元惠宗（順帝）元統年間（1333—1335）鑄造的漢文銅錢。形制如小平，分大、小樣兩種，文皆真書直讀。製作失工，"寶"簡作"宝"。小樣面文遠穿郭而近外緣，俗謂之"離郭錢"。一

般大樣徑 1.6 厘米，重 2 克。小樣徑 1.3 厘米，重 1.5 克。今大、小樣兩種均甚罕見。

至元通寶 [2]

元惠宗（順帝）至元年間（1335—1340）鑄造的銅錢。俗稱“後至元”，以別於元世祖時期鑄造的“至元通寶”。所見有小平、折二大小樣數種，面文真書直讀，文字及製作均在世祖至元錢之上。除光背外，可見背穿上銘一“玉”字者，又有背右星左月之品，存世皆稀。另有“至元元寶”“至元戊寅”小錢，當非行用之錢。

至元通寶
（清李佐賢《古泉匯》）

【後至元】

即至元通寶 [2]。指元惠宗至元年間鑄造的至元通寶，以別於元世祖至元年間鑄造的至元通寶。此稱元代已行用。見該文。

至正通寶

元惠宗（順帝）至正年間（1341—1368）鑄幣。有小平、折二、折三、折五、折十銅錢凡五等，面文真書直讀，文字及製作頗精美。依背文之別可分五類：其一爲蒙文（八思巴文）地支記年錢，蒙文有寅、卯、辰、巳、午五種，位於穿上，記至正十至十四年（1350—1354），每種均有小平、折二、折三共三等，俗稱“五年三等十五品”，以背寅者較罕見。其二爲蒙、漢文記值錢，蒙、漢文分列穿孔上下，記值有“二”“三”兩種。其三爲蒙文記值錢，記值字樣有“三”“五”“十”三種，分別銘於折三、折五、折十錢背穿上。其四爲蒙文記年漢文記值錢，蒙文記年在穿上，有“戌”“亥”兩種，

每一種穿下漢文記值又分“五”“十”二等。其五爲蒙文記值漢文記重錢，僅見穿上蒙文“十”字、穿下漢文“壹兩重”之折十錢一種。一般小平徑 2.5 厘米，重 3.5 克。折十徑 4.5 ~ 4.8 厘米，重 35 ~ 42 克。《元史·食貨志五下》：“〔至正〕十一年，置寶泉提舉司，掌鼓鑄至正通寶錢、印造交鈔，令民間通用。行之未久，物價騰踴，價逾十倍。”

至正通寶

至正之寶

元惠宗（順帝）至正年間（1341—1368）鑄造的漢文權鈔大銅錢。凡五等，皆真書直讀。文字端莊秀勁，相傳出自周伯琦手筆。背

至正之寶

文穿上作“吉”，據分析爲江西吉安路之省文。右直書“權鈔”，意權當紙幣交鈔。左直書幣值係對銀作價，其文有“伍分”“壹錢”“壹錢伍分”“貳錢伍分”“伍錢”凡五種，錢徑、重量依次遞大。其中“伍錢”者徑達 8 厘米，重約 120 克，爲我國古代最大的行用銅錢。今此五等錢傳世與出土均極罕見。參閱《泉幣》第十六期。

龍鳳通寶

元末劉福通、韓林兒起義軍定都亳州國號"大宋"建元龍鳳時（1355—1366）鑄造的銅錢。有小平、折二、折三凡三等，面文真書直讀，文字端莊而秀美。背多無文，折三偶有背星之品。一般小平徑2.3厘米，重3克。折二、折三依次徑2.7、3.1厘米。（清李佐賢《古泉匯》）折三又有徑3.4厘米之大樣者，"寶"字首點陰起不顯，或謂係折五。今大小諸品均罕見。《茶巖逸考》："至正十五年，潁州人劉福通據亳州，立韓林兒爲帝，僭號宋，改元龍鳳，鑄錢曰'龍鳳通寶'。"

龍鳳通寶
（清李佐賢《古泉匯》）

天佑通寶

元末張士誠起義軍建號"大周"改元"天佑"時（1354—1357）鑄造的銅錢。有小平、折二、折三、折五凡四等，面文真書直讀，背穿上分別有"一""貳""叁""五"記值篆文，錢徑依次爲2.4、2.7、3.2、3.9厘米。文字及製作堪稱精好，然傳世與出土均不多見，尤以背"貳"者最罕。1988年，安徽蚌埠青年街工地出土古錢一千八百餘枚，内有此錢背"叁"一枚，背"五"四枚。丁福保《古泉雜記》："《元史·本紀四十三》：'張士誠陷高郵據之，僭國號大周，自稱誠王，建元天佑。'今據張士誠錢，有小平、當二、當三、當五四種，皆作天佑，宜據錢文以正《元史》之

天佑通寶
（清李佐賢《古泉匯》）

誤。《明史·張士誠傳》亦誤作天祐，亦宜據錢文正之。"

天啓通寶[1]

元末徐壽輝起義軍建國"天完"改元"天啓"時（1358）鑄造的銅錢。分小平、折二、折三凡三等，小平僅見真書，折二、折三有真、篆二體。文字及製作均精美。三品錢徑依次爲2.4、2.8、3.2厘米。此錢俗稱"徐天啓"，以別於晚出二百餘年的明熹宗時期的天啓通寶。二者的區別在於：此錢以紫銅爲幣材，外緣較狹，"啓"字首筆與下部相連如"戶"，皆無背文，傳世與出土均甚罕見。明天啓以黄銅爲幣材，外緣寬闊，"啓"字首筆與下部分寫如"戶"，背文種類繁多，鑄量亦甚豐。據載1974年，西沙群島北礁明沉船處撈出古錢400餘公斤，内有此錢小平二枚。1988年，安徽蚌埠靜街工地出土古錢一千八百餘枚，内有此錢折三一枚。參閱《中國錢幣》1985年第一期。

天啓通寶
（清李佐賢《古泉匯》）

【徐天啓】

即天啓通寶[1]。係元末徐壽輝起義軍鑄造的天啓通寶，以別於後來明熹宗天啓年間鑄造的天啓通寶。此稱元代已行用。見該文。

天定通寶

元末徐壽輝起義軍遷都江州改元"天定"（1359—1360）時鑄造的銅錢。有小平、折二、折三凡三

天定通寶
（清李佐賢《古泉匯》）

等，面文真書直讀，背無文。文字及製作均精好。三品錢徑依次爲 2.3、2.8、3.1 厘米。

大義通寶

元末起義軍將領陳友諒殺其主徐壽輝自立，國號"漢"，改元"大義"，此錢即大義年間（1360—1361）鑄。皆銅品，有小平、折二、折三凡三等，面文真書直讀，背無文。三品依次徑 2.3、2.6、3 厘米。文字及製作堪稱精好，傳世與出土亦不罕見。《茶盦逸考》："至正二十年，沔陽人陳友諒稱帝於江州，僭號漢，改元大義，鑄錢曰'大義通寶'。"

大義通寶
（清李佐賢《古泉匯》）

明

大中通寶

朱元璋爲吳國公及稱吳王時（1361—1367）鑄造的銅錢。分小平、折二、折三、折五、當十凡五等，面文真書直讀，鑄地多而種類繁。除光背小平至折五諸品外，可見記地、記值、記地兼記值三類背文。記地者文有九種：桂、廣、福、浙、豫、北平、濟、京、鄂，見於小平至折五錢背，其中福、豫字在穿下，廣分左廣、右廣，餘皆銘於穿上。記值僅見穿上"十"一種。記地兼記值者或分數等，如桂、廣、福，餘皆折十，計有：桂一、桂二、桂三、桂五、桂十、廣二、廣三、廣五、十廣、二福、三福、五福、十福、北平十、濟十、京十、鄂十、十豫、十浙，其中"廣二"至"廣五"作橫書，又有上"十"右"廣"、上"北平"左"十"、上"京"右"十"諸品，餘皆上下直書。一般小平徑 2.3 ~ 2.5 厘米，重 3 ~ 3.6 克。折十徑 4.2 ~ 4.6 厘米，重 28 ~ 36 克。《明史·食貨志五》："太祖初置寶源局於應天，鑄'大中通寶'錢，與歷代錢兼行。以四百文爲一貫，四十文爲一兩，四文爲一錢。及平陳友諒，命江西行省置貨泉局，頒大中通寶錢，大小五等錢式。"

洪武通寶

明太祖洪武年間（1368—1398）鑄造的銅錢。始鑄於洪武元年。分小平、折二、折三、折五、當十凡五等，面文真書直讀，鑄地多而種類繁。除光背小平至折五諸品外，可見記地、記值、記重、記地兼記值、記地兼記重多種背文。記地者凡九種：北平、桂、福、浙、豫、廣、鄂、濟、京，銘於小平至折五錢背，其中桂、福、廣三品僅見小平，京字有折三、折五兩種。除福、豫二字銘於穿下、廣在穿右外，餘皆銘於穿上。記值者有三、五、十三種，皆銘於穿上。記重者亦三種：一錢、二錢、三錢，皆於穿右直書。記地兼記值者或分數等，或僅折十，計有：桂一、桂二、

洪武通寶
（清李佐賢《古泉匯》）

大中通寶

桂三、桂五、桂十、二福、三福、五福、十福、廣二、廣五、十廣、北平十、京十、鄂十、濟十、十豫、十浙。除"廣二"至"十廣"作横書、"北平十""京十"作上右書（上地右值）外，餘皆上下直書。記值兼記重者僅見折十一種，背穿上記值作"十"，穿右記重作"一兩"。一般小平徑2.4厘米，重3～3.5克。當十徑4.4～4.5厘米，重約35克。《續文獻通考・錢幣考》："太祖洪武初……令户部及各行省鑄洪武通寶錢。"《明史・食貨志五》："〔明太祖〕即位，頒'洪武通寶'錢，其制凡五等：曰'當十''當五''當三''當二''當一'。'當十'錢重一兩，餘遞降至重一錢止。各行省皆設寶泉局，與寶源局並鑄，而嚴私鑄之禁。"

永樂通寶

明成祖永樂年間（1403—1424）鑄造的銅錢。存世多小平，面文真書直讀，背無文，徑2.4～2.5厘米，重3～4克。1974年4月，西沙群島北礁明沉船處撈出古錢一批，内有此錢149公斤，四萬九千六百八十四枚，令泉界注目。另有折三大錢，黄銅質，迄今僅見兩枚，一枚完好，一枚殘左上角。今完好者未詳所在，唯殘角者尚存，其錢徑約3.35厘米，背穿右側直書"三錢"二字記重，係明錢中之極罕珍品。《續文獻通考・錢幣考》："成祖永樂九年，令差官於浙江、江西、廣東、福建四布政司鑄永樂通寶錢。"《明史・食貨志九》："成祖九年鑄永

永樂通寶

樂錢。"參閱《文物》1974年第十期、《中國錢幣》1985年第四期。

宣德通寶

明宣宗宣德八年（1433）（一説九年）始鑄。僅見小平銅錢，面文真書直讀，背無文。依"通"字草點與否而分兩式。"德"字心上一横或省。徑2.4～2.5厘米，重3～4克。《明會典》："宣德八年，鑄宣德通寶。"《明史・食貨志五》："宣德九年鑄宣德錢。"《續文獻通考・錢幣五》："宣宗宣德八年十月，令工部及浙江、江西、福建、廣東四布政司鑄宣德通寶錢。"

宣德通寶

弘治通寶

明孝宗弘治十六年（1503）始鑄之幣。多爲小平銅錢，面文真書直讀，背無文。依"治"字三點連筆與否而分兩式。因弘治十八年規定幣材每生銅一斤加好錫二兩，故其銅色多黄。另有光背大錢，形同折

弘治通寶

十，"治"字三點水作連筆，爲傳世孤品。一般小平徑2.4～2.6厘米，重3～4克。《明史・食貨志五》："弘治十六年以後，鑄弘治錢。"

嘉靖通寶

明世宗嘉靖六年（1527）始鑄之銅錢。有小平、折二、折三、折五、當十凡五等，面文真書直讀。"靖"字"立"旁或作斜書。平錢皆無背文，折二至折五背穿右側分別直書"二錢""三錢""五錢"記重字樣。當十錢背穿上銘一"十"字記值，穿右直書"一兩"記重。

今小平易求而折二以上甚罕。據悉南京博物院藏有一枚折十銅雕母錢，色澤金黄，刻工極精。雲南會澤鉛鋅礦檔案室又藏特大型銅錢一枚，徑 58 厘米，厚 3.5 厘米，重 41.5 千克，爲我國迄今所見最大的方孔圓錢。《明史·食貨志五》："至世宗嘉靖六年，大鑄嘉靖錢，每文重一錢三分，且補鑄纍朝未鑄者。三十二年鑄洪武至正德九號錢，每號百萬錠，嘉靖錢千萬錠，一錠五千文。"又，"民間競私鑄嘉靖通寶錢，與官錢並行焉"。

嘉靖通寶

隆慶通寶

明穆宗隆慶四年（1570）始鑄之銅錢。僅見小平一種，面文真書直讀，背無文。製作精好。初出曾用作京官俸錢，每枚法重一錢三分。今測其錢，徑約 2.5 厘米，重約 4 克。《明史·食貨志五》："〔隆慶〕四年始以新鑄隆慶錢給京官俸云。"《續文獻通考·錢幣五》："穆宗隆慶四年三月，鑄隆慶通寶錢……每文重一錢三分。"

隆慶通寶

萬曆通寶

明神宗萬曆四年（1576）始鑄幣，多爲銅錢，偶見銀品，面文真書直讀。銅錢小平多而折二少。小平除光背、背星、背月一類，可見背銘一字者，計有：户、工、天、公、河、厘、正。其中厘在穿右，餘皆穿上。另見面背倒書合背及面直書"萬曆"背横書"通寶"之異體錢。折二僅見光背及穿上月孕星兩種，後者極稀。舊譜又録特大錢，徑 8.8 厘米，列爲極罕

之品，然真僞待考。銀品徑僅 1.8 厘米，背直書"礦銀"二字，今極罕。《明史·食貨志五》："萬曆四年命户工二部，準嘉靖錢式鑄'萬曆通寶'金背及火漆錢，一文重一錢二分五厘，又鑄鏃邊錢，一文重一錢三分，頒行天下，俸糧皆銀錢兼給。"《續文獻通考·錢幣五》："神宗萬曆四年二月，鑄'萬曆通寶'錢……兩部照舊四六分鑄。工部請分八千錠行南京鑄造，從之。至四月，工部言鑄錢宜以五銖錢爲準，用四火黄銅鑄金背，二火黄銅鑄火漆，務求銅質精美，其粗惡者罪之。"

萬曆通寶

泰昌通寶

明熹宗天啓元年（1621）補鑄的光宗年號錢。僅見銅小平錢，面文真書直讀，可分光背、背穿上星、背穿上月數種，另有合背錢及"泰昌通寶""萬曆通寶"異號合背錢。《明史·食貨志五》："天啓元年鑄泰昌錢。"《續文獻通考·錢幣五》："光宗泰昌元年十二月，議鑄泰昌通寶錢。南京監督鑄錢主事荆之琦疏，言先帝雖在位未久，而泰昌年號已播告天下，宜從此至天啓元年，兩京各省俱鑄泰昌通寶，次年，方以天啓通寶接鑄。從之。明年，乃補鑄泰昌錢。"

泰昌通寶

天啓通寶 [2]

明熹宗天啓年間（1621—1627）鑄造的銅錢。有小平、折二、當十凡三等，面文真書直讀，"啓"字首筆作橫而不連下，與"徐天啓"易別。平錢背文種類繁多，計有：户、工、京、浙、密、云、鎮、院、新、奉旨、壹錢、一錢、一錢一分、一錢二分、新一錢一分等，亦有光背、背星、背月、合背、异號合背諸品。折二種類鑄量皆少，僅見背穿上星、穿上"浙"及上"二"下星者三種。折十或仿洪武，品種有光背、背穿上"府"、穿上"十"、穿下"十"、上"十"右"一兩"、上"十"左"密"右"一兩"、

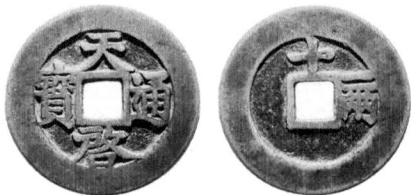

天啓通寶

上"十"左圈星右"一兩"、上"鎮"下"十"以及合背等，其中背有"密""鎮""府"字樣者分别爲密雲、薊鎮、宣府所鑄。一般平錢徑2.4～2.6厘米，重3克。折十徑4.4～4.6厘米，重22～30克。《明史・食貨志五》："啓、禎時廣鑄錢，始括古錢以充廢銅，民間市易亦擯不用矣。"《續文獻通考・錢幣五》："熹宗天啓元年二月，頒天啓錢式。至明年三月，工部進鑄成天啓錢一百萬文。"

崇禎通寶

明思宗崇禎年間（1628—1644）鑄造的銅錢。有小平、折二、折五、折十凡四等，面文真書直讀。其中平錢最爲繁雜，除光背、背星、背月一類，背文記局者有：户、工、兵（兵部）、新（户部新廠）、舊（户部舊廠）、户曰、江（南京操江）；記地者有：廣（湖廣）、貴（貴州）、嘉（嘉州）、加（嘉州）、重（重慶）、應（應天）、榆（榆林）、滬；記天干者有：甲、乙、丙、丁、戊、己、庚；又有背銘奉制、太平、清忠、制、官、局、府、捌、共、季、旨、新錢以及記重作"一錢"者。折二、折五背記局兼記值，前者有户二、工二、局二、江二。後者有户五、工五、監五。折二又有單記值作"二"者。折十皆無背文，鑄量較少。平錢偶見背穿下飾一奔馬者，俗稱"跑馬崇禎"。一般平錢徑2.2～2.5厘米，重3克左右。《明史・食貨志五》："〔崇禎三年〕是時鑄廠並開，用銅益多，銅至益少。南京户部尚書鄭三俊請專官買銅……遂定錢式，每文重一錢，每千直銀一兩。南都錢輕薄，屢旨嚴飭，乃定每文重八分。"又"〔崇禎〕末年敕鑄當五錢，不及鑄而明亡。"參閱《文物》1976年第九期。

崇禎通寶

永昌通寶

明末起義軍首領李自成稱王西安國號"大順"建元永昌時（1644—1645）鑄造的銅錢。有小平、折五兩種，面文真書直讀，"永"字多作二水永如"氺"。背無文。所見多出西安，僅1980年秋南大街一次即出大錢四百餘枚，小錢三十餘枚。此外，陝西岐山、富平，湖北襄陽、武昌，青海民和，甘肅臨夏，河南信陽以及北京等地亦有少量出土。依其形制，或分西安版、北京版、河南版數種。一般小平徑2.4～2.5厘米，重3.4～4克。折五一值明錢

百，徑 3.6～3.85 厘米，重 10～19 克不等。《明史·李自成傳》："〔自成〕鑄金璽及永昌錢，皆不就。"清李佐賢《古泉匯》卷六四引《茶巖逸考》："崇禎十七年正月，李自成稱王於西安，據秦府爲宮，僭號大順，建元永昌，鑄永昌通寶錢。"參閱《中國錢幣》1990 年第四期。

大順通寶

明末起義軍首領張獻忠稱帝成都國號"大西"建元"大順"（1644—1646）時鑄造的銅錢。僅見小平一種，面文真書直讀，銅色黄潤，邊郭寬闊，文字及鑄造均精好。除光背外，又

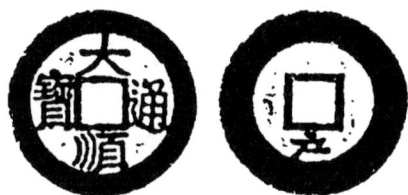

大順通寶

有背穿下銘一"工"字或"户"字者，分由大西政權工部、户部所鑄。1976 年 2 月，在成都南郊永豐公社太平五隊發現此錢 25 公斤，全部交成都市文物管理處保存。另有背文上"川"下"户"者，極罕見。一般徑 2.7 厘米，重 3.5～5 克。清李佐賢《古泉匯》卷六四引《茶巖逸考》："甲申十一月，張獻忠僭僞號於成都，稱大西國，即西王位，僭元大順，鑄大順通寶錢。"參閱《考古》1977 年第五期。

興朝通寶

明末孫可望入滇稱王改元興朝時（1648）鑄造的銅錢。分大、中、小三等，面文真書直讀，文字及製作較工整。小平背穿下飾一"工"字，示爲工部所鑄，其版式有狹緣小樣與闊緣大樣兩種，徑依次爲 2.3、2.6 厘米，重 3～4.6

克。中錢背穿上下直書"五厘"，係對銀作價之權銀錢，亦有狹緣小樣與闊緣大樣之分，徑依次爲 2.8、3.5 厘米，重 5～11 克。大錢背穿上下直書"壹分"，亦權銀錢，外緣皆闊，徑 4.5～4.8 厘米，重 20～35 克。清李佐賢《古泉匯》卷六四引《茶巖逸考》："孫可望爲張獻忠義子。獻忠伏誅，可望入滇自稱東平王，鑄錢曰'興朝通寶'。"

興朝通寶

弘光通寶

南明錢。明亡後，其殘餘勢力於 1644 年在南京立福王朱由崧爲帝，改元弘光，此錢爲弘光元年（1645）鑄。所見皆銅錢，分小平、折二兩等，面文直讀。小平有真、隸二體，真書錢又有光背與背穿上星之分。隸品背穿上銘一"鳳"字，傳爲權臣馬士英總督鳳陽時鑄。折二僅真書一種，背穿右記值作"貳"。一般小平徑 2.4 厘米，重 3.4 克。折二徑 2.8 厘米，重約 6 克。

弘光通寶

大明通寶

南明錢。福王朱由崧敗亡後，明兵部尚書張國維等奉明魯王朱以海於 1645 年在浙東紹興就監國位，此錢殆其前後不久所鑄。存世多爲小平銅錢，面文真書直讀，可見光背、背"户"、背"工"、背"師"諸品，除"師"字分

穿上、穿右兩種外，餘皆在穿上。一般徑2.3～2.5厘米，重3.5克左右。舊譜又錄大銅錢，徑約5.6厘米，屬極罕品。清

大明通寶
（清李佐賢《古泉匯》）

黃宗羲《行朝錄》："崇禎十七年，〔魯〕王回越，鑄大明通寶錢。"清三餘氏《五藩實錄》："魯王名以海，避難台州，乙酉六月立，十二月，鑄大明通寶。"

隆武通寶

南明錢。福王朱由崧敗亡後，原鎮江總兵官鄭鴻逵、泉州總兵官鄭芝龍等擁立明唐王朱聿鍵於1645年在福州就監國位，旋稱帝，建元"隆武"。此錢即隆武年間（1645—1646）鑄。有銅、鐵兩種，銅錢分小平與折二，鐵錢僅見小平，皆真書直讀。銅錢小平有光背、背穿上星、穿上"戶"、穿上"工"等式，徑2.3～2.5厘米，重3.5克。折二僅見光背，徑約2.8厘米，重約6克。鐵錢亦光背，徑僅2.2厘米，鑄量遠不及銅品。

永曆通寶

南明錢。唐王朱聿鍵政權瓦解後，兩廣總督丁魁楚等於1646年擁立明桂王朱由榔在廣東肇慶就監國位，旋稱帝，改明年為永曆元年。此錢即永曆年間（1647—1661）鑄。有小平、折二、折五、折十銅錢四等，面文真書直讀，鑄量多而種類雜。平錢除光背、背星者外，可見背"戶"、背"工"之品，"戶"字在穿上，"工"字分上、下、右三種。又有錢背分鑄御、敕、督、部、道、府、留、粵、輔、明、定、國者，凡十二字，皆在穿上，內容殆取永曆帝敕文，意為皇帝命令各級官吏留守粵地輔佐明朝安邦定國。一般徑2.5～2.7厘米，重4～4.8克。折二較小平光背稍大，分光背與背"二厘"兩種，"二厘"係對銀作價。折五、折十錢背分別直書"五厘""壹分"字樣，亦為權銀錢。五厘者徑約3厘米，重5～6克。壹分者徑3.4～4.5厘米，重10～25克。

利用通寶

清初平西王吳三桂起兵反清時（1673—1678）鑄造的銅錢。有小平、折二、折五、折十凡四等，面文真書直讀。小平除光背外，又有記地錢與權銀錢。記地錢有二品：一品背穿上銘一"貴"字，一品背穿右銘一"雲"字，分別為貴州與雲南省文。權銀錢背文作"厘"，銘於穿右或穿左，意折銀一厘行用。折二、折五、折十皆為權銀錢，其背分別鑄有"二厘""五厘""一分"或"壹分"字樣。"二厘"作橫書，"五厘""一（壹）分"橫書、直書皆有。一般平錢徑2.3～2.6厘米，重3～4克；折十徑4～4.5厘米，重17～24克。《清史稿·吳三桂傳》："是時雲南、貴州、湖南地皆入三桂。通番市，以茶易馬……采銅鑄錢，文曰'利用'。"

利用通寶

昭武通寶

清初吳三桂稱帝衡州（今湖南衡陽）國號大周建元昭武時（1678）鑄造的銅錢。分小平、折十兩種，面文直讀。小平有真、篆二體，真

昭武通寶

書錢背穿下或銘一"工"字記局。折十僅見篆書，背穿兩側橫書"壹分"二篆字，意折銀一分行用。一般平錢徑 2.4 厘米，重約 3.5 克。折十徑 3.5 厘米，重 10 ~ 11 克。《清史稿·食貨志五》："〔乾隆〕二十二年，兩廣總督李侍堯請禁舊錢、偽錢。上以民間雜用吳三桂'利用''洪化''昭武'諸偽錢，第聽自檢出，官為易之以充鑄，舊錢仍聽行使。"

洪化通寶

清初吳三桂孫吳世璠襲號大周改元洪化（1678—1681）時鑄造的銅錢。有平錢數種，大小不一，面文真書直讀。

洪化通寶

除光背、背星一類，可見背穿右側銘一"工"字或"戶"字者，示為工部或戶部所鑄。徑 2.2 ~ 2.5 厘米，重 3 ~ 4 克。

裕民通寶

清初靖南王耿精忠據閩反叛建元"裕民"時（1674—1676）鑄造的銅錢。有小平、折二、折十凡三等，面文真書直讀。平錢背無文。折二背穿右直書"一分"，意折銀一分。折十背文

裕民通寶

有兩種：一種作"壹錢"，橫書於穿孔兩側；一種作"浙一錢"，"浙"在穿右，"一錢"直書於穿左，均折銀一錢行用。實測平錢徑 2.5 ~ 2.6 厘米，重約 3.5 克。折二徑 2.8 厘米，重約 5 克。折十徑 3.6 ~ 3.8 厘米，重約 20 克。

清

天命汗錢

努爾哈赤於關外建國稱"金"（史稱"後金"）年號"天命"時（1616—1626）鑄造的滿文銅錢。略大於普通平錢，面文為無圈點之老滿文，左右上下序讀，無背文。徑 2.7 ~ 2.8 厘米，重 5.4 ~ 6.4 克。今罕見。

天命汗錢

天命通寶

努爾哈赤於關外建國稱"金"（史稱"後金"）年號天命時鑄造的漢文銅錢。形體較同期老滿文天命汗錢略小，面文真書直讀。依"命"字末筆長短，分"長腳"與"短腳"兩式，以

天命通寶

"長腳"者較罕。徑 2.3 ~ 2.5 厘米，重 4 ~ 6 克。《清史稿·食貨志五》："太祖初鑄'天命通寶'錢，別以滿、漢文爲二品，滿文一品錢質較漢文一品爲大。"

天聰汗錢

亦稱"天聰通寶"。後金皇太極天聰年間（1627—1636）鑄造的滿文折十大銅錢。錢面鑄老滿文"天聰汗之錢"，左上下右序讀。背老滿文記值兼記重：記值作"十"，位於穿左或穿上；記重作"一兩"，皆在穿右。一般徑 4.4 厘米，重 26 克左右。存世較少，背穿上記值者尤罕。清鮑康《大泉圖錄》："太宗天聰錢，一當小清文錢十，乃啓宇遼瀋時鑄，以濟餉糈之不足者。"《清史稿·食貨志五》："太祖初鑄'天命通寶'錢……天聰因之。"此錢亦稱"天聰通寶"。《清朝文獻通考·錢幣一》："太宗文皇帝御極，改元天聰，亦鑄錢二品：一爲滿文，一漢字，曰'天聰通寶'，大小各如舊制。"今漢字錢未見實物，滿文錢遠大於滿文天命通寶。

【天聰通寶】

即天聰汗錢。此稱清代已行用。見該文。

順治通寶

清世祖順治年間（1644—1661）鑄造的銅錢。幣材七成紅銅，三成白鉛。每文初重一錢，後漸增至一錢四分。面文皆真書直讀。製作精好，銅色黃潤，文字規整。依背文之不同，通常分爲五式：一式爲無背文之仿古錢，背穿上偶有飾一星號或圈星者。二式爲漢文錢，漢文一字係各省鑄局簡稱，位於穿上或穿右，個別有位於穿左者，計有：户（户部寶泉局）、工（工部寶源局）、宣（直隸宣府局）、薊（直隸薊州局）、云（雲，直隸密雲局）、東（山東局）、

臨（山東臨清局）、河（河南局）、原（山西太原局）、同（山西大同局）、陽（山西陽和局）、西（山西局）、延（陝西延綏局）、寧（甘肅寧夏局）、荆（湖北荆州局）、襄（湖北襄陽局）、浙（浙江局）、昌（江西南昌局）、福（福建局）。三式爲一厘錢，順治十年始鑄。錢背穿左直書"一厘"，意值銀一厘。穿右一字爲局名簡稱，計有：户、工、宣、薊、東、臨、河、原、同、陽、陝、寧、江、浙、昌、福、雲（雲南局），凡十七種。四式爲滿文錢，背二滿文記局有"寶泉""寶源"兩種，分別始鑄於順治十四年與順治十七年。五式爲滿漢文錢，滿漢文局名分列穿孔左右，計有：宣、薊、東、臨、河、原、同、陝、寧、江、浙、昌，凡十二種。另有折十大錢，背穿上記值作"十"，穿右記重"一兩"，不多見。一般平錢徑 2.4 ~ 2.7 厘米，重 4 ~ 4.5 克。《清史稿·食貨志五》："世祖定鼎燕京，大開鑄局，始定一品。於户部置寶泉局，工部置寶源局。'順治通寶'錢，定制以紅銅七成、白銅三成搭配鼓鑄。錢千爲萬，二千串爲一卯，年鑄三十卯。每錢重一錢。二年，增重二分，定錢七枚準銀一分，舊錢倍之。民間頗病錢貴，已更定十枚準一分。各省、鎮遵式開鑄……是年（順治十）廷議疏通錢法，以八年增重一錢二分五厘爲定式，幕左漢文'一厘'二字，右寶泉鑄一字曰'户'，寶源曰'工'，各省、鎮並鑄開局地名一字，如太原增

順治通寶（滿漢文"東"）

'原'字、宣府增'宣'字之類，錢千準銀一兩，定爲畫一通行之制。"又，"十七年，復直省鑄。令準重錢式，幕兼用滿、漢文"。

康熙通寶

清聖祖康熙年間（1662—1722）鑄造的銅錢。形仿順治四、五兩式：戶、工二部所鑄錢背分別以滿文"寶泉""寶源"記局，各省皆以滿漢文記局，滿文左而漢文右。局名計二十二

康熙通寶

種，其中二十種有口訣云：同、福、臨、東、江，宣、原、蘇（江蘇蘇州局）、薊、昌，南（湖南局）、河、寧、廣、浙、臺（臺灣局）、桂（廣西局）、陝、雲（雲南局）、漳（福建漳州局）。另有"鞏""西"兩種，分由甘肅鞏昌局與山西榮河局鑄。存世以鞏、西、臺三種最少見，南字錢亦略少，其餘鑄量皆豐。另有地支錢、合背錢、羅漢錢、輕錢及折十大錢等，多屬罕品。《清朝文獻通考·錢幣二》："聖祖仁皇帝御極，定於明年改元康熙，請將寶泉、寶源二局錢改鑄康熙通寶，輕重如舊制，發各省局依式鑄造，與順治通寶錢相兼行使，尋於十月將鑄成錢式進呈，至是頒行天下。"

雍正通寶

清世宗雍正年間（1723—1735）鑄造的銅錢。形仿順治四式，面文"雍正通寶"真書直讀，背二滿文記局。除戶、工二部所鑄背銘"寶泉""寶源"兩種外，另有各省所鑄十八種，其背文爲：寶濟（山東）、寶河（河南）、寶晉

雍正通寶

（山西）、寶安（安徽）、寶陝、寶鞏、寶蘇、寶浙、寶武（湖北）、寶南（湖南）、寶昌、寶黔（貴州）、寶臺、寶川（四川）、寶雲（雲南）、寶福、寶廣、寶桂。此錢官局所鑄形制精整，法重一錢四分，雍正十二年改爲一錢二分。私錢有"沙板""錘扁"等名目，重僅八、九分。此外尚有寶黔折二及面背倒書合背品等。徑2.5～2.8厘米，重3.5～5.5克。《清史稿·食貨志五》："雍正元年，巡撫楊名時請歲運滇銅入京。廷議即山鑄錢爲便，因開雲南大理、霑益四局，鑄運京錢，幕文曰'雲泉'。上以錢爲國寶，更名'寶雲'，並令直省局錢，幕首'寶'字，次省名，純滿文。其後運京錢時鑄時罷。"

乾隆通寶

清高宗乾隆年間（1736—1795）鑄造的銅錢。鑄量豐而品類雜，部分錢體較康熙、雍正錢明顯輕小。面文皆真書直讀。背二滿文記局，計有：寶泉、寶源、寶直（直隸）、寶濟、寶晉、寶陝、寶鞏、寶蘇、寶浙、寶昌、寶福、寶武、寶南、寶川、寶桂、寶雲、寶晉、寶伊等。自乾隆二十四年統一新疆後，又於新疆增

乾隆通寶

設葉爾羌、阿克蘇、烏什等局，其錢敦實厚重，背以滿、維文記局，因係純净紅銅鑄造，故又稱"新疆紅錢"。此外，尚見合背錢、吉語錢、記年錢、樣錢及雕母諸品，以後三種最罕。一般徑 2.2 ～ 2.5 厘米，重 2.5 ～ 4.5 克。《清史稿·食貨志五》："〔乾隆〕十二年，上以錢重則私銷，輕則私鑄，令復一錢二分舊制。"

新疆紅錢

清代新疆地區鑄造的方孔圓錢。因幣材多采自純净紅銅，故稱。始於乾隆二十四年（1759），達於清末。形如平錢或稍大，咸豐朝又有大錢。製作粗獷，文字隱起。錢面鑄

新疆紅錢

漢文年號與寶文，背滿、維（維吾爾）合文記局，滿文左而維文右，局名可見葉爾羌、阿克蘇、烏什、寶伊、和田、喀什喀爾、庫車、迪化等。部分背穿上下又有漢文記局、記值字樣，如"庫十""阿十""新十""當四""當五""當十"等。種類多而鑄量少。因新疆地區物價較高，故流通行用多作折十。《清史稿·食貨志五》："〔乾隆〕二十四年，回部平，頒式於葉爾羌，鑄'乾隆通寶'，枚重二錢，幕鑄葉爾羌名，左滿文，右回文，用紅銅，並毀舊普爾錢充鑄。越二年，阿克蘇請鑄，如葉爾羌例。"

普爾錢

清代新疆地區通行的錢幣。因維吾爾語稱錢爲"普爾"，故稱。初作橢形而首微鋭，體厚小，無穿，紅銅鑄就。每枚重二錢，五十枚

值銀一兩。面文有兩種：一種爲厄魯特文准噶爾汗"策妄阿喇布坦"之名，背維吾爾文記地作"葉爾羌"。另一種爲維吾爾文准噶爾汗"噶爾丹策零"（策妄阿喇布坦之子）之名，背亦維吾爾文作"葉爾羌"。自乾隆二十四年（1759）統一新疆後，改鑄新式方孔圓錢，仍沿稱"普爾"。通常稱准噶爾普爾錢爲"舊普爾"，乾隆統一新疆之後所鑄爲"新普爾"。新普爾面文作真書，直讀，背滿、維合文記局，局名可見葉爾羌、阿克蘇、庫車、烏什等數種，因係紅銅鑄造，故亦稱"紅錢"。《西域圖志》卷三五："回部舊屬准噶爾，所用'普爾'錢文，質以紅銅爲之，制小而厚，形圓橢而首微鋭，中無方孔。當策妄阿喇布坦時，面鑄其形，背附回字。噶爾丹策凌嗣立，即易名更制。乾隆二十四年，西域底定，更鑄錢文。初仍舊式，後改如內地，面鐫'乾隆通寶'漢字，而以設局地名附於背。"

普爾錢

嘉慶通寶

清仁宗嘉慶年間（1796—1820）鑄造的銅錢。幣材銅鉛各半，且私鑄盛行，故錢質明顯不及乾隆通寶。面文皆真書直讀。背二滿文記局，計有：寶泉、寶源、寶直、寶蘇、寶浙、寶福、寶昌、寶武、寶南、寶桂、寶川、寶雲、寶東（雲南寶東局）、寶黔、寶陝、寶晉、寶鞏、寶伊，凡十八種。另有滿、維文記局的新疆阿克蘇錢。一般徑 2.4 ～ 2.5 厘米，重 3.5 ～ 4 克。此外尚見吉語套子錢，由漢文福、壽、康、

寧組成，每錢一字，銘於穿右，穿左皆配一滿文"寶"字。《清史稿·食貨志五》："嘉慶元年，復直省鑄。至十年，直

嘉慶通寶

省未盡復卯，錢復貴，通飭各督撫按卯鼓鑄。然嗣是局私私鑄相踵起，京局錢至輪郭肉好模糊脆薄，'寶蘇'鑄中雜沙子，擲地即碎，而貴州、湖廣私鑄盛行，江蘇官局私局秘匿。"

道光通寶

清宣宗道光年間（1821—1850）鑄造的銅錢。面文皆真書直讀，背二滿文記局，新疆紅錢或滿、維文記局。滿文記局者可見：寶泉、寶源、寶直、寶蘇、寶浙、寶昌、寶武、寶南、寶川、寶福、寶晋、寶陝、寶廣、寶桂、寶雲、寶黔、寶東、寶伊。滿

道光通寶

維文記局者有阿克蘇與庫車錢。阿克蘇錢或兼用漢字記年記值：記年作"八年"，橫書於穿上，記值有"五""十"兩種，銘於穿下。庫車錢背穿上下鑄漢文"庫十"二字，"十"爲記值。此錢存世頗豐。除寶泉、寶源兩種製作稍工外，各省所鑄大多粗劣，私錢尤甚。徑2.2～2.7厘米，重2.5～4.8克。

咸豐通寶

清文宗咸豐年間（1851—1861）鑄。有户、工二部及各省地二十九局所鑄銅、鐵、鉛、錫各類錢多種，一般爲平錢（大錢另稱重寶、元寶），大小粗精不一，薄小質劣者尤多。面文皆真書直讀。背二滿文記局。新疆紅錢於滿、維文記局外，多於背穿上下直書漢

文"當五""當十"記值字樣，意值内地平錢五或十枚。此外，寶福局於平錢之上更有四等大錢，背穿上下分別直書

咸豐通寶

"一十""二十""五十""一百"記值字樣。一般平錢徑2～2.6厘米，重2～4克。參閱《中國錢幣》1983年第二期。1999年西安金泉錢幣文化股份有限公司從上海春季國際錢幣拍賣會上重金購回一枚"咸豐通寶·大清壹百"大錢，徑7.25厘米，重197克，銅質。面文爲漢文"咸豐通寶"，直讀，背有漢文"大清壹百"和滿文紀局，可謂集國號年號、紀局、紀值於一身，其錢文係寶福局特有的山谷體，秀美絶倫。錢體大而厚重，當屬試鑄樣錢，未曾流通，故珍罕無比，堪稱"清錢之王"。（陝西西安金泉錢幣博物館藏）

咸豐重寶

清文宗咸豐年間（1851—1861）鑄造的銅錢。面文真書直讀，背滿文記局兼漢文記值，新疆紅錢滿、維文記局。可見"寶泉""寶源"及各地名二十餘種。記值以"當十""當五十"兩種最常見，其次爲"當五"，少數局有"當四""當八""當二十""當三十""當四十"字樣，亦有銘作"拾文""一十""二十""五十""百"及"一百"者。又，寶福局錢於記局記值之外或兼記重，其文自當五錢之"二錢五分"至當

咸豐重寶

百錢之"計重五兩"不等。因鑄時不一，鑄局各異，故幣值相同者大小多殊，甚至幣值不等者輕重倒置。如當五十錢之小者徑僅3.6厘米，重10餘克，而大者有徑逾6厘米，重逾80克者，猶大於不少當百錢。20世紀八九十年代江蘇江陰更出寶蘇局所鑄特大"咸豐重寶"，徑22厘米，重2.9公斤，爲咸豐第一大錢。光緒《順天府志》："咸豐三年，軍旅數起，餉需支絀，東南道路梗阻，滇銅不至，刑部尚書周祖培、大理寺卿恒春、御史蔡紹洛先後條陳錢法，請改鑄大錢以充度支……五月，先鑄當十錢一種，文曰'咸豐重寶'，重六錢，與制錢相輔而行。八月，增鑄當五十錢一種，重一兩八錢。"參閱《中國錢幣》1983年第二期。

咸豐元寶

清文宗咸豐年間（1851—1861）鑄造的當百至當千大銅錢。面文真書直讀。背穿左右滿文記局，上下漢文記值。可見寶泉、寶源及各地局名近二十種。記值以當百、當五百、當千三種爲常見，寶泉局有"當二百"者，當三百、當四百兩種僅有記載而未見實物。因鑄時不一，鑄局各異，故幣值相同者往往大小不等，甚至幣值不同者輕重倒置。欲行大錢以濟軍用之清廷，反因大錢泛濫而造成通貨膨脹，危機進一步加深。清鮑康《大泉圖錄》："咸豐三年，軍用日滋，清餉不能繼。壽陽相國權户部議請鑄當十大錢，兼增鐵冶，以供度支，旋

咸豐元寶

推及當五十、當百錢。巡防王大臣續請鑄當五百、當千兩種，並以銅當五暨鉛、鐵當一制錢相輔而行。初亦公私稱便，未幾私鑄蜂起，利之所在，雖頻置重典而不畏，因之各錢漸廢，僅銅、鐵當十尚暢行。"參閱《中國錢幣》1983年第二期。

祺祥通寶

咸豐帝崩後，肅順等八大臣受遺詔立皇子載淳即位，改元祺祥（1861），并鑄祺祥通寶與重寶銅錢。通寶爲平錢，面文真書直讀，背二滿文記局僅見"寶泉""寶源""寶鞏"及雲南"寶東"等數種。旋因慈禧政變，并以東、西二后"一同治政"爲名改元"同治"，致使祺祥年號僅行兩月即廢，祺祥錢亦因未正式頒行而存世甚稀。

祺祥重寶

清穆宗建元祺祥時（1861）鑄造的折十銅錢。面文真書直讀。背滿文記局兼漢文記值，局名僅見"寶泉"與

祺祥重寶

"寶源"兩種，記值皆作"當十"。徑3.1～3.4厘米，重10克左右。因鑄而未行，故存世不多。另有合背錢及"祺祥""同治"異號合背錢。清鮑康《大泉圖錄》："祺祥重寶當十錢，一寶泉局鑄，一寶源局鑄。"

同治通寶

清穆宗同治年間（1862—1874）鑄造的銅錢。因承咸豐大錢貶值之弊，不少錢局停爐，故鑄量銳減。形制如平錢，面文真書直讀，背滿文記局可見：寶泉、寶源、寶直、寶蘇、寶昌、寶浙、寶福、寶濟、寶廣、寶雲、寶桂，

另見滿維文記局作阿克蘇者。除寶源、阿克蘇二品錢體稍大外，其餘錢徑多在 2.2 ～ 2.4 厘米之間，重 2 ～ 3.5 克。

同治重寶

清穆宗同治年間（1862—1874）鑄造的大銅錢。面文真書直讀。背滿文記局兼漢之記值。其局名有：寶泉、寶源、寶廣、寶桂、寶陝、寶昌、寶直、寶浙、寶南、寶福、寶武、寶雲、寶晋、寶黔、寶伊、寶鞏，另見滿維文記局作阿克蘇者。記值

同治重寶

以"當十"一種爲最多，偶見寶伊"當四"與寶鞏"當五"之品。一般徑 2.8 ～ 3.6 厘米，重 6 ～ 13 克。清鮑康《大錢圖録》："同治重寶當四錢，亦僅此一見，幼雲所收，云幕文與寶伊相近，而作當四，不詳其故，姑坿於後。"《清史稿・食貨志五》："同治初，鑄錢所資，惟商銅、廢銅，當十錢減從三錢二分。"

光緒通寶

清德宗光緒年間（1875—1908）鑄造的銅錢。除原有諸局外，新增"寶津""寶沽""寶吉""寶奉"四局。所見多爲平錢，大小不等，面文真書直讀，背二滿文記局，新疆紅錢滿維文記局，或兼漢文記局記值，如"阿十""新十""庫十"等，意折十行用。寶福局有背飾日月而不記局的篆書錢。寶

光緒通寶

泉、寶源二局又各有套錢六枚，背穿上分鑄"宇""宙""日""列""往""來"字樣。寶津局小錢背星、背月頗多變化。寶晋局有特大錢。一般平錢徑 2 ～ 2.4 厘米，重 2 ～ 3 克。光緒十二年，福建始以機器打造八分五厘制錢，其後，浙江、直隸、廣東、吉林、湖北、江南、奉天諸省亦先後采用機器打造方孔制錢，重四分至一錢不等。光緒末年，廣東、福建、山東、度支部造幣總廠又以機器鑄造一文的制錢，錢背分別鑄有滿文"寶廣"、滿文"寶福"、漢文"山東壹文"、漢文"銅幣一文"字樣，不久即爲中間無孔的一文銅元取代。《清史稿・食貨志五》："時孝欽顯皇后鋭意欲復製，下廷臣議，以滇銅運不如額，姑市洋銅，交機器局試鑄。户部奏稱機器局鑄錢並京局開爐之不便，懿旨罪其委卸，卒命直隸總督李鴻章於天津行之，重準一錢，遂賞唐炯巡撫銜，專督雲南銅政。十四年，廣東試鑄機器錢，以重庫平七分識於幕。二十四年，命直省鑄八分錢。而京師以制錢少，行當十錢如故。"

光緒重寶

清德宗光緒年間（1875—1908）鑄造的當五、當十銅錢。面文真書直讀。背穿上下漢文記值，左右滿文記局，新疆阿克蘇錢滿維文記局。局名可見：寶泉、寶源、寶直、寶蘇、寶浙、寶昌、寶福、寶武、寶南、寶晋、寶陝、寶川、寶廣、寶桂、寶雲、寶黔、寶伊、阿克蘇，凡十八種。記值各局所鑄多作"當十"，寶泉有"當拾"，寶蘇有"當五"，寶廣機製錢當十當五兼有。清鮑康

光緒重寶

《大錢圖錄》："光緒重寶當十錢，幕文曰寶直、寶蘇、寶浙、寶昌、寶福、寶武、寶南、寶晋、寶陝、寶川、寶廣、寶桂、寶雲、寶黔、寶伊、阿克蘇十六種，乃户部所頒母錢五金雜鑄，故倍緻。時安徽、河南、山東、甘肅不鼓鑄，俱未頒。"

宣統通寶

清末帝宣統年間（1909—1911）鑄造的銅錢，爲有清一代最後一種方孔圓錢。其時當十銅元已見盛行，用翻砂

宣統通寶

舊法鑄錢者僅剩寶泉、庫車二局。"寶泉"爲平錢，分大、小樣兩式。"庫車"仍爲折十，背於滿維文記局之外復有漢文"庫十"字樣。此外，寶福、寶廣局皆有機製平錢。

太平通寶 [2]

上海小刀會鑄幣。該會於清咸豐三年（1853）在上海起議，次年始鑄此錢。僅見小平一種，以黄銅爲幣材，面文有真、隸二體，直讀。背除無紋者外，可見穿上日形穿下俯月者，又有穿上仰月穿下"明"字者，以示小刀會反清復明之意。各品多出上海一帶，徑約2.3厘米，重3.2～3.5克。因鑄時未久，故數量不多。另見錢背銘一"文"字者，係晚清天地會錢。清黄本銓《梟林小史》："時〔上海〕城中富有金銀而獨缺錢，庫寶銀五十兩易錢二十餘萬，至是收廢銅悉鑄之，文曰'太平通寶'，背作日月二形。"

金錢義記

浙南天地會支派金錢會鑄造的會錢。該會於清咸豐八年（1858）由浙江平陽趙起等八人發起，會員一度達十餘萬人。凡入會者須納若干制錢，便發給此錢一枚，作爲入會憑證，不作貨幣流通。錢文真書

金錢義記

直讀。"金"字上部從"入"以示入會意。背穿兩側皆有兩斜方形交疊成方勝圖樣。少數穿上復有八卦文字如"天""地""離"等，殆金錢會分支代號。亦見背文篆作"震忠團練"者，爲金錢會將其所部改稱"平陽團練"時所鑄。所見大小略异，徑多在3.7～3.9厘米，重15～20克不等，個别"離"字錢徑4.6厘米，重40克左右。

嗣統通寶

貴州張保山起義軍鑄造的銅錢，始鑄於清咸豐十年（1860）。一説咸豐五年（1855）貴州劉義順起義軍建"大成"國以"嗣統"爲年號時鑄。形同小平或略大，有黄銅、紅銅兩種，面文真書自讀，背無文。徑2.5～2.7厘米，重4.5～7.2克。今不多見。清黎庶昌《拙尊園叢稿》卷二："〔咸豐十年張保山〕爲遵義縣令鄧公爾異所斥，乃往投白號，詭稱明代後裔，衆惑之，尊立以爲僞秦王。總其衆，號朱民悦，或稱朱王，鑄嗣統錢散行之，使民堅其信。"

替天行道

清末義和團鑄幣。僅一見，20世紀30年代初發現於北京，後流入日本。形體厚大，質爲黄銅，面文"替天行道"作真書直讀，背有"保清滅洋"及"庚子"字樣。徑3.8厘米，重18克左右。錢文"替天行道""保清滅洋"爲義和團的口號之一，"庚子"爲1900年義和團抗擊八國聯軍時的干支年份，此錢即當時義和

團鑄造的團錢，非正式行用之幣。日人考此錢爲道光二十年（1840）庚子所鑄，實屬大誤。參閱馬傳德、馬定祥《義和團團錢》，《中國錢幣》1987 年第三期。

水陸平安

清末義和團鑄造的銅錢。分大、中、小三等，黃銅質，錢徑依次爲 2.7、2.5、2.3 厘米。面文"水陸平安"皆作篆書，直讀。背穿左右飾刀叉圖案，上下分別爲北斗七星與八卦"癨榆"（坎）符。時京都地區的義和團有以"坎"字爲名者，此錢即坎字團鑄造的團錢，供團員携佩作護身物用，非正式行用之幣。其分大、中、小三等者，殆與佩帶者的身份高低有關。

皇帝通寶

清代浙江天地會鑄造的會錢。形同小平，質爲黃銅，面文真書直讀，背穿左滿文"寶"，穿右漢文"浙"，或無滿文而於穿上或穿右鑄一漢文"聖"字，以背"聖"品爲罕見。一般徑 2.4 厘米，重 5 克左右。

太平天国

天国通寶

太平天国起義軍鑄行的當十大錢。幣材多爲黃銅。面文"天国"直讀，"国"字口內從"王"不從"玉"，背文"通寶"橫書，分真書短劃天（"天"字首橫較短）與宋體長劃天（"天"字首橫較長）兩式，"短劃天""通"字爲單點，"長劃天"爲雙點。徑 3.4 ～ 3.75 厘米，重 17 ～ 27.5 克。世存太平天国錢幣多以"聖寶"爲文，"通寶"諸品殆太平軍初都天京尚未規定錢幣必稱"聖寶"之時鑄，屬最早的太平天国錢。昔有太平天国錢幣不稱"聖寶"即僞品之說，恐非是。是錢迄今僅見十餘品，頗珍稀。

天国聖寶

太平天国起義軍鑄幣。面文或四字，或二字。四字者有小平與折五（一說折二）二等，面文真書直讀，背文"太平"二字小平作橫讀，折五作直讀，以折五爲罕見。二字者面"天国"而背"聖寶"，皆上下直讀，錢體分小平與折十。小平用黃銅鑄造，"天"字兩橫甚長，"聖"字"口"部下橫長出，或右豎下垂，書體含隸韵。折十黃銅、青銅兼有，亦見鉛、鐵之品，"聖"字下部分從"壬"從"王"兩種寫法，以從壬者爲先鑄而從王者居多。存世除折十銅品稍多外，餘均稀有。凌善清《太平天国野史》："癸丑六月，天王命在江寧鑄錢，令典銅匠選擇能鑄錢者，得十二人，封四人爲鑄錢匠，職同指揮。設廠開爐鼓鑄，其式大小不一，正面印'天國聖寶'四字。銅匠不諳鑄法，錢質又以鉛銅互雜，分配不匀，鑄皆不成輪廓，字亦模糊莫辨。民間多不信用，遂停止。"清滁浮道人《金陵雜記》："賊之鑄錢，正面直書'天国'二字，背面直書'聖寶'二字，鑄有十餘萬。"

天国聖寶

太平天国

太平天国起義軍鑄造的銅錢。有小平、折五（一說折二）、當十、當五十凡四等，面文真書直讀，"国"字"口"內從"王"不從"玉"。背文"聖寶"或直讀，或橫讀。直讀者又別爲二式：一式字爲宋體，橫劃收筆多有頓勢，"天"字首橫較次橫長，大小各品多出南京地區。二式字由宋體演變而來，筆劃粗細較勻，橫筆頓勢不顯，"天"字兩橫近乎等長，出土範圍在蘇州一帶。橫讀者文字及製作較遜，筆劃或隱或顯地起伏，一般發現於湖南地區。存世多小平而少大錢。另有宋體大花錢數種，直徑自 7.6～33.5 厘米不等，錢面外緣飾二龍戲珠，背"聖寶"及穿孔兩側飾雙鳳相嚮，外緣一周飾寶蓋、法輪、金魚、寶傘、妙蓮、寶瓶、盤腸、法螺、稱爲"八寶"。錢體較小者僅飾八寶而無雙鳳。此類花錢一般不用於流通，而屬具有關爐性質或專用於賜贈的紀念錢。參閱馬定祥、馬傳德《太平天国錢幣》。

太平天国

天国太平

太平天國起義軍鑄造的銅錢。分小平、折五（一說折二）兩等，面文真書直讀，背文"聖寶"多作橫書，直讀者極少見。此錢面文亦有先右而左、再自上而下仍讀"太平天国"者。參閱馬定祥、馬傳德《太平天国錢幣》。

太平聖寶

太平天国起義軍鑄幣。分小平、折五（一說折二）兩等，面文真書直讀，背文"天国"橫書。所見出自浙江紹興一帶，版式不一，以平錢"寶"字簡寫作"宝"者爲罕。

平靖勝寶

此錢多出湘、桂一帶，鑄主不詳，一說太平軍收復靖江後所鑄，爲紀念幣，或謂大成國李文茂稱平靖王時於廣西柳州所鑄。略大於平錢，面文真書直讀，背鑄營名或軍名。營名有"前營""後營""左營""右營""中營"五種，軍名有"長勝軍""御林軍"兩種，均少見。另見當千大錢一枚，背穿上、右、左、下分別銘鑄"興漢滅滿""禱天福""武正軍""當千"字樣，係舊時浙江杭州所出。

第十節　近代機製幣考

近代機製幣是 19 世紀末隨着西方近代工業被大量引進中國之後而出現的新式貨幣，它以專門的鑄幣機冲壓而成，不僅生產效率大爲提高，而且大小輕重規範，文字圖案精美，還可有效地杜絕私鑄。按幣材不同，機製幣可分金幣、銀元、銅元、鎳幣、鋁幣、銻幣、鎂幣及鉛幣等。清咸豐六年（1856），官府指定王永盛等三家上海號商鑄造的銀餅，是我國最早的機製錢幣。三十年後，光緒十二年（1886），福建首先開辦機製制錢，機製銅幣由此發端。此後浙江、直隸、廣東、吉林、江南、湖北及奉天等十六個省也先後購機置廠，鑄造機製制錢。由於打孔常損機器，致使虧賠太多，所以各省一般開製一二年後便被迫停製，衹有廣東製時最久，製量最豐。光緒二十六年，廣東率先開鑄不帶孔的銅元，投入流通，後來各省紛紛仿鑄。這種銅元以"光緒元寶"命名，多以紅銅爲質料，以蟠龍圖案爲主要裝飾。在流通中，它逐漸成爲銀元的輔幣，同時又與舊式制錢有一定聯系，因與傳統圓形方孔的銅錢不同，中間無孔，故亦稱"銅板"。其幣值可見一文、二文、五文、十文、二十文五等，錢徑重量依次遞大。其中十文一種流通最廣，五文以下少見。光緒三十一年，清王朝於天津設戶部造幣總廠，所鑄銅元以"大清銅幣"命名，遂由戶部頒發祖模，命各省改鑄。爲便於識別，各省所鑄幣面正中均加省名簡稱。從此，銅元式樣得以統一。因銅元式樣新穎，携帶便利，故發行之初頗受社會歡迎，市場幣值往往超過發行幣值。後因鑄造利大，各省競相鼓鑄，甚至傾銷他省牟利，致沿江、沿海一帶流通數量超過了市場需求，幣值遂不斷下跌。光緒末，當十銅元已不抵十文制錢，於是廣東、福建鑄造了一文的機製方孔小錢，以顯銅元當十之數。後來清王朝亦命各省鑄造一文小錢，唯式樣改爲無孔，如"光緒戊申寧字一文""光緒戊申鄂字一文""光緒戊申直字一文"等。入民國後，銅元在一些地區仍大量鼓鑄，較常見的有天津造幣廠的開國紀念幣、上海中央造幣廠的黨徽古布幣、四川軍政府的"漢"字銅元、湖南省的雙旗嘉禾銅元、山西省的"中華銅幣"及河南省的十文至二百文銅元等，圖案不再用龍，而多以雙旗嘉禾爲裝飾。這一時期的新疆銅元版別尤爲繁雜。至20世紀二三十年代，銅元鑄量日益減少，并遂漸被鎳幣取代。

鎳幣早在清代就有擬鑄之議，但最終未能出臺。民國三年（1914），天津造幣廠開鑄袁世凱像五分鎳幣，中國鎳幣由此發端。其後廣東、雲南、山西相繼開鑄，以雲南鑄量最豐。四川、山東亦有試鑄，但未頒行。及至民國二十五年，用作法幣輔幣的孫中山像鎳幣開始流通，這是當時鑄時最長、鑄量最大、版別最多、行用最廣的鎳幣。

民國時期又有鋁幣，但前後鑄造不過六年。國民政府鋁幣鑄於民國二十八至二十九年（1939—1940），有三種面額五個版別，以古布圖案爲特徵，正式流通的僅見二十九年伍分與壹分兩種。

銅元

光緒元寶銅元

　　清末機製銅元。光緒二十六年（1900）廣東率先開鑄，其後各省紛紛仿造。質料多爲紅銅。面額分二十文、十文、五文、二文、一文五種，其中十文鑄量最豐，五文以下少見。光

光緒元寶銅元（十文）

緒三十一年，全國鑄造的已有十幾個省，遂代替舊式制錢，流通全國。其制圓形無孔。正面內圈"光緒元寶"楷書直讀，中心多飾一花瓣或滿文記局。外圈上緣多書"某某省造"，兩側滿文或漢文記局，亦有記年、記值或飾花星者，下緣皆標幣值，背面皆飾龍紋，外圈上下多有英文書寫的省名與幣值。光緒三十一年清王朝設戶部造幣總廠并鑄"大清銅幣"銅元，遂由戶部頒發祖模，令各地仿鑄，從此銅元的鑄造統一爲"大清銅幣"。

大清銅幣銅元

　　清末機製銅元。光緒三十一年（1905），清王朝於天津設戶部造幣總廠，始鑄該幣，并命各省仿造。其制圓形無孔，正面內圈鑄漢文"大清銅幣"，外圈上緣書滿文"大清銅幣"，

大清銅幣銅元（十文）

下緣漢文"當制錢××文"，兩側"戶部"兩字，少數書"度支部"或記年干支，通常記年干支多書於上緣滿文兩側，背面居中龍紋，上書漢文"光緒年造"或"宣統年造"，下列英文"TAI-CHING-TI-KUO COPPER COIN"，意爲"大清帝國銅幣"。各省所鑄幣面正中鑄一字代表省區局名，計有：粵、閩、蘇、寧、淮、皖、浙、贛、鄂、湘、東、汴、直、奉、吉、雲、川、滇，另有鑄"川滇"二字者，凡十九種。其幣值有二十文、十文、五文、二文、一文五種，錢徑重量依次遞減。鑄量以十文者居多，五文以下者少見。宣統三年所鑄別爲一式：幣面蟠龍居中，"大清銅幣"四字在外，背鑄幣值與嘉禾，上下分書"宣統三年"與若干枚換一圓。其幣值有五文、十文、二十文三種，亦以十文者居多。

大清銅幣銅元（宣統三年十文）

北洋光緒通寶零用一文

　　清光緒三十二年（1906）直隸省鑄。紅銅。幣面中間對書"光緒通寶"，環以珠圈，外緣飾二龍戲珠圖案，背面直書"零用一文"，"北洋"兩字橫列於兩側。有大小兩種版式，以小型者居多。

戊申光緒一文銅元

　　清光緒三十四年（1908）鑄。有紅銅、黃銅兩種。幣面上下分列"光緒"與"一文"，中

間一字紀廠或紀地，有"總"（度支部造幣總廠）、"閩""甯"（江南省）、"鄂""川""直"（直隸省）、"汴"凡七種，字外珠圈一周，兩側"戊申"紀年，背面飾龍紋，圖案與大清銅幣同。存世以總、甯、鄂、直四種居多。

己酉宣統一文銅元

清宣統元年（1909）鑄。黃銅。幣面上下分列"宣統"與"一文"，中間一字僅見"總"（度支部造幣總廠）字一種，環之以珠圈，兩側"己酉"紀年，背面飾龍紋，圖案與大清銅幣同。今不多見。

宣統寶藏

清宣統二年（1910）清朝官員聯豫駐藏時鑄。有一分、半分兩種，均紅銅。幣面中央鑄一法輪，上下右左分列漢文"宣統寶藏"四字。背面上列藏文"西藏宣統寶藏"，下署幣值"庫平一分"或"庫平半分"，中央鑄雪山獅子圖案。因用簡陋的水力設備鼓鑄，每日所成不過數百枚，故今存世甚罕。

中華民國開國紀念幣

民國元年（1912）天津造幣廠鑄。有二十文、十文、五文三種，均紅銅。按版式、圖案可分三類。其一：幣面上下分列楷書"中華民國"與"開國紀念幣"，居中五色旗與鐵血十八星旗交叉，環以珠圈，兩側綴飾花星，背面居中鑄面額與嘉禾紋，繞以凸弦紋一周，上下分列英文"中華民國"與幣值。其二：幣面雙旗

中華民國開國紀念幣（十文）

之外不環珠圈，兩側飾捲草紋圖案，上下"中華民國"與"開國紀念幣"通常作隸書，亦偶見楷書，背圖與第一類同，但弦文圈外或增飾珠圈。其三：雙旗之外亦無珠圈，與第二類之不同在於背緣不書英文，而飾連葉紋一周。今一類存世皆豐，其餘兩類僅見十文一種。

中華民國共和紀念幣

民國初年天津造幣廠鑄。僅見十文一種，紅銅。幣面上列"中華民國"，下列"共和紀念幣"，中間雙旗交叉，捲草紋飾於兩側。背面直書漢字"十文"，兩側飾以嘉禾紋，底部爲英文紀值"十文"。今不難求，唯背面有設計者英文L.GIORGI之簽字版者爲稀品。

民國雙旗嘉禾銅元

民國年間天津造幣廠造。僅見二十文一種，紅銅。幣面上下"中華民國"分用漢字與英文，中間雙旗交叉，捲草紋飾於兩側，背面居中直書漢字"二十文"，繞以嘉禾紋，底部爲英文紀值"二十文"。其圖文風格與共和紀念幣相類似。

民國雙旗嘉禾銅元（二十文）

袁世凱像共和紀念銅元

民國元年（1912）天津造幣廠鑄。僅見十文一種，紅銅，由意大利雕刻師喬治設計。幣面鑄袁世凱高帽戎裝正面像，面型分大、小兩式，背面居中直書"十文"，繞之以嘉禾紋，上下分列"中華民國"與"共和紀念"字樣。存世稀少，大面型者尤珍。

民國五年嘉禾圓孔銅元

民國五年（1916）天津造幣廠鑄。有貳分、壹分、伍厘三種，均紅銅。幣面上列"中華民國五年"，下列每若干枚當一圓，間以四瓣花或五角星；居中圓圈內鑄一梅花，花內面額橫列穿孔兩側，背面四內弧相連呈四銳角形，環以嘉禾一周。除常品外，壹分、伍厘有該幣設計者喬治的英文 GIORGI 簽名，俗稱"簽字版"；壹分又有中間穿孔尚未貫通之"滿穿版"。今壹分、伍厘可遇，貳分者難求。

民國五年嘉禾圓孔銅元（壹分）

民國二十二年嘉禾圓孔銅元

民國二十二年（1933）天津造幣廠鑄。有貳分、壹分兩種，均紅銅。面背圖案模仿民國五年嘉禾紋圓孔銅元，唯紀年异。今不難見。

民國二十二年嘉禾圓孔銅元（貳分）

徐世昌像銅元

民國八年（1919）天津造幣廠鑄。紅銅十文。幣面鑄徐世昌像，上緣署"中華民國八年"紀年字樣，背面圖案有兩種：一種上下分列"中華民國"與"開國紀念幣"字樣，中間五色旗與十八星旗交叉，兩側飾捲草紋；另一種外緣飾連葉紋一周，中間珠圈內鑄面額與嘉禾紋，面額"十文"，分楷、隸兩種書體。今兩種均爲稀品。

民國廿五年製嘉禾銅元

民國二十五年（1936）天津造幣廠鑄。有伍拾枚、拾枚、五枚、貳枚、壹枚、壹分、廿文凡七種，皆紅銅。幣面上列"中華民國廿五年製"，下飾嘉禾圖，邊緣勾連紋一周，背面直書面額，下列"1936"紀年，嘉禾繞於面額兩側，邊緣勾連紋一周。屬珍稀品。

津字嘉禾銅元

民國二十五年（1936）天津造幣廠鑄。可見十枚一種，紅銅。幣面上列"中華民國廿五年製"，中間鑄一楷書"津"字，環以珠圈，外緣幾何紋一周，背面居中直書"拾枚"，兩側簇擁嘉禾紋，下署紀年"1936"，外緣幾何紋一周。僅試鑄而未行用，屬銅元中之珍品。

平字嘉禾銅元

民國二十五年（1936）天津造幣廠鑄。有拾枚、五枚、一枚三種，紅銅。幣面上列"中華民國廿五年製"，中間鑄一"平"字，外緣幾何紋一周，背面居中直書幣值，兩側簇擁嘉禾紋，下署紀年"1936"，外緣幾何紋一周。僅試鑄而未行用，屬銅元中之珍品。

民國黨徽古布銅元

民國二十五至三十七年（1936—1948）發行。幣面上列中華民國紀年，中間鑄國民黨黨徽，邊緣飾幾何紋；背鑄古布圖案，幣值橫列於兩側，邊緣亦飾幾何紋。版別可見民國二十五年半分、壹分與二十六年壹分三種，多出上海造幣廠。二十五年黨徽或古布下銘一"平"或"津"字者出自天津造幣廠，因未被中央核准，故未正式行用。中日戰爭爆發後，中央造幣廠內遷重慶，遂有民國二十七至三十年諸品，最初形制依舊，二十九年錢徑明顯變小，

民國黨徽古布銅元（壹分）

面額簡作"一分"與"二分"，幣材亦改用黃銅。三十年僅鑄少量"二分"。及至三十七年，上海造幣廠又鑄"一分"，用作金圓券之輔幣，錢體大於二十九年"一分"。在黨徽古布銅元中，它是最後一種。

江西辛亥大漢銅幣

1911年南昌造幣廠鑄，爲辛亥革命後全國最早體現革命政權的鑄幣。僅見十文一種，紅銅。幣面上列"江西省造"，下列"當制錢十文"，居中"大漢銅幣"，環以珠圈，兩側"辛亥"干支紀年，中心書一陰文"贛"字，背面鑄九內弧相連而成之九角星，外環九大圓星，內環九小圓星，象徵當時關內的十八個省，中心鑄一極小之太極圖，外環珠圈一周，九角星外的地張上襯以細密的網紋。該幣迄今所見不足十枚，屬銅元中之大珍。

江西壬子大漢銅幣

民國元年（1912）江西省鑄。僅見十文一種，紅銅。幣面上列"江西省造"，下列"當制錢十文"，中間對書"大漢銅幣"，環以珠圈，中心飾六瓣花，兩側"壬子"紀年。背面珠圈內鑄一九角星，星上有十八個星點，象徵關內的十八個省；外緣上下分列英文"江西"與"十文"，兩側點綴小花各一朵。今存世甚罕。

民國壬子江西銅幣

民國元年（1912）江西省造。僅見十文一種，紅銅。幣面上列"中華民國"，下列幣值"當十"，中間對書"江西銅幣"，環以珠圈，中心六瓣花，兩側"壬子"紀年，背圖與江西壬子大漢銅幣同，唯此幣多見。參閱本卷《普通金屬幣說·近代機製幣考》"江西壬子大漢銅幣"文。

安徽九星銅元

民國元年（1912）鑄造。僅見十文一種，紅銅。幣面上列"中華民國"，下列"開國紀念"，中間對書"安徽銅幣"，環以珠圈，中心六瓣花，兩側"當十"紀值，背面鑄九角星圖案，星上十八顆星點象徵關內的十八個省，星外珠圈一周，外緣上下分列英文"安徽"與"十文"，兩側各綴一六角花星。該幣迄今僅見一枚，屬銅元中之大珍。

中華元寶銅幣

民國二年（1913）福建銅幣廠造。僅見十文一種，紅銅。幣面上列"福建銅幣廠造"，下列"每枚當錢十文"，中心星花如同盟會會徽，上下右左分列"中華元寶"，環以連珠紋一周，兩邊綴兩小星，背面中間五色旗與十八星旗交叉圖案，上下分列"福建銅幣"與"十文"英文字樣。今存世尚多。

民國廣東壹仙銅幣

民國元年至民國七年（1912—1918）廣東省鑄造，有黃銅、紅銅兩種。幣面上列"中華民國×年"，下列"廣東省造"，中間對書"壹仙銅幣"，環以珠圈，背面中央阿拉伯文"1"字紀值，環以珠圈，外緣上下分列英文"廣東

民國廣東壹仙銅幣

省"與"一分"字樣。存世以黃銅品居多。

民國廣東貳仙銅幣

民國七年（1918）廣東省鑄造。黃銅。幣面上列"中華民國七年"，下列"廣東省造"，中間對書"貳仙銅幣"，環以珠圈，背面中央一阿拉伯文"2"字紀值，環以珠圈，外緣上下分列英文"廣東省"與"二分"字樣。今不多見。

廣東五羊銅元

民國二十五年（1936）陳濟棠主政廣東時鑄造。僅見壹仙一種，紅銅，有圓穿。幣面鑄五羊圖案，上列"中華民國廿五年"與"廣東省造"兩行，穿旁飾波帶紋一周，背面穿左嘉禾一穗，穿右直書"壹仙"，穿旁五個篆文"羊"字繞穿一周，邊框呈齒輪狀。因與中央法幣政策抵牾，故旋鑄即廢，今爲稀品。

廣西民國八年壹仙銅幣

民國八年（1919）廣西省鑄造。有紅銅、黃銅兩種。幣面上列"中華民國八年"，下列"廣西省造"，中間對書"壹仙銅幣"，環以珠圈，背面中央阿拉伯文"1"字紀值，環以珠圈，外緣上下分列英文"廣西省"與"一分"字樣。今黃銅者少見而紅銅者甚罕。

廣西民國二十八年仙版銅元

民國二十八年（1939）廣西省鑄造。有貳仙、壹仙兩種，紅銅。幣面上列"中華民國二十八年"，居中爲國民黨黨徽十二角星，外緣飾幾何紋，背面鑄古布圖案，"貳仙"或"壹

廣西民國二十八年仙版銅元（貳仙）

仙"橫列於兩側，外緣飾幾何紋。存世以貳仙幣居多。

廣西民國二十八年古布壹分銅元

民國二十八年（1939）廣西省鑄造，紅銅。幣面上列"中華民國二十八年"，居中爲國民黨黨徽十二角星，背鑄古代布幣圖案，"壹分"兩字橫列於兩側。形制與當年重慶中央造幣廠之黨徽古布銅元相同，唯該幣古布之下可見一"桂"字。今爲稀品。

大中華民國雲南銅元

民國初年雲南省造。紅銅。幣面上列"大中華民國"，下列"雲南銅圓"，中間五色旗與十八星旗交叉，環以珠圈，邊有花星，背面珠圈內直書"一仙"幣值，繞以嘉禾兩株，外緣上下分列英文"中華民國"與"一分"字樣。僅試鑄而未行，屬銅元中之珍品。

唐繼堯紀念幣

民國五年（1916）雲南省爲紀念唐繼堯舉義雲南反對袁世凱復辟帝制而造。僅見五十文一種，黃銅或紅銅。幣面上列"雲南省造"，下列"當制錢五十文"，中間五色旗與十八星旗交叉，環以珠圈，兩側四瓣星花，背面中間鑄唐繼堯頭像，環以珠圈，上列"紀念銅幣"，下飾嘉禾兩株。今不難求，以黃銅品居多。

雲南民國二十一年雙旗銅元

民國二十一年（1932）雲南省造。有壹仙、貳仙、伍仙三種，紅銅。壹仙幣面中央弦紋雙圈，上下右左"壹仙銅幣"，環以珠圈，外緣上下右左"雲南省造"，間以梅花四朵，背面上下分列"中華民國"與"二十一年"，中間黨旗（青天白日旗）國旗（青天白日滿地紅旗）交叉，中心有雙圈，旗上方有阿拉伯數字紀值，

旗外珠圈一周，兩邊點綴梅花。貳仙、伍仙幣裝飾同壹仙幣。三種均罕見，一仙者尤稀。

山西開國紀念幣

民國元年（1912）山西省鑄造。僅見十文一種，紅銅。幣面上列"中華民國"，下列"開國紀念幣"，中間五色旗與十八星旗交叉，環以珠圈，兩側各飾五瓣星花，背面直書幣值"壹枚"，繞以嘉禾兩株。存世極少，屬銅元中之珍品。

民國八年山西中華銅幣

民國八年（1919）閻錫山主政山西時造。有十文、二十文兩種，紅銅。十文幣上列"中華銅幣"，下列"當制錢十文"，中間五色旗與十八星旗交叉，環以凸弦紋一周，兩側各飾五角星花，偶見橫列"山西"兩字者，背面直書"壹枚"面額，繞以嘉禾兩株。二十文圖案與十文（兩側星花者）同，唯幣面下緣不列幣值而署"民國八年"。除面有"山西"之十文幣極難一見外，其餘鑄量頗多。

民國十年山西中華銅幣

民國十年（1921）閻錫山主政山西時造。有拾文、貳拾文兩種，紅銅。幣面上列"中華銅幣"，中間五色旗與十八星旗交叉，環以珠圈，拾文幣下緣紀值作"當制錢十文"，貳拾文署"民國十年"，兩側飾星花，背面直書"壹枚"或"貳拾文"，繞以嘉禾兩株。該幣除紀年款文與民國八年中華銅幣不同外，五色旗由小

花、方格、圓點等五種不同圖案組成，雙旗結繩有穗，兩側各多飾小花兩朵，亦別於八年版銅幣。存世不及八年版銅幣多見。

四川醒獅銅元

民國元年（1912）鑄造。大小若五文銅元，有紅銅、黃銅兩種。幣面上列"中華民國元年"，中間雙五色旗交叉，環以珠圈，兩側各飾四瓣小花一朵，背面鑄立獅一隻，其下祥雲繚繞，邊緣凸弦紋、連珠紋各一周。今不多見。

軍政府造雙旗四川銅幣

民國元年（1912）鑄造，僅見五文一種。幣面上列"軍政府造"，下列"當制錢五文"，中間對書"四川銅幣"，環以珠圈，中心飾一芙蓉花，兩側各飾四瓣小花，背面上列"中華民國元年"，中間雙五色旗交叉，環以珠圈，兩邊各一四瓣小花。今不多見。

軍政府造"漢"字四川銅幣

民國元年至三年（1912—1914）造。有五文、十文、二十文、五十文、一百文五種，紅銅或黃銅。幣面上列"軍政府造"，下列"當制錢××文"，居中"四川銅幣"四字，環以珠圈，中心飾一芙蓉花，兩側各飾四瓣小花，背面上列"中華民國×年"，有元年、二年、三年三種，中間圈內鑄一篆文"漢"字，十八個圓圈繞其一周，象徵關內的十八個省，兩側及下端點綴四瓣小花三朵。除機製品外，一百文幣又有翻砂品，係後來甘肅隴南鎮守使孔繁錦

民國十年山西中華銅幣（貳拾文）

軍政府造"漢"字四川銅幣

所仿鑄，其特徵是面背字大，十八圓圈小，幣面中心鑄一"都"字或三瓣花，面"都"字者背緣下端亦有一"都"字。存世以機製品居多。

四川雙旗貳百文銅幣

民國二年（1913）四川省造，黃銅或紅銅。幣面上列"中華民國二年"，下列"四川造幣廠造"，中間直書"貳百文"面額，繞之以嘉禾，其外弦紋一周，兩側點綴小花，背面雙五色旗交叉，環以珠圈，上列英文"中華民國"，下列阿拉伯數字兼英文"200文"。版式可分直旗纓、曲旗纓及英文錯版數種，以曲旗纓者居多。

四川雙旗貳百文銅幣

"川"字嘉禾銅元

民國十五年（1926）四川重慶鑄造。有五十文、一百文、二百文三種，紅銅或黃銅。幣面上列"中華民國十五年"，下列"每枚當××文"，中間圈內鑄一梅花，花內書一"川"字，背面四內弧相連呈四銳角形，中心阿拉伯數字記值，周圍簇擁嘉禾，邊緣凸弦紋一周。版式頗多，其中二百文可見光邊、齒邊、合背、合面、陰陽版合面、雙面凹版合面以及小樣等多種；一百文有光邊、齒邊兩種；五十文除以面文"川"字大小不同而分大川、小川兩式外，

"川"字嘉禾銅元（二百文）

又有面背中央無字且錢徑、重量均略大之無字版一種。今二百文、一百文兩種多見，五十文難求，無字版者尤稀。

"川"字邊鑄銅元

民國十五年、十九年（1926、1930）造。僅見一百文一種，紅銅或黃銅。幣面上列"中華民國十五年"或"中華民國十九年"，下列"每枚當一百文"，中間圈內鑄一梅花，花內書一"川"字，圈外橫列"邊鑄"兩字，背面直書"生活過高地方請求鑄此平價"篆文四行，環以凸弦紋一周。今不多見。

四川梅花黨徽銅元

民國十九年（1930）造。有壹分、貳分兩種，紅銅。幣面上列"中華民國十九年"，下列"每××當壹圓"，中間鑄五瓣梅花，每瓣內鑄一字，合爲"壹（貳）分銅輔幣"，花外弦紋兩周，兩邊梅花中有"四川"字樣，背面居中鑄國民黨黨徽，繞以梅花兩枝，上端阿拉伯數字兼英文紀值"2分"或"1分"，下端署"1930"紀年款文。因屬試鑄品，故存世極罕。

軍政府造"漢"字湖北銅幣

民國元年至八年（1912—1919）湖北省造。僅見五十文一種，分機製與砂版。幣面上列"軍政府造"，下列"當制錢五十文"，中間對書"湖北銅幣"，環以珠圈，中心飾一芙蓉花，兩邊各一四瓣小花。背面上列"中華民國×年"，有元年、三年、七年、八年等數種，中心圈內鑄篆文"漢"字，圈外十八個圓圈繞其一周，象徵當時關內的十八個省，圓圈分圈內有點、無點兩式；兩側及下端點綴四瓣小花三朵，唯八年版背下小花作五瓣。今各品均少見。

蕭耀南紀念幣

民國十三年（1924）蕭耀南主政湖北時造。紅銅。幣面鑄蕭耀南正面戎裝高帽像，背面上列"湖北督軍兼省長蕭耀南"，中間直書"紀念"兩字，繞以嘉禾兩株。無紀值，大小如十文幣。今存世甚罕。

湖南九星銅元

民國元年（1912）湖南省造。僅見十文一種，紅銅。幣面上列"中華民國"，下列幣值"當十"，中間對書"湖南銅元"，環以珠圈，中心六瓣花，兩側各飾五瓣小花，背面鑄九角星圖案，星上十八個圓點象徵關內的十八個省，星外珠圈一周，外緣上下分列英文"湖南"與"十文"，邊花與錢面同。今存世頗多。

湖南九星銅元（十文）

湖南民國雙旗嘉禾銅元

民國年間湖南省造，有十文、二十文兩種，紅銅。幣面上列"中華民國"，下列"當××銅元"，或"當制錢××文"，中間五色旗與十八星旗交叉，旗上飾五星或菊花，亦見梅花或菱花，旗外凸弦紋一周，兩側飾捲草紋，背面居中鑄一嘉禾，少數作花草紋，環以凸弦紋一周，邊緣上環英文"中華民國"，下列英文

湖南民國雙旗嘉禾銅元（十文）

"十文"或"二十文"，"二十"或作阿拉伯數字。無記年，從雙旗圖案看，該幣鑄造下限不晚於民國十六年（1927）。今存世甚多。

湖南洪憲紀念幣

民國五年（1916）湖南省為紀念袁世凱稱帝而造。所見多為十文，黃銅。幣面上列"洪憲元年"，下列"開國紀念幣"，中間直書"當十銅元"，襯以草花兩枝，外環凸弦紋圈，兩邊橫列"湖南"兩字，綴以小花四朵，背面居中鑄嘉禾，環以凸弦紋一周，外緣上下分列英文"洪憲元年"與"十文"字樣。今不多見。又有二十文者，面背設計與十文同，唯錢徑及所署幣值異，屬試鑄樣幣，今極罕見。

湖南洪憲紀念幣（十文）

湖南省憲成立紀念幣

民國十一年（1922）發行。有十文、二十文兩種，紅銅，二十文兼有黃銅。幣面上列"湖南省憲成立紀念"，下列"中華民國十一年一月一日"，或無"一日"二字。珠圈內鑄三橫，寓民國十一年一月一日省憲成立日之意，

湖南省憲成立紀念幣（十文）

繞之以嘉禾，兩側橫列"當十"或"當廿"字樣，背面五色旗與十八星交叉，旗上飾五星或菊花，旗外珠圈一周，外緣上下分列英文"中華民國"與幣值。存世以十文居多。

甘肅中華銅幣二十文銅元

民國八年、十年（1919、1921）甘肅天水鑄造。砂版，紅銅。幣面上列"中華銅幣"，下列"民國八年"或"民國十年"，中間圈內五色旗與十八星旗交叉，兩側各飾五瓣花，背面直書幣值，八年幣作"貳拾文"，十年幣作"弍拾文"，兩側嘉禾簇擁。今不多見，十年幣尤罕。

甘肅雙旗九星當二十銅元

民國九年（1920）甘肅天水鑄造。砂版，紅銅。幣面上列"中華民國"，下列"當二十"幣值，中間五色旗與十八星旗交叉，環以珠圈，背面鑄九角星圖案，環以珠圈，外緣有英文"二十"等字樣。因係翻砂鑄造，故九角星上象徵十八省的十八個星點遠不及江西湖南的機製品清晰。今不多見。

甘肅中華民國紀念幣

民國九年（1920）甘肅天水鑄造。有二十文、五十文兩種，砂版，紅銅。幣面上列"中華民國"，下列"紀念幣"，中間五色旗與十八星旗交叉，兩側飾捲草花，背面居中直書面額，繞以嘉禾，環以凸弦紋、連珠紋各一周，外緣二十文者上下分列英文"中華民國"與"二十文"，五十文者環列英文"中華民國"一周。因係翻砂鑄造，故工藝粗糙，文字欠佳，英文尤多錯誤，如五十文之"B"字反書，"OF"誤作"OE"，P下多一橫誤作"P"。今存世以二十文者居多。

甘肅中華銅幣民國紀念雙旗二十文銅元

民國九年（1920）甘肅天水鑄造。砂版，紅銅。幣面上列"中華銅幣"，下列"民國紀念"，中間圈內五色旗與十八星旗交叉，兩側各飾一花星，背面直書"二十文"面額，兩側簇擁嘉禾。今存世不多。

甘肅壬戌年造雙旗二十文銅元

民國十一年（1922）甘肅隴南鑄造。砂版，紅銅。幣面上列"中華民國"，下列"壬戌年造"，中間圈內五色旗與十八星旗交叉，兩側各飾五瓣花，背面直書"弍拾文"面額，繞以嘉禾兩株。今不多見。

甘肅孔造五文銅元

民國十三年（1924）甘肅天水鎮守使孔繁錦鑄造。有機製、砂版（用翻砂法鑄造）兩種，紅銅。幣面居中鑄一"孔"字，環以珠圈，上下右左分列"甘肅輔幣"四字，背面居中鑄一"造"字，亦環以珠圈，上下直書"五文"面額，兩側各飾四瓣花一朵。今不多見，機製品尤罕。

甘肅中華民國十文銅元

民國十三年（1924）甘肅天水鎮守使孔繁錦鑄造。有機製、翻砂兩種，紅銅。幣面上下右左分列"中華銅幣"四字，居中鑄圓形多瓣大花星一朵，背面中花與錢面同，上下直書"十文"面額，兩側飾四瓣小花各一朵。今不多見，機製品尤罕。

陝甘通用孔輔銅元

民國十四年（1925）隴南鎮守使孔繁錦鑄造。有一百文、八十文、四十文三種，均翻砂品，紅銅。幣面中央圈內鑄一"孔"字，圈外上下右左分列"城市許用"四字，背面上列"陝甘通用"，下列"當錢××文"，中間圓內鑄一"輔"字。今三種均少見。

民國十五年甘肅銅幣

民國十五年（1926）隴南鎮守使孔繁錦鑄

造。有壹百文、五十文兩種，均機製品，紅銅。幣面上列"中華民國十五年"，下列"當制錢××文"，中間對書"甘肅銅幣"四字，環以珠圈，中心飾一大花，兩邊各飾一小花，背面五色旗與十八星旗交叉，其上百文幣鑄菊花一朵，兩側及旗下點綴小花四朵；五十文幣上下小花各一朵。存世以百文幣居多。

民國十五年甘肅銅幣（壹百文）

甘肅造幣廠黨徽雙旗銅元

民國十六年（1927）甘肅造幣廠造。可見五十文一種，紅銅。幣面上列"甘肅造幣廠造"，下列"當制錢五十文"，居中爲國民黨黨徽，環以珠圈，兩側各飾四瓣花星，背面雙旗交叉，雙旗一爲青天白日旗（黨旗），一爲青天白日滿地紅旗（國旗），圖案與北伐戰爭勝利之前所用之五色旗與鐵血十八星旗迥異。今存世甚罕。

民國十七年甘肅孫中山像銅元

民國十七年（1928）甘肅天水造。僅見"伍枚"一種，紅銅。幣面鑄孫中山正面頭像，上列"中華民國十七年"，背面鑄國民黨黨徽十二角星，面額"伍枚"在徽內直書，徽外珠圈及"T"字紋各一周。分側面有齒邊與無齒邊兩種版別，均甚罕見。

甘肅中華民國開國紀念幣

民國年間甘肅省鑄造。僅見二十文一種，紅銅。幣面上列"中華民國"，下列"開國紀念幣"，中間黨、國旗（青天白日旗、青天白日滿地紅旗）交叉，環以珠圈，兩側各飾五角星，背面直書"貳拾文"面額，繞以嘉禾兩株。無紀年，但不能以面文"開國紀念"而將其定爲民國元年鑄幣。從雙旗圖案看，該幣當鑄於民國十六年（1927）或其後。

中華民國河南省造十文

民國元年（1912）河南省鑄造。紅銅。幣面上列"中華民國"，下列"河南省造"，中間直書"十文"面額，繞以嘉禾兩株，環以珠圈，兩側點綴六瓣小花，有墜或無墜，背面雙五色旗交叉，上下分列英文"河南"與"十文"，兩側飾捲草紋圖案。今存世頗多。

中華民國河南省造十文

河南中華民國銅元

民國年間河南省造。有十文、二十文、五十文、一百文、二百文五種，多爲紅銅，二百文兼有黃銅。幣面上列"中華民國"，下列"當××銅元"，或"當制錢××文"，中間花草紋圖案，環以珠圈，兩則六瓣花，背面上下分列英文"河南"與幣值，中間鑄雙旗圖案，其中十文幣爲雙五色旗，二十文、五十文爲五色旗與鐵血十八星旗，以上三種皆鑄於民國之初。百文、二百文雙旗爲青天白日旗與青天白日滿地紅旗，係北伐戰爭勝利之後所鑄。以上各種均不難求，十文、二十文尤爲多見。

河南中華民國二十年銅元

民國二十年（1931）河南省造。有二十文、五十文、一百文三種，紅銅，式樣不一。二十文者幣面上列"中華民國二十年"，下列"當制錢二十文"，中間花草紋圖案，環以珠圈，兩側各綴一小花，背面薰旗（青天白日旗）、國旗（青天白日滿地紅旗）交叉，上端鑄五角星，下緣阿拉伯數字兼英文紀值作"二十文"，兩側飾捲草花圖案。五十文與百文幣面上下分列"中華民國二十年"與"河南省造"字樣，中間圈內鑄國民黨徽十二角星；背面直書"百文"或"五十文"面額，兩側簇擁嘉禾，上緣鑄五角星一顆。以百文、五十文兩種居多。

河南中華民國伍百文銅元

民國年間河南省造，紅銅。幣面上列"中華民國"，下列阿拉伯數字兼英文"500元"，中間國民黨黨旗、中華民國國旗交叉，環以珠

河南中華民國伍百文銅元

圈，兩側飾花草紋，外緣"T"字紋帶一周，背面直書"伍百文"面額，兩側簇擁嘉禾，外緣亦飾"T"字紋帶一周。無紀年，從雙旗看，當鑄於北伐戰爭勝利之後。其面額之高，創我國銅元之最。唯鑄額極少，被泉家列爲珍品。

河北民國十三年中華銅幣

民國十三年（1924）河北省鑄。有雙枚、十文兩種，紅銅。幣面上列蒙文"中華銅幣"，

河北民國十三年中華銅幣（雙枚）

下列英文"中華民國"，中間對書漢文"中華銅幣"，環以珠圈，背面上列"民國十三年造"，中間直書"雙枚"或"十文"，繞以嘉禾兩株。今雙枚易見而十文甚罕。

陝西中華民國銅元

民國年間陝西省造。有一分、二分兩種，多爲紅銅，二分者兼有黃銅。幣面上列漢文"中華民國"，下列當值拼音之首寫字母，二分幣作"IMTYPEF"（意爲"一枚當銀幣二分"），一分幣作"IMTYPIF"（意爲"一枚當銀幣一分"）；國民黨黨旗、中華民國國旗交叉於中圈兩側，圈內或實心圓、或五角星、或空心；旗外珠圈一周，兩側飾五瓣花，背面中圈與錢面同，其上直書幣值，兩側飾以嘉禾，環之以珠

陝西中華民國銅元（二分）

圈，外緣上下分列"陝西省造"與"××枚換銀幣一圓"。該幣無紀年，據雙旗圖案，當鑄於北伐戰爭勝利之後。存世以二分幣居多。

民國山東貳拾文銅元

民國廿二年（1933）韓復榘主政山東時鑄。當時山東已有山東省民生銀行和山東平市官錢總局等金融機構。鑄行銅元，意在增加收入，亦可彌補市場輔幣之不足。但該幣最終未能正式發行，可能是國民黨中央財政部未予批準之故。有貳拾文一種，紅銅。幣面上列"中華民國廿二年"，下列"山東省造"，中間國民黨黨旗、中華民國國旗交叉，背面珠圈內直書"貳拾文"面額，繞以嘉禾兩株，外緣上列漢文

"銅元"，下列英文"貳拾文"，兩側點綴小花。僅試鑄而未行，屬銅元中之珍品。

民國十八年東三省銅元

民國十八年（1929）東三省造幣廠造。紅銅，分兩式：幣面上下皆分列"中華民國十八年"與"東三省"字樣，一式幣面中央鑄國民黨黨徽，環以珠圈一周，背面直書"壹分"面額，繞以梅花兩枝，屬珍稀品。二式幣面不鑄黨徽而直書"一分"面額，黨徽鑄於背面上方，下襯梅花兩枝，今不難求。

哈爾濱軍艦壹分銅元

民國十九年（1930）瀋陽造幣廠造。紅銅。幣面上列"中華民國十九年"，下列"壹分"面額，中間鑄國民黨黨徽，環以雙綫十二連弧，下緣"壹分"兩側各飾一五角星，背面上列"哈爾濱"三字，下鑄軍艦一艘。迄今該幣僅見兩枚，屬銅元中之大珍，現分藏中國國家博物館與上海博物館。

民國三十八年白塔銅元

民國三十八年（1949）綏遠省造。有壹分、五分兩種，紅銅。幣面鑄覆鉢形古塔一座，其狀頗類呼和浩特席力圖召白塔，上列"中華民國三十八年"，背面鑄古代布幣圖案，"一分""五分"橫列於兩側。今不多見，五分者尤罕。

貴州黔字銅元

民國三十八年（1949）貴州省造。有紅銅、黃銅兩種。幣面上列"貴州省造"，下列"當銀元半分"，中間直書"銅元"兩字，環以珠圈，兩側各飾四瓣小花一朵，背面中央鑄一黔字，環以珠圈，上列"中華民國三十八年"，下列嘉禾兩株。其版式分大字、小字兩種，均不多見。

新疆壬子雙旗銅元

民國元年（1912）新疆迪化造。僅見十文一種，紅銅。幣面居中環列"中華民國元年"，繞以珠圈一周，外緣環列"新疆通用""當紅錢十文"，背面雙直條五色旗交叉，上下直書"壬子"紀年。可見大雙旗、小雙旗兩種版式，均不多見。

民國新疆通寶雙旗銅元

民國初年新疆迪化造。有十文、二十文兩種，紅銅。幣面中間對書"新疆通寶"，環以珠圈，中心小花一朵，外緣環列"中華民國""當紅錢十（或二十）文"字樣，背面雙直條五色旗交叉，旗上條紋內飾連珠紋，旗間豎一長叉。今不難求。

新疆喀造中華民國銅幣

民國初年新疆喀什造。有五文、十文兩種，紅銅。幣面上下直書"中華民國"，兩側橫列"銅幣"，背面上列"當紅錢十（或五）文"，下列"新疆喀造"，中間珠圈內鑄五色旗一面，環以維吾爾文一周。以十文者居多，五文者罕見。

新疆阿造中華民國雙旗銅幣

民國初年新疆阿克蘇造。僅見十文一種，

貴州黔字銅元

新疆阿造中華民國雙旗銅幣（十文）

紅銅，分機製與翻砂。幣面上列"新疆阿造"，下列"當紅錢十文"，中間對書"中華民國"，環以珠圈，中心或有星花或圓點，背面雙直條五色旗交叉，上下有維吾爾文字樣。今不多見。機製品尤罕。

新疆喀造洪憲銅幣

民國五年（1916）新疆喀什造。僅見十文一種，紅銅。幣面上列"當紅錢十文"，下列"新疆喀造"，中間對書"洪憲銅幣"，環以珠圈，背面雙直條五色旗交叉，上下有維吾爾文字樣，以維文四周有無花枝繚繞分兩種版別。

丙辰喀造中華民國銅幣

民國五年（1916）新疆喀什造。僅見十文一種，紅銅。幣面上列"當紅錢十文"，下列"丙辰喀造"，中間對書"中華民國"，環以珠圈，兩側"銅幣"二字，背面雙直條五色旗交叉，上下有維吾爾文字樣。屬稀見品。

民國十年新疆喀什造雙旗銅元

民國十年（1921）新疆喀什造。所見多爲十文，紅銅。幣面中間對書"中華民國"，環以珠圈，外緣環列"新疆喀什造""當紅錢十文""十年"字樣，背面雙直條五色旗交叉，上下均有維吾爾文。鑄行較多。另見二十文一種，面背設計與十文幣略同，唯錢徑、紀值异，屬極罕之品。

民國十一年新疆喀什造雙旗銅元

民國十一年（1922）新疆喀什造。僅見十文一種，紅銅。幣面中間對書"中華民國"，環以珠圈，外緣環列"新疆喀什造""當紅錢十文""十一年"字樣，背面雙直條五色旗交叉，上下鑄有維吾爾文。版別以"十一"之不同寫法分狹一、寬一兩式，均不難求。

新疆喀什造民國銅元

民國十一年（1922）新疆喀什造。僅見十文一種，紅銅。幣面中間對書"民國銅元"，環以珠圈，外緣環列"新省喀什造""當紅錢十文"，可分"錢"與"民"字相對、"當"與"民"字相對兩種版式，背面雙直條五色旗交叉，上下有維吾爾文紀年等字樣。今不多見。

戊辰新省喀造中華民國黨徽銅元

民國十七年（1928）新疆喀什造。僅見十文一種，紅銅。幣面上列"新省喀造"，下列"當紅錢十文"，中間對書"中華民國"，環以珠圈，兩側"戊辰"紀年，背面鑄國民黨黨徽十二角星，內書"銅元"兩字。版別以徽齒之別而分"空心"與"實心"兩種。均不多見。

戊辰新省喀造黨徽民國銅元

民國十七年（1928）新疆喀什造。僅見十文一種，紅銅。幣面上列"新省喀造"，下列"當紅錢十文"，中間對書"民國銅元"，環以珠圈，中心或有一點或小花。兩側（或偏上）"戊辰"紀年，背面鑄國民黨黨徽，徽齒分空心、實心兩種，徽內多書"日"字，亦見空心徽書"銅元"、實心徽書維吾爾文者。今各品均不多見。

戊辰新疆喀造中華民國黨徽銅元

民國十七年（1928）新疆喀什造。僅見十文一種，紅銅。幣面上列"新疆喀造"，下列"當紅錢十文"，中間對書"中華民國"，環以珠圈，兩側"戊辰"紀年，背面鑄國民黨黨徽十二角星，內書"銅元"兩字。今不多見。

己巳新疆喀什造中華民國黨徽銅元

民國十八年（1929）新疆喀什造。僅見十文一種，紅銅。幣面上列"新疆喀什造"，下列"當紅錢十文"，中間對書"中華民國"，內鑄星

己巳新疆喀什造中華民國黨徽銅元（十文）

花一朵，外環連珠紋一周，兩側"己巳"紀年，背面鑄國民黨黨徽，徽内直書"銅元"兩字，偶見書維吾爾文者，徽齒内或有光芒紋。今不多見，書維吾爾文者尤罕。

己巳新疆喀造中華民國黨徽銅元

民國十八年（1929）新疆喀什造。僅見十文一種，紅銅。幣面上列"新疆喀造"，下列"當紅錢十文"，中間對書"中華民國"，環以珠圈，兩側"己巳"紀年，中心或星花，或一點，背面鑄國民黨黨徽，徽内鑄有維吾爾文，或直書漢文"銅元"兩字。二者均罕見。

己巳新疆喀什造中華民國雙旗銅元

民國十八年（1929）新疆喀什造。僅見十文一種，紅銅。幣面上列"新疆喀什造"，下列"當紅錢十文"，中間對書"中華民國"，中心星花一朵，外環連珠紋一周，兩側"己巳"紀年，背面黨旗（青天白日旗）、國旗（青天白日滿地紅旗）交叉，上書"銅幣"兩字，旗間有立架。可分國旗在左、國旗在右兩種版式，今存世較多。

己巳新疆省城造中華民國雙旗銅幣

民國十八年（1929）新疆迪化造。有十文、二十文兩種，皆紅銅。幣面上列"新疆省城造"，下列"當紅錢十（或二十）文"，中間對書"中華民國"，環以珠圈，兩側"己巳"紀年，十文有中花，背面黨旗（青天白日旗）、國旗（青天白日滿地紅旗）交叉，上列"銅幣"兩字，旗間有立架。今不多見。

庚午新疆喀什造中華民國雙旗銅幣

民國十九年（1930）新疆喀什造，僅見十文一種，紅銅。幣面上列"新疆喀什造"，下列"當紅錢十文"，中間對書"中華民國"，中心星花一朵，外環連珠紋一周，兩側"庚午"紀年，背面國民黨黨旗、中華民國國旗交叉，上列"銅幣"兩字，旗間有立架。屬新疆銅元鑄量較多者。

庚午新疆省城造中華民國雙旗銅幣

民國十九年（1930）新疆迪化造。有十文、二十文兩種，紅銅。幣面外緣環列"新疆省城造、當紅錢十（或二十）文""庚午"字樣，或上下分列"新疆省城造""當紅錢十（或二十）文"，兩側紀年"庚午"，中間對書"中華民國"，環以珠圈，中心鑄一星花，背面國民黨黨旗、中華民國國旗交叉，上列"銅幣"兩字，旗間有立架。今各品均甚罕見。

癸酉新疆喀什造中華民國雙旗銅幣

民國二十二年（1933）新疆喀什造，僅見十文一種，紅銅。幣面上列"新疆喀什造"，下列"當紅錢十文"，中間對書"中華民國"，中心星花一朵，外繞連珠紋一周，兩側"癸酉"紀年，背面國民黨黨旗、中華民國國旗交叉，上列"銅幣"兩字，旗間有立架。今不多見。

湘鄂西省蘇維埃政府銅幣

第二次國内革命戰爭時期由中國共産黨領導的湘鄂西根據地湘鄂西蘇維埃政府於1931年造。與該政府發行的紙幣共同流通於湘鄂西根據地。目前見於著録的僅一分一種，幣面正中鑄一大五角星，星内有象徵工農聯盟的錘鐮交叉圖案；環以珠圈一周，圈外上下文字不清，背面中間直書"壹分"幣值，繞之以嘉禾，環以珠圈一周，圈外依稀可辨"湘鄂西蘇維埃政府"字樣，兩側各飾五角星，下端文字模糊難辨。據悉該幣目前僅發現一兩枚。1933年紅軍主力撤離根據地後，該幣停止發行。

皖西北蘇維埃銅幣

第二次國內革命戰爭時期由中國共產黨領導的鄂豫皖根據地皖西北蘇維埃政府於1931年造。與該政府發行的紙幣共同流通。僅見貳拾文、伍拾文兩種。正面上列"皖西北蘇維埃造"七字，中間鑄一象徵革命的五角星，內書幣值，外飾嘉禾或連珠紋一周，下端伍拾文幣有"50CASH1931～10"字樣，貳拾文幣"20"之後文字不清，背面中間鑄地球與錘鐮交叉圖案，周圍環書"全世界無產者聯合起來呵"口號。1932年10月紅軍撤離根據地後，該幣停止發行。

皖西北道區蘇維埃銅幣

第二次國內革命戰爭時期由中國共產黨領導的鄂豫皖根據地皖西北特區蘇維埃政府於1932年造，與該特區發行的紙幣共同流通。僅見伍拾文一種。正面上列"皖西北道區蘇維埃造"，中間連珠與弦紋圈內直書幣值"伍拾"，圈外兩側各飾五角星，下端依稀可辨"50 CA 1932～4"字樣，背面中間連珠圈內鑄地球與錘鐮交叉圖案，周圍環書"全世界無產者聯合起來呵"口號。1932年10月紅軍撤離根據地後，該幣停止發行。

中華蘇維埃共和國銅幣

第二次國內革命戰爭時期由中國共產黨領導的中華蘇維埃共和國國家銀行於1932年開始發行的銅幣，與該行發行的紙幣、銀幣共同流通於中央革命根據地。目前收集到一分、五分兩種，銅質，紫紅色。一分幣正面上列"中華

中華蘇維埃共和國
銅幣（五分）

蘇維埃共和國"，中間鑄幣值阿拉伯"1"與象徵工農聯盟的錘鐮交叉圖案；背面上方鑄一象徵革命的五角星，中間直書"一分"面額，兩側襯以麥穗；面背邊緣內側各有齒紋一周，側面光滑無齒。五分幣正面上列"中華蘇維埃共和國"，中間珠圈內有中國地圖及錘鐮交叉圖案。兩側各有五角星，下書"每貳拾枚當國幣壹圓"；背面上方鑄五角星，中間為右讀"五分"面額，兩側飾以麥穗；正背邊緣內側各有齒紋一周，外側亦有齒紋。在當時各革命根據地發行的銅幣中，該幣存世最多，其中五分幣可分無島、遠島、套島、連島、近島等五大類版別。1934年10月，中央根據地主力紅軍開始長征，該幣停止鑄造發行。

川陝省蘇維埃政府造幣廠銅幣

第二次國內革命戰爭時期由中國共產黨領導的川陝省蘇維埃政府工農銀行造幣廠於1933—1934年鑄造，與該行發行的紙幣共同流通於川陝革命根據地。目前收集到的有大二百文、小二百文和五百文三種。大二百文徑3.3～3.6厘米，正面上列"川陝省蘇維埃政府造幣廠造"，中間鑄"200"面額與嘉禾、蝶形圖案，下書"一九三三年"或"一九三四年"，背面上列"全世界無產階級聯合起來"，下列CCZC英文縮寫字母，中間鑄三顆小五角星與錘鐮交叉圖案。小二百文亦稱"赤化全川幣"，

徑 2.8～2.9 厘米，正面上下分列"川陝省蘇維埃"與"二百文"字樣，中間圈內鑄"200"面額，圈外兩側有"銅幣"兩字；背面大五角星中有錘鐮交叉圖案，星外間有"赤化全川"與"1934"字樣。五百文徑 3.3～3.5 厘米，幣面上下分列"川陝省蘇維埃造"與"五百文"字樣，中間圈內橫排面額"500"，圈外兩側偏下

各飾五角星一顆，背面正中鑄五角星、錘鐮交叉與嘉禾圖案，外圈環鑄"全世界無產階級聯合起來"口號，下書"一九三四年"，間以小五角星兩顆。三種銅幣面背邊緣內側均有齒紋一周。1935 年紅四方面軍撤離川陝根據地後，該幣停止發行。

<h2 style="text-align:center">鎳幣</h2>

袁世凱像鎳幣

民國三年（1914）天津造幣廠鑄，爲我國發行最早的鎳幣。幣面鑄袁世凱側面頭像，"中華民國三年"橫列其上。背面上列"每二十枚當一圓"，中間直書"伍分"面額，繞以嘉禾兩株。製作風格一如當年的二角、一角銀幣。今銀幣易見而鎳幣難求。據悉，姑蘇藏家王小商藏有一枚該錢銅樣，乃李伯琦所贈。李當年任天津造幣廠廠長時，曾命意大利雕模名師喬治雕刻該幣錢模，并令八名中國工程師隨之學習，其中唐尚金最有所得。喬治回國後，該模雕製便由以唐尚金爲主的幾人接手。製成以後，即試鑄銅樣數枚。後來該幣未能正式開鑄，錢模亦隨之被毀，銅樣即爲李伯琦所有。李於 1924年去職後到蘇州定居十四年，曾任安徽會館董事長，與董事王小商交誼頗深，知王深愛集幣，乃以此錢銅樣相贈。

廣東省造鎳幣

廣東鑄行鎳幣，於南方諸省最早，始於民國八年（1919）。先鑄"伍仙"一種：幣面上列"中華民國八年"，下列"廣東省造"，中間書"伍仙鎳幣"；背面中央阿拉伯數字"5"記值，

繞以嘉禾，外緣上下分書英文"廣東省"與"五分"字樣。其製作風格一如同年廣東鑄行的銀角與銅幣。民國十年及十二年，又鑄"半毫"鎳幣，十年所鑄錢徑較小，幣面仍采用五仙幣設計形式，唯"五仙"改"半毫"，"八年"作"十年"，背面無嘉禾與幣值，而以五色旗代之。十二年半毫錢徑增至與五仙幣同大，面文與十年半毫幣略同（僅記年由"十"字改爲"十二"），背面又恢復了五仙幣的形式而不再用五色旗圖案。

雲南省造鎳幣

民國十二年（1923）雲南省造。有壹毫、半毫兩種。幣面皆上列"中華民國十二年"，下列"雲南省造"，中部書"壹毫鎳幣"或"半毫鎳幣"，繞以珠圈，背面鑄五色旗圖案，珠圈外上下分列英文"雲南省"與幣值。其製作風格頗類廣東民國十年鑄造的半毫鎳幣。存世以壹

雲南省造鎳幣（壹毫）

毫幣最多見。

山西省造鎳幣

閻錫山主政山西時造。民國十四年（1925），山西銅價大跌，至銅元三百枚抵銀幣一圓，遂鑄此幣以爲銀圓輔幣。僅見五分一種，幣面橫列"山西省造"，其下直書"鎳幣"兩字，繞以嘉禾兩株，背面五色旗與陸軍旗（鐵血十八星旗）交叉，上下分書"中華民國十四年"與"當大洋伍分"。今不多見。

四川省造鎳幣

民國十四年（1925）成都造幣廠造。時雲南鎳幣充斥四川，當局遂謀自鑄以抵制之。僅見五分一種。幣面上列"中華民國十四年"，下列"每貳拾枚當壹圓"，中部四瓣梅花，橫書"伍分"幣值，背圖爲四銳角形，繞以嘉禾。因銀幣對銅元換價大落，鑄造該幣亦得不償失，遂罷鑄。今極難一見。

湖北省造鎳幣

僅見五分一種。幣面八角紋兩周交錯於中部圓圈之外，頗類八卦。圓圈內上列"中華民國"，下列五角星等圖案，背面鑄國民黨黨徽，繞以珠圈及丁字格各一周。無記年，從背面十二角星看，此幣當鑄於民國十六年（1927）北伐戰爭勝利之後。今不多見。

山東省造鎳幣

民國二十二年（1933）韓復榘主政山東時鑄。僅見貳分一種，幣面上列"中華民國廿二年"，下列"山東省造"，中間國民黨黨旗、中華民國國旗交叉，背文"貳分"記值，環以嘉禾，製作風格一如同年所鑄二十文銅元。今二者均極罕見。

金本位鎳幣

國民黨政府擬采用"甘末爾計劃"而於民國二十一年（1932）鑄造的鎳幣，有半毫、貳仙兩種。幣面鑄國民黨黨徽（十二角星）圖案，徽內環書"中華民國二十一年"，背面鑄折枝梅花，其上橫列"金本位幣半毫"或"金本位幣貳仙"字樣。因"甘末爾計劃"不合中國國情而遭各界反對，故該幣未正式頒行。

孫中山像鎳幣

民國二十四年（1935），國民黨政府實行法幣政策，規定市場交易以中央、中國、交通三銀行鈔票爲主（後又增加農民銀行），禁止

孫中山像鎳幣（廿分）

銀圓流通。爲方便零星找補，上海造幣廠於十二月開鑄鎳質輔幣，有廿分、十分、五分三種，次年三月一日上市流通。同時鑄行一分、半分兩種銅幣。鎳幣面書"中華民國二十五年"，居中孫中山像，背鑄古布圖案，兩側橫書幣值。鑄量既豐，製作亦工。常見古布圖下銘一"A"字者，俗稱"A字版"，乃奧地利代鑄。另有宋哲元督直期間所鑄樣幣，錢面或背有"平""津"或"平平""津津"字樣，因上呈後未獲准鑄造，故不多見。又有"民國二十四年"者，傳係美國費城造幣廠代鑄樣幣，尤爲珍稀。"民國二十六年"諸品係上海造幣廠樣幣，亦鑄而未行。及至抗戰爆發，上海淪陷，該幣遂自民國二十八年起改由重慶造幣廠鑄。二十九年，僅鑄十分、五分兩種。三十年開鑄半圓，

流用不多，次年鑄額大增而五分幣停鑄。民國三十二年，僅半圓一種尚在鑄造，存世頗多。該幣雖稱鎳幣，但有不少是用鋼鑄的，如民國二十七、二十八年的十分幣與廿分幣。此外該幣尚有桂林造幣廠鑄品，其特徵是布圖下銘一"桂"字。

銻幣

貴州省造銻幣

民國二十年（1931），貴州因輔幣不足，遂用當地出產的一種銀白色金屬銻做幣材，鑄造銻幣。幣面上列"中華民國二十年"，下列"貴州省造"，中間圓圈内書"當十銻幣"，背面鑄國民黨黨徽。錢徑2厘米，重約5克。這是我國歷史上唯一用銻鑄造的貨幣。今爲稀品。

貴州省造銻幣

鉛幣

澝山區臨時輔幣

浙江澝山區於1945年在本區内發行的金屬輔幣。僅見有壹角、貳角、伍角三種，鉛質。幣面鑄有"澝山區臨時輔幣""抗幣""1945"字樣。（浙江省博物館藏）

第四章　貴重金屬幣說

第一節　銀幣考

白銀因稀少而成爲貴重金屬，白銀貨幣也因此成爲貴重金屬幣。中國白銀貨幣在春秋晚期已經産生，它同其他錢幣一樣，經歷了歷史上的各個發展階段，形成了有中國特色的白銀貨幣形態，并在社會經濟活動中發揮重要作用。

春秋戰國時期，銀貝、銀布已經産生。銀空首布與春秋晚期周王室鑄造的青銅空首布相仿，故將其鑄造時代定爲春秋晚期。銀布、銀貝主要用於上層社會大額支付、貯藏、裝飾等。

從先秦的衛鼎銘文"白金一反"到漢武帝元狩四年（前119）幣制改革，采用白金三品，再到王莽幣制改革規定"銀貨三品"，都明確記載了白銀貨幣形態、法定重量及其和銅錢的比價。餅形是漢代及以後白銀貨幣的主要形態，主要流通於上層社會，用於官府的祭祀、賞賜、貢税和大額支付等。這是目前中國最早使用白銀貨幣的官方記載。

三國至隋代，隨着中外經濟文化交流日益增多，尤其是魏晋南北朝時期佛教的傳入及發展，西方的金銀貨幣也隨之傳入中國。羅馬金幣、薩珊王朝銀幣的傳入，刺激了中國白銀貨幣的發展，提高了白銀貨幣的地位。白銀貨幣的形態也由最初的餅形發展到鋌形，亦偶見圓形方孔的銀錢。民間也開始使用白銀貨幣進行交易。《隋書·食貨志》："河西諸郡，或用西域金銀之錢，而官不禁。"這時，用於賞賜的記載明顯減少，白銀主要用於官方貯藏及大額支付，民間使用還比較少。

唐代社會穩定，經濟繁榮，工商業發達，中西方經濟貿易和文化交流也日趨擴大，貢税、進奉數額較大，而銅錢不便大額交易、運輸困難、幣材緊缺問題日益突出，社會發展推動着貨幣制度的改革。白銀貨幣具有大額支付的優點，一定程度上可以緩解以上諸多困難，於是便作爲支付手段進入流通領域，其形態主要以額大量重的銀鋌爲主，小銀餅、銀錢爲輔。鑄造機構方面，不僅有官府鑄造，地方亦開始鑄造。銀鋌上往往標明用途、鑄造部門、重量、負責官員、紀年等，主要用於上層社會支付、税賦、捐獻、賞賜、進奉、謝禮、賄賂和軍政費用開支。民間亦有少量使用，尤其嶺南等地民間已普遍使用。

宋代商品經濟比唐代有顯著的發展，使用銅錢進行大額交易不便更加明顯，加上全國佛教的發展使銅材更加短缺，白銀貨幣遂以更大量的數額，更廣的範圍進入流通領域，并表現出比銅錢更加優越的地位。於是政府開始准許民間錢、銀同時流通使用。不僅如此，民間於至道年間（995—997）又出現了紙幣，并且以銅錢、白銀爲準備金。紹興七年（1137），出現銀會子紙幣，在中國貨幣史上形成最早的銀本位制。白銀貨幣成了國家的法定貨幣，正式進入國家流通領域。

這時白銀貨幣形態相比以前發生了更多的變化。（一）銀鋌的重量向着輕型化發展，出現了十二兩半、六兩、三兩的小銀鋌。（二）銀鋌上出現了編號、花押或戳記，改變了以前鋌、餅衹記重、不記年、不編號的做法。（三）銘文中出現了真花銀、細滲銀等標明銀鋌成色等級的名稱。宋代官方的銀貨幣共有十一個等級，這也是中國白銀貨幣史上第一次官方標明的白銀等級。（四）隆興元年（1163），銀鋌上出現銀鋪名稱，表明當時允許民間鑄造并使用白銀貨幣。官方"賣鈔庫"等機構的出現，表明了銀、鈔、錢同時行用。（五）白銀貨幣主要用於上層的大額支付、貯藏、貢税、進奉、軍費等，民間方面有贈送、布施、謝禮、供貸、賠償、贖身、路資、懸賞等。白銀使用範圍更廣，職能更加完善，在社會經濟發展中發揮的作用更加積極。

金承宋制，直到大定十年（1170），因銅材奇缺，銅錢流通不足，推行紙幣不成，政府纔被迫允許白銀貨幣同銅錢并行使用，并於承安二年（1197），實行幣制改革，頒布新的交鈔法，發行"承安寶貨"銀幣，規定其形制、種類、重量及與銅錢的比價，標志着中國法定計數白銀貨幣開始。金代用銀更爲普遍。銘文上增加了引領、檢查官員的職務、姓名，第一次出現了"稱子""行人""銀行人"的名稱。

元承金制，發行紙幣，"以物爲母，鈔爲子，子母相權而行"（《元史·食貨志一》）；"以銀爲本，虛實相權"（《元史·趙孟頫傳》），以白銀爲價值尺度，實行國家貨幣白銀本位制度。儘管元朝政府成功地創立了終一朝的紙幣制度，設立鈔庫，嚴禁金銀私自買賣和流向海外，但民間、官府用銀的現象仍非常普遍，交易數額大到幾百兩、上千兩，小到幾錢、幾分等。白銀貨幣的形態也發生了許多變化。（一）其名稱由以往的"鋌"而改稱爲"錠"，直到民國時期。（二）重量單位則分兩、錢、分。（三）銘文花押或戳記增加了轉運司、押運司、官庫官員、銷鑄官員等。（四）銘文的手法：初期銀錠背面爲澆鑄陰文大字，後期爲正面打砸陰刻文。元代推行銀兩本位制，發行紙幣的成功，對促進元代的經濟發展、活踊商品流通，發揮了重要的作用。

明承元制，推行紙幣政策，規定白銀、銅錢與紙幣的比價，由於發行紙幣的準備金不足，導致發行失敗。英宗即位後，"弛用銀之禁，朝野率皆用銀，其小者乃用錢；惟折官俸用鈔，鈔壅不行"（《明史·食貨志五》）。官民的普遍用銀，使白銀貨幣執行全新的流通、支付、貯藏、交易等職能，奠定了明以後白銀流通的局面。明代白銀貨幣上第一次出現了"金花銀""折銀""銀行局"等銘文，民間出現了鑄造銀錠的銀樓機構。

清代接受明代發行紙幣失敗的教訓，實行白銀、銅錢并行流通制度，規定白銀與銅錢的比價。由於清政府采取鼓勵生產、繁榮經濟的政策，促進了清代前期經濟的發展，工商業貿易規模迅速擴大，白銀貨幣的使用範圍、數量可謂前所未有。然而清王朝對白銀貨幣沒有統一的規定，又不禁止民間鑄造和使用，使得白銀貨幣形態出現諸多特點：（一）形制主要爲馬蹄銀、中錠、粿銀、碎銀四種，大至五十兩，小至幾錢或幾分。（二）名稱五花八門，秤砝也種類繁多。據統計，清末民初銀兩的秤砝約有一百七十餘種。但歸結起來，實行最多的有四類：庫平，即官府徵稅時所用；漕平，即漕糧改折銀兩時所用；關平，即常關徵稅所用；市平，即各地市場所用。每一類之中又可分爲多種，各地各商號、錢莊也都有自己銀錠的名稱、秤砝等。（三）花押或戳記以銀〔鋪〕號、公估局戳號爲主，亦有龍紋、八寶紋等花押記。白銀的流通形式也發生前所未有的變化：（一）流通的範圍大，中國各省遍及城鄉幾乎都有白銀流通，而且由於對外貿易的需要，其流通範圍擴大到東至日本，西到伊朗、俄國，南到新加坡、馬來西亞等地。（二）流通額度大，對外貿易的形式有時是以物易物，但大多是以白銀購物，或外國用白銀向中國購物，交易額大至幾十萬兩，甚至上百萬兩。（三）各種金融機構應運而生，有票號、銀號、兑匯莊、兑換房等名目，網絡遍布全國乃至國外，從業人員自數千至數十萬人不等，有不少人員會英語、俄語或日語等。

　　1840 年鴉片戰争前後，外國銀元漸次流布，初入廣東、福建沿海，繼而江浙以至内陸各省，無所不通，對中國白銀貨幣的形態産生了深刻的影響。由於銀元成色、重量較爲規範，商民樂意接受，於是中國朝野紛紛奏請自鑄銀元。從清道光十七年（1837）臺灣自鑄壽星銀餅、咸豐六年（1856）上海自鑄上海銀餅，到同治年間福建鑄漳州軍餉，湖南鑄"阜南銀餅""乾益銀餅"等，各地紛紛試圖以中國傳統的澆鑄、打製方法來製造銀元，直至光緒八年（1882）吉林用機器試製銀元，前後經過四十多年的時間，但終因傳統製造方法粗糙，數量有限而難以取代製作精美的洋銀而不果，社會呼唤着自行鑄造精美的新型銀元出現。

　　1889 年廣東張之洞鑄造的"光緒元寶"順應了中國當時的經濟發展潮流，成爲中國新型銀元之始。之後，各省相繼仿鑄，進一步鞏固和發展了中國新型白銀貨幣的形態和種類。據不完全統計，僅龍紋銀幣而言，中國約鑄造了三億枚。新型白銀貨幣有兩個顯著的優點：既吸收國際白銀貨幣形態精美、使用方便的長處，又具有中國傳統的裝飾圖案和滿、漢、英文字，反映了中國的傳統文化及觀念。中國銀元的大量鑄行，不僅抵制了外國銀元在中國的流通使用，而且促進了中國傳統銀兩制向銀元制的轉化，擴大了金屬貨幣的種類。

　　綜上所述，中國白銀貨幣在兩千多年的歷史發展中，走着一條貝幣、銀布幣——銀鈑——銀餅——銀鋌——銀錠——銀元之特殊道路，形成了有中國特色的白銀貨幣文化。白銀貨幣在每個歷史發展階段和銅（鐵）幣、紙幣共同承擔着貨幣的流通作用，共同築就了中國輝煌的貨幣文化。

銀幣

銀布幣

春秋戰國時期仿行用青銅布幣所鑄銀質布幣。1974 年 8 月，河南扶溝古城村出土十八枚，可分短、中、長三型。短型布六枚，圓錐狀

銀布幣

銎，其中一枚空首，其餘皆實首。平肩，長方形身，刃部平直。身長 8.4 厘米，通長 10 至 11 厘米，寬 5.8 厘米。空首布重 134.1 克，實首布重 162.7 克。中型布十枚，形制與短型布相仿，長身，短柱狀銎，其中一件刻有“五”字，身長 11.8 厘米，通長 14 厘米，寬 6.4 厘米，重 206.4 克。長型布二枚，粗短銎，窄長身，背部有刻文“五”字，身長 13.7～14.2 厘米，通長 13.7～15.7 厘米，寬 5.8 厘米，其中較長一件重 188.1 克。該幣主要用於支付、裝飾、儀仗等。參閱《文物》1980 年第十期。

銀鈑

衛鼎銘文“帛金一反”，可釋爲“白金一鈑”。據《爾雅・釋器》“白金謂之銀，其美者謂之鐐”，可推測衛鼎銘文中白金即銀鈑的形制，類似於金鈑。白金鈑是中國原始的白銀貨幣。參閱錢嶼《金銀貨幣的鑒定》。

白金

公元前 119 至前 115 年漢武帝推行幣制改革，采用白金和皮幣。所謂白金實際上就是一種銀錫合金，有三種面值。圓形龍幣，重八兩，值三千；方形馬幣，值五百；橢形龜幣，值三百。漢武帝時開拓西南夷，已開始開采銀礦。參閱錢嶼《金銀貨幣的鑒定》。

朱提銀

指雲南朱提所產的白銀，因色好質純而聞名於世。據《漢書・食貨志下四》記載，王莽推行幣制改革時，已明確規定銀貨二品：“朱提銀重八兩爲一流，直一千五百八十。它銀一流直千。”從漢武帝貨幣改革到王莽貨幣改革，説明兩漢時期白銀已正式成爲金屬貨幣。形式有三種：朱提銀、白金（普通銀）、銀餅。參閱錢嶼《金銀貨幣的鑒定》。西安金泉錢幣文化股份有限公司收集到一枚漢代銀餅，徑 6.08 厘米，重 198 克，成色達百分之九十二。面形如圓餅狀，略凸起，有滴鑄而成之變形龍紋；背中心凹下，表面較平整，當爲朱提銀。該幣是目前發現的唯一孤品，是中國白銀貨幣最早取得法定地位的實物證據。

漳州謹慎銀幣

清道光年間福建省鑄行之銀幣。正面上端鑄刻“軍餉”兩字，下邊鑄一簽字花押。其釋文有多種意見，一般多傾向爲“謹慎”或“謹性”，背面鑄“足紋通行”，僅見十六枚。參閱孫仲彙等《簡明錢幣辭典》。

漳州軍餉“曾”字銀幣

亦稱“漳州軍餉七十四銀幣”。清同治三年（1864）福建省漳州鑄行之銀幣。有大、小兩種。正面上端鑄刻“漳州軍餉”，下方鑄刻一

簽字花押，其釋文有不同説法，通常多認爲是"曾國荃"，也有釋爲"七十四"的，背面"足紋通行"四字，斜紋邊。大者重七錢，實測爲26克。小者重三錢五分。亦有合面版。參閲邱思達《中國近現代鑄幣圖説》。

漳州軍餉"曾"字銀幣

【漳州軍餉七十四銀幣】

即漳州軍餉"曾"字銀幣。此稱清代已行用。見該文。

漳州軍餉成功銀幣

清道光年間福建漳州鑄行之銀幣。正面鑄"漳州軍餉"，下有合文花樣，釋文衆説不一，多認是"成功"兩字，背面"足紋通行"四字，鎖殼紋邊，重23～25克。參閲錢嶼《金銀貨幣的鑒定》。

陝西中華民國銀幣

民國期間陝西省鑄。僅見二錢一種，正面中央爲"陝"字，弦紋圈外爲"中華民國"，背面中央爲圓飾，外環"寶重二錢"。幣文皆陰刻。參閲邱思達《中國近現代鑄幣圖説》。

銀餅

起源於東漢時期，由金鈑演變而來。《南史·梁武帝諸子傳·武陵王紀》："黄金一斤爲餅，百餅爲箧，至有百箧。銀五倍之。"《始興記》提到晋代林駓的家僕偷盗過三枚銀餅，《列異傳》也載有鮑子都用銀餅埋葬陌生書生的事。《隋書·食貨志》："交廣之域，全以金銀爲貨。"又，"河西諸郡，或用西域金銀之錢而官不禁"。説明魏、晋、南北朝、隋銀餅都有存在，唐代亦有。宋、元、明少見。清、民國仍用作支付手段。

唐代銀餅

唐代白銀貨幣形制以餅、鋌爲主。銀餅按記重銘文分大、中、小三種。大型的重約五十兩半至五十二兩四錢，直徑14.5至15.5厘米；中型的重約二十三兩，直徑14厘米，實測重量爲940克；小型的重拾兩，直徑9至12厘米，實測重量435.9克。銀餅分京師官鑄和地方鑄造兩類。京師官鑄的銘文用墨書題寫或鏨刻，内容有鑄造部門、人員、重量等。如西安何家村出土的銀餅題銘："東市庫、趙忠、五十兩半。"地方鑄造的銘文内容有地點、年月、白銀來源、重量、貢納官員職務姓名、工匠名等。如西安何家村出土的地方造銀餅

唐代銀餅

銘文："洧安縣，開元十九年，庸調銀拾兩，專知官彭崇嗣、典梁海、匠王定。"銘文有的一氣呵成，有的分段刻就。出土銀餅的地區還有陝西長安、藍田，河南洛陽，江蘇南京、丹徒，浙江長興等。銀餅的主要用途爲支付手段，如賦稅、捐獻、賞賜、賄賂、謝禮、軍政開支等。受對外貿易的影響，唐代的白銀已取得支付手段的作用，嶺南一帶"買賣皆以銀"（清趙翼《陔餘叢考》引韓愈奏狀）。唐元稹《錢貨議狀》："自嶺以南，以金銀爲貨幣。"唐張籍《送南遷客》："海國戰騎象，蠻州市用銀。"參閱錢嶼《金銀貨幣的鑒定》。

臺灣壽星銀餅

亦稱"老公餅"。清代道光至同治年間臺灣官府自鑄之銀幣，主要用於軍餉。連橫《臺灣通史》："咸豐三年，林恭之變，攻圍郡治，塘報時絕，藩餉不至。而府庫存元寶數十萬兩，滯重不易行，乃爲權宜之策，召匠鼓鑄，爲銀三種，曰壽星，曰花籃，曰劍秤。各就其形以名，重六錢八分，銀面有文如其重，又有府庫兩字，所以別洋銀也，是爲臺灣自鑄之銀。"僅見兩種版別。道光年鑄，正面中央爲長鬚持杖老壽星圖案，左右兩側分別篆書"道光年鑄""足紋銀餅"，下有"庫平柒弍"字樣，背面中間鑄寶鼎圖案，上下右左有滿文"臺灣府鑄"字樣。有的銀幣上有陽文"訖""官局"，或葫蘆形等戳記。壽星銀餅分有鬚、無鬚、合版三種版別，皆屬珍品。同治版壽

臺灣壽星銀餅

星銀餅左右兩側分別篆書"同治元年"和"嘉義縣造"，背面爲"足紋軍餉通行"文字。目前對同治版壽星銀餅看法不一，有人認爲是仿製品。參閱錢嶼《金銀貨幣的鑒定》。

【老公餅】

即臺灣壽星銀餅。此稱清代已行用。見該文。

臺灣如意銀餅

亦稱"臺灣花籃銀餅"。臺灣官府於咸豐三年（1853）在臺灣鑄造發行流通之銀幣。正面中央有一聚寶盆，盆上飾以簡體"宝"字，左右分列"軍餉""府庫"字樣，背面有束帶的交叉如意，如意兩側分列"足紋""通行"字樣，面背邊緣飾回紋。重25.3～25.4克。幣上有"升平""六"等戳記。參閱錢嶼《金銀貨幣的鑒定》。

【臺灣花籃銀餅】

即臺灣如意銀餅。此稱清代已行用。見該文。

臺灣筆寶銀餅

亦稱"劍秤銀餅"。臺灣彰化戴潮春於同治元年（1862）在臺灣鑄行之銀幣。正面中央有一聚寶盆圖案，其兩側分列"軍餉"二字，下有"足紋通行"字樣，背面有交叉的筆和如意圖案，上有"府庫"、下有"足重六八"字樣。面背邊緣飾曲折紋，有"糧""庫"等字樣戳記，邊爲斜齒。重25～25.4克。參閱邱思達《中國近現代鑄幣圖說》。

【劍秤銀餅】

即臺灣筆寶銀餅。此稱清代已行用。見該文。

王永盛銀餅

清咸豐六年（1856）上海道指定上海縣號商王永盛鑄造流通之銀餅。1856年，上海外商擅自決定以鷹洋代替本洋爲記帳貨幣。上海道被迫同意，指定三家錢莊兌換鷹洋，并仿效外國銀元鑄造上海地方銀餅。號商王永盛所鑄銀餅，正面銘文“咸豐六年上海縣號商王永盛足紋銀餅”，背面“朱源裕監傾曹平實重壹兩銀匠萬全造”。這是上海銀餅中流通較廣的一種。形狀仿銀元，但幣文爲鏨刻，保留着中國銀錠的風格。參閱錢嶼《金銀貨幣的鑒定》。

經正記銀餅

咸豐六年（1856）上海號商經正記鑄造流通之銀幣。有一兩、五錢兩種。正面銘文“咸豐六年上海縣號商經正記足紋銀餅”，背文“朱源裕監傾曹平實重壹兩銀匠豐年造”。五錢正面與一兩相同，背文“朱源裕監傾曹平實重五錢銀匠萬全造”，該銀幣較少見。參閱錢嶼《金銀貨幣的鑒定》。

郁森盛銀餅

清咸豐六年（1856）上海號商郁森盛鑄造之銀幣。有一兩、五錢兩種。一兩幣正面銘文爲“咸豐六年上海縣號商郁森盛足紋銀餅”，背文有兩種，即銀匠豐年造和平正造。重36克左右。均罕見。五錢正面與一兩同，背文“朱源裕監傾曹平實重五錢銀匠王壽造”，重18.3克。參閱錢嶼《金銀貨幣的鑒定》。

郁森盛銀餅

長沙乾益字號銀餅

清光緒末年湖南省長沙乾益字號鑄。幣值自一錢至一兩共十種。正面鑄“省平足紋壹兩”“省平足紋五錢”等，背面爲漢文“長沙乾益字號”，面背邊緣飾以聯珠紋。皆手工打製而成，今多見贗品。參閱孫仲彙等《簡明錢幣辭典》。

湖南官錢局銀餅

清光緒二十九年（1903）湖南省官錢局鑄。僅見一兩一種。正面“湖南官錢局造”，背面“省平足紋壹兩”，面背邊緣飾聯珠紋。多爲手工打製，形制不甚規整。今見有一錢、二錢等臆造品。參閱錢嶼《金銀貨幣的鑒定》。

湖南官局銀餅

清光緒末年湖南省官局鑄。僅見二錢、一錢兩種。正面漢文“湖南官局”，背面“省平貳錢”或“壹錢”，面背邊緣飾聯珠紋。參閱錢嶼《金銀貨幣的鑒定》。

湖南大清銀行銀餅

清宣統元年（1909）湖南大清銀行鑄。幣值自一錢至一兩十種。正面漢文“湖南大清銀行”，背面省平足紋及幣值，面背邊緣飾聯珠紋，均手工打製而成，今罕見。傳世多爲僞品，以一兩者最多。參閱邱思達《中國近現代鑄幣圖說》。

湖南阜南官局銀餅

清光緒三十年至三十四年（1904—1908）湖南省阜南官局鑄。幣值自壹錢至壹兩十種。正面“湖南阜南官局”，背面爲省平足紋及幣值。一兩幣還有單面版，即名稱、幣

湖南阜南官局銀餅（壹兩）

值同在一面，應爲早期所鑄，今罕見。多僞品。參閱邱思達《中國近現代鑄幣圖説》。

貴州黔寶銀餅

清光緒十四年（1888）、十六年（1890）貴州官爐鑄。光緒十四年銀幣僅見兩種，即大錁、小錁。大錁有兩種版別，一種正面中央漢文"黔寶"和雙龍戲珠紋，外環花飾、水波紋，背面正中央圓心爲方格紋，外飾十二組花蕾枝葉組成的圖案，其外再環以漢文"光緒十四年貴州官爐造"。直徑 3.9 厘米，重 24.8 克。另一種正面中央爲漢文"黔寶"，外繞花飾，背面中央圓心直綫紋，環繞花紋，其外環以漢文"光緒十四年貴州官爐造"。小錁正面中央爲漢文"黔寶"，外繞花飾，背面中央爲蟠龍紋，外環漢文"光緒十四年貴州官爐造"，直徑 2.7 厘米，重 12.73 克。光緒十六年版正面中央爲漢文"黔寶"，其外繞以花飾，背面正中爲游龍戲珠圖案，外圍漢文"光緒十六年貴州官爐造"，直徑 4.15 厘米，重 22.6 克。該類幣係用土法打製而成，製造粗糙，傳世甚少。參閱錢嶼《金銀貨幣的鑒定》。

貴州官爐三花銀餅

清光緒年間貴州官爐鑄。正面陰文"貴州官爐銀餅"六字，背面打印三枝花。無紀年、紀值，均爲手工打製，錢文及圖案亦係手工鑿刻而成。爲貴州黔寶銀幣的早期鑄品。參閱孫仲彙等《簡明錢幣辭典》。

山東製造局銀餅

清光緒十六年（1890）山東省巡撫吳廷斌奏准山東製造局鑄。面值有一兩、五錢、一錢、五分四種，僅見一兩、五錢兩種。正面中央嘉禾，其外漢文"光緒十六年山東製造局"，背面中央漢文"足紋一兩"或"足紋五錢"，其外飾花草紋、動物圖案。參閱邱思達《中國近現代鑄幣圖説》。據孫仲彙等《簡明錢幣辭典》，山東製造局銀幣形制還有兩種，正面鑄"山東製造局"，背面爲"足紋壹兩"或"足紋五錢"，兩側爲龍紋。

銀鋌

銀鋌最早產生於東漢晚期，由兩漢的金鈑或銅鐵鋌演變而來。歷兩晋、南北朝、隋、唐，一直沿用至宋、金時期。唐慧琳《一切經音義》卷二九："許叔重注《淮南子》云：鋌者，金銀銅等未成器，鑄作片，名曰鋌。"唐代銀鋌爲白銀貨幣通行的鑄造形式，宋代發展爲束腰形，成色既好，流通範圍也進一步擴大，出現了"鈔庫""賣鈔庫"印戳。南宋的銀鋌形制同北宋，但流通範圍更廣，甚至發行紙幣也以白銀爲準備金，使白銀在民間真正成爲流通貨幣。這一時期的銀鋌鑿刻戳記有成色、鋪名、編號、押印等。金代銀鋌沿用宋制，增加了"行人"和"稱子"的姓名，官鑄銀鋌還加了行領鋪保、檢查者的姓名等，有的銀鋌上還有金代的民族文字及押印。金代推行紙幣制度，亦以白銀爲準備金，銀與銅錢同時流通，白銀貨幣的職能得以真正發揮。

漢代銀鋌

據《三國志》記載，三國吳孫皓天册元年（275），吳郡有人掘地得銀鋌，"長一寸，廣一寸，刻有年月"。漢代銀鋌至今未見實物。

唐代銀鋌

唐代白銀貨幣最通行的鑄造形式。按記載分五十兩、四十兩、十兩、五兩四種。五十兩鋌最長 52.8 厘米，常見的長 23.4 ～ 36 厘米，寬 3.5 ～ 7.6 厘米，厚 0.6 ～ 2.3 厘米，實際重量約 1950 ～ 2115 克；四十兩鋌長 25.5 厘米，厚 0.9 厘米，實際重量約 1625 克；十兩鋌長 24 厘米，肩寬 7.2 厘米，腰寬 6 厘米；五兩鋌長 13.8 ～ 20.8 厘米，寬 3.7 ～ 4.5 厘米，實際重量約 205.1 克。唐代銀鋌主要有三種形制，一種平首或弧首直身形，一種平首束腰形，一種爲 "船形" "筏形"，也有馬蹄形或砝碼形的。以直身形式的銀鋌爲主，束腰形的由直身形演變而來，數量較少，以後逐漸發展爲宋代的束腰形銀鋌。船形銀鋌後來演變成元代的銀錠，即元寶。銀鋌分中央官造和地方鑄造兩類。中央官造的常見鏨刻銘文，內容首行是紀年、鑄造單位及重量，後三行爲督造官員的職務和姓名。個別也有祇用一二個銘文表示入藏地點、重量的。地方鑄造的向中央貢納的銀鋌銘文爲鑄造目的、地點、經手官員等，又分税銀和進獻銀。税銀鋌銘文爲紀年、來源、重量，負責官員的職務、姓名等。進獻銀鋌銘文爲進奉節時、重量及官員的職務姓名。唐代出土銀鋌主要集中於河南洛陽、陝西西安、江蘇丹徒等地。參閲錢嶼《金銀貨幣的鑒定》。

北宋銀鋌

宋代白銀貨幣的主要鑄造形式。按形制分爲三類。第一類爲平首，微束腰，面大於底。如內蒙古巴林右旗花加拉嘎出土的崇寧四年（1105）"英州年額銀"銀鋌、內蒙古出土的紹聖二年（1095）福州折博銀鋌、潭州永興銀場

北宋銀鋌

銀鋌、信州鉛山場銀鋌、福州進奉同天節銀鋌、大觀二年（1108）杭州郊祀銀銀鋌、政和四年（1114）虔州天寧節銀鋌等。第二類爲弧首，束腰，中部微凹，如湖北襄樊羊祜山出土的天聖七年（1029）閬州秋季銀鋌。第三類爲圓首，束腰，中央微凹，如內蒙古巴林右旗遼上京漢城遺址出土的崇寧四年京西北路天寧節進奉銀鋌。這三類銀鋌多數自銘五十兩，實重 2000 克左右，用於上供、進奉等，成色上乘。據《輦運令》規定，上供銀鋌要上等成色，鐫明字號、官吏職位和姓名。大鋌五十兩、小鋌二十兩。出土的宋代銀鋌銘文爲紀年、上供部門、上供原由、重量、負責官員的職務、姓名等。其內容各地有所不同。北方所鑄銘文比較簡練，有的沒有官員姓名。出土地區集中於內蒙古巴林右旗、湖北省襄樊等。當時銀鋌的主要用途爲賦税、上供、進獻、賞賜、軍費、日常開支、專賣收入、紙幣的兑換基金等，因而銀鋌上出現了 "鈔庫" "賣鈔庫" 等戳記。參閲錢嶼《金銀貨幣的鑒定》。

南宋銀鋌

南宋白銀貨幣的主要鑄造形式。慶元年間《輦運令》規定，上供銀鋌分五十兩、二十兩兩種。宋末元初胡三省《通鑑釋文辨誤》載：

"今人冶銀，大鋌五十，中鋌半之，小鋌又半之，世謂之鋌銀。"實際上，南宋後期的確出現了大中小三種類型：五十兩、二十五兩、十二兩半。五十兩銀鋌，弧首束腰，中央内凹，面四周有紋，有的周圍起突棱，首部厚於腰部，一般底部小於面部，長 13.6～16 厘米，首寬8.2～9 厘米，腰寬 5.1～6.3 厘米，厚 1.7～2厘米，重約 1893.2～2000 克。二十五兩銀鋌，形制同五十兩，長 10.3～11.8 厘米，個別可達 15 厘米，首寬 7.7 厘米，腰寬 4～5 厘米，厚 1～2.2 厘米，重約 914.2～1000 克。十二兩半銀鋌曾於湖北黃石出土一枚，自銘十二兩半，重 442.5～473 克。江蘇茅山出土的一枚長 8.8～9 厘米，首寬 5.8～9 厘米，腰寬3.7～4.1 厘米，重 487 克。銀鋌的題銘内容格式多因鑄地不同而別，一類是地方銷鑄的銀鋌，多鏨刻銘文，内容爲鑄鋌的部門、紀年、鑄鋌原因、負責官員的職務和姓名等，後期還有監造者和工匠姓名。如湖北襄樊市羊祜山出土的銀鋌題銘爲"潮州發紹興三十年分紗價銀，赴廣州提舉衙交納，專知林規，右從政郎司理參軍鄭公弼，銀匠羅瑞"。另一類是行在所鑄銀鋌，即臨安城内金銀行負責銷鑄之銀鋌，一般在鋌的四角或腰部兩側打印戳記，也有的在四角打印，成色、鋪號印一般打兩次。有的銀鋌還用《千字文》來編號，如天、地、黃等等。相當一部份銀鋌上打印瓶花、葫蘆等戳記。除上述銀鋌形制外，還出土十兩以下的銀鋌。與北宋相比，南宋銀鋌鏨印不僅多了"賣鈔庫"、成色、鋪名、編號、戳記，而且面值也多了一種。說明南宋白銀貨幣的形制也有了發展。其出土地點有湖北荆州、漢川、黃石、襄樊，安

徽休寧，河南方城，陝西扶風，四川成都雙流，江蘇溧陽、句容、邗江，湖南臨湘等。除了官方作爲支付手段如賦税、上供、進獻、軍費、賞賜、專賣收入等以外，還曾發行銀會子紙幣，實行銀本位制，白銀真正成了流通貨幣，民間也擴大了使用的範圍，如賄賂、饋贈、布施、謝禮、懸賞、借貸、贖身、路資等等，其貨幣職能逐漸完善，在社會金融生活中的作用日益重要。參閱錢嶼《金銀貨幣的鑒定》。

金代銀鋌

金代於承安二年（1197）十月頒布新的交鈔法，"尚書省議謂，時所給官兵俸及邊戍軍，須皆以銀鈔相兼，舊例銀每鋌伍十兩，其值百貫，民間或有截鑿之者，其價亦隨低昂，遂改鑄銀名'承安寶貨'，一兩至十兩，分五等，每兩折錢兩貫，公私同見錢用，仍定銷鑄及接受秤留罪賞格"。20 世紀八九十年代黑龍江省出土的五枚一兩半銀鋌，長 4.7～4.85 厘米，首寬3～3.35 厘米，腰寬 2.1～2.2 厘米，厚 0.55～0.6厘米，重 58～60.5 克。正面上首橫砸"承安"二字，其下直列"寶貨壹兩半，庫部"字樣兩行。庫部字後還有不同的押印。遼寧省發現一兩銀鋌，長 4.25 厘米，首寬 2.7 厘米，腰寬1.9 厘米，重 41.2 克。從以上二處實物發現可推導出承安寶貨五等級應爲一兩、一兩半、三兩、五兩、十兩，也有推爲一兩、一兩半、五兩、七兩半、十兩的。金代銀鋌分民間鑄造和官鑄兩類。民間鑄造的銀鋌銘文一般祇有重量、"行人"和"秤子"的名字。官鑄的銀鋌銘文沿用

金代銀鋌

了宋代的制度，凡銘文中有用途、製造工匠、鋪保、引領和檢驗者姓名者一般爲官鑄；官鑄銀鋌重約五十兩，即 2000 克左右，呈弧首束腰形；押印戳記帶有金國的民族文字或特有的變文。出土地點集中於陝西臨潼縣、北京市、内蒙古自治區巴林右旗以及河北、山東、黑龍江等省。金代對承安寶貨的使用界限、流通範圍

曾做過規定，西京（今山西大同）、北京（今遼寧寧城）、臨潢（今内蒙古巴林右旗）、遼東（今遼寧）等路，凡一貫以上俱用銀、鈔和承安寶貨。金代用銀比宋代更爲普遍。這對金代的經濟發展無疑具有積極的作用。參閲錢嶼《金銀貨幣的鑒定》。

銀錠

銀錠由唐代的船形銀鋌演變而來，爲元代以後白銀鑄幣的主要形式。《元史·楊湜傳》："〔至元三年〕加諸路交鈔都提舉，上鈔法便宜事，謂'平準行用庫白金出入有偷濫之弊，請以五十兩鑄爲錠，文以元寶'，用之便。"以上説明蒙古初期的銀貨幣的名稱還是銀鋌，祗是到了至元三年（1266）出入行用庫的銀鋌規定鑄成五十兩爲一錠，文以"元寶"之後，纔開始使用銀錠、元寶之名。清末鄭觀應《盛世危言·鑄銀》："紋銀大者爲元寶，小者爲錠。或重百兩，或重五十兩，以至二、三兩。"銀錠、元寶的稱謂一直沿用到明清、民國時期。

元代銀錠

元代至元三年（1266）以後鑄造的五十兩銀錠。元朝建立之前，蒙古曾把白銀用作貨幣。至元三年後將五十兩銀鋌稱之爲錠，見於白銀貨幣的銘文中。元初發行紙幣，實行銀本位，以銀爲價值尺度，這是我國歷史上第一個以銀爲本位的貨幣制度的朝代。據《元史·食貨志》載，中統元年（1260）至天曆二年（1329），印鈔數都以錠爲單位。以銀爲本位的紙幣制度，推動了元代金融貨幣制度的發展，使銀的價值尺度作用更加穩定，白銀的使用日益普遍，并觸及日常生活的各個角落。另一方面刺激了金

銀買賣。於是元代官府采取如下措施：設立鈔庫，以官價例換紙鈔與金銀，以權物價；禁止金銀流出海外；制定有關金銀法令。至元十九年（1282）十月中書省奏准《整治鈔法條劃》，這是我國第一部貨幣法律文書。白銀貨幣的流通又加速了白銀的開采、冶煉以及信貸、匯兑業的發展。元代官鑄銀幣最初沿襲了金代的銀鋌形制，弧首束腰，正面略凹，周圍有多道絲紋。長 10.8～17.3 厘米，首寬 7.6～12 厘米，腰寬 4.7～6.5 厘米，五十兩者重約 1900 克左右。銘文内容爲白銀來源、用途、重量、鑄造年份、經手官員以及爐户、庫子、銷銀匠的

姓名等，直列數行。有的錠首用幾個銘文突出其來歷，有的橫行編號如"天字號""元字號"，或以《千字文》順序來編序。還有的有銷鑄銀錠的官員或轉運司、官庫的官員砸印的戳記。

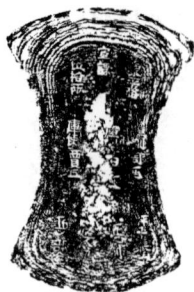
元代銀錠

元代前期銀錠背鑄陰文大字，如"平陽""太原""元寶"等。晚期銀錠沒有這種特徵，祇在面文中注明地點和來源等內容。出土地點有江蘇句容、天津武清、遼寧朝陽、吉林農安等，上海博物館與日本都有收藏。除了官府用於賦稅、軍餉、上供、進獻、日常開支、紙鈔的準備金等外，也用於日常的供貸、買賣、旅資、賞施、卜筮、傭工工錢等各方面，小到一錢，大到幾百兩至上千兩不等。參閱錢嶼《金銀貨幣的鑒定》。

明代銀錠

明代白銀貨幣的主要形式是銀錠。官鑄銀錠可分大錠、小錠。大錠五十兩，小錠有三十兩、二十兩、十兩、五兩四種。其形制有兩種。一種爲圓首緊束腰，底面和正面一樣大。也有面大於底的，如上海博物館所藏"大明嘉靖甲辰"銀錠，北京悼妃墓出土的萬曆年鑄的兩枚銀錠，這是在金代銀錠的基礎上發展而來的。另一種形制是弧首、束腰、周邊起翼外翹，面大於底，如北京、河南上林、江蘇南京、湖北蘄春、四川成都、浙江嘉興等出土的銀錠。上海博物館、無錫市博物館及日本收藏的銀錠多是這種形制。明代銀錠銘文多爲鏨刻，內容爲白銀來源、重量、經手官員和銀匠姓名等。明代後期兼用砸印銘文，或祇注明重量、成色、

銀匠姓名、銀樓名號等。明代也出土小銀錠，如四川洪雅九勝山明墓出土一百二十八枚銀錠，最輕的重僅幾錢，說明民間流通中常使用碎銀。官府還鑄有特大的銀錠用於鎮庫。明馮夢龍《甲申紀事》："時內庫尚存金一窖，銀若干窖，元寶有重至五百兩者，鐫永樂字，至是皆爲賊有。"日本大藏省造幣局現藏有銘文"萬曆四十五年四月吉造鎮庫寶銀錠重五百兩"銀錠一枚。明代銀錠銘文比元代有所發展，增加了金花銀、京作局、欠二錢等，說明明代白銀貨幣製造機構不僅有官方的京庫，而且有民間的銀鋪、銀樓等。參閱湯國彥《雲南歷史貨幣》。

清代銀錠

清代白銀鑄幣之一。清王朝對各地鑄造的銀兩形制、重量、成色沒有統一規定。康熙年間"官司所發，例以紋銀"。紋銀爲白銀貨幣標準成色，即一千兩紋銀含九百三十五點三七四兩純銀。由於各地經濟發展不平衡，文化習慣、行業之間存在差異，各地語言及流通習慣不同等，致使白銀的名稱繁多，成色、平砝極其紊亂。若按大小重量分類，清代銀錠大體可分四類：一、馬蹄銀，即寶銀，亦稱元寶。形式多樣，如方槽、長槽等。二、中錠，重約十兩，也有多種形式，多爲錘形，亦有馬蹄形。三、小錁或錁子，形狀像饅頭，重約一兩到五兩，亦叫小錠。四、碎銀，形式多樣，重約三分到一兩等，亦叫滴珠、福珠等。

按平砝綜合分類，可分四大類：庫平、關平、漕平（屬官方平砝）、市平（屬地方平砝）。

庫平：清王朝徵稅時平砝。或因年代不同而異，如光緒二十一年（1895）規定庫平一兩等於 37.31256 克，而光緒二十四年規定爲 37.3

克。各地官府庫平同一時期也往往不同，如廣東庫平爲 37.85 克，寧波庫平僅 36.65 克；同一省内的還分藩庫平、道庫平、鹽庫平等。

關平：原用於海關徵税。1858 年《中英天津條約》規定：每百兩另交銀一兩二錢。關平一兩爲 37.68 克。但各省洋關的關平不同。

漕平：原是漕糧改折銀兩時所用，民間也廣泛使用。但各地漕平不一。一般情況下漕平一兩等於 36.64 克。

市平：各地市場的平砝總稱，名目繁多，各地區各行各幫都有自定的平砝。

各種平砝都以紋銀爲折算標準，形成了從二四寶銀到足銀的十三個等級標準。

清代白銀貨幣官府主要用於税收、貿易、兵餉、借貸、軍政費用開支等，民間則用於答謝、賄賂、借貸、賠償、贈送、酬勞、經商等。白銀真正成爲貨幣進入流通領域。今傳世品較多。參閲中國錢幣學會陝西分會《元寶圖録》。

牌坊錠

清代晚期至民國初期雲南省鑄造流通之牌坊形銀幣。形制如牌坊、馬鞍，故民間稱爲"牌坊銀"，國外稱"馬鞍銀"。分三種類型：第一種爲早期型，銘文單行，共有三處，沒有公估商戳記，但有加蓋其他戳記的。

牌坊錠

第二種爲標準型，銀號戳記爲雙行銘文，有三處，其中一處爲顛倒的，還有兩個公估商戳記，也有加蓋其他戳記的。各錠重量不一。第三種爲小型，是標準型的一半，約合三兩。該錠實物較少，成色百分之九十七至九十八，主要流通於與泰國、緬甸等國邊境貿易地區。1988 年出版的臺灣陳鴻彬《樹蔭堂收藏千種元寶圖録》，收載了一百四十三種牌坊錠。參閲陳鴻彬《樹蔭堂收藏千種元寶圖録》。

銀錢

仿銅錢形制的銀質鑄幣。最早出現於南北朝時期，唐代多用於民間，宋代公私兼用，元明沿襲，清代幾乎不用。西漢時期，中西方貿易開通，阿拉伯商人開始將中亞的金銀錢幣帶到中國。南北朝到唐代，羅馬、拜占廷、薩珊王朝的金銀幣也流入中國，中國開始仿銅錢幣形鑄金銀錢幣，但并非用於流通，主要用於饋贈、祭祀、游戲、賞賜、布施、殉葬等。《周書·李賢傳》："賜衣一裘，銀錢一萬。"《北齊書·王昕傳》："悦數散錢於地，令諸佐争拾之，昕獨不拾。悦又散銀錢，以目昕，昕乃取其一。"明周楫《西湖二集》："遂命宋五嫂進其魚羹，太上食而美之，遂賜金錢十文，銀錢百文，絹十四。"因存世不多，屬錢幣中之珍品。

銀五銖

　　1955 年南京光華門外黃家營五號六朝墓出土兩枚，形同東漢五銖銅錢，疑爲六朝仿製。傳世有西漢銀五銖，製作規整，應爲賞賜之錢。參閱《文物參考資料》1959 年第十二期。

長命守富貴銀錢

　　唐中宗嫁荊山公主時鑄的銀質撒帳錢幣。僅見一枚。梅花形，面文"長命守富貴"吉祥語，背有五出文，重二錢。參閱錢嶼《金銀貨幣的鑒定》。

長命守富貴銀錢

開元通寶銀錢

　　唐代仿行用開元通寶銅錢鑄造的銀質鑄幣。1970 年，西安市南郊何家村出土唐代窖藏開元通寶銀錢四百二十一枚，直徑 2.5 厘米。1980 年 8 月，杭州臨安吳越王錢鏐母水邱氏墓出土七枚開元通寶銀鍍金錢，直徑 2.4 厘米。傳世品較多，有闊緣者，錢徑 2.6 厘米，重 6.5 克；也有的較薄，錢徑 2.5 厘米，重 5.2 克。唐代銀錢并非官方流通貨幣。唐律規定，對私鑄銅錢者要嚴加懲處，而對私鑄金、銀錢者則不予追究。銀錢在當時主要爲宮廷、貴族用於游戲、賞賜、洗兒等，民間多用來佩帶。參閱錢嶼《金銀貨幣的鑒定》。

開元通寶銀錢

重輪乾元重寶銀錢

　　形制同重輪乾元重寶銅錢。1998 年西安金泉錢幣文化股份有限公司從國外重金購回，爲國內所見唯一孤品。因未見實物，具體形制不詳。（西安金泉錢幣博物館藏）

太平通寶銀錢

　　北宋年間仿銅錢形制鑄造的太平通寶銀鑄幣。有兩種版別。一種爲小平錢，錢文隸書"太平通寶"，筆劃較粗，背面穿上有仰月紋，重 4.2 克。另一種爲折二錢，幣文爲宋體，製作不精。見有後仿幣。參閱錢嶼《金銀貨幣的鑒定》。

咸平通寶銀錢

　　北宋咸平年間（998—1003）仿咸平通寶銅錢鑄造的銀質鑄幣。未見實物。參閱錢嶼《金銀貨幣的鑒定》。

政和通寶銀錢

　　北宋政和年間（1111—1118）仿政和通寶銅錢鑄造的銀質鑄幣。形制與銅質小平隸書、折二篆書錢同。參閱古金《中國貨幣收藏指南》。

宣和元寶銀錢

　　北宋宣和年間（1119—1125）仿宣和元寶銅錢鑄造的銀質鑄幣。形制與銅質小平楷書錢同。參閱錢嶼《金銀貨幣的鑒定》。

宣和通寶銀錢

　　北宋宣和年間（1119—1125）仿宣和通寶銅錢鑄造的銀質鑄幣。形制與銅質小平楷書錢同。另有隸書大樣者傳世，甚罕見。參閱孫仲彙等《簡明錢幣辭典》。

靖康通寶銀錢

　　北宋靖康元年（1126）仿靖康通寶銅錢鑄造的銀質鑄幣。形制與銅質小平真書體錢同。有大樣、小樣等版別，傳世絕少。參閱古金《中國貨幣收藏指南》。

慶元元寶銀錢

南宋慶元年間（1195—1200）所造銀質鑄幣，利用銀片陰刻而成，用於殉葬。參閱錢嶼《金銀貨幣的鑒定》。

壽慈萬壽銀錢

宋代仿行用銅錢形制刻上"壽慈萬壽"吉祥語的銀幣。傳世有楷書"壽慈萬春"者，乃南宋宮廷賞賜錢。參閱錢嶼《金銀貨幣的鑒定》。

紹定萬歲銀錢

宋代仿行用銅錢形制鑄造的刻上"紹定萬歲"吉祥語的銀幣。銀質鎏金。僅見一枚。參閱孫仲彙等《簡明錢幣辭典》。

招納信寶銀錢

南宋仿行用銅錢形制文作"招納信寶"的銀質錢。據《宋史》記載，宋將劉光世駐守通泰之時，曾鑄金、銀、銅"招納信寶"錢，用以誘降金兵。存世稀少。僅見張叔馴（齊齋）從外籍藏家購得一枚鎏金銅質者。金、銀錢未見實物。參閱錢嶼《金銀貨幣的鑒定》。

大朝通寶銀錢

蒙古建立國號之前仿宋金銅錢形制鑄造的銀質錢幣。1993 年 9 月，甘肅天水秦城區出土五十餘枚，面文真書對讀，有的錢背加砸印記，多有剪輪，個別穿被銼圓。徑 2.2 厘米，重 3.5 克。1994 年 3 月陝西洋縣發現十一枚，徑 2.2 厘米，重 2.2 克。版別頗多，製作不精，文字仿大觀或大定銅錢。盛觀熙《大朝通寶銀錢考略》認爲該錢爲元初正式貨幣。參閱錢嶼《金銀貨幣的鑒定》。

元貞通寶銀錢

元朝元貞年間（1295—1297）仿元貞通寶銅錢鑄造的銀質鑄幣。製作不精，主要用於壓勝、供養或作春錢等。昔上海藏泉家張季量收藏一枚，錢徑 1.3 厘米。元孫道明《閑居録》："至大改元，婦人首飾皆以金銀作小錢戴之，謂之春錢。"參閱錢嶼《金銀貨幣的鑒定》。

皇慶通寶銀錢

元朝皇慶年間（1312—1313）仿皇慶通寶銅錢鑄造的銀質鑄幣。製作粗略，文字草率，主要用於壓勝和供養等。參閱錢嶼《金銀貨幣的鑒定》。

承華普慶銀錢

元代京都大承華普寺仿行用銅錢形制所鑄的銀質供養錢。該寺供奉元順宗、仁宗兩代皇后的御容。據傳宣古愚曾收藏一枚。參閱錢嶼《金銀貨幣的鑒定》。

永樂通寶銀錢

明代永樂年間（1403—1424）仿永樂通寶銅錢鑄造的銀質鑄幣。略小於銅錢，錢文遒勁樸實，製作精美，重庫平一錢。主要作爲宮廷賞賜用。參閱孫仲彙等《簡明錢幣辭典》。

永樂通寶銀錢

萬曆礦銀銀錢

明代萬曆年間（1573—1620）仿萬曆通寶銅錢鑄造的銀質鑄幣。據《明史·食貨志五》載，萬曆二十四年，前衛千户仲春請開礦，中使前後二十人分遣各地，大開銀礦，并鑄有"礦銀錢"。僅見大小兩種版別。一種正面錢文"萬曆通寶"，背面穿孔上下有"礦銀"兩字，皆楷書，所見面值有庫平三分、四分、五分三種。參閱彭信威《中國貨幣史》。另一種較大，正面錢文"萬曆礦銀"。背文"四錢"兩字，皆楷書。據傳廣東有出土。極罕。參閱孫仲彙等《簡明錢幣辭典》。

萬曆銀豆銀錢

亦稱"萬曆年造銀錢"。明代萬曆年間（1573—1620）仿萬曆通寶銅錢鑄造的銀質鑄幣。正面錢文"萬曆年造"，背有"五錢"或"二錢"字樣，分列穿孔左右。明劉若愚《酌中志》："豆者，圓珠，重一錢或三、五分不等，豆葉則方片，其重亦如豆不拘，以備欽賞之用。"明呂毖《明朝小史》載，明朝皇帝曾用銀豆、金銀等物拋撒於地，令宮人、內侍爭拾爲樂。可見銀豆錢不是流通貨幣，而主要用於宮廷賞賜、游戲。參閱錢嶼《金銀貨幣的鑒定》。

【萬曆年造銀錢】

即萬曆銀豆銀錢。此稱明代已行用。見該文。

天啓通寶銀錢

亦稱"天啓年造銀錢"。明代天啓年間（1621—1627）仿天啓通寶銅錢鑄造的銀質鑄幣。形制與天啓通寶折二銅錢同。背有"二"字，製作精美。主要用於宮廷賞賜。參閱孫仲彙等《簡明錢幣辭典》。

【天啓年造銀錢】

即天啓通寶。此稱明代已行用。見該文。

天啓銀豆銀錢

明代天啓年間（1621—1627）仿天啓通寶銅錢鑄造的銀質鑄幣。正面錢文爲"天啓年造"，背有"一錢"字樣。未見實物。參閱彭信威《中國貨幣史》。

【天啓年造銀錢】

即天啓銀豆銀錢。此稱明代已行用。見該文。

西王賞功銀錢

明末農民起義軍大西王張獻忠於1644—1646年間仿行用銅錢所鑄銀幣。據清鄭元慶《二十四史約編》載："獻忠西入楚，黃劉旋師。獻忠復東，沿江而上，破漢陽、直逼武昌，時壬午之五月執楚王，掠宮中金數百萬，輦載不盡。獻忠據王府鑄西王之寶。"現僅見四枚。第一枚爲清末收藏家申硯丞收藏，現去向不明。

西王賞功銀錢

第二枚爲光緒末年四川富順胡氏拆房所得，贈送給戚誼宋芸子，其侄宋孝齊於1933年售予上海川籍錢幣藏家羅伯昭，後與其他珍品同入藏於中國國家博物館。正面錢文"西王賞功"，楷書，文字挺拔，製作精美。第三枚爲浙江湖州陳達農收藏，拓本收錄於《中國民間錢幣藏珍》中，筆法粗獷，屬另一版式。第四枚爲大順西王賞功銀錢，據朱活《古錢新典》，20世紀八九十年代甘肅武都農村發現一枚"西王賞功"，背文"大順"銀錢。係張獻忠稱帝改大順號後所鑄銀錢。參閱錢嶼《金銀貨幣的鑒定》。

吉字圓孔銀幣

清光緒年間（1875—1908）吉林機器官局

吉字圓孔銀幣（五錢）

監造之銀質錢幣，僅見五錢一種。正面爲"光緒元寶"，背面穿孔上下分書"廠平""五錢"，其中廠作"厰"，左右分列滿漢文"吉"字，面背緣飾以雲紋。疑係樣錢。十分罕見。參閱錢嶼《金銀貨幣的鑒定》。

銀圓

　　銀圓是近代中外機製銀幣的統稱，取其銀質圓形得名。據資料載，明中葉隆慶元年（1567），海禁大開，歐美各國相繼來華貿易，外國銀圓紛紛流入中國。清代前期，中西方經濟貿易規模不斷擴大，外國銀圓流入中國有增無減，民間商民樂於使用，有取代中國銀兩的趨勢。另外，鴉片貿易造成中國白銀大量外流，白銀庫存日益枯竭，引起清代有識之士的重視和不滿，要求維護民族權益，自鑄銀圓。清光緒十三年（1887），兩廣總督張之洞設局開鑄機製銀圓，開創了中國新型的白銀貨幣形態——龍銀。隨後，各省以廣東銀圓鑄模爲準，紛紛設局開鑄。據估計，龍紋圖案的銀圓，其鑄造數量約爲三億枚左右。中國新型銀圓的大量鑄造，爲抵制外國銀圓在中國流通、保護民族權益、促進中國經濟發展，發揮了積極的作用。

吉林廠平銀幣

　　清光緒八年至光緒十年（1882—1884）吉林省機器官局監造之銀幣。僅見光緒八年樣幣和光緒十年幣。光緒八年版樣幣有銀質、銅質兩種，紋飾相同。正面方欄篆書"光緒八年吉林機器官局監造"，背面方欄"廠平壹兩"，方框外仿西漢銅鏡飾以草葉紋，面背邊飾連弧紋，直齒邊或光邊，疑爲國外造幣廠代鑄，極爲罕見。光緒十年，吉林將軍希元爲解決吉林省的市場流通，奏准從軍餉中提取五千兩白銀，交機器局製造銀幣，幣值有一錢、三錢、半兩、七錢、一兩五種。半兩、七錢、一兩幣正面方框有三行篆書"光緒十年，吉林機器官局監製"，上有珠狀篆書"壽"字，旁有雙龍紋，背面正中方框中爲漢文幣值，四周爲滿文幣值、間飾捲雲紋。面背邊飾圈點紋。三錢、一錢幣值正面方框內爲篆文"光緒十年吉林官局製"，均極罕見。參閱錢嶼《金銀貨幣的鑒定》。

中外通寶銀幣

　　清咸豐年間（1851—1861）鑄造之銀幣。僅見壹兩、五錢、二錢、一錢、五分五種，兩個版別。一兩幣正面中央爲"關平""銀壹兩"，外飾"中外通寶"四字，背面中央爲陰陽八卦圖，外飾雙龍紋，面背邊飾聯珠紋，重37.7克。其他四種正面中央爲幣值，兩側爲嘉禾紋，背面中央爲陰陽符號，外飾雙龍紋。該幣疑爲

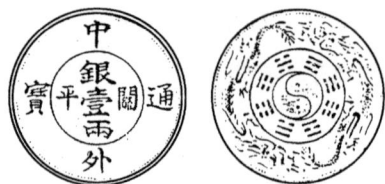

中外通寶銀幣（壹兩）

英國皇家造幣廠試鑄，因未被清王朝接受，故極罕見。參閱錢嶼《金銀貨幣的鑒定》。

廣東七三反版銀幣

清光緒十五年（1889）廣東省鑄。爲抵制洋銀，發展對外貿易，兩廣總督張之洞於光緒十二年開始籌劃機器鑄幣事宜。光緒十三年正月二十四日奏請開設廣東錢局，用機器鑄幣，同時，派廣糧通判同知吳景萱充任錢局提調、廣東試用同知王秉恩爲副提調，令吳負責購買機器及試鑄製錢事宜。經匯豐銀行給清駐英公使劉瑞芬匯款八萬兩白銀（合英金一萬六千九百六十二磅十八先令十便士），向英國伯明翰希頓廠主簽訂購買機器設備合同，并招募四名英匠。從光緒十三年選址購地到光緒十五年二月竣工，近兩年時間，購地八十二畝，總耗資四十六點一萬兩白銀，於八月一日正式開鑄。幣值有七錢三分、三錢六分五厘、一錢四分六厘、七分三厘、三分六厘五凡五種。其中最大一種正面中央滿漢文“光緒元寶”，珠圈外英文“廣東省七錢三分”，左右分列花星，背面中央蟠龍，上下分別爲漢文“廣東省造”“庫平七錢三分”。前四種鋼模爲希頓廠代辦。據吳湖帆說，該幣文爲其

廣東七三反版銀幣
（七錢三分）

祖父吳大澂手迹。該幣鑄行後，因比外洋加重了漕平一分五厘，致使折耗較巨而改版。這是中國最早的機鑄銀幣。參閱錢嶼《金銀貨幣的鑒定》。

廣東七二反版銀幣

清光緒十五年（1889）廣東省鑄造之試樣銀幣。幣值有七錢二分、三錢六分、一錢四分四厘、七分二厘、三分六厘凡五種。面背裝飾同七三反版。試樣呈送清廷，清王朝認爲“惟將洋文列於中國年號之內，體制尚有未合，應請飭令該督將洋文改鑿蟠龍之外，以‘廣東省造庫平七錢二分’漢文十字改到正面，其半元以下小銀錢以次照改，較爲妥協”（《中國近代貨幣資料第一輯》）。未被批准而停鑄。參閱錢嶼《金銀貨幣的鑒定》。

廣東省造光緒銀幣

清光緒十六年至三十四年（1890—1908）廣東省鑄。據清尚書張之萬等奏議所定體制，兩廣總督李翰章奉諭旨允准，另置鋼模，於光緒十六年四月初二開爐試鑄，幣值有七錢二分、三錢六分、一錢四分四厘、七分二厘、三分六厘凡五種。新版光緒元寶將洋文改鑿蟠龍之外，七錢二分幣正面改列漢文“廣東省造庫平七錢二分”。其餘形制同七二反版銀幣。其他面值銀幣除面值不同七錢二分幣外，其他形制均同。該幣發行後，交易兩便商民樂用。李鴻章曾評價說，在天津一律行用，與英洋沒有兩樣。鑒此，全國各省以此仿照，開鑄銀圓。參閱錢嶼《金銀貨幣的鑒定》。

廣東“壽”字銀幣

清光緒三十一年（1905）廣東省造幣廠鑄。僅見壹兩一種，正面中央爲滿漢文“光緒元

寶"，外圍"廣東省造""庫平重壹兩"，左右分列蝙蝠紋，蝙蝠雙翼爲陰文綫條者爲初版，陽文綫條者爲再版，背面正中篆一"壽"字，外圍雙龍戲珠紋。重30.31克。該幣疑爲紀念慈禧七十壽辰而鑄，係中國最早之紀念幣，傳世極少。參閱錢嶼《金銀貨幣的鑒定》。

廣東"壽"字
銀幣（壹兩）

廣東省造宣統銀幣

清宣統元年（1909）度支部造幣粵廠（光緒三十三年（1907）由廣東錢局改名）鑄。幣值有七錢二分、一錢四分四厘兩種。正面滿漢文"宣統元寶"，其餘裝飾同廣東光緒元寶銀幣。因度支部厘定幣制，改鑄大清銀幣，1909年4月29日停鑄該幣，7月又開鑄。1909年4月度支部造幣粵廠改名爲度支部廣州造幣廠，歸部轄，撥銀一百萬兩爲鑄本。參閱錢嶼《金銀貨幣的鑒定》。

廣東民國毫銀幣

民國元年至民國二十年（1912—1931）廣東省造。幣值有二毫（二十仙、二角）、一毫（十仙、一角）兩種。二毫幣有三種版別。一種正面中央圓星和"二毫銀幣"，珠圈外書"中華民國元年""廣東省造"，左右飾梅花星。背面中央爲幣值"20"，珠圈外爲英文"廣東省二十仙（二角）"。該幣爲都督胡漢民在廣東省主政時，將度支部廣州造幣分廠改名爲中華民國軍政府廣東造幣廠時所鑄。二毫銀幣還見有：民國二年、三年、四年、七年、八年、九年、十年、十一年、十二年、十三年。民國九年、

十一年、十二年私鑄很多，質量低劣，商民拒用。1923年，廣東省政府決定，由財政部批准，東華公司承辦鑄造二毫銀幣，除舊版外，又鑄改版二毫幣，正面僅改紀年，背面改爲孫中山像。第三種正面爲嘉禾圖案，背面爲孫中山像。民國十三年，廣東地方軍閥鄧本殷盤踞廣東南路，鑄有八屬區低毫，流通於欽廉、瓊崖、高雷、兩陽等地區，加上東華公司承鑄毫幣期間流出鋼模私鑄嚴重，使民國十三年銀幣信用極低，商民拒用。1928年7月，經國税委員公署、廣東省財政廳同意，成立鑒定十三年銀毫成色委員會，并決定將廣東造幣分廠更名爲廣東毫幣改鑄廠，王經舫爲廠長，於9月1日開鑄十七年二毫新幣。正面中央爲"二毫"，下爲交叉嘉禾圖案，外圍上下分列"中華民國十七年""廣東省造"字樣，背面爲孫文像。一毫幣三個版別：民國元年版，正面除幣值不同於元年二毫幣外，其他均同，背面中心爲雙旗交叉步槍，外圍英文"十仙（一角）""廣東省"。民國二年版，正面同元年一毫幣，背面中心改爲"10"。該版見有民國二年、三年、十一年。第三種版爲民國十八年，正面中心豎寫"壹毫"，外圍"中華民國十八年""廣東省造"及花星，背面爲孫中山像。參閱錢嶼《金銀貨幣的鑒定》。

湖北本省光緒銀幣

清光緒二十年（1894）湖北省銀元局造。光緒十九年湖廣總督張之洞會同湖北巡撫譚繼洵奏准在湖北籌建銀圓局，局址設在武漢三佛閣街原守備府，委候補道蔡錫勇爲總辦。於光緒二十年開鑄湖北省光緒元寶。幣值有七錢二分、一錢四分四厘、七分二厘三種。式樣仿

廣東省造七二版銀幣，僅將"廣東"改爲"湖北"，面背星花改爲六瓣長花飾，背面龍紋左右分列"本省"兩字。該銀圓局爲中國最早銀圓局。參閱錢嶼《金銀貨幣的鑒定》。

湖北光緒銀幣

清光緒二十一年至三十年（1895—1904）湖北省銀元局造。爲保證銀幣成色，專聘一名外籍技師校準成色，購買外國銀條鑄造銀幣。幣值有七錢二分、三錢六分、一錢四分四厘、七分二厘、三分六厘凡五種。這套銀幣背面去掉"本省"兩字，其他同湖北本省光緒銀幣。鑄本由江南支應局借撥二十萬兩白銀。主要流通於江蘇、安徽、湖北、河南、湖南等地。參閱錢嶼《金銀貨幣的鑒定》。

湖北大清銀幣

清光緒三十年（1904）湖廣總督張之洞奏准試鑄的銀幣。1899 年，中國貨幣史上出現一場關於銀圓單位問題的爭論，以兩江總督劉坤一、湖廣總督張之洞等人爲代表，主張以"庫平一兩"爲單位；另一派以度支部尚書載澤、郵傳部右侍郎盛宣懷等爲代表，主張以圓（庫平七錢二分）爲單位，結果主張以兩爲單位者暫居上風。光緒三十年十一月，清政府令："現經本部堂奏准，就湖北試鑄一兩重銀圓，名曰'大清銀幣'。奏內聲明此項銀幣即爲將來中國全國劃一之銀幣，是此後所鑄銀圓即爲國幣，應飭將銀圓局改名銀幣局。"湖北省率先開

湖北大清銀幣（壹兩）

鑄一兩銀幣。僅見壹兩一種。正面中央爲滿漢文"大清銀幣"，上下分書漢文"光緒三十年湖北省造""庫平一兩"字樣，背面中央爲漢文幣值"壹兩"，外飾雙龍戲珠紋，上下英文"湖北省""一兩"，左右滿文紀值"一兩"。該幣分大字版、小字版兩種，共發行七十餘萬枚，傳世較多，均有銅樣幣存世。參閱錢嶼《金銀貨幣的鑒定》。

湖北宣統銀幣

清宣統二年（1910）湖北武昌造幣分廠造。該年 5 月，湖北銀圓局、銅元局合幷歸部轄，改名爲"武昌造幣分廠"，奉度支部令開鑄宣統元寶銀幣。幣值有七錢二分（一圓）、一錢四分四厘（二角）、七分二厘（一角）三種。七錢二分銀幣正面中央滿漢文"宣統元寶"，珠圈外爲"湖北省造""庫平七錢二分"，背面正中爲蟠龍圖，珠圈外英文"湖北省""庫平七錢二分"，面背分列六瓣長花飾。一錢四分四厘和七分二厘銀幣除幣值不同外，其他裝飾同。一錢四分四厘銀幣極稀。參閱錢嶼《金銀貨幣的鑒定》。

吉林無紀年光緒銀幣

清光緒二十三年至二十四年（1897—1898）吉林省造。幣值有七錢二分、三錢六分、一錢四分四厘、七分二厘、三分六厘五種。七錢二分幣正面中央爲寶瓶萬年青，上下右左分書"光緒元寶"，珠圈外上下分列"吉林省造""庫平七錢二分"，左右分列四瓣花星，背面爲蟠龍圖，上下分列英文"吉林省""七錢二分"，左右爲滿文"吉林"，齒紋邊道。其他銀幣裝飾除幣值不同七錢二分外，均同。該幣版別較多，如吉字有"士"吉和"土"吉之別，寶字分"尔"寶和"缶"寶兩種；英文書寫錯誤亦多。

參閱錢嶼《金銀貨幣的鑒定》。

吉林紀年光緒銀幣

　　清光緒二十五年至三十四年（1899—1908）吉林省造。幣值有七錢二分、三錢六分、一錢四分四厘、七分二厘、三分六厘凡五種。按正面中央花飾分四種版別。萬年青版：七錢二分幣正面中央爲寶瓶萬年青，上下右左“光緒元寶”，珠圈外上下分列“吉林省”“庫平七錢二分”，左右兩側干支紀年，背面正中爲蟠龍圖，上下分列英文“吉林省造”“七錢二分”，左右滿文“吉林”。三錢六分以下除幣值不同於七錢二分外，均同。該幣紀年有己亥、庚子、辛丑、丙午、丁未、戊申數種。鑄刻錯誤之處頗多：庚子紀年三錢六分幣中“3”反書錯版；庚子年一錢四分四厘、三分六厘英文有反版。陰陽太極圖版：除正面中央爲陰陽太極圖飾，其餘裝飾同萬年青版。幣值亦五種。紀年有庚子、辛丑、壬寅、癸卯、甲辰、乙巳。鑄刻錯誤頗多，如庚子年七分二厘幣中“2”反書，三分六厘幣英文中“3”反書；辛丑年三錢六分、七錢二分、一錢四分四厘，壬寅年三錢六分、七錢二分、癸卯年七錢二分、三錢六分、七分二厘幣以及甲辰年七錢二分、一錢四分四厘、七分二厘等均有英文錯版。辛丑年三分六厘背面滿文下星花可分十字星、七點星兩種。滿文版：正面中央爲滿文“大清”，幣值有七錢二分、三錢六分、一錢四分四厘三種，其他裝飾

同萬年青版。數字版：正面中央爲阿拉伯數字“11”“2”“1”三種，“11”表示法定兑換“11”個角幣。其他形制裝飾同萬青版。參閲錢嶼《金銀貨幣的鑒定》。

戊申吉字一兩銀幣

　　清光緒三十四年（1908）吉林省造幣廠鑄。僅見一兩一種，正面中央爲“大清銀幣”“吉”字，珠圈外上列滿文“大清銀幣”，下列漢文“庫平一兩”，左右分列紀年“戊申”，背面中央爲蟠龍紋，外環英文“KWANG－SHU·（光緒）”，“KUOPING ONE TAEL（庫平一兩）”，左右分列六瓣花星。發行不久，因不便使用，遭民衆抵制而停鑄。今僅見一枚，素稱孤品。參閲孫仲彙等《簡明錢幣辭典》。

宣統吉字銀幣

　　清宣統二年（1910）吉林造幣分廠造。僅見庫平一錢四分四厘（二角）一種。正面鑄“宣統元寶”，中心“吉”字代表“吉林”，珠圈外上下分列“造幣分廠”“庫平一錢四分四厘”，左右滿文“吉林”，背面中央爲蟠龍圖，珠圈外上下分列“宣統年造”，英文“大清帝國銀幣”。該幣“吉”字分陰“吉”與陽“吉”版。英文“SILVER”中的“V”錯版爲“A”，“CHING”中的“HI”上多一逗點等。參閲錢嶼《金銀貨幣的鑒定》。

天津北洋造光緒銀幣

　　清光緒二十一年至三十四年（1895—1908）北洋機器局造。幣值有庫平七錢二分、三錢六分、一錢四分四厘、七分二厘、三分六厘五種。按面背裝飾分兩種版別。大清光緒版：鑄於光緒二十一至二十四年。光緒二十二年一圓幣，正面中央直書“壹圓”，珠圈外滿文“大

吉林紀年光緒銀幣（七錢二分）

清光緒二十二年北洋機器局造"，再環以珠圈，其外環列同樣內容的漢文，漢文中間有三個五角星間隔，背面正中爲蟠龍圖，外環英文"光緒二十二年北洋兵工廠"。其他幣除幣值不同外，裝飾均同一圓。另見二十三年幣，除漢文紀年不同、英文紀年將"光緒"改爲"大清"、龍紋又分"圓眼龍"和"三角眼"龍外，其他裝飾均同二十二年版。二十四年幣除紀年不同二十二年版，其他均同。二十一年幣僅見一錢四分四厘（二角）試樣。仿廣東七二光緒元寶版：光緒二十三年北洋局仿廣東銀圓式樣開鑄。七錢二分幣正面中央爲滿漢文"光緒元寶"，珠圈外上下分列"北洋造""庫平七錢二分"，背面蟠龍圖，外爲英文"光緒 23 年、北洋"。正面星花有點星、梅花星之別。其他幣形制除幣值不同外，均同。該版還有二十四、二十五、二十六年紀年五種幣值，并有廿九年一圓、三十一年二角、三十三年一圓、二角、一角數種，其中一圓幣有合面、合背兩種錯版，二角幣有背面誤配宣統紀年的"大清銅幣五文"背模的錯版。三十四年一圓按龍、火珠紋亦分兩個版別。參閱邱思達《中國近代鑄幣圖説》。

北洋光緒一兩銀幣

清光緒三十三年（1907）直隸總督奏准由北洋鑄造銀圓總局開鑄銀幣。正面中央爲"光緒元寶"，上列滿文"光緒元寶"，下列"庫平一兩"，左右分列"北洋"，背面正中爲蟠龍紋，上列英文"光緒三十三年"，下列英文"北洋"，十足成色。按"兩"字寫法，可分從"人"、從"入"兩個版別。該幣爲試鑄之品，數量極少。參閱錢嶼《金銀貨幣的鑒定》。

宣統年造户部大清銀幣

清宣統二年（1910）天津户部造幣總廠鑄造之銀質樣幣。幣值有壹圓、伍角、貳角伍分、一角四種。一圓幣正面中央"大清銀幣"，珠圈外上下分列滿文"宣統年造"和漢文幣值"壹圓"，左右爲花飾，背面正中爲蟠龍圖，珠圈外上下分列"宣統年造"和英文符號、阿拉伯數字幣值，左右分列星飾等。其他幣除幣值不同、背面幣值改爲英文外，裝飾均與一圓幣同。參閱孫仲彙等《簡明錢幣辭典》。

宣統年造户部大清銀幣（壹圓）

宣統三年户部大清銀幣

清宣統三年（1911）天津户部造幣總廠鑄造之銀樣幣。幣值有壹圓、伍角、貳角、壹角四種。壹圓幣正面正中"大清銀幣"，珠圈外上下分列滿、漢文"宣統三年"，左右爲花飾，背面爲蟠龍圖，正中漢文"壹圓"，下爲"火珠"，再下爲英文幣值"壹圓"。伍角、貳角、壹角幣除正面珠圈外上下分別改爲"宣統三年""二枚換一圓""五枚換一圓"或"十枚換一圓"外，其他裝飾同壹圓幣。壹圓幣龍紋可分長鬚龍、短鬚龍、反龍、大尾龍、游龍等版，亦有英文"G.L"簽字版。參閱孫仲彙等《簡明錢幣辭典》。

民國十二年龍鳳銀幣

民國十二年（1923）天津造幣總廠鑄造之銀質樣幣。僅見壹圓一種。正面上方爲龍鳳擁日，下爲聚寶盆，盆圖上有一"王"字，圖案上方爲"中華民國十二年造"，背面正中直書"壹圓"，兩側爲交叉嘉禾圖。或疑其爲紀念袁世凱稱帝的試用幣，因有封建帝制色彩，未被采用。按幣值"壹圓"字之大小，可分兩種版別。參閲孫仲彙等《簡明錢幣辭典》。

民國十五年龍鳳銀幣

民國十五年（1926）天津造幣總廠鑄造之銀輔幣。幣值有二角、一角兩種，正面鑄龍鳳擁日和聚寶盆圖案，背面中央爲幣值、交叉嘉禾圖，珠圈外上下分列"中華民國十五年""每五枚當一圓"或"每十枚當一圓"。傳爲褚玉璞任直隸督軍時發行，廣泛流通於京津地區。參閲孫仲彙等《簡明錢幣辭典》。

安徽光緒銀幣

清光緒二十三年至二十五年（1897—1899）安徽銀圓局造。光緒二十三年三月，安徽巡撫鄧華熙奏准仿廣東、湖北鑄模籌鑄銀圓，派潘汝杰到上海訂購外國機器，在安慶東城内鴛鴦橋原製造局舊址設立安徽銀圓局開鑄。幣值有庫平七錢二分、三錢六分、一錢四分四厘、七分二厘、三分六厘五種。按裝飾分兩大版別。第一類爲中文版，七錢二分幣正面中央爲滿漢文"光緒元寶"，珠圈外上下分列"二十四年安徽省造""庫平七錢二分"，左右分列花飾，背面中央爲蟠龍圖，外圍爲英文"安徽省""七錢

安徽光緒銀幣（七錢二分）

二分"。三錢六分、一錢四分四厘、七分二厘、三分六厘除幣值不同七錢二分幣外，其他裝飾同。該版還有無紀年的一圓、二角、一角、五分四種；不同紀年的有二十五年的五分一種，"戊戌安徽省造"的七錢二分、七分二厘兩種，戊戌年有錯版作"戊戍"的。第二類爲英文版，有二十三年七錢二分、七分二厘兩種試樣幣，二十四年的七錢二分、三錢六分、一錢四分四厘、七分二厘四種。正面中央爲"光緒元寶"，四周有陽刻英文大寫字母"T.A.S.C"，意爲"大清安徽銀幣"。其他裝飾同第一版。參閲孫仲彙等《簡明錢幣辭典》。

江南光緒銀幣

清光緒二十三年（1897）江南銀圓製錢總局造。清初，江南省地轄今江蘇、安徽、浙江、福建、江西、湖南凡六省的全部或部分地區。康熙後祇轄江蘇、安徽兩省。南洋大臣劉坤一以制錢不敷周轉、洋元行銷、利權外溢爲由撥款選材購機建廠，鑄造銀圓。由上海瑞生洋行向英國（希頓廠）、德國購買機器設備，廠址設在省城西水關内雲臺閘南，占地四十四畝。資本八萬元。光緒二十三年十月江南鑄造銀圓製錢總局工廠竣工，十月二十八日開鑄仿湖北銀幣。幣值有七錢二分、三錢六分、一錢四分四厘、七分二厘、三分六厘凡五種。七錢二分幣正面中央爲滿漢文"光緒元寶"，珠圈外上下分列"江南省造""庫平七錢二分"，左右分列六瓣花星，背面中央爲蟠龍圖，弦紋圈外爲英文"江南省""七錢二分"和花星。其他除幣值不同外，裝飾同七錢二分幣，唯五分錢幣背面龍紋外分有圈、無圈。該幣一圓有光邊、齒邊、人字邊三種邊道。錢幣界稱爲"老江南"，存世

稀少。參閱錢嶼《金銀貨幣鑒定》。

江南紀年光緒銀幣

清光緒二十四年至三十一年（1898—1905）江南省造，俗稱“新江南”。幣值有七錢二分、三錢六分、一錢四分四厘、七分二厘、三分六厘凡五種。七錢二分幣正面中央爲滿漢文“光緒元寶”，珠圈外上下分列“江南省造”“庫平七錢二分”，左右分列干支紀年，背面爲蟠龙圖，并去掉弦紋圈。其他幣除幣值不同外，裝飾同七錢二分幣。該版幣紀年有戊戌、己亥、庚子、辛丑、壬寅、癸卯、甲辰、乙巳凡八種。戊戌年版面值有一圓、二角、一角三種。一圓幣背面英文字母大小可分大字版、小字版，戊戌紀年有誤刻“戊戊”錯版，一角幣背面可分有弦紋圈、無弦紋圈兩種。己亥紀年的有五種，其中一圓、二角幣以背面龍圖又分舊龍、新龍版。庚子紀年的有五種，其中一圓幣按文字大小分大字、小字版，二角幣背面龍圖亦分舊龍、新龍版。辛丑紀年的有一圓、二角、一角、五分四種，其中正面左上角邊緣或有英文字母“HAH”。壬寅紀年的有一圓、二角、一角三種。癸卯紀年有一圓、二角、一角三種。其中一圓正面左上方緣部可分有、無花星兩種。甲辰紀年的有一圓、二角、一角三種，其中一圓正面右上方緣部英文不同分“CH”“TH”兩種，背面以有無星點，分多種版別。乙巳紀年

江南紀年光緒銀幣（七錢二分）

的有一圓、二角、一角三種，其中二角、一角右上方緣部有、無英文“YS”，可分兩種版別等。參閱孫仲彙等《簡明錢幣辭典》。

江南省造宣統銀幣

清宣統三年（1911）江南省度支部造幣廠造。該廠光緒三十三年係由陳璧奏准更名爲“度支部造幣分廠”，由部換給關防。宣統元年四月一日知府應德閎管理廠務。五月二十三日調補用同知胡世延管理廠務，1910年4月度支部令工廠造冊候裁，又因在上海、漢口發行新幣，復設江寧分廠。宣統三年二月初一，部簡蔡康爲總辦，化驗師爲英國人華振、工藝師有張葆亨、紀鍾洪、王國弼等人。六月一日，用新一圓祖模開鑄，有七錢二分、一錢四厘四分、七分二厘三種。正面爲滿漢文“宣統元寶”，珠圈外上下分列“江南省造”、漢文幣值，左右分列長枝花飾。其他同江南光緒元寶。參閱錢嶼《金銀貨幣的鑒定》。

奉天機器局光緒銀幣

清光緒二十四年至二十五年（1898—1899）奉天機器局造。盛京（今潘陽市）將軍依克唐阿以奉天省制錢短缺、憑帖易於僞造爲由，奏准購機設局鑄造銀幣，由天津德國禮和洋行定購設備，於光緒二十三年（1897）六月試鑄一圓、五角幣，未見實物。光緒二十四年幣有一圓、五角、二角、一角四種，一圓幣正面中央爲幣值“一圓”，小珠圈外環書英文“奉天省”，左右分列六瓣星花，大珠圈外環書滿文“大清光緒二十四年奉天機器局造”，背面中央蟠龍圖，外圍環書漢文“大清光緒二十四年奉天機器局造”。其他幣除正面省去英文，二角、一角幣面背滿漢文減爲“奉天省造光緒二十四年”

外，其他裝飾同一圓幣。一圓幣可分長頭龍、短頭龍版。五角幣有背面中文"大清光緒二十三年造"錯版。光緒二十五年幣有七錢二分、三錢六分、三分六厘三種。除幣值不同於二十四年版外，其他裝飾均同。一圓幣依龍頭紋可分大龍頭、小龍頭版。五角幣有將背面漢文誤配二十四年版者。光緒二十三年幣有五角一種，裝飾同二十四年版，或疑爲贋品，或疑爲乃二十四年版之錯版。參閲錢嶼《金銀貨幣的鑒定》。

奉天機器局光緒銀幣（一圓）

奉天一兩銀幣

清光緒二十九年（1903）奉天省鑄。僅見一兩一種，正面中央滿漢文"光緒元寶"，外圍上列"奉天省造"，下列"庫平銀一兩"，左右分列紀年"癸卯"，背面正中爲蟠龍紋，外飾英文"奉天省造""一兩"。該幣於 1991 年 6 月在美國加利福尼亞州公開拍賣，以 18.73 萬美元成交，創中國龍洋拍價之最高紀録，現入藏臺灣鴻禧美術館。參閲邱思達《中國近現代鑄幣圖説》。

奉天紀年光緒銀幣

清光緒二十九年至三十年（1903—1904）奉天造幣廠造。奉天將軍增祺主政期間由奉天造幣廠於該年 7 月 1 日正式開鑄。幣值有廿九年一圓、三十年二角。一圓幣正面中央爲滿文"奉寶"、漢文"光緒元寶"，珠圈外上下分列

"奉天省造""庫平七錢二分"，左右紀年"癸卯"，背面正中爲蟠龍圖，上下分列英文"奉天省""七錢二分"，左右各飾一六瓣長花星。一圓幣有將滿文"奉寶"誤鑄爲"寶奉"錯版。三十年二角幣，面背除幣值、紀年不同於一圓幣外，其他裝飾同。幣徑有大型、小型之分，其中有"光緒元寶"的"緒"多一點錯版，極爲少見。參閲錢嶼《金銀貨幣的鑒定》。

東三省造光緒銀幣

清光緒三十三年（1907）由庫支部天津造幣總廠代鑄和奉天造幣廠自鑄。光緒三十三年，東三省總督趙爾巽奏請恢復開鑄銀圓，度支部要求新任總督徐世昌到任再行辦理。徐到任後奏准大銀圓由天津户部造幣總廠代鑄，小銀

東三省造光緒銀幣（七錢二分）

圓由奉天省自鑄。天津代鑄之一圓銀幣，與北洋造光緒三十三年銀幣相似。正面中央滿漢文"光緒元寶"，珠圈外上下分列"東三省造""庫平七錢二分"，背面中央爲蟠龍圖，外圍英文"光緒 33 年""滿洲省"字樣。三錢六分、一錢四分四厘、七分二厘除幣值不同外，其他均同。奉天自鑄一錢四分四厘幣還有兩個版別，一是面背飾六角星者。二是正面六角星旁有小五角星，背爲六角星者。參閲錢嶼《金銀貨幣的鑒定》。

東三省造宣統銀幣

清宣統元年（1909）奉天造幣廠鑄造之銀輔幣。僅見一錢四分四厘（二角）一種。正面

中央滿漢文"宣統元寶"，珠圈外上下分列"東三省造""庫平一錢四分四厘"，左右分列五角星或五星加雙圓星，背面中央爲蟠龍紋，上下分列英文"滿洲省""一錢四分四厘"，左右分列花星、花飾。1913年又鑄舊版二角幣，1914年鑄行正面中心加梅花的

東三省造宣統銀幣
（一錢四分四厘）

和無梅花的舊版二角幣。參閱錢嶼《金銀貨幣的鑒定》。

東三省民國銀幣

民國十八年（1929）奉天造幣廠鑄造之試樣幣。僅見壹圓一種。正面中央爲"壹圓"，珠圈外爲"中華民國十八年""東三省"和花飾，背面爲雙束花飾托太陽圖案。參閱孫仲彙等《簡明錢幣辭典》。

黑龍江省造光緒銀幣

清光緒二十六年（1900）黑龍江省鑄造之銅質銀圓樣幣。僅見七錢二分、三錢六分兩種。正面中央爲漢文"光緒元寶"，珠圈外爲"黑龍江省造"和"庫平七錢二分""庫平三錢六分"，左右分列長花飾，背面中央爲蟠龍紋，外圍英文"黑龍江省造"。參閱錢嶼《金銀貨幣的鑒定》。

四川光緒銀幣

清光緒二十七年（1901）四川省造。有庫平七錢二分、三錢六分、一錢四分四厘、七分二厘、三分六厘五種。光緒二十三年元月，四川總督鹿傳霖奏請購機開局鑄幣，清廷以整頓造幣廠爲名不予批准。光緒二十七年，四川總

督奎俊以四川交通不便爲由，再次奏請設局自鑄銀圓，批准後於當年四月仿湖北銀圓開局試鑄。幣值有七錢二分、三錢六分、一錢四分四厘三種。七錢二分幣正面中央滿漢文"光緒元寶"，珠圈外上下分列"四川省造"、庫平幣值。背面爲蟠龍圖，外圍英文"四川省"和幣值。幣文爲楷書，"寶"字從"缶"，俗稱"四川缶寶"，面背爲六瓣星飾。光緒二十八年，四川總督岑春煊見銀價過低，流通不便，下令開鑄新銀圓。幣值有七錢二分、三錢六分、一錢四分四厘、七分二厘、三分六厘五種。七錢二分幣正面中央滿漢文"光緒元寶"，珠圈外上下分列"四川省造"與庫平幣值，背面爲蟠龍圖，外圍英文"四川省造"及幣值。該幣文爲行書，寶字從"尒"，俗稱"四川尒寶"。面背分列四瓣花星。該幣一圓者按龍紋可分大龍頭、中龍頭、小龍頭、方面龍、尖角龍、四角龍等版別，可見英文誤爲"七錢三分"版，英文"PROVINCE"中的V錯爲倒"A"。五角幣亦分大頭龍、小頭龍版。二角幣正面"四"也有多種風格，邊緣花飾有四點花、十字花飾兩種。參閱錢嶼《金銀貨幣的鑒定》。

四川宣統銀幣

清宣統元年（1909）四川省造。有七錢二分、三錢六分、一錢四分四厘、七分二厘、三分六厘五種。除正面幣文爲"宣統元寶"外，其他裝飾均同四川光緒元寶幣。其中一圓幣、二角幣英文"PROVINCE"中的V錯爲倒"A"。參閱邱思達《中國近現代鑄幣圖説》。

四川軍政府造銀幣

民國元年（1912）四川大漢軍政府造。辛亥革命勝利後，四川大漢軍政府接管成都造幣

廠，并以廠内四十萬圓作資本，開局鑄幣。幣值有一圓、五角、二角、一角四種。一圓幣正面中央爲秋海棠花飾和"四川銀幣"，珠圈外上下分列"軍政府造"和"壹圓"字樣，左右分列四瓣花星，背面中央爲篆書"漢"字，珠圈外環列十八星，象徵響應辛亥革命的十八個省，上列"中華民國元年"，左右分列花星。其他幣除錢徑、幣值不同一圓幣外，其他均同。其中一圓幣以"四川銀幣"字體分大、小兩種版別，大字版中以背面"國"字少一點劃爲罕見。五角幣中有紀年文字"元"錯版爲"无"字者。參閱錢嶼《金銀貨幣的鑒定》。

户部光緒銀幣

清光緒二十九年（1903）天津户部造幣總廠鑄。面值有一兩、五錢、二錢、一錢、五分五種。一兩幣正面中央爲"光緒元寶"，上列滿文"光緒元寶"，下列漢文"庫平一兩"，左右"户部"兩字，背面中央爲蟠龍紋，外飾英文"光緒二十九年""户部"。該幣"兩"字有從"人"、從"入"兩種寫法。其他各種除幣值和重量與一兩幣不同外，其餘形制均同。參閱孫仲彙等《簡明錢幣辭典》。

户部大清銀幣

亦稱"丙午大清銀幣"。清光緒三十二年（1906）天津户部造幣總廠鑄。僅見壹兩、伍錢、貳錢、壹錢四種，正面中央爲"大清銀幣"、陰文"中"字，上列滿文"大清銀幣"，下列幣值，左右分列"户部"、紀年

户部大清銀幣
（壹兩）

"丙午"，外緣飾水波紋，背面正中爲蟠龍紋，上列漢文"光緒年造"，下列英文"大清帝國銀幣"。其他銀幣除幣值、重量不同，外緣無水波紋外，形制均同壹兩銀幣。參閱錢嶼《金銀貨幣的鑒定》。

【丙午大清銀幣】

即户部大清銀幣。此稱清代已行用。見該文。

貴州官錢局銀幣

清光緒三十四年（1908）貴州官錢局鑄。1908年3月，貴州官錢局成立，總局設在貴陽，遵義、畢節、鎮遠、安順、銅仁、古州以及外省的重慶、常德、漢口設立分局，應兑官票。該局鑄造銀幣僅見一兩一種。正面鏨印"貴州官錢局，估平壹兩足銀"，重36.3克。參閱錢嶼《金銀貨幣的鑒定》。

貴州汽車銀幣

民國十七年（1928）貴州造幣廠造。1926年6月1日，周西成任二十五軍軍長兼貴州省政府主席，籌辦貴州造幣廠，廠址在貴陽市南部虹橋處。1928年，貴州省道完工，周西成令造幣廠鑄造銀圓五萬枚。僅見壹圓一種，正面中央爲團花紋飾和"貴州銀幣"，珠圈上下分列"中華民國十七年""壹圓"，背面中央爲汽車和草地圖案，草地以草叢紋隱約構成"西成"二字作暗記，珠圈上下環列"貴州省政府造""七錢二分"。左右分列四瓣花星。成色百分之七十九。按車輪紋

貴州汽車銀幣
（壹圓）

飾可分陽文、陰文兩種。該幣爲中國唯一有汽車圖案的銀幣。參閱錢嶼《金銀貨幣的鑒定》。

貴州民國卅八年銀幣

民國三十八年（1949）貴州造幣廠造。僅見幣值壹圓、伍角、貳角三種。一圓幣正面中央爲貴陽甲秀樓圖，圈外上下分列"中華民國三十八年""貴州省造"，左右分列花星，背面正中爲竹枝圖，左右分列"壹圓"，環鋸齒紋，弦紋圈外爲聯珠紋。半圓幣正面中心鑄"半圓銀幣"字樣，小珠圈外上下環列"中華民國卅八年""貴州省造"，左右分列花星，弦紋圈外飾邊紋。貳角幣有兩種。一種除幣值不同於半圓幣外，其他均同。另一種版，僅改背面正中爲陽文篆書"黔"字，珠圈外飾一周連續的"20"，弦紋圈外爲邊紋。該幣在亭閣的正門圖案中有"谷"字暗記，係指當時省政府主席谷正倫。參閱邱思達《中國近現代鑄幣圖説》。

雲南光緒銀幣

清光緒三十三年至三十四年（1907—1908）度支部雲南造幣分廠造。光緒二十九年，雲南總督丁振鐸奏請設廠鑄幣，到光緒三十二年底準備完畢，其購置德國蘇勒廠機器設備、建廠等項共耗費白銀三十餘萬兩，籌措鑄本十萬兩。廠址設在昆明大西門錢局街寶元局附近。1908 年改名爲"度支部雲南造幣分廠"。所鑄分老版、新版。老版幣值有庫平七錢二分、三錢六分、一錢四分四厘三種。七錢二分幣正面中央

雲南光緒銀幣
（七錢二分）

爲滿漢文"光緒元寶"，珠圈外上下分列"雲南省造""庫平七錢二分"，背面龍紋上下分列英文"雲南省""七錢二分"，面背左右各飾一四瓣花星。其他裝飾除幣值不同外，均同。該幣俗稱"老雲南"。宣統三年，爲統一雲南幣制，雲南造幣廠將光緒元寶粗龍幣全部銷鑄成細龍光緒元寶，稱爲新版。幣值有七錢二分、三錢六分、一錢四分四厘、七分二厘四種。正面面文較小，背面無英文，面背兩側六瓣花星。參閱邱思達《中國近現代鑄幣圖説》、錢嶼《金銀貨幣的鑒定》。

雲南宣統銀幣

清宣統二至三年（1910—1911）雲南造幣廠造。宣統二年僅見庫平七錢二分試樣幣一種。三年有庫平七錢二分、三錢六分兩種。試樣幣正面中央滿漢文"宣統元寶"，珠圈外上下分列"庚戌春季雲南造""庫平七錢二分"，左右各飾四瓣花星，背面中央爲蟠龍圖，上下分列英文"雲南省、七錢二分"，左右各飾四瓣花星。"庚戌"的戌誤書爲"戊"。相傳國內僅發現兩枚。參閱王守謙《中國稀見幣圖録》。宣統三年所造，除正面滿漢文"宣統元寶"不同於"老雲南"外，其他裝飾均同。參閱錢嶼《金銀貨幣的鑒定》。

雲南雙旗銀幣

民國二十一年（1932）雲南造幣廠造。僅見庫平三錢六分、一錢四分四厘兩種。前者正面中央國民黨黨旗、中華民國國旗交叉，珠圈外爲"中華民國廿一年"，背面正中爲"半圓銀幣"和花飾，珠圈外上下分列"雲南省造""庫平三錢六分"。面背左右分列六瓣花飾。含銀量僅百分之三十九至四十。一錢四分四厘幣除幣

值不同、成色爲百分之三十七外，其他裝飾均同。參閱錢嶼《金銀貨幣的鑒定》。

雲南民國三十八年銀幣

民國三十八年（1949）雲南省造。1949 年，國民黨政府決定恢復銀本位制，雲南省政府遂鑄銀本位銀幣。僅見二角一種。正面中央爲花飾、"二角銀幣"，珠圈外上下分列"雲南省造""中華民國三十八年"，左右分列花飾，背面圖案爲雲南財政廳建築。鑄量較大，成色低劣。參閱孫仲彙等《簡明錢幣辭典》。

浙江二十二年光緒銀幣

清光緒二十二年（1896）浙江省委托廣東錢局代鑄之銀輔幣。僅見庫平一錢四分四厘、七分二厘兩種。前者正面中央滿漢文"光

浙江二十二年光緒銀幣（一錢四分四厘）

緒元寶"，珠圈外上下分列"二十二年浙江省造""庫平一錢四分四厘"，背面中央爲蟠龍圖，外圍英文"浙江省造""一錢四分四厘"。七分二厘幣除幣值不同外，其他均同。其中一錢四分四厘幣面"厘"字又分繁體、簡體兩種。背面英文MACE中的"M"或錯版爲"N"，CANDAREENS中漏了"D"，PROVINCE中"V"或錯版爲倒"A"。參閱錢嶼《金銀貨幣的鑒定》。

浙江二十三年光緒銀幣

清光緒二十三年（1897）浙江省造。僅見庫平七錢二分試樣幣、一錢四分四厘、七分二

厘輔幣三種。其式樣裝飾除幣值、紀年、重量大小不同於二十二年光緒銀幣外，其他均同。參閱孫仲彙等《簡明錢幣辭典》。

浙江缶寶光緒銀幣

清光緒二十四年（1898）浙江省鑄造之銀質樣幣。傳爲英國伯明翰造幣廠代鑄。幣值有七錢二分、三錢六分、一錢四分四厘、七分二厘、三分六厘五種。七錢二分幣正面中央滿漢文"光緒元寶"，珠圈外上下分列"浙江省造""庫平七錢二分"，背面中央爲蟠龍紋，外圍英文"浙江省""七錢二分"。其他幣除幣值不同外，裝飾均同。該幣"寶"字從"缶"，俗稱"缶寶銀幣"。因面文爲楷書體，又稱"浙江楷書光緒銀幣"。存世很少。參閱錢嶼《金銀貨幣的鑒定》。

浙江爾寶光緒銀幣

清光緒二十五年（1899）浙江省造。1899年，浙江巡撫廖壽豐奏准開局購機鑄幣，在上海洋行購置英國伯明翰造幣廠的機器設備，招募兩名外國技師於杭州報國寺附近開鑄。幣值有七錢二分、三錢六分、一錢四分四厘、七分二厘、三分六厘凡五種。面文"寶"字從"尔"，俗稱"爾寶銀幣"。字爲魏碑體，清末書法家陶濬宣所書，又稱"浙江魏體光緒銀幣"。正面左右分列四瓣花星。七分二厘幣英文"七分二厘"錯版爲"3.2CANDAREENS"。其他式樣與"缶寶銀幣"相仿。參閱錢嶼《金銀貨幣的鑒定》。

浙江民國銀幣

民國十三年（1924）浙江省造幣分廠鑄造的銀質輔幣。1924 年，浙江爲了抵制廣東、福建兩省大批流入的劣質毫銀，開鑄浙江銀輔幣。

僅見貳毫、壹毫兩種，兩個版別。一種爲雙旗銀幣版，有壹毫、貳毫兩種。正面中央五色旗交叉，珠圈外上下分列"中華民國十三年""浙江省造"，背面正中爲幣值"貳毫銀幣"或"壹毫銀幣"，外圈爲英文"浙江省"和幣值。仿廣東貳毫銀幣版正面中央爲"貳毫銀幣"，珠圈外上下分列"中華民國十三年""浙江省造"，背面中央爲阿拉伯數字"20"，外圍爲英文"浙江省""二十分"，鑄量極少。參閱錢嶼《金銀貨幣的鑒定》。

福建官局造光緒銀幣

清光緒二十四年（1898）福建銀圓局造。有庫平七錢二分、一錢四分四厘、七分二厘、三分六厘凡四種。七錢二分幣正面中央滿漢文"光緒元寶"，珠圈外上下環列"福建官局造""庫平七錢二分"，背面正中爲

福建官局造光緒銀幣
（一錢四分四厘）

蟠龍紋，外圍英文"福建省七錢二分"，面背爲四瓣花星飾。其他幣除幣值不同七錢二分幣外，其餘裝飾均同。其中一錢四分四厘、七分二厘幣還有一種版，面背爲圓花星。該幣七錢二分極少，似爲試樣性質，三錢六分幣至今未見。參閱錢嶼《金銀貨幣的鑒定》。

福建省造光緒銀幣

清光緒三十一年（1905）福建省造。1905年，福建機器製造局銅元分廠、閩關銅元局

（船政大臣崇善創辦）與福建造幣廠（在福州南山島洪山橋）合并，開鑄銀幣。幣值有庫平一錢四分四厘、七分二厘、三分六厘三種。形制除正面幣文爲"福建省造"、背面龍紋與福建官局造光緒幣不同外，其他均同。該幣按龍紋粗細可分大龍版、小龍版多種。參閱錢嶼《金銀貨幣的鑒定》。

福建都督府中華元寶銀幣

清宣統三年（1911）福建省都督府造。1911年，福建響應辛亥革命起義，成立福建省都督府，接管造幣廠，開鑄中華元寶銀輔幣。幣值有一錢四分四厘（二角）、七分二厘（一角）兩種。正面中央爲"閩"字和"中華元寶"，珠圈上下分列"福建都督府造"和幣值，左右紀年"辛亥"，背面中央花飾內爲"寶"字，其外環列十八顆星，皆兩兩相連，上下英文"福建"及幣值。參閱錢嶼《金銀貨幣的鑒定》。

福建銀幣廠造中華銀幣

民國二年至十三年（1913—1924）福建銀幣廠造。僅見庫平一錢四分四厘、七分二厘兩種，分三個版別。民國二年版正面中央爲花星和"中華元寶"，珠圈外上下環列"福建銀幣廠造"和庫平幣值，左右分列五角星飾，背面交叉三旗，旗杆上有綏帶，外圍爲英文"福建銀幣廠造"和英文幣值，左右分列六瓣星飾。民國十二年版僅見"一錢四分四厘"一種，除正面"中華癸亥"外，其他裝飾同民國二年幣。民國十三年版，有一錢四分四厘、七分二厘兩種，除正面紀年爲"民國甲子"，其餘均同中華癸亥幣。其中一錢四分四厘幣背面綏帶有改動，背飾芒星，七分二厘面背飾五角星。參閱錢嶼

《金銀貨幣的鑒定》。

福建省毫銀銀幣

民國十三年至十六年（1924—1927）福建省政府銀圓局鑄造的銀輔幣。有民國十三年貳毫一種。正面中央爲"貳毫銀幣"，珠圈外上下環列"中華民國十三年""福建省造"。背面中央爲阿拉伯數字"20"，上下分列英文"福建省""二十分"，面背可見星飾。民國十六年有貳毫、壹毫兩種。貳毫幣除正面爲"福建官局造"外，其他同十三年幣。壹毫幣除幣值不同外，其他均同。該幣由福建省銀圓局委托馬尾造船所造。主要流通於福州及閩北沿海各縣。參閲錢嶼《金銀貨幣的鑒定》。

湖南無紀年光緒銀幣

清光緒二十四年（1898）英國伯明翰希頓造幣廠代湖南鑄造之銀質樣幣。湖南得悉沿江各省准許開鑄銀圓後，於1898年向英國伯明翰希頓造幣廠定購造幣機器設備，并代刻一圓、半圓鋼模。該廠曾將試鑄樣幣數枚與機器設備一同運往中國，自留十枚樣幣，其中三枚存其博物館，有的流散到錢幣收藏家手中。該幣七錢二分者正面中央滿漢文"光緒元寶"，珠圈上下分列"湖南省造""庫平七錢二分"，背面中央爲蟠龍圖，上下列英文"湖南省""七錢二分"，面背左右分列六瓣長花星。其他幣裝飾式樣，除三錢六分幣面背分列三星飾，七錢二厘

湖南無紀年光緒銀幣（七錢二分）

幣正面左右分別單星、雙星版外，均與七錢二分幣同。該幣僅見二角、一角幣流通。參閲邱思達《中國近現代鑄幣圖説》。

湖南紀年光緒銀幣

清光緒二十四至二十五年（1898—1899）湖南造幣廠鑄造之銀質輔幣。見有光緒二十四年（戊戌）七分二厘一種。式樣除正面左右分列紀年"戊戌"和五角星，其他裝飾同無紀年七分二厘銀幣。光緒二十五年（己亥）亦僅見七分二厘一種，式樣除正面改爲"湖南省己亥造"外，其他裝飾同"戊戌"年幣。參閲邱思達《中國近現代鑄幣圖説》。

陝西省造光緒銀幣

光緒二十五年（1899）由英國伯明翰希頓造幣廠代陝西鑄造之試樣幣。1899年3月，陝西巡撫魏光燾奏請在西安設局鑄造銀圓，同時委托購買英國伯明翰希頓造幣廠機器設備，代製鋼模。鋼模製好後，代鑄了部分樣幣，幣值有七錢二分、三錢六分、一錢四分四厘，七分二厘、三分六厘五種。七錢二分幣正面中央爲滿漢文"光緒元寶"，珠圈上下分列"陝西省造""庫平七錢二分"，背面中央爲蟠龍圖，上下爲英文"陝西省""七錢二分"，面背左右分列六瓣長花星。其他幣除幣值不同外，尚有三錢六分、一錢四分四厘面背爲雙葉六瓣花星，三分六厘面背爲小花星，而其餘形制同七錢二分幣。該套樣幣呈送清廷後，正值整頓裁減造幣廠，從此擱置未用。今存世極罕。英國廠方在移交中國之前曾留下十套幣，其中三套存該廠博物館。其餘存檔，後有流失。1975年美國加利福尼亞州長堤派拉蒙錢幣拍賣公司曾拍賣一枚陝西光緒元寶一圓，價值1.7萬美元。參

閱邱思達《中國近現代鑄幣圖説》。

京局庚子光緒銀幣

清光緒二十六年（1900）京局造幣廠鑄造之銀質樣幣。光緒二十五年四月，總理各國事務大臣奕劻代劉慶汾呈送設局開鑄銀圓奏折，奏准後向德國定購造幣機器設備和光緒元寶的五種幣值鋼模，籌設京局造幣廠。時值八國聯軍攻入北京，造幣廠毀於戰火。造幣廠的工人搶出五種鋼模及幾枚二角、一角樣幣。樣幣曾賣給天津收藏家方藥雨，後來轉售上海收藏家陳仁濤，新中國成立後，陳將部分藏品轉售於中國歷史博物館（今中國國家博物館）。陳曾將鋼模借給上海環球錢幣店主王守謙，王私鑄幾套銀幣，故流傳於世的一圓、五角、五分爲後鑄品種。該幣一圓正面正中爲滿漢文“光緒元寶”，珠圈外上下分列“京局製造”“庫平七錢二分”，左右分列“庚子”，背面爲蟠龍圖，外圍環列英文“北京、七錢二分”，左右分列捲雲紋三朵。其他幣式樣裝飾除幣值不同、背面二角幣爲二朵花飾、一角幣爲四朵、五分幣爲六朵外，餘均同七錢二分幣。舊幣與新鑄幣的區別，前者質純光亮，後者質次色暗，造型工藝前者規整平滑，後者較粗糙不平。參閱錢嶼《金銀貨幣的鑒定》。

丁未大清銀幣

清光緒三十三年（1907）天津户部造幣總廠鑄造之銀質樣幣。光緒二十九年，財政處奏准在天津籌設户部造幣總廠開鑄銀幣，遂於天津大經路（今中山路）購地一百二十畝，建廠房，由天津瑞記洋行向美國常生廠定購造幣機器設備，并於1903年五月初八開鑄銅樣幣。由於清廷内部關於銀幣重量標準意見不一，致使户部造幣總廠直到光緒三十三年、三十四年纔開始試鑄。光緒三十三年銀幣試樣有壹圓、伍角、貳角、壹角四種。一圓幣正面中央爲“大清銀幣”，小珠圈外上下分列滿文“大清銀幣”、漢文幣值“壹圓”，左右分列漢文“丁未”和星花，大珠圈外緣飾水紋一周，背面中央爲蟠龍圖，珠圈上下分列漢文“光緒年造”，英文“大清帝國銀幣”。其中貳角幣背面有誤配宣統紀年的“大清銅幣五文”錯版幣。參閱錢嶼《金銀貨幣的鑒定》。

户部造幣總廠光緒銀幣

清光緒三十四年（1908）天津户部造幣總廠造。幣值有一圓、二角、一角三種。一圓幣正面與廣東七錢二分幣相似，僅改地名“造幣總廠”，背面沿用丁未大清銀幣版。二角、一角幣值改爲“庫平一錢四分四厘”“庫平七分二厘”等。其中一圓幣有合面、合背錯版，比較罕見。二角幣有背面誤配宣統紀年“大清銅幣五分”錯版。參閱錢嶼《金銀貨幣的鑒定》。

廣西省造民國銀幣

民國八年至十七年（1919—1928）廣西省造。紀年自1919至1928年共十種。1919年版由廣西南寧造幣廠鑄造，正面中央爲圓星和“二毫銀幣”，珠圈上下分列“中華民國八年”“廣西省造”，背面中央爲“20”，外圍英文“廣西省”“二十分”，面背分列花星。該幣背面英文分“SEA”版和“SI”版兩種拼法。1920年版二角幣除紀年不同1919年版外，其他均同，也有兩種版別。一角除幣值不同外，裝飾式樣與同年二角幣同。1921年版僅見二角、一角樣幣，式樣同1920年版。二角幣爲鎳合金，一角爲紅銅質，據載是施嘉干於1947年從美國購得，估計是美國費城造幣廠爲南寧造幣廠製模時的樣幣。1922、1923 年版僅見二角幣一種。1924 年版亦僅見二角，式樣依舊，按其裝飾分四瓣星、五瓣星、五角星、中心"桂"字等版別。其中"桂"字版者，背面英文可分"SEA""SI"版兩種。1925 年版由廣西造幣廠造，僅見二角一種，式樣依舊，僅改紀年。1926 年版由梧州造幣廠造，僅見二角一種，式樣基本依舊，僅將正面分列花星改爲嘉禾，背面珠圈内增加嘉禾紋飾。另有 1949 年版，正面式樣依舊，背面則爲象鼻山圖案。參閲錢嶼《金銀貨幣的鑒定》。

天津造孫中山像銀幣

民國十八年（1929）天津造幣廠造。僅見壹圓、貳角兩種。一種版別有壹圓、貳角兩種。正面爲孫中山西服肖像，上方爲"中華民國十八年"，背面采用民國三年袁世凱像銀幣背模。另一種版別有壹圓一種。僅將背面改爲國民黨黨旗、中華民國國旗交叉聳立在地球上，上下環列英文"中華民國"、漢文"壹圓"。兩種版面均存世極稀。參閲邱思達《中國近現代鑄幣圖説》。

孫中山像開國紀念幣

民國元年、十六年（1912 年、1927）南京等造幣廠鑄造之開國紀念銀幣。1911 年 12 月 29 日孫中山在南京被推選爲臨時大總統。1912 年 1 月 3 日成立南京臨時政府。3 月 11 日財政總長陳錦濤呈請開鑄開國紀念幣。幣值有壹圓、貳角、壹角三種。壹圓幣正面中央爲孫中山側面像，雙圈外上下分列"中華民國""開國紀念幣"，左右分列長枝花飾，背面中央爲"壹圓"和嘉禾圖，外圍環列英文"中華民國一圓"，左

右分列五角星飾。1912 年春，用金幣鑄模鑄造銀質貳角紀念幣。正面中央交叉五色旗、十八星旗，珠圈外上下分列"中華民國""開國紀念幣"，左右分列長枝花飾，背面中央爲孫中山側面像，外圍環列英文"中華民國紀念幣"，左右分列五瓣星。另有

孫中山像開國紀念幣
（壹圓）

1928 年天津造幣廠鑄造之一角試樣幣，形制除幣值爲"十枚當一圓"，不同於一圓幣外，其他均同。民國十六年，北伐戰争勝利後，國民政府復都南京，南京造幣廠依舊模開鑄開國紀念幣，俗稱"南京版"，僅改動背面英文爲"中華民國誕生紀念"，左右分列六角星飾。該幣英文錯版較多，如 RIBIH 錯版爲"BIRTH"，或"T"字倒置等等。天津造幣廠依"南京版"舊模開鑄開國紀念幣，僅改背面左右花星爲五角星。依"南京版"舊模開鑄紀念幣的還有浙江、四川省等造幣廠。參閲孫仲彙等《簡明錢幣辭典》。

民國十五年孫中山像銀幣

民國十五年（1926）廣州造幣廠試鑄之樣幣。僅見壹圓一種。正面中央爲孫中山正面半身像，上部環列"中華民國十五年"，背面中央爲"壹圓"，兩側爲環接嘉禾圖。存世僅幾枚，彌足珍貴。參閲錢嶼《金銀貨幣的鑒定》。

無紀年孫中山像銀幣

民國十七年（1928）南京造幣廠試鑄之樣幣。僅見壹圓一種，兩個版別。一種正面爲孫

中山正面頭像，背面采用孫中山開國紀念幣鑄模。另一種正面爲孫中山頭像，背面采用民國三年袁世凱像銀幣背模。前者爲紅銅質（鍍銀）樣幣，後者爲鎳合金樣幣，未見銀質者傳世。據傳，該幣爲天津造幣廠委托英國伯明翰希頓造幣廠代刻，因頭像上部空間少，無法排列國名、紀年，因而未采用。參閱孫仲彙等《簡明錢幣辭典》。

甘肅省造孫中山像銀幣

民國十七年（1928）蘭州造幣廠鑄造。僅見壹圓一種。正面中央爲孫中山頭像，上部環列"中華民國十七年"，背面中央爲國民黨黨徽圖案，珠圈外環列"甘肅省造""壹圓"及滿文"中央"。該幣有寬緣、粗字、細字三種版別。直徑38.7厘米、重26.7克，成色百分之八十八。存世很少。參閱孫仲彙等《簡明錢幣辭典》。

四川造孫中山像銀幣

民國十七年（1928）四川成都造幣廠造。僅見伍角、壹圓兩種。正面中央爲孫中山正面肖像，雙圈外上下環列"中華民國十七年""四川"，左右分列長枝花飾，背面中央爲幣值"壹圓"，兩側爲交叉雙嘉禾圖。伍角幣除幣值不同壹圓裝飾外，其他均同。製作工藝粗劣。參閱孫仲彙等《簡明錢幣辭典》。

民國十八年孫中山像嘉禾銀幣

民國十八年（1929）天津造幣廠試鑄之銀質樣幣。僅見貳角、壹圓兩種。除背面采用民國三年袁世凱像銀幣背模外，其他與十八年孫中山像地球銀幣裝飾同。今存世稀少。參閱孫仲彙等《簡明錢幣辭典》。

民國十八年孫中山像正面銀幣

民國十八年（1929）奧地利維安納造幣廠爲中國設計之孫像正面銀質樣幣。僅見壹元一種。正面爲孫中山正面中山裝頭像，上有"民國十八年"字樣，背面爲大海三帆船圖案，左右分列幣值"壹元"。該幣雕刻之水紋平穩，銅模未送回中國，存世僅一枚樣幣。據收藏家耿愛德介紹，該幣收購於奧地利造幣廠前雕刻技師。參閱孫仲彙等《簡明錢幣辭典》。

民國十八年孫中山像側面銀幣

民國十八年（1929）國民政府委托奧地利、美國、日本、英國、意大利造幣廠爲中國設計之孫中山側像銀質鑄模樣幣。其中奧地利的鑄模幣值有一圓、半圓、五十分、二角、二十分、一角、十分七種。一圓幣正面爲孫中山側面中山裝頭像，上列楷書"中華民國十八年"，背面形制與十八年孫像正面銀幣同。其中半圓、二角、一角幣式樣同一圓幣，而"國幣伍拾分""國幣貳拾分""國幣拾分"幣值改列在背面下方，其他形制同一圓幣。該幣試鑄中，有少量采用奧地利正面鑄模，背面采用孫中山開國紀念幣鑄模。杭州造幣廠曾用各國鑄模鑄出少量一圓樣幣。美國、日本、英國、意大利等國造幣廠代刻鑄模的一圓樣幣，面背式樣文字同奧地利國代刻一圓樣幣相仿。相比之下，五國代鑄樣幣有其不同特徵：奧地利代鑄幣背面帆船中桅上端旗特大，水浪洶涌；意大利代鑄幣正面孫像的右肩旁有英文小字"A.MOTTI. INC"，還有一種面背均無英文；日本代鑄幣正面幣文"國"字少一點，背面桅杆細長，無帆繩，水波平穩；美國代鑄幣正面孫像上唇與唇髭鬚部齊平，人像與幣邊不相連，背面水紋特粗；英國代鑄幣正面孫像刻紋尖細，頭髮稀疏幾不可見，水浪細密平和，有一斜嚮捲浪。上述樣幣均未被采用，存世甚稀。參閲錢嶼《金銀貨幣的鑒定》。

民國金本位幣

民國二十一年（1932）中央造幣廠鑄造之銀質樣幣。1929年，國民政府聘請美國幣制專家甘末爾一行來華，組成中國財政設計委員會，研究中國幣制改革。1930年，國民黨政府擬采用甘莫爾提出的"中國逐漸采行金本位幣制法草案"，簡稱"甘莫爾計劃"。隨之，向美國費城造幣廠定製金本位幣鑄模。1932年，中央造幣廠在上海成立，廠址位於上海戈登路（今江寧路）蘇州河北岸，占

民國金本位幣

地九十八畝。徐寄廎、郭承恩先後任廠長，美國人赫維德爲總技師，開鑄前被解職回國，續聘葛萊德博士爲顧問，於1933年3月1日開鑄。幣值有一圓、半圓、二毫、一毫四種。一圓正面爲孫中山側面像，上面環列"中華民國二十一年"，背面中央爲雙桅帆船，右側旭日初升，下爲三隻海鷗低飛水面，上面環列"金本位幣一圓"字樣，邊道分鑿邊、梅花邊、光邊等。其他幣式樣除幣值不同於一圓幣外，餘均同。參閲錢嶼《金銀貨幣的鑒定》。

民國二十一年孫中山像銀幣

其中一種亦稱"三鳥銀幣"。民國二十一年（1932）中央造幣廠鑄造之銀幣。幣值有壹圓、半圓、貳毫、壹毫四種。壹圓幣正面形制同金本位幣壹圓正面裝飾，背面删去"金本位幣壹圓"，將下方的三隻飛鳥圖案移至雙桅杆帆船上方，故亦稱"三鳥銀幣"。改鑄銀幣不久，正值日軍侵犯上海，中日雙方簽訂了損害中國權益的《淞滬停戰協定》，人民極爲不滿，市面上附會銀幣上"三鳥"爲轟炸中國的日本飛機，於是收兑銷毀，其他輔幣形制除幣值不同壹圓幣外，餘均同。另有銅質樣幣和背面邊道爲"中華民國中央造幣廠"字樣的銀質樣幣。參閲邱思達《中國近現代鑄幣圖説》。

民國二十一年孫中山像
銀幣（壹圓）

【三鳥銀幣】

即民國二十一年孫中山像銀幣之壹圓幣。此稱近代已行用。見該文。

民國孫中山像船洋銀幣

民國二十二至二十三年（1933—1934）中央造幣廠造。僅見壹圓一種。1933年國民黨政府確定銀本位幣制，公布《銀本位幣鑄造條例草案》，上海中央造幣廠依照條例鑄造第一種定型國幣。形制仿照民國二十一年孫中山像銀幣，正面僅改動紀年，背面删去太陽和三鳥圖案。曾大量發行流通。參閲孫仲彙等《簡明錢幣辭典》。

民國二十四年孫中山像銀幣

民國二十四年（1935）中央造幣廠造。

僅見壹圓、中圓（五角）兩種。形制仿民國二十三年孫像銀幣，但直徑略小。1935 年 11 月，國民黨政府實行法幣政策後，將白銀收歸國有，限期以"法幣"收兌銀圓。銀圓不再成爲合法通貨。今存世不多。參閱孫仲彙等《簡明錢幣辭典》。

民國二十五年孫中山像銀幣

民國二十五年（1936）由美國舊金山造幣廠代鑄。幣值有壹圓、中圓（五角）兩種。1935 年冬，國民黨執行法幣政策受到美國政府的干預，要求中國擴大白銀的用途。中美兩國財政部於 1936 年 5 月 15 日簽訂了《中美貨幣協定》。依照協定，中國政府向美國訂鑄壹圓、中圓（五角）銀幣各五百萬枚。一種版式除紀年外同民國二十四年孫像銀幣。另一種爲古幣版，正面邊緣增加弦紋圈，邊飾雲雷紋，背面正中改爲"方足布"圖案，左右分列幣值，弦紋圈外有雲雷紋飾。背面下方有英文"S"小字，意爲"SAN FRANCISCO"（舊金山）。這批銀幣部分運抵中國，未發行流通。參閱孫仲彙等《簡明錢幣辭典》。

民國二十六年孫中山像古布銀幣

民國二十六年（1937）美國舊金山造幣廠代鑄。幣值有壹圓、中圓（五角）兩種。式樣同二十五年美國代鑄古布銀幣。1937 年 7 月抗日戰爭爆發，無法交接，已鑄的壹圓、中圓幣一萬二千枚存美國舊金山金庫內，直至 1953 年 12 月 1 日該批銀幣壹圓幣九千枚，五角幣六千枚運抵臺北基隆。由臺北國民黨當局接收。曾留下若干枚存檔外，餘均熔毀處理。參閱孫仲彙等《簡明錢幣辭典》。

雲南造孫中山像銀幣

民國三十八年（1949）雲南省銀幣鑄造所鑄造。從香港特製孫像壹圓鑄模。1949 年 7 月 3 日正式開鑄，至當年 12 月底共鑄一百七十六萬餘枚。未見實物。參閱錢嶼《金銀貨幣的鑒定》。

山東造孫中山像銀幣

民國十九年（1930）山東省造。僅見壹圓一種。正面中央爲孫中山西裝正面像，上面環列"中華民國十九年"，背面正中爲"中"字，環飾以光芒折綫，弦紋圈外上下分列"山東省造"和嘉禾圖案，左右分列"壹圓"。參閱邱思達《中國近現代鑄幣圖說》。

袁世凱像七分面銀幣

民國三年（1914）天津造幣廠鑄造之銀質試樣幣。僅見壹圓一種。正面爲袁世凱七分臉半身肖像，上有"中華民國三年"，分簽字、無簽字兩版，背面式樣同民國三年"袁大頭"背模。未被采用。存世甚少。參閱邱思達《中國近現代鑄幣圖說》。

民國三年袁世凱像側面銀幣

民國三年（1914）天津造幣廠造。俗稱"袁大頭"，幣值有壹圓、中圓、貳角、壹角四種。壹圓幣正面爲袁世凱免冠戎裝側面半身像，上有"中華民國三年"，背面正中爲"壹圓"，兩側交叉嘉禾。其輔幣形制除幣值不同、背面上方加添"每二枚當一圓"或"每五枚當一圓"或"每十枚當一圓"外，其他裝飾同一圓幣。可分簽字版（未經流通）、無簽字版兩種，依邊道飾又分齒邊、十字邊等等。另見 1919、1920、1921 年依舊模所鑄之幣。發行數量較大。參閱孫仲彙等《簡明錢币辭典》。

甘肅袁世凱像銀幣

民國三年（1914）甘肅造幣廠造。僅見壹圓一種。形制與民國三年袁世凱像側面幣相仿，僅在袁像兩側加鑄“甘肅”兩字。成色較低，鑄造不精。參閲錢嶼《金銀貨幣的鑒定》。

民國六年南京袁世凱像銀幣

民國六年（1917）南京造幣廠鑄造之銀輔幣。僅見中圓一種。由財政部核發祖模，形制同民國三年袁像側面銀幣中圓銀幣，未見實物。參閲錢嶼《金銀貨幣的鑒定》。

民國鄂造袁世凱像銀幣

民國九年（1920）武昌造幣廠鑄造之銀輔幣。僅見貳角一種。1912 年湖北造幣廠歸鄂軍都督府管轄，1914 年收歸財政部，更名爲財政部武昌造幣分廠。1920 年仿照民國三年袁像貳角銀幣，鑄造貳角輔幣，形制僅在袁像兩側加鑄“鄂造”兩字。該幣是民國期間湖北省造的唯一銀幣。參閲邱思達《中國近現代鑄幣圖説》。

乾隆寶藏銀幣

清乾隆五十八年至六十年（1793—1795）西藏地區打造發行之銀幣。清廷聖諭：“所鑄銀錢，正面用漢字鑄‘乾隆寶藏’四字，背面用唐古特字，亦鑄‘乾隆寶藏’四字，以昭同文，而符體制，已另行模繪錢式發去遵辦，欽此。”依照朝廷頒發錢式鑄造。形制有三種：庫平一錢半、一錢、半錢。仿銅錢形制，中間方穿外爲漢文“乾隆寶

乾隆寶藏銀幣

藏”，旁列四朵祥雲，邊緣漢文紀年。背面爲藏文“乾隆寶藏”、祥雲及藏曆紀年。面背中央爲方欄，邊有聯珠紋。一錢半：徑 2.8 ～ 3 厘米，重 5 ～ 5.5 克。僅見乾隆五十八年，極爲稀少。一錢：大而薄，有的小而厚。徑 2.35 ～ 3 厘米，通常 2.6 厘米左右，重 3.3 ～ 4 克，一般在 3.5 克左右。紀年可見“五十八年”“五十九年”“六十年”。半錢：徑 2 厘米，重 1.9 克，僅見乾隆五十八年，極爲罕見。參閲錢嶼《金銀貨幣的鑒定》。

嘉慶寶藏銀幣

清嘉慶元年至二十五年（1796—1820）西藏地區打造發行之章噶薄片銀幣。僅見一錢、半錢兩種。半錢紀年僅見嘉慶元年一種，一錢紀年有元年、八年、九年、二十四年、二十五年五種。面背漢藏文分書“嘉慶寶藏”和紀年，中央有方欄，邊有連珠紋。參閲錢嶼《金銀貨幣的鑒定》。

道光寶藏銀幣

清道光元年至十六年（1821—1836）西藏地區打造流通之章噶薄片銀幣。僅見一錢一種。有元年、二年、三年、四年、十五年、十六年六種紀年。正面爲漢文“道光寶藏”、吉祥雲紋、紀年。面背爲藏文“道光寶藏”和藏曆紀年，面背正中央有方欄，邊有連珠紋。參閲錢嶼《金銀貨幣的鑒定》。

咸豐寶藏銀幣

清咸豐三年（1853）西藏地區打造流通之章噶薄片銀幣。僅見一錢一種。正面爲漢文“咸豐寶藏”和吉祥雲紋、紀年。背面爲藏文“咸豐寶藏”和藏曆紀年，面背中央有方欄，邊有連珠紋。經錢嶼考證係臆造幣。參閲邱思達

《中國近現代鑄幣圖説》、錢嶼《金銀貨幣的鑒定》。

光緒寶藏銀幣

　　清光緒四年（1878）西藏地區打造流通之章噶薄片銀幣。僅見一錢一種。正面爲漢文"光緒寶藏"和吉祥雲紋、紀年，背面爲藏文"光緒寶藏"和藏曆紀年，面背中央有方欄，邊有飾紋。經錢嶼考證係臆造幣。參閲邱思達《中國近現代鑄幣圖説》、錢嶼《金銀貨幣的鑒定》。

宣統寶藏銀幣

　　清宣統二年（1910）西藏地區打造流通之薄片銀幣。1910 年駐藏大臣聯豫奏准鑄造"宣統寶藏"，遂委託四川成都造幣廠代鑄。該幣分庫平一錢、二錢兩種。一錢正面中央爲五瓣梅花紋，外書漢文"宣統寶藏"，背面中央爲蟠龍，周圍飾以藏文"宣統西藏寶藏庫平一錢"。其中"宣統""庫平"爲漢音藏文，直徑 2.16 ～ 2.18 厘米，重 3.4 ～ 3.9 克。二錢僅見樣幣一枚。正面中央爲蓮花花紋，背面藏文爲"宣統西藏寶藏庫平二錢"，直徑 3.5 厘米，重 5.4 克。參閲孫仲彙等《簡明錢幣辭典》。

新疆三體文銀幣

　　清光緒十六年（1890）新疆鑄造之銀幣，幣值有五錢、三錢、二錢、一錢等四種。五錢幣正面直書漢文"光緒銀圓五錢"，左右爲維

新疆三體文銀幣

吾爾、滿文名稱、幣值、紀年等，背面爲蟠龍紋，邊緣飾人字紋。其他幣除大小幣值不同五錢幣外，均同。甚稀有。參閲孫仲彙等《簡明錢幣辭典》。

迪化光緒銀元

　　清光緒十五年至三十三年（1889—1907）新疆迪化鑄。1889 年版，新疆巡撫魏光燾委派藩庫大使劉承澤督工監造。幣值有五錢、三錢、二錢三種，多個版面。五錢幣正面漢文直書"迪化光緒銀元五錢"，背面維吾爾文"迪化造五錢""AH1370"，環以互生雙葉花飾。其他幣除幣值不同五錢幣外，均同。1903—1905年版，五錢幣正面漢文小字"迪化光緒銀元五錢"，背面維吾爾文小字"烏魯木齊造五錢"及回曆紀年，邊有互生雙葉花紋。其他幣除幣值不同外，均同。1904—1907 年版除幣值爲大寫"伍錢""叁錢""貳錢"外，其他形制均同1903—1905 年版。參閲邱思達《中國近現代鑄幣圖説》。

迪化餉銀銀幣

　　清光緒三十三年（1907）新疆迪化機器局鑄。面值有一兩、五錢、四錢、二錢、一錢五種，版別較多。早期的爲新疆藩司王樹楠奏准後在迪化水磨溝機器局試鑄，有五錢、四錢、二錢、一錢四種，於 1908 年 7 月停鑄，共鑄三十萬兩，主要用於軍費開支。五錢者正面爲漢文、維吾爾文"餉銀五錢"，背面爲蟠龍圖案，或有花星、珠圈等，版別特多，有的中央有花飾或暗記。其餘各等除幣值不同外，其他裝飾均同。後期又增加一兩者，正面爲漢文"餉銀一兩"，背面爲蟠龍圖，珠圈外有維吾爾文幣值"餉銀一兩"。銀幣中央有花飾。其他除

幣值不同外，裝飾均同。參閱邱思達《中國近現代鑄幣圖説》。

阿克蘇錢局銀元

清光緒十九至二十二年（1893—1896）新疆阿克蘇錢局鑄。幣值有五錢、三錢、二錢、一錢四種。五錢者正面漢文"光緒銀元""阿城伍錢"，背面中央爲維吾爾文"阿克蘇造五錢""AH1310"，環以互生雙葉花飾。其他幣除幣值不同外裝飾均同。一錢者僅見回曆 1311 年紀年，其他幣有 1301、1311、1312 紀年。該類幣另有在幣面鑄有圓圈暗記者，較少。參閱錢嶼《金銀貨幣的鑒定》。

新疆光緒銀圓銀幣

清光緒十八年至三十年（1892—1904）新疆喀什噶爾鑄。幣值有伍錢、叁錢、貳錢、壹錢四種，又分三種版面。第一種爲早期光緒銀圓版，五錢者正面爲漢文"光緒銀圓伍錢"，背面維吾爾文"喀什噶爾造伍錢""AH1310 年"，環繞互生雙葉花紋，其餘各等除面值不同、紀年無回曆外，均同。1893 年版正面爲漢文"光緒銀圓"，背爲漢文"壹錢"，維吾爾文"喀什造""壹錢"。該版銀幣有回曆 1309、1310、1311、1312、1313 五種紀年。第二種版面，除在正面增加漢文"喀什"外，其他同第一種版。其中五錢者有回曆 1311、1313、1314、1315、1316、1317、1318、1319、1320 年 九種紀年。三錢、二錢者除無 1311 年外均同五錢

新疆光緒銀圓銀幣
（伍錢）

幣。一錢者祇有 1313、1322 年兩種。第三種版面，除正面改爲"喀造光緒銀圓"外，其他形制均同。其紀年有回曆 1320、1321、1322 年三種，但幣值無一錢者。參閱錢嶼《金銀貨幣的鑒定》。

新疆光緒元寶銀幣

清光緒三十一年（1905）喀什噶爾局鑄。幣值有五錢、三錢、二錢、一錢四種。五錢者正面中央有花星、漢文"光緒元寶"，珠圈外爲漢文"喀什""五錢"和維吾爾文"喀什噶爾""光緒 AH1323"，背面爲蟠龍紋，左轉或右轉。三錢、二錢除幣值不同五錢銀幣外，均同。一錢正面爲漢、維吾爾文"一錢""喀什噶爾 AH1323"。參閱錢嶼《金銀貨幣的鑒定》。

新疆省光緒銀幣

清光緒三十三年（1907）新疆省鑄造流通之銀質樣幣。僅見七錢二分一種。該幣除正面幣值爲"庫平七錢二分"外，其他式樣裝飾同新疆省造光緒銀兩幣。錢嶼曾考證爲内地造幣廠代鑄幣。參閱邱思達《中國近現代鑄幣圖説》、錢嶼《金銀貨幣的鑒定》。

新疆喀什壹錢銀幣

清光緒三十年（1904）新疆喀什局鑄造之小銀幣。正面爲漢文"喀什壹錢"，背面裝飾同喀什光緒元寶。據背面有無回曆紀年而分爲兩大版別。參閱孫仲彙等《簡明錢幣辭典》。

新疆喀什大清銀幣

清光緒三十三年（1907）新疆喀什局鑄。1906 年清廷户部規定鑄造大清一兩銀幣。新疆喀什局遂於 1907—1910 年開鑄。僅見壹兩一種，兩種版別。一種正面中央爲梅花星紋、"大清銀幣"，珠圈外有漢文"喀什""湘平壹

兩"和維吾爾文"喀什造壹兩",背面爲蟠龍圖案,環以珠圈,珠圈外爲互生雙葉紋。第二種正面中央爲梅花星飾、"大清銀幣",珠圈外爲"喀什造""湘平壹兩"和維吾爾文"喀什造壹兩""AII1325"(1907)。另見伍錢者,面文爲"湘平五錢",背面爲蟠龍圖,珠圈外爲互生葉紋。參閱錢嶼《金銀貨幣的鑒定》。

新疆喀什道大清銀幣

清光緒三十三年(1907)新疆喀什道鑄。僅見一兩一種。正面中央爲梅花星飾和"大清銀幣",珠圈外爲漢文"喀什道""湘平式兩"和維吾爾文"喀什道""一兩",背面鑄蟠龍紋,珠圈外爲互生雙葉紋。"道"字係行政區域名稱,舊說爲"造"之誤。另有湘平五錢、二錢銀幣者,甚少見。參閱孫仲彙等《簡明錢幣辭典》。

喀什造宣統銀幣

清宣統元年至二年(1909—1910)新疆喀什局造。僅見五錢一種,正面中央爲漢文"宣統銀幣",珠圈外爲漢、維吾爾文"喀什造五錢",背面中央鑄蟠龍紋,邊緣飾蔓草紋。而背面龍圖中之五角星,又分二星、四星、五星、六星等多種版別。參閱孫仲彙等《簡明錢幣辭典》。

喀什宣統元寶銀幣

清宣統三年(1911)新疆喀什局造。幣值有一兩、五錢兩種,兩個版別。一種正面中央爲漢文"宣統元寶",珠圈外爲漢、維吾爾文"喀什造五錢"或"喀什造壹兩",背面與"喀什造宣統銀幣"同。該版還有1910年、1911年紀年的。另一種除正面漢文"喀什五錢"外,其他同宣統元寶銀幣。參閱邱思達《中國近現代鑄幣圖說》。

喀什餉銀銀幣

清末到民國年初(1911—1913)新疆喀什局仿迪化餉銀而造。幣值有一兩、五錢兩種,三種版別。五錢者一種正面爲漢文"餉銀五錢"和五個五角星,背面中央爲蟠龍圖,珠圈外爲漢文"喀什"。據面、背所鑄花星不同,可分梅花星、五角星、圓點星等不同版別。第二種版有一兩、五錢兩種。一兩正面中央爲漢文"餉銀壹兩",珠圈外環書"中華民國元年"紀年,背面雙五色旗交叉,上下爲"壬子"(1912年)。五錢裝飾與一兩同。第三種版僅見五錢者,正面爲漢文"中華民國",珠圈上下分書漢文"餉銀五錢""新疆喀什造"字樣,兩側各飾一五角星,背面爲雙旗交叉,上下爲維吾爾文喀什造、幣值和紀年。參閱孫仲彙等《簡明錢幣辭典》。

湖南省蘇維埃政府造銀幣

1931年由中國共產黨領導的湖南省蘇維埃政府鑄造。僅見壹圓一種。正面中央爲中國共產黨黨徽五角星與錘鐮交叉圖案,外圍上下分

湖南省蘇維埃政府銀幣(壹圓)

列"湖南省蘇維埃政府""一九三一年製"字樣,左右分列星飾,背面式樣仿民國三年袁像銀幣背模。亦發現有利用袁像三年銀幣加鈐"蘇維埃"三字的銀幣。參閱邱思達《中國近現代鑄幣圖說》。

中國蘇維埃造列寧側像銀幣

1931年由中國共產黨領導的鄂西北革命根據地造。僅見壹圓一種。正面中央爲列寧側半

身面像，外圍上列"中國蘇維埃造"，下列長枝花飾，背面正中爲鐮刀、斧頭圖案和幣值"壹圓"，外圍上下分列"一九三一年""工農銀行"字樣。該幣流通於以房縣爲中心的鄂西北革命根據地。1932 年 3 月紅軍撤離後，該幣停鑄。參閲孫仲彙等《簡明錢幣辭典》。

中華蘇維埃共和國國家銀行銀幣

1932、1933 年由中國共産黨領導的中央革命根據地造，由中華蘇維埃共和國國家銀行發行，流通於中央革命根據地。僅見貳角幣一種。正面爲内有中國共産黨黨徽的地球，兩側飾嘉禾圖案，上列"每五枚當一圓"，背面正中直書幣值"貳角"，上下分列"中華蘇維埃共和國""公曆一九三二年"或"公曆一九三三年"字樣。1934 年 10 月紅軍撤離中央革命根據地，該幣停鑄。依文字、圖案、邊道紋不同可分多種版別。參閲邱思達《中國近現代鑄幣圖説》。

鄂豫皖省蘇維埃政府銀幣

1937 年由中國共産黨領導的鄂豫皖蘇維埃政府造。僅見壹圓一種，兩種版別。一種正面中央直書"壹圓"，外圍環列"鄂豫皖省蘇維埃政府""工農銀行""一九三二年造"，背面正中爲内有中國共産黨黨徽的地球圖案，外圍環以"全世界無産階級聯合起來啊"口號。另一種版僅改正面外圍爲"一九三二年造"和俄文幣文。該幣主要流通於鄂豫皖革命根據地，同年 10 月紅軍撤離後，此幣停鑄。參閲孫仲彙等《簡明錢幣辭典》。

平江縣蘇維埃政府銀幣

1931 年由中國共産黨領導的平江縣蘇維埃政府造。僅見壹圓一種。正面中央爲中國共産黨黨徽五角星圖案，外圍環以"平江縣蘇維埃政府""一九三一年製"字樣，左右分列星飾，背面中央直書幣值"壹圓"，兩側飾嘉禾圖案。主要流通於湖南平江地區，同年 11 月湘鄂贛省蘇維埃政府成立，此幣停鑄。參閲孫仲彙等《簡明錢幣辭典》。

中華蘇維埃川陝省造銀幣

1933、1934 年由中國共産黨領導的中華蘇維埃共和國川陝省造，川陝省蘇維埃政府工農銀行發行，流通於川陝革命根據地。僅見壹圓一種。正面中央"壹圓"，外圍環列"中華蘇維埃共和國""川陝省造幣廠造"，左右分列五角星飾，背面中央有地球圖案和中國共産黨黨徽，外圍環列"全世界無産階級聯合起來""一九三三年"或"一九三四年"，左右分列四瓣星

中華蘇維埃川陝省造銀幣（壹圓）

飾。1935 年 4 月，紅四方面軍撤離根據地，此幣停鑄。依幣文、斧頭鐮刀的紋飾可分多種版別。參閲孫仲彙等《簡明錢幣辭典》。

閩浙贛省蘇維埃政府銀幣

1934 年由中國共産黨領導的閩浙贛蘇維埃政府造。僅見一圓一種，兩種版別。一種正面中央爲幣值"壹圓"，外圍環以"閩浙贛省蘇維埃政府""一九三四年"，背面中央爲地球圖案和中國共産黨黨徽，外圍環以"粉碎敵人五次圍攻決戰臨時軍用幣"幣文。另一種僅改背面中央爲列寧側面半身像，環以"中國蘇維埃造"和長枝花飾。參閲北京錢幣協會《中國硬幣標

準圖録》。

中華蘇維埃共和國五年銀幣

　　1935 年由中國共產黨領導的陝北省蘇維埃政府財政部造。僅見一圓一種。正面中央直書幣值"壹圓"，兩側飾嘉禾圖案，外圍環列"中華蘇維埃共和國五年製"，左右分列星飾，背面中央爲中國共產黨黨徽圖案，外圍環以"全世界無產階級及被壓迫民族聯合起來"口號，左右分列星飾。該幣流通於陝北革命根據地，同年 11 月因統一使用蘇維埃紙幣停鑄，并逐步全部收兌。參閱孫仲彙等《簡明錢幣辭典》。

紀念銀幣

光緒皇帝像銀幣

　　有五種版面，分別爲 1885 年、1895 年的兩種，鑄造地名廣東、福建、四川等三種。1885 年鑄幣正面爲光緒正面半身肖像，左右環列"光緒乙酉年造"。背面正中爲龍紋圖案，外圍環列滿文"光緒乙酉年造"。1895 年鑄幣爲李鴻章出訪德國時所鑄的紀念幣。正面爲光緒正面半身像，左右列英、漢文"光緒"，上面環列英文，背爲慈禧像。福建造光緒皇帝紀念幣，正面中央爲光緒正面像，左右分列雙龍戲珠，正下方爲"福建恭進"。背面中央篆一"壽"字，外圍花飾。廣東省造紀念幣有一圓、中圓型兩種。正面光緒正面半身像，背面正中篆一"壽"字，上下左右環列"廣東省造"，外圍雙龍戲珠圖。四川省造正面爲光緒側面半身像，背面正中爲"四川省造"，周圍環列纏枝蓮花飾。上述諸幣無紀值，式樣同銀圓幣。經錢嶼考證，除 1895 年李鴻章出國時所鑄外，其他均係臆造品。參閱邱思達《中國近現代鑄幣圖說》、錢嶼《金銀貨幣的鑒定》。

慈禧像紀念銀幣

　　有五種版面，其中紀年的有 1885、1895 年兩種。1885 年紀念幣，正面爲慈禧正面半身像，左右"光緒乙酉年造"，背面中央爲鳳紋圖，外圍環列滿文"光緒乙酉年造"。1895 年紀念幣正面爲慈禧像，左右漢、英文"慈禧"，上列英文，背面爲光緒像。四川省所造有一圓、半圓型兩種。正面爲慈禧正面半身像，背面正中"四川省造"，環列纏枝蓮花飾。浙江省所造正面慈禧像同四川幣，外圍環列八個"蝠"圖紋飾，其下列"浙江省造"，背面正中爲鳳紋，環飾福壽字紋。雲南省所造正面中央爲慈禧正面半身像，外環長枝花飾，下方爲"雲南省造"，背面中央爲篆體"壽"字，四周飾以四個蝙蝠圖案，邊飾回紋。以上諸幣無紀值，式樣同銀圓幣。經錢嶼考證，除 1895 年鑄幣外，其他均係臆造品。參閱邱思達《中國近現代鑄幣圖說》。

欽差大臣獎紀念銀幣

　　光緒丙午年（1906）天津鑄造之展覽會紀念銀幣。正面爲"光緒丙午年冬""欽差大臣獎""天津歡迎展覽會"字樣，背面爲蟠龍圖。參閱邱思達《中國近現代鑄幣圖說》。

農工商部紀念獎牌銀幣

　　清光緒三十三年（1907）由農工商部發行之銀質獎牌。正面中央爲滿、漢文"獎牌"，外圍左右環列滿、漢文"農工商部製"字樣，背面爲雙龍戲珠、吉祥雲紋圖案，火珠下方分別有"一等"或"二等"字樣。參閱邱思達《中國近現代鑄幣圖説》。

光緒三十三年帝國獎牌銀幣

清光緒三十三年（1907）吉林省造的大清立憲帝國獎牌。正面中央爲蟠龍紋，上方環列"光緒三十三年"，下方爲花飾，左右爲滿文，背面爲空心環列"光緒大清帝國""吉林立憲獎牌"，兩側爲雙龍戲珠圖。參閱邱思達《中國近現代鑄幣圖説》。

欽命校閲陸軍大臣銀幣

清宣統庚戌年（1910）鑄造之陸軍大臣紀念銀幣。正面中央爲蟠龍圖，上下環列"宣統""冬月造"，左右紀年"庚戌"，背面中央爲裝飾紋及幣文，外環"陸軍大臣欽命校閲"字樣。參閱邱思達《中國近現代鑄幣圖説》。

中華元寶民國紀念幣銀幣

民國元年（1912）福建銀幣廠鑄造之流通紀念幣。僅見庫平一錢四分四厘一種。正面中央爲六瓣花飾和"中華元寶"，珠圈外上下分列"民國紀念幣""庫平一錢四分四厘"，背面中央交叉國旗、五色旗、軍旗，外圍爲英文"福建""一錢四分四厘"。參閱錢嶼《金銀貨幣的鑒定》。

袁世凱像開國紀念銀幣

民國元年（1912）南京造幣廠鑄造之銀質樣幣。1912年2月15日，十七省代表在南京臨時參議院選舉袁世凱爲大總統，黎元洪爲副總統。不久，南京造幣廠開鑄袁世凱像紀念銀幣，幣值僅見壹圓一種。正面爲袁世凱正面頭像，外圍上下環列"中華民國""開國紀念幣"，左右分列長枝花飾，背面正中爲幣值"壹圓"

和嘉禾圖案，外環列英文"中華民國""壹圓"，左右分列花星。該幣可分齒邊、光邊兩種，另見銅質樣幣。參閱孫仲彙等《簡明錢幣辭典》。

黎元洪像開國紀念銀幣

民國元年（1912）湖北省武昌造幣廠造。僅見壹圓一種，形制仿孫中山像開國紀念幣，正面爲黎元洪半身七分面像，分戴帽與不戴帽兩種版別，前者爲初鑄品，因儀態不佳而改鑄。有的背面英文"OF"誤爲"OE"，免冠像幣無英文錯誤。存世數量不多。參閱錢嶼《金銀貨幣的鑒定》。

黎元洪像開國紀念銀幣（壹圓）

程德全像紀念銀幣

民國元年（1912）武漢造幣廠造。程德全，四川人，清末爲江蘇巡撫。辛亥革命時，程德全於9月15日宣布獨立，成立軍政府，自任江蘇都督，後任臨時政府内務總長。該幣與孫中山開國紀念銀幣相仿，僅改正面爲程德全七分面像。依人像雙眼刻紋可分陰文、陽文兩種版別。亦有"OF"誤爲"OE"之錯版幣。參閱錢嶼《金銀貨幣的鑒定》。

四川球獅銀幣

民國元年（1912）四川大漢軍政府造。1912年，重慶、成都軍政府合并爲四川省軍政府，尹昌衡在平定西藏張煦叛亂中有功，被推爲省都督，遂令成都造幣分廠鑄造醒獅銀質紀念章，贈送革命之士。正面中央交叉五色雙旗，上列"中華民國元年"，左右四瓣花星，背面爲醒獅、三朵祥雲。因該幣與流通的二角銀幣重量、直徑相同，遂作二角銀幣流通。參閱錢嶼《金銀貨幣的鑒定》。

袁世凱像共和紀念銀幣

民國三年（1914）天津造幣廠造。1914年2月8日，北京政府發布了《國幣條例》，依照條例天津造幣廠在原北洋銀圓局舊址開辦分廠，阮貞爲廠長，開鑄共和紀念銀幣。僅壹圓一種。正面爲袁世凱大總統戎服肖像，背面中央爲"壹圓"和嘉禾圖，珠圈外上下環列"中華民國共和紀念幣"和英文"壹圓"。左右分列花飾。依裝飾工藝可分粗版、細版和簽字版三種，簽字版即在袁像的左肩上有英文小字"L·Giorgi"，意爲意大利技師魯爾智·喬治所刻，應爲仿宣統三年大清銀幣試幣祖模。參閱錢嶼《金銀貨幣的鑒定》。

袁世凱像共和紀念
銀幣（壹圓）

袁世凱像飛龍銀幣

民國三年（1914）天津造幣廠鑄造之銀質紀念樣幣。僅見壹圓型一種。正面爲袁世凱像大總統戎服肖像，背面中心爲飛龍圖案，上下分列"中華帝國""洪憲紀元"。按鑄造工藝及文字書體可分細版、粗版、特版三類。亦有簽字版，即袁像右側刻有"L.GIORGI"（意大利技師魯爾智·喬治簽名縮寫）英文小簽字版。據《中國紀念幣考》載：該幣爲民國八年天津技工唐尚金仿刻鑄模。李伯琦試鑄。參閱邱思達《中國近現代鑄幣圖説》。

黃興像紀念銀幣

民國期間造。幣值壹圓。正面爲黃興戴帽七分面半身像，背面十八星旗與五色旗交叉，上下分列"壹圓"。參閱邱思達《中國近現代鑄幣圖説》。

湖南洪憲開國紀念銀幣

民國五年（1916）湖南銅元局鑄造之銀質紀念幣。1915年7月，袁世凱醞釀帝制，湖南查辦使督軍湯薌銘積極參與和勸進，1916年7月1日，袁世凱恢復帝制，改元"洪憲"。袁"敕封"湯爲"一等侯""靖武將軍"，湯爲邀寵而令湖南銅元局開鑄"洪憲"開國紀念幣。幣值僅見壹角。正面中央爲"中華銀幣"，珠圈外上下環列"洪憲元年""開國紀念幣"，左右分列"湖南"，背面中央鑄"壹角"和游龍戲珠圖案。參閱錢嶼《金銀貨幣的鑒定》。

雲南唐繼堯像銀幣

民國六年（1917）雲南造幣廠造。幣值有七錢二分、三錢六分兩種。1916年5月8日，滇、黔、粵、桂諸省在廣東肇慶組建軍務院，唐繼堯爲撫軍長。1917年8月，雲南造幣廠開鑄唐繼堯側身像紀念幣，上列"軍務院撫軍長唐"，背面五色旗、十八星旗交叉，上下分列"擁護共和紀念""庫平三錢六分"，旗上及左右分列五角星飾。1918年10月，雲南造幣廠再鑄紀念幣，有七錢二分、三錢六分兩種。正面爲唐繼堯正面肖像，上下分列"軍務院撫軍長唐"和交叉嘉禾圖案，背面如前。參閱邱思達《中國近現代鑄幣圖説》。

譚浩明像紀念銀幣

民國八年（1919）造。譚浩明任湘粵桂軍總司令。紀念幣有壹圓、半圓型兩種。幣面爲譚浩明免冠正面半身像。參閱邱思達《中國近現代鑄幣圖説》。

倪嗣冲像紀念銀幣

民國九年（1920）安慶造幣廠造。倪嗣冲曾任河南布政使幫辦軍務，1913 年任安徽都督、巡按使等職。安慶造幣廠爲其鑄造紀念幣，僅見二角型一種。正面爲倪嗣冲正面戎裝肖像，背面爲"安武軍紀念"，兩側爲相接嘉禾圖案。該幣一圓、二角、一角有後仿製品，上有"中華民國九年"和"安慶造幣廠"字樣。參閱邱思達《中國近現代鑄幣圖説》。

徐世昌像紀念銀幣

民國十年（1921）天津造幣廠爲徐世昌六十七歲壽辰特鑄之紀念銀幣。民國七年，徐世昌在第二屆國會選舉中被選爲大總統，民國十年特鑄該紀念幣，僅見一圓、半圓型兩種。正面爲徐世昌西服七分臉半身像。半圓型幣面雙旗交叉，上下環列"中華民國十年九月""紀念幣"，左右分列花星，背面正中爲北京中南海懷仁堂圖案和"仁壽同登"，上下分列"中華民國十年九月""紀念幣"，左右分列花星。另一種版無"紀念幣"三字。此幣分光邊、齒邊兩種。參閱邱思達《中國近現代鑄幣圖説》。

湖南省憲成立紀念銀幣

民國十一年（1922）湖南銅元局鑄造之銀質紀念幣。僅見壹圓一種。正面中央爲"三"，代表湘中、湘南、湘西三地，一説寓"民國十一年一月一日"之意，兩側爲嘉禾圖，珠圈上下分列"湖南省憲成立紀念""中華民國十一年一月一日"，左右直書"壹圓"幣值，背面十八星旗與五色旗交叉，上方爲八瓣花飾，珠

圈外環列英文"中華民國""壹圓"。該幣還有一種樣幣，除正面中央爲趙恒惕頭像，兩側爲改樣嘉禾圖外，其他裝飾同省憲紀念幣，今極罕見。參閱錢嶼《金銀貨幣的鑒定》。

湖南省憲成立紀念銀幣（壹圓）

曹錕像紀念幣

民國十二年（1923）天津造幣廠造。1923 年 12 月曹錕被選爲大總統，天津造幣廠爲其鑄造紀念幣，無紀值，有兩種版別：一種正面爲曹錕戎裝半身像，背面交叉十八星旗、五色旗圖案，上下分列篆書"紀念"，周圍環列六枚五角星。另一種爲紀念當年參議院通過中華民國憲法而鑄。正面爲曹錕西裝半身像，背面十八星旗、五色旗交叉，上有"憲法成立紀念"。參閱孫仲彙等《簡明錢幣辭典》。

段祺瑞像紀念幣

民國十三年（1924）天津造幣廠造。1924 年 11 月，段祺瑞出任中華民國臨時執政，天津造幣廠爲其造紀念幣。正面爲段祺瑞西服半身像，上有"中華民國執政紀念幣"，背面正中篆書"和平"，繞之以嘉禾。無紀年、紀值文字，重量、直徑同一圓幣。分光邊、齒邊兩種。參閱孫仲彙等《簡明錢幣辭典》。

李景林像紀念銀幣

民國十四年（1925）造。李景林係北洋軍閥近代武術大師。此幣僅見一圓一種。正面中央爲李景林戴帽正面半身像，背面中央交叉十八星旗、五色旗，上下分別爲五角星與相交

嘉禾圖案，珠圈外上下環列“中華民國十四年造”、英文“一圓”，左右分列“紀念”兩字。參閱邱思達《中國近現代鑄幣圖說》。

孫中山陵墓紀念幣

民國十六年（1927）鑄造之紀念銀幣。僅見壹圓一種。正面中央爲孫中山正面肖像，上部環列“中華民國國民政府”，背面中央爲幣值“壹圓”，下有“十六年造”，左右爲旭日、中山陵墓圖。該幣由政府委托意大利PIATTE公司刻製鋼模。據傳鑄造四百八十枚，贈送護送委員會委員，作爲紀念之物。參閱錢嶼《金銀貨幣的鑒定》。

總理紀念幣

民國十六年（1927）福建造幣廠鑄造之銀質紀念輔幣。辛亥革命前夕，孫中山曾任反清革命同盟會總理，民國三年，爲推翻袁世凱的封建軍閥統治，孫中山在日本東京建立中華革命黨，又被推選爲總理。鑄有“總理”字樣的紀念幣在中國銀幣史上僅此一種。僅見貳角、壹角兩種。貳角幣正面爲孫中山正面像，上部環列“中華民國總理紀念幣十六年造”，背面爲交叉國民黨黨旗、中華民國國旗，上列幣值“貳角”，下列“每五枚當一圓”，面背都有五角星紋飾。該幣還有一個版別，鑄地不明，幣值有壹角、貳角兩種。貳角幣僅改正面孫中山像爲正面像，背面多了滿天星點，面背爲五瓣星飾。其他同福建造幣廠貳角幣。壹角幣除幣值不同於貳角幣外，其他

總理紀念幣（貳角）

均同。參閱孫仲彙等《簡明錢幣辭典》。

總理遺囑紀念銀幣

鑄造年代、地點不詳。正面爲孫中山正面肖像，上有“孫中山先生”，背面爲總理遺囑文字，重26克，直徑3.9厘米，成色百分之九十七。據錢嶼考證該幣爲私人銀樓鑄。參閱邱思達《中國近現代鑄幣圖說》、錢嶼《金銀貨幣的鑒定》。

褚玉璞像紀念銀幣

民國十六年（1927）天津造幣廠造。民國十五年四月七日褚玉璞出任直隸督軍。1927年爲紀念其任職一周年而鑄造紀念幣。正面爲褚玉璞身着軍服半身像，背面十八星旗與五色旗交叉，上下分列“中華民國十六年”“四月七日周年紀念”。該幣無幣值，重量、直徑與一圓銀幣同，作贈送用。參閱孫仲彙等《簡明錢幣辭典》。

革命軍入閩紀念銀幣

民國十六年（1927）國民革命軍造。僅見貳毫一種。正面中央爲青天白日圖飾和“國民政府”，珠圈外上下環列“民國十六年”“漳州製造”，左右分列阿拉伯數字“2”，背面中央爲交叉國民黨黨旗、中華民國國旗，珠圈外環列“革命軍東路總指揮入閩紀念”“貳毫銀幣”。該幣鑄量很少，發行時間亦短。參閱錢嶼《金銀貨幣的鑒定》。

革命軍北伐勝利紀念銀幣

民國十六年（1927）國民革命軍造。僅見貳毫一種。正面中央爲斧頭、鐮刀、步槍、算盤、書本圖案（喻工、農、兵、商、學各界），珠圈外上下分列“國民政府”“民國十六年”，左右各有一表示幣值的阿拉伯數字“2”，背面交叉中華民國國旗、國民黨黨旗，外書“革命

革命軍北伐勝利紀念銀幣

軍北伐勝利紀念”“貳毫銀幣”，左右飾梅花星。該幣以正面兩側有無“2”字分兩種版別。另有合背、合面錯版存世。參閱錢嶼《金銀貨幣的鑒定》。

黃花崗紀念銀幣

民國十七年（1928）、民國二十年（1931）、民國二十一年（1932）福建省政府鑄造流通的銀質紀念輔幣。幣值有一角、二角兩種。正面爲黃花崗七十二烈士墓園，上列“黃花崗紀念幣”。背面中央爲國民黨青天白日黨徽，徽內有幣值“20”或“10”，珠圈上下分列“中華民國十七年福建省造”“每五枚當一圓”或“每十枚當一圓”。1929年7月1開鑄，共鑄三十萬圓。一角幣直徑1.88厘米，含銀百分之七十，重2.7克。二角幣直徑2.3厘米，含銀百分之七十，重5.3克。該幣成色足，流通信譽好。民國二十年幣，除紀年不同、黨徽中增加橫綫條外，其他同民國十七年版，共鑄五百萬枚；民國二十一年幣，正面中央爲交叉國民黨黨旗、中華民國國旗，直列幣值“壹角”或“貳角”，紀年改爲“中華民國二十一年”，其他裝飾同民國十七年版。參閱錢嶼《金銀貨幣的鑒定》。

張作霖像紀念銀幣

民國十七年（1928）天津造幣廠造。僅見一圓一種，有三種版別。一種正面爲張作霖免冠元帥服半身像，上書“陸海軍大元帥”。背面中央爲“紀念”，旭日、交叉嘉禾圖，上下分列

“中華民國十五年”、英文“一圓”，左右分列花星；另一種爲1927年版，僅改背面中央爲龍鳳圖案，上下分列“紀念幣”，英文“一圓”，左右有長枝花飾；1928年版紀念幣，正面爲張作霖中山裝半身肖像，上有“大元帥紀念幣”。背面十八星旗與五色旗交叉，上下分列“中華民國十七年”，英文“一圓”。上述各幣均少見。參閱孫仲彙等《簡明錢幣辭典》。

民國蔣介石像銀幣

民國十八年（1929）中央造幣廠造。正面爲蔣介石戴帽戎裝正面半身像，上方環列“國民革命軍總司令”字樣。背面正中爲兩面交叉的國民黨黨旗、中華民國國旗圖案，上方環列“中華民國十八年”。無紀值，式樣同一圓銀幣。參閱邱思達《中國近現代鑄幣圖説》。

中央造幣廠工竣孫中山像銀幣

1930年中央造幣廠鑄造之紀念銀幣。正面中央爲孫中山像，上方環列“中央造幣廠工竣紀念”字樣。背面中央爲帆船，有英文名稱、發行日期。參閱錢嶼《金銀貨幣的鑒定》。

蔣介石像憲政紀念銀幣

民國二十五年（1936）造。一種正面爲蔣介石免冠正面半身像，上列“憲政紀念幣”，背面正中爲古代布幣圖案，上列“中華民國二十五年”。另一種正面爲蔣介石戎裝側面半身像，背面版式與前一種同。未經流通，發現極少。另有戴帽戎裝側面頭像銅樣幣，爲試鑄之品。參閱邱思達《中國近現代鑄幣圖説》。

張學良像紀念銀幣

正面爲張學良正面半身肖像，背面中央爲“張學良贈”，兩側爲相接嘉禾圖案。參閱邱思達《中國近現代鑄幣圖説》。

第二節 金幣考

黄金因稀少而成爲貴重金屬，黄金貨幣遂爲貴重金屬幣。中國黄金貨幣最早產生於春秋戰國時期。河北靈壽出土的金貝是迄今所知中國最早的金幣實物，距今已有兩千多年的歷史。同白銀貨幣一樣，黄金貨幣在兩千多年的不同歷史發展階段，形成具有中國特色的黄金貨幣形態，爲古代社會經濟發展，發揮了重要作用。

周代晚期，已有金版產生。《周禮·秋官·職金》："旅于上帝，則共其金版。"鄭玄注："鉼金謂之版。"這表明周代晚期已出現黄金貨幣的雛形，但它主要用於祭祀、貯藏，沒有發現交換的記載。它同珠玉一樣代表着權力、財富。

春秋戰國時期，又有金貝出現。《管子·國蓄》："以珠玉爲上幣，以黄金爲中幣，以刀布爲下幣。"又《乘馬》："季絹三十三，制當一鎰；無絹則用其布，經暴布百兩當一鎰……黄金百鎰爲一篋。"這裏指明了黄金貨幣與珠玉、刀布的關係，明確了黄金貨幣與絹、布幣的比價。這一時期最有代表性的黄金貨幣是版金和餅金。

據雲夢秦簡載，一布"袤八尺，幅廣二尺五寸"；"布惡，其廣、袤不如式者，不行"。金布律"錢十一當一布。其出入錢以當金、布，以律"。可見，先秦黄金與布、帛、錢同時使用。秦始皇統一貨幣，以黄金爲上幣。漢代黄金貨幣的形態除了金版之外，餅金爲主要形制，如柿子金、馬蹄金、麟趾金。金錢也開始出現，漢代金五銖爲我國目前發現最早之金錢。秦漢金版與戰國金版有明顯的區別：（一）成色不同。楚金版爲砂金製作，成色在百分之九十以上，而漢金版多爲礦金製作，成色在百分之七十至八十二左右。（二）文字風格不同。楚金版帶有明顯的戰國文字風格。漢代金版文字爲漢代風格。（三）製作工藝不同。楚金版製作粗糙，文字排列不規則。而漢代金版製作比較整齊，幣文排列有序。金版多流通於南方地區，即原楚國地域之內。金餅則流通於北方地區。金貝爲北方黄金貨幣的萌芽。這時期的黄金貨幣主要用於上層社會的賞賜、贈送、貯藏、賄賂、大額支付和裝飾等。漢時金銀比價約爲一比五。

三國兩晉南北朝是我國歷史上大動蕩、大分裂時期，動亂不安的社會造成經濟的破壞，貨幣種類雜亂，物價暴漲，金銀貨幣隨着社會動蕩和經濟萎縮發生着重要變化，并對穩定社會恢復金融流通、發展經濟起到了積極作用：（一）南北朝時期民間開始使用金銀貨幣。《隋書·食貨志》："交廣之域，全以金銀爲貨。"又，"河西諸郡，或用西域金銀之錢，而官不禁"。表明了嶺南兩廣地區、西部的河西地區交易多用金、銀貨幣，帶動了中原及其他地區的金銀貨幣流通及發展，奠定了隋唐以後我國金銀貨幣形制和流通的基礎。（二）民間使用金銀貨幣的結果，影響了金衡的改革。南北朝時期金的使用單位已由"斤"改爲"兩"。如《陳書》"金五百兩"，《梁書》"金五千兩"等。隋唐主要使用"兩"。（三）隨着民間金銀的流通，金銀貨幣已不再爲上層社會所壟斷。南北朝時期，黄金貨幣形制除沿用漢時餅形、金錢外，產生了新的形制——金鋌，主要用於大額支付、貯藏、賞賜等。

　　唐代社會穩定，經濟空前繁榮，因而對貨幣的需求量日益增大。然而魏晋隋唐以來，佛教在中國有很大發展，銅材被大量用於鑄造佛像。從而造成貨幣數量的減少，金銀、鐵、絲帛、糧食都成了交易貨幣或貨幣替代物，大額支付往往要靠金銀貨幣，這在客觀上促進了金銀貨幣的發展。金鋌在唐代得到了充分發展和完善，鋌的銘文也有了明顯的變化，增加了成色、編號、來源、奉進者的品位、職務、姓名等。這時黄金貨幣仍爲稱量貨幣，以"兩"爲主，大額支付時也用"斤"。

　　宋代社會經濟比唐代有更大的發展，工商業繁榮，銅材缺乏的局面沒有得到緩解，加上南宋後期内憂外患，社會動蕩不安，各地鑄錢無序，幣值混亂不堪，故使用白銀貨幣的範圍較唐代更爲廣泛，黄金貨幣仍作大額支付用，地位不如白銀了。其形制除沿襲唐代的金鋌外，南宋時期又產生了新的形態——金牌。銘文中新出現了金銀鋪名或工匠姓名以及黄金的來源、成色等。民間亦有金餅鑄造和流通，金錢種類較多，有供養佛廟錢、殉葬錢、壓勝錢等。黄金與白銀比價爲黄金一兩等於白銀十六兩。

　　元明兩朝推行紙幣制度，三令五申不允許民間私鑄金銀，但民間仍有金、銀貨幣流通，尤其是明代推行紙幣失敗，不得不允許民間買賣金銀。元代除沿用宋（金）金餅、金鋌兩種形制外，同白銀貨幣一樣，又產生了新的形制——金錠。黄金與白銀比價爲：元初一兩等於白銀七點五兩，至元二十四年至至大二年（1287—1309），黄金一兩等於白銀十兩。明代黄金貨幣使用更廣泛，形制主要爲餅形、錠形、金錢三種。金錠形制更加完善，其面額有五兩、十兩、廿兩三種。黄金貨幣正式進入流通領域，其銘文内容有省份、紀年、成色、重量、委官、金户、金匠姓名等，主要用於徵收賦稅，大額支付、貯藏、捐獻及謝禮。明初金銀比價一兩黄金約等於白銀四點五兩至七點五兩，崇禎年間上升到十三兩。

　　因清王朝允許民間私鑄，故清代至民國時期，金銀貨幣種類繁多，成色不一。大體說來，清中期以前以金錠、金條（磚）爲主，亦有金餅、金牌、金錢。製作上以澆鑄和打製爲主。清中期以後，受西方貨幣文化的影響，産生了新型的黄金貨幣——金幣。金幣有打製和機製兩種。在引進西方鑄幣機器設備之前，中國曾仿效外國金幣的式樣打製金幣，除形狀爲圓形外，多帶有中國傳統的製作特色。引進西方鑄幣機器設備後，聘用西方技師，由西方代刻幣模，代鑄金幣，或用購進西方機器自鑄金幣，或用銀幣模鑄金幣等。黄金貨幣形態一改傳統形象，并走進了國際市場。清初金銀比價一兩黄金約等於十五兩白銀，光緒二十年（1894）以前比價上升不大，二十年以後已升到三十至三十八兩白銀。

綜上所述，中國黄金貨幣在二千多年的歷史上形成了一條金貝、金版、餅金、金鋌、金錠（條、磚）、金幣（元）等形態的發展道路。它在形態、種類、銘文内容及裝飾方式都具有鮮明的華夏民族特色，形成了特有的中國黄金貨幣文化。在中國的各個歷史階段，中國的黄金貨幣和其他貨幣形態共同創造着燦爛的東方貨幣文化。

金幣

金版

亦稱“金鈑”“印子金”“爰金”。通常指戰國時期楚國鑄造的黄金貨幣。《周禮·秋官·職金》：“旅于上帝，則共其金版。”表明周代已有金版，用於祭祀。《周書大聚》：“余知其極有宜，乃召昆吾，冶而銘之金版”，記述了當時金版已鑄銘文。據出土實物，可知金版的鑄造和流通主要在春秋戰國時期楚國地域，形制多爲兩端凹入的長方形，也有正方形、圓形或不規則形。多鈐有篆書陰文。一般每印内左右横列兩印文，或有一印文者。印形多爲方形，個別圓形。印

金版

1.郢爰 2.陳爰 3.鄟爰 4.舒 5.鄎爰

文有“郢爰”“陳爰”等數種。以郢爰最多見，陳爰次之，其他皆少見。金版多出湖北、湖南、河南、山東、安徽、江蘇、陝西、浙江等地。迄今發現最大的一塊金版是江蘇盱眙漢代窖藏出土的，長12.2厘米，寬8厘米，重610克，含金百分之九十九，上鈐五十四個印文，另有半印六個。所鈐印文“爰”爲重量單位，“郢”爲楚國都邑（今湖北江陵紀南城），“陳”爲陳國的都邑（今河南睢陽）。湖北宜昌前坪西漢墓、江蘇寶應吕良區湖西東漢墓、盱眙西漢窖藏等都先後出過郢爰，表明兩漢時期仍沿用郢爰金版。印文爲鏨模銅印打製而成。中國國家博物館藏有兩件傳爲安徽壽縣出土的“郢爰”青銅鏨模。參閱錢嶼《金銀貨幣的鑒定》。

【金鈑】

同“金版”。見該文。

【印子金】

即金版。見該文。

【爰金】

即金版。見該文。

戰國金餅

金餅是中國最早的圓形金幣，起源於作爲原料的銅坯餅。最早産生於戰國時期，形制呈圓餅狀，中央凹入，邊緣凸起，背面凹凸不平，其上有刻文。分大、中、小三種。大型者直徑 4.2～6.4 厘米，厚 0.82～1.2 厘米，重 250 克左右。中型者直徑 2.48～2.88 厘米，厚 0.4～0.58 厘米，重 165～215 克。小型者直徑 1.75～2.1 厘米，厚 0.2 厘米，重 13.85～17.4 克。據出土資料知，安徽阜南三塔、河北燕下都、滿城賈莊、陝西臨潼武家屯、咸陽路家坡、北京懷柔崎峰茶等地都有出土，皆打製而成，有的爲切割使用過的殘塊，表明戰國金餅爲稱量貨幣。參閱錢嶼《金銀貨幣的鑒定》。

秦漢金餅

秦漢時期黃金貨幣之一種。《後漢書·列女傳·樂羊子妻》："羊子嘗行路，得遺金一餅。"形制呈圓餅狀，中央凹下，邊緣凸起，背面凸凹不平。銘文内容有姓氏，如"君""黃""齊""張""洋土王"等；有天干地支、方位詞，如"上""辰"等；有記重，如"斤""兩""斤九銖""一斤三兩九銖""一斤八兩四銖"，或簡寫"一二三"合文等。據考古資料，湖南長沙、衡陽、江蘇銅山、盱眙，河北滿城等地漢墓或窖藏都有出土。1995 年 10 月山東長清雙乳山一號漢墓出土金餅 20 枚。參閱山西省錢幣學會《中國山西歷代貨幣》。

馬蹄金

秦漢時期黃金貨幣之一種。河南扶溝古城村出土一枚，上刻銘文爲"四分"兩字的合文，爲戰國三晋文字的標準

馬蹄金

寫法。馬蹄金形制正面凹入呈橢圓形，背面周壁向上斜收，口小底大，内中空。上刻銘文，如"令""吉""阮""位""大""太""史""羽"等；或爲記重，如有"斤兩半""十兩一朱""十五兩十五朱""一斤十一兩廿朱""斤十兩廿三朱""一斤十兩十一朱""斤二兩廿一朱"等；或爲方位詞，如"上""上東"；數詞如"二""十"；還有天干地支如"寅"等。縱長 4.6～6 厘米，橫長 6.2～7.4 厘米，重 265～462.2 克。據考古資料，江蘇盱眙，遼寧新金，陝西咸陽、西安西南郊，安徽壽縣等地都有出土，屬打製而成的稱量貨幣。參閱錢嶼《金銀貨幣的鑒定》。

麟趾金

馬蹄金之一種，漢代的黃金貨幣。起源於金餅，其最大區別是背部中空。《漢書·武帝紀》太始二年詔書："往者朕郊見上帝，西登隴首，獲白麟，以饋宗廟，渥洼水出天馬，泰山見黃金，宜改故名，今更黃金爲麟趾、褭蹏，以協瑞焉。"此即麟趾金命名的由來。正面爲圓形，背部中空，周壁向上斜收，口小底大形似圓足獸蹄。直徑 5.2～5.3 厘米，高 2.7～3.2 厘米，重 240.5～268.2 克。也有些爲不規則的圓形底。出土地點及銘文同"馬

麟趾金

蹄金"文。參閱錢嶼《金銀貨幣的鑒定》。

漢金五銖

西漢時期鑄造的金質五銖錢。南朝任昉《述異記》引漢古諺："雖有珠玉，不如金錢。"《隋書·楊素傳》："拜素子玄獎爲儀同，賜黃金四十斤加銀瓶，實以金錢。"1980 年，陝西咸陽發現一枚，圓形方孔，面背有輪郭，正面篆文"五銖"，"五"字交筆緩曲，上下兩橫較長，"銖"字金頭呈三角形，朱旁上下兩筆圓折。方穿，正面穿上有郭，錢徑 2.55 厘米，重 9 克，含金百分之九十五。據陳尊祥考證，該幣爲漢孝武上林三官五銖錢同期品。河南洛陽亦曾發現一枚。正面篆文"五銖"，"銖"字朱旁上下兩筆方折，穿上有一橫綫。正背邊緣有郭。鑄造精細，徑 2.6 厘米，重 5.91 克，成色近百分之九十四。陳尊祥考證，該金五銖爲郡國五銖錢同期品。主要用於賞賜、殉葬等。僅見兩枚，頗珍罕。參閱錢嶼《金銀貨幣的鑒定》。

漢金五銖

三國金餅

三國時期鑄造流通的黃金貨幣。據《藝文類聚》載：三國的劉義爲答謝邴原，給了三枚金餅，表明三國時期金餅進入流通的事實。《南史》載，南朝梁武陵王時，"黃金一斤爲餅"，表明一枚金餅的重量爲一斤。其形制可能與西漢時期的金餅相仿。參閱錢嶼《金銀貨幣的鑒定》。

唐代金餅

唐代黃金貨幣。1979 年 4 月，山西平魯屯金溝唐代窖藏出土四枚。形制略呈圓形，背面略低凹，成色百分之八十，重 631.5 克。四枚大小重量各不相同，其中一枚有使用痕迹，係澆鑄而成，製作粗糙。亦稱"壇子金"。參閱錢嶼《金銀貨幣的鑒定》。

【壇子金】

即唐代金餅。將黃金熔化後倒入壇子内冷却而成的餅金，稱壇子金。見該文。

唐代金鋌

唐代黃金貨幣。《唐六典》："絹曰匹，布曰端，綿曰屯，絲曰絢，麻曰緩，金銀曰鋌，錢曰貫。"1977 年 4 月，陝西西安東南郊唐長安城東市遺址出土金鋌二枚；山西平魯屯金溝唐代窖藏出土金鋌八十二枚，其中五枚有銘文。呈扁平長方形，表面不平整，且有捶打過的痕迹。平魯出土的無銘的金鋌中，最大者長 18.2 厘米，寬 3.4 厘米，厚 1.1 厘米，重 1091.22 克。最小者長 8 厘米，寬 1.1 厘米，厚 0.5 厘米，重 65 克。成色在百分之九十五到九十六之間。西安出土的金鋌中，一枚重 1215.98 克，另一枚重 1191.44 克，成色爲百分之九十三。平魯出土的五枚金鋌的銘文格式，一枚正面一行，背面三行；二枚正面一行；一枚正面二行；一枚背面鑄一"萬"字。銘文内容多爲進奉性質，表明進奉者的職務、姓名、金鋌的重量、紀年、來源，有的銘文爲進奉部門。成色百分之九十五到九十七。從出土金鋌資料看，黃金稱量貨幣的性質没有變，唐代黃金冶煉雖已有相當規模，但還没有形成統一標準的黃金鑄幣。參閱山西省錢幣學會《中國山西歷代貨幣》。

開元通寶金錢

唐代仿行用銅質開元通寶的金質鑄幣。

1970 年西安南郊何家村唐代窖藏出土金質開元通寶錢三十枚。錢徑 2.3 厘米。《資治通鑑·唐紀》玄宗天寶十載：宮中爲安禄山行洗兒禮，明皇賜楊貴妃金銀錢。《舊唐書·玄宗本紀上》："〔開元元年〕九月，宴王公百寮於承天門，令左右於樓下撒金錢。"該錢主要用於宮廷的游戲、賞賜、洗兒等。民間亦可鑄造金銀錢，用於饋贈、佩飾等。參閲錢嶼《金銀貨幣的鑒定》。

太平通寶金錢

宋代仿行用太平通寶銅錢鑄行的金質鑄幣。1988 年 1 月，浙江衢縣（今衢州市）劃船塘村宋墓出土一枚。徑 1.75 厘米，重 4.3 克，含金百分之七十二。正面隸書"太平通寶"。形制如太平通寶銅錢。因磨邊取金，徑略小於太平通寶銅錢。參閲中國人民銀行《中國歷代貨幣》。

淳化元寶金錢

北宋時期仿行用銅質淳化元寶的金質鑄幣。1988 年春，山西五臺山佛教聖地修佛塔時出土一批。正面幣文"淳化元寶"，背面穿左爲手持如意之韋馱立像，穿右爲坐佛像，下爲蓮花寶座，後有佛光，上緣有"一""二""三""四"等戳記，錢徑 2.4 厘米，厚 0.12 厘米，重 12 克左右，成色百分之九十六。該幣爲佛廟供養錢，製作精細，佛像栩栩如生。參閲山西省錢幣學會《中國山西歷代貨幣》。

政和通寶金錢

宋代仿行用政和通寶銅錢鑄行的金質鑄幣。該錢於 1966 年在山西應縣木塔中發現，徑 2 厘米，重 4 克。參閲山西省錢幣學會《中國山西歷代貨幣》。

宣和元寶金錢

宋代仿行用宣和元寶銅錢鑄行的金質鑄幣。該錢於 1966 年在山西應縣木塔中發現，徑 2.2 厘米，重 3 克。參閲山西省錢幣學會《中國山西歷代貨幣》。

南宋金鋌

南宋時期的黃金貨幣。形制源於唐代。1979 年 11 月，安徽合肥阜陽路出土南宋金鋌，形制爲長方形，長 7 ~ 9 厘米，寬 0.7 ~ 0.9 厘米，厚 0.1 厘米，重 19 克。銘文有"界内申六助聚""十分赤金""出門"等，表明成色、鑄造者、來源等。模鑄而成。參閲錢嶼《金銀貨幣的鑒定》。

南宋金牌

南宋時期的黃金貨幣。由金鋌演變而來。1979 年江蘇鎮江茅山地區、安徽省合肥市先後出土南宋金牌二十九枚和九枚。形制爲長方形，長 1.5 ~ 2.3 厘米，寬 0.7 ~ 1.1 厘米，厚 0.09 ~ 0.15 厘米，重 3.5 ~ 4.5 克，多數重 4 克。銘文爲鑿刻，内容多爲鋪號、鋪主、工匠姓名，來源及成色等。唐馮贄《雲仙雜記》："河間王夜飲，妓女謳歌一曲，下一金牌，席終金牌盈座。"又宋周必大《玉堂雜記》："乾道以後，止設常筆硯而已。退則有旨，打造不及，例賜牌子金百兩。"據史料記載，金牌主要用途爲賞賜、饋贈，支付和貯蓄等。參閲錢嶼《金銀貨幣的鑒定》。

隆興通寶金錢

南宋時期仿行用鐵質隆興通寶鑄行的金質鑄幣。1986 年 11 月，浙江省慈溪龍南拓岙山麓古墓出土一枚。錢面楷書環讀"隆興通寶"，背面無字。直徑 2.05 厘米，重 3.25 克。經羅豐年考，該幣爲隆興年間達貴官宦之家的私鑄，不是流通貨幣。參閱錢嶼《金銀貨幣的鑒定》。

乾道元寶金錢

南宋時期仿行用銅質乾道元寶鑄行的金質鑄幣。形制類似乾道元寶楷書小平銅錢。參閱錢嶼《金銀貨幣的鑒定》。

福寧萬壽金錢

南宋時期仿行用銅錢形制所鑄吉祥語金質鑄幣。面文爲"福寧萬壽"。據王蔭嘉考證，"福寧"爲宋高宗寢殿的名號，且錢文爲仿蘇體，遒勁端莊，與《地黃帖》字體相似。因此錢文定爲宋高宗御書，爲高宗八旬萬壽節所鑄，用於祝壽紀念、賞賜之用。參閱錢嶼《金銀貨幣的鑒定》。

招納信寶金錢

據《宋史》記載，宋將劉光世駐守通泰時與金兵對峙，爲誘降金兵，鑄有金、銀、銅三種招納信寶錢。未見實物。參閱錢嶼《金銀貨幣的鑒定》。

元代餅金

元代黃金貨幣之一種。元代雜劇《龐居士誤放來生債》："先生，這一餅金與先生作路費。"表明元代民間仍有餅金貨幣流通。未發現實物。參閱錢嶼《金銀貨幣的鑒定》。

元代課金

元代黃金貨幣之一種。《元史·食貨志二》："天曆元年（1328）歲課之數：金課腹裏，四十錠四十七兩三錢。江浙省，一百八十錠一十五兩一錢。江西省，二錠四十兩五錢。湖廣省，八十錠二十兩一錢。河南省，三十八兩六錢。四川省，籔金七兩二錢。雲南省，一百八十四錠一兩九錢。"元初白銀與黃金比價爲 7.5：1，

至元二十四年至至大二年（1287—1309）比價爲 10：1。按上述史料，其金錠應爲五兩重。其形制多樣，有錠形、鋌形和牌形。未見實物。參閱錢嶼《金銀貨幣的鑒定》。

至元通寶金錢

元代仿行用銅錢至元通寶鑄行的金質鑄幣。據張居正《太岳集》載，萬曆七年（1579）明皇城廣寒殿倒塌，梁上藏有一百二十文金錢，正面錢文爲"至元通寶"，惜未見實物。參閱錢嶼《金銀貨幣的鑒定》。

明代金錠

明代黃金貨幣之一種。明代金錠分五兩、十兩、二十兩三種。據出土資料，山西太原東太墓曾出土洪武年間的金錠；北京定陵萬曆帝梓宮內出土金錠一百〇三枚。分五兩、十兩二種，足色。五兩金錠沒有銘文，上貼紙條，寫明成色、重量；十兩金錠底部鏨鑿銘文，內容爲解金的省份、年代、成色、重量以及委官、金戶、金

明代金錠

匠姓名，也有不鏨刻金戶姓名的。這批雲南布政司金錠的年代爲萬曆二十七年至萬曆四十五年（1599—1617）。來自萬曆四十六年的大興縣、宛平縣的十兩金錠正面底部均有鏨鑿銘文，爲九成色。1977 年 10 月，北京海澱八里莊明代武靖侯李偉夫婦合葬墓出土金錠四枚，均爲十兩，底部銘文格式同定陵出土的雲南布政司金錠。長 6 厘米，腰寬 2.5 厘米，首寬 4.5 厘米，兩首起沿外翻，重量分別爲 380.8、380.4、381.2、378.8 克。成色爲百分之六十六。據《明

會典》："嘉靖七年題準，雲南年例金一千兩，遵照原行勘合，將每年記徵差發銀，照依時估兩平收買真正成色金，每十兩爲一錠，於上鏨鏨官匠姓名，差委有職役人員。"表明十兩金錠爲明代黃金貨幣的主要形制。二十兩錠未見實物。但《明會典》載嘉靖七年："每年額辦金六十兩六錢七分，與餘剩銀兩及有贓罰金，各照原收成色每二十兩爲一錠，一同解部。"參閲錢嶼《金銀貨幣的鑒定》。

永樂伍拾兩金錠

永樂十七年（1419）四月鑄。長 13.25 厘米，重 1948 克，面有兩行竪刻陰文"永樂十七年四月　日西洋處置到九成色金壹錠伍拾兩重"。據史料載，鄭和於永樂三年（1405）受明成祖派遣，帶領官兵二萬七仟八百余人，乘寶船六十二艘，從江蘇太倉出發，通使西洋。鄭和前後曾七下西洋，歷時二十八年之久，遍訪三十多個國家和地區，最遠處到達非洲東岸、紅海口岸等地。這是一次世界航海史上的創舉。又據史料知，鄭和於永樂十七年七月，第五次下西洋回國，歷經十九國，該金錠當是回國途中，將買到的九成色碎金塊鑄成大金錠帶回之物，其記年、記時、記地、記重準確，文物、史料價值極高。屬極罕大珍品。（西安金泉錢幣博物館藏）

洪武通寶金錢

明代洪武年間製作的洪武通寶金幣。1970年至 1971 年初，山東省鄒縣（今鄒城市）明魯荒王朱檀墓出土"洪武通寶"金錢十九枚。吕毖《明朝小史》："帝時初開經筵，每講畢，必命中官布金錢於地，命講官拾之，以爲恩典。"表明金錢在宮廷中主要用做賞賜。參閲錢嶼《金銀貨幣的鑒定》。

正德通寶金錢

明代正德年間仿行用正德通寶銅錢經加工鑄行的金質鑄幣。背面有龍鳳紋飾。傳有出土，未見實物。參閲錢嶼《金銀貨幣的鑒定》。

西王賞功金錢

明末起義軍大西王張獻忠所鑄。據傳僅發現兩枚。清末四川成都市五洞橋發現一枚，熔得金二錢餘。另一枚爲民國收藏家蔣伯塤收藏，現藏上海博物館。蔣氏 1927 年至 1932 年任職於四川重慶郵政局，獲此金錢後曾將拓本刊登於《足齋泉拓》及 1956年上海泉家壽泉集拓二

西王賞功金錢

集内。正面楷書幣文"西王賞功"。字體渾樸，筆劃挺拔。徑 5 厘米，背面無文。邊郭精細。主要用於獎賞有功之將士。丁福保《古錢大辭典》收録一枚"西王賞功"金錢，取自日本《昭和泉譜》一書，爲日本平尾贊平所藏。參閲錢嶼《金銀貨幣的鑒定》。

清代金錠

清代黃金貨幣之一種。1996 年陝西城固陳家寨寺院出土清末金錠一百九十五枚，船形。總重 71205.401 克。參閲《舟山錢幣》1996 年第四期。

金圓流通金幣

吉林銀圓局於光緒辛丑年（1901）鑄造之金幣。僅見一枚，海内孤品。正面正中爲陰陽太極圖，外圍"金圓流通"四字，珠圈外環列"光緒辛丑吉林銀圓局造"，背面正中爲蟠龍紋，外圍滿文"金圓流通"四字。邊齒粗壯，

幣面有流通時的擦痕，重 17.4 克。後爲臺灣收藏家珍藏。參閱邱思達《中國近現代鑄幣圖說》。

大清金幣

户部造幣總廠於光緒丙午、丁未年（1906、1907）試鑄。丙午版正面中央爲滿、漢文"大清金幣"，珠圈上下分列"光緒丙午年造""庫平一兩"，左右梅花星飾，背面爲蟠龍雲紋圖案。丁未版形制除紀年不同於丙午年金幣外，其他均同。該幣未公開發行，存世極少。參閱邱思達《中國近現代鑄幣圖說》。

餉金金幣

光緒三十三年（1907）新疆布政使王樹枏爲籌措軍政費用，抵禦俄國金圓票的影響而鑄造的金幣。面值有一錢、二錢、五錢、一兩四種。正面中央爲餉金幣值，背面爲蟠龍紋圖案，外環維吾爾文"餉金"幣值。金幣一錢抵紋銀三兩。參閱邱思達《中國近現代鑄幣圖說》。

餉金金幣（貳錢）

光緒金元金幣

光緒年間新疆省造。僅見二錢一種。正面中央爲"光緒金元"，珠圈上下分列"新疆省造""庫平重二錢"，背面爲蟠龍紋圖案，上、下爲漢文名稱及幣值。參閱邱思達《中國近現代鑄幣圖說》。

孫像開國紀念金幣

民國元年（1912）中華民國財政部造幣總廠造。僅見一圓、二角兩種。一圓金幣正面中央爲孫中山側面像，珠圈上下分列"中華民國""開國紀念幣"，左右分列長枝花飾。背面中央爲幣值"壹圓"，左右爲嘉禾圖案，珠圈外環列英文"紀念中華民國誕生"，左右分列花星。二角金幣正面中央爲孫中山側面像，外圍環列英文"紀念中華民國誕生"，左右分列花星，背面五色旗、十八星旗交叉，外圍環列"中華民國開國紀念幣"，左右分列花星。以上金幣均爲銀模所鑄。參閱邱思達《中國近現代鑄幣圖說》。

洪憲飛龍金幣

民國五年（1916）天津造幣總廠造。1915年12月12日袁世凱宣布恢復帝制。1916年元旦改洪憲元年，袁正式稱帝。據李伯琦《中國紀念幣考》載，天津造幣廠令該廠聘用的意大利技師魯爾智・喬治（L.Giorgi）雕製洪憲小飛龍金幣鑄模後，鑄造一批小金幣。面值爲十圓，正面中央爲袁世凱側面像，背面中央爲飛龍圖案，上下分列"中華帝國""洪憲紀念""十圓"字樣。存世還有正面爲袁世凱戎裝正面半身像，背面爲大飛龍圖案，上下分列"中華帝國""洪憲紀念"金幣，爲天津造幣總廠廠長李伯琦令喬治之中國學生唐尚金仿小龍金幣雕製大龍鋼模而鑄的金幣，屬銀模金鑄幣，作爲贈送用。參閱錢嶼《金銀貨幣的鑒定》。

民國三年袁像金幣

民國三年（1914）天津造幣總廠造。僅見壹圓一種。正面爲袁世凱側面像，上列"中華民國三年"，背面正中爲幣值"壹圓"，周圍爲交叉嘉禾圖。屬銀模金鑄幣。參閱邱思達《中國近現代鑄幣圖說》。

民國八年袁像金幣

民國八年（1919）天津造幣總廠造，僅見十圓、二十圓兩種。正面爲袁世凱側面像，背面中央爲幣值，周圍交叉嘉禾圖案，上列“中華民國八年”字樣。面背邊飾花紋。參閲邱思達《中國近現代鑄幣圖説》。

袁像共和紀念金幣

天津造幣總廠造。正面爲袁世凱正面戎裝半身像，背面爲幣值“壹圓”和嘉禾圖案，珠圈外環列“中華民國共和紀念幣”和英文幣值。左右分列花星飾。參閲錢嶼《金銀貨幣的鑒定》。

龍鳳黼黻圖金幣

民國十二年（1923）天津造幣總廠用龍鳳黼黻圖銀幣模鑄造之金幣。參閲邱思達《中國近現代鑄幣圖説》。

民國十六年孫中山像金幣

民國十六年（1927）南京造幣廠利用孫像開國紀念幣銀模鑄造之金幣。未發現實物。參閲錢嶼《金銀貨幣的鑒定》。

民國二十三年船洋金幣

民國二十三年（1934）上海中央造幣廠利用孫像船洋銀模鑄造之金幣。面值爲一圓。未見實物。參閲錢嶼《金銀貨幣的鑒定》。

唐繼堯像金幣

民國八年至十一年（1919—1922）雲南富滇銀行鑄造發行的金幣。1916 年元旦，雲南都督唐繼堯偕蔡鍔、李烈鈞率軍誓師討袁，興起護國軍運動。雲南省造幣廠遂鑄造金幣，以紀念此事。僅見五圓、十圓兩種。正面爲唐繼堯像，上列“軍務院撫軍長唐”，背面五色旗、十八星旗交叉，上、下分列五星和“1”“2”字，珠圈外環列“擁護共和紀念金幣”“當銀幣拾圓”或“當銀幣伍圓”，左右分列星飾。1922

年富滇銀行限期收兑、停止流通。參閲湯國彦《雲南歷史貨幣》。

雲南金片幣

民國十一年（1922）富滇銀行鑄造發行之軍用金片幣。1922 年初唐繼堯回軍雲南，興起靖國軍，爲籌措軍餉，曾發行金片幣。僅見五圓、十圓兩種。正面直書“當銀幣伍圓”或“當銀幣拾圓”，左右分列四瓣星飾，背無文。重量分別爲 3.1、6.2 克，成色百分之九十。唐繼堯重掌雲南大權後，於 1922 年 5 月 31 日開始代收軍用金幣。參閲邱思達《中國近現代鑄幣圖説》。

滇字金幣

民國十六年（1927）范石生在廣西百色地區鑄造發行之軍用金幣。1925 年范石生在唐繼堯部任軍長，駐防雲南邊境，後因政局動盪，於 1927 年移兵至百色地區，爲籌措軍餉，發行軍用金幣。僅見五圓、十圓兩種。十圓幣正面中央爲圓星圖案，環列“拾元金幣”，背面正中爲“滇”字和交叉嘉禾圖。五圓幣正面爲梅花星，環列“伍元金幣”，背面同十圓幣。參閲邱思達《中國近現代鑄幣圖説》。

山東省金幣

民國十五年（1926）天津造幣總廠爲山東省鑄造之金幣。1926 年初，在直奉戰爭中，魯軍張宗昌攻占天津，後任直魯聯軍司令。他派李厚祚爲天津造幣廠監督，任援道爲總辦，籌備開鑄銀圓事宜。李向張宗昌提議，以山東金礦的黃金鑄造金幣，張同意後即令該廠意大利雕刻師雕刻銅模，鑄造山東省金幣。面額有十圓、二十圓兩種。二十圓正面中央直書幣值“貳拾圓”，繞之以嘉禾，珠圈外環列“中華民國十五年""山東省金幣",左右分列花星飾,背面爲龍鳳黼黻圖案。十圓幣除幣值不同且錢體較小外,其他裝飾同。第一批鑄幣二十萬枚,大部分被張據爲己有。張死後,其家人陸續出售,多被日本人收購,中國存數極少。第二批剛剛開鑄,因北伐軍北上而停鑄。參閱邱思達《中國近現代鑄幣圖説》。

甘肅省造孫中山像金幣

民國十七年(1928)甘肅省鑄造之金幣。僅見拾圓一種。正面爲孫中山半身像,上列"中華民國十七年",背面中央爲國民黨黨徽,上列"甘肅省造",左右幣值"拾圓"。參閱邱思達《中國近現代鑄幣圖説》。

民國三十八年金幣

民國三十八年(1949)四川省造幣廠計劃鑄造之金幣。1948年由於國民黨政府濫發金圓券、銀圓券,通貨膨脹嚴重,幣值暴跌,四川省造幣廠奉命發行金幣以控制大鈔極度貶值,由於人民解放軍迅速入川而計劃未及實施。現存金模銅幣試樣。面額有貳拾圓、拾圓、伍錢、貳錢伍分四種。貳拾圓正面中央爲梅花,花內"金幣"二字,外圍環列"中華民國三十八年",背面爲幣值"貳拾元"和嘉禾圖案,左右分列花星。拾圓幣正面中央爲圓圈,外圍環列"中華民國三十八年""當銀元拾元",背面中央爲圓圈,上列內含"金"字之梅花圖案,左右爲交叉嘉禾圖。伍錢

金幣正面中央爲梅花圖,內有"金"字,其外環列"中華民國三十八年",左右分列花星飾,背面中央爲幣文"伍錢"和交叉嘉禾圖。貳錢伍分幣除幣值不同"伍錢"幣外,其他裝飾同。參閱錢嶼《金銀貨幣的鑒定》。

湖南造光緒金幣

光緒年間湖南省造。僅見一兩一種。正面中心爲花星和幣文"湖南一兩",背面中心有花星,上下分列"光緒"兩字。參閱邱思達《中國近現代鑄幣圖説》。

金條

亦稱"金磚"。黃金貨幣之一種。形制爲長方形,其上鏨刻金鋪名稱、重量、紀年、編號和標準成色等。各地都有熔鑄,以上海、北京、天津、雲南等地爲多,成色各不相同。如上海標金爲漕平,成色爲百分之九十七點八,即稱九十八標金。使用時將七條熔成一條,重"七十兩"稱爲"平",買賣時以平爲單位。1945年8月至1946年1月重慶中央造幣廠熔鑄金條,面值二錢至一百兩不等,共鑄四百二十七萬餘條,總重一百四十四萬餘兩。其上刻有成色、重量、編號,有的刻有"中央造幣廠鑄""民國廿四年"和戳記,和布幣圖案等。參閱錢嶼《金銀貨幣的鑒定》。

【金磚】

即金條。見該文。

紀念金幣

光緒像壽字金幣

正面中央爲光緒皇帝正面半身像,背面中央爲"壽"字。參閱邱思達《中國近現代鑄幣圖説》。

慈禧像壽字金幣

正面中央爲慈禧太后正面半身像，背面中央爲“壽”字，四周爲“蝠”紋。參閲邱思達《中國近現代鑄幣圖説》。

徐世昌像紀念金幣

民國十年（1921）天津造幣總廠用徐世昌像紀念銀幣錢模鑄造之金幣，形制同銀質徐世昌像紀念幣。參閲邱思達《中國近現代鑄幣圖説》。

段祺瑞像紀念金幣

民國十二年（1923）天津造幣總廠用段祺瑞像紀念銀幣錢模鑄造之金幣。形制同銀質段祺瑞像紀念幣。參閲邱思達《中國近現代鑄幣圖説》。

曹錕文裝像紀念金幣

天津造幣總廠利用曹錕文裝像銀幣錢模鑄造之金幣。形制同銀質曹錕文裝像紀念幣。參閲邱思達《中國近現代鑄幣圖説》。

曹錕武裝像紀念金幣

天津造幣總廠利用曹錕武裝像銀幣錢模鑄造之金幣。形制同銀質曹錕武裝紀念幣。參閲邱思達《中國近現代鑄幣圖説》。

張作霖像紀念金幣

天津造幣總廠利用張作霖像紀念銀幣錢模鑄造之金幣。形制同銀質張作霖像紀念幣。參閲邱思達《中國近現代鑄幣圖説》。

倪嗣冲像紀念金幣

民國九年（1920）安慶造幣廠用倪嗣冲像紀念銀幣錢模鑄造之金幣。形制同銀質倪像紀念幣。參閲邱思達《中國近現代鑄幣圖説》。

陸榮廷像金幣

民國五年（1916）廣西利用廣西都督陸榮廷像銀幣錢模鑄造之金幣。分大型、中型兩種。形制同銀質陸榮廷像幣。參閲邱思達《中國近現代鑄幣圖説》。

莫榮新像金幣

民國七年（1918）廣東鑄造之金幣。正面爲莫榮新正面半身像，背面中央有“護法”二字及嘉禾圖案，上列“民國七年”等。參閲邱思達《中國近現代鑄幣圖説》。

福壽喜字金幣

1929 年至 1932 年東北鑄造的金幣。大“福”字幣，正面爲一大“福”字，其下爲成色“24K”；小“福”字幣正面中央方框内爲“小福”字，四周爲“富貴萬年”，背面正中鏨刻“24K”；“囍”字幣正面爲一大“囍”字，光背；壽字幣正面爲一大“壽”字，光背。幣徑 3 厘米，厚 0.2 厘米，重量 31.25 克。疑民間鑄造。參閲邱思達《中國近現代鑄幣圖説》。

第五章　紙幣説

第一節　紙幣總述

　　中國是世界上最早使用紙幣的國家，從宋太宗淳化三年（992）私交子出現，至今已有一千多年歷史。在中國各個不同歷史時期的經濟生活中，紙幣都發揮着獨特的作用，形成舉世無雙的中國紙幣文化，顯示了自宋以後精湛的紙幣藝術。中國紙幣文化不僅是中國貨幣文化的重要組成部分，也是世界紙幣文化的重要組成部分。豐富的中國紙幣實物不僅爲研究中國政治、經濟、文化、軍事、民俗提供了難得的歷史佐證，也爲研究中國經濟史、貨幣史、造紙史、版刻史、印刷史提供了不可缺少的歷史素材。

　　中國紙幣在漫長的歷史形成和發展過程中，歷經漢、三國、晋、南北朝、隋、唐、五代、宋、元、明、清、中華民國等時期，直至中華人民共和國，綿延二千一百多年。就其形式與影響而言，大致可以分爲以下三個時期。

原始紙幣時期

漢武帝元狩四年（前119）至宋代初期爲原始紙幣時期。據史料記載，漢武帝時曾發行過白鹿皮幣，唐貞觀年間進奏院發行過飛錢，五代十國時期楚國發行過指垛。它們的特點是：1.官方發行；2.材料爲皮或紙。皮幣主要是宮廷使用，飛錢主要爲商人匯兌使用，指垛爲民間交易用，他們都是一種金屬貨幣向紙幣過渡和轉化的中間形式，屬原始紙幣時期。流通範圍小、時間短、發行量小，沒有專門發行機關，規格不統一，以手寫體爲主。它們對當時社會經濟發展起到了積極的作用。

古紙幣時期

宋淳化三年（992）至清咸豐十一年（1861）爲中國古紙幣時期。據史料和出土文物，這個時期發行的紙幣有：宋代的交子、錢引、關子、會子，金代的交鈔、寶券、寶泉券，元代的中統元寶交鈔、至元通行寶鈔，明代的大明通行寶鈔，清代發行的順治鈔貫、户部官票、大清寶鈔等。其特點：1.爲竪式木刻版或鑄銅版印刷；2.除宋代初年由民間發行外，其他各代紙幣均由官方發行；3.全國或地區流通，設立專門印造、發行機構；4.制定鈔幣條例。這些紙幣除清代官鈔沒有成爲國家的主要流通幣之外，宋代、金代、元代、明代紙幣均爲當時主要流通幣，它們都對社會經濟發展起了重要作用，而且對中國的印刷、刻版技術都有着重要影響。宋代的交子紙幣已經是三色印刷了，開創了中國多色印刷的先河。金代紙幣前後發行流通了約八十年，在紙幣的歷史上第一次把印鈔庫從交鈔庫分離出來，對攢司、庫子、覆點勘訖都目，印造鈔官、印造鈔庫子、尚書户部委差官或勾當官等有明確分工、規定及押印。紙幣由中央政府印刷，全國通用，這是中國歷史上第一次全國發行流通紙幣，在紙幣史上是一個偉大創舉，這比歐洲發行紙幣早幾百年。對於損壞的紙幣可以換新，并收取一定的成本費，這也是一個進步。金代總結前人經驗，根據當時發行鈔幣的豐富實踐，頒布了中國歷史上第一部《鈔法條約》。元代紙幣的統一和完善的管理制度使元代成爲中國古代紙幣歷史上的極盛時期，使中國成爲世界上第一個采用純紙幣制度銀本位的國家。紙幣面額以銅錢面額爲單位，不限地區、不限年限地行用。紙幣在發行管理上也有重大改進。諸路設鈔券提舉司，下設印造庫、寶鈔總庫、燒鈔庫；各地方政府成立專職鈔券提舉司，下設行用庫，專職舊鈔換新鈔；設平準行用庫，控制紙幣發行量以平抑物價，穩定貨幣。元代紙幣制度是一個極其成功的範例，它對世界各國紙幣產生和發展都有深遠的影響，使印度、日本、越南、朝鮮等國也相繼仿效元朝。歐洲人馬可·波羅看到元代的紙幣時，驚嘆不已。明代沿用元代的紙幣制度，禁止民間買賣金銀，恢復制錢，錢鈔并用。明代兩百多年是中國古鈔歷史上第一個始終使用一種紙幣的歷史時期。但終因管理不善，發行超量，紙幣貶值日甚，最終自行流產。清代藉鑒明代發行紙幣的教訓，采取極其謹慎的態度。由於商業的發展，社會的安定，清代民間錢鋪、票莊都有較大的發展。清初爲解決經費不足，曾發行順治貫鈔，但發行量小，流通時間短。康、雍、乾、嘉、道五朝近二百年不發行紙幣，直到咸豐年間因清政府開支龐大，纔不得不發行紙幣來應急。但發行流通不足，加上管理不善，不久就停止使用了。清代道咸以前民間票莊、錢鋪的迅速發展，對促進清代商品經濟的發展起到了方便貿易和人民生活的重要作用。

近現代紙幣時期

清同治元年（1862）第二次鴉片戰爭後至 1949 年中華人民共和國成立，這個時期紙幣的發行以銀行券爲主要貨幣，其中有外國銀行、中國政府銀行、各省地方政府銀行、日偽銀行、商業銀行、新民主主義政權銀行等幾十家銀行發行的幾百種貨幣，加上各地民間錢鋪、銀號、票號幣等，發行貨幣種類之多，流通之廣，真是前所未有。其特點：1.發行機構不統一。有國家發行、地方政府發行、商人發行、股份公司發行、民間發行，也有外國銀行發行、中外合資銀行發行。2.印刷機構不統一。3.印刷方式有蠟刻印、木刻印、石刻印、機器印等。版式有竪、橫兩種，亦有手寫。4.有全國流通，也有地區流通。5.印刷紙幣的紙張也是多種多樣，紙幣的質量參差不一，有棉紙、竹紙、高麗紙、毛邊紙、道林紙、銅版紙及各種土紙，還有布質等等。6.裝飾方式中西結合，既有傳統的龍鳳紋飾，又有洋文、洋圖案等。1935 年國民黨中央政府實行幣制改革，推行統一的法幣政策，但由於當時中國半殖民地半封建的社會性質，決定了中國經濟的封建性、官僚性和買辦性，國內的階級矛盾、民族矛盾上升，加上軍閥混戰，人民反帝反封建的鬥爭此起彼伏，日本帝國主義發動全面侵華戰爭，使當時幣制統一難以實現。抗戰勝利以後，國民黨政府又采取掠奪性的貨幣政策，引起惡性通貨膨脹，終於導致國民黨政府的貨幣體系隨着國民黨政權的垮臺而徹底崩潰。

第二節　原始紙幣考

中國紙幣的萌芽可遠溯到公元前 11 世紀西周之初。據《周禮·地官·載師》："凡宅不毛者有里布。"鄭玄注："鄭司農云：'宅不毛者，謂不樹桑麻也。里布者，布參印書，廣二寸，長二尺，以爲幣貿易物。'詩云：'抱布貿絲'，抱此布也。"而《文獻通考·田賦一》注："宅不種桑麻，使用一里二十五家之布也。"又據《周禮·天官·小宰》："四曰聽稱責以傅別。"鄭玄注："傅別，謂券書也……傅，傅著約束於文書；別，別爲兩，兩家各得一也。"而《秋官·士師》："凡以財獄訟者，正之以傅別、約劑。"鄭玄注："傅別，中別手書也。"清孫詒讓《周禮正義》謂傅別類似期票。幣上刻有錢數的文字一行，中分爲二，買賣雙方各執一半，到期合券無誤即付款。賣方之一半可以轉讓等。《周禮·地官·胥師》："凡賣儥者質劑焉。"這里講的里布、傅別、約劑、質劑就是原始紙幣的萌芽狀態。它不僅清楚記載了原始紙幣的名稱、規格、形式，也明確其用途，即貿易、地稅、獄訟、轉讓等，具備了原始紙幣最初的簡單貨幣功能，并且已經發展爲原始的期票或原始契券。

中國原始紙幣起源於漢武帝元狩四年，即公元前 119 年，距今已有兩千多年的歷史。據《史記·平準書》記載，王侯宗室朝見皇帝時，要以白鹿皮幣薦璧。《平準書》還詳細説明了白鹿皮的大小、裝飾和價值。表明其不僅具備了貨幣的一般職能，如支付、計算、貯藏、流通等，也具備了紙幣的特徵，如有裝飾圖案，份量輕而携帶方便等等。它是漢武帝根據張湯建議進行幣制改革的產物。然而"皮幣"一詞早在此前便出現了。《管子·五行》："出皮幣，命行人修春秋之禮於天下諸侯，通天下遇者兼和。"《國語·齊語》："審吾疆場，而反其侵地，正其封疆，無受其資，而重爲之皮幣，以聚聘眺於諸侯。"《墨子·魯問》："厚爲皮幣……亟遍禮四鄰諸侯。"這裏的皮幣顯然指送禮的物品或高貴的實物，既可以交換，又可以當作禮品用。到了漢代纔有用白鹿皮作皮幣的建議和行動。甚至宋代仍有人主張幣制改革發行皮幣。類似使用皮幣的情況在古希臘迦太基人也有過記載。可見皮幣是一種貨真價實的貨幣，具有類似紙幣的性質。到了唐代貞元二十年即公元 804 年，發行一種真正用紙填寫的券票，叫飛錢。實際上是一種匯兌券。其具有貨幣的計算、支付等一般職能，但還不是實際意義上的紙幣。五代十國時期楚國發行的一種契券，可以流通，進行交換、計算和支付，這是一種接近於宋代交子的紙幣了。經過一千一百多年漫長的歲月，中國紙幣的獨立形態——交子終於在宋代四川地區首先成熟而走上了歷史舞臺。

白鹿皮幣

漢武帝元狩四年至元鼎二年（前119—前115）宮廷流通的皮幣。《史記·平準書》："乃以白鹿皮方尺，緣以藻繢，爲皮幣，直四十萬。王侯宗室朝覲聘享，必以皮幣薦璧，然後得行。"根據張湯的建議，漢武帝進行一次幣制改革，發行白鹿皮幣，同時還發行白金三品。白鹿皮幣以上林苑中的白鹿皮製作，極其珍貴，每張方尺，飾以彩畫，值四十萬錢，作王侯宗室朝覲聘享時薦璧之用，因而大司農顏異認爲王侯朝賀以蒼璧直數千，而皮薦反四十萬，本末不相稱。這種白鹿皮幣雖衹在上層流通，且時間不長，但畢竟是政府幣制改革的一種嘗試。甚至在一千一百六十多年後，宋代皇祐二年（1050），還有人建議發行皮幣。到隆興元年（1163）發行的第七十一界綫引票面上還印有"皮幣薦珪璧"字樣。可見鹿皮幣還是有一定影響的。參閱彭信威《中國貨幣史》。

飛錢

又稱"文牒""公據""便換"。唐代各道地方政府設在京師的進奏院發行流通的票券。據《新唐書·食貨志》載："〔貞元二十年（804）〕時商賈至京師，委錢諸道進奏院及諸軍、諸使、富家，以輕裝趨四方，合券乃取之，號飛錢。"商人在京師把貨物賣出去，將錢交給本道的進奏院，進奏院發行一張券票，一半給匯款人，一半寄回本道，經核對無誤，就可以領回貨款。這樣既消除商人携帶現款的風險，又減少了運輸銅錢的諸多不便。參閱彭信威《中國貨幣史》。

【文牒】

即飛錢。見該文。

【公據】

即飛錢。見該文。

【便換】

即飛錢。見該文。

指垜

五代十國時期楚國馬殷統治時期（927—930）長沙流通的一種契券。據《十國記年·楚史》記載，由於商業發達，貨幣流通不足，故長沙改鑄乾封泉寶大鐵錢，但鐵錢又大又重，流通極不方便。於是市面上出現了一種代替鐵銅錢的紙票，雖然沒有記載是官府還是長沙的富商所爲，但比較方便，商民樂於使用。這在一定程度上緩和了市面上鐵錢流通不便的困難，促進了商品流通和交換。參閱彭信威《中國貨幣史》。

第三節　宋、金紙幣考

從宋淳化三年（992）至祥興二年（1279）的二百八十七年間，宋代紙幣大體經過自發發行時期、官辦發行時期和國家發行時期。宋代初期四川民間就已有交子流通。大中祥符年間（1008—1016）由四川富戶聯合發行紙幣屬自發時期。這時紙幣的特色是木刻板印制，手工書寫面額，發行範圍極小，流通量也不大，版式不統一。1024年發行了官辦交子，這是第一次由官方正式發行紙幣，而且成立了交子務。1105年後發行的紙幣還有錢引、會子、關子等多種。這時的紙幣特點是：銅版三色印製，製作精細，版式紙張一致，分界發行，部分地區流通。

宋紙幣版

1154年金王朝成立了印造鈔行庫和交鈔庫，先後發行了交鈔、寶券、寶泉等，在山東東路、陝西路、北京路各地流通。其紙幣由中央統一發行，銅版印製，製作精美，竪式版，紙張和格式比較統一，流通於全國大部分地區。金王朝的交鈔於1188年取消了分界，成爲不兑現紙幣。宋、金代紙幣由民間紙幣發展到官辦，由簡單的手寫形式發展到銅版印製的多色圖案，由紙張、格式不一致走向比較統一，由小部分發行到大部分地區流通，由分界發行紙幣到不分界發行，完成了古紙幣印製發行流通的幼年階段，并積纍了豐富的經驗和技術，爲元代紙幣的成功發行奠定了基礎。宋代紙幣第一次運用三色印刷的技術，不僅在中國紙幣史，而且在中國印刷史、雕刻史、美術史上都有着劃時代的意義。

私交子

宋代淳化年間（990—994）四川民間流通的紙幣。因鐵錢體重值低，交易不便，民間遂"私爲券，謂之交子，以便貿易"（《續資治通鑑長編》宋仁宗天聖元年）。交引、交鈔、茶券、鹽鈔、鹽引的出現是交子產生的基礎。據史料可知，私交子爲直式，票面朱墨間錯，木刻印製，有密碼花押，背面有印記，面額是臨時填上去的。紙張、式樣不統一。參閱彭信威《中國貨幣史》。

民辦交子

宋代大中祥符年間（1008—1016）由四川民間由交子鋪（户）自由發行流通的民間紙幣。竪版。票面有木屋、人物、圖案，朱墨間錯，銅版印製，紙張、式樣基本統一。民辦交子能遠近行使，又隨時可以兑現，但兑現時每貫收手續費三十文。民辦交子的出現不僅在貨幣史上是一件劃時代的事，而且在世界印刷史、出版史、版畫史上都有着劃時代的意義。參閱彭信威《中國貨幣史》。

官交子

宋代益州交子務於天聖二年（1024）二月開始發行的紙幣。益州交子務於1023年由轉運使薛田提議設置。分界發行官交子，三年爲一界。每界發行額定爲一百二十五萬六千三百四十貫。但這不是實際發行數字。面額初時由一貫到十貫。1039年改爲十貫、五貫兩種，并規定發行額中八成是十貫，兩成是五貫。1068 年又改爲一貫、五百文兩種，六成爲一貫，四成爲五百文，官交子均爲竪版。票面上印有花押、圖章、密碼和圖案，銅版印製，面額是臨時寫上去的，主要流通於四川，後擴大到河東潞州、陝西。南渡以後於紹興三年（1133）在杭州設交子務，發行過交子。官交子的發行爲宋王朝統一使用紙幣創造了前提，改變了發行紙幣的行私舞弊不能兌現的混亂狀態，同時也暴露出紙幣初期管理不嚴密而出現僞造紙幣的弊害。參閱彭信威《中國貨幣史》。

錢引

宋代崇寧四年（1105）在四川發行的一種新式紙幣。據《宋史·食貨志下三》記載，崇寧年間實行了一次幣制改革，交子務改爲錢引務。四川以外各路在 1105 年已印製錢引。而四川則在大觀元年（1107）纔將交子務改爲錢引務，二年後正式印刷新式錢引。據元代費著《楮幣譜》介紹，從第七十界至七十九界畫的錢引十種格式，竪版。票面最上方寫有“第□□界”，如“第七十界”等；依次爲年號印，如“辛巳紹興三十一年”等；其次爲貼頭五行料例花紋印，如“至富國財並”“利足以生民”“強本而節用”“舊法行爲便”“事序貨之源”“善治立經常”“維幣通農商”“道御之而王”“國以義爲利”“化國日舒長”等；其次爲敕字花紋印，如金鷄捧敕、慶雲捧敕、金花捧敕、雙龍捧敕、團鳳捧敕、左皋右夔、九重捧敕、盤龍捧敕、龍鳳捧敕、金吾捧敕等；其次爲青面藍色花紋印，如龍牙黃草花、魚躍龍門、川心龜紋玉連環、攀技百男、合歡萬歲藤、屬樓去滄海、方圓錦地、王逸超衆果荔枝、纏枝太平花、金枝玉葉花等；其次爲紅團故事印，紅

色，錦以歷史故事，如龍龜負圖書、朽粟紅腐、孟嘗還珠、諸葛孔明羽扇指揮三軍、孟子見梁惠王、堯舜垂衣治天下、漢高帝捧玉卮爲太上皇壽、祖逖中流擊楫誓清中原、同律度量衡等；其次爲年限花紋印，如三耳卤龍紋、上苑太平花、堯堦蓂莢、六入球路、千葉石榴、藤金鑲甲紋、纍纍如意、百合太平花、連環萬歲藤、纏枝金蓮子等；其次爲背印花紋，分一貫式與五百文兩種。其一貫式飾如：吳隱之酌貪泉賦詩、天馬來西極、漢循吏增秩賜金、子罕辭寶、周宣王修車馬備器械、書水火金木土穀惟修、舜作五弦之琴以歌南風、武侯木牛流馬運、文王鷄鳴至寢門問安否等。五百文飾如：王祥孝感躍鯉飛雀、皮幣薦珪璧、卜式上書獻家財、青錢學士、兩階舞干羽、唐太宗時外戶不閉斗米三錢、伯夷太公二老歸文王、傅說版築、百姓遮道願借寇恂、李德裕建籌邊樓等。最後是書放數額，面額有“書放錢引二千三百七十三萬六千三百四十貫文”“書放錢引二千二百七十三萬六千三百四十貫文”“書放錢引一千二百七十三萬六千三百四十貫文”三種。錢引紙幣，一直沿用至南宋。主要流通於四川、河東路、陝西路，還有京西、京東、淮南、京師等路。印製精美，三色印刷。參閱內蒙古古錢幣研究會、《中國錢幣》編輯部合編《中國古鈔圖輯》。

關子

南宋紹興元年（1131）以後在婺州、淮南、江東、湖廣等地發行的紙幣。紹興元年，婺州屯兵，軍費浩大，交通不便，錢重難至。乃召商人於本地納錢，到京都臨安（今杭州）榷貨務憑關子領取現錢或茶、鹽、香貨鈔引。南宋

王朝爲鼓勵商人買關子，向商人貼優潤錢。關子期限爲三年。紹興二十九年南宋王朝發行一種公據關子，流通於淮東地區，其面額有十千、二十千、三十千、五十千、百千共五種，通行兩年。據《宋史·賈似道傳》，紹興末年賈似道發行銅錢關子、金銀關子。面上印有黑印，像"西"字，中間印有紅印，三劃相連像一個"目"字，下面兩旁各印有一小長黑印。整個圖案宛然一個賈字。一直使用到南宋末年。參閱彭信威《中國貨幣史》。

【銅錢關子】

關子之一種。見該文。

【金銀關子】

關子之一種。見該文。

【公據關子】

關子之一種。見該文。

會子

南宋紹興七年（1137）開始發行的紙幣。"會子"一詞最早在北宋就已出現。宋吕惠卿著《日緣》就提到會子："民間自納錢請交子，即是會子；自家有錢，便得會子。"南宋發行會子的種類：行在會子、銀會子、便錢會子、直便會子、湖北會子、湖廣會子、鐵錢會子和兩淮會子等。紹興七年吳玠在陝西鳳縣地區發行銀會子。發行額是一錢紙幣十四萬張，半錢紙幣一萬張。會子四錢兌錢引一貫，總發行額爲十四萬五千錢，合三萬六千二百五十

行在會子庫紙幣拓版

貫。每年換發一次。這是中國貨幣史上的最早銀本位制。主要流通於陝西的魚關、階、成、岷、鳳、興、文七州。票面具體式樣不詳。紹興三十一年南宋政府在臨安（今杭州）設立會子務，正式發行東南會子，亦叫便錢會子。據《宋史·食貨志下三》："〔乾道四年（1168）〕以户部尚書曾懷同共措置，鑄提領措置會子庫印。"會子務即改爲會子庫。僅見壹貫文省會子銅印版一件，豎版。票面上部爲賞格，印有："敕僞造會子犯人處斬，賞錢壹仟貫，如不願支賞，與補進義校尉。若徒中及窩藏之家，能自告首，特與免罪，亦支上件賞錢，或願補前項名目者聽。"賞格左上部刻有"大壹貫文省"，右上部刻有"第壹百拾料"，賞格下面刻有"行在會子庫"，下面刻有花紋圖案（現藏中國國家博物館，圖樣見《中國古鈔圖輯》）。隆興元年（1163）詔官印會子以"隆興尚書户部官印會子之印爲文"，增發面額"伍伯文會，又造貳伯叁伯文會"。三年爲一界。印行會子有土朱、靛青、棕黑三種顏色，梨木雕板印刷，流通於兩浙、淮、湖北、京西等區，成爲南宋官方的一種法幣。此外，還有隆興元年湖廣的王琪發行的直便會子，面額壹貫、伍伯文兩種，流通於湖北路、湖廣路的湖北會子、湖廣會子。隆興元年發行流通於興元府金洋州的鐵錢會子，面額有壹伯、貳伯、叁伯文三種。乾道元年發行流通於兩淮州縣的兩淮交子，面額有四種，具體裝飾不詳，票背印有"付淮南州軍行使"字樣。參閱彭信威《中國貨幣史》。

【銀會子】

會子之一種。見該文。

【便錢會子】

亦稱"東南會子"。會子之一種。見該文。

【鐵錢會子】

會子之一種。見該文。

【直便會子】

會子之一種。見該文。

【湖廣會子】

會子之一種。見該文。

【湖北會子】

會子之一種。見該文。

【兩淮會子】

會子之一種。見該文。

【行在會子】

即直便會子。見該文。

山東東路交鈔

金代山東東路於大定二十三年（1183）以後發行的紙幣。面額有壹貫、貳貫、叁貫、伍貫、拾貫五種。僅見壹拾貫交鈔版圖樣一種，最早刊於羅振玉《四朝鈔幣圖錄》，竪版。版面四周有裝飾花欄，花欄外上方正中橫書"壹拾貫"，左側竪文"每紙工墨錢捌文足，納舊換新減半"。左右以鈔版面正對讀者爲準，花欄上方印有"字料""字號""壹拾貫八十足陌"，兩旁篆書右爲"僞造交鈔處斬"，左爲"賞錢叁伯貫文"字樣。

據《金史・食貨志》："交鈔之制，外爲闌，作花紋，其上衡書貫例，左曰'某字料'，右曰'某字號'。料號外，篆書曰'僞造交鈔者斬，告捕者賞錢三百貫'……印造鈔引庫庫子、庫司、副使各押字，上至尚書户部官亦押字。"又，"承安二年十月，宰臣奏：'舊立交鈔法，凡以舊易新者，每貫取工墨錢十五文。至大定二十三年，不拘貫例，每張收八文'"。此版與《食貨志》記載大致相同，時間當鑄於大定二十三年以後。這是目前僅見的中國歷史上發行最早的一種紙幣版圖樣。參閱內蒙古古錢幣研究會、《中國錢幣》編輯部合編《中國古鈔圖輯》。

陝西東路壹拾貫五合同交鈔版拓

陝西東路交鈔

金代陝西東路於大定二十七年（1187）至貞祐三年（1215）發行的紙幣。現僅見大定二十七年壹拾貫三合同交鈔殘版一件（圖樣見於羅振玉《四朝鈔幣圖錄》），貞祐三年壹拾貫五合同交鈔版一件（中國國家博物館藏），壹拾貫交鈔版兩件（陝西省博物館、內蒙古自治區博物館藏）。均竪版，銅質。版面四周有花紋圖案裝飾花欄。花欄外正上方正中橫書"壹拾貫"。花欄外左側文字爲"每紙工墨錢捌文足，納舊換新減半"。三合同交鈔版和五合同交鈔版，其印章文字分別爲"中都合同""南京合同""平涼府合同"和"中都合同""南京合同""京兆府合同""河中府合同""潞州合同"等，花欄內正中文字"壹拾貫八十足陌"，左右文字分別爲"字料""字號"，三合同交鈔版兩側篆文爲"僞造交鈔處斬""賞錢叁伯貫文"。五合同交鈔版兩側的篆文爲"賞錢萬貫文""僞造交鈔處斬"，花欄內下方的文字爲"通行交鈔內陝西東路許於中都南京交鈔庫京兆府河中府潞州省庫倒換錢鈔""貞祐三年　月　日""尚書戶部句當官"。據《金史·食貨志》："〔大定二十年（1180）〕民間以八十爲陌，謂之短錢，官用足陌，謂之長錢。大名男子斡魯補者上言，謂官私所用錢皆當以八十爲陌，遂爲定制。"大定二十年之後的交鈔皆以八十爲陌。據《金史·百官志》戶部條："貞元二年，設干官十員從七品。三年，置四員，尋罷之。四年，更設爲勾當官，專提控支納，管勾勘覆，經歷交鈔及香、茶、鹽、引、照磨文帳等事。"貞元四年（1156）設勾當官，但紙幣從貞祐三年見之。《金史·食貨志》："交鈔庫副則專主書押，搭印合同之事……其搭印支錢處合同。"以此可知合同爲支錢地區最高官府之印。又"〔泰和七年（1207）十一月〕敕捕獲僞造交鈔者，皆以交鈔爲賞"，"鈔每貫僅值一錢，曾不及工墨之費"。章宗以後，由於北方蒙古勢力强大，向金的統治地區進攻，金王朝依靠大量印鈔來支付龐大的軍費開支，尤其是 1211 年會河之役，金王朝一次用八十四車交鈔作爲軍前獎賞，交鈔迅速貶值，幾等廢紙。貞祐二年（1214）又發行了二十貫到一百貫的大面額交鈔。參閱内蒙古古錢幣研究會、《中國錢幣》編輯部合編《中國古鈔圖輯》。

泰和交鈔

金代泰和年間（1201—1208）發行的紙幣。現僅見泰和交鈔殘拓片一件，竪版。從殘版上可以看到，鈔面四周有花紋圖案裝飾的花欄，有"字號""貳伯貫文""僞造""泰和""印造""尚書"等字樣。泰和爲金章宗的年號，泰和交鈔是有年號的鈔版中之最早者。參閱内蒙古古錢幣研究會、《中國錢幣》編輯部合編《中國古鈔圖輯》。

北京路交鈔

金代北京路於貞祐二年（1214）發行的紙幣。僅出土北京路壹伯（佰）貫交鈔版一件（圖樣見法國繆勒《通報》第三十三卷）。據繆勒稱，此版由法國天主教士雪夏昂在金北京路大定府故址（即今内蒙古寧城）得之，後轉贈與他。竪版，銅質。鈔面四周有雲鶴紋裝飾花欄，花欄外上方横書"壹伯貫"，左側上下刻有文字"每紙工墨錢捌文足""納舊換新减半"，花欄內上部有"壹伯貫八十足陌""字號""字料"字樣，左右篆書"僞造交鈔處斬""賞錢叁伯文"。

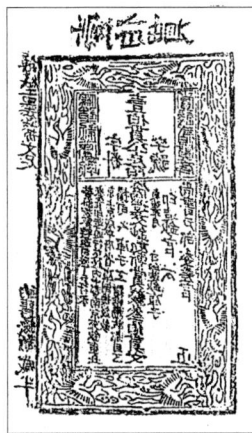

北京路壹伯（佰）貫交鈔版拓

據《金史·食貨志》："至宣宗貞祐二年二月，思有以重之，乃更作二十貫至百貫例交鈔。"此版與記載相符，爲北京路所鑄。可於中都、南京、上京（今黑龍江阿城附近）、咸平府（今遼寧開原）兌換。又《宣宗紀》載，貞祐三年春，"北京軍亂，殺宣撫使奧屯襄。丁丑，右副元帥蒲察七斤以其軍降於大元"。故泰和交鈔使用時間不長。參閱内蒙古古錢幣研究會、《中國錢幣》編輯部合編《中國古鈔圖輯》。

貞祐寶券

金代貞祐三年（1215）以後發行和流通的紙幣。現僅見伍貫券、伍拾貫券兩合同版兩種，壹仟貫券一種，竪版。伍貫合同版圖樣見羅振玉《四朝鈔幣圖錄》。伍拾貫合同版於 1978 年山西新絳梁村出土（山西新絳文化館藏）。券面四周有花紋裝飾的花欄，花欄外正上方有"伍貫"或"伍拾貫"或"壹仟貫"字樣，券面右側有合同印章。已知的印章有"京兆府合同""平涼府合同"或"平陽合同""太原合同"等。花欄內正上方横書"貞祐寶券"，券名下印有"字料""字號"字樣和面值。兩側篆文爲"僞造者斬賞""寶券叁伯貫"。花欄內下部文字伍貫、伍拾貫和壹仟貫各有不同。

貞祐寶券（伍拾貫）

伍貫版長27.5厘米，寬17厘米，是迄今所見古鈔版面較大者。在花欄內"字料"上方有一個活印字"輶"。伍拾貫券面上花欄內有表示面額五組相交的錢串圖案，在金代的紙幣中爲首見。票面"平陽太原府兩路通行"字樣與其他寶券文字"諸路通行寶券"不同。據《收藏》1998年第九期載，江蘇南京馮京三收藏貞祐寶鈔壹仟貫一種，長42厘米，寬28厘米。票面印有"印造南京路通行寶鈔""貞祐四年　月　日"字樣，爲世界上最早的紙幣實物。據《金史・食貨志》："〔貞祐三年〕十二月，上聞近京郡縣多羅於京師（即今開封），穀價翔踴……上從開封府議，謂'寶券初行時，民甚重之。但以河北、陝西諸路所支既多，人遂輕之……若令寶券路各殊制，則不可復入河南，則河南金銀賤而穀自輕'。"平陽（今山西臨汾），屬河東南路，太原則屬河東北路。可

知此券係僅通行於河東南北兩路的寶券。又，"〔貞祐三年〕七月，改交鈔名爲'貞祐寶券'，仍立沮阻罪"。1215年7月爲挽救交鈔，改發貞祐寶券。但戰爭繼續，軍費浩大，貞祐寶券迅速貶值，僅一年，其一貫寶券僅值幾文銅錢。不得不於1217年發行貞祐通寶（現未見實物），與寶券并行使用，通寶一貫當寶券千貫，四貫相當於白銀一兩。將印造權下放到各路轉運司。由於印製失控，太多太濫，到元光元年（1222），通寶已貶值到八百餘余貫相當於白銀一兩，信譽極低，民間已不願使用。參閱內蒙古古錢幣研究會、《中國錢幣》編輯部合編《中國古鈔圖輯》。

興定寶泉

金代元光元年（1222）二月發行的興定五年製紙幣。現僅見面額貳貫聞省版拓片圖樣（見羅振玉《四朝鈔幣圖錄》）。竪版。鈔版四周沒有花欄裝飾，方框外上部有表示面值的相交錢串圖形，方框內上橫書"興定寶泉"，之下"貳貫聞省"，又下"字料""字號""南京路"，兩側篆字"僞造者斬""賞陸伯貫"等字樣。

據《金史・食貨志》："興定五年閏十二月，宰臣奏：'向者寶券既弊，乃造貞祐通寶以救之，迄今五年，其弊又復如寶券之末……宜復更造興定寶泉，子母相權，與通寶兼行，每貫當通寶四百貫，以二貫爲銀一兩，隨處置庫，許人以通寶易之……'元光元年二月，始詔行之。"又《宣宗紀》，興定六年八月甲申改元元光，故該鈔年號仍爲興定。興定寶泉於元光元年二月發行，不到一年，又於元光二年五月發行"元光重寶"，每貫當通寶五十貫，又用綾印製"元光珍貨"。此時民間已不再相信紙

鈔，拒絶使用，而以銀兩交易。到了天興二年（1233），金王朝又在蘇州發行金王朝的最後一種紙幣"天興寶會"，實行銀兩制，面額一錢至四錢等。同現銀并行使用，但僅幾個月，隨金王朝滅亡而停止流通。參閲内蒙古古錢幣研究會、《中國錢幣》編輯部合編《中國古鈔圖輯》。

第四節　元代紙幣考

從中統元年（1260）到至正二十八年（1368），元代紙幣經歷了一百多年的歷史。成吉思汗時期，主要貨幣是白銀。隨着對中原地區的占領和宋金紙幣的影響，開始在占領區發行紙幣。如 1227 年山東博州曾發行過一種以蠶絲爲本位的絲會子，窩闊臺時曾發行過交鈔，從貴由汗至蒙哥汗時期，各地占領軍還發行過地區性紙幣，如拖雷妻子莊聖皇太后封地河北真定通行銀鈔，蒙哥轄地燕京行寶鈔，忽必烈轄地河北邢州行"楮幣"，忽必烈受陝西京兆分地後行交鈔，等等。可惜，上述紙幣均未發現傳世實物，形式不詳。但 1253 年法國人盧布魯基的游記記載：中國通用貨幣是用棉紙做的，大小如手掌，上面的印文如蒙哥的國璽。這里所指可能爲交鈔。這種情況一直延續至 1260 年忽必烈登基。是年發行以絲爲本位的交鈔，紙幣進入第二時期。當年十月，在王文統等人籌劃下發行了"中統元寶交鈔"，在全國流通使用。由於戰争的擴大，官吏的腐化，中統元寶發行量較大，使幣值不斷下降。爲此，於忽必烈至元二十四年（1287）發行"至元通行寶鈔"；至大二年（1309）二月，又發行了"至大銀鈔"，但發行流通時間不長。元代始終主要行使"中統元寶交鈔"和"至元通行寶鈔"。元代發行紙幣的特點：中央統一印製發行，初時爲木刻印，至元十三年改銅版印，初時用棉紙，後用黑色桑皮紙印製；均竪式，紙張、格式較爲統一；流通於全國範圍，不限地區和時間。元代不僅是中國最早使用純紙幣的朝代，而且使中國成爲世界上最早使用純紙幣的國家。元代紙幣的統一和完善的紙幣管理制度，使元代成爲中國古代紙幣發展的極盛時代，成爲世界上最早推行純紙幣制度的成功範例。因而，元代紙幣制度不僅在中國貨幣史上創造了輝煌，而且對世界各國紙幣的形成產生了很大影響。伊爾汗國、朝鮮、越南、印度、日本等國也都先後仿效元代發行了紙幣。"大汗的紙幣"，更使歐洲人驚嘆不已。

中統元寶交鈔

元代中統元年（1260）發行的紙幣，流通至元末。據《元史·王文統傳》，其面額有拾文、貳拾文、叁拾文、伍拾文、壹伯文、貳伯文、叁伯文、伍伯文、壹貫、貳貫十種。寶鈔貳貫等於白銀一兩，一十伍貫等於黃金壹兩。出土和傳世僅見面額壹貫文省二件（俄羅斯艾爾米塔什博物館、陝西咸陽博物館藏），壹貫文省殘版一件（圖樣由賈敬顏提供），伍伯文四件（寧夏回族自治區文管會、陝西咸陽博物館、內蒙古自治區額濟納旗文管所、俄羅斯艾爾米塔什博物館藏），叁伯文一件（寧夏回族自治區文管會藏），壹拾文一件（內蒙古自治區呼和浩特市文管處藏），共四種九件，均豎版。鈔面四周有纏枝蓮圖案裝飾花欄，花欄外正上方橫書"中統元寶交鈔"，花欄內上部正中爲交鈔面額，左右兩側爲九疊篆漢字和八思巴蒙文，分別爲漢字"諸路通行"，八思巴文"中統元寶"和漢字"中統元寶"，八思巴文"諸路通行"等字樣。有的寶鈔沒有八思巴文。面額正下方有表示面額的錢串圖案，圖案左右分別有"字號""字料"字樣，"字號""字料"上方有的印有一"唐""陶""師"或"微"等活版字。

鈔面上下各加蓋紅印一方，左上方斜蓋長條形騎縫黑印。該鈔中統初年用棉紙、木版印製。至元十三年（1276）後紙幣均爲灰黑色桑皮紙、銅版印製。據

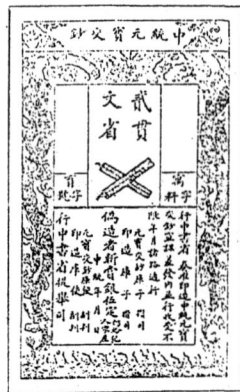

中統元寶交鈔（貳貫）

史書資料，至元十三年改用銅版，但紙幣仍用中統年號。"文省"二字，據元人王惲《中堂事記》："文省，如七十足陌、八十足陌，若使同銅錢，使省官司利益錢鈔文，故先作文省二字。"《元史·世祖紀》載至元六年二月，"詔以新製蒙古字頒行天下。"又《八思巴傳》："詔曰：'……自今以往，凡有璽書頒降者，並用蒙古新字，仍各以其國字副之。'"可知，至元元年以前的寶鈔沒有八思巴文。中統元寶發行之初以白銀爲本位，與白銀、前代舊錢同時流通，不限地區、年月行用，但市場原流通的各種舊紙幣一律以中統鈔收回，不再行使。中統四至五年，元王朝開始限制白銀流通使用，至元十四年，禁止江南行用銅錢，二十年，禁止民間私自買賣金銀，二十二年，拒收全國銅錢，至此，中統元寶交鈔成爲全國統一的、唯一合法的流通貨幣，開創了中國古鈔歷史上第一次統一發行流通紙幣的先河。該鈔發行之初，由戶部官員管理鈔法，以後，成立了與戶部侍郎相當品級的獨立的諸路寶鈔都提舉司，下設寶鈔總庫、印造寶鈔庫和燒鈔東、西庫。第一次將燒鈔庫從寶鈔庫中分離出來。鈔幣的管理上也改變由地方政府直接經營的方法，成立了專職的寶鈔提舉司，下設行用庫，專掌舊鈔換新鈔；平準行用庫，除可倒換舊鈔外，利用金銀的吞吐，控製紙幣的發行量，平抑物價。各地收換的舊鈔也限期集中燒毀。這種設立專職的平準行用庫，控製紙幣發行量，對舊鈔限期燒毀的管理是元代紙幣幣值穩定的有效手段。據《中堂事記》記載倒換金銀物貨時，每兩納工墨鈔三分。隨着戰爭的擴大和官吏的腐化，中統元寶交鈔的發行量越來越大，幣值日低，至

元二十四年，已貶值五倍。參閱内蒙古古錢幣研究會、《中國錢幣》編輯部合編《中國古鈔圖輯》。

至元通行寶鈔

元代至元二十四年（1287）到元末發行流通的紙幣。據《至元寶鈔通行條劃》："訪聞民間缺少零鈔，難爲貼兑，今頒行至元寶鈔自貳貫至伍文，凡十一等，便民行用。"發行至元寶鈔的面額有伍文、拾文、貳拾文、叁拾文、伍拾文、壹伯文、貳伯文、叁伯文、伍伯文、壹貫、貳貫等十一種。和中統元寶交鈔并行，至元鈔壹貫當中統鈔伍貫，兩貫當白銀壹兩，貳拾貫當黃金壹兩，仍實行銀本位製。現出土和傳世的僅見有貳拾文一件（湖南沅陵博物館藏），叁拾文兩件（湖南沅陵博物館，俄羅斯艾爾米塔什博物館藏），伍拾文一件（湖南沅陵博物館藏），壹伯文兩件（湖南沅陵縣博物館、俄羅斯艾爾米塔什博物館藏），貳伯文十八件（江蘇無錫博物館藏），叁伯文一件（湖南沅陵博物館藏），伍伯文十五件（江蘇無錫博物館藏），殘版一件（福建福州市文管會藏），壹貫兩件，貳貫兩件（俄羅斯艾爾米塔什博物館、内蒙古自治區額濟納旗文管所藏），凡九種十四件，均竪版。鈔面四周有裝飾花欄，花欄外上方橫書"至元通行寶鈔"，花欄内上方正書寶鈔面額，其下有錢貫圖案，左右兩側爲八思巴文"諸路通行""至元寶鈔"，其下分

至元通行寶鈔（貳貫）

別爲"字料""字號"。有的紙幣在"字號"或"字料"上面有活字版印的"盛""忘""元"等字樣。

鈔面上下各加蓋紅印一方，左上方斜蓋長條形騎縫黑印。該寶鈔紙質爲灰黑色桑皮紙，銅版印製。據《元史·世祖紀》："〔至元二十四年閏三月〕以復置尚書省詔天下……三月甲午，更造至元寶鈔頒行天下，中統鈔通行如故。"故至元寶鈔面寫"尚書省提舉司"。以後，尚書省再廢，再置，至元鈔文字仍不變，一直到元末。1985 年 8 月湖南沅陵元代黃公知州夫婦合葬墓出土貳拾文、叁拾文、伍拾文、壹伯文、叁伯文五張紙幣。墓主人黃公知州夫人，大德九年即 1305 年入葬，距至元通行寶鈔發行僅十八年。這是目前發現最早的有年代可考的至元寶鈔。參閱内蒙古古錢幣研究會、《中國錢幣》編輯部合編《中國古鈔圖輯》。

至大銀鈔

元代至大二年（1309）二月發行的紙幣。發行面額有壹厘到貳兩，分十三等，即十三種面值。壹兩準至元鈔貳貫、白銀壹兩，中統鈔限百日内舊鈔換新鈔，禁止使用中統鈔。目前尚未發現至大銀鈔的傳世或出土實物。僅見中統交鈔壹貫文省、伍佰文舊鈔版、重新印造，背面加蓋"至正印造元寶交鈔"印記，印記四周有花欄裝飾，花欄内上方有"至正印造元寶交鈔"字樣，下方爲錢串圖案，印記下方有一紅色印章。另行作價流通。但不到一年，因至元鈔貶值日甚，即廢。1350 年重新印造中統鈔、至元鈔，直到元末。至大銀鈔采用銀兩制，白銀成了真正的價值尺度，然而流通時間極短。印製新版中統交鈔，當至元鈔貳貫，同時鑄行

銅錢。紙幣不再以白銀作準備，銅錢爲權鈔錢。這在中國歷史上第一次建立了紙本位制度。但隨着農民大起義，元朝統治者浩大的軍政費用靠紙幣大量濫發來解決，紙幣急劇貶值，紙幣制度終於隨元朝的滅亡而崩潰。參閱內蒙古古錢幣研究會、《中國錢幣》編輯部合編《中國古鈔圖輯》。

第五節　明代紙幣考

從洪武七年（1374）至崇禎十七年（1644），明代紙幣經歷了兩百七十年的歷史。朱元璋建立明朝之前就開始發行銅幣，即"大中通寶"。洪武建元後即發行"洪武通寶"銅錢，由於銅材緊張，不敷使用，且商人又習慣於元朝的紙幣，故洪武七年，朱元璋決定恢復紙幣，設立寶鈔提舉司，并於第二年三月發行"大明通行寶鈔"。衹用鈔不用錢，禁止民間金銀交易。大約二十年左右，由於發行量不大，鈔幣基本穩定，流通較好。洪武二十六年前後，一些地方的寶鈔開始貶值，特別是兩浙、江西、粵閩一帶，由於沿海貿易擴大，民間重錢輕鈔，開始私用金銀交易。明王朝一再重申不准金銀交易之禁令，仍不得不采用變通的辦法，錢鈔兼用，以紙幣爲主，錢爲輔。正統九年（1444）以後，爲用金、銀、錢時期。由於寶鈔衹發不收，發行量逐年增加，亦逐年迅速貶值，明初米一石值鈔一貫，永樂二年（1404）已是米一石鈔三十貫。宣德初年已上漲至米一石鈔五十貫，到正統九年已是米一石鈔一百貫，成化年間（1465—1487）一貫鈔衹值一文錢了。寶鈔幾爲廢紙。直至明末，再沒有發行過紙幣。雖然天啓年間（1621—1627）、崇禎八年（1635），曾提出過再次發行紙幣，但未曾獲准，崇禎十六年蔣臣再議行鈔，得到一部分大臣的贊同，并獲崇禎皇帝批准，但隨着李自成農民起義軍進攻北京，於十七年二月流産。明代紙幣特點：明王朝統一印製發行，桑皮紙規格統一；全部竪式，銅版印製；全國不限時間、地區流通；明代終朝衹行用一種鈔票，且紙幣面額最高爲一貫，沒有發行大鈔。由於明代沒有真正按元代紙幣制度管理紙幣，不知平控紙幣發行量，平抑物價，雖終朝兩百多年衹用一種鈔幣，但終於失敗。自大明寶鈔停用之後，一些銀錢出入較多的錢莊、當鋪和商人，交易時深感不便。不僅地方發行鈔票，許多民間的鈔票、會票也應運而生，彌補了明末因停用大明寶鈔而帶來的不便。由於明末通行白銀，所以鈔票的單位一般爲銅錢和銀兩兩種，即錢票和銀票。可惜，存世的實物極少。明代紙幣對促進經濟發展和方便貿易有着積極的作用。

大明通行寶鈔

明代洪武八年（1375）開始發行的紙幣，僅流通一百餘年，弘治、正德（1488—1521）年間，鈔法廢止不行。明洪武七年，設立寶鈔提舉司。翌年三月，立鈔法，發行"大明通行寶鈔"。面額有壹貫、伍伯文、肆伯文、叁伯文、貳伯文、壹伯文、伍拾文、肆拾文、叁拾文、貳拾文、拾文共十一種。現發現面額叁拾文版拓片（天津博物館藏），肆拾文版（上海博物館藏），伍拾文陶版模（中國國家博物館藏），伍拾文版拓片（賈敬顔供圖），壹伯文、貳伯文、叁伯文（山西省博物館藏），一貫（中國錢幣學會藏）、一貫文銅版（貴州省博物館藏）等七種，竪版。票面四周龍、纏枝蓮紋；鳳紋、纏枝蓮紋裝飾花欄，花欄外上方橫書"大明通行寶鈔"六字，花欄內上部爲面額，面額下方爲表示面值的錢貫、錢幣圖樣，兩側分別爲"大明寶鈔""天下通行"篆書字樣。

據《明史·食貨志五》："〔洪武十三年〕會中書省廢，乃以造鈔屬戶部，鑄錢屬工部，而改寶鈔文'中書省'爲'戶部'，與舊鈔兼行。"因而洪武十三年以後印造鈔幣，"中書省"改爲"戶部"。正面有紅色官印兩方，上部爲"大明寶鈔之印"，下部爲"寶鈔提舉司印"，背面上部有"印造寶鈔局印"紅印一方，下部有一長方形印記。伍拾文陶模版，爲陶土燒製、陰文，當爲澆鑄銅版所用。該寶鈔紙質爲青灰色桑皮紙，銅版印製。每鈔一貫相當銅錢一千文，白銀一兩；四貫合黃金一兩。兌換新鈔收工墨費叁拾文，伍伯文以下遞減。寶鈔發行初期的二十年，鈔值基本穩定。隨着紙幣的大量發行，鈔幣貶值日甚，信譽盡失。到明代弘治年間（1488—1505）鈔法已名存實亡。大明寶鈔版面設計古樸華麗，構圖合理，布局嚴謹，文字精美，在我國版刻史上有着極其重要的地位。參閱内蒙古古錢幣研究會、《中國錢幣》編輯部合編《中國古鈔圖輯》。

大明通行寶鈔（伍拾文）

十竹齋借票

明末私票。正面圖案爲五色版畫，刻工精細，顏色鮮明。采用當時最先進的凸版五色精印，爲明萬曆年間歙縣胡日從刻。借票上有十竹齋記號。這是目前所知最早的私票實物。參閱《文物》1957年第十期。

王嘉錫票

明崇禎年間王嘉錫發行的合同銀票。票面牌形，邊框高22.5厘米，寬21厘米。票框內從右至左分別竪印" 號今到紙現付 ""計銀 兩銀""面言定約至 月兌還不致□後無憑立

王嘉錫票

此合同各存一紙爲□"　"崇禎　年　月　日　王　　目前所知最早的信票實物。（上海博物館藏）嘉錫票"。左框外騎縫處直書"合同信"。這是

第六節　清代紙幣考

從順治元年（1644）至宣統三年（1911），清代紙幣經歷了二百六十七年的歷史。這個時期清代曾發行國家紙幣、地方紙幣、民間紙幣、外商紙幣、商業銀行紙幣、中國同盟會紙幣等六大類紙幣。從時間上看清代紙幣大體經過四個階段。

第一階段是清初短暫發行鈔貫和民間紙幣長期發展階段。從 1644 年清入關後到道光二十年（1840）的一百九十多年的時間，清代社會經濟經過戰爭後已得到恢復，達到繁榮昌盛的時期。清王朝藉鑒歷代發行紙幣發生通貨膨脹和失敗的教訓，怕重蹈覆轍，又怕紙幣易於僞造，擾亂金融、引起社會不安，對發行國家紙幣采取非常謹慎的態度，以不用爲原則。順治初年，由於各地人民抗清鬥争的不斷擴大，清王朝財政非常困難，爲應付龐大的軍費開支，不得不於順治八年第一次發行國家紙幣即"順治鈔貫"，順治十七年（1660）停止發行。十年間共發行一百二十八萬一千七百貫。這次發行紙幣時間短、數量少，對清朝幣制未産生很大影響。順治鈔貫因未發現實物，其形制、面貌、發行情况不詳。

清初短暫發行鈔貫後，堅持不發行國家紙幣，但不禁止私票流通。其時，錢鋪、錢莊、銀號和典當等都有較大發展。錢鋪産生於明中葉民間，主要經營銀兩、銅錢的兑換業務。入清以後，隨着社會經濟的恢復和發展，民間商品交易的活躍，民間金融機構方興未艾，僅北京從康熙年間至道光十年（1830），已有三百八十九家錢鋪。錢莊是從錢鋪發展起來的。錢莊最早出現於明末清初北京、直隸、蘇、浙、閩等地。銀票實物最早見於崇禎年間。銀號最早出現於清初，由銀鋪演變而來。清初皇糧納稅多用白銀，而銀的成色重量不一，要先交銀鋪鑄成銀錠纔成。銀鋪主要業務是打造銀器，兼管金銀買賣，發展成銀號後，也經營放款、吸收存款、發行銀票等匯兑業務。會票是商人發行的一種兩地支付的憑證。典當業也發展迅速。以北京爲例，由康熙三年（1664）的約兩百家發展到乾隆初年的六七百家。這時除民間金融機構外，爲調節銀錢比價，穩定銀錢并用的貨幣制度和國家財政收入，政府還奏准在北京城內外開設十家官錢局，其任務爲兑換銀錢、調整穩定銀錢比

價。這十家官錢局不發行銀錢票，但對調節錢幣流通、穩定錢價、促進民間紙幣的發展和方便社會經濟生活起到了積極作用，爲今後各地設立官錢局、發行銀錢票創造了條件。社會貨幣流通是同社會商品經濟的流通相適應的。社會貨幣流通量大於社會商品經濟流通量時則貨幣貶值，反之，貨幣不足，影響社會的商品交易。清代從順治到道光年間，中國封建社會內部的資本主義萌芽有了進一步發展，巨大的商品市場呼喚着日益增多的貨幣需求，巨額金屬貨幣需要巨額數量的幣材，幣材緊張，已滿足不了需要，國家又不發行紙幣，因而錢莊、銀號、錢鋪、典當等遍布全國各地，它們發行紙幣滿足了社會的需要，對清初至道光年間一百八十年間經濟發展、繁榮市場起到重要作用。

第二階段是從第一次鴉片戰爭到第二次清王朝發行紙幣失敗（1841—1861），這是民間金融機構的進一步發展時期。道光年間，尤其是第一次鴉片戰爭後，清王朝日趨腐敗，財政日漸困難。社會矛盾日益激化，各地人民反清大起義此起彼伏。社會危機和財政危機日趨嚴重。鴉片的大量輸入和鴉片戰爭的失敗，外國帝國主義的侵略和經濟掠奪，加速清王朝的危機和衰落。太平天國農民戰爭的爆發，幾乎導致了清王朝的覆滅。清王朝與外國侵略勢力相勾結，瘋狂鎮壓農民起義，纔勉强保住了搖搖欲墜的統治。但是白銀外流，銀貴錢賤，財政危機已經嚴重動搖國家的根基，引起社會的廣泛注目。這引起從嘉慶年到咸豐年激烈的鈔法爭論。

咸豐三年（1853），太平天國農民戰爭爆發，清王朝爲鎮壓太平天國運動，耗資巨大，政府財政到了山窮水盡的地步，面臨着嚴重的財政困難。於是清王朝在缺乏認真準備的情況下倉促采取發行不兌現紙幣的措施和辦法，發行"戶部官票"和"大清寶鈔"。爲使咸豐鈔票搭放流通，先後設立"四乾""五天""五宇"等十四家官銀號，發行京錢票，但由於鈔票無鈔本，又不能兌現，因而本次發行紙幣在商民中信譽極低，民間拒絕使用。且濫發紙幣導致了物價上漲，通貨膨脹嚴重。

咸豐四年（1854）三月王茂蔭以鈔法未妥，提出了銀票可以取銀、錢票可以取錢的解決辦法，但其意見遭到反對，本人也被調離戶部右侍郎之職。馬克思在《資本論》中引用介紹了王茂蔭紙幣兌現的主張以論述國家紙幣的性質。據戶部報告，當時歷年共發行官票九百七十八億兩，發行寶鈔二千七百一十一萬串，京城十四家銀號發行制錢約合五千七百三十萬串，再加上各省官錢局發行的錢票，發行量大大超過了市場的需求，這使清王朝各類紙幣急劇貶值，不能流通，此次發行國家紙幣以失敗告終。同時京城十四家官錢號所發行貨幣也與官票、寶鈔一樣宣告失敗。但這一時期民間的錢鋪、錢莊、銀號、票號却很發達。咸豐八年，北京錢鋪、錢莊已達五百一十一家。其發行的各種紙幣可以兑現，經營方法靈活，信譽也好，受到商民的歡迎。對於維持當時社會穩定和紙幣需求量、穩定金融、方便生活等，都起到了積極作用。

第三階段是從同治元年（1862）至光緒二十三年（1897）外國銀行的侵入和民間地方金融的發展時期。兩次鴉片戰爭打破了清王朝的閉關自守政策，清王朝進入同治、光緒朝的没落時期，同時世界各國資本主義逐步發展爲帝國主義階段，要求資本輸出，企圖爭奪和重新劃分勢力範圍，妄圖瓜分中國。中國人民在深受封建勢力壓迫之外，還遭受帝國主義的殘酷侵略和壓迫，這就激起中國人民的反抗。繼中法戰爭（1883—1885）之後，又爆發了中日甲午戰爭（1894—1895），戰敗後清政府被迫簽立了《馬關條約》，允許帝國主義在華自由投資設廠，使列强的經濟侵略合法化，加速了中國社會的半殖民地化。日俄戰爭（1904—1905）後，日本取代了帝俄在東北的侵略勢力，妄圖吞併中國。至此，清王朝被迫進一步打開中國的大門，到清末已開放了九十多個口岸。由於咸豐朝發行官票的失敗，加上帝國主義的侵略，清王朝財政極端惡化，無力控製全國的金融局勢以解決危機。它唤醒了中國民族的覺醒，刺激了民族經濟和中國新型金融業的發展，特別是對外貿易的擴大，新式企業、新城市不斷涌現，使商業及商品經濟有了較大發展，不斷擴大的商品市場要求新型銀行的興辦及相應的貨幣流通量。

各省爲籌措財政度過危機，紛紛設立官錢局，發行紙幣；各地錢鋪、錢莊、銀號等仍很活躍，官辦鐵路、礦山爲自籌資金，印發紙幣；外商銀行勢力也迅速發展。1895年孫中山在美國發行同盟會債券。這一時期貨幣流通有銀票、錢票、銀元票、銅元票、會票，還有外國的美元、日元、金票等紙幣，種類之多，數量之大，流通範圍之廣前所未有。其發行流通情況極其複雜、混亂。各官錢局、錢鋪、票號、私商、外國銀行各自爲政，任意發行各種紙幣，有的因缺乏準備金而不能兑現，不少銀號因發生擠兑而倒閉，但不久又復業，再行濫發紙幣，信譽極低。它加劇了金融業的混亂，加深社會的經濟危機和動蕩不安。但客觀上大量印發紙幣對滿足社會需要和交易起到一定作用。

第四階段是從光緒二十四年（1898）至宣統末年（1911）中國新式銀行的興起及其所發行紙幣的發展階段。自英國1845年在中國開辦銀行以來至清末止，在中國設立的外國銀行有二十幾家，除先後倒閉的以外，仍有十多家，其主要有英國、法國、德國、日本、美國、荷蘭、比利時七個國家的銀行。它們在中國獲得紙幣發行權，通過發行紙幣業務、國際匯兌業務、金融市場及發放貨款業務控制了清王朝的經濟，肆無忌憚地對中國進行經濟侵略和掠奪。中國想要舉辦大型企業，發展民族工商業，也受到外國銀行的控制和剝削。

正是在這種歷史背景下，中國的有識之士主張設立自己的銀行。早在咸豐九年（1859），太平天国洪仁玕就已主張"興銀行"，到光緒十八年（1892），鄭觀應也力主中國興辦銀行。光緒二十三年，清政府終於接受了盛宣懷的意見，於1897年4月26日在上海設立中國第一家銀行——中國通商銀行。該行之成立，宣告了中國新興官僚資產階級與舊的傳統的金融觀念、貨幣思想的決裂，標誌着新的貨幣積纍、金融資本市場形式的確立，開創了新式銀行體系的新紀元。光緒三十一年（1905），清王朝户部成立官商合辦的户部銀行，光緒三十四年改稱大清銀行，并頒布《大清銀行則例》。自此，各省官錢局（號）先後改爲省地方銀行。户部銀行剛成立時，因感實力不足，難於發揮國家銀行的作用，并爲充分利用路、輪、郵、電的官款，經郵傳部尚書陳璧奏准，於1905年1月1日成立中國交通銀行。由於通商口岸的增加，商品流通和資金周轉的加速，光緒三十三年後，清政府陸續又辦了幾家商業銀行和商業儲蓄銀行。至清末中國已有十幾家新式銀行。在清末短短七年裏，全國各地出現了一大批有實力有影響的公私銀行，與外商銀行形成了兩種銀行系統并存和競爭的局面，標誌着中國金融資本的獨立和崛起，并與外國資本勢力相抗衡、競爭。清王朝幾次整頓金融市場，改革幣制，試圖把紙幣發行權收歸大清銀行，統一全國紙幣。但中國版圖廣大，經濟落後，交通不便，各地政治、經濟發展極不平衡，中央權力削弱，各地各自爲政，加以外國銀行的干預，直到清末，清政府還缺乏全國統一幣制的政治、經濟條件。儘管如此，户部銀行的成立與國內自辦新式銀行的興起，對改造舊式金融事業，整頓國家的財政制度、統一幣制，都起到了極其重要的作用。

清代紙幣發行的特點：第一，發行機構多，紙幣種類五花八門。清王朝僅順治、咸豐、光緒、宣統四朝統一發行紙幣，其餘堅持不發行國家紙幣，因而民間錢鋪、錢莊等機構發行的銀、錢票得以發展。清末發行的紙幣還包括各省地方銀行、商業銀行發行的紙幣，民間私票，孫中山同盟會紙幣等。第二，紙幣形式有竪式和橫式兩種。有木版、石版、銅版、膠版印製，亦有手寫體。紙質有毛邊紙、棉紙、高麗紙、竹紙、道林紙和土紙等。第三，全國流通或地區流通。第四，幣制有銀兩制、錢制、銀元、銅元、洋銀元、美元、港幣等。

各地銀錢名稱不一，銀兩成色、平砝、折算、銀錢比價也千差萬別，極不相同。

縱觀清代近三百年間，發行紙幣的經驗、教訓有以下幾個方面：

（一）鑒於明代歷史的教訓和清代前期的社會特點，當時政府主要行用銀兩制錢，不發行國家紙幣又不限制民間紙幣的發行政策，以適應當時商品經濟和流通需要，適應當時經濟發展水平。

（二）清代順治行鈔的成功和咸豐行鈔的失敗，説明國家必須有紙幣的統一印製和發行權，嚴格控制紙幣的發行量，纔能保證金融穩定，促進經濟發展和社會安定。

（三）民間紙幣的發行，在清代經濟落後、信用制度不發達的條件下，對滿足社會需要、調節銀錢比價，穩定金融起到了重要的作用，在商品流通和信用制度的發展方面作出了有益的嘗試與貢獻。

（四）各省官錢號堅持自由兌換，取信於民，滿足了社會經濟發展的需要，緩解了當時全國財政奇缺的困難，抵制了外商紙幣流通，限制了私票的發展，逐步在全省統一幣制，加強了貨幣流通的區域性，形成了相對穩定的貨幣市場，爲清末民初各省設立省銀行，形成新興銀行體系，促進中國金融事業向近代銀行的發展起到了極爲重要的作用。

（五）清末新興銀行的創辦及其發展在中國金融史、貨幣史上有着劃時代的意義。自鴉片戰爭後，中國逐步淪爲半殖民地、半封建社會，外國資本主義列強紛紛侵入中國，強行劃分勢力範圍，建立銀行，發行紙幣，進行政治、經濟侵略。據不完全統計，清末外國在中國建立銀行達二十家之多。它們不僅利用發行紙幣進行經濟掠奪，同時，還千方百計地打擊和排擠中國金融業務。中國有識之士爲振興中華之民族工商業，積極籌建中國銀行。終於 1897 年中國第一家銀行——中國通商銀行在上海成立。之後，大清銀行、交通銀行、四明銀行等也相繼成立。新興銀行的成立標志着中國金融業進入一個新時期，包括紙幣的形態、印製技術、紙張都發生了許多新變化。據資料顯示，道光以後，十五個省建立了五十五家官錢局，除發行傳統的制錢票、銀兩票外，還發行了新型的銀元票；光緒、宣統年間發行了一百〇五種紙幣，其中銀元票達六十種，制錢票僅有三種。傳統的直版式已減少到四十八種，而橫版式已達到五十七種。社會上不僅流通洋紙幣，而且許多中國紙幣在裝飾上也出現了許多洋字、洋圖案。傳統的手寫方式、木刻印製均爲精美的石印、機印所替代。帝國主義對中國的入侵以及國内反帝反封建運動的興起，致使中國處於侵略與反侵略，壓迫與反壓迫，剝削與反剝削的激烈對抗之中，民族矛盾日益突出，社會動蕩不安。票號因得不到國家强有力的保護，時常遭到搶劫和破壞，紛紛關閉或破産。這些加速着私人票號、錢莊的迅速衰落。由此觀之，銀行代替票號，是清代紙幣發展的必然結果。

（六）清末辛亥革命貨幣的發行，不僅直接支持了辛亥革命，爲孫中山領導的資産階級民主革命勝利發揮了重要的作用，而且對民國初期廣東銀行的産生、紙幣的形制都産生了深刻的影響。它承載着廣大的海外僑胞根繫祖國的赤子之心，寄托着中華民族自立於世界民族之林的深情願望。它標志着中國革命的民族資産階級的覺醒和政治上的成熟，如同中國通商銀行的創立，標志着中國官僚資産階級在經濟上的覺醒和成熟一樣，在中華民族的歷史上，都有深刻的歷史意義。

由於本書爲中華物態文化的考釋性專著，其關注重點爲中華名物。故本卷對近代以來依靠帝國主義侵華勢力在中國開設的外國銀行以及所發行的紙幣略去不論。

大清王朝幣

户部官票

清咸豐朝户部奏准於咸豐三年（1853）二月二十七日發行之銀兩票。面額有壹兩、叁兩、伍兩、拾兩、伍拾兩五種，均竪版。白色苔箋紙和高麗紙，銅版印製。票面四周有龍、水紋裝飾花欄，花欄內上部正中有滿、漢文"户部官票"，其下竪書"準二兩平足色銀　兩"字樣，左右兩側分別爲發行日期和編號，毛筆手工填寫。編號冠字按《千字文》字序依次排列。票面下部文字爲："户部奏行官票，凡願將官票兑換銀錢者與銀一律，並準按部定章程搭交官項，僞造者依律治罪不貸。"面額上加蓋漢、滿文"户部官票永遠通行"官印，亦稱圖記。印製時右邊加寬二寸，作爲票根。左邊與號簿騎縫處有編號和"户部官票所關防"撳印。官票和右邊票根發付銀庫或外省藩庫，右邊騎縫處有編號和蓋有户部堂印，發行時由庫銀或藩庫

留下票根，以便日後核對。票面左下角有花押，有的左上角花欄外印有"每兩比庫平少陸分"文字。爲使各地使用官票時衡制統一，免生混亂，咸豐三年八月二十二日御史奏折內稱："票面之二兩平宜聲明畫一也，查二兩平之説，京師之人知之，而外省不知。恐各省官吏因此遂生弊混，宜明告以二兩平之數比京城之市平少二兩，比户部庫平少陸兩，比各省通曉之漕平少四兩。如此明白曉示，加戳

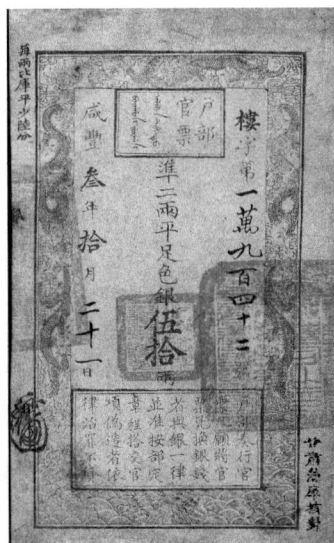

户部官票（伍拾兩）

記於票面，庶免出納參差、商民受累之弊。"故咸豐三年之前發行紙幣左上角無字，後加蓋墨色"每兩比庫平少陸分"戳記。咸豐五年之後發行的左下角加蓋靛藍色字，有的票面上有木刻活印字"直隸""河南""糧臺""同治十一年春季改發江北"等流通地名。背面有加蓋印章或書寫流通之記錄。第一批戶部官票四種，據戶部奏折附片稱："造票以二十萬兩為率，自五月初二日製造起，扣至六月三十日如數製造齊止。其票上天、地、宇、宙四字號頭，係按奏定章程，一兩、五兩、十兩、五十兩票四種依次編列。自付庫搭放之後，京城引用日益流通。此後擬再增製三兩票一種，即編為日字號以便畸零搭放之用。"紙幣設計、印製精美。該幣對緩解清代的財政困難、方便流通起到了一定的作用。參閱馬飛海等《中國歷代貨幣大系·清代貨幣》。

大清寶鈔

　　清咸豐朝戶部奏准於咸豐三年（1853）九月十八日開始發行之制錢票。面額有伍百文、壹千文、壹千伍百文、貳千文、伍千文、拾千文、伍拾千文、百千文八種。紙質為白色山西雙抄毛頭紙，銅版印製，均豎版。票面四周有龍、水紋裝飾花欄，上部花欄雲紋中橫書"大清寶鈔"字樣，左右分別有"均平出入""天下通行"八字，花欄內正中豎書"準足制錢文"，左右分別印有發行紙幣的日期和編號，花欄內下部文字為"此鈔即代制錢行用，並準按成交納地丁錢糧一切稅課捐項，京外各庫一概收解，每錢鈔貳仟文抵換官票壹兩"。寶鈔的面額連同鑄版一同刻製。寶鈔的編號由承辦司員填寫以漢字直寫者俗稱"長號鈔"，以舊式

商碼橫寫者俗稱"短號鈔"，票面左邊年號處加蓋長方形印章，其文有"節以利度""源遠流長"等，面額上加蓋"大清寶鈔之印"一方。製鈔時不留票根，僅在票右邊與號簿騎縫加蓋圓印一方，其文

大清寶鈔（貳千文）

有"寶鈔流通"，其花紋因面額不同而有星辰川岳、鳥獸草木之別。圓印下面用擦筆刷以墨絲，以憑查驗。鈔局編號以《千字文》作號頭。第一批四種面額各以天、地、宇、宙為字，各字第一號為進呈，餘皆發放，頒外省者於左邊騎縫加蓋地方關防。為使寶鈔在外省推廣，曾令各地廣立官銀錢號，將戶部發行寶鈔在本省另行編號，在騎縫處加蓋編號司員私戳，以便本地查對。由於後期濫發紙幣，地方亦不及編號，僅蓋"未編號"印記。據王茂蔭請行鈔法折："至民間轉輾流通，均許背面記明年月，收自何人，或加圖記花字。遇有偽鈔，不罪用鈔之人，惟究鈔之由來，逐層追溯，得造偽之人而止。"從記載和實物看，紙幣背面記載流通的年月和記號。紙幣設計、印製比較精美。發行寶鈔對緩解咸豐年間的財政困難和方便交易起到了一定的作用。參閱馬飛海等《中國歷代貨幣大系·清代貨幣》。

天字銀錢號錢票

　　清道光、咸豐兩朝由內務府設立的天元、天亨、天利、天貞、西天元"五天"銀錢號於道光二十五年（1845）至咸豐十一年（1861）

發行之京錢票。現可見天元銀錢號面額貳仟文、肆仟文兩種，天亨銀錢號面額肆仟文一種，天利銀錢號面額肆仟文一種，西天元銀錢號面額壹仟文一種，天貞銀錢號面額貳拾仟文、伍拾仟文兩種（天元壹仟文、天貞伍拾仟文由上海博物館藏），均豎版。除伍拾仟文票面有花欄裝飾，票面編號在右面外，其他票面四周均無花欄裝飾，票面印有"憑帖取　錢"字樣，面額爲手工書寫，編號在票面左面。票面蓋有三個印章，分別是刻有九行九十九個字的方印章、四周刻有花紋和銀鋪地址的長方形印章和內刻有官號錢鋪名稱的方形印章。右上騎縫處蓋有銀錢鋪的陰文方章或陽文圖章。京錢二文合製錢一文。爲調劑解決官票兌現，設立"五天"銀錢號，發行紙幣，采用搭放流通的辦法，收效甚微。發行天字號銀錢號的紙幣隨官票的失敗而同時結束。參閱馬飛海等《中國歷代貨幣大系·清代貨幣》。

户部乾字官號錢票

清咸豐朝户部署內設立的乾豫、乾豐、乾恒、乾益等"四乾"官號於咸豐三年（1853）四月至咸豐十一年（1861）發行之京錢票。現可見户部乾豫官號錢票貳仟文、貳拾仟文兩種，户部乾恒官號錢票貳仟文一種，户部乾豐官號錢票壹仟文、肆仟文兩種（上海博物館藏），均豎版。除乾豫貳拾仟文票面有花欄、票面編號在右邊外，其他票面四周均無花欄裝飾。印有"憑帖取　錢"字樣，面額爲手工書寫。編號在票面左邊。票面蓋有三個印章，分別是刻有八行八十八字的方印章、四周刻有花紋和錢鋪地址的長方形印章和內刻官號錢鋪名稱的方形印章。右上騎縫處蓋有官號錢鋪的陰文方章或陽

文圓章。京錢二文合製錢一文。乾益官號錢票因未發現實物，形制不詳。同"五天"銀錢號發行紙幣一樣，是以搭放流通的辦法來解決官票的兌現，但收效甚微，不久，隨官票的發行失敗

户部乾字官號錢票

而同時結束。參閱馬飛海等《中國歷代貨幣大系·清代貨幣》。

户部宇字官號錢票

清咸豐朝户部署內設立的宇升、宇恒、宇豐、宇泰、宇謙"五宇"官號錢票。據資料記載知發行面額有壹仟文、貳拾仟文。因無實物傳世，具體形制不詳。但見有在大清寶鈔上加蓋"宇升官號"印章貳仟文一種，"宇謙錢鋪"方形印章面額壹仟文一種，"宇升錢鋪"方形印章面額伍佰文、壹仟文兩種。同"五天"銀錢號、四乾官號的錢票一樣也是爲支持、協助推行官票而發行。參閱馬飛海等《中國歷代貨幣大系·清代貨幣》。

大清户部銀行紙幣

大清户部銀行於光緒三十一年（1905）至清末發行和流通之紙幣。該行成立於光緒三十一年八月，總行設在北京，在天津、上海、漢口、庫倫（今蒙古國烏蘭巴托）、十恰克圖（今蒙古國阿爾丹布拉克）、張家口、營口、奉天設分行。該行爲中國第一家國家銀行，資本四百萬兩，發行户部銀行兌換券。面額有壹角、伍角、伍拾角、壹圓、伍圓、拾圓六種

大清户部銀行紙幣（拾圓）

版面，除伍拾角爲豎版外，均爲橫版。該票票面四周有花欄裝飾，四角有大寫面值，花欄中印有地名，僅見北京、濟南、天津、漢口、開封、雲南。票面印有滿漢兩種文字"大清户部銀行兑換券"，漢字用楷書或用篆書形式，還印有面值、發行日期、印章等等，票背面印有英文行名、面值、編號和發行年代等。伍拾角券票面四周有龍紋、海水圖案裝飾花欄，花欄中正上方印有"奉天大清户部銀行兑換銀票"字樣，花欄中兩側印有"認票不認人""不能掛失"字樣，花欄外正上方印有"大清户部銀行伍拾角票"字樣，右邊有編號騎縫的印章，票面內正中豎寫有"憑票取小銀圓伍拾角"，左右分別是發行日期、行名和編號，面值上蓋有三個菱形印章。銀兩券面額有拾兩、叁拾兩二種，豎版。票面四周有龍紋、海水紋裝飾花欄，花欄中正上方印有"北京户部銀行兑換銀票"。拾兩票四個方嚮花欄中有四個花球，內印"拾兩"兩字。票面內印有憑票取京平銀的面值、編號、發行日期、發行行名和印章。票面右邊有騎縫編號和印章。拾兩的背面大橢圓形內印有"拾兩"的印章和其他印記。户部銀行試辦發行銀票一種，通用銀圓票壹圓一種，銀兩票壹仟兩一種，均豎版。銀票爲連存根空白票，票面四周有花欄裝飾，騎縫編號是印上去的，在票面

上方。通用銀圓票四周有花欄裝飾，花欄中上部印有"京都户部銀行通用銀圓票"字樣，票內印有"憑票取通用銀圓壹圓整""此照"字樣和發行日期、經理簽名及印章。票面左右兩邊都有騎縫編號和印章。壹仟兩銀兩票四周有龍紋、海水紋裝飾花欄，花欄正上方印有"北京户部銀行"字樣，票內印有"憑票取京平足銀壹仟兩整"字樣和發行日期、行名、編號等。大清户部銀行共發行紙幣面額十一種，十五種版面。印製精美。據資料記載，曾發行錢票，但未見實物。光緒三十二年春，户部改爲度支部。光緒三十四年正月度支部奏准改户部銀行爲大清銀行，户部銀行紙幣停止印刷。（上海博物館藏）

大清銀行紙幣

大清銀行於光緒三十四年（1908）至宣統三年（1911）發行和流通之紙幣。光緒三十四年正月度支部奏准改户部銀行爲大清銀行。總行設在北京。同年七月初一日大清總行和各分行一律改爲大清銀行。至宣統三年，共設分行二十一處，分號三十餘處。該行發行有銀兩票、小銀圓票、銀圓票和兑換券四種。銀兩票有壹兩、貳兩、叁兩、肆兩、伍兩、拾兩、貳拾兩、叁拾兩、伍拾兩、壹佰兩十種。銀圓票有伍圓、拾圓兩種。小銀圓有伍拾角、壹佰角、貳佰角、伍佰角、壹仟角五種，均豎版。票面四周有龍

大清銀行紙幣（伍圓）

紋、海水紋裝飾花欄，花欄中正上方印冠有地名的"大清銀行兌換券"，花欄中左右印有"認票不認人""不能挂失"字樣，花欄內印有面值，面值兩側分別印有發行日期、發行行名和發行編號、經理簽名、印章。票面右邊有騎縫編號、印章。有的票面上有"注銷""樣子作廢不憑兌取"或"樣本作廢不憑兌取"的注銷印。兌換券有壹圓、伍圓、拾圓、壹佰圓四種，均橫版。宣統元年發行的兌換券，票面四周有花欄裝飾，花欄內正中上方印有"大清銀行兌換券"字樣，主要圖案有李鴻章像和屋景，印有面值發行日期、地名、編號，票背印有英文行名、面值、編號、日期、地名。另一種沒有發行年號的兌換券，票面四周有花欄裝飾，上下花欄中印有"大清銀行兌換券"和"憑票即付銀幣　圓全國通用"字樣，左右花欄中印有編號。票面中主要圖案載灃像、龍紋、長城、帆船、狩獵、種田等，背面印有英文行名、面值、印章等。該紙幣是第一張也是唯一票面花欄內祇有圖案沒有文字編號、面值及印章的紙幣。係由清王朝用重金從美國鈔票公司聘請的技師海趣設計、雕刻的。圖案設計美觀，雕刻精細，層次分明，景物逼真，着墨均匀，采用美國的先進鋼凹版印刷設備，印製得非常精美。在中國印刷史和版刻史上有着極其重要的意義。其他兩種兌換券的版別同大清户部銀行票。現在所知共發行十四種面值。版面約有幾十種。大清銀行紙幣對抵制外國貨幣、逐步統一貨幣、促進金融業和商業貿易發揮了積極的作用。（上海博物館、中國錢幣學會藏）

大清銀行兌換券版

　　北京首都博物館於 1986 年 11 月 27 日收藏的一件大清銀行兌換券銅鈔版。版心票面四周雕有花欄裝飾，花欄四周有漢字"伍拾圓"，下花欄中有"大清銀行兌換券"字樣，票面內正中上方有雙雲龍戲珠圖案，之下有滿文"大清銀行兌換券"和漢文面值"伍拾圓"，面值之下爲大清門圖案，該門位於北京皇城前正陽門棋盤街北、天安門外千步廊南側。票面兩側分別印有"憑票即付""不挂失票"字樣。該鈔版雕刻入微，刻鏤精細，刀法嫻熟，技法精湛，綫條均匀，流暢精美。該鈔版在沒有付印之前就已經流產，故未發現資料記載，亦未發現實物。光緒三十二年（1906）五月度支部向朝廷呈交關於建立官方印刷局的奏折云："臣部前因銀行業經開辦，當即奏明派員前往日本考察紙幣印刷爲宜。故於幣紙印刷之事，特意注重，精以求精，務使民間無從仿效……其印刷也，以機器精鏤銅版，權求工細，煉製印色，備極鮮明，以益以胎銅版鍍出分印。務使製作精工，人人能辨真僞。"由此可見，最初度支部派員考察日本，準備采用日本的銅版凹版技術設備印製鈔票。此鈔版估計就是此時由日本技師設計、雕刻而成。後光緒三十三年冬，度支部又派員陳錦濤、蔡世澄二人赴美考察印鈔設備，得知美國以鋼凹版質地堅韌、細密耐用、技藝精良，印製精美而馳名世界時，特准進口美國鋼版印刷設備，并重金聘用美國技師海趣來華傳藝，藝徒有畢辰年、閻錫麟、吳錦棠、李浦等人。大清銀行有攝政王載灃像的銅版凹印紙幣於 1909 年 8 月完成，但未及發行，就伴隨清朝的滅亡而停止。這就是大清銀行兌換券伍拾元凹印銅鈔版沒有使用的緣由。該鈔版的發現彌補了中國印鈔史上銅版凹印的空白，不失爲我國印鈔史上難得的一件藝術品。參閱《中國錢幣》1990年第四期。

總理營務處銀票

清同治七年（1868）由總理營務處發行。現僅見面額陸拾伍兩一種，豎版。票面正上方書寫"照發"兩字，左側豎寫發行鈔票的編號"勝字叁拾壹號承領官"，之下有橢圓形小印章，右側豎寫鈔票發行時間"同治七年柒月拾伍日"。"照發"下面正中文字爲"欽差將軍諭著於協餉項下發給"，左爲發行單位"總理營務處面奉"，右爲面額"京平足銀陸拾伍兩特諭"。其上有一方形陰文印章。

欽差大臣總糧臺餉銀票

清光緒欽差大臣總糧臺關防於光緒元年（1875）發行之餉銀票。現僅見面額伍拾兩、壹佰兩兩種，豎版。票面上正中分別書寫"發胡統領所部三營三月份餉銀内一半票銀伍拾兩"和"發黎道所部各營弁勇三月份餉内一半票銀壹佰兩整"，面額上蓋一長方形大印"欽差大臣總糧臺之關防"，右側爲發行之編號并蓋一騎縫章，左側爲發行時間，分別爲"乙亥年四月廿三日"和"乙亥年四月廿四日"，乙亥年指1875年，并蓋有長方形朱印。（上海博物館藏）

吉林大清銀行兌換銀票

大清銀行吉林分行於宣統元年（1909）在吉林地區發行之銀圓票。僅見伍拾角、壹佰角、貳佰角、伍佰角、壹仟角五種，豎版。票面四周有花欄裝飾，花欄中主要圖案爲海水、雙龍、龍旗，印有"吉林大清銀行兌換銀票"票名和蓋有面值的圓形印章，票中印有"憑票取小銀圓　角""認票不認人不能掛失號""大清分銀行"字樣和發行日期、編號、經理簽名及印章，

蓋有"樣子作廢不憑兌取"印章，左邊有騎縫編號、印章，背面印有大寫面值。（上海博物館藏）

開封大清銀行兌換銀票

大清銀行開封分行於宣統二年（1910）在開封地區發行之銀兩票。僅見壹兩、叁兩、伍兩、拾兩、伍拾兩、壹佰兩六種，豎版。票面四周有花欄裝飾，花欄中主要圖案有海水、雙龍、龍旗，印有"開封大清銀行兌換銀票"票名。票中印有"憑票取汴平足銀　兩正""認票不認人不能掛失號""大清銀行"字樣和發行日期、編號、經理簽名、印章及大寫面值的底紋，右邊有騎縫編號、印章。（上海博物館藏）

廣州大清銀行兌換銀元票

大清銀行廣州分行於宣統二年（1910）在廣州地區發行。僅見五元、十元兩種，豎版。五元票面四周有花欄裝飾，花欄中主要圖案有海水、雙龍、龍旗，印有"廣州大清銀行兌換銀元"票名，票中

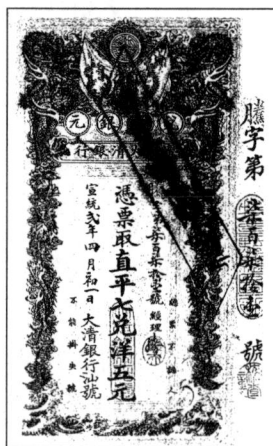

廣州大清銀行兌換銀元票
（五元）

印有"憑票取直平七兌洋五元""大清銀行汕號""認票不認人不能掛失號"字樣和發行日期、編號、經理簽名及印章，票右邊有騎縫編號、印章，印有"樣本作廢不憑兌取"字樣。（上海博物館藏）

雲南大清銀行兌換銀票

大清銀行雲南分行於宣統二年（1910）在

雲南地區發行之兌換銀兩票。僅見拾兩、伍拾兩、壹佰兩三種，竪版。票面四周有花欄裝飾，花欄中主要圖案有海水、雙龍、龍旗，印有"雲南大清銀行兌換銀票"票名，票中印有"憑票取庫市平銀　兩整""大清分銀行""認票不認人不能挂失號"字樣和發行日期、編號、經理簽名、印章，票右邊有騎縫編號、印章。（上海博物館藏）

陝西大清銀行兌換銀票

大清銀行陝西分行於宣統二年（1910）在

陝西地區發行之兌換銀兩票。僅見壹兩、貳兩、叁兩、肆兩、伍兩、拾兩、貳拾兩、叁拾兩、伍拾兩、壹佰兩十種，竪版。票面四周有花欄裝飾，花欄中主要圖案有海水、雙龍、龍旗，印有"陝西大清銀行兌換銀票"票名，票中印有"憑票取陝議平足紋銀　兩正""大清分銀行""認票不認人不能挂失號"字樣和發行日期、編號、經理簽名、印章，票右邊有騎縫編號、印章。（中國錢幣學會、上海博物館藏）

地方官錢局（銀號）幣

四川官錢局錢票

四川官錢局於咸豐三年（1853）發行。僅見貳仟文一種，竪版。票面四周雙直綫花欄，花欄內正上方有"四川官錢局錢票"票名，其下方正中有"憑票取制錢貳仟文"文字，右側有"第壹佰叁拾柒號"文字，左側有"大清咸豐三年八月二十日"文字。票面上印有"賞　城守左營守城兵"字樣，上方正中有一方形印章。

四川銀元局銀元票

四川銀元局於光緒三十年（1904）發行。1905年冬，四川銅元、銀元局合并，總稱"四川銀銅元局"。發行紙幣時仍各用原局名。現僅見銀圓票一張，竪版。票面四周有花欄裝飾，正上方花欄中印有"四川銀圓票"票名，票面主要圖案爲雙龍圖，竪直三條留白處，正中印有"憑票取大龍圓　元"字樣，左右爲發行日期和編號。參閱高文、袁愈高《四川近現代紙幣圖録》。

四川銅元局制錢票

四川銅元局於光緒三十年（1904）發行。現僅見壹千文、貳千文兩種，竪版。票面四周印有花欄裝飾，四角有"銅元總局"四個字，花欄中爲海水、雙龍戲珠圖，其上方有"四川銅元局"票名，花欄內印有"憑票取銅元合制錢　文"，左右兩側印有發行日期、編號。參閱馬飛海等《中國歷代貨幣大系·清代貨幣》。

福建永豐官錢局票

福建永豐官錢局於咸豐五年（1855）發行。該局成立於咸豐三年七月二十四日。總局設於福州。發行制錢票、銀兩票兩種。制錢票有六十文、壹佰文、貳佰文、肆佰文、伍佰文、壹仟文、貳仟文七種。現僅見壹佰文、肆佰文兩種，竪版。肆佰文票四周有龍紋圖案裝飾，花欄內正上方有"永豐官局"票名，票面右側有"憑票支錢肆佰文"字樣，左側有"咸豐伍年正月十四日""連字式九"字樣，編號之上有"永豐官局"方形印章，面值之上蓋有"永豐官局"的長方形印章，右邊上下分別有"永豐官局""永豐"兩個圓形騎縫章及騎縫編號。壹佰文票面四周有花欄裝飾，花欄右邊印有"憑票準錢　文"，左邊有"咸豐五月肆日七日宣字九壹壹號"、面值"壹佰"字樣，其中"五""七""宣""九壹壹"諸字號爲手工書寫，其餘字爲印製，面值和編號上蓋有"永豐官局"長方形印章，票面上方蓋有"遠近商民一律行用，制錢充足，照票支取"方章，右邊有騎縫編號和印章。該票毛紙印製。銀兩券發行有壹兩、伍兩、拾兩等，未見實物，其形制不詳。咸豐八年冬，物價飛漲，錢票急劇貶值。該局於 1859 年 1 月停業。參閱馬飛海等《中國歷代貨幣大系·清代貨幣》。

湖南官錢局紙幣

　　湖南官錢局於光緒年間發行。有銀兩票、銀元票和制錢票、銅元票四種。現見銀兩票有壹兩、伍兩二種三個版面，其中光緒二十九年至三十四年（1903—1908）發行的壹兩，竪版。票面四周有花欄裝飾，花欄中主要圖案爲雙龍戲珠、海水紋，印有"湖南省官錢局省平足銀"票名和發行日期、編號，票面右側有騎縫編號和印章，票背印有湖南巡撫告示，其中有的銀兩票蓋有"常德官錢局""洪江官錢局"印章。光緒三十二年至三十四年發行的伍兩票，橫版。票面四周有花欄裝飾，欄內正上方有雙龍戲珠圖，票正中有英漢

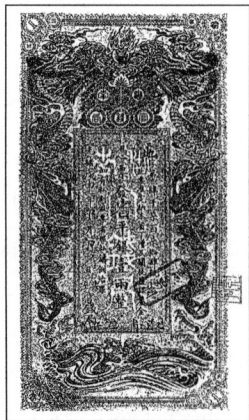

湖南官錢局紙幣（壹兩）

兩種文字面值，其上下花欄內分別印有"湖南官錢局省平足銀"和英文票名，左右花欄內分別爲發行日期和編號。該紙幣有洋蓮紋裝飾，北洋官報局印。其中光緒三十四年由北洋官報局和上海商務印書館印製的壹兩票、伍兩票，主要圖案爲房屋、亭，票背有洋蓮裝飾和告示。（上海博物館藏）

　　銀元票見有壹圓一種，竪版。從光緒二十九年到光緒三十四年發行五種版別。票面四周有花欄裝飾，花欄內有雙龍戲珠、海水圖案，其正上方印有"湖南官錢局"票名，印有"重庫平七錢二分"字樣，票面正中有"憑票發洋銀壹圓整"字樣，左右兩側分別印有發行日期和編號，蓋有發行局印章，背面有湖南巡撫告示。光緒三十九年發行的壹圓票票名爲楷體，光緒三十一年幣印有"常德官錢局"章，三十二年幣印有"衡陽官錢局"章，三十四年幣印有"湖南長沙官錢局"或"常德官錢局"等印章。

　　制錢票見有光緒三十年、三十一年、三十二年、三十四年壹串文一種，竪版。票面四周分有花欄和沒有花欄裝飾兩種，主要圖案爲海水、雙龍戲珠，正上方印有楷體"湖南官錢局"票名，票面正中印有"憑票發　票錢壹串文"，左右爲發行日期和編號，蓋有發行局方形印章，還有"此票準完納本省丁漕及關稅鹽課厘金如有私刻假票者照私鑄例治罪"等字樣，背有湖南巡撫告示。

　　銅元票見有光緒三十四年發行的當十銅元票伍拾枚、壹佰枚、貳佰枚三種，紫銅元票壹佰枚一種，共四種版面。當十銅元票均橫版，票面四周有花欄裝飾，花欄內有紙幣面值、印

刷廠名，花欄內正中上方印有雙龍戲珠圖，其下印有"湖南官錢局"票名，票正中印有面值，四周印有"當十銅元""憑票即付""執此爲照""合九八制錢　文"字樣。主要圖案爲閣樓、風景，票面左右兩側爲發行日期和編號，票右側有騎縫編號和印章，背有湖南巡撫告示。紫銅元票豎版，四周有花欄裝飾，花欄內主要圖案爲雙龍戲珠、海水圖案，花欄內正上方有"湖南官錢局"票名，花欄內正中印有"憑票發當十紫銅元壹佰枚合九八制錢壹仟文"和"此票准完納本省丁漕及關稅鹽課厘金如有私刻假票者照私鑄例治罪"字樣，左右分別爲發行日期、編號、發行局印章，票右邊有騎縫編號和印章，票背印有湖南巡撫告示。有的紙幣上蓋有"常德官錢局"印章。（上海博物館、中國錢幣學會藏）

吉林永衡官帖局官帖

吉林省永衡官帖局於光緒、宣統年間發行流通之官帖。現僅見光緒、宣統年兩種官帖，豎版。光緒年間發行壹吊、貳吊、叁吊、伍吊、拾吊、伍拾吊六種面值，十一個版面。光緒年票面四周有花欄裝飾，花欄由內層爲文字、外層爲間有面值、龍紋的圖案組成，花欄內最上方有"永久衡平""永衡官帖""吉林西大街"字樣，其下方有"憑帖取錢　整"，右側有編號和"丁未年製續縮帖到換帖二成付錢"字樣，左側有發行日期。該票右上角、左下角蓋有"永衡官帖"的長方形印章，面值正上方蓋有"官帖"方章，面值上蓋有"永衡官帖"方形印章，還有"揉爛模糊不付"印記，右邊有騎縫編號和印章，背面印有花欄、底紋和發行文字說明。宣統年間發行官帖有壹吊、貳吊、叁吊、

伍吊、拾吊五種面值，六個版面。票面四周有花欄裝飾，花欄內有海水、雙龍戲珠圖案，四角印有面值，紋飾內正上方有"永衡官帖""吉林官銀錢號"字號，其正下方有"憑帖取錢整"，右側有編號，下有"揉爛模糊不付"印記；左側有發行日期，下有"吉林永衡官銀錢號"長方形印章，左上方和面值上都有印章。票面右邊有騎縫編號和印章。參閱《中國東北地區貨幣》。

吉林官錢局銀元票

吉林官錢局於宣統年間發行。現僅見壹元一種，豎版。票面四周有花紋花欄裝飾，花欄內四角印有面值，花欄內側有海水、雙龍戲珠圖案，圖案下方有中英文"吉林官錢局銀元票"字樣，票面正中有"憑票發龍洋壹元整"，左右側分別印有發行日期和編號。參閱馬飛海等《中國歷代貨幣大系·清代貨幣》。

新疆官錢總局大型老龍票

新疆官錢總局於光緒年間發行。現僅見肆佰文一種，豎版。票面四周花欄裝飾，花欄內有海水、雙龍戲珠圖，下方花欄中有"新疆紙幣"字樣，花欄內正上方有"新疆官錢總局"字樣，之下有漢維文"憑票發足紅錢肆佰文"，右側有"慶字第玖佰捌拾叁號"，左側有"光緒戊申年　月　日"字樣，兩側有騎縫印章，背面四周有花欄裝飾，花欄內有漢維文巡撫部院、承宣布政使告示，正上方有一漢滿文方形大紅印"甘肅新疆布政使司之印"，左右分別有騎縫章。紅錢肆佰文合銀壹兩。

伊犁官錢總局制錢票

新疆伊犁官錢總局於宣統年間發行。現僅見壹仟文、貳仟文兩種，豎版。票面四周有花

欄裝飾，左右花欄中有文字組成，四角爲滿文面值，花欄內正上方有"伊犁官錢總局"，兩邊有"認票不認人失票不挂號"字樣，票面正中有"憑票取制錢　整"，左右兩側分別印有發行日期、編號，日期之下有"官錢總局"長方印章，右邊有騎縫編號和印章。

陝西巡撫部院銀票

清同治元年至七年（1862—1868）陝西巡撫部院發行。現僅見有壹兩、叁兩、伍兩、拾兩四種。票面四周龍紋裝飾，正上方書寫"銀票"兩字，銀票下面有發行編號、發行說明、面值及發行時間。

陝西巡撫部院銀票
（壹拾兩）

在銀票面額處有一顆朱印方章，騎縫處有發行銀票編號和騎縫方章，字頭編號、面額和年月日，填寫均爲毛筆書寫，紙幣的左下角有墨色印章。（上海博物館藏）

陝西官銀錢號銀兩票

陝西官銀錢號於光緒年間發行。現僅見壹兩、叁兩、拾兩三種，橫版。票面四周有花紋花欄裝飾，中有雙直綫留白，直綫外有花邊紋飾，直綫內有雙龍戲珠、海水紋裝飾，票面正中上方印有"陝西官銀錢號""憑取省議平銀""議平壹兩肆分作庫平壹兩整"字樣和面值，左右側分別印有發行日期和編號，票面留白處印有暗紋"陝西官銀錢號"。該票印製精美，第一次出現雙綫字，但沒有獲准發行。辛

亥革命後加蓋"秦豐銀行"章臨時流通。（上海博物館藏）

護理臺南府正堂忠臺南官銀票

護理臺南府正堂忠於光緒年間發行。現僅見壹員、伍員、拾員三種，竪版。該紙幣四周采用松竹梅花欄裝飾，正上方有"臺南官銀票"，正中有"憑票支付犁銀壹大員照"，右側印有"護理臺南府正忠堂　給"，左側印有發行日期、編號以及"此票准照付現銀行通，不論官項私款、錢糧、關稅、典鋪、鹽館行商貿易以及兵糧軍餉洋關洋行，一概當銀支取，奉憲示諭頒給遵行"字樣，票面上蓋刻有"幫辦臺灣防務南澳鎮總兵之關防"長形印章、漢滿文"臺南府印"方形印章、"不法棍徒行用假票軍法究治"之印和發行使用說明，票面右邊有騎縫印章和編號，編號以《千字文》的內容按序外，每一字列爲一千字號。該幣紙質爲薄棉紙，木版刻藍色印刷。

臺灣籌防總局道府銀票

清同治年間臺灣籌防總局道府發行流通之謙記、鼎美、同懷銀票。康熙二十三年（1684）清王朝置臺灣府，隸福建省。同治元年（1862）清廷令臺南巨富黃應清、黃景琦、石耀祖等五人發行臺灣籌防總局道府官票，進行籌餉，以鎮壓戴萬生反清起義。其中黃應清行號爲同懷，黃景琦行號爲謙記，石耀祖行號爲鼎美。籌防總局道府銀票均竪版，單面印刷，票面上方均印有十五行一百五十字的發行說明。除鼎美銀票外均有票根"存查"，騎縫處有銀票的編號，票面四周有花紋裝飾。"謙記銀員票"發行說明：正中印有"官票銀錢餅　員""通用爲照"，右側書寫"臺灣籌防總局道府給"，左側有"同

治　年　月　日""　字第　號"等等。鼎美銀票發行説明：正中有"官票契平銀平銀餅壹員""通用爲照"，右側爲"臺灣籌防總局道府給"，左側有"同治元年拾貳月伍日""鼎字第壹仟貳佰拾號"。同懷銀票發行説明：正中"官票銀餅壹員"，右側"臺灣籌防總局道府給"，左側"同治貳年二月壹日"及編號。參閲臺灣《錢壇》。

臺南官銀總局官銀票

臺南官銀錢總局於光緒年間發行。僅見壹員、叁員、拾員三種，竪版。壹員票面四周有花紋裝飾，正上方有"臺南官銀票"票名，正中有"憑票支付契平銀壹大員照"文字，右側印有"官銀錢票總局　給"，左側印有發行日期、編號，票面正上方蓋有"鎮守福建臺灣總兵官之關防"長方形大印，之下有滿漢文"臺南府印"大方印，票上還

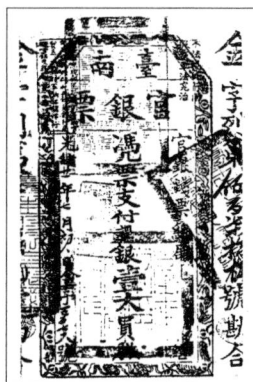

臺南官銀總局官銀票
（壹大員）

蓋有"不法棍徒行用假票軍法究治"和發行此票準照現銀通行通用"；"不論官項私項錢、糧關税典錢、鹽館行商貿易以及兵糧軍餉洋關"；"洋行一概當錢支取奉憲示諭頒給遵行"。票面左右兩邊都有騎縫編號和印章。紙質有厚棉紙、薄棉紙、毛邊紙。發行臺南官銀票有力地支持了臺南軍民在内無積糧、外無援助的艱苦條件下抗擊日軍的侵略鬥争。

臺南官銀錢總局錢票

臺南官銀錢總局於光緒年間發行。現僅見

伍佰文一種，連存根，竪版。票面四周有花紋裝飾，除編號、發給時間、面值，存根票面複印"存根""經於　年　月　日支銷"字外，其他同臺南官銀錢總局銀圓票。

湖北銀元局銀元票

湖北銀元局於光緒二十五年（1899）發行。現僅見壹元一種，竪版。票面四周有花欄裝飾，花欄内有雲紋、雙龍戲珠圖，正上方横書漢滿文"光緒元寶"，雙龍内側上方有"光緒元寶"銀元正背圖案，其下正中竪印"憑票取銀壹大元"，左右兩側分别印有發行日期、發行局名和編號，票面下方花球内印有"重庫平七錢二分"字樣，票背印有兩廣總督張之洞和湖北巡撫于蔭霖二人具名的告示以及洋蓮、洋文裝飾，左邊有騎縫編號和印章。該紙幣由日本大藏省印製局印製，裝飾精美、印刷漂亮。（上海博物館藏）

湖北官錢局紙幣

湖北官錢局於光緒二十二年（1896）以後發行。有制錢票、銀兩票、銀元票三種，均竪版。制錢票僅見光緒二十二年壹仟文、光緒三十四年壹串文兩種。壹仟文票面四周由果菜和龍紋裝飾花欄，花欄内正上方印有"湖北官錢局"局名，其下方正中印有"憑票發九八制

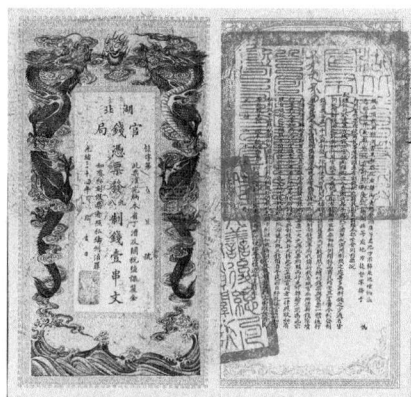

湖北官錢局紙幣（制錢票壹串文）

錢壹仟文"，左右兩側分別印有發行日期和編號，票面上印有"此票准完納本省丁漕及關稅鹽課厘金如有私刻假票者照私鑄例治罪"字樣，中間有"湖北官錢局"大印章，左右有騎縫編號和印章，背面有湖北巡撫發行告示。該票印製精美，且第一次在紙幣上出現果蔬裝飾的紋飾。傳世僅見兩張紙幣。壹串文票面四周有花欄裝飾，花欄中有海水、雙龍戲珠圖，花欄內正上方印有"湖北官錢局"局名，其下印有"憑票發九八制錢壹串文"，左右兩側分別印有發行日期和編號、發行說明，票背面亦有花欄、花欄內有光緒二十五年湖北巡撫告示和一大方印，右邊有騎縫編號和印章。

銀兩票僅見光緒三十年拾兩一種。票面四周有花欄裝飾，花欄四角有花球，印有"湖北官錢局""拾兩"等字樣和發行說明，花欄內主要圖案爲張之洞及端方圖像、雙龍戲珠、海水圖，票中印有"湖北官錢局""憑票取估平寶銀拾兩整"字樣，其左右兩側分別印有發行日期和編號，背面亦有花欄，花欄內有湖北巡撫告示和"銀庫圖蓋"方形章，右邊有騎縫編號和印章。（中國錢幣學會藏）

銀圓票僅見光緒三十年發行的壹元票一種。票面四周洋紋裝飾，四角面值用美術字表示，花欄內有海水、雙龍戲珠圖，印有"湖北官錢局""憑票取銀元壹大圓"字樣和發行說明，上方有"湖北官錢局"局名，花欄內印有"憑票取銀元壹大元"，左右印有發行日期和編號，日期之下蓋有發行局印章，背有湖北巡撫告示和洋文洋紋裝飾，右邊有騎縫編號和印章。

湖北糧餉局銅元票

湖北糧餉局於宣統三年（1911）發行。現僅見拾枚一種，豎版。票面四周花欄裝飾，花欄內正上方橫書"湖北糧餉局"，下方正中文"憑票發銅元拾枚正"，左側發行時間文"宣統三年　月　日"，右側爲發行編號"局字第號"。參閱臺灣《錢壇》。

河南豫泉官錢局制錢票

河南豫泉官錢局於光緒二十二年（1896）發行。該局設在鄭州市，發行伍佰文、壹仟文、貳仟文三種。現僅見壹仟文一種，豎版。票面四周有花欄裝飾，花欄內側有海水、雙龍戲珠圖，上下分別印有"河南""豫泉官錢局"字樣，其下正中印有"憑票取制錢壹仟文整"，左、右兩側分別印有編號和發行日期，并在日期之下蓋有"此係票樣不得誤用"戳記，票面左右有騎縫編號和印章，票背面印有河南豫泉官錢局行票改式條目，蓋有關防印記。（上海博物館藏）

河南豫泉官錢局制錢票（壹仟文）

河南豫泉官銀號紙幣

河南豫泉官銀號於光緒三十年（1904）發行。光緒三十年該局內增設官銀號，發行銀兩票，面額有壹兩、伍兩、拾兩、貳拾兩、叁拾兩、伍拾兩、壹佰兩及佰兩特字票。現僅見叁拾兩、壹佰兩、佰兩三種，豎版。票面有花欄裝飾，四角有空的花球（填寫面值用），左右花欄中印有古文字，花欄內主圖案由海水、吉祥雲、雙龍組成，圖案下正中有"河南""豫泉官銀號"字樣，正中有"憑票發二六汴公砝平足

銀 兩整", 左右各印有發行日期和編號, 票背面有河南巡撫告示。(上海博物館藏)

山東官銀號銀兩票

山東官銀號於光緒年間發行。發行有制錢票一串文, 銅元票十枚、二十枚、四十枚、一百枚四種, 銀元票壹圓、伍圓、拾圓、伍拾圓四種。還有銀兩票, 僅見壹兩、貳兩、叁兩、伍兩、伍拾兩五種, 竪版。票面四周有多組面值花欄裝飾, 四角有漢文面值的花球, 花欄內側有纏枝蓮裝飾, 票內主要圖案爲洋蓮花球, 花球中印有面值和"平足色"字樣, 正中有"山東官銀號"和發行説明, 正上方印有"光緒三十二年造", "北洋官報局印", 票背後印有花球組成的花欄, 花欄內印有山東巡撫告示, 告示之上有文"憑票照數兑换現銀", 之下有"如有假造涂改銀票等事訊實按律嚴行懲辦"等字, 票背左右兩邊有騎縫編號和印章。(上海博物館藏)

北洋銀元局銅元票

北洋銀元局於光緒三十一年(1905)發行。僅見伍拾枚、壹佰枚、伍佰枚三種, 竪版。伍拾枚票面四周有花欄裝飾, 花欄四角印有大寫漢文或阿拉伯文面值, 票內主圖案爲雙龍戲珠, 且寶珠光芒四射, 正中印文有"北洋銀元局當十銅元"和面值, 其左右爲發行日期和編號, 下方花欄內印有"認票不認人"字樣, 票背面印有直隸總督告示。

北洋天津銀號銀元票

北洋天津銀號於光緒二十九年(1903)發行。僅見壹圓、伍圓、拾圓三種, 横版。票面主圖案爲雙龍戲珠圖, 有底紋裝飾, 印有"天津銀號"票名和發行日期、編號, 日期之上蓋

有"天津銀號"印章, 印有漢、英文面值和印刷局名, 票面右邊有騎縫編號和印章。該票用後注銷, 即將面值用毛筆劃圈, 并印上"銷"字。(上海博物館藏)

天津銀號銀兩票

天津銀號於光緒年三十一年(1905)發行。僅見壹兩、伍兩兩種, 竪版。票面四周有花欄裝飾, 花欄四角有漢文、阿拉伯數字面值, 主要圖案有海水、雙龍戲珠圖, 票面正中印文有"憑票發保市平足銀 兩", 左右各印有發行日期和編號, 日期、面值之上蓋有"天津銀號"印章, 票面右邊有騎縫編號和印章。用後注銷, 即在面值上用毛筆劃圈, 并印上"宣統三年四月二十日銷"字樣。票背面印有直隸總督告示及發行單位"京都天津銀號"印章。(上海博物館藏)

北洋天津銀號紙幣

北洋天津銀號於清末發行。包括銀兩票和銀元票。銀兩票僅見壹兩、叁兩、伍兩、拾兩四種, 竪版。票面四周有花欄裝飾, 花欄中有面值圖案, 票內主圖案有雙龍戲珠、李鴻章像、北洋船隊, 圖案底紋由大寫面值組成, 上花欄內有英文"北洋天津銀票"字樣, 下花欄內有英文"天津"字樣, 票面上印有"北洋天津銀號""庫平足銀""私刻假造照私鑄例治罪""永遠通用認票不認人", 有阿拉伯數字編號, 面值底紋正中印有黑體大字面值, 底紋上還印有滿、漢文《管子・乘馬篇》。(上海博物館藏)

銀元票僅見壹圓、叁圓、伍拾圓、壹佰圓四種, 横版。四周有花欄裝飾, 花欄內印有漢文大寫數字、阿拉伯數字面值和英文"北洋天津銀號", 主要圖案爲雙龍戲珠、李鴻章

像、行屋，票面印有"北洋天津銀號"、面值、編號，票面底紋由漢文大寫數字、阿拉伯數字面值組成，票背印有《管子·乘馬篇》。（上海博物館藏）

江西官錢局制錢票

江西官錢局於光緒年間發行。僅見壹佰文、壹仟文兩種，豎版。該票四周有花欄裝飾，主要圖案海水、三龍圖案，票面印有"江西官錢局""憑票發拾足制錢壹千文"或"憑票發九五制錢壹佰文"等，其左右兩側分別印有發行日期和編號，面值和日期之上印有"江西官錢局"印章，票右下角印有"如有私造假票即照私鑄定罪"和"貳批"字樣，紙幣右邊有騎縫編號和印章，背面有江西巡撫告示。

江西官銀錢總號紙幣

江西官銀錢總號於光緒三十二年（1906）以後發行。發行有制錢票、銀兩票和銀元票三種。制錢票僅見壹仟文、壹串文兩種，兩個版面，豎版。壹串文票面四周有花欄裝飾，四角印有漢文大寫數字面值，主要圖案有海水、雙龍戲珠，上花欄內印有"江西官銀錢總號"票名，花欄內印有"憑票發九五制錢壹串文整""此票行使外省和本省各縣如遇錢數不一者照江省九五扣補"字樣，左右兩側分別印有發行日期、編號，票背印有江西巡撫告示。壹仟文票面四周有花欄裝飾，花欄內爲海水紋、三龍紋圖案，票面上印有"江西官銀錢總號""憑票發九五制錢壹仟文""如有私造假票即照私鑄定罪"等字樣，加蓋"關防不用圖記"印章，左右兩側分別印有發行日期、編號，右邊有騎縫編號和印章。

銀兩票僅見貳兩、伍兩、拾兩、伍拾兩、

壹佰兩五種，兩個版面，豎版。光緒三十年發行的銀兩票面四周由文字組成花欄，四角有漢文大寫數字面值，欄中有"江西官銀錢總號"票名，票內印文有"憑票發九三八平市銀　整""此票行使外省及本省各縣遇平色不一者均照省平市色扣補"等，左右兩側分別印有發行日期和編號，日期下方有發行錢號印章，票背印有江西巡撫告示和英文票名、大方印章。光緒三十三年發行的銀兩票面主要圖案有海水、雙龍戲珠，票背右邊有騎縫編號和關防印章。該幣由商務印書總店印。除面值、發行日期、編號不同光緒三十年版外，其他均同。

銀元票僅見壹圓、伍圓、拾圓三種，橫版。票面四周有花欄裝飾，四角有漢文大寫數字面值，欄中印有"江西官銀錢總號銀元票""憑票即付""永遠通用"等字樣，花欄內印有漢、英文"江西官銀錢總號銀圓"和面值，左右兩側分別印有發行日期和編號，票面底紋由多個面值文字組成散射狀條紋，右邊有騎縫編號和印章，票背有江西官銀綫總號的英文名和江西巡撫告示。

江南裕蘇官銀錢局制錢票

江蘇裕蘇官銀錢局於光緒二十九年（1903）發行。僅見伍佰文、壹仟文兩種，豎版。票面四周有花欄裝飾，花欄中有海水、雙龍圖案，花欄內正中印有"江南裕蘇官銀錢局""憑票發足制錢　文"，左右分別爲發行日期和編號，其下分別有"江南裕蘇官銀錢局""改發銅元"二個長方形印章，右邊有騎縫編號和印章。紙幣欄外有"照市易銀易洋""清江城內縣署東首"或"住挑邑家興鎮南大街"等字樣。伍佰文背面印有"伏羲氏聚天下之銅"文、江蘇巡撫告示。華聚玉記石印。

江蘇裕蘇官銀錢局通用鈔票

　　江蘇裕蘇官銀錢局於光緒三十二年（1906）以後發行之銀元票。僅見壹圓、伍圓、拾圓三種，兩個版面，橫版。光緒三十二年票面四周有六條龍紋裝飾，四角漢文大寫數字面值分別

江蘇裕蘇官銀錢局通用鈔票（壹圓）

印在四條龍尾上，票內印有"江蘇裕蘇官銀錢局通用鈔票""大清光緒貳拾玖年二月奏辦"，"大清光緒叁拾貳年陸月續印""憑票即付""執此爲憑""此票准納一切官項""如有偽造變造照私鑄例治罪""龍洋"等字樣和面值，發行編號等，主要圖案爲江蘇巡撫陳夔龍像，票背有花朵裝飾花欄，花欄內有雙龍戲珠圖和英文票名、編號。藁文石印局印製（圖樣見《中國歷代貨幣大系·清代貨幣》）。光緒三十四年票面四周有花欄裝飾，四角有漢文大寫數字面值，上花欄中有雙龍戲珠圖，花欄內主要圖案是花額，花額內印有面值，其左右各有一條暗龍紋，票面有大寫漢文數字面值組成底紋。除印有"鷹圓"字樣和面值、編號、印章、發行日期不同外，其他均同光緒三十二年票。上海蔚文公司製造。（上海博物館藏）

江南裕寧官銀錢局紙幣

　　江蘇裕寧官銀錢局於光緒二十九年（1903）以後發行。有制錢票、銅元票、銀元票三種。制錢票僅見壹串文一種，竪版。該票四周有花欄裝飾，花欄中爲海水、三龍圖案，票面印有"江南裕寧官銀錢局""憑票發尦制錢壹串文""此票准交納本省公款及關稅鹽課厘金如有私刻假票者照私鑄例治罪"字樣，票面左右兩側分別印有發行日期與編號，票面有"江南裕寧官銀錢局""駐泰興"印章，有的票面印有"駐清江東關大街"或"沐邑東關大街"字樣，票背有花欄裝飾，印有江蘇巡撫告示和大方印章、滿文、漢文"江南官銀錢局關防"長方形印章，右邊有騎縫印章和編號。

　　銅元票僅見拾枚、貳拾枚、伍拾枚、壹佰枚四種，竪版。光緒三十一年銅元票票面四周有花欄裝飾，花欄內正上方有雙龍戲珠圖和"江南裕寧官銀錢局"字樣，票面正中印有"憑票取當十銅元　枚整""此票完納地丁漕糧鹽課厘金關稅一律通用""祗認票不認人""奸民偽造照私鑄例治罪"等字樣，左右兩側分別印有發行日期和編號，右邊有騎縫編號及印章，其票面有留白字"裕寧"或"江南裕寧官銀錢局"字，有的票面印有"交郵北市口"，或"海"，或"住沐邑東關大街"，或"五河分局"，或"住海州城內"等字樣。由上海商務印書館印製。（上海博物館藏）

　　光緒三十三年銅元票僅見壹佰枚一種，竪版。該年三月發行的票面四周有花欄裝飾，花欄中有海水、三龍、雲紋圖案，花欄內正上方橫印有"江南裕寧官銀錢局"票名，正中竪書"憑票取當十銅元壹佰枚"，其兩側印有"光緒三十三年三月吉日續印""此票準交納本省公款及關稅鹽課厘金如有私刻假票者照私鑄例治罪""官票足串各埠分局底串不同該地照市折

算以便商民通用"。日期之下有"江南裕寧官銀錢局"長方形章，票面兩側分別印有發行日期、編號，票背有花欄裝飾，印有江蘇巡撫告示，蓋有滿、漢文"裕寧官銀錢局關防"長方形章和大方印章，右邊有騎縫編號和印章，有的票面蓋有"裕寧官錢分局東臺"圓章，或印有"住海州城內"，或"駐如"，或"鹽城西門大街"，或"駐鹽局"，或"沙溝收兌處"，或"住清江東門大街"，或"五河分局"等字樣。毛邊紙印製。

該年六月發行壹佰枚銅元票，竪版。票面四周有花欄裝飾，花欄中有龍紋滿地花圖，印有"收兌銅元不折不扣"字樣，票面正上方印有"江南裕寧官銀錢局"票名，其下有"憑票發當十銅元壹佰枚""此票准交納本省丁漕關稅捐款鹽課并鄂贛湘皖四岸鹽課，如有私刻照私鑄例治罪"字樣，票面兩側分別印有發行日期、編號，其中有的票面印有"駐懷局"，或"駐海州城內九江西門城外正街"字樣，票背有兩江總督告示、印章，右邊有騎縫編號、印章。該幣厚紙印製。

銀元票見有壹圓、伍圓、拾圓三種，橫版。光緒三十一年票面四周有花欄裝飾，四角有漢文大寫數字面值，主要圖案有海水、雲龍紋圖案，票面印有"江南裕寧官錢局銀元鈔票"字樣和面值，左右分別印有"憑票即付執此為照"和編號，其下印有"永遠通用銀元""衹認票不認人""清江江寧上海鎮江揚州通用銀圓"字樣，有的票面印有"駐海"，或"駐蘇"，或"駐郵"，或"駐上海"，票面底紋由大寫"壹"字組成。票背有花欄裝飾，四周有阿拉伯數字面值，花欄中印有漢、滿文"光緒元寶""如有

私刻假票詐騙民者照私鑄例治罪"，主要圖案有雙龍、江南省造光緒元寶銀元正背圖案，并印有"此票奉憲准納地丁錢糧關稅厘金鹽課等款一律通用"字樣，票背印有九顆騎縫章。該幣由上海漢文石印局製造，印製精美。（上海博物館藏）

光緒三十三年發行的銀元票面四周有花紋花欄裝飾，其中拾圓票花欄由龍紋組成，四角有漢文大寫數字和阿拉伯數字面值，下花欄中印有"永遠通用""衹認票不認人""各埠裕寧官銀錢分局此票一例照兌"字樣。花欄內正中上方印有"江南裕寧官銀錢局銀元鈔票"，票名正中印有面值，主要圖案為雙龍戲珠，圖案兩側印有"憑票即付龍洋（有的為英洋）執此為憑""此票准納一切官項，如有偽造照私鑄例治罪"字樣和編號，有漢文大寫數字面值組成底紋，票面上印有地名如南京、鎮江、清江、揚州、通州等，有的蓋有裕寧官錢局的地名章，有"南京""鎮江""九江""蘇州""揚州""清江""無錫"等等，票背有花欄裝飾，主要圖案為光緒元寶銀圓的正背圖案，正中印有兩江總督端方肖像，印有英文票名及說明、編號、面

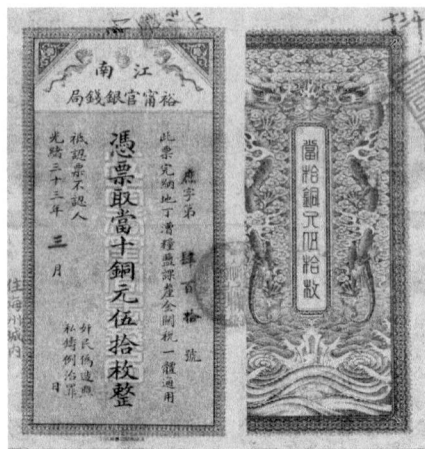

江南裕寧官銀錢局紙幣（伍拾枚）

值，右邊有騎縫編號和印章。（上海博物館藏）

廣西官銀錢號銀票

廣西官銀錢號於光緒三十一年（1905）發行。僅見壹圓一種，橫版。票面四周有花欄裝飾，四角有漢文大寫數字面值，花欄中印有"廣西官銀錢號""大清光緒叁拾年拾壹月吉日""廣西官銀錢號永遠通用"字樣，花欄內正上方印有編號，其下印有雙龍紋，正中爲面值，左右兩側爲"憑票即付執此爲照""廣西通用銀圓""祇認票不認人"，并蓋有兩個長方形、長圓形印章。（上海博物館藏）

黑龍江廣信公司銀元錢帖

黑龍江廣信公司於光緒三十年（1904）發行。僅見壹吊、貳吊、叁吊、伍吊、拾吊、伍拾吊、壹佰吊七種，竪版。票面四周有花欄裝飾，除壹佰吊錢由纏枝蓮、人物風景圖，壹吊由人物風景圖，伍拾吊由人物、花卉圖組成外，其他圖案由雙龍、人物風景圖，漢文和阿拉伯數字面值組成，花欄中正上方印有"江省卜魁廣信公司"票名。票面印有"憑帖取銀元錢　吊整"，"號碼揉壞不付""江省廣信公司"字樣，其面值兩側分別爲發行日期、編號，右邊有騎縫編號和印章，票背除伍吊、拾吊外印有公司發行説明。該票製作精緻，圖案新穎美觀。參閲《中國東北地區貨幣》。

黑龍江廣信公司銀元錢帖

黑龍江省官銀分號紙幣

黑龍江省官銀分號於宣統年間發行。發行有小銀元票和銅元票兩種。小銀元票現見貳角、伍角、拾角、伍元、拾元五種，橫版。票面四周有花欄，花欄四角有漢文和阿拉伯數字面值，主要圖案有雙龍或雙龍紅日圖，票面上印有"黑龍江官銀分號"票名、"付小銀元"字樣和發行日期、編號、印章，右邊有騎縫編號、印章，票背印有黑龍江巡撫告示。該幣由北洋官報局印。（上海博物館藏）

銅元票現見壹拾枚、貳拾枚、叁拾枚、伍拾枚、壹佰枚、貳佰枚六種，竪版。除貳佰枚票四周没有花欄，直接由海水、雙龍紋裝飾外，其他四周有花欄裝飾，花欄內有雙龍戲珠、海水圖和漢文面值"拾"字，"黑龍江省卜魁官銀分號"字樣，花欄內正中印有"憑票取銅元"，兩側分別印有發行日期、編號、印章，右邊連着存根，有騎縫編號、印章。票背印有黑龍江巡撫告示。參閲《中國東北地區貨幣》。

廣東官錢局銀元票

廣東官錢局於光緒三十年（1904）發行。僅見壹元、伍元、拾元三種，橫版。票面四周有花欄裝飾，四角有漢文、阿拉伯數字面值，主要圖案有雙龍、光緒元寶正背圖、房屋。票面印有"憑票取銀元壹大元""重庫平七錢二分廣東錢局"等字樣和發行日期、面值、編號，其中有的票面上印有漢、滿文"光緒元寶"票名，右邊有騎縫章，票背印有花欄和兩廣總督、廣東巡撫告示，有的票背還蓋有三顆分別刻有"粤省軍政府經理""粤督經理印之圖章""此票改作毫子銀用兩不帖水"印記。該幣由日本帝國政府印刷局印，印製精美。（上海博物館藏）

奉天官銀號銀元票

奉天官銀號於光緒三十一年（1905）以後發行。發行銀元票和制錢票兩種。銀元票僅見壹角、貳角、伍角、拾角、壹圓、伍圓、拾圓七種，橫版。票面有花欄裝飾，四角有漢文、阿拉伯數字面值，上花欄中印有"奉天官銀號銀元票"，下花欄中印有"北洋官報局印"，有的票印有"永遠通用憑票即付""銀元票"等字樣。票面印有滿文奉天官銀號銀元票票名和發行日期、編號，其中伍角、伍圓、拾圓票由漢文面值組成散射狀底紋。伍角票花欄采用洋枝蓮裝飾，主要圖案爲雙龍紋。票背印有盛京將軍奉天總督告示。（上海博物館藏）

制錢票僅見拾吊、叁拾吊兩種。一種拾吊票爲竪版。票面四周由文字、風景組成花欄裝飾，花欄內上方印有"奉天鍾樓南官銀號"，票中印有"憑票取拾吊"，"拾吊"爲手工書寫，其兩側分別印有發行日期、編號。面值之上有兩顆分別爲長方形、菱形的印章。另一版拾吊爲橫版。票面四周有花欄裝飾，四角有漢文面值，票正中上方留白處印有"奉天官銀號錢票"，主要圖案爲雙龍。其正中爲面值，左右留白處，印有花額，花額中印有編號和發行日期。叁拾吊票面主要圖案由雙龍、纏枝蓮紋組成花額，其他基本同拾吊橫版票。

遼陽公立銀行遼寧市錢票

遼陽公立銀行於光緒三十一年（1905）發行。面額一吊至十吊、二十吊、三十吊、伍十吊、壹佰吊多種。現僅見伍十吊一種，橫版，票面四周有花欄裝飾，四角有"公立銀行"四字，主要圖案爲雙龍，印有"遼陽公立銀行遼市錢伍十吊"，其左右兩側分別印有"巧字第〇三六六號""光緒三十一年八月二十日"，右邊有騎縫印章和編號。參閱《中國東北地區貨幣》。

奉天公議商局紙幣

奉天鍾樓北公議商局於光緒三十年（1904）發行。發行制錢票和小銀元票兩種。制錢票僅見叁拾吊一種，竪版。票面四周由文字、花紋組成花欄裝飾，上花欄中印有"奉天鍾樓北公議商局"字樣，票中印有"憑帖取叁拾吊"，左右印有發行日期和編號，日期之下蓋長方形印章，面值之上蓋有菱形、方形印章，右下角印有"新換板紙晚不付錢"字樣。小銀圓票僅見未使用流通之貳角票一種，橫版。票面四周有花欄裝飾，花欄內印有"公議商局"" 字號""光緒 年 月 日""奉天""憑票即付執此爲照"字樣，主要圖案爲雙龍、船，還印有英文發行局名和面值，花欄外兩側印有"奉天公議商會禀請督憲行使小銀圓票"字樣。參閱《中國東北地區貨幣》。

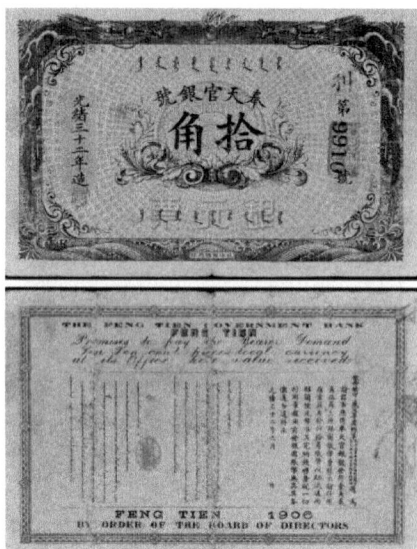

奉天官銀號銀元票（拾角）

盛京華盛官錢局官帖

盛京華盛官錢局於光緒廿年（1894）發行。現見貳吊、捌吊、拾吊三種，四種版別，豎版。票面四周有花欄裝飾，花欄由文字和花紋組成，上方印有"盛京華盛官錢局"，票面中印有"憑帖取　""銀錢兩便准納官款"字樣，左右分別印有發行日期、編號。（上海博物館藏）

遼陽衛襄官帖局官帖

衛襄官帖局於光緒二十六年（1900）發行。現見陸吊、拾吊兩種，三個版別，豎版。票面四周有花欄裝飾，花欄由文字、紋飾組成，正上方印有"遼陽北街衛襄官帖局"，票中印有"存票拾吊"，左右各印有發行日期和編號，面值之上有兩個菱形印章"衛襄圖書"，日期之下蓋有"北街衛襄官帖局"長方形印章，票面印有一個方形文字章。（上海博物館藏）

東三省官銀號紙幣

東三省官銀號於光緒三十四年（1908）至宣統末年（1911）發行之小銀圓票和銀兩票。小銀圓票僅見拾角、伍拾角、壹佰角、拾圓四種，票面橫版。票面四周花欄裝飾，四角印有漢文、阿拉伯數字面值，花欄內印有滿、漢文"東三省官銀號"票名、面值、發行日期、編號，右邊有騎縫編號、印章，主要圖案雙龍、太陽。該幣由北洋官報局印。宣統年印製銀圓票，票面四周有花欄裝飾，花欄中印有多組漢文面值，主要圖案爲花額，花額由雙龍戲珠與面值組成。票內印有"東三省官銀號""東三省通用小銀圓"字樣和發行日期、編號，右邊有騎縫編號和印章，其中拾角票由漢文面值組成散射狀底紋。（上海博物館藏）

銀兩票僅見票樣拾兩一種，豎版。票面四周有花欄裝飾，花欄中印有漢文面值，上花欄中印有"瀋市平銀"四字，花欄內上方有雙龍戲珠圖、洋蓮花額，額內印有"東三省官銀號"票名，其下方花額內印有面值，左右兩側爲發行日期和編號。該票印製比較精美。

安徽裕皖官錢局紙幣

安徽裕皖官錢局於光緒三十二年（1906）發行之制錢票和銀圓票。制錢票僅見壹千文一種，豎版。票面四周印有花欄裝飾，花欄中圖案爲海水、雙龍戲珠圖，印有"安徽裕皖官錢局""憑票發銅元足錢壹千文""此票準完納本省丁漕及關稅鹽課厘金""如有私刻假票者照私鑄例治罪"字樣，兩側分別印有發行日期和編號，蓋有"官錢局"印章，有的票面印有"駐臨淮"，或"駐蕪二〇"，或"駐蕪二〇駐亳裕皖分局"，或"湖蕪四和"，或"駐蕪駐亳裕皖分局"，或"駐亳駐懷遠駐亳裕皖分局"，或"駐正陽駐懷裕皖分局"，或"駐正陽駐蒙"，或"駐正陽駐懷"，或"駐正陽駐懷遠"，或"駐桐城"等活字印章，票背印有安徽巡撫告示、騎縫編號和印章。該紙幣印製較爲精美。

銀圓票僅見壹圓、伍圓兩種，兩個版別。壹圓票爲橫版，票面四周有花欄裝飾，四角有漢文面值，上下花欄中各有兩條雲龍，左右花

安徽裕皖官錢局紙幣（壹圓）

欄中印有"如有私刻假票者照私鑄例治罪""此票准完納丁漕關稅鹽課厘金"字樣，主要圖案爲光緒圓寶正、背圖案，票面印有"安徽裕皖官錢局"票名和面值，兩側分別印有發行日期和編號，日期之下有"裕皖官錢局"長方印章，有"壹"字組成的散射狀底紋，其他票面有的印有"駐亳駐亳裕皖分局""駐和分銷處""臨淮鎮""駐正陽""廣德分銷處""安省公利己""駐之裕皖莊安省公利己""建平分銷處龍洋改歸省局""建午分局""改歸省局"等，票背印有安徽巡撫告示，右邊有騎縫編號和印章。該幣由上海商務印書館製造。伍圓票爲豎版，票面四周有花欄裝飾，四角有漢文面值，花欄中爲海水、雙龍戲珠圖，光緒元寶正、背圖案，花欄中正上方橫書"安徽裕皖官錢局"七字，左右欄中分別印有"此票准完納丁漕關稅鹽課厘金""如有私刻假票者照私鑄例治罪"，正中印有"憑票取銀圓伍圓"，其兩側爲"赤字第伍佰叁拾號""光緒丁未年八月吉日"，日期之下有"裕皖官錢局"字樣，票背有花欄裝飾，四角印有阿拉伯數字"5"，票面印有安徽巡撫告示，蓋有"裕皖通用銀圓"長方形印章，右邊有騎縫編號和印章。

貴州官錢局估平足銀銀兩票

貴州官錢局於光緒年間發行。僅見壹兩、伍兩兩種。壹兩票豎版，票面四周有花欄裝飾，四角有大寫漢文數字和阿拉伯數字面值，花欄內爲雙龍戲珠、竹子圖，印有滿、漢文"貴州官錢局"，票正中印有"憑票發公估平足銀壹兩""光緒戊申年三月　日""剛字第肆佰零伍號""此票准完納本省丁漕及關稅鹽課厘金""如有私刻假票者照私鑄例治罪"字樣。票背有花欄裝飾，四角印有"貴州官局"四字，背印貴州巡撫告示，"中國"之英譯和貴州官錢局票名。參閱《貴州錢幣資料》。伍圓票爲橫版，票面四周有花欄裝飾，四角有漢文、阿拉伯數字面值，票面主要圖案有雙龍、竹子、旗子，印有滿、漢文"貴州官錢局""省平公估足銀""伍兩"、編號和發行年月，票背有花欄裝飾，四角有"貴州官局"四字，印有貴州巡撫告示，英文貴州官錢局票名。

浙江官錢局鷹洋票

浙江官錢局於光緒三十四年（1908）四月發行之銀圓票。局址設在杭州市，資本總額銀元五十萬圓。僅見壹圓一種，豎版。票面四周花欄裝飾，四角有大寫"壹"和阿拉伯數字面值，主要圖案爲雙龍，花欄內正上方印"浙江官錢局"，票面印有"憑票取鷹洋壹元""浙江官錢局""認票不認人""上海商務印書館製造"等字樣，背面有花欄裝飾，四角印大寫面值，主要圖案雙龍，印發行告示，底紋由壹圓組成。該紙幣是清代官銀錢局紙幣以鷹洋爲銀本位極少數之一，非常珍貴。

滇藩司鈔

雲南藩司於咸豐五年（1855）發行流通於雲南地區之紙幣。有貳千文、叁千文、貳拾千文面額，豎版。票面四周有花欄裝飾，花欄中圖案爲龍紋、海水紋，花欄內上方印漢、滿兩種文字"滇藩司鈔"，

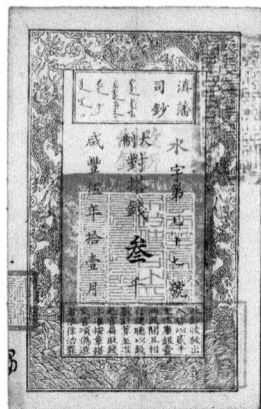

滇藩司鈔（叁千文）

票中印"大制對搭錢"，左右各印發行日期和編號，票面下邊印"此鈔收放出入皆以貳千文作庫銀壹兩""民間互相行使聽以錢數計算""並准赴官局取錢""亦准按章搭交官項""偽造者依律治罪"字樣，蓋有雲南藩司大紅方印，左下方蓋有騎縫方章。該票是雲南省官方自行印製，發行較早的紙幣，僅在省城流通三四年。參閱湯國彦《雲南歷史貨幣》。

雲南干崖新成銀莊紙票

雲南干崖（今德宏盈江）新成銀莊發行。該紙幣爲雲南第二十四代宣撫使刀安仁發行。現見一兩、五兩、十兩三種，橫版。票面四周有花欄裝飾，正上方印有"干崖宣撫准""光緒三十五年造""新成銀莊發行""紋銀一兩"字樣，主要圖案有宣撫使人像和花球，背面印有漢、英文宣撫告示。參閱湯國彦《雲南歷史貨幣》。

雲南官錢局銀兩票

雲南官錢局於光緒年間發行。僅見叁兩陸錢一種，豎版。票面四周有花欄裝飾，四角有"官錢局名"字樣，花欄中爲雙龍戲珠、海水圖。印有"雲南官錢局""憑票取公估紋銀叁兩陸錢整""合大龍圓伍枚"字樣和發行日期、編號，蓋有"雲南官銀錢"印章，右邊有騎縫編號和印章，背面印有雲南巡撫告示及大紅方印。（德國白爾文藏）

廣西銀行銀元券

廣西銀行於宣統二年（1910）發行。該銀行前身爲省官錢局。僅見伍圓一種，橫版。票面四周有花欄裝飾，四角有阿拉伯數字大寫面值，印有"宣統二年　月　日"等字樣，票中主要圖案爲雙龍、銀圓圖，印有"廣西銀行"字樣及面值，背面印有文字説明。（中國香港毛景安藏）

甘肅司鈔

甘肅司於清咸豐四年（1854）至同治年間發行。僅見咸豐年伍佰文及同治年壹仟文、貳仟文、叁仟文、伍仟文五種。咸豐四年行用伍佰文豎版，四周花欄裝飾，花欄正上方有"甘肅司鈔"字樣，其正下方有"準錢伍佰文"，左側有"咸豐四年　月　日"字樣，右側有"月字第二千七十二號"，票下方有發行文字説明，票中有方形印章。同治年間票面四周印有花欄裝飾，花欄上方印有"甘肅司鈔"字樣，四周花欄中印有"更新易舊"或八寶、仙鶴、海水紋。紙幣內中間印有"準錢　文"，左右邊分別印有發行日期和字冠編號，鈔票下邊印有"戶部奏行寶鈔尚未頒到""經奏明由甘先製司鈔准取大錢制錢""俟部鈔頒到准其更換""偽造者依律治罪"。同治十二年，左宗棠任甘肅巡撫，整頓甘肅幣制，以提留的軍餉項目內的報項，籌撥制錢、紋銀，收回甘肅司鈔。甘肅司鈔的發行對緩和甘肅的制錢周轉困難有一定的作用。參閱馬飛海等《中國歷代貨幣大系‧清代貨幣》。

熱河官銀號紙幣

熱河官銀號於光緒三十三年（1907）至民國公元1917年發行。該號由熱河都統廷杰呈准於1906年10月8日成立。資本庫平銀五萬兩，發行銀兩票、制錢票、銀元票三種。僅見制錢票壹吊一種，豎版。票面四周有雙龍、海水組成花欄裝飾。票面內正上方印有"官銀號"三字，其下印有"憑票發　""光緒三十四年八月十一日"字樣和印章（承德離宮博物館藏）。僅見銀元票壹圓一種，銀兩票拾兩票一種，具體

形制不詳。（吉林檔案館藏）

華盛官帖局紙幣

　　華盛官帖局於光緒二十四年（1898）發行。該局前身爲 1894 年盛京將軍裕禄設立之奉天華豐官帖局，由依克唐阿奏准，於 1898 年 5 月改爲現名，資本銀八萬兩。發行制錢票、大洋票兩種。制錢票現見貳吊、捌吊、拾吊三種，竪版。票面四周由外層文字、內層圖案兩部分組成花欄裝飾，正上方印有"盛京華盛官錢局"，其下正中印有"憑帖取　整"，左右印有發行日期、編號（上海博物館藏）。小洋票有壹圓、伍圓、拾圓三種，北洋官錢局印，未見實物，具體形制不詳。由於光緒二十六年"庚子事變"，盛京各商、當多被搶劫，該局陷入危機之中，清理之後，奉天當局改爲華奉官帖局，又改奉天官銀號。

奉天官銀號紙幣

　　奉天官銀號於光緒三十一年（1905）十一月發行。奉天將軍趙爾巽於 1905 年 11 月創辦該銀號，資本六十萬兩。總號設在奉天，營口、錦州、遼陽、鐵嶺、安東、長春、齊齊哈爾設有分號。發行銀兩票、銀元票、制錢票三種。銀兩票未見實物，形制不詳。銀元票面額有壹角、貳角、伍角、壹圓、伍圓、拾圓、拾角七種，橫版。票面四周有花欄裝飾，四角有阿拉伯數字面值，正上方有漢滿文"奉天官銀號銀元票"，主要圖案爲花額、雙龍，票面左右分別印有發行日期、編號。拾角、壹圓、伍圓、拾圓票有漢文面值組成散射狀底紋，票背面有漢、滿文發行説明。1908 年版壹、貳、伍角爲北洋官錢局印，其他銀元票均由北洋官報局印（上海博物館藏）。制錢票發行面額有壹吊、貳吊、

奉天官銀號紙幣（壹吊）

叁吊、肆吊、伍吊、陸吊、柒吊、捌吊、拾吊、壹拾伍吊、貳拾吊、貳拾伍吊、叁拾吊、叁拾伍吊、肆拾吊、伍拾吊、陸拾吊、柒拾吊、壹佰吊等十九種，僅見有壹吊、拾吊、叁拾吊三種，橫版。票面四周有花欄裝飾，四角有漢文面值，主要圖案爲雙龍擁花額，印有"奉天官銀號"字樣，發行面值、日期、編號是填寫的。商務印書館印。

北洋經武銀號紙幣

　　北洋經武銀號於光緒丙午年（1906）發行而未流通的樣本紙幣。僅見庫平足銀叁兩一種，竪版。票面四周有花欄裝飾，主要圖案爲雙龍戲珠圖、李鴻章像、北洋水師圖等。票内正上方橫書"北洋經武銀號""光緒丙午年造"，其下正中印有"庫平足叁兩"，左右爲"私刻假造照私鑄例治罪""永遠通用認票不認人"字樣，最下面印編號，印有銀號英文名字和天津地名。英國印製。參閲北京錢幣學會編《中國標準紙幣圖録》。

山西晉泰官銀錢號紙幣

　　山西晉泰官銀錢號於光緒二十八年（1902）發行。該銀號由山西巡撫岑春煊奏准於 1902 年 7 月成立，又稱"晉泰官錢局"。局址在太原活牛市街，資本五萬兩銀。發行銀兩票、銀圓票、制錢票三種。因未發現實物，具體形制不詳。

該局於 1913 年停業清理。參閱戴建兵《中國近代紙幣》。

浙江銀行紙幣

浙江銀行於宣統元年（1909）發行。該行前身爲浙江官銀號，於 1909 年改組而成，資本總額五十萬餘兩，屬官商合辦。發行銀兩券、銀元票、銅元票三種。僅見有銀元票伍元一種，橫版。票面四周有花欄裝飾，四角有漢文面值，主要圖案雙獅、房屋圖，印有"浙江銀行""上海"字樣和發行面值、編號和印章。參閱張志中《中國紙幣》。

福建官錢局紙幣

福建官錢局於光緒二十六年（1900）發行。該局成立於 1900 年 10 月，資本爲臺平銀五萬多兩。1907 年 3 月改爲福建官銀行，發行新鈔，有壹圓至百圓多種，每圓合新議番銀七錢，蓋有藩司印，并加蓋官錢局騎縫圖章，具體形制不詳。宣統三年（1911），該局又改組爲福建銀號。參閱戴建兵《中國近代紙幣》。

湖南阜南官錢局紙幣

湖南阜南官錢局於光緒二十二年（1896）發行。該局由湖南巡撫陳寶箴奏准，於 1896 年 2 月成立，局址設在長沙市黄道街，巨商朱昌珠爲總辦，資本十萬兩，官商合辦。發行銀兩票、制錢票兩種，信譽較好，因未發現實物，具體形制不詳。1899 年，陳寶箴因"戊戌政變"受牽連去職，清政府不承認該局爲官辦，最後由朱氏自行墊賠而結束。參閱戴建兵《中國近代紙幣》。

廣東官錢局紙幣

廣東官錢局於光緒三十年（1904）發行。兩廣總督張之洞爲解決金融流通問題，於 1904 年 11 月開辦該局，資本十萬兩，發行有舊票新票區別。舊票除毫幣、壹元爲天津北洋官報局印制外，其他毫幣、壹元、伍元、拾元票爲日本印製。新幣有伍毫、壹元、伍元、拾元四種，按《千字文》編號，每字編十萬號，自"天"至"往"字計二十萬號。舊票僅見壹元一種，橫版。票面四周有花欄裝飾，四角有漢文面值，主要圖案爲雙龍戲珠、銀元正背圖、房屋等，印有"憑票取銀圓壹大元""重庫平七錢二分""廣東錢局"字樣和發行面值、編號和印章，票右邊有騎逢印章。由日本印製的銀元票版面除印有漢、滿文"光緒元寶"和發行面值用隸書外，其他花欄、主要圖案基本相同。參閱北京錢幣學會《中國紙幣標準圖録》。

廣東官錢局紙幣（壹元）

蜀通官錢局紙幣

蜀通官錢局於光緒二十二年（1896）發行。1895 年春陝西巡撫鹿傳霖升任四川總督，爲解決金融流通問題，奏准於 1896 年元月成立該局，總局設在成都，井廠、重慶設有分支機構。資本分別由藩庫撥五萬兩，寶川局借撥五萬串籌齊，發行銀兩票壹兩一種，名曰"蜀通銀票"。因未見實物，具體形制不詳。總計發行額四十一萬餘兩，一兩折錢一千○四十文，折九七平銀八錢。1897 年鹿傳霖下臺，該局亦隨之停業清理。參閱戴建兵《中國近代紙幣》。

秦豐官錢局紙幣

秦豐官錢局於宣統二年（1910）發行。該局1910年由陝西官銀號改名而成，資本六萬兩，發行銀兩票和制錢票兩種。銀兩票有壹兩、貳兩、伍兩、拾兩、貳拾兩、叁拾兩六種。制錢票有伍百文、壹仟文兩種。因未見實物，具體形制不詳。辛亥革命後，該局改組爲奉豐銀行後停業。參閱戴建兵《中國近代紙幣》。

陝西富秦錢局紙幣

富秦錢局於光緒末年至民國年間發行。該局由陝西藩司設立，辛亥革命前稱"利大錢號"，發行制錢票、銀元票、銅元票三種。制錢票有壹佰文、貳佰文、伍佰文、壹仟文、貳仟文、一串文、二串文七種。分竪版、橫版兩種。僅見壹佰文、貳佰文、伍佰文、壹仟文四種竪版。票面四周有花欄裝飾，四周有漢文面值，主要圖案爲華山圖、花額等，印有"陝西富秦錢局"字樣和發行面值、日期、編號、印章，背面有英文發行局名稱，由財政部印製局印。一串文、貳串文、貳仟文三種爲橫版，票面四周有花欄裝飾，四角有漢文面值，主要圖

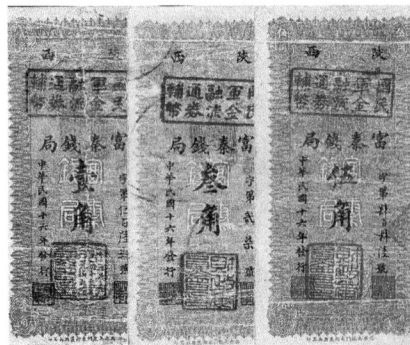

陝西富秦錢局紙幣（銀元票）

案爲寺廟、工廠圖，印有"陝西富秦錢局"字樣和發行面值、日期、編號、印章，背面有發行説明，其中1926年版一串文爲竪版，主要圖案爲樓閣，票背有發行説明，該幣由藝興石印局印。

銀元票有壹角、叁角、伍角三種。有的加蓋國民軍金融流通券。因未見實物，具體形制不詳。

銅元票有壹拾枚、貳拾枚、伍拾枚三種。僅見拾枚樣本、貳拾枚兩種，橫版。票面四周有花欄裝飾，四角有漢文面值，主要圖案爲田野、建築圖、花額等，印有"陝西富秦錢局"字樣和發行面值、日期、編號、印章。參閱張志中《中國紙幣》、北京錢幣學會《中國紙幣標準圖録》。

阿克蘇官錢局紙幣

阿克蘇官錢局於光緒二十八年（1902）流通於阿克蘇道地區之紙幣。該局由江遇璞呈准於1902年8月創立，資本三萬兩。僅發行肆佰文一種，共發行四萬張，每張折銀一兩。又從省城領用油布票三萬張，1907年2月又發行油布票二萬兩。1904年將紙幣收回。未見實物，具體形制不詳。參閱戴建兵《中國近代紙幣》。

喀什官錢局紙幣

喀什官錢局於光緒十四年（1888）發行。該局由袁堯齡呈准設立，資本五千兩。發行紅錢紙幣肆佰文一種，折銀壹兩。流通於喀什、和田兩區。因未發現實物，具體形制不詳。參閱戴建兵《中國近代紙幣》。

民間私票

康熙年會票

清代康熙二十二年（1683）民間流通的商用會票。據安介生《山西票商》載，1982 年安徽徽州休寧渭橋謝氏舊宅的卷棚夾閣中發現一皮匣，裏面藏有二十三張康熙二十二年的商用會票，豎式。會票注明匯兌白銀的數量、地點、期限、店鋪、發行會票人的姓名及發行日期，會兌銀兩時的平砝方法等等。因實物藏處不詳，其紙張、印章及花押等不清楚。但從以上可以看出，清初我國民間的匯兌業務已相當完備。這是現今所知最早所見的會票實物。

天順亨記匯券

山西天順亨記匯兌莊於乾隆三十年（1765）發行的匯票。僅見貳佰兩一種，豎式。

匯票上有九個印章，其中"天順亨記"印章四個，張同龢方印兩個，"天順亨記"人物花押三個。此外還有毛筆填寫的"還訖""清訖""乾隆三十年八月二日即還紋銀貳佰兩"等注銷字樣。匯票正文的銀兩數字處用毛筆劃有一圓圈。該幣字迹工整，格式統一，印章清晰。它不僅真實地提供了清代乾隆年間正式使用"匯票"一詞的依據，而且是目前發現最早的匯票實物。

廣興乾記錢帖

山西廣興乾記於清乾隆年間發行。僅見鈔版一塊，豎版單面。木質，長 17.2 厘米、寬 10.4 厘米，厚約 2 厘米，首部反抹角爲牌狀。票面四周有雙綫框欄，正上方橫印"廣興乾記"四字，其下由右至左豎印" 寶號見帖今兌收下"" 錢 萬 千 百 文""見帖附與莫誤

此帖存照""乾隆 年 月 日 號"字樣。該鈔版發現於山西晋中地區，是目前已知最早的民間票帖版實物。參閱《中國錢幣》1999年第二期。

廣興乾記錢帖版

美興合記錢票

美興合記於清嘉慶二十二年（1817）二月初七日發行。僅見面額壹佰壹拾五千文一種，豎版牌形。票面四周有雙綫框欄，正上方橫印"美興"兩字，其下由左至右依次豎印"憑貼到 ""王董本號""取錢壹佰壹拾五千整""遵例貳分伍厘行息二十四月期過期不取許鋪變賣如有上□□蟲傷鼠咬來路不明鋪主無干凡有贖者認票不認人執當爲照""嘉慶貳拾貳年貳月初七日票"字樣。蓋有棱形印文"美興當店"印記兩個，橢圓形印文"美興合記"印記兩個。說明是當鋪發出的錢票。該票麻紙，發現於山西長治。參閱《中國錢幣》1999年第一期。

楊允興錢帖

山西楊永興店於嘉慶年間發行。僅見鈔版一種，豎版。梨木刻版，長 22.5 厘米，寬 9.2 厘米，厚 4 厘米。首部抹角爲牌狀。票面四周有人物花欄裝飾，花欄寬 1 厘米，内飾八仙人物及五蝠、雲紋等，圖案中暗含"執照""允興錢店"字樣，正上方圖案中橫書"楊允興"三字，票面文字内從右至左分四行，第一行直書"憑票字號"，第二行印"寶號"，第三行爲留空

填寫錢票金額，第四行爲"嘉慶　年　月　日

據"。該鈔版發現於 1993 年山西忻州。參閱
《中國錢幣》1999 年第二期。

新成號錢帖

甘肅古慶陽新寨
店於道光年間發行的紙
幣。僅存拓片一塊，竪
版。票版四周有花欄裝
飾，花欄中有人物風景
圖案，正上方圖案中暗
刻"古慶陽""新寨店"
地名，花欄內正上方
有"新成號"票名，其
下從右至左依次刻有

新成號錢帖

"　字第　號憑帖到　""　號支錢　""道光
　年　月　日"字樣，有發行説明。該鈔版制作
精美。參閱馬飛海等《中國歷代貨幣大系·清代
貨幣》。

楊永豐錢店照票

陝西商邑楊永豐錢店於道光十四年（1834）
發行之紙幣。僅見壹串文一種，竪版。票面四
周有文字花欄裝飾，正上方有"照票"字樣，
花欄內右側有"憑票發錢壹串文"和編號，左
側有"道光十四年五月十七日票"字樣，左右
下方分別有一個長方形印章，其中左面印章有
"商邑楊永豐錢店"字樣。該紙幣面值、日期、
編號均爲手工書寫。參閱《陝西金融》。

余中和老店錢票

陝西商邑南關余中和老店於道光十六年
（1836）發行。僅見壹串文一種，竪版。票面四
周有人物、花紋裝飾，花欄外正上方蓋一長方
形文字印章，花欄內正上方有"商邑南關"字

樣，右側有"憑票發錢壹串文"，左側有"道光
十六年二月十五日"，左右下方各有一個方印
章，其中左面印章有"余中和老店"字樣。該
幣面值、日期、編號均手工書寫。

雙盛興錢帖

雙盛興號於道光二十年（1840）四月
二十八日發行。僅見二串文一種，竪版。票面
四周有花紋裝飾，花欄內正上方有"雙盛興號"
字樣，其下方右側有"成字壹佰四九號"，正
中有"憑號取錢二串文整"，左側有"道光廿
年四月廿八日"字樣，左側下方有一長方形印
章。該幣面值、日期、編號均爲手工書寫。參
閲《陝西金融》。

萬亨號錢票

萬亨號於道光二十二年（1842）二月五日
發行。僅見肆佰文一種，竪版。票面四周在雙
直綫中間用文字組成花欄裝飾，花欄內正上方
有"萬亨"字樣，其下方右側有"憑票支錢肆
佰文"，左側有"道光廿二年二月五日"字樣、
編號和一個正方形印章，右側中有一長方形印
章，其下方有一橢圓形印章。該幣面值、日期、
編號均爲手工書寫。參閲《中國錢幣》1999 年
第一期。

魁盛昌錢票

山西平邑魁盛
昌於道光二十六年
（1846）一月十一日
發行。僅見壹仟文一
種，竪版。票面四周
有花紋、人物裝飾，
左右兩側花欄中有
"通用國貨"四字，花

魁盛昌錢票（壹仟文）

欄內正上方有"平邑東街""魁盛昌"字樣,其正下方"憑票取伍錢壹仟文帖",右側"歲字第捌百玖肆號",左側"道光二十六年正月十一日",之下有"魁盛昌"長方形印章。該幣面值、日期、編號均手工書寫。參閱山西錢幣學會《中國山西歷代貨幣》。

亨利鏑記番銀票

福建亨利鏑記於道光三十年(1850)十二月九日發行。僅見壹圓一種,豎版。票面四周在雙直綫中間有文字組成的花欄裝飾,花欄內正上方有"亨利"二字,正下方右側有"憑票支錢壹圓",左側有"道光三十年十二月九日"和編號,編號之上有正方形"亨利鏑記"印章。該幣面值、日期、編號均手工書寫,右邊有騎縫編號和印章。參閱臺灣《錢壇》。

通彩高記番銀票

福建通彩高記於咸豐元年(1851)發行。僅見叁圓一種,豎版。票面四周在雙直綫中間有文字組成的花欄裝飾,花欄內正上方有"通彩"兩字,正下方右側"憑票支錢叁圓",左側"咸豐六年閏月貳日飽字壹百",編號之上有較大的方形印章,右邊有騎縫編號和印章。該幣面值、日期、編號均手工書寫。參閱臺灣《錢壇》。

集珍隆記兌票

山西平邑集珍隆記於咸豐八年(1858)七月二十日發行之紙幣。僅見壹仟文一種,豎版。票面四周有人物、花紋裝飾,花紋中有"平邑集珍隆記"字樣,花欄內正上方有"兌票"兩字,正下方右側"戊午憑帖來取",正中有"天字玖佰柒玖號伍錢壹仟",左側有"咸豐八年七月廿日集珍隆記帖"字樣,在壹仟文之上有方

形印章。該紙幣面值、日期、編號均手工書寫,印製比較精細。

裕茂隆號錢帖

魚化鎮裕茂隆號於咸豐十年(1860)發行。僅見壹串文一種,豎版。票面四周有人物圖案花欄裝飾,花欄中正上方有"裕茂隆號""魚化鎮換板"字樣,右側有"石字捌全號憑帖到　",票面正中有"本號取錢壹串文",左側有"咸豐拾年又三月",其下方有"魚化鎮裕茂隆號"長方形印章。票面上第一次出現提醒假冒之文字"近有無恥之徒臨刻假印票圖書提防挖補換直""本號諸公細心查明""倘有慌忙錯收本號不認勿輕圖"等。票面上蓋有人物花押印和菱形印章,面值、日期、編號均手工書寫。該幣圖案精細、印製精美。(中國國家博物館藏)

豐裕慶記錢帖

山西平邑豐裕慶於咸豐十一年(1861)發行。僅見壹千文一種,豎版。票面四周花欄較寬,花欄由外層爲文字、內層爲人物兩部分組成,正上方人物裝飾花欄中有"平邑南街"字樣,花欄內正上方有"豐裕慶"字樣,正中有"庚字肆佰伍玖號伍錢壹千文",右側有"憑帖來取",左側有"咸豐十一年式月十六日帖",在帖之上方有"平邑豐裕慶記"長方形印章。該幣面值、日期、編號均手工書寫。參閱山西錢幣學會《中國山西歷代貨幣》。

豐裕慶記錢帖(壹千文)

愛鵝堂記錢票

　　山西榆次愛鵝堂記於咸豐年間發行。僅見版票拓本，豎版。票面四周花欄較寬，花欄由外層爲人物，内層爲文字兩部分組成。文字刻印精細，人物雕刻精美，花欄内正上方由"愛鵝堂記"字樣，正下左方"咸豐年　月　日票"，右側"字　號憑票到　"字樣。

大成店記錢票

　　吉林新城大成店記於咸豐年間發行。僅見版票拓本，豎版。票面四周有花欄裝飾，花欄由内層爲文字，外層爲人物圖案兩部分組成。花欄中正上方有"新城東關"字樣，花欄内正上方有"大成店記"店名，正下方有"憑帖取錢　"，右側有"　字　號"，左側有"咸豐年　月　日"字樣，票面下方有一"袁記"聚寶盆花押記。（吉林省錢幣學會藏）

有道號錢票

　　有道號於咸豐年間發行。僅見拓本版票連存根一種，豎版。票面四周花欄裝飾，花欄由内層爲文字、外層爲人物兩部分組成。文字精細，人物刻印精美。花欄内正上方有"有道"兩字，其下左側有"憑票支錢　"，左側有"咸豐　年　月　日"。

德盛昌號錢帖

　　陝西乾州（今乾縣）王樂鎮德盛昌號於咸豐十一年（1861）八月十二日發行之油布幣。僅見貳串文一種，豎版。票面四周由内層爲文字、外層爲花紋兩部分組成花欄裝飾，花欄中正上方橫印"德盛昌號"，其下正中豎印"憑帖取錢貳串整"，左右分別印"銅錢相對認票不認人"字樣和存發行日期、編號和印章，花欄中右上方有用絲綫將半枚自製銅錢連接在布幣上，票右邊有騎縫編號和印章，由桐油罩面，用自製銅錢對接防僞尚屬首次。

福順和號錢帖

　　陝西乾州（今乾縣）西街福順和號於同治六年（1867）發行之布幣。有油布幣和布幣兩種，油布幣僅見叁串文一種，豎版。票面四周有萬字紋組成花欄裝飾，花欄中正上方橫印"乾州西街""福順和號"，其下正中豎印"憑帖取錢叁串整"，左右分別印有"當此清平世界河且出圖""本號今出錢帖原爲易地買賣客主兩便""望郡中

福順和號錢帖

素行不矩者自念仁義再勿忍心害亂以爲堂堂男子諸偶若生邪念私刻版圖印章對取本號""若有查出決不寬……"字樣和發行日期、編號、印章，票右邊有騎縫編號的印章，該幣由桐油罩面。布幣有貳串文、叁串文、肆串文、伍串文四種，豎版。票面四周由花紋，文字組成花欄裝飾，花欄中正上方印有"福順和號""乾州西街"字樣，其下正中豎印"憑帖取錢　"，左右兩側印有"錢帖往來原爲兩便""近有無恥之徒私刻本號圖章""印色近者即照遠者討保錯收不認君子勿怪"字樣和發行日期、編號、印章，"銅錢對號失遺不補"或印章，或手寫字樣，花欄外左上方有用絲綫將半枚康熙通寶或乾隆通寶錢連接於布幣上。肆串文票面正上方手書"京貨局"三字，票右邊有騎縫編號、印章。

據義豐號錢帖

陝西乾州（今乾縣）南關據義豐號於咸豐十一年（1861）發行之布幣。僅見捌串文一種，豎版。票面四周由《治家格言》文組成花欄裝飾，花欄內正上方橫印"據義豐號"，其下正中印有"本號取錢捌串文"，左右印有"錢帖往來原爲兩便""特有失遺者本號認票不認人"字樣和發行日期、編號、印章，花欄外左上方有用絲綫將半枚"乾隆通寶"錢連接在布幣上。

新盛和號錢帖

陝西乾州（今乾縣）正街新盛和號於同治三年（1864）發行。僅見咸豐三年改票面額伍串文一種，豎版。票面四周有花紋裝飾，正上方橫印"乾州正街執照"，其下正中印有"新盛和寶號兄臺付來人錢伍串整"，左右印有"開錢之時圖章板式仔細認真""異日算帳存帖爲證""倘有失遺本號不認"字樣和發行日期、編號、印章。

萬新祥號錢帖

陝西乾州（今乾縣）正街萬新祥號於同治三年（1864）發行。僅見貳串文、肆串文兩種，豎版。票面四周由內層爲文字，外層爲人物組成花欄裝飾，花欄中正上方橫印"萬新祥號"，其下正中豎印"執帖取錢　"，左右爲發行日期、編號、印章、印記，票右邊有騎縫編號、印章。

義順和號錢帖

陝西乾州（今乾縣）臨平鎮義順和號於同治八年（1869）發行。僅見叁串文一種，豎版。票面四周由人物組成花欄裝飾，正上方橫印"臨平鎮""執照"，其下正中豎印"本號取錢叁串整"，左右分別印有發行日期、編號、印章、

詩文。詩文內容爲關中八景，即"咸陽古渡幾千秋，雁塔晨鐘出漢都。灞柳風雪白滿地，草堂烟霧鎮秦樓。太白積雪六月冷，華岳仙掌老君留。驪山晚照依然在，曲江流飲唐士游"。印有"近者即照遠者討保"文字印章，票右邊有騎縫編號和印章。

興順公號錢帖

陝西禮邑（今禮泉縣）西街興順公號於同治九年（1870）發行。僅見貳串文一種，豎版。票面四周有花欄裝飾，正上方橫印"禮邑""天官賜福""執照""西街"等字，其下正中豎印"泉興耀號取錢貳串整"，左右兩側印有"執帖查清謹防假票""圖書爲記將帖存據""倘有失遺者認票不認人""收帖要有下家"字樣和發行日期、編號、印章、人物花押，票右邊有騎縫編號、印章。禮泉縣興順公號發出的紙幣，指明到乾州泉興耀號取錢，反映了執照是介於匯票和紙幣之間的一種過渡形式。

永順隆號錢帖

陝西乾州（今乾縣）永順隆號於同治十三年（1874）發行。僅見三串文一種，豎版。票面四周由人物組成花欄裝飾，正上方橫印"永順隆號"，其下正中豎印"慶豐魁取錢三串整"，左右兩側分別印有發行日期、編號、印章、花押、發行説明，印有"兌錢即取錢過三日回鋪不認"文字印章，票右邊有騎縫編號、印章。永順隆號發出的紙幣指明到慶豐魁號取錢，反映了匯票向紙幣一種功能性的過渡。

蔚長永記錢票

山西平遥蔚長永記於光緒元年（1875）十月初七發行。僅見壹仟文一種，豎版。票面四周有花欄裝飾，票面正上方橫書"錢票"兩

字，其下竪書發行面值，發行日期爲"光緒元年十月初七具蔚長永記帖"，左右兩邊有騎縫編號、印章等。參閱山西錢幣學會《中國山西歷代貨幣》。

宏順德號錢帖

陝西永壽監軍鎮宏順德號於光緒三年（1877）發行。僅見貳串文一種，竪版。票面四周由內層爲文字，外層爲花紋兩部分組成花欄裝飾，正上方橫印"宏順德號"，其下正中竪印面值，左右爲發行日期、編號、印章，票右邊有騎縫編號、印章。

通順成號錢帖

陝西乾州（今乾縣）正街通順成號於光緒五年（1879）發行。僅見叁串文一種，竪版。票面四周有花欄裝飾，正上方橫印"執照"兩字，其下正中竪印"德順福號取錢叁串整"，左右兩側印有發行日期、編號、印章。該號發出的紙幣指明到德順福號取錢，反映執票是介於匯票與紙幣之間的一種功能性過渡形式。

順成裕號錢帖

陝西乾州（今乾縣）正街順成裕號於光緒年間（1875—1908）發行。僅見1880年版伍串文，1881年版貳串文、叁串文、伍串文，1885年版貳串文、叁串文共三種，六個版面，竪版。票面四周有花欄裝飾，正上方橫印"順成裕號"四字，其下正中竪印"錢　文"，左右兩側分別印有"見帖付來人""存帖帳失帖不認"字樣和發行日期、編號、印章，票右邊有騎縫編號、印章。

鼎新茂號錢帖

陝西乾州（今乾縣）鼎新茂號於光緒十年（1884）發行。僅見壹串文、貳串文兩種，竪版。

票面四周由人物文字組成花欄裝飾，花欄內正上方橫印"執照"兩字，其下正中竪印"鼎新茂號取錢　"，左右兩側分別印有發行日期、編號、印章，票右邊有騎縫編號、印章。

天億成號錢帖

陝西乾州（今乾縣）正街天億成號於光緒十二年（1886）發行。僅見壹串文一種，竪版。票面四周由內層爲文字、外層爲人物兩部分組成花欄裝飾，正上方橫印"天億成號""乾州正街"其下正中竪印"執帖取錢壹串文整"，左右兩側分別印有發行日期、編號、印章，票右邊有騎縫編號、印章。

滋生恒號錢帖

陝西乾州（今乾縣）滋生恒號於光緒十三年（1887）發行。僅見壹串文、貳串文兩種，竪版。票面四周有花欄裝飾，正上方橫印"滋生恒號"，其下正中竪印"取錢　"，左右兩側分別印有發行日期、編號、印章，票右邊有騎縫編號、印章。

豐盛恒號錢帖

陝西乾州（今乾縣）豐盛恒號於同治元年（1862）發行。僅見肆串文一種，竪版。票面四周有花欄裝飾，正上方橫印"豐盛恒號"，其下正中竪印"取錢肆串整"，左右兩側印有發行日期、編號、印章，票右邊有騎縫編號、印章。

萬德錢店錢票

萬德錢店於光緒年間發行。僅見伍拾仟文一種，竪版。票面四周有花欄裝飾，花欄內正上方有"萬寶德恒"字樣，其正下方有"憑帖取錢伍拾仟文"，右側有"吊字叁佰玖拾伍號換外票"，左側有"光緒丙子年七月　日"，左下方有"萬德錢店"長形印章，左上方有花邊裝飾之文字印章，"伍拾仟文"之上有方形印章。該紙幣面值、編號、日期爲手工書寫。光緒票上手寫"丙子"年，說明該幣爲光緒二年（1876）用，右邊有騎縫編號和印章。參閱馬飛海等《中國歷代貨幣大系·清代貨幣》。

裕茂恒號錢帖

陝西三橋鎮裕茂恒號於同治元年（1862）發行。僅見壹串文一種，竪版。票面四周有花欄裝飾，花欄由内層爲花紋、外層爲人物兩部分組成，花欄内正上方有"裕茂恒號""三橋鎮"字樣，其下方右側有"亨字玖玖號憑帖到""本號取錢壹仟文整"，左側有"同治元年三月　日票"，日期上有"三橋鎮裕茂恒號"長方形印章，在編號、面值之上分別蓋有"裕茂恒號"方章。票面上還有"近有無耻之徒臨刻假印票圖書""提防挖補本號""諸公細心查明倘有慌忙錯收本號不認勿怪圖"。該幣面值、日期、編號爲手工書寫。參閱馬飛海等《中國歷代貨幣大系·清代貨幣》。

祥豐番銀票

福建祥豐於同治二年（1863）發行。僅見伍圓一種，竪版。票面四周有文字與花紋相間裝飾花欄，花欄内正上方有"祥豐"字樣，正下方右側有"憑票取錢伍圓"，左側有"同治二年九月貳伍日靡字伍陸"字樣，編號上面有一方形印章，面值上有一長方形印章，一文字長方形印章和二枚圓形印章，右邊有騎縫編號、印章。該幣面值、日期、編號爲手工書寫。參閱張志忠《中國紙幣》。

成發號錢帖

遼寧撫順成發號於同治六年（1867）發行。僅見貳拾吊一種，竪版。票面四周有花紋裝飾，花欄由内層爲文字、外層爲人物圖案兩部分組成，花欄内正上方有"撫順北關""成發號"字樣，正下方有"憑帖取錢貳拾吊"，右側"寶字貳佰捌號""新換筆迹"字樣，左側有文字"同治六年七月十五日"，日期之下有"撫順北街""成發恒記"長方形印章，面值之上有"成發恒記"方形印章和樹葉花押記，面值、日期、編號爲手工書寫。該幣刻印文字精細，圖案精美。（上海博物館藏）

福興總局銀兩票

熱河福興總局於同治六年（1867）發行。僅見伍拾兩一種，竪版。票面無花欄裝飾，右側有"元字四拾號"，中間有"憑帖取銀伍拾兩正"，左側有"同治六年四月廿一日"字樣，日期下面有長方形印章，銀兩面值上面有二方形印章，左邊有圓形騎縫章，日期、編號爲手工書寫。參閱馬飛海等《中國歷代貨幣大系·清代貨幣》。

源聚號錢帖

山西平遥源聚號於同治七年（1868）發行。僅見壹千文一種，竪版。票面四周有花欄裝飾，花欄由内層爲人物圖案、外層爲文字兩部分組成，花欄中正上方有"平邑東街""源聚號"字樣，其下方有"辰字叁佰零伍號尬錢壹仟文"和改"取錢四佰文"字樣，右側有"憑帖來取""認票不認人"，左側有"同治七年七月十四日源聚和記帖"字樣，面值之上有方形印章，票面蓋有人物花押

源聚號錢帖（壹千文）

記，面值、日期、編號爲手工書寫。參閱山西錢幣學會《中國山西歷代貨幣》。

廣源號記錢帖

山西文邑廣源號記於同治十年（1871）發行。僅見壹千文一種，竪版。票面四周有人物圖案裝飾花欄，花欄內正上方有"文邑南街""廣源號"字樣，其下方有"憑帖取錢壹千文"，右側有"天字第玖叁號"，左側有"同治拾年四月廿四日"，日期之下有"文邑廣源號記"長方形印章，票面上印有人物花押記，面值、日期、編號爲手工書寫。

恒升號錢帖

恒升號於同治年間發行。僅見票版拓本連存根一種，竪版。票面四周有花欄裝飾，花欄由內層爲文字、外層爲花形、人物圖案兩部分組成，花欄內正上方有"恒升"字樣，其下方右側"憑票支錢　"，右側有"同治　年　月　日"字樣。存根上方有"存照"兩字，下方有"同治　年　月　日字"，騎縫處有"　字第　號合同串票"等字樣，有"陳穎"和"福省陳□星造"印章。參閱馬飛海等《中國歷代貨幣大系・清代貨幣》。

東盛長錢帖

阜邑龍皐關東盛長於同治十一年（1872）發行。僅見壹仟陸佰文一種，竪版。票面四周有人物圖案裝飾花欄，花欄中正上方有"東盛長"字樣，其下方有"長記取錢壹仟陸佰文"，右側有"申字第肆壹號憑票到　"，左側有"同治十一年五月十六日"，日期之下有"龍皐關東盛長具"長方形印章，面值、日期、編號爲手工書寫，右上方有騎縫章。該幣人物圖案刻印精美。

協心公錢帖

山西汾邑協心公於同治年間發行。僅見版票拓本一種，竪版。票面四周有花欄裝飾，花欄由內層爲雲紋、外層爲文字兩部分組成，花欄內上方有"協心公""汾邑零城村"，其下方正中有"本號取錢　整"，右側有"　字　號，憑帖向"，左側有"同治　年　月　日批"字樣。參閱山西錢幣學會《中國山西歷代貨幣》。

鍾靈堂銀票（布質）

同治、光緒年間天地會鍾靈堂發行之銀兩票。僅見伍兩一種，竪版。票面正上方有"鍾靈堂"三字，票欄外上方有一刻印的龍圖，票面左右下三方有四句詩："龍盤洞水氣昂昂，鍾靈靈光光萬方，一到風雲聚會日，三江五湖四海王。""鍾靈堂"正下方爲面額"憑票兌銀伍兩整"，右側爲發行編號"威字第六號失票不究"，左側爲發行"　年　月　日"，之下有"鍾靈堂"三字印章，面值、日期、編號爲手工書寫，右邊有騎縫、編號印章。（上海博物館藏）

太古莊銀元票

廣東潮汕太古莊於光緒二十五年（1899）發行流通於汕頭、潮汕、揭陽地區之銀元票。僅見伍元一種，竪版。票面四周有花欄裝飾，花欄中印有"潮洲""汕頭""揭陽""太古莊"字樣和面值，花欄上方有花球和英文票名，票面印有"憑票向本莊取柒兌直平銀伍元整""光緒念伍年柒月初拾日票"，日期之下有"太古莊記"方形印章，花欄下方印有"此票南汕支取"字樣，票面左邊有騎縫章和編號，面值、日期、編號爲手工書寫。該票印製精美。

其昌莊銀圓票

海門其昌莊於光緒二十九年（1903）發行。僅見拾圓票一種，橫版。票面四周有花紋裝飾，四角有"拾圓"字樣，花欄中印有"其昌莊""海門茅家鎮西中市""大清光緒貳拾玖年""歲次癸卯九月吉日"字樣，主要圖案雙龍戲珠，雙龍圖上方印有"憑票取付通用銀洋"，圖中印有"祇認票不認人"字樣，其下爲編號，左右爲面值。（上海博物館藏）

余豐祥錢莊銀圓票

烟臺余豐祥錢莊於光緒三十年（1904）發行。僅見伍圓一種，橫版。票面四周有花欄裝飾，四角分別印有"五"字，票正中上方印有"烟臺余豐祥錢莊""兼管磚窯機器廠"字樣，主要圖案爲花球，其正中爲面值"伍圓"，左右兩側"憑票即付執此爲照""上海通用銀圓祇認票不認人""大清光緒叁拾年吉立""烟臺餘豐祥錢莊"字樣，票背面有花欄裝飾，主要圖案雙龍，印有英文發行名稱、面值和日期等。該票印製精美。（上海博物館藏）

京口鎮大莊銀元票

京口鎮大莊於清末發行。僅見樣票拾元一種，橫版。票面四周有花欄裝飾，四角分別印有漢文面值，主要圖案有雙獅圖，印有"京口鎮大莊""龍洋""憑票取付認票不認人"字樣，左右兩側分別印有發行編號和日期，蓋有"樣子"和"作廢"印章，底紋由漢文面值散射狀組成。票背面有花欄裝飾，四角有阿拉伯數字面值，主要圖案雄獅風景圖，印有英文發行名稱和面值。上海商務印書局製造。（上海博物館藏）

三益銀號銀兩票

北京前門内戶部街三益銀號於光緒二十四年（1898）發行。僅見壹百兩一種，竪版。票面四周有花欄裝飾，花欄内印有"銀票"兩字，其下印有"憑帖取京平銀壹百兩整""光緒二十四年元月　日"字樣和編號，日期下印有"前門内戶部街路東三益銀號"字樣，面值上印有兩個菱形印章，票右邊有騎縫印章和編號，面值、日期、編號均爲手工書寫。（上海博物館藏）

萬聚銀號銀兩票

北京東四牌樓西邊萬聚銀號於光緒二十六年（1900）發行。僅見貳拾兩一種，竪版。票面四周無花欄裝飾，票面上印有"憑帖取平銀貳拾兩整"，發行年爲"庚子"，編號爲"少九百零五"號，蓋有"東四牌樓兩邊萬聚銀號"長方印章，面值上有二個菱形印章，右邊有騎縫印章和編號，面值、日期、編號爲手工書寫。（上海博物館藏）

恒和銀號銀兩票

北京東四牌樓北邊恒和銀號於光緒二十九年（1903）發行。僅見貳拾兩、叁拾兩二種，竪版。貳拾兩票面印有"寄存平銀貳拾兩整"，發行日期"癸卯"、編號"食八百五十四"以及"東四牌樓北邊恒和銀號"字樣，面值上蓋有兩個菱形印章，右邊有三個騎縫印章。叁拾兩票除面值、編號不同外，其他同，面值、日期、編號爲手工書寫。（中國國家博物館藏）

慶成銀號銀兩票

北京慶城銀號於光緒三十三（1907）發行。僅見壹佰兩一種，竪版。票面無花欄，印有"見條付京平足銀壹佰兩整此據"，發行年"丁未"（即光緒三十三）和編號，有西河沿慶城銀號圖記，右邊有騎縫編號和兩個騎縫章，面值、日期、編號均爲手工書寫。（上海博物館藏）

升昌銀號銀兩票

京都前門外升昌銀號於光緒年間發行。僅見未流通叁兩、陸兩二種，竪版。叁兩票四周有花欄裝飾，花欄內爲雲紋、雙龍圖案，欄中印有"前門外紙巷子"六字，票面上方印有"銀票"兩字，其下印有"憑帖取京平銀叁兩整""京都升昌銀號票""概不掛失"字樣，票面左右各印有發行日期和編號。陸兩票除發行面值、日期、編號不同外，其他同叁兩票。（上海博物館藏）

天義銀號銀兩票

北京蘇州胡同天義銀號於光緒年間發行。僅見未流通壹兩、貳兩、叁兩、肆兩、伍兩、陸兩、捌兩、拾兩八種，竪版。票面四周花欄裝飾，花欄中主要圖案爲雙龍戲珠，花欄內印有"北京天義銀號""蘇州胡同中間路北"字樣，票面印有"憑票取京平銀整"，左右有發行日期和編號，發行銀號印章，右邊有騎縫編號印章，票背面無花紋裝飾，有印章和毛筆字。北京林屋洋行印製部印製，印製精美。（上海博物館藏）

天義銀號銀兩票（捌兩）

寶恒銀號銀兩票

京都宣武門外寶恒銀號於光緒年間發行。僅見貳拾兩一種，竪版。票面四周有花欄裝飾，花欄中主要圖案爲花紋、雙龍紋并印有"宣武門外草廠胡同"八字，票面上方印有"銀票"兩字，其下印有"憑票取京平銀　整""京都寶恒銀號票""概不挂失"字樣和發行日期、編號，右邊有騎縫編號、印章。北洋石印局印製。（上海博物館藏）

聚豐銀號銀兩票

北京燈市口聚豐銀號於宣統年間發行。見有壹兩、貳兩、肆兩、伍兩、陸兩、拾兩六種九個版面，竪版。票面四周有花欄裝飾，花欄中主要圖案爲雙龍紋，印有"聚豐銀號""燈市口北路西"文字，票內印有"憑帖取京平松江銀　整""概不挂失票準二分七厘""北京聚豐銀號"字樣和發行日期、編號，右邊有騎縫編號和印章，有的票面印"憑帖取京平足銀整"。北洋石印局印製。（上海博物館藏）

廣源銀號紙幣

北京廣源銀號於光緒、宣統年間發行。發行銀兩票和銀圓票兩種。銀兩票僅見未流通票肆兩、伍兩、壹仟兩三種，竪版。肆兩票面四周有花欄裝飾，花欄中主要圖案雙鳳、雙龍、海水，印"北京廣源銀號""前門外鮮魚口豆腐巷內路西"字樣，花欄內印有"寄存京平銀肆兩整""準二分七厘"字樣，左右印有發行日期和編號，其他票面除面值、編號不同外，其餘基本相同。該票由北京林屋洋行石印局製作。

光緒銀圓票僅見未流通伍圓一種，橫版。票面四周有花欄裝飾，四角印有漢文面值，主要圖案爲花球，票面印有"北京廣源銀號""伍

廣源銀號紙幣（拾圓）

圓”“正陽門外煤市街南”“寄存即付通用銀圓”字樣和底紋，左右兩側分別印有發行日期和編號。該票由北洋石印局印。（上海博物館藏）

宣統銀圓票僅見壹圓、伍圓、拾圓三種，橫版。票面有花欄裝飾，主要圖案海水、雙龍戲珠紋，票中印有“北京廣源銀號”“前門外鮮魚豆腐巷內路西”“憑票即付執此爲據”字樣和底紋、發行日期、編號，票背面有花欄裝飾，主要圖案有龍洋圖案和英文“廣源銀號”。北京林屋洋行印刷部製。（上海博物館藏）

寶恒興銀號銀兩票

北京寶恒興銀號於宣統年間發行。現見貳兩、伍兩、陸兩、拾兩四種，竪版。貳兩票面四周有花欄裝飾，花欄內主要圖案雙鳳、雙龍、海水圖，上花欄中有“北京寶恒銀號銀票”字樣，其下印有“憑帖取京平銀貳兩整”“概不挂失票寶恒興銀號”，左右兩側印有“定明尨兌足銀”“地字六十七號”字樣和發行日期，右邊有騎縫編號和印章，票面除面值、編號、發行日期不同外，其他均相同。北洋石印局製作。（上海博物館藏）

長發厚銀號銀兩票

北京驟馬市大街長發厚銀號於宣統年間發行。現見貳兩、伍兩、拾兩三種，竪版。貳兩票票面四周有花欄裝飾，花欄中主要圖案雙

鳳、雙龍、海水圖，上花欄中印有“北京驟馬市大街長發厚銀號”字樣，其下印有“憑票取京平足銀貳兩正”“准二分七厘鰲”字樣，左右兩側印有發行日期和編號，面值之上蓋有菱形印章，另蓋有人物花押印記，方形、圓形章，右邊有騎縫編號和印章，其他票面除面值、發行日期、編號不同外，其餘均相同。北京林屋洋行石印部印刷。（上海博物館藏）

長發厚銀號銀兩票（貳兩）

天恩合銀號銀兩票

北京天恩合銀號於宣統年間發行。僅見未流通壹兩一種，竪版。票面四周有花欄裝飾，花欄中主要圖案爲海水、雙龍戲珠圖，上花欄內印有“宮門口通用銀票”字樣，其下印有“憑票取京平松銀壹兩整”“元字第九百二十九號”“准二分七厘”“京都天恩合銀號”字樣和發行日期。北洋石印局印製。（上海博物館藏）

源茂恒銀號銀兩票

北京源茂恒號於宣統年間發行。僅見貳兩一種，竪版。票面四周有花欄裝飾，花欄中有文字、人物圖案組成，印有“京都銀票”“前門外煤市街”字樣，花欄內印有“憑帖取京平足銀貳兩整”，左右兩側爲“五字陸百六十五號”和發行日期，蓋有“不挂失票”“源茂恒銀號”印記，并蓋有兩個菱形印章，一個方形章，面值、日期、編號爲手工書寫。（上海博物館藏）

天成銀號銀兩票

北京天成銀號於宣統年間發行。僅見壹兩、貳兩二種，竪版。壹兩票票面四周有花欄裝飾，花欄中主要圖案人物圖。印有"北京琉璃廠西門外路東""銀票""天成銀號"字樣，花欄內印有"憑帖取京平足銀壹兩整"，左右兩側爲"梁字七拾叁號""不掛失票""天成銀號"字樣和發行日期，蓋有八邊形印章、人物花押印，長方形印章等，右邊有騎縫印章兩顆。貳兩票除面值、編號不同外，其他均同。面值、日期、編號爲手工書寫。（上海博物館藏）

天成銀号銀兩票（貳兩）

源聚恒銀號銀兩票

北京源聚恒銀號於宣統年間發行。僅見貳兩、肆兩、伍兩三種，竪版。貳兩票面四周有花欄裝飾，印有"源聚恒銀票""寓驟馬市大街東頭路南"字樣，花欄內印有"憑票取京平松銀貳兩整""不掛失票""源聚恒銀號"字樣，面值兩側印有發行日期和編號，面之上蓋有菱形印章，票面右邊有騎縫編號和印章，其他紙幣除面值、編號外，均相同。

新集生大銀號銀元票

新集生大銀號於宣統年間發行。僅見票樣伍圓一種，竪版。票面四周有花欄裝飾，四角印有漢文面值"伍"字，票面主要圖案雙龍戲珠、花球，印有"新集生大銀號""伍圓""憑

票即付執此爲照""中國通用銀洋祇認票不認人""失票不掛"字樣，票面兩側印有發行日期和編號，票面底紋由面值"伍圓"散射狀組成，左邊有騎縫印章和編號。北洋官報局印製。（上海博物館藏）

新集生大銀號銀元票（伍圓）

益昌銀號鹽銅錢票

河南縣河益昌銀號於宣統年間發行之鹽銅錢票。僅見壹串、貳串、伍串票樣三種，竪版。壹串票面四周有花欄裝飾，主要圖案海水、雙龍紋，四角分別印有"河南"和面值，上下通欄有"通用錢票"，"失票不掛"字樣，花欄內印有"憑票取鹽銅錢壹串整"，兩側印有發行日期和編號，蓋有"此係樣票不得誤用"字樣，其他樣票除面值不同外，其餘均同。北洋官報局印。（上海博物館藏）

和順源銀號銀圓票

北京和順源銀號於清末發行。僅見壹圓票一種，竪版。票面四周有花欄裝飾，花欄中主要圖案爲海水、雙龍戲珠，印有"北京和順銀號通用銀圓""北京林屋洋行石印部刷印"字樣，花欄內印有"憑帖取北洋壹圓整""和順源銀號"字樣和發行編號，蓋有"根深葉茂"如意印，票面由花紋底紋組成，左邊有騎縫編號和印章，背面有圖章和毛筆字。

正德永銀號銀圓票

河北昌黎正德永銀號於光緒年間發行。僅見壹圓、伍圓兩種，橫版。壹圓票票面四周有海水、雙龍紋花欄裝飾，花欄中印有"昌黎縣

東"、漢文大寫數字和阿拉伯數字面值，票中印有"正德永銀號""壹圓""憑票即付小洋 揉爛模糊不付"，兩側分別印有發行日期和編號。該票有交叉斜綫底紋。伍圓票除面值不同外，其餘均同壹圓。（上海博物館藏）

萬裕源銀號銀圓票

北京萬裕銀號於光緒三十年（1904）發行。僅見拾圓一種，橫版。票面四周有花欄裝飾，四角分別有阿拉伯數字和漢文面值，票中印有"北京萬裕源銀號""菜市口路南""憑票即付通用龍洋"等字，兩側爲"光緒三十年三月一日""字第五一三七號"字樣，蓋有一個方形印章。（上海博物館藏）

裕源祥銀號銀圓票

南京裕源祥銀號於光緒三十三年（1907）發行。僅見拾圓票樣一種，橫版。票面四周有花欄裝飾，四角分別印有漢文面值"拾"字，票中印有"南京裕源祥銀號""拾圓""南京通用銀元""祇認票不認人""大清光緒三十三年　月　吉日南京裕源祥銀號票永遠通用"字樣，蓋有"作廢""樣子"印章，票面有曲綫底紋裝飾。上海商務印書館印製。（上海博物館藏）

大慶元銀號銀圓票

天津大慶元銀號於光緒三十四年（1908）發行。僅見拾圓票樣一種，橫版。票面四周由漢文面值"拾圓"兩字，"憑票即付不掛失票""天津"組成花欄，四角花球中有漢文"拾"字，票中主要圖案有雙龍花球圖。票面印有底紋和"大慶元銀號""天津通用銀圓光緒三十四年印""執此爲照永遠通用"字樣。蓋有"此係票樣不得誤用"印章，票面右邊有騎縫印章和編號。（上海博物館藏）

萬義川銀號銀圓票

萬義川銀號在光緒三十四年（1908）發行於北京、天津。僅見壹圓、貳圓、叁圓、伍圓、拾圓五種八個版面，橫版。北京發行壹圓，銅版。票面四周有花欄裝飾，主要圖案爲海水、雙龍紋，四角印有"萬義川記"四個字，票面印有"萬義川銀號京津通用""壹圓""北京前門外施家胡同""天津針市街德興棧內"字樣，兩側分別印有發行日期、編號，票中印有"光緒元寶"銀圓正背兩個圖案，蓋有"不掛失票""萬義川記"兩個印章，票背蓋含有洋文方形印章，或圓形印章或書刊形印章，并有毛筆字。天津發行的壹圓票票面四周有花欄裝飾，四角分別印有阿拉伯數字面值，上花欄印有"萬義川銀號"，主要圖案爲雙龍戲珠圖，印有"壹圓""川字第貳百壹拾叁號""光緒三十四年八月　日"字樣和底紋，票背印有一個銀圓圖案。該票由北洋官報局印。貳圓票面四周有花紋裝飾，四角分別印有漢文面值"貳"字，主要圖案爲雙龍戲珠，花額上方印有"萬義川銀號"，其左右爲"遠字第壹仟叁佰八四號""光緒三十四年九月　日"字樣和底紋，票背面印有兩個銀圓圖案。該票由北洋官報局印。天津伍圓票面四周有花欄裝飾，四角分別有阿拉伯數字和漢文大寫面值，票內印有"天津萬義川銀

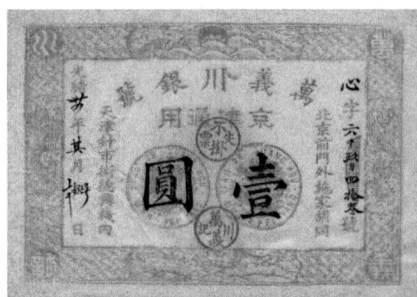

萬義川銀號銀圓票（壹圓）

萬義川銀號銀圓票（壹圓）

號”“伍圓”“流字第壹千八百玖玖號光緒三十年九月　日”字樣，蓋有兩個圓形印章，一個方形“目謹簽押”和雙人物花押印記，票背有五個銀圓圖案。天津拾圓票面四周有花欄裝飾，四角印有漢文、阿拉伯數字面值，票中主要圖案海水、雙龍戲珠，底紋上有留白“萬義川記”字，票面印有“天津萬義川銀號”“拾圓”字樣和發行日期、編號，背面有花欄、散射狀底紋，印有“天津通行銀圓”字樣和十個銀圓圖案。北洋官銀總局印。

彙恒同銀號銀圓票

　　天津彙恒同銀號於光緒年間發行。僅見未流通壹元一種，橫版。票面四周有花欄裝飾，花欄內與四角印有漢文面值，票面主要圖案雙鳳、人物像、輪船，印有“天津彙恒同銀號”“壹元”“憑票即付執此爲據”“天津通用銀元”“衹認票不認人”字樣和發行日期、編號。上海蔚文印刷局印製。

永利銀號銀圓票

　　天津永利銀號於光緒年間發行。僅見壹圓樣票一種，橫版。票面四周有花欄裝飾，四角分別印有漢文和阿拉伯數字面值，票中印有“天津北門外永利銀號”“壹圓”字樣和底紋、英文面值，左右爲發行日期和編號，蓋有“此係票樣不得誤用”印記，票面有騎縫編號和印章。北洋官報局印。（上海博物館藏）

匯通銀號銀圓票

　　北京匯通銀號於光緒年間發行。僅見未流通伍圓一種，橫版。票面四周由海水、雙龍紋組成花欄裝飾，票中印有“北京匯通銀號”“伍圓”“正陽門外大街路西”“北京通用銀圓衹認票不認人”字樣和底紋，左右兩側分別印有發行日期和編號。（上海博物館藏）

萬裕源銀號銀圓票

　　北京萬裕源銀號於光緒年間發行。僅見未流通壹圓、伍圓兩種，橫版。票面四周有花欄裝飾，四角分別用大寫漢文數字、阿拉伯數字表示面值，主要圖案花球。票面印有“北京萬裕源銀號”“菜市口路南”“壹圓”“憑票即付通用龍洋”字樣，大寫面值組成散射狀底紋，左右兩側分別印有發行日期、編號，票右邊有騎縫編號、印章。伍圓票除面值、編號不同外，其他同。北洋官報局印。（上海博物館藏）

升昌銀號銀圓票

　　北京升昌銀號於光緒年間發行。僅見叁圓、伍圓樣票兩種，橫版。票面四周花欄裝飾，四角印有漢文和有阿拉伯數字面值，票面主要圖案花球，印有“北京升昌銀號”“前門外紙巷子”“憑票即付通用銀元”字樣，左右兩側分別印有發行日期和編號。北洋石印局印。（上海博物館藏）

天津溢源銀號銀圓票

　　天津溢源銀號於光緒年間發行。僅見未流通拾圓一種，橫版。票面四周由海水、雙龍紋組成花欄裝飾。票中印有“天津溢源銀號”“拾圓”“天津通用銀圓衹認票不認人”“估衣街”字樣和底紋，左右兩側分別印有發行日期和編號，蓋有橢圓形“興華石印局”印章。（上海博

物館藏）

祥和銀號銀圓票

北京祥和銀號於宣統年間發行。僅見壹圓一種兩個版，票面四周有花欄裝飾，票內印有"北京祥和銀號""壹圓""正陽門外廊房頭條""憑票即付執此爲據"字樣和底紋，左右兩側分別印有發行日期、編號。該幣由北洋石印局印。另一版票還印有"北京通用"字樣，花欄爲纏枝蓮紋裝飾，其他同第一種。（上海博物館藏）

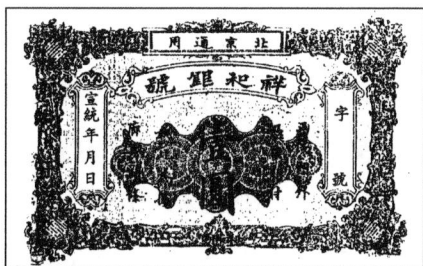

祥和銀號銀圓票（壹圓）

協成鈺銀號銀圓票

北京協成鈺銀號於宣統年間發行。僅見未流通壹圓一種，橫版。票面四周由雲紋、雙龍組成票面底紋，票面印有"協成鈺銀號""壹圓""衹認票不認人北京廣安門內路北""憑票即付北洋龍圓""鈔票永遠通用"字樣和底紋，左右兩側分別印有發行日期和編號，印有"琉璃廠工藝局石印"字樣。（上海博物館藏）

泰興銀號銀圓票

北京泰興銀號於宣統年間發行。僅見壹圓、貳圓、叁圓、伍圓四種，橫版。票面四周由雙龍、雙鳳組成花欄裝飾，上花欄內有"北京"兩字。票面印有"泰興銀號銀票""壹圓""延壽寺街南頭路西""憑票即付執照爲據"和曲綫散射狀底紋，左右兩側分別印有發行日期和編

號，蓋有"無義"兩字和半片印記章"北京悦華石印局"，其他票面除面值、編號不同外，其餘基本相同。（上海博物館藏）

同合公銀號銀圓票

北京同合公銀號於宣統年間發行。僅見壹圓一種，橫版。票面四周有花欄裝飾，四角分別有漢文面值，花欄內印有"北京通用""米市胡同"字樣，主要圖案花球。票面印有"同合公銀號""壹圓""憑票即付通用銀圓""字叁拾號宣統二年六月十三日"字樣和散射狀底紋，票背面有花欄裝飾，主要圖案雙龍飛擁銀圓，有英文發行票名和面值等。北京石印局印。（上海博物館藏）

天津世昌銀號銀圓票

天津世昌銀號於宣統年間發行。僅見壹圓一種，橫版。票面四周由海水、雙龍紋組成花欄裝飾。票面中主要圖案花球，印有"天津世昌銀號""北馬路官銀號傍""壹圓"字樣和底紋，左右兩側爲發行日期和編號。參閱馬飛海等《中國歷代貨幣大系·清代貨幣》。

聚豐銀號銀圓票

北京聚豐銀號於宣統年間發行。僅見未流通壹圓一種，橫版。票面四周花欄裝飾，下花欄印有"燈市口"，四角分別印有漢文面值"壹"字，票面主要圖案爲花球，印有"北京聚豐銀號""壹圓""北京通用銀圓衹認票不認人"字樣和手寫發行日期、編號。北京北洋石印局印。（上海博物館藏）

天慶銀號銀圓票

北京天慶銀號於宣統年間發行，僅見壹圓一種，橫版。票面四周有花欄裝飾，下花欄內四角分別印有"牛血胡同"和漢文面值"壹"

字。票面主要圖案雙龍，印有"北京通用""天慶銀號""壹圓""憑票即付通用銀圓"字樣和底紋，左右爲手寫發行日期、編號。（上海博物館藏）

義和銀號銀圓票

北京義和銀號於宣統年間發行。僅見壹圓一種，橫版。票面四周有花欄裝飾，四角有漢文面值"壹"字，主要圖案爲花球，印有"北京義和銀號""壹圓""東單牌樓三條胡同""憑票即付執此爲照"字樣，左右爲發行日期、編號，日期之上蓋有圓形篆文"北京東單義和銀號"印章，編號之上蓋有橢圓形印章，除手寫編號外，有活字編號"天壹仟貳佰伍拾肆號"字樣，票右邊有騎縫編號、印章。北洋石印局印。（上海博物館藏）

大成銀號鈔票

天津大成銀號於宣統年間發行。僅見壹圓票樣一種，橫版。票面四周有花欄裝飾，四角分別印有英文"DOLLARS"，阿拉伯數字和漢文面值，主要圖案爲龍紋旗幟、花球，印有"大成銀號鈔票""壹圓""天津針市口"字樣，左右爲發行日期、編號，蓋有"此票樣係不得誤用"印章，右邊有騎縫編號、印章。（上海博物館藏）

北德盛銀號銀圓票

北京北德盛銀號於宣統年間發行。僅見壹圓、貳圓兩種，橫版。票面四周有花欄裝飾，四角有漢文面值，主要圖案花球，印有"北京北德盛銀號""壹圓""東四牌樓迤北三條胡同口外""憑條即付""通用銀圓"字樣，左右爲手寫發行日期、編號，左邊有騎縫印章、編號。北洋石印局印。（上海博物館藏）

同心銀號銀圓票

北京同心銀號於宣統年間發行。僅見壹圓、貳圓、叁圓三種，橫版。票面四周有花欄裝飾，四角印有漢文面值，主要圖案花球，印有"北京同心銀號""宣武門外大街茶食胡同路南""憑票即付通用銀圓"字樣、面值、手寫發行日期、編號，票背面有花欄裝飾，主要圖案是龍洋圖案、雙龍紋和英文發行銀號。（上海博物館藏）

寶恒興銀號銀圓票

北京寶恒興銀號於宣統年間發行。現見壹圓、叁圓、伍圓三種，橫版。票面四周有花欄裝飾，四角印有漢文面值，主要圖案花球，印有"北京寶恒興銀號""宣武門外草廠胡同憑票即付北洋龍元"字樣和面值、手寫發行日期、編號。三種票面上有的還蓋有印記章，"目謹簽押""謹慎留神"方形章，花押印章字有"換票""原物"等。

集成厚銀號銀圓票

北京丁字街路西集成厚銀號於宣統年間發行。僅見未流通叁圓一種，橫版。票面四周有花欄裝飾，四角有漢文面值，主要圖案花球、雙鳳，印有"北京""丁字街路西集成厚銀號""叁圓""北京通用銀圓""東安門外""執此爲據永遠通用""憑票即付不掛失票"字樣和底紋，左右爲發行日期、編號。北京林屋洋行石印局印刷。（上海博物館藏）

北京義豐銀號銀圓票

北京義豐銀號於宣統年間發行。僅見壹圓、伍圓兩種，橫版。票面四周由海水雙龍紋組成花欄裝飾，印有"北京義豐銀號""東四牌樓迤北"字樣和手寫面值、發行日期、編號，蓋有橢圓形印章、方形章。北京□□公司石印。（上

海博物館藏）

永盛銀號銀圓票

北京永盛銀號於宣統年間發行。僅見未流通伍圓票一種，橫版。票面四周有花欄裝飾，四角印有漢文面值，主要圖案花球，印有"永盛銀號""壹圓""北京通用""宣武門內南鬧市口""憑票即付執此爲據"字樣和由漢文面值組成的散射狀底紋，左右爲發行日期、編號。北洋石印局印。（上海博物館藏）

長發厚銀號銀圓票

北京長發厚銀號於宣統年間發行。僅見貳圓、拾圓兩種，橫版。票面四周有花欄裝飾，花欄中爲雙鳳圖，有阿拉伯數字面值，主要圖案花球印有"北京""長發厚銀號""順治門外驟馬市街""憑票即付執此爲據"字樣，左右分別爲發行日期、編號，蓋有"失票不管"圖形、人物印記，右邊有編號和方形、圓形文字騎縫印章。北京林屋洋行石印局印刷。

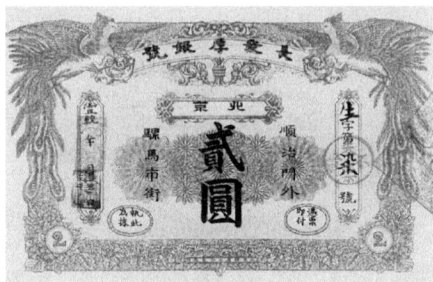

長發厚銀號銀圓票（貳圓）

蔚隆厚銀號銀圓票

北京蔚隆厚銀號於清末發行。僅見貳圓、伍圓兩種，橫版。票面四周有花欄裝飾，四角印有英文面值。票面印有"蔚隆厚銀號""北京驟馬市大街路南"字樣和面值底紋、發行編號，蓋有兩個圓形印章。

蔚隆厚銀號銀圓票（伍圓）

江西銀錢號銀兩票

江西銀錢號於光緒年間發行。僅見票面壹兩一種，豎版。票面四周有墨色花欄裝飾，上下花欄中分別有"此銀不交官公款項""圖章筆迹騎縫不符概不作用"，花欄內正上方橫書"江西銀錢號"，之下是一幅精美四色套印人物圖畫，五位老者的背後有一個立櫃，櫃子正面書寫："零用銀兩常因少平差色，多有不便，此票每張壹兩利於行用，取攜亦便。兹特立以定規，來兌者如數在拾兩以外，概照市規過帳；若在拾兩以內，即照市價扣錢，兌付不交現銀，所有逐日行市，寫立價牌懸於櫃右，以照劃一，而免爭競，謹此預白。"櫃子左面書寫："此票如在兩面塗寫字句，以及扯破燒爛，即作廢紙，概不對兌，收者慎之。"此票面值寫在五位老者左側一個童子撐着的條屏上："憑票發施平市銀壹兩正　票。"票面上蓋有"江西銀錢號"菱形印章。畫面和諧精美，突破傳統的銀兩票的裝飾方法。票背四周主要有直綫框欄，欄外右側豎寫"光緒　年本月即日　字第　號"字樣，左右側上方各有一個菱形騎縫章，編號上蓋有一長方形"江西銀錢號"印章，花欄內有一幅素描山水人物圖，在圖的右側山崖上寫："現行此票同與本號創行百文小票。同爲方便起見，果能利用□□□□□所有格式顏色以及告白字句，務望各出心裁，切勿依樣葫蘆是所深。"

阜豐銀行錢票

盛京阜豐銀行於光緒年間發行。僅見肆吊一種，豎版。票面四周有花欄裝飾，花欄由文字和紋飾兩部分組成，印有"盛京鼓樓北""阜豐銀行""憑帖取肆吊"字樣和發行日期、編號、印章。

義興合錢鋪銀兩票

北京義興合錢鋪於光緒二十九年（1903）發行。僅見伍兩一種，豎版。票面印有"憑票取平銀伍兩""己亥""從六九八四"字樣，編號之下蓋有"兵部街路東義興合錢鋪"印章，面值之上蓋有兩個菱形"義興合記"章，右邊有騎縫編號和印章，票背有圖章和筆墨字。（上海博物館藏）

祥發錢店錢票

祥發錢店於光緒年間發行。僅見貳拾吊一種，豎版。票面四周有花欄裝飾，票中正上方有"祥發錢店""寄存取現錢貳拾吊"和發行日期、編號，蓋有兩個刻有文字說明的印章和小圖章，左邊有騎縫印章和編號。參閱馬飛海等《中國歷代貨幣大系·清代貨幣》。

李寶源錢號銀圓票

李寶源錢號於宣統年間發行。僅見壹圓一種，橫版。票面四周有花欄裝飾，四角有漢文面值"壹"字，花欄中印有"壹圓""壹圓爲滿憑票即付""驗看真僞""上海商務印書館刷印"字樣和地名，票中主要圖案爲花額，印有漢英文"李寶源錢號銀圓票"字樣和面值、發行日期、底紋。

天津德和錢號銀圓票

天津德和錢號於宣統二年（1910）發行。僅見壹圓一種，橫版。票面四周有雙龍、雲紋組成花紋裝飾，主要圖案爲內印面值的花球，印有"天津德和錢號""天后宮前"字樣和發行日期、編號，蓋有"龍洋"和圓形"德和錢號"印章。

信益同錢號銀圓票

天津信益同錢號於宣統年間發行。僅見壹圓樣票一種，橫版。票面四周有印有漢文面值"壹"組成的花欄裝飾，主要圖案爲內印面值的花球，印有"信益同錢號""見票即付概不掛失"字樣和發行日期、編號。北洋官報局印。（上海博物館藏）

湖南商錢局銀兩票

湖南商錢局於光緒三十四年（1908）發行。僅見壹兩一種，豎版。票面由海水、雙龍戲珠紋組成花欄裝飾，上花欄中印有"大清""湖南商錢局"字樣，票中印有"憑票發省平銀壹兩整"字樣和發行日期、編號，蓋有"湖南商錢局"印章。

六合錢局錢票

河南安陽豐樂鎮六合錢局於光緒三十年（1904）發行之大錢票。僅見未流通伍百文一種，豎版。票面四周有花欄裝飾，票面印有"六合錢局""憑票發厾大錢伍百文""河南安陽縣豐樂鎮火車站六合

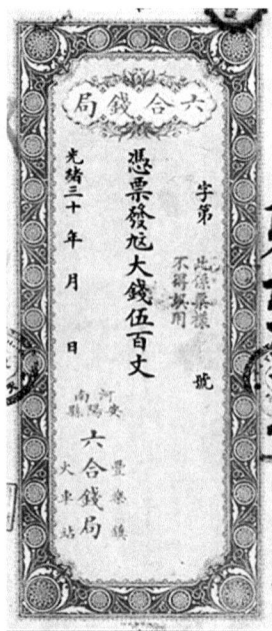

六合錢局錢票（伍百文）

錢局"字樣與發行日期、編號，蓋有"此係票樣不得誤用"字樣，左右邊有騎縫印章和編號。（上海博物館藏）

濟榆錢局錢票

吉林榆樹濟榆錢局於光緒年間發行。僅見貳吊一種，竪版。票面四周由內層爲文字、外層爲雙龍紋組成花欄裝飾。票中印有"信寶鋪商""吉林榆樹縣""濟榆錢局""憑帖取錢貳吊整""丁未年製新""揉爛模糊不付"字樣及發行日期、編號。（遼寧省博物館藏）

天津宮南慶隆錢局銀圓票

天津宮南慶隆錢局於光緒年間發行。僅見未流通伍圓一種，竪版。票面四周花欄裝飾，花欄中印有多組大寫面值，主要圖案有海水、雙龍戲珠圖，印有"天津宮南慶隆錢局""伍圓"和發行日期、編號。北洋官報局印，印製精美。（上海博物館藏）

升昌錢局銅元票

湖南湘潭升昌錢局於宣統年間發行。僅見壹百枚樣票一種，竪版。票面四周有花欄裝飾，花欄中主要圖案海水、雙龍紋，印有"湘潭十總升昌錢局""失票不掛號認票不認人""憑票取通用銅圓壹百枚整"字樣和發行日期、編號，蓋有"此係票樣不得誤用"的長方形印章，右邊有騎縫編號和印章。該票由北洋官銀局印。（上海博物館藏）

聚興牲印錢局大洋票

江蘇聚興牲印錢局於光緒年間發行。僅見貳角和伍角票，橫版。票面四周花欄裝飾，四角印有漢文面值，上花欄中印有"天津南市大街西廣益大街"字樣，主要圖案雙龍，印有"江蘇聚興牲印錢局""大洋""照市合錢小洋補色""天津通用銀元光緒三十四年印""執此爲照永遠通行""憑票即付""不掛失票"字樣和面值。（上海博物館藏）

寶源金店銀兩票

北京寶源金店於光緒三十四年（1908）發行。僅見壹兩一種，竪版。票面四周花欄裝飾，印有"銀票""憑票取京平足銀壹兩整""光緒三十四年八月　日""日字壹百四拾六號""不掛失票""北京東四牌樓路東寶源金店"字樣，蓋有大方形文字印章和"寶源金店"菱形印章，右邊有騎縫印章。該票面值、日期、編號爲手工書寫。（上海博物館藏）

蠶桑公社錢票

長沙蠶桑公社於光緒年間發行。僅見貳百文票樣一種，竪版。票面四周由內層爲文字、外層爲人物圖組成花欄裝飾，花欄正上方又有"五老"人物景致圖，花欄中印有"長沙北門外"字樣，主要印有"蠶桑公社""憑票發錢貳百文整""認票不認人"字樣和發行日期和編號，蓋有"樣子"印記。製作精美。（上海博物館藏）

蠶桑公社錢票
（貳百文）

普亨社錢票

湖南普亨社於宣統元年（1909）發行。僅見壹串文一種，竪版。票面四周花欄裝飾，花欄外上方印有"燃燈不兑"字樣，四角分別印有阿拉伯數字和漢文面值。票面是一幅精美的古建築風景畫面，留白處印有"西長街普亨社""發撥市票壹串文整""不挂失票""宣統元年印朱介福堂上票""悦字第玖佰肆貳號"字樣。該票印製精美，畫面清晰美觀。

符記友恭堂錢票

湖南益陽符記友恭堂於光緒三十四年（1908）發行。僅見壹佰文、一串文兩種，竪版。壹佰文票面四周由內層爲數字、外層爲人物風景圖組成，花欄外正上方印一古代船只，花欄中寫"益陽四里"，票面印有"符記友恭堂""憑票發尨錢壹佰文整""另換新板驗看真僞"字樣和發行日期、編號，蓋有"符友恭堂"長方形、圓形印章，票背面

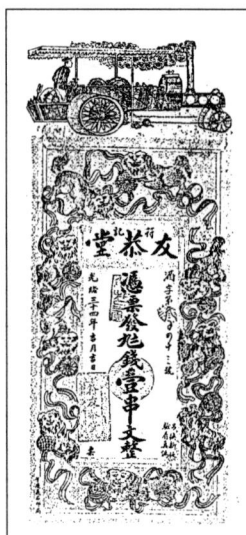

符記友恭堂錢票（壹串文）

印有花紋裝飾和底紋，空白處印有"四里柳溪村""符友恭堂"和面值，右邊有騎縫編號和印章。該票正上方印一幅精美騎馬圖，蓋有"益陽四里修山柳溪村友恭堂票係符茂齊記"字樣。壹串文票面四周有花欄裝飾，花欄中爲九雙雄獅舞圖，花欄外上方印一古老汽車圖，票面除發行面值、日期、編號不同壹佰文外，其他均同，票背面有花欄裝飾，花欄外上方印有雙獸送錢圖，蓋有"益陽四里修山柳溪村友恭堂票係符茂齊記"，花欄中印有"益陽四里柳溪友恭堂"字樣，主要圖案人物雲水圖，右邊有騎縫編號和印章。印製精美。

充善堂銅元票

昌邑楊家營充善堂於光緒三十一年（1905）發行。僅見拾吊一種，竪版。票面四周有花欄裝飾，花欄中爲海水、雙龍圖，印有"充善堂"三個字，票面印有"昌邑楊家營""憑帖付四外銅元拾吊整""光緒三十一年一月一日代付票""端字第三〇柒號"字樣，右下方寫有"壹佰枚"三個字，票面上蓋有二個大方形印章，票背面有花欄裝飾和底紋，印有"謹防假票"四個大字。天津宮北東華石印局石印。（上海博物館藏）

德生堂錢票

榆邑東陽德生堂於光緒二十九年（1903）發行。僅見壹千文一種，竪版。票面四周由外層爲文字、內層爲人物花紋兩部份組成花欄裝飾，花欄中印有"榆邑德生堂"字，票面印有"憑帖來取行錢壹千文""東陽德生堂記"字樣和發行日期、編號，蓋有"德生德記"菱形印章、半菱形印章、人物花押印。（上海博物館藏）

同興義記錢票

同興義記於光緒十三年（1887）發行。僅見伍百吊、柒百吊兩種，竪版。票面四周有花欄裝飾。票面上方印"國寶源流"四個字，其下爲"憑條點當十現錢　吊""點現錢"字樣和發行日期、編號，蓋有"南鑼鼓巷帽片胡同同興義記"長方形印章，"同興義記"大方形印章，龍紋，"失票不管"花印，右邊有騎縫印章和編號。

何記榮利全銀圓票

何記榮利全於光緒六年（1880）發行。僅見壹大員一種，竪版。票面四周有雙綫花欄裝

飾，花欄外上方印有"澳門廣東全省文會元進士"字樣，票面印有"何記榮利全""率卷 定到索字號該銀壹大員"字樣和發行説明、發行日期等，蓋有"何記榮利全"圓形印章和"現銀"花押印，票面左邊有騎縫圓形印章。

源順合記銀兩票

源順合記於光緒十五年（1889）前後發行。僅見肆兩、貳兩二種，竪版。票面四周有花欄裝飾，票面印有"憑票取京平紋（足）銀整""廠西門内源順合記"字樣，蓋有二個菱形印章，右邊有騎縫編號和印章。（上海博物館藏）

謙益厚記銀兩票

北京謙益厚記於光緒二十二年（1896）發行。僅見壹萬兩一種，竪版。票面四周有花欄裝飾，票面上印有"兑票""前門外楊梅竹斜街""憑帖取原存京平松江銀壹萬兩整""光緒丙申年 月 日""午字第壹號"字樣，蓋有"謙益厚"字樣和印章，票面右邊有騎縫編號和印章。（上海博物館藏）

福興恒錢票

湖南常德福興恒於光緒年間發行之典錢票。僅見壹串文一種，竪版。票面四周由内層爲文字、外層爲人物風景圖組成花欄裝飾，印有漢文"壹"和"常德興街口"字樣，花欄上方有"福興恒號"鋪號圖，票背印有"福興恒""憑票發典錢壹串文"字樣和發行日期、編號。該幣製作精美。

德潤生錢票

汾府德潤生於光緒二十七年（1901）發行。僅見壹千文一種，竪版。票面四周由内層爲文字，外層爲風景圖組成花欄裝飾。票面印有

"汾府鼓隆東街德潤生""憑帖來取黄字叁百陸玖號錢壹千文""光緒二十七年五月十一日德潤生記帖"字樣，蓋有"德潤生"菱形印章，人物桌几花押印章，票面右邊有騎縫編號和印章。

仁義和記錢票

仁義和記於光緒年間發行。僅見拾吊一種，竪版。票面四周有花欄裝飾，票面印有"仁義和興記"字樣和面值、發行日期和編號，蓋有"仁義和記"花章和文字方形印章，右邊有騎縫編號和印章。參閲馬飛海等《中國歷代貨幣大系·清代貨幣》。

袁正記垣錢票

袁正記垣於光緒年間發行。僅見未流通壹仟文一種，竪版。票面四周有花欄裝飾。印有"小海袁正記垣""壹仟爲度認明方用""憑票發文柒西錢壹仟文整""寶莊兑袁正記垣票""作廢"字樣和發行日期、編號。（上海博物館藏）

福盛涌記錢票

赤郡大廟福盛涌記於宣統元年（1909）發行。僅見拾千文一種，竪版。票面四周有花欄裝飾，票面上方有人物圖案，印有"廣生象"三個字，其下爲"天和店憑帖取壹拾千文""宣統元年七月廿九日""合字貳號"字樣，蓋有"赤郡大廟福盛涌記"印章、方章、菱形印章、花押印。（上海博物館藏）

集春號錢票

北京集春號於光緒年間發行。僅見拾吊一種，竪版。票面四周有花欄裝飾，票面印有"集業春長"字樣和面值、發行日期、編號，蓋有"東四牌樓集春號"花印，文字印章，右邊有騎縫章。參閲馬飛海等《中國歷代貨幣大系·清代貨幣》。

三益號銀兩票

三益號於光緒二十六年（1900）發行。僅見壹兩一種，竪版。票面印有"庚子""三益號"字樣和手工書寫"取壹兩"字樣，并蓋有一大長方形印。參閱《中國東北地區貨幣》。

天宇銀錢號銀兩票

北京天宇銀錢號於光緒二十七年（1901）發行。僅見伍兩票一種，竪版。票面四周由内層爲文字、外層爲人物風景圖組成花欄裝飾，票面上方印有"銀票""謹防假票"字樣，其下印有"憑帖取京平足銀伍兩整"字樣和發行日期、編號，蓋有"騾馬市大街天宇銀錢號"字樣和印章，"花"字花印，票面右邊有騎縫章。印製比較精美。（上海博物館藏）

順興號錢票

順興號於光緒三十一年（1905）發行。僅見壹千文一種，竪版。票面四周有花欄裝飾，花欄上面印有人物圖，圖有曲邑"順興號"三字，票面印有"順興號""憑帖取旭京銀壹千文""光緒乙巳年正月初二日""認票不認原人"字樣和發行編號，蓋有"庫門内路西公府外庫發"印章，背面有花欄裝飾、毛筆字。

秦豐字號錢票

陝西省城秦豐字號於光緒三十二年（1906）發行。僅見壹串文一種，竪版。票面四周有花欄裝飾，花欄中爲雙龍紋圖，印有"秦豐字號""陝西省城鹽店門街"字樣。票面印有"憑帖取錢壹串文""錢帖往來原爲兩便若有不法之徒私造假票一經查出定行究辦"字樣和發行日期、編號，蓋有"秦豐字號"印章。（中國國家博物館、上海博物館藏）

聚順號錢票

山西文邑聚順號於宣統年間發行。僅見壹吊文票樣一種，竪版。票面四周有花欄裝飾，花欄内爲海水、雙龍圖，印有"文邑蘇橋鎮聚順號"和大寫面值"壹"字。票中印有"憑帖取京錢壹吊整"字樣和發行日期、編號，右邊有騎縫印章，票上蓋有"此係票樣不得誤用"印記。參閱馬飛海等《中國歷代貨幣大系・清代貨幣》。

雙盛和錢帖

忻州雙盛和記於光緒六年（1880）發行。僅見壹千伍百文一種，竪版。票面四周有花欄裝飾，花欄内由文字、人物圖組成，印有"忻州"兩字。票面印有"雙盛和"，其下爲"憑帖來取厺錢壹千伍百文"字樣和發行日

雙盛和錢帖（壹千伍百文）

期、編號，蓋有"忻州雙盛和具"印章和菱形印章，"泰生南記"和"雙盛和"人物花印，票面右邊有騎縫章，製作精美。

升恒茂錢帖

忻州升恒茂於光緒十八年（1892）發行。僅見壹千伍百元一種，竪版。票面四周有花欄裝飾，花欄中由文字、人物、風景圖組成。票中印有"升恒茂""憑帖來取厺錢壹千伍百文""光緒十八年三月十一日忻州升恒茂具"字樣和發行編號，蓋有"升恒茂"菱形印、樹葉花押印。

春安番銀票

春安記於光緒十八年（1892）發行。僅見貳圓一種，竪版。票面四周由文字組成花欄裝飾。票面印有"春安"字樣和面值、發行日期、編號，蓋有"春安"方形、圓形、長方形印章，票面右邊有騎縫編號和印章。（中國國家博物館藏）

義盛錢帖

鄭州義盛於光緒二十三年（1897）發行。僅見伍吊一種，竪版。票面四周由文字、人物組成花欄裝飾。票面印有"鄭州義盛""憑票取錢伍吊整""光緒二十三年四月二十一日"字樣和發行編號，蓋有"義盛"人物印記、花印章、文字方印章，票面右邊有騎縫編號。

亨和祥錢帖

臺邑東冶亨和祥於光緒二十四年（1898）發行。僅見壹千文一種，竪版。票面四周有花欄裝飾，主要圖案人物風景。票面印有"亨和祥""憑帖來取錢壹千文""臺邑東冶亨和祥具"字樣和發行日期、編號，蓋有"亨和祥"菱形印章、人物花押印章。

潘復森大錢票

九江潘復森於光緒二十六年（1900）發行。僅見壹伯（佰）文一種，竪版。票面四周有花欄裝飾，花欄中爲人物風景圖，花欄上方印有"九江城內督府港口坐南朝北請細觀明渾綠字號壹伯文整主人告白"字樣，票面印有"潘復森""憑票發尬大錢壹伯文正""認票不認人""潘復森票"字樣和發行編號，蓋有圓形印章，票面右邊有騎縫編號和印章。（上海博物館藏）

中興恒錢票

中興恒於光緒二十九年（1903）發行。僅見貳拾捌串一種，竪版。票面上印有"癸卯""尊示每月現付壹成按時價合銀元"字樣和手工書寫面值、發行日期，蓋有"中興恒"菱形印章、長方形的文字印章。（上海博物館藏）

慶泰隆錢票

山西慶泰隆於光緒年間發行。僅見壹吊一種，竪版。票面四周由內層爲文字、外層爲人物圖案組成花欄裝飾，印有"太谷縣"三個字。票面印有"慶泰隆""憑票取　錢""認票不認人""洋印新板每張支出壹吊"字樣和發行日期、編號。票背面有花邊裝飾，票中印有竹林七賢圖。上海點石齋石印，製作精美。

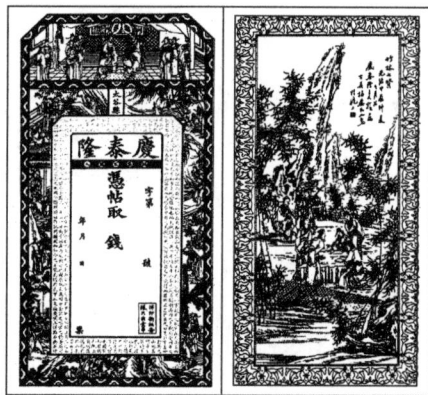

慶泰隆錢票（壹吊）

雷萬達錢票

湖南安化雷家灣萬達於光緒三十年（1904）擬發行。僅見壹佰文一種，竪版。票面四周由內層爲文字，外層爲人物圖案組成花欄裝飾，印有"安化雷家灣"字樣。票面印有"雷萬達""憑票發常票壹佰文整""百數不兌明錢合串對換外票"字樣和發行日期、編號，蓋有

"雷萬達"印章。

雷聲和錢票

安化雷家灣雷聲和於光緒年間發行。僅見貳串文一種，豎版。票面四周有花欄裝飾，花欄外上方有人物風景圖，花欄中有文字、人物風景組成有"安化雷家灣"幾個字。票面印有"憑票發斛常票貳串文整""合成壹串對換外票"字樣和發行日期、編號，票面右邊有騎縫編號和印章。印製比較精美。

殷黌序錢票

安化殷黌序於光緒三十年（1904）發行。僅見伍百文、壹串文兩種，豎版。票面四周花欄由內層爲文字、外層爲人物風景兩部分組成，花欄外上方有近代輪船圖，花欄中有"安化龍溪"四字。票面印有"憑票發常票　文""本年新版"字樣和發行日期、編號，蓋有"百數不兌明錢""合串條換常票"字樣和"太生"花押記、圓形印章，右邊有兩個騎縫章，票背面花欄由精美圖案組成。該票製作精美。

殷黌序錢票（壹串文）

鴻順森號錢帖

桃邑鴻順森號於光緒年發行。僅見壹佰文一種，豎版。票面四周由內層爲文字、外層爲人物圖案組成花欄裝飾，花欄外上方有房屋和"大日本 TAN"幾個字，花欄中印有"桃邑五羨塸"幾個字。票面印有"憑票發常票錢壹佰文正""百數條外票合串兌常票""鴻順森號"字樣和發行日期、編號，票面右邊有騎縫編號和印章。（上海博物館藏）

鴻盛久錢票

襄城北關鴻盛久於光緒三十三年（1907）發行。僅見壹串文一種，豎版。票面四周由內層爲文字、外層爲人物圖兩部分組成花欄裝飾，花欄外上方印有雙龍戲珠圖，珠下有"光緒元寶"圖案，花欄正中上方印有"襄邑北關""鴻盛久"字樣。票面印有"憑票存　大字第柒拾肆號錢壹串整""光緒三十三年十一月初一日"字樣和發行日期，蓋有圓形、長方形印章，票面右邊有騎縫編號、印章。

恒慎錢票

福建恒慎號於光緒三十四年（1908）發行。僅見伍佰文一種，豎版。票面四周有文字花欄裝飾，票面印有"光緒三十四年五月吉日""憑票取錢伍佰文"字樣和發行日期、編號，蓋有"整干約支臺新議柒錢番銀票壹員"長方形章、圓形、方形印章，票面右邊也有騎縫編號、印章。

恒豐裕典錢票

江西義寧州恒豐裕於光緒年間發行。僅見壹百文票樣一種，豎版。票面四周有花欄裝飾，花欄內爲群獅圖，印有"江西義寧州黃土嶺"字樣。票面印有"恒豐裕""憑票發旭典錢壹百文整""認票不認人"字樣和發行日期、編號，蓋有"樣子""作廢"印記。（上海博物館藏）

坤和典錢票

南昌磨子巷坤和錢莊於光緒年間發行。僅見壹佰文、壹仟文票樣兩種，豎版。票面四周有花欄裝飾，票面主要圖案爲地球、雙龍、海水紋，印有"南昌坤和磨子巷""憑票發旭典錢　整""圖章筆迹不付概不准兌"字樣和發行日期、編號，蓋有"樣子""作廢"章，票背面有花邊裝飾，四角印有"坤和錢莊"四個字，票背中印有南北極洲圖。（上海博物館藏）

順和典錢票

南昌棉花市順和於光緒年間發行。僅見壹千文票樣一種，竪版。票面四周有花欄裝飾，花欄中爲紅太陽、梅花鹿、海水圖，印有"南昌棉花市"五個字。票面印有"順和""憑票發忶典錢壹千文整""僞造必究"字樣和發行日期、編號，蓋有"作廢""樣子"印記。印製比較精美。（上海博物館藏）

永昌和錢票

永昌和於光緒年間發行。僅見未流通壹串文一種，竪版。票面四周由内層爲文字、外層爲人物風景圖組成花欄裝飾，花欄外上方山水圖，花欄中印有"沙鎮龍堂寺"五字。票面印有"永昌和""憑票發忶錢壹串文整""第七鎮中軍處"字樣和發行日期、編號，蓋有"中軍處之印章"方印。（上海博物館藏）

義瑞源銀兩票

保定義瑞源於光緒年間發行。僅見未流通拾兩一種，竪版。票面四周有花欄裝飾，花欄内爲海水雙龍戲珠圖，四角有阿拉伯數字、漢文面值。票面印有"保定義瑞源""憑票付保市平足銀拾兩整""失票不挂"字樣和發行日期、編號。北洋官報局印。參閲馬飛海等《中國歷代貨幣大系·清代貨幣》。

慎和祥典錢票

南昌洗馬池慎和祥於宣統年間發行。僅見未流通壹伯（佰）文一種，竪版。票面四周印有海水、雙龍、雙地球圖組成，花欄裝飾。票面印有"南昌洗馬池""慎和祥""憑票發忶典錢壹伯文整""圖章筆迹不付概不准兑"字樣和發行日期、編號，票背面印有和合二仙圖，和"務望諸公司勿在票上塗寫字句""如將號碼圖章兩面字畫塗改模糊者概不作用""查出僞造送官究治""特此預告慎和祥主人識"字句。上海晏文春堂奉西新法印刷。

永合東錢票

黑龍江大通縣永合東於宣統年間發行。僅見伍佰文一種，竪版。票面四周由内層爲文字、外層爲花紋組成花欄裝飾，四角有大寫"伍佰"面值，票中印有"江省大通鎮永合東""財源輻輳""憑票取錢伍佰文整"字樣和發行日期、編號。

慶合燒鍋泉記錢票

吉林南山慶合燒鍋泉記於光緒五年（1879）以後發行。僅見貳吊、拾吊錢兩種，竪版。票面四周由内層爲文字，外層爲花紋組成花欄裝飾。票面印有"南山五里河子慶合泉記""憑帖取錢　吊"字樣和發行日期、編號、印章，有"新換紙板燈下不付"，或印有"帖到換帖"字樣，蓋有"吉林永昇店内寫"印章和人物花印，背面印有吉林同行刷印局製版詩文。（遼寧省博物館藏）

德裕燒鍋錢票

吉林德裕燒鍋於光緒年間發行。僅見伍吊一種，竪版。票面四周由内層爲文字、外層爲風景圖組成花欄裝飾。票面印有"吉林南山横道河子德裕燒鍋""深記字號""憑帖取錢伍吊整""帖到換帖二成付錢"字樣和發行日期、編號，蓋有方形文字印和德裕燒鍋長方形、菱形印章，票面右邊有騎縫編號、印章。（遼寧省博物館藏）

匯河源燒鍋錢票

吉林敦化縣東沙河沿匯河源燒鍋於宣統三年（1911）發行。僅見貳吊一種，竪版。票面四周由内層爲文字、外層爲花紋組成花欄裝飾，花欄中有漢文"貳"字。票面印有"吉林敦化縣東沙河沿匯河源燒鍋""憑帖取壹錢貳吊整""新换圖書縮版帖到换帖二成付錢"字樣和發行日期、編號。（遼寧省博物館藏）

晋益升銀元票

北京晋益升於光緒年間發行。僅見壹元一種，橫版。票面四周有花欄裝飾，四角有漢文面值，主要圖案有花球，印有"北京晋益升""壹元""憑票即付通用銀元"字樣，左右花欄内印有發行日期與編號，蓋有"35466"編號，票背面有花欄裝飾，有英文發行票名、面值、説明。上海商務印書館印製。

恒茂銀兩票

湖南長沙小西門恒茂於光緒宣統年間發行。僅見未流通壹兩一種，竪版。票面四周有花欄裝飾，四角有阿拉伯數字、漢文面值，花欄中爲花葉圖。票面印有"長沙小西門恒茂""憑票發省平銀壹兩整"和發行日期、編號，票背面印有"長沙恒茂銀票"。漢口汪日開石印局製造。

恒茂銀兩票（壹兩）

新民新集公司角票

新民新集公司於光緒三十二年（1906）發行。僅見壹角票樣一種，橫版。票面四周有花欄裝飾，四角有阿拉伯數字、漢文面值，印有"北洋官報局印"。票面印有"新民新集公司""壹角"字樣和發行日期、編號。（上海博物館藏）

益陽久通公司錢票

益陽久通公司於光緒三十四年（1908）發行。僅見壹百文票樣、壹百枚票樣各一種，橫版。壹百文票面四周有花欄裝飾，四角有漢文面值。票中印有"益陽久通公司""九七錢壹百文""銅元九七兑"字樣和發行日期、編號，蓋有"樣子""作廢"字樣。壹百枚票四周有花欄裝飾，四角有阿拉伯數字"10"字，上花欄内有"長沙南門外華昌煉廠照兑"字樣。票中印有"益陽久通公司""當十銅元壹百枚"字樣和發行日期、編號，蓋有"樣子""作廢"字樣。（上海博物館藏）

廣益公司銅元票

山東峰礦廣益公司於光緒年間發行。僅見壹千文一種，竪版。票面四周有花朵組成的花欄裝飾，印有"此票取錢在峰縣西門内本公司存款處"字樣。票面主要圖案爲雲紋群獅圖，印有"山東峰礦廣益公司""憑票發九八京銅元壹千文整""如有塗改不得兑錢"字樣和發行日期、編號。票面右上角蓋有"中國圖書有限公司"橢圓形印章。中國圖書有限公司印，印製比較精美。（上海博物館藏）

和豐公司錢票

長沙和豐公司於宣統元年（1909）發行。僅見叁佰文一種、壹串文一種，竪版。叁百文票面四周有花欄裝飾，花欄中爲人物風景圖，印有"長沙北門外""和豐"字樣，花欄上方有人物風景圖。票面印有"憑票發錢叁佰文""宣統元年即月即日和豐公司票""天字第肆百伍壹號""認票不認人""合成壹串撥兌外票"字樣。參閱臺灣《錢壇》。壹串文票面四周有花欄裝飾,四角有漢文面值"壹"字,花欄爲海水、蝙蝠圖組成,印有"長沙北門外""和豐""憑票發錢壹串文整""光緒己酉年即月即日""字玖百玖伍號""撥兌市票",蓋有"湖南和豐公司"橢圓形印章。

天增長錢帖

湖蘭河北庫侖溝天增長於光緒十七年(1891)發行。僅見叁吊一種,豎版。票面四周由短文組成花欄裝飾,花欄內印有"湖蘭河北庫侖溝""天增長"字樣,票面印有"憑帖取錢叁吊整""光緒拾柒年貳月伍日票""發字肆貳號"字樣,蓋有"湖蘭庫侖溝記"長方形章和方形印章。(上海博物館藏)

源長永錢帖

巴彥蘇西雙山堡源長永於光緒十七年(1891)發行。僅見三吊一種,豎版。票面四周由內層爲文字、外層爲人物花紋兩部分組成花欄裝飾,花欄中印有"巴彥蘇西雙山堡""源長永"字樣,票面正中印有"帖到付帖三吊""假字四八號""光緒十七年七月二十三日",日期之下蓋有"巴彥蘇西雙山堡源長永記"長方形印章和方形印章,票背印有奉諭出帖。

豐泰永錢帖

奉天西後溝營豐泰永於光緒十八年(1892)發行。僅見陸吊一種,豎版。票面四周由內層爲文字、外層爲人物兩部組成花紋裝飾,花欄中印有"奉天西後溝營豐泰永"字樣。票面正中印有"憑帖取錢陸吊""燦字貳百貳拾玖

號""光緒十八年三月二十二日"字樣。票背有毛筆字。

天德合錢帖

巴彥天德合於光緒二十三年(1897)發行。僅見叁吊一種,豎版。票面四周由內層爲文字、外層爲花紋兩部分組成花欄裝飾,花欄中有"天德合"字樣。票面印有"憑帖取叁吊""王字柒佰貳伍號""光緒二十三年二月二十三日票"字樣。參閱《中國東北地區貨幣》。

恒益通錢帖

盛京(今瀋陽)大西關恒益通於光緒三十年(1904)發行。僅見叁拾吊一種,豎版。票面四周由內層文字、外層花紋兩部分組成花欄裝飾,花欄中印有"盛京大西關恒益通"字樣。票面印有"憑帖取叁拾吊",左右印有發行日期和編號,蓋有"樣子"二字。

天茂泉錢帖

盛京(瀋陽)大西關天茂泉於光緒三十年(1904)發行。僅見八吊一種,豎版。票面四周由內層爲文字、外層爲花紋兩部分組成花欄裝飾,花欄中印有"盛京大西關天茂泉"字樣,票面印有"憑帖取八吊",左右印有發行日期、編號。

廣泉慶錢帖

鐵嶺東關廣泉慶於光緒年間發行。僅見拓本,豎版。票面四周由內層爲文字、外層爲花紋兩部分組成花欄裝飾,花欄中印有"鐵嶺東關廣泉慶"字樣。票面印有"憑票取帖錢　",左右印有發行日期和編號,右下角印有"晚不付錢隨銜兌查"字樣。

蔚盛長記銀票

山西蔚盛長記於光緒年間發行。僅見未流通

票面一種，竪版。票面四周中三字經文組成花欄裝飾，花欄內上方印有"蔚盛長記"，票中印有"憑票取　原存　""　年　月　日　具"字樣。票上蓋有"蔚盛長"長方形、菱形花押印章。參閱山西錢幣學會《中國山西歷代貨幣》。

長盛和號借票

山西長盛和號於光緒年間發行。僅見銀票壹百兩一種，清代會票格式，由右至左分四聯：一聯正上方有一圓圈，正中爲"券"字，其下有人物圖案裝飾；二聯從右至左竪印"今憑票借到""静珍堂名下布平紋銀壹百兩整，全中言明每年壹分行息期約對期本利交還恐後無憑立票存據"；三聯印有"貳拾六年三月三十日取息銀壹拾兩整""經手人魯心齊""光緒二十五年三月三十日立票"；四聯印有"信行"兩字。印製精美。

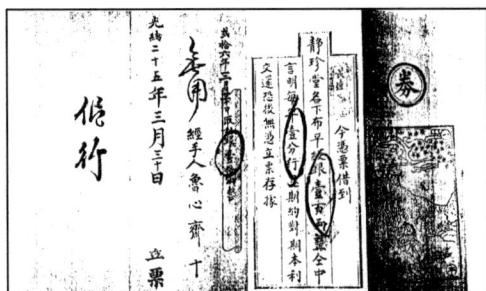

長盛和號借票（壹百兩）

合盛元匯兌莊銀圓票

山西京都合盛元匯兌莊於宣統年間發行。僅見拾圓一種，橫版。四周花紋裝飾，四角印有"合盛元記"四字，票面印有"京都合盛元匯兌莊""拾圓""字　號""宣統　年　月　日""支取龍圓厲打磨廠尚古店""匯款制撥"字樣。該幣印製精美。（上海博物館藏）

天德和當錢帖

伯都訥界天德和於光緒十四年（1888）發行。僅見五百文一種，竪版。票面四周由內層爲文字、外層爲風景組成花欄裝飾，花欄中印有"伯都訥界黑林子街天德和當"字樣。票面印有"憑帖取錢五百文""天字七百貳拾五號""光緒十四年五月初一日"字樣，蓋有"天德和當"長方形、菱形印章。參閱彭信威《中國貨幣史》。

德春堂錢帖

五常堡東蘭彩橋德春堂於光緒十六年（1890）發行。僅見叄吊一種，竪版。票面印有"上山河屯德合祥叄吊整"（光緒）十六（）貳（月）十叄（日）""雪（字）八八（號）"字樣，蓋有長方形、菱形印章，另有文字説明大方印和"永記"花押記。（上海博物館藏）

聚興當錢帖

盛京（今瀋陽）大南關聚興合記於光緒十八年（1892）發行。僅見陸吊錢一種，竪版。票面四周由內層爲文字、外層爲花紋組成花欄裝飾，花欄中印有"盛京大南關聚興當"字樣。票面印有"憑帖取錢陸吊""城字七貳號""光緒十八年六月五日""細看真假晚不付錢"字樣，日期之下蓋有"德勝關聚興合記"長方形印章，面值之上蓋有二個"聚興當記"菱形印章，編號之上蓋有"聚興當"半邊印記，票上有一文字大方印章。（上海博物館藏）

同吉當錢帖

盛京（今瀋陽）大北關同吉慶號於光緒二十三年（1897）發行。僅見伍吊一種，竪版。票面四周人物圖案組成花欄裝飾，花欄內印有"盛京大北關同吉當"字樣。其下印有"憑帖取錢伍吊""呂字貳百六四號""光緒二十三年五月　日""新換板紙晚不付錢"字樣，日期之下

蓋有"同吉當"長方形印章，面值之上蓋有菱形、長方形印章，編號上面蓋有方形文字説明印章"毛刻字鋪"。（上海博物館藏）

盛京寶泉興錢票版

盛京（今瀋陽）寶泉興錢莊於光緒末年刻製的錢票版。該票版由十一塊經加工的牛角板拼成。通長 19.2 厘米，寬 10.1 厘米，厚 4.4 厘米，上邊抹去兩角，竪版。票版正面四周刻有花紋人物花欄，上花欄中印有"盛京小西關""寶泉興"字樣，四周的花欄中刻有許多春秋戰國人物故事。如耻於與貪功者爲伍，伏之山中的介子推、百里奚；公孫支力主以秦粟賑濟飢民；楚之百步穿楊養由基；春秋五霸之一齊桓公及賢相管仲；伍子胥過韶關；專諸刺吳王僚；西施溪邊浣紗；陳侯及臣僚大夫孔寧；西施進吳宮；儀行父淫亂天道；吳王伍子胥君臣議政，等等。另還刻有諸葛亮的《前出師表》一段約四百五十字。其中有八個簡化漢字，如无、优、亲、买、书、顾、当等。花欄內正中縱書"憑帖取"，之下刻有聚寶盆花押，花押上刻有"興記"兩字。票版左右兩側分別刻有發行日期和編號，右下角刻有"新換票板晚不付錢"字樣。票版下部中間刻有陰文"上洋南山堂刻"六個字。刻版雕刻精細、刀法嫻熟、綫條流暢、人物清晰，不僅印製鈔票比木刻版精美，而且在印鈔史上也是一件難得的歷史實物和藝術品。參閲《中國錢幣》1995 年第六期王

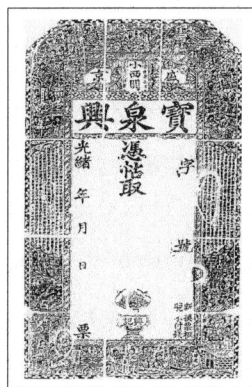

盛京寶泉興錢票版

寧、王琳：《旅順博物館藏清末錢莊票版》。

同升當錢帖

盛京（今瀋陽）小南關同升當於光緒二十三年（1897）發行。僅見捌吊一種，竪版。票面四周有文字、花紋組成的花欄裝飾。花欄中有"盛京小南關同升當"字樣。票面印有"憑帖取錢捌吊""光緒二十三年四月十八日""下字五五叁號""新換板紙晚不付錢"字樣等。

永昌當錢帖

盛京（今瀋陽）小西關永昌當於光緒二十三年（1897）發行。僅見拾吊一種，竪版。票面四周有人物花欄裝飾，左右花欄中印有"永昌當記"四個字，上花欄中印有"盛京小西關永昌當"字樣。票面印有"憑帖取拾吊"，左右印有發行日期和編號，右下角印有"燈下不付"字樣。該票印製精美。

聚昌當錢帖

盛京（今瀋陽）大西關聚昌當於光緒二十三年（1897）發行。僅見拾吊一種，竪版。票面四周由內層爲文字、外層爲花紋組成花欄裝飾，花欄中印有"盛京大西關聚昌當"字樣，票面印有"憑帖取錢拾吊"，左右各印有發行日期和編號，日期之下和面值之上分別蓋有長方形、菱形印章。票面右上方蓋有"官驗"二字，右下方印有"新換票板晚不付錢"字樣。

聚盛當錢帖

盛京（今瀋陽）大東關聚盛厚記於光緒二十三年（1897）發行。僅見拾吊一種，竪版。票面四周有花欄裝飾，花欄內上方印有"盛京大東關聚盛堂"字樣，其下印有"憑帖取錢拾吊""來字五四號""光緒二十三年拾月拾五日"字樣，日期下面印有"聚盛厚記"長方形印章，

編號上印有半片花印。票面右上方蓋有"官驗"兩字，右下方印有"新換紙筆晚不付錢"字樣。（上海博物館藏）

福慶當錢帖

興京新屯福慶當於光緒二十五年（1899）發行。僅見肆吊一種，竪版。票面四周由內層爲文字、外層爲花紋組成花欄裝飾，花欄內上方印有"興京新屯福慶當"字樣，其下印有"憑帖取錢肆吊""德字四壹號""光緒二十五年九月二十四日"，日期之下蓋有福慶當長方形印章，編號之上蓋有人物花押印記。參閱《中國東北地區貨幣》。

德昌當銅元票

吉林榆樹縣大新立屯德昌當於宣統元年（1909）發行。僅見壹百枚一種，竪版。票面四周有海水、雙龍紋花欄裝飾，四角有漢文"壹百"面值，花欄內上方印有"吉林榆樹縣大新立屯德昌當"字樣，其下印有"憑票付銅元壹百枚整"字樣。票面兩側分別爲發行日期、編號，右邊有騎縫編號和印章。吉林官錢刷印局石印。參閱《中國東北地區貨幣》。

詹信安錢票

四川酉陽縣濯河壩烟房詹信安於光緒二十九年（1903）發行。僅見壹千文一種，竪版。票面花欄由內層爲文字、外層爲人物圖組成，花欄中正上方有"濯河壩烟房詹信安"票名，其下

詹信安錢票（壹千文）

爲"憑票發錢壹千文整"，左右兩側爲發行日期及"平安"印記，面值上蓋有印章，花欄外正上方爲牧童山水圖，票背面有裝飾圖案及毛筆字。該票印製精美。參閱高文、袁愈高《四川近現代紙幣圖錄》。

福星榮號錢帖

四川叙府福星榮號於宣統元年（1909）發行。僅見壹千文一種，竪版。票面花欄由內層爲文字、外層爲人物圖組成，花欄內正上方印有"叙府東門內福星榮號"票名，其下爲"憑票發錢壹千文整""本號執係壹千倘有擦損塗改概不作用"字樣，左右爲發行日期、編號，蓋有發行印章、印記。花欄外正上方爲雙雲龍圖，右邊有騎縫編號、印章，票背面有人物花欄，花欄內有朱子治家格言，花欄外正上方爲漁家山水圖，右邊有騎縫編號、印章。該票雙色套印，印製精美。參閱高文、袁愈高《四川近現代紙幣圖錄》。

西秦公所富廠錢票

自流井西秦公所富廠於宣統二年（1910）及民國年間發行。僅見壹千文一種，竪版。票面花欄由內層爲文字、外層爲人物圖組成，花欄內正上方印有"西秦公所富廠"票名，其票面爲"憑票發錢壹千文整""本號執係壹千倘有擦損塗改概不作用"字樣，左右爲發行日期、編號，蓋有發行印章、印記，花欄外上方有古代人物故事圖。票面上印有"通源永昭""萃豐乾記""川流不息"字樣，票背面印有"水漫金山"故事圖和短文。有的票上蓋有"自貢商會"字樣。印製精美。參閱高文、袁愈高《四川近現代紙幣圖錄》。

商業銀行幣

中國通商銀行紙幣

中國通商銀行於 1897 年至 1932 年發行。該行成立於 1897 年 4 月 26 日。總行設在上海，在天津、北京、漢口、廣州、重慶、長沙、蘇州、烟臺、汕頭、鎮江、福州、香港等地設分行。資本額五百萬兩。該行由督辦鐵路總公司事務大臣盛宣懷奏請設立，特聘英人美德倫爲經理。早期紙幣英文行名爲中華帝國銀行，辛亥革命後改稱中國通商銀行。發行銀兩票、銀圓票兩種，橫版。銀兩票僅見伍錢、壹兩、伍兩、拾兩、伍拾兩、壹佰兩六種。銀圓票見有壹圓、伍圓、拾圓、伍拾圓、壹佰圓五種。票面有花欄裝飾，四角有漢文面值，主要圖案雙龍紋、花球，印有"中國通商銀行""憑票即付執此爲照""祇認票不認人"字樣和滿、漢文面值、發行日期、名稱、流通地區，印有藝術字面值，票背面有英文發行名稱及面值、編號等。（上海博物館藏）光緒三十年發行的銀圓票僅見伍圓、拾圓兩種。票面四周由花紋組成花邊裝飾，主要圖案雙龍紋、財神像、花球，印有"中國通商銀行""大清光緒卅年春　月　日""中國通商銀行鈔票永遠通用""憑票即付執此爲照"字樣，底紋含有漢文面值字

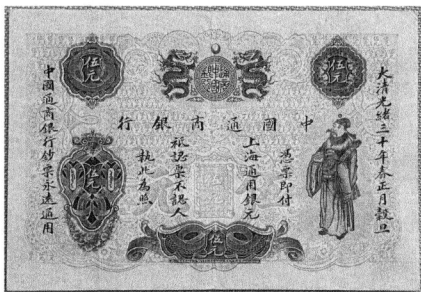

中國通商銀行紙幣（伍元）

樣，票背面有英文發行名稱、面值、編號，有中英文面值底紋、財神像、"華"字。該幣早期爲英國印鈔公司印，1920 年後由美國鈔票公司、英國華德路公司印製，印製精美。

浙江興業銀行紙幣

浙江興業銀行於光緒三十三年（1907）發行。該行成立於 1907 年 10 月 5 日。行址設在杭州市保佑坊。發行銀圓票、兌換券、銅元票三種。銀圓票僅見伍圓一種，橫版。票面四周有花欄裝飾，花欄中有漢文面值，印有"上海商務印書館製造"字樣。票面主要圖案雙龍戲珠、火車、行屋，印有"浙江興業銀行上海通用銀元""憑券即付執此爲照"字樣和發行面值。票背面有英文發行名稱、編號、面值等。銀圓兌換券僅見壹圓、伍圓、拾圓三種，橫版。票面四周有花欄裝飾，四角印有發行地名、漢文面值，上下花欄內印有"浙江興業銀行兌換券""憑票即兌通用銀圓"字樣，主要圖案有王陽明、管仲、黃宗羲像，票面印有面值、編號、印章。票背主要圖案公鷄，印有英文發行名稱、面值等。該行是浙江第一家銀行，是我國著名的"南四行"之一，蜚聲國內，信譽卓然，其紙幣設計精細，印製講究。該幣 1907—1916 年發行三套，爲上海印製，1923 年發行的爲英國倫敦印製。銅元票僅見壹百枚一種，竪版。票面四周有花欄裝飾，四角印有"當十銅元""壹百枚"，上下花欄中分別有"漢口""合錢壹千文"字樣，票面主要圖案有雙龍紋、亭、火車，印有"浙江興業銀行當十銅元""憑票即付執此爲照""光緒三十四年吉月吉日"及發行面

值、編號。

和華銀行銀兩票

和華銀行於光緒三十年（1904）發行。僅見伍萬兩一種，豎版。票面四周有花欄裝飾，花欄由內層爲文字，外層爲圖案兩部分組成，花欄內上方有"銀票"兩字。票面印有"憑帖取言明尬兑京平足銀伍萬兩整""光緒卅年冬月"字樣和編號，蓋有"和華銀行"菱形、橢圓形印章。票背面書寫"此票京張鐵路奏準後 禮拜付交不准作廢"字樣，蓋有橢圓形印章，右邊有騎縫印章。參閱臺灣《錢壇》。

上海四明銀行銀圓票

上海四明銀行於光緒三十四年（1908）發行。該行於 1908 年 8 月 16 日成立，行址設在上海寧波路。總資本一百五十萬兩。僅見壹圓、貳圓、伍圓、拾圓四種，橫版。票面四周有花欄裝飾，花欄內有漢文、阿拉伯數字面值，印有"上海四明銀行""上海商務印書館印刷公司代印"字樣。票面主要圖案爲雙龍戲珠、四明山風景、行屋、聚寶盆，印有"上海四明銀行""憑票即付執此爲照""上海通用銀圓祇認票不認人"字樣和發行日期、編號、面值、印章，其中壹圓、貳圓還有漢文面值的散射形底紋，貳圓紙幣中有"溫州""寧波""上海""鎮

上海四明銀行銀圓票（伍圓）

海"字樣，背面有雙龍紋，印有英、漢文發行名稱、面值、發行日期、編號等。宣統元年版爲上海華商集成圖書公司製造，上海商務印書館印刷公司承印。民國九年版一種無印刷廠名，一種爲美國鈔票公司印；民國十年版財政部印刷局印；民國十四年二個版爲德國鈔票公司印；民國二十二、二十三年版爲英國華德路公司印製。該行是我國早期商業銀行之一，歷史悠久，信譽良好，於 1935 年 11 月 4 日停業。

華商通業銀行鈔票

華商通業銀行於宣統二年（1910）發行。僅見拾圓一種，橫版。票面四周有花欄裝飾，花欄四角有漢文面值，花欄中印有"上海"兩字。票面主要圖案有花球，印有"華商通業銀行鈔票""憑票即付執此爲照""大清宣統貳年吉月吉日立""華商通業銀行鈔票永遠通用""拾圓"字樣，其票面圖案係仿照橫濱正金銀行光緒二十八年（1902）鈔票版式，由香港廣昌印刷所印製。（上海博物館藏）

寶善銀行銀圓票

北京寶善銀行於宣統元年（1909）發行。僅見壹圓、拾圓兩種，橫版。票面四周由雙龍、雙鳳、花球組成花邊裝飾，花球內印有漢文面值字樣。票面印有"北京寶善銀行""憑票即付通用銀圓""東四牌樓禮士胡同"字樣和發行日期、編號、印章。蓋有銀行"原""未""寅"等花押印，左邊有騎縫印章。精華石印局印。（上海博物館藏）

揚州和大銀行紙幣

揚州和大銀行於宣統元年（1909）發行，有銀圓票、銅元票兩種。銀圓票僅見壹圓、伍圓票樣，橫版。票面四周由蓮花組成花欄裝飾，

四角有漢文面值，下花欄中有"各埠本行經理處此票一律收兌"字樣。票面主要圖案爲雙龍紋、和合二仙圖，印有"揚州和大銀行""憑票即付執此爲照""和大銀行永遠通用銀圓""大清宣統元年四月開辦"字樣及發行印章，其中壹圓票面底紋由漢文面值組成。上海華商集成圖書公司製造。銅元票僅見壹佰枚一種，竪版。票面四周有花欄裝飾，主要圖案爲和合二仙人物風景圖，印有"和大銀行""認票不認人""宣統元年二月　日""憑票發當十銅圓壹百枚整"字樣和發行編號，蓋有"駐清和大銀行經理處"長方形、圓形章、花記章。

志成銀行紙幣

京都志成銀行於宣統年間發行。僅見壹圓、壹兩樣票各一種。銀圓票橫版，票面四周有花欄裝飾，四角有阿拉伯數字、漢文面值，主要圖案爲雙龍圖，印有"京都志成銀行"字樣和發行中英文日期、面值、編號，右邊有騎縫編號、印章。銀兩票竪版，票面四周有花欄裝飾，主要圖案爲海水雙龍戲珠圖，印有"京都志成公司""通用銀票失票不挂"等字樣和發行面值、日期、編號，四角蓋有四個方印章，票背面花欄裝飾，印有英文發行名稱、面值，由漢文面值字樣組成散射狀條紋。由北洋官報局印。（上海博物館藏）

華商上海信成銀行銀圓票

華商上海信成銀行於光緒三十三年（1907）發行於北京、上海、無錫、南京地區的銀圓票。僅見壹元、伍元、拾元三種，兩種版面，橫版。日本版票面四周有花欄裝飾，花欄內有漢文面值，票面主要圖案有商部尚書戴振頭像、行屋、雙龍圖，印有"華商上海信成銀行""大清光

緒三十三年正月穀旦""中國信成銀行洋票永遠通用""憑票即付執此爲照"字樣和發行面值、流通地區、印章，票背面有花欄裝飾、雙龍紋、中英文發行名稱、面值和編

華商上海信成銀行銀票（壹元）

號等。該幣由日本明治四十年四月印製局製造。上海商務版票面四周有花欄裝飾，四角有蝴蝶圖花球，內有漢文面值，花欄內印有"無錫"兩字，票面主要圖案有雙龍圖、光緒元寶正背圖案，印有"華商上海信成銀行"字樣和發行面值、日期、流通地區，票背面有花欄裝飾、雙龍圖，印有中英文發行面值、名稱、編號等。上海商務印書館製造。

信成銀行通用銀票

北京信成銀行於光緒三十四年（1908）發行。僅見貳兩、肆兩二種，竪版。票面四周有花欄裝飾，花欄內爲海水、雙龍、雙鳳圖，印有"北京信成銀行通用銀票""認票不認人不能挂失票"字樣，花欄外鈐有"此票面不准塗抹蓋戳"字樣。票面印有"憑票取京平足銀　兩整此照""信成銀行"字樣和發行日期、編號、理事簽名印章，右邊有騎縫編號、印章，票背面有花欄裝飾，由漢文面值組成底紋，四角有"信成銀行"四字。（中國國家博物館藏）

信義儲蓄銀行紙幣

鎮江信義儲蓄銀行於光緒三十四年（1908）發行。該行成立於1906年，行址在鎮江市。發行銀圓票、銅元票。銀圓票僅見壹圓、伍圓兩

種，橫版。票面四周有花欄裝飾，四角有阿拉伯數字、漢文面值，印有"信義""上海通用銀圓"字樣。票面主要圖案爲花球，印有"信義儲蓄銀行"字樣和發行日期、編號、面值、印章，由漢文面值組成散狀底紋。另壹圓版，橫版。票面四周有花欄裝飾，四角有阿拉伯數字、漢文面值，花欄中印有"信義工商儲蓄銀行""執此爲照永遠通用""憑票即付不掛失票""鎮江"字樣和發行面值、日期、流通地區、編號、英文發行名稱，票背面有花欄裝飾和長達四百二十七字的"信義儲蓄銀行淺說"，發行名稱。由漢口黃陂街景質藝印刷。銅元票僅見壹佰枚一種，竪版。票面四周有花欄裝飾，四角有漢文面值，花欄內爲海水、雙龍戲珠圖，印有"信義儲蓄銀行"字樣。票面印有"憑票發當拾銅元壹佰枚""遵照部章市面通用"字樣和發行日期、編號。上海商務印書館印造。（上海博物館藏）

北京儲蓄銀行兌換銀票

北京儲蓄銀行於光緒三十四年（1908）發行。僅見壹兩一種，竪版。票面四周有花欄裝飾，花欄內爲海水、雙龍圖，印有"北京儲蓄銀行兌換銀票"，左花欄外有"此票不準蓋戳抹"印記。票面印有"憑票付京平足銀壹兩""開設正陽門內西交民巷""認票不認人概不掛失票""北京儲蓄銀行"字樣和發行日期、編號、印章，右邊有騎縫編號、印章，票背面有毛筆字、印章。京口印書局代印。

交通銀行紙幣

交通銀行於宣統元年（1909）以後發行於北京、天津、漢口、南京、濟南、廣東、營口等地區之紙幣。發行銀兩票、小洋票和銀圓票、銅元票四種。銀兩票僅見天津分行樣票一種，濟南版壹兩、拾兩二種，竪版。天津分行版票面四周有花欄裝飾，花欄中爲海水、雙龍圖，印有"交通銀行""天津分行"。票面印有"憑票取　平　銀""認票不認人概不挂失票"字樣和發行日期、編號，蓋有"此係票樣不得誤用"印章，右邊有騎縫編號、印章。由北洋官報局印。濟南版票面四周有花欄裝飾，主要圖案爲雙龍、旗子，印有"濟南""交通銀行"字樣。票面印有"憑券取庫平足銀　整"字樣和發行日期、編號、印章等，票面右邊有騎縫編號和印章，票背面有花額，中間主要圖案城市景色。由上海商務印書館製造。小洋票僅見伍角、拾角、伍拾角、壹佰角四種樣票，橫版。票面四周有花欄裝飾，花欄內有漢文面值及"營口"兩字，票面主要圖案爲雙龍、火車等，印有"交通銀行""永遠通用小洋""憑票即付不挂失票"字樣和發行面值、日期，票背面有英文發行名、面值。由上海商務印書館製造。銀圓票僅見壹圓、伍圓、拾圓三種，橫版。票面四周有花欄裝飾，花欄內有漢文面值和"廣東""北京""漢口""南京""天津"等字樣，主要圖案雙龍、輪船、火車等，印有"交通銀行""永遠通用銀圓""憑票即付不挂失票"字樣和發行面值、日期，有的印有"龍元"，廣東

交通銀行紙幣（拾圓）

票上印有"汕頭支付"或"毫洋出入""兩不貼水"字樣，票背主要圖案爲港口碼頭，印有英文發行名稱、面值、編號。由上海商務印書館

造。銅元票見有壹百枚面值沙市、徐州版兩種，豎版。

辛亥革命幣

中國商務公會股券

中國商務公會於 1895 年 1 月 22 日在夏威夷島檀香山首府發行的股券。孫中山爲反對清王朝的統治，積極領導中國民主革命運動，在政治上組織同盟會，經濟上奔走海外籌集活動經費。該股券是香檀山興中會主席劉祥作爲股券司庫發行的股券。每股一百美圓。據羅家倫主編、黃季陸增訂的《國父年譜增訂本》記載：

中國商務公會第一號壹股

兹證明李多馬持有已付清的中國商務公會股款一份。憑與此背書，並轉讓此股券，可過戶列入公司總帳。

司庫　劉　祥（簽名）

總理　孫逸仙（簽名）

夏威夷島火奴魯魯　1895 年 1 月 22 日

該券由火奴魯魯（即檀香首府正埠）孖建街二〇九號 R·GRIERE 承印。因未見實物，其形制不詳。參閱吳籌中等《辛亥革命貨幣》。

軍需債券

孫中山在檀香山創立的"中華革命軍"組織於 1904 年 1 月發行的軍需債券。面額有壹圓、拾圓兩種，橫版。票面四周有花欄裝飾，上花欄中印有"軍需債券"四字，正中間有漢文面值空心字作底紋，票中印有"此券實收到美金拾圓整""本軍成功之日見券即還本息百圓"，四角分別印有編號和償還面值，票右印有

發行日期"西廿紀四年　月　日發"，其下方有孫中山的英文簽名"Sun Yet—Sen"，左邊有騎縫編號和印章，票背蓋有"中國國民黨駐檀總支部""廿五年六月十八日已登記"印章。共收到美金肆仟壹佰伍拾圓。

中華民務興利公司債券

孫中山於 1905 年 11 月在越南發行的債券。爲籌集革命經費，孫中山在日本橫濱印製面額爲壹仟圓債券兩千張。同年 11 月到西貢堤岸後，首先建立同盟分會，并以投資爲掩護籌集資金。見有壹仟圓一種，橫版。票面四周有花欄裝飾，四角有漢文、阿拉伯數字面值，上花欄中印有"中華民務興利公司債券"，票面印有"公債本利壹仟圓券"，其左右兩邊分別印有"總理經手收銀人孫文""天運歲次乙巳年十一月十五日發""廣東募債總局五年内清還第壹回黃字第壹佰卅五號"字樣，票背面四周有花欄裝飾，票面印有發行條例，花欄外下方有"中華民務興利公司債券"標記。參閱吳志輝、肖茂盛《廣東貨幣三百年》。

中華國軍需票

清末，孫中山爲籌集中華國民軍軍需款項而向南洋、港澳等地華僑募捐時所填的手據。僅見伍圓一種，橫版。票面左右兩側分別豎印"中華國""軍需票"，票面有藍色花欄，上花欄内印有"歲次　年　月　日發"字樣，票

正中橫書:"收到楊祐生君捐助中華國民軍軍需伍大圓""大功告成之日""當有軍政府照約償還""并酬以特別權利""發回收執以昭公信""代理收銀人孫壽屏押",其中姓名、面值爲手書。孫壽屏係孫中山之兄孫眉。票面左右花欄內分別是"青天白日旗""青天白日滿地紅旗",其中"青天白日旗"是興中會會員陸皓東設計,花欄之下正中有法文"中華國軍需票"名稱。軍需票上沿有騎縫編號"　字第壹百零陸號"、面值"伍大圓"以及"中華"篆字圓形印章,左上角有編號"000106"。目前僅發現一張,極其珍罕。參閱馬傳德等《辛亥革命時期貨幣》。

中華革命軍義餉憑單

清末,孫中山爲接濟各地起義軍軍餉之需,於日本東京的同盟會本部發行"中華革命軍義餉憑單",僅見伍圓一種,橫版。票面四周有花欄裝飾,四角有面值,正中爲白日圖及交叉的青天白日旗、青天白日滿地紅旗,之下印"五圓"面值,左右兩側分別竪印"黃帝紀元四千六百零九年　月　日押""同盟會本部發行",票背印有發行"要則:一、本部爲接濟各地起義軍軍需起見,特發行此義餉憑單,分百圓、伍拾圓、拾圓、伍圓四種;二、新政府成立後,持有此憑單者,可向新政府銀行照數取換國幣;三、新政府成立後,持有此憑單者,在國內無論何處,均可通用;四、本憑單得有所有者轉讓與他人;五、本憑單發行時蓋有三印爲據,如未蓋印及印迹不符者,作爲廢紙"(標點由編者加)。該票無印章,爲未流通票。目前僅發現一張,極其珍罕。

中華革命軍銀票

中國同盟會於1906年1月1日在越南,我國香港、廣西、廣東等地發行的紙幣。面額壹百元一種,橫版。票面正面印有英文"中華革命軍銀票""中國革命政府約定付給持券人壹

中華革命軍銀票(壹百元)

百元""本政府在中國成立後一年""由廣東政府官庫或海外代理機構支付"和孫文的英文簽名,發行時間和編號。票背面除文字爲法文外,其他均同正面。正面還加蓋中文"中華革命軍銀票百元"方形章。爲便於海外僑胞識別,采用英文、法文和西方圖案設計裝飾。由在越南西貢的法國友人李安利代爲印製。據有關資料知,安南及暹羅捐八萬九千圓;荷屬南洋捐六萬二千圓;英屬南洋捐五萬八千圓;緬甸捐四萬八千圓,合計約二十五萬七千圓。這些資金極大地緩解了辛亥革命的財政困難,支持了孫中山領導的中國民主主義革命的事業。參閱肖茂盛等《廣東歷代貨幣圖集》。

中華民國金幣券

孫中山領導的中國同盟會於1909年在美國發行之紙幣。孫中山於1909年11月在美國紐約、芝加哥、舊金山三地成立了同盟會分會,以美國舊金山分會爲總部。爲了直接支持各地革命起義而發行金幣券,以便籌措經費。1910年春在美國創辦中華革命軍籌餉局,據中華書

局《近代史資料》，"是男同志任局長兼司庫，伯耀等任籌餉委員。發行中華民國金幣券，由總理署名。是男同志以會計李公俠副署"。發行面額有拾圓、壹佰圓、壹仟圓三種，橫版。票面四周有花欄裝飾，四角有漢文、阿拉伯數字面值，上下花欄中分別有"中華民國金幣""中華民國成立之日此票作爲國寶通用交納稅課并隨時如數向國庫交換實銀"字樣。票內正中主要圖案爲青天白日旗，圖案兩側分別印有"中華革命軍本部總理""中華革命軍籌餉局會計發"和孫文（即孫中山）、李公俠的簽名。票背面除"中華民國金幣"與幣值外，其他均英文，其圖案爲青天白日滿地紅旗。除拾圓在右側，其他在左側騎縫處有代號、編號，蓋有總理印章和中華革命軍籌餉局印。其拾圓、壹佰圓、壹仟圓發行代號分別爲"中""華""民"字。據吳籌中等《辛亥革命貨幣》，蓋有"革命債券調查委員會登記章"和登記日期或"已登記"印章的中華民國金印券，根據國民黨財政部 1936 年 5 月 21 日南京財政會議精神，應是民國二十五年即 1936 年以後登記的。這次捐款總數爲美金十四萬四千圓。中華民國金幣券的發行對辛亥革命的勝利發揮了重要的作用。參閱肖茂盛等《廣東歷代貨幣圖集》。

第七節　民國時期紙幣考

從 1912 年至 1949 年，民國紙幣經歷了三十八年的歷史，大體可以分爲四個階段。

第一階段從 1912 年民國初年至 1927 年北伐戰爭結束，爲混亂的紙幣發行流通時期。辛亥革命的勝利，結束了中國歷史上兩千多年的封建王朝統治。孫中山於 1912 年 1 月在南京建立了中華民國，就任臨時大總統，開創了中國歷史上實行共和制的新紀元。但不久，革命果實被北洋軍閥袁世凱所竊取，1912 年 3 月孫中山離任，袁世凱在北京建立北洋政府，任大總統。之後，袁世凱冒天下之大不韙，恢復帝制，激起全國人民的堅決反對，舉國上下紛紛聲討袁世凱。孫中山於 1917 年 9 月從上海南下廣州，建立了中華民國軍政府，任大元帥。從此，南北政府形成對峙局面。各地軍閥也趁機擴充力量搶占地盤，占山爲王，軍閥割據及戰爭使社會動盪不安，人民苦不堪言。革命軍於 1924 年舉行北伐戰爭討伐北洋軍閥政府，北伐戰爭的節節勝利，鼓舞了全國人民的必勝信心。這個時期紙幣的特點：發行機構多，有中國民國新政府債券、國民革命軍發行的軍用票，有軍閥發行軍用票，有商業銀行、外國銀行、地方銀行發行的紙幣，還有農民協會或平民銀行幣，民間錢鋪、銀號紙幣等等；形式多樣，可分銀兩票、銀圓票、銅元票、制錢票四種，分橫、豎版，以石印、機器印製爲主，還有木刻印；鈔紙有道林紙、宣紙等；區域性流通，多地名券。

第二階段從 1928 年至 1937 年，土地革命戰爭時期。北伐戰爭的不斷勝利使國民黨的右翼勢力非常恐懼。以蔣介石爲代表的右翼勢力於 1927 年 4 月 12 日在上海發動了四·一二反革命政變，大肆屠殺共產黨人和進步人士，并於 1928 年 4 月 18 日在南京建立國民政府，蔣介石任國民政府主席。1928 年 10 月建立中央銀行并發行紙幣。中國共產黨被迫轉入地下，決定在南昌舉行由周恩來、朱德領導的八一南昌起義。毛澤東在湖南舉行了秋收起義。兩支革命隊伍在江西井岡山會師，建立了中國共產黨第一支武裝力量和第一個紅色中央蘇區。中央蘇區爲解決軍政費用和方便蘇區的生產、生活及貿易，決定建立蘇區銀行并發行紙幣。中央蘇區處於"圍剿"與反"圍剿"，封鎖與反封鎖的殘酷戰爭環境和極其貧窮的山區自然經濟狀況之下，人民政權貨幣同人民政權一樣，以頑強的鬥志、非凡的毅力艱難地成長起來，不斷發展壯大。這個時期紙幣的特點：蘇區以人民政權銀行紙幣發行爲主。蔣管區以國民黨國家銀行紙幣發行爲主，地方銀行紙幣、商業銀行紙幣發行爲輔。以銀圓票爲主，有極少量的制錢票、銅元票。印製以橫版爲主，有少量豎版。以石印、機印爲主，也有少量的刻版、蠟刻版印製，蘇區還有少量的布質幣。紙質以道林紙爲主，還有宣紙、毛邊紙、竹紙、土紙等。流通以區域性爲主，多有地名票。

第三階段，從 1937 年至 1945 年，全面抗戰時期。1936 年 12 月爆發震驚中外的西安事變。中國共產黨代表全國人民的最大利益，敦促蔣介石和平解決西安事變，國民黨接受共產黨聯合抗日的主張，實現國共第二次合作，聯合各民族的力量進行抗日戰爭。這個時期紙幣的特點是：全國統一發行流通國幣。由於各抗日根據地在得不到國幣保證的情況下，爲着籌措軍政費用和方便群衆生活，人民政權獨自創辦銀行，發行抗幣，主要以銀圓票爲主，也有極少量的銅元票。以機印、石印爲主，還有少量的木刻印和蠟版印。紙質有道林紙、土紙等。國幣全國性流通，抗幣區域性流通，是此階段紙幣流通的兩種方式。

第四階段從 1945 年至 1949 年，解放戰爭時期，人民政權紙幣逐步走向全國統一發行流通的時期。1945 年 8 月日本無條件投降，抗日戰爭取得了全面勝利。蔣介石爲奪取勝利果實，撕毀國共兩黨簽訂的"雙十協定"，向解放區大舉進攻，發動了反共、反人民的內戰，第三次國內革命戰爭爆發。國民黨中央政府爲籌措龐大的軍政費用，超量發行紙幣，引起物價狂漲。人民政權紙幣隨着戰爭的節節勝利，解放區的不斷擴大，發行量日益增加。解放區發展到哪裏，人民政權貨幣就發行到哪裏，有力地支援了解放戰爭。這個時期紙幣的特點：以各解放區銀行發行的紙幣爲主，并逐步走向全國統一發行。國幣逐步退出流通領域。這個時期的人民貨幣仍以銀圓票爲主，亦有極少量的銅元票，橫版爲主。以機印、石印爲主，亦輔極少量的木刻印、蠟刻印。紙質以道林紙、宣紙爲主，亦雜以少量的毛邊紙、土紙等。流通方式隨着戰爭的變化而變化，人民政權紙幣隨着戰爭的節節勝利而發展，走向全國統一發行流通。

地方銀行紙幣、商業銀行紙幣在民國初期軍閥混戰、社會動蕩不安的情況下爲促進民族工商業的發展、方便群衆生活發揮積極作用。1935 年實行法幣政策，規定中國銀行、中央銀行、交通銀行、中國農民銀行發行的紙幣爲法定貨幣，使中國紙幣走向統一發行邁出重要的一步，在中國貨幣史上有着十分重要的意義。法幣政策的實行，爲奪取抗日戰爭的勝利發揮了重要作用。人民政權貨幣是在中國革命中產生的，它的產生在中國貨幣史上具有深刻的意義。它不同於俄國的十月革命勝利奪取了政權後纔發行貨幣，也吸取了 1871 年巴黎公社沒有接管法蘭西國家銀行或建立國家銀行失去了經濟財政的支持，而使巴黎公社運動失敗的教訓，從而是在革命根據地內建立人民政權後，就開辦銀行，發行貨幣，牢牢掌握根據內的經濟命脉，爲支持革命戰爭的勝利發揮極其重要的作用。人民政權貨幣從 1924 年誕生起，經歷北伐戰爭、土地革命戰爭、抗日戰爭和解放戰爭四個重大歷史時期，代表着人民群衆的利益和要求，得到人民群衆的廣泛支持，這是人民貨幣得以發展的基礎。1949 年 10 月，中國共產黨領導新民主主義革命取得了偉大勝利，建立了中華人民共和國，使人民貨幣取得了在全國的統一發行流通權，不僅在中國貨幣史上有着劃時代的意義，而且在世界貨幣史上都有極其深遠的意義。

民國初期紙幣

中華民國粵省軍政府通用銀票

中華民國粵省軍省政府於 1912 年至 1914 年發行。1911 年 11 月 9 日，廣東成立了中華民國粵省軍政府。胡漢民爲都督，陳炯明爲護軍使，龍濟光爲副使。爲解決省軍政府財政困難，除將廣東存的一千三百多萬圓官錢局紙幣加蓋戳記使用外，又發行新紙幣六百三十萬圓。

發行伍毫、壹圓、貳圓、伍圓四種，橫版。票面四周有花欄裝飾，上花欄印有中華民國國旗、黨旗，四周有漢字、阿拉伯數字面值，主要圖案有陳炯明頭像、步槍刺刀，印有"中華民國粵省軍政府通用銀票"和面值、編號，底紋由漢文面值組成散射狀花紋，右邊有騎縫印章，票背面有"此票准隨時兌換現銀"和粵省軍政府大都督布告，分別有胡漢民、廖仲凱和陳炯明、李煜堂簽名。該幣由上海商務印書館石印。1914年3月1日至31日，由中國銀行廣東分行發行特別券照四五五折收兌，粵省軍政府通用銀票退出流通。參閱吳籌中等《辛亥革命貨幣》。

中華民國新政府債券

中華民國新政府於1914年在廣東發行之債券。1913年"二次革命"失敗，龍濟光盤踞廣東，電邀段祺瑞出兵攻粵。孫中山爲驅逐龍濟光離粵，特派陳炯明爲"廣東共和軍"總司令，於惠州起義。爲籌措軍費開支，陳炯明署名發行新政府債券伍圓、拾圓、壹佰圓三種，橫版。票面四周有花欄裝飾，四角有漢文面值，印有"中華民國新政府債券"券名和面值、編號、發行説明、陳炯明的簽字，右邊有騎縫編號和印章。參閱肖茂盛等《廣東歷代貨幣圖集》。

滇粵桂援贛聯軍軍用票

滇粵桂援贛聯軍司令部批准於1916年發行專供本軍軍需之用的軍用票。由梁啓超擬議的護國軍軍務院於1916年5月8日成立，代行北京國務院職權。軍務院編定滇粵桂聯軍以分道出師討伐袁軍。聯軍到達韶州後，適逢袁世凱病死，戰事停止，軍用票不再適用。軍用票見有壹圓、伍圓、拾圓三種，橫版。票面四周有花欄裝飾，四角有漢文、阿拉伯數字面值，主要圖案有花額、五色旗、十八星旗，印有"滇粵桂援贛聯軍軍用票""江西"字樣和面值，票背有發行條例，蓋有"李烈鈞印"方形章。參閱肖茂盛等《廣東歷代貨幣圖集》。

軍事内國公債券

由孫中山組織成立的護法軍政府於1917年發行。袁世凱死後，黎元洪繼任大總統。由於段祺瑞調停，使桂系軍閥陸榮廷獨占廣州，控制粵省。孫中山偕同程璧光率駐滬海軍南下，召集國會議員在黄埔舉行非常會議，通過護法軍政治組織，選舉孫中山爲海陸軍大元帥。爲籌措軍餉，驅逐桂系，於1919年4月15日由財政總長發行公債。見有壹佰圓、壹仟圓（含息票）兩種，橫版。票面四周有花欄裝飾，四角有漢文、阿拉伯數字面值，上花欄中印有"軍事内國公債券"票名。票面印有面值、發行編號、發行公債條例并有軍政府財政總長廖仲凱簽字、印章，票上方有騎縫印章。參閱肖茂盛等《廣東歷代貨幣圖集》。

中華國民銀行券

中華國民銀行於1921年發行。孫中山聯合社會各界於1920年10月創辦中華國民銀行，行址設在廣州。1921年4月7日，孫中山就任中華民國政府非常大總統，爲應北伐財政之需而發行銀行券。紙幣的面額有壹毫、貳毫、伍毫、壹圓、伍圓、拾圓六種。僅見壹毫、壹圓、伍圓、拾圓四種，橫版。票面四周有花欄裝飾，四角有漢文面值，主要圖案爲孫中山頭像、椰樹、芭蕉樹，印有"國立中華國民銀行"和發行面值、日期，并有行長梁長海的簽名、印章，票背面爲農、工、商、學人物圖，印有中英文票名、面值。參閱肖茂盛等《廣東歷代貨幣圖集》。

廣東地方善後内國公債

廣東省財政廳於1921年發行。1921年驅逐桂系軍閥出廣東後，陳炯明爲廣東省長，廖仲凱爲財政廳長。爲解決軍政費用困難，經省議會決定，由省財政廳發行廣東地方善後内國公債，分拾圓、伍拾圓、壹佰圓三種，發行額爲五百萬元。僅見拾圓一種，幅面 15.2～25.6 厘米。票面四周有花欄裝飾，四角有漢文面值，上花欄中印有"廣東地方善後內國公債"，其下爲面值、編號。票面還印有發行條例及廣東省長陳炯明、廣東財政廳長廖仲凱之簽名、印章，票背面爲英文票名、面值，發行條例及陳炯明、廖仲凱英文簽名。

大本營度支處發行軍用鈔票

孫中山大本營（北伐）度支處於 1922 年發行。1922 年 1 月，孫中山在桂林大本營召開北伐重要會議，得知陳炯明暗中勾結吳佩孚等軍閥陰謀阻撓北伐和粵軍第一師長鄧仲元被刺遇難後，知陳炯明不可救藥，決定改道北伐，行抵肇慶時，下令免去陳炯明廣東省及粵軍總司令職，撤消粵軍總司令部，所有粵軍統由大本營直屬。爲籌集北伐軍餉，由大本營度支處呈准發行軍用鈔票伍角、壹圓兩種，橫版。票面四周有花欄裝飾，四角有阿拉伯數字面值，主要圖案爲戰場圖景，印有"大本營度支處發行""軍用鈔票"字樣和面值、日期、編號、印章，票面由漢文面值組成底紋裝飾，印有大本

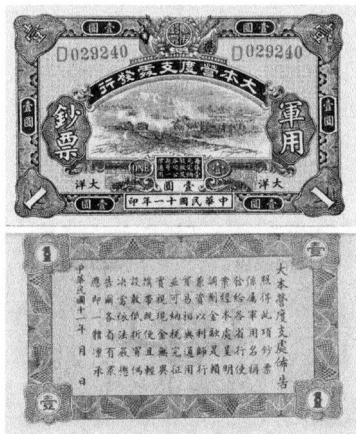

大本營度支處發行軍用鈔票（壹圓）

營度支處布告。參閱肖茂盛等《廣東歷代貨幣圖集》。

廣東省金庫券

孫中山大元帥府於 1923 年發行。陳炯明敗退後，割據東江、潮梅一帶，多次對廣州進行軍事圍攻。孫中山率滇、粵、桂諸軍進行討伐，未能取勝，雙方相持。大元帥府爲籌集軍政費用，發行廣東省金庫券壹圓、伍圓、拾圓三種，橫版。票面四周有花欄裝飾，四角有漢文面值，主要圖案爲汽車行駛圖，印有"廣東省金庫券""金庫主任張仲博""財政廳長楊西巖"和面值、日期、編號，底紋由漢文面值成散射狀組成，票背印有英文票名、面值等。參閱肖茂盛等《廣東歷代貨幣圖集》。

廣東省金庫券（拾圓）

定滇軍司令部發行軍用鈔票

定滇軍司令部呈准於 1924 年發行。1924 年冬，國民革命軍與陳炯明進行激戰時，滇軍、桂軍暗中勾結陳部陰謀攻擊北伐軍後路，占據廣州。國民革命軍組織定滇軍司令部回師平定。爲籌措軍餉發行軍用鈔票壹圓一種，橫版。票面四周有花欄裝飾，四角有漢文、阿拉伯數字面值，主要圖案爲黃花崗烈士陵園，印有"定滇軍司令部發行""軍用鈔票""大洋"字樣和面值、日期、編號，背面印有漢英文面值和發行條例。參閱肖茂盛等《廣東歷代貨幣圖集》。

粵桂討赤軍總司令陳軍用鈔票

陳炯明於 1926 年發行。1925 年孫中山在北京逝世。陳炯明集殘部自稱粵桂討赤軍總司令，企圖奪回廣州。爲籌措軍事費用以陳炯明名義發行軍用鈔票伍圓一種，橫版。票面四周有花欄裝飾，四角有漢文、阿拉伯數字面值，主要圖案爲惠州西湖圖景，印有"軍用鈔票"中英文票名，"粵桂討赤軍總司令陳炯明""財政處長劉刷元"和面值、日期、編號，票背印有中英文票名、面值等，主要圖案爲雙獅擁地球，鹿逐圖。參閱肖茂盛等《廣東歷代貨幣圖集》。

國民革命軍總司令部軍需券

國民革命軍總司令部於 1926 年發行之紙幣。國民革命軍自 1926 年 7 月 1 日攻克長沙後，爲解決軍餉費用，國民革命軍總司令部發行軍需券。面額有壹角、貳角、壹圓、伍圓四種，橫版。票面四周有花欄裝飾，四角有漢文面值。票內主要圖案爲農民鋤地、耕田、田間休息，印有"國民革命軍總司令部軍需券"和發行面值、日期、編號，票背面印有英文票名、面值，發行條例及總司令蔣介石簽名。參閱肖茂盛等《廣東歷代貨幣圖集》。

廣西銀行軍用票

桂林民軍頭目梁華堂創辦的廣西銀行於 1922 年發行。1922 年 4 月孫中山離開桂林回師廣州，討伐陳炯明。梁華堂自稱公民自治軍臨時總司令入駐桂林，爲解決軍餉自行印製發行軍用票。僅見有壹毫、壹圓、貳圓三種，橫版。票面四周有花欄裝飾，四角有漢文 面值、日期、英文桂林地名、印章，票背面印有廣西臨時總司令部布告、發行日期、毛筆手寫體編號。該幣紙質爲白沙紙，面版手工印製。參閱《舟山錢幣》1976 年第二期。

西北銀行紙幣

西北銀行於 1925 年發行。該行成立於 1925 年 3 月 1 日，總行設在陝西，河南、甘肅、張家口、熱河、多倫等十多處設有分行，發行銅元票、銀圓票兩種。僅見銅元票貳拾枚一種，銀圓票壹圓、伍圓、拾圓三種，橫版。票面四周有花欄裝飾，四角有漢文面值，主要圖案爲五原誓師圖、花額，印有"西北銀行"字樣和發行日期、編號、地名、印章，票背印有英文票名、面值等。

甘肅軍事善後流通券

甘肅省署金庫於 1926 年發行。1926 年馮玉祥回國，在五原與于右任、鄧寶珊等組織國民革命軍，推馮爲總司令。爲解決軍餉費用，甘肅責成省金庫發行軍事流通券。僅見有銀圓券壹圓一種，豎版。票面四周有花欄裝飾，四角有漢文面值，印有"甘肅軍事善後流通券"和面值、日期、編號，蓋有"甘肅省印""甘肅財政廳長印""甘肅省金庫印"三個方印，背面印有"甘肅軍事善後流通簡則"。

中華民國陸海空軍總司令部戰時通用票

以閻錫山爲總司令的中華民國陸海空軍總司令部於 1930 年發行。1929 年國民政府通過提案將全國總兵額限在五十萬名，引起了閻錫山、馮玉祥、李宗仁的極力反對，隨之聯名通

中華民國陸海空軍總司令部戰時通用票（壹圓）

電反蔣，并成立以閻錫山爲總司令，馮玉祥、李宗仁、張學良爲副司令的中華民國陸海空軍總司令部。爲籌集軍餉，發行銀圓票壹角、壹圓、伍圓三種，橫版。票面四周有花欄裝飾，四角有漢文面值，主要圖案爲亭、風景，印有"中華民國陸海空軍總司令部戰時通用票"和面值、日期、編號，蓋有閻錫山方印，票背印有戰時通用條例八條，右邊有騎縫章。北平印刷廠印製。

重慶官銀號紙幣

重慶官銀號於 1921 年至 1923 年發行。該號由川軍賴心輝、黔軍周西成等於 1921 年創立，梁正麟爲總辦，發行額定爲一百萬，發行銅元票、銀圓票兩種，橫版。銅元票面額有貳枚一種。票面四周有花欄裝飾，四角有漢文面值，主要圖案爲花額，印有"重慶官銀號"票名和"值當拾銅元貳枚"字樣、印章，底紋爲藍色綫條，票背面印有面值、發行日期等。銀圓兌換券見有壹圓、伍圓、拾圓三種，票面四周有花欄裝飾，四角有漢文面值，主要圖案爲塔景、閣樓景、花額，印有"四川兌換券"和發行面值、日期、編號、地名、印章，票背印有"此票由重慶官銀號兌現"和英文票名、面值、日期，主要圖案爲風景。參閱高文、袁愈高《四川近現代紙幣圖錄》。

四川官銀號銀圓票

四川官銀號於 1923 年至 1924 年發行。該行成立於 1923 年 9 月，由四川省長兼川軍總司令劉成勛、四川討賊軍總司令熊克武創辦。發行壹圓票一種，橫版。票面四周有花欄裝飾，四角有漢文面值，主要圖案爲花額，印有"四川官銀號"和面值、日期、編號、印章，右邊

有騎縫章，票背面有人物故事圖案，印製非常精美。發行竪版壹圓、伍圓、拾圓三種。票面四周有花欄裝飾，四角有漢文面值，正上方有"四川官銀號"，其下正中爲"憑票取銀圓　元整"，左右兩側爲日期、編號、印章，底紋中有留白"四川官銀號"字樣，左邊有騎縫編號、印章，背面有反映唐朝名妓薛濤流落四川之歷史故事的人物風景圖或風景圖，并蓋有印章。參閱高文、袁愈高《四川近現代紙幣圖錄》。

四川官錢局制錢票

四川官錢局於 1924 年發行。僅見壹佰文、貳佰文、伍佰文、壹仟文四種，橫版。票面四周有花欄裝飾，四角有漢文面值，主要圖案爲塔、閣樓、花額，印有"四川官錢局""憑票即付不掛失票"和面值，票背面印有英文票名、面值，蓋有"四川官錢局印"方章。該局後因兌換經常延期而漸失信用，此紙幣漸成廢紙。參閱高文、袁愈高《四川近現代紙幣圖錄》。

裕通銀行紙幣

裕通銀行於 1927 年至 1933 年發行。該行成立於 1927 年春，由四川省主席、二十四軍長劉文輝創辦。資本十五萬圓。發行有壹圓、伍圓、拾圓三種，橫版。票面四周有花欄裝飾，四角有漢文面值，主要圖案爲閣樓圖，印有"裕通銀行"和面值、日期、編號、地名，背面印有英文票名、面值，主要圖案爲長江航運。參閱高文、袁愈高《四川近現代紙幣圖錄》。

江西民國銀行紙幣

江西民國銀行於 1912 年至 1922 年發行。該行成立於 1912 年，總行設在南昌市。原定資本二百萬元，屬官商合辦。發行銀兩票、銀元票、制錢票三種。銀圓票面額有壹圓、伍圓、

拾圓三種。因未見實物，具體形制不詳。1913
年，江西李烈鈞響應孫中山二次革命的號召，
舉行反袁戰爭，爲籌措軍政費用，增發紙幣近
五百萬元。到江西軍閥李純統治時期，又大量
發行紙幣，使幣值下跌，民國銀行不得不於
1916 年 4 月 10 日宣布歇業。參閱戴建兵《中
國近代紙幣》。

贛省民國銀行紙幣

　　贛省民國銀行於 1912 年發行。有制錢票、
銀元票兩種。制錢票見有壹仟文、壹串文兩種，
豎版。票面四周有花欄裝飾，四角有漢文面值，
主要圖案爲雙鳳、古玩圖，正上方橫書"贛省
民國銀行"字樣，其下印有面值、日期、編號
和印章，背面有發行說明、印章，左邊有騎縫
編號、印章。銀元票見有壹圓一種，橫版。票
面四周有花欄裝飾，四周有漢文面值，主要圖
案有省都督馬的肖像、花額，印有"贛省民國
銀行"字樣和面值、日期、印章，背面有英文
發行名稱、發行說明等。參閱北京錢幣學會
《中國紙幣標準圖錄》。

中華民國靖國軍軍用鈔票

　　中華民國靖國軍於 1912 年發行。面額有
壹圓、伍圓、拾圓三種。僅見壹圓、伍圓兩種，
橫版。票面四周有花欄裝飾，四角有漢文面值，
主要圖案爲交叉旗幟、花額等，印有"中華民
國靖國軍軍用鈔票"字樣和面值、日期、編號
及印章，背面爲發行說明，右邊有騎縫編號、
印章。參閱張志中《中國紙幣》。

中華民國軍用鈔票

　　中華民國於 1912 年發行。1911 年 11 月 3
日上海光復，陳其美爲滬軍都督，爲籌措軍餉
發行該幣。面額有壹元、伍元、拾元三種。僅

中華民國軍用鈔票（拾元）

見壹元、拾元兩種，橫版。票面四周有花欄裝
飾，四周有漢文面值，主要圖案爲花額，印有
"中華民國軍用鈔票"字樣和面值、黃帝紀年日
期、編號及印章，背面印有英文發行名稱等，
因革命債務委員會收兌該幣，故有的幣面加蓋
"革命債務委員會"紫羅蘭色印章。參閱北京錢
幣學會《中國紙幣標準圖錄》。

中華民國南京軍用鈔票

　　中華民國於 1912 年發行。僅見壹圓一種，
橫版。票面四周有花欄裝飾，四角有漢文面值，
印有"中華民國南京軍用鈔票"字樣和發行面
值、日期、編號印章，背面印有英文發行說明
等。參閱北京錢幣學會《中國紙幣標準圖錄》。

國民軍聯軍總司令部軍用票

　　國民軍聯軍總司令部於 1922 年在陝西發
行。僅見加蓋票壹圓、伍圓、拾圓三種，橫版。
利用陝西富秦銀行票加蓋"國民軍聯軍總司令
部"紅色方印及"完糧納稅公私交易一律通用"
銘文印章。票面同富秦銀行紙幣。參閱北京錢
幣學會《中國紙幣標準圖錄》。

直隸省軍用流通券

　　直隸省於民國年間發行。發行壹角、貳角、
壹圓、伍圓、拾圓五種。僅見伍圓一種，橫版。
係直隸省銀行紙幣加蓋直隸省軍流通券戳記。
參閱北京錢幣學會《中國紙幣標準圖錄》。

國民軍金融流通券

國民軍於 1927 年在陝西發行。有壹角、貳角、伍角、壹圓、貳圓、伍圓六種。僅見壹角、貳角、貳圓、伍圓四種，橫版。票面四周有花欄裝飾，四角有漢文面值，主要圖案爲塔、建築圖等，印有"國民軍金融流通券"等字樣和

國民軍金融流通券（貳圓）

面值、日期和印章。伍圓票背面有發行說明。壹角爲西安乾振集印刷廠印，貳角爲西安義興新石印，壹圓票爲陝西陸軍服務印。另外，還發現有在陝西富秦錢局的紙幣上加蓋"國民軍用流通券輔幣"印章的紙幣，面額有壹角、貳角、伍角三種，豎版。其他同富秦錢局紙幣。參閱北京錢幣學會《中國紙幣標準圖錄》。

中華民國陸海空軍副總司令部紙幣

中華民國陸海空軍副總司令部於民國年間發行之軍用票。1930 年以閻錫山爲總司令，馮玉祥、李宗仁、張學良爲副總司令的中華民國陸海空軍總司令部，聯名通電反對蔣介石。爲解決軍費，閻錫山發行"中華民國陸海空軍總司令部戰時通用票"，副總司令李宗仁在廣西發行"中華民國陸海空軍副總司令部示"紙幣，在廣西銀行幣背面加蓋大型黑角矩形發行銘文印章，加蓋地名有梧州、南寧等，僅見壹圓、伍圓、拾圓三種。副總司令馮玉祥在河南利用西北銀行紙幣在票背加蓋"中華民國陸海空軍

副總司令部示"等銘文的紙幣，有地名河南、開封、太原、鄭州等。見有貳角、壹圓、伍圓、拾圓四種，橫版。參閱北京錢幣學會《中國紙幣標準圖錄》。

陸軍部軍事用票

陸軍部於 1919 年發行，僅見壹圓一種，橫版。票面四周有花欄裝飾，四角有漢文面值，主要圖案爲兩面交叉旗幟，印有"軍事用票"字樣和面值、日期、編號及印章。參閱張志中《中國紙幣》。

鎮威第三、四方面軍團兵站庫券

鎮威第三、四方面軍團兵站於民國年間發行。僅見壹角、貳角、伍角、壹圓四種，橫版。票面四周有花欄裝飾，四角有漢文面值，中間有船、房屋、寶塔圖案，印有"鎮威第三四方面軍團兵站庫券"字樣和發行面值、日期、編號和印章。參閱張志中《中國紙幣》。

鎮威第三、四方面軍團兵站庫券（壹圓）

暫編陸軍獨立兵團第六團代幣券

暫編陸軍獨立兵團第六團於民國年間發行。僅見壹圓一種，橫版。票面四周有花欄裝飾，四角有漢文面值，主要圖案爲田野等，印有"暫編陸軍獨立步兵第六團"等字樣和面值、日期、編號、印章。參閱張志中《中國紙幣》。

大漢銀行暫行軍用手票

大漢銀行於民國年間，利用上海大清銀行

兌換券紙幣加蓋“大漢銀行”紙幣戳記發行流通使用，僅見壹圓一種。參閱張志中《中國紙幣》。

交通部京漢鐵路支付券

交通部京漢鐵路於 1915 年至 1927 年發行。僅見伍圓、拾圓、伍拾圓三種，發行三十六期，橫版。票面四周有花欄裝飾，四角有漢文面值，主要圖案爲花額，印有“交通部京漢鐵路支付券”字樣和面值、編號及印章，背面有發行說明。參閱北京錢幣學會《中國紙幣標準圖錄》。

財政部定期有利國庫券

財政部於 1919 年發行之票券。有中圓（1/2 圓）、壹圓、伍圓三種，橫版。票面四周有花欄裝飾，四角有漢文面值，主要圖案爲花額，印有“財政部定期有利國庫券”字樣和面值、日期、編號、印章，背面有發行說明。由財政部印刷廠印刷。參閱北京錢幣學會《中國紙幣標準圖錄》。

財政部短期有利兌換券

財政部於 1922 年發行之票券。面額有壹圓、伍圓、拾圓三種。僅見壹圓、伍圓兩種，橫版。票面四周有花欄裝飾，四角有漢文面值，主要圖案爲廟宇圖，印有“財政部短期有利兌換券”字樣和面值、日期、編號、印章及息票，背面有發行說明。由財政部印製。參閱北京錢幣學會《中國紙幣標準圖錄》。

財政部有利流通券

財政部於 1923 年發行之票券。有壹圓、伍圓、拾圓三種。僅見壹圓、伍圓兩種，橫版。票面四周有花欄裝飾，四角有漢文面值，主要圖案爲頤和園圖景、橋景等，印有“財政部有利流通券”字樣和面值、日期、編號、印章。

參閱北京錢幣學會《中國紙幣標準圖錄》。

財政部特別流通券

財政部於 1923 年發行之紙幣。面額有壹圓、伍圓、拾圓三種。僅見伍圓一種，橫版。票面四周有花欄裝飾，四角有漢文面值，主要圖案爲廟宇、橋景等，印有“財政部特別流通券”字樣和面值、日期、編號、印章，背面有發行說明。由財政部印刷局印製。參閱北京錢幣學會《中國紙幣標準圖錄》。

財政部軍需匯兌局兌換券

財政部軍需匯兌局於 1927 年發行。僅見壹圓一種，橫版。票面四周有花欄裝飾，四角有漢文面值，主要圖案爲帆船、輪船圖，印有“財政部軍需匯兌局兌換券”字樣和面值、日期、編號、印章，背面有長城圖。參閱北京錢幣學會《中國紙幣標準圖錄》。

國民政府財政部國庫券

國民政府財政部於 1927 年發行。僅見壹圓、伍圓、拾圓三種，橫版。票面四周有花欄裝飾，四角有漢文面值，主要圖案爲花額，印有“中國政府財政部國庫券”字樣和面值、日期、編號、印章等。參閱張志中《中國紙幣》。

中華民國度支部兌換券

中華民國度支部於民國年間發行。僅見壹圓一種，橫版。票面四周有花欄裝飾，花欄中正上方印有“中華民國度支部兌換券”字樣，左右花欄中印有編號，四角有漢文面值，主要圖案爲龍、帆船圖及發行說明等。參閱張志中《中國紙幣》。

豫鄂皖贛四省農民銀行紙幣

豫鄂皖贛四省農民銀行於 1933 年發行。該行成立於 1933 年 4 月，行址設在武漢市，資金一千萬圓。該紙幣主要流通於河南、湖北、安徽、江西四省地區。面額有壹角、貳角、伍角、壹圓、伍圓、拾圓六種。僅見壹角、貳角、伍角、壹圓四種。除壹角券竪版外，餘均橫版。票面四周有花欄裝飾，四角有漢文面值，主要圖案有農民耕作圖、挑筐圖、耕耘圖等等，印有"豫鄂皖贛四省農民銀行"字樣和面值、日

期、編號及印章，票背主要圖案爲花額、收割圖耕田圖等。貳角、伍角票爲武漢書局印製外，其他均爲大業公司印製。1934 年 10 月，該行改組爲中國農民銀行，所發行的紙幣由中國農民銀行全部收回。參閱北京錢幣學會《中國紙幣標準圖録》。

國家銀行幣

中央銀行兌換券和法幣

　　中央銀行於 1924 年發行之銀元兌換券、1926 年發行通用大洋券和臨時兌換券、1928 年發行之新版銀元券和 1935 年發行之紙幣法幣。中央銀行成立於 1924 年 8 月 15 日，宋子文任行長，黃隆生、林麗生爲副行長，董事成員有胡漢民、鄧澤如、廖仲凱、孫科、葉恭綽、宋子文、林雲陔七人。總行設廣州，江門、韶關、北海、海口、香港等地設支行，佛山、潮安、三水、石岐、梅録、石龍等地設經理處。資本額定爲國幣一千萬圓。發行紙幣面額有壹圓、伍圓、拾圓、伍拾圓、壹佰圓五種，橫版。票面四周有花欄裝飾，正面均印有孫中山先生頭像，花額。票面上印有"中央銀行"字樣和面值、日期、編號。紙幣發行采取"現兌"政策，即收入中央銀行紙幣，必須在該行兌換現洋，

中央銀行法幣（拾圓）

然後支付軍政費用。該幣有效地取得廣大商民的信任，穩定了廣東金融形勢，爲孫中山領導的革命政府的北伐戰争提供了巨大的軍政費用支持，保證了北伐戰争的順利進行。

　　1926 年 7 月 1 日國民革命軍攻克長沙，因後方遙遠，運輸和補給困難，爲籌備大量軍餉，由蔣介石呈准國民革命政府委託司令部發行中央銀行臨時兌換券。長沙發行的臨時兌換券壹圓、伍圓、拾圓三種，橫版。票面印有"中央銀行臨時兌換券"字樣，四周花邊裝飾，主要圖案有帆船、輪船、亭等，背面有總司令印。發行額爲五百萬圓，由長沙湘鄂印刷公司印製。國民革命軍攻克武漢後，爲籌備龐大之軍費開支，將廣州發行之民國十二年版券加蓋戳記使用，以資急需。加蓋"湘贛桂通用券"字樣者，面額有壹圓、伍圓、壹佰圓三種，發行額二百萬圓。加蓋"中央銀行總行湘贛桂三省通用券"字樣者，面額有壹圓、伍圓、拾圓三種，發行額二百萬圓。汕頭分行於 1926 年 12 月 13 日發行地方大洋券，面額有壹圓、伍圓、拾圓三種。版面同中央銀行兌換券，加蓋重慶、漢口、上海、福建等地名。發行額一十五萬圓。

1928 年 11 月 1 日蔣介石另設中央銀行，行址設於上海市。宋子文任財政部長兼中央銀行總裁，資本定爲二千萬圓，發行美國鈔票公司印製的民國十七年版新幣。面額有壹圓、伍圓、拾圓、伍拾圓、壹佰圓五種，分竪版、橫版。票面印有"中央銀行"，有加蓋地名重慶、四川、陝西的，有加蓋藏文法幣的，四周花邊裝飾，主要圖案有像、船、塔、牌坊、大成殿、杏壇、香爐、山水、長城、古錢、耕田、行屋、花額等。

1935 年 11 月 4 日國民黨政府實行法幣政策，廢除銀本位制，禁止白銀流通，采取紙幣流通制，規定中央、交通、中國銀行，後又增加中國農民銀行發行紙幣法幣，亦簡稱"法幣"。限制各省地方銀行、商業銀行紙幣流通，并陸續以法幣將其兌換收回，相對地統一了全國的紙幣發行，對制止白銀外流、穩定金融、發展經濟起到了積極作用。1942 年 7 月 1 日國民黨政府將紙幣發行集中於中央銀行，基本完成了貨幣統一發行。據趙隆業編著《舊中央國家銀行紙幣圖錄》資料，從 1924 年到 1948 年實行金圓券止，由十九個廠家印製，共發行中央銀行兌換券、法幣一百五十二個版別。參閱吳志輝、肖茂盛《廣東貨幣三百年》。

中央銀行關金券

中央銀行於 1931 年 5 月 1 日發行的爲繳納進口關稅專用的一種含金紙幣。面額有拾分、貳拾分、壹圓、伍圓、拾圓、壹百圓六種，除個別橫版外，均竪版。票面印有"中央銀行""關金"字樣，有的加蓋"上海"地名，四周花邊裝飾，主要圖案有孫中山像、花額，票背面爲上海海關大樓。因規定海關進口稅一律

以海關金單位計算，海關金單位等於純金 0.601866 克。壹圓關金相當於美金 4 角，英鎊 19.7256 便士，而流通範圍非常小。1942 年 2 月 1 日國民黨將關金單位提高到純金 0.88861 克，和美金 1 圓等值，同時規定按 1：20 兌換法幣，流通市面。由於法幣急速貶值，兌換關金券的需求量急

中央銀行關金券（壹百圓）

增，因而由原來一家印製公司增加到八家印製公司印製，即美國印鈔公司、德納羅印鈔公司、中華書局、中央印刷廠、大東書局上海廠、大業印刷公司、英國華德路公司、美商保安公司。面額由原來的伍佰圓增加到伍萬圓、貳拾伍萬圓，到 1948 年 11 月 20 日停兌止共發行十八種面額，五十五種版面。發行關金券是爲了海關的需要，而流通於市場，是通貨膨脹、物價上升、法幣貶值的結果。參閱趙隆業《舊中國國家銀行紙幣圖錄》。

中央銀行東北九省流通券

中央銀行於 1945 年 12 月發行流通於東北九省的紙幣。面額有壹圓、伍圓、拾圓、伍拾

中央銀行東北九省流通券（伍佰圓）

圓、壹佰圓、伍佰圓、壹仟圓、貳仟圓、伍仟圓、壹萬圓十種，十四種版面，横版。票面印有“中央銀行東北九省流通券”字様，四周花邊裝飾，主要圖案有山海關、花額等。1945 年抗日戰争結束後，國民黨政府接收了僞滿中央銀行，爲了統一貨幣，兑收僞滿中央銀行在東北九省的鈔票，規定東北九省流通券爲東北地區流通法幣，按 1 ∶ 1 兑换。由於法幣的急速貶值，1948 年 3 月 13 日國民黨財政部頒布規定，流通券壹圓相當於法幣拾圓，5 月 31 日又改爲壹圓兑换法幣 11.5 圓。發行該幣爲暫時穩定東北金融市場起到一定積極作用。1949 年中華人民共和國成立，該行紙幣停止流通。參閲趙隆業《舊中國國家銀行紙幣圖録》。

中央銀行金圓券

中央銀行於 1948 年 8 月 19 日發行的新紙幣。面額有壹角、貳角、伍角、壹圓、拾圓、貳拾圓、伍拾圓、壹佰圓、伍佰圓、壹仟圓、壹萬圓、伍萬圓、拾萬圓、伍拾萬圓、壹佰萬圓、伍佰萬圓十六種，四十一種版面，横版。票面印有“中央銀行金圓券”字様，四周花邊裝飾，主要圖案有孫中山像、蔣介石像、林森像、花額等。國民黨政府軍事上之失利，致使其統治區局勢急劇全面惡化，政治上陷於困境，巨額的財政赤字造成通貨惡性膨脹，物價狂漲，爲了挽救財政經濟之崩潰，於 1948 年 8 月 19 日頒布《財政經濟緊急動員令》：一是實行“幣制改革”，計發行二十億金圓券代替法幣流通，規定壹圓金圓券兑换法幣三百萬圓，兑换東北九流通券三十萬圓，限期於 9 月 30 日前兑换人民手中黄金、白銀、銀圓和外幣爲金圓券，并規定黄金每兩合金圓券二百圓，白銀每兩合金圓券三圓，銀圓每枚合金圓券二圓，美金 1 圓合金圓券四圓。二是“限價政策”，要求各地物價限止在 8 月 19 日的水準上，以維持金圓券之信用，官方稱之爲“819”防綫。發行額在十個月内由二億圓增加到一百三十餘萬億圓，幾乎是法幣流通總額五百八十餘萬倍。所以，發行不到半年，即大規模貶值，國民黨統治區的財政經濟隨之全面崩潰，金圓券幾成廢紙。1949 年中華人民共和國成立，金圓券停止流通。參閲何沁、聞立樹《中國革命史》。

中央銀行銀元券

中央銀行於 1949 年 7 月 4 日、8 日分别在廣州和重慶發行的新紙幣。面額有壹角、貳角、伍角、壹圓、伍圓、拾圓、壹佰圓七種（重慶版面額有壹分、伍分、壹角、伍角、壹圓、伍圓、拾圓），二十二種版别。指定在廣州、重慶、福州、衡陽、桂林、昆明、貴陽、成都、蘭州九個城市爲兑换地點，廣州和重慶分别規定銀元券壹圓兑换金圓券五億圓和七億五千萬圓。該幣分竪版、横版。票面印有“中央銀行銀元券”，或“銀元輔幣券”，或“中央銀行青島分行”字様，并加蓋地名重慶、廣州字様，四周花邊裝飾，主要圖案有孫中山像、蔣介石像、花額、青島棧橋等。金圓券濫發，信譽大跌，加速了市場的混亂和金圓券之崩潰。國民黨政府不得不發行銀圓本位紙幣來挽救殘局。1949 年 2 月南京國民黨政府南遷廣州後，徐堪再度出任財政部長并接替劉改蕓兼任中央銀行總裁。7 月 4 日公布了行政院《銀元及銀元兑换券發行辦法》規定：恢復銀本位制。國幣以銀圓爲單位，一銀圓含純銀 23.493448 克。7 月 17 日，新華社發表聲明，中國人民解放軍在解放華南、西南時祇收兌銀圓,不收兌僞銀元券、僞銀公債及一切國民黨所發行之地方貨幣。銀元券發行數月即告瓦解,10 月 14 日廣州解放,銀元券隨即宣布作廢。參閱吳志輝、肖茂盛《廣東貨幣三百年》。

中國銀行紙幣

中國銀行於 1912 年至 1949 年在全國發行的紙幣。該行成立於 1912 年 12 月,總行設在北平,資本六百萬圓,各省省會均設分行,政府認購半數,屬股份有限公司性質。面額有拾枚、貳拾枚、伍拾枚、壹佰枚、壹串、貳串、壹毫、貳毫、伍分、壹角、貳角、伍角、壹圓、伍圓、拾圓、貳拾伍圓、伍拾圓、壹佰圓、伍佰圓、壹仟圓二十種,八十餘個版面。除個別豎版外,大部分爲橫版。票面印有"中國銀行",或"中國銀行兌換券",或"中國銀行小銀圓券",有加蓋地名上海、重慶、天津、東北省、山東、廣東、雲南、福建等。四周花邊裝飾,主要圖案有皇帝像、李鴻章像、袁世凱像、天壇、北海、頤和園、孔廟、銅牛、橋、牧羊、馬耕田、亭、殿、花額等。

中國銀行的前身爲大清銀行,辛亥革命成功後,民國政府設立中國銀行籌備處并着手清理各地大清銀行,首先上海、天津大清銀行易名爲中國銀行,之後各地分行紛紛仿效。中國銀行資本雄厚,機構業務龐大,信譽日佳,發行量日增。事實上,中國銀行起到了中央銀行的作用。1913 年 4 月 15 日,財政部公布了《中國銀行則例》三十條。早期中國銀行幣,因印製不及,暫用大清銀行李鴻章像票加蓋"中國銀行兌換券"和地名發行,有美國鈔票公司印製的"中國銀行"黃帝像紙幣,還有國幣券、兌換券、小銀圓券、銅元券,且加蓋地名發行流通。中國銀行發行紙幣對穩定中國當時的金融流通、促進經濟發展和方便群衆生活起到重要作用。1949 年中華人民共和國成立,該行紙幣停止流通。參閱趙隆業《舊中國國家銀行紙幣圖錄》。

交通銀行紙幣

交通銀行於 1912 年至 1949 年在全國發行的紙幣。該行成立於 1907 年。由清王朝郵傳部 1907 年 11 月初四奏准"以縮合輪、路、電、郵四政,收回利權爲要旨,故名交通銀行,爲官商合辦之股份有限公司",資本五百萬兩。總行設在北京。1908 年北京交通銀行首先開業。辛亥革命成功後,仍允許該行發行紙幣。紙幣種類有銀兩券、銀圓券、國幣券、輔幣券、小銀圓券和銅元券六種。其中,銀兩券 1912 年發行。紙幣的面額有伍分、壹角、貳角、伍角、拾角、伍拾角、壹佰角、伍仟文、壹圓、伍圓、拾圓、貳拾伍圓、伍拾圓、壹佰圓、伍佰圓十五種,六十九種版面,分豎版、橫版。票面

中國銀行紙幣（拾圓）

交通銀行紙幣（伍圓）

印有"交通銀行"字樣，1927年前發行的蓋地名的極多，有上海、天津、山東、廣東、南京、石家莊、張家口、哈爾濱、奉天、長春、河南、江蘇等。1935年以後，發行的地名券很少。四周花邊裝飾，主要圖案有雙龍、五色旗、河道、山村、船、火車、碼頭、樓、橋、花額等。1914年北洋政府公布《交通銀行則例》，規定股本總額庫平銀一千萬兩，新印兑換券和中國銀行兑換券一律通行。1916年交通銀行正式成爲國家銀行。該行資本雄厚，資深業廣，信譽亦佳。爲保持全局發展，以加蓋不同地名分區發行，故地名券豐富，尤以上海、天津、山東地名券最多。1935年10月4日實行法幣政策，開始發行交通銀行統一之法幣。交通銀行紙幣對穩定中國當時的金融流通，促進交通業發展，方便群衆生活起到了重要的作用。1949年中華人民共和國成立，交通銀行紙幣停止流通。參閱吳志輝、肖茂盛《廣東貨幣三百年》。

中國農民銀行紙幣

中國農民銀行於1935年4月1日至1942年6月底發行的紙幣。該行成立於1935年4月1日，蔣介石親自將豫鄂皖贛四省農民銀行合并改組而創辦，自任理事長，享有軍事護照和

中國農民銀行紙幣（伍圓）

軍用交通的特權。總行設在上海，後遷漢口、重慶。各省均設有分行。發行有壹角、貳角、伍角、壹圓、伍圓、拾圓、貳拾圓、伍拾圓、壹佰圓、伍佰圓計十種，三十種版面，分竪版、橫版。票面印有"中國農民銀行"字樣，有加蓋重慶藏文地名票，四周花邊裝飾，主要圖案有塔、風景、農夫、車水、牛耕田、插秧、磨米、收割、提水澆田、火車、堆場、曬穀、橋船、舂米、人像等等。該行實爲解決國民黨巨大軍事費用，從事經商貿易，爲國民黨特務提供活動經費而設。1936年1月20日擠入四大銀行之列，發行法幣，流通全國。發行初期有用湖北銀行票加蓋"中國農民銀行"印記，截至1942年6月底全國紙幣發行集中到中央銀行止，共發行紙幣五十四億餘圓。1949年中華人民共和國成立，該行紙幣停止流通。參閱趙隆業《舊中國國家銀行紙幣圖録》。

地方銀行幣

江蘇省農民銀行紙幣

江蘇省農民銀行於1933年至1941年發行。該行成立於1927年8月，總行設在鎮江市，其分支機構最多時達七十七處，薛仙舟爲主任，資本額爲五百萬圓。建行之宗旨爲調劑、穩定農村金融，發展農業生産。1928年7月16日

江蘇省農民銀行紙幣（壹圓）

正式營業，資本已收足四分之一。該行於1933年開始發行紙幣，是利用徐州平市官錢局紙幣，改銀行號名稱而成，面額有壹角、貳角、伍角三種，之後又陸續發行壹角、貳角、伍角、壹圓、伍圓五種，十二種版面，分豎版、橫版。票面印有"江蘇省農民銀行"字樣，四周花邊裝飾，主要圖案有塔、莊院、頤和園、耕地、虎丘塔等。1936年已收足資本，紙幣流通額已達一百六十四萬餘圓。抗日戰爭期間該行被國民政府核准爲專業銀行。參閱徐楓、趙隆業《中國各省地方銀行紙幣圖錄》、戴建兵《中國近代紙幣》。

江蘇銀行紙幣

江蘇銀行於1912年至1930年發行。該行成立於1912年1月，總行設在上海市，實收資本六十萬圓，陳輝德爲總經理。辛亥革命成功後，清末江蘇省裕寧、裕蘇兩官錢局停業，民國政府爲保證江蘇省的金融流通、商戶貿易、方便民眾生活而設立該行。1912年該行南通分行發行銀圓票六千圓。未見實物，其形制不詳。1913年6月將原發行舊鈔收回，又發行銀圓券新鈔二十萬圓，之後，又陸續全部收回，到1924年僅有六百五十七圓在外流通，1926年改組爲江蘇省銀行。1930年已全部收回。參閱戴建兵《中國近代紙幣》。

江蘇省銀行紙幣

江蘇省銀行於1926年10月至1949年發行。該行由江蘇銀行改組爲官商合辦後於1926年10月成立，總行設在上海。1927年4月12日以後，蔣介石在南京組成新的國民黨政府，一時尚無中央銀行而由江蘇省銀行在江浙一帶代行其事。江蘇省銀行暫代財政部發行各種債券及金庫事宜，1929年1月財政部取消該行發行權。1935年又特許該行發行二百萬圓輔幣券，暫用徐州平市官錢局未發之券加蓋"蘇"字發行。該行於1925年發行過"江蘇省兌換券"，共發行一百萬圓。僅見有壹圓、伍圓、拾圓三種，橫版。票面印有"江蘇省兌換券"字樣，四周花邊裝飾，主要圖案爲花額，背面有發行簡章、"江蘇省印"章。1941年該行遷重慶，1945年後遷回上海復業。參閱戴建兵《中國近代紙幣》。

中華民國浙江銀行紙幣

中華民國浙江銀行於1912年至1915年發行。該行成立於1912年，由清末浙江銀行改組，官督商辦性質，實收資本七十七萬餘圓，總行設在杭州市。發行有軍用票、銀兩票、銀圓票、銅元票。僅見壹圓、伍圓、拾圓三種，其票面圖案與浙江銀行清末印製的相似，而行名上端的雙龍圖案則已改成雙獅圖案。浙軍響應辛亥革命的號召，當時"戎師既出，餉糈不足，乃由政府委托本行（中華民國浙江銀行）發行軍用票二百萬圓以充軍資，卒告克服金陵之大勛"，後將軍用票全部收回。參閱1948年第一卷第三期《西北經濟・四十年來之浙江省銀行》。該發行總額定爲二百萬圓，實際上1914年杭州總行發行八十八萬餘圓，後又逐年陸續收回。1915年與中國銀行訂立了領用該行紙幣的合同，由該行代爲收回其紙幣，遂改名爲官商合辦之浙江地方實業銀行。該行發行紙幣，對支持辛亥革命、穩定民國初期浙江之金融以及方便生活、發展經濟等，均起到積極的作用。參閱戴建兵《中國近代紙幣》。

浙江地方實業銀行紙幣

浙江地方實業銀行於 1915 年至 1923 年發行。該行由中華民國浙江銀行改組後於 1915 年成立，總行仍設在杭州市。資本額爲一百萬圓，官商合辦。繼續發行紙幣，後因官商在銀行業務方面意見不統一，發生爭執而分裂，遂另組新行。參閱戴建兵《中國近代紙幣》。

浙江地方銀行紙幣

浙江地方銀行於 1923 年至 1945 年發行。該行成立於 1923 年 3 月，由浙江地方實業銀行之官股部分組成，資本六十萬圓，額定資本一百萬圓，總行設在杭州市，在嘉興、紹興、湖州、寧波、海門、蘭溪、溫州設分行。1929

浙江地方銀行紙幣（貳角）

年杭縣農工銀行資金十二萬圓歸并該行，1932年 6 月，省政府又增資二百萬圓，資本達三百萬圓。據徐楓、趙隆業《中國各省地方銀行紙幣圖錄》資料：從 1932 年發行第一版紙幣兑換券至 1942 年，共發行紙幣壹分、貳分、伍分、壹角、貳角、伍角、壹圓、伍圓、拾圓九種，十六版面，分豎版、橫版。票面印有"浙江地方銀行"字樣，四周花邊裝飾，主要圖案有塔、牌坊、岳墳、亭等，其中壹分輔幣券是我國紙幣票幅最小的。1942 年改爲總行管理處，抗戰勝利後改爲浙江省銀行。參閱戴建兵《中國近代紙幣》。

浙江省銀行紙幣

浙江省銀行於 1945 年至 1950 年發行。該行成立於 1945 年，總行在設杭州市，全部官辦，資本一億圓。國民黨政府於 1949 年發行金圓券失敗，爲控制省内的金融，該行奉命在定海又發行銀元兑換券。有壹角、貳角、伍角、壹圓、伍圓五種，橫版。票面印有"浙江省銀行銀元兑換券"字樣，四周花邊裝飾，主要圖案有六和塔、銀元、孫中山像等。除伍圓爲1950 年印製，其他爲 1949 年印製，發行總額爲四百萬圓，流通僅十個月就停業。參閱戴建兵《中國近代紙幣》。

浙江省農業銀行紙幣

浙江省農業銀行於民國十六年（1927）發行。爲通融資財，促進農業改良發展，該行籌備處於 1928 年 8 月成立，以浙江省烟酒二成附加稅作抵，發行債票五十萬圓。後與中國農工銀行合作而停止。因未見實物，具體形制不詳。參閱戴建兵《中國近代紙幣》。

安徽省中華銀行紙幣

安徽省中華銀行於 1912 年至 1920 年發行。該行成立於 1912 年 1 月，由安徽裕皖官錢局改組，總行設在安慶市，資本額二十五萬圓，實收資本二十萬圓。1912 年 8 月發行了壹圓、伍圓票共五萬餘圓。1913 年，安徽都督柏文蔚響應孫中山號召，在安徽起兵討袁，爲籌措軍費發行軍用票壹圓，二次革命失敗，該行被搶掠一空，隨後停業。發行壹圓、伍圓兩種，四種版面。僅見壹圓券，橫版。票面印有"安徽中華銀行""安徽通用銀圓衹認票不認人"等字樣，四周花邊裝飾，主要圖案爲風景，背面爲地球、雄師等圖案。參閱戴建兵《中國近代紙幣》。

安徽省銀行紙幣

安徽省銀行於 1920 年 6 月 6 日至 1926 年發行。該行成立於 1920 年 6 月，亦稱"安徽省銀號"，安徽省政府撥款，總行設在蚌埠市，蕪湖、安慶等地設分行。1925 年發行銀圓券伍圓一種，橫版。票面印有英文"安徽省銀行"字樣，四周花邊裝飾，主要圖案爲石橋等。1926 年北伐軍革命北上，舊省政府跨臺，銀行亦隨之停業。參閱戴建兵《中國近代紙幣》。

安徽省地方銀行紙幣

安徽省地方銀行於 1936 年至 1942 年發行。該行成立於 1936 年 1 月 16 日，資本額二百萬圓，總行設在蕪湖市徽州會館，董事長爲楊錦仲，行長爲程振基。屯溪、安慶、蚌埠設分行。因國民黨政府實行法幣政策，從 1936 年 8 月至 1939 年底，共發行輔幣券七百五十萬圓，壹圓券五百萬圓，計一千二百五十萬圓。1939 年又呈准發行小額本票二百萬圓，發行半數又奉令收回銷毀。1937 年因抗日戰爭影響，總行改爲管理處，遷至安慶，又遷六安營業。1941 年，該行又發行大額面值本票。發行銀圓券壹分、伍分、壹角、貳角、伍角、壹圓六種，九種版面，發行本票壹圓、伍圓、拾圓、貳仟圓、伍仟圓、壹萬圓、貳萬圓、叁萬圓、肆萬圓九種。共發行十六種，十八種版面，橫版。票面印有"安徽省地方銀行"字樣，四周花邊裝飾，主要圖案有塔、松、樹、稻田等，票上有程振基和楊錦仲，或章乃器或楊憶祖的簽字。抗戰勝利後，總行遷回蕪湖，又改爲安徽省銀行。參閱戴建兵《中國近代紙幣》。

江西民國銀行紙幣

江西民國銀行於 1912 年至 1922 年發行。該行成立於 1912 年，原定資本二百萬，官商合辦。該行代理省庫，總行設在南昌市，設有分莊七處，分行十二處，匯兌處十三處，代理店三十五處，發行壹圓、伍圓、拾圓銀圓票、九五錢票、銅圓票、銀兩票，還發行前清江西官銀錢總號、庫存官銀號空白小票。該行因支付省府巨大的軍政費用，二次超量發行，造成紙幣嚴重貶值，不得不於 1916 年 4 月 10 日停業。該行發行紙幣對穩定江西民國早期的金融，方便流通起到一定的積極作用。參閱戴建兵《中國近代紙幣》。

江西銀行紙幣

江西銀行於 1921 年至 1926 年發行。該行成立於 1921 年，總行設在南昌市，資本額定爲一百萬圓，官商合股各半，實收資本二十五萬圓。江西民國銀行停業後，江西省政府擬籌成立江西銀行，籌備期間即發行紙幣，至 1926 年止，共發行銀圓券壹角、貳角、壹圓、伍圓、拾圓五種，八種版面，橫版。票面印有"江西銀行"字樣，四周花邊裝飾，主要圖案有亭、閣、牌樓、花額等。發行銅圓票拾枚、壹佰枚兩種，四種版面。僅見壹佰枚一種，橫版。票面印有"江西銀行"字樣，四周花邊裝飾，主要圖案爲花額、亭等。由於省政府軍政開支費用大，靠濫發紙幣來維持局面，發行額達一千四百餘萬圓，致使市場現金枯竭，紙幣貶值不能流通，該行宣告破產停業。參閱戴建兵《中國近代紙幣》。

贛省銀行紙幣

贛省銀行於 1922 年至 1925 年發行。該行成立於 1922 年春，總行設在南昌，資本額定二百萬圓，官商合辦。發行銀圓券壹角、貳角、壹圓、伍圓、拾圓五種，十一種版面，橫版。票面印有"贛省銀行兌換券"或"贛省銀行"字樣，四周花邊裝飾，主要圖案爲林景、閣等。發行銅圓券面額不詳。據 1933 年 1—2 月《中央銀行月報》資料：發行額銀圓券一百九十萬圓，銅圓券四十萬吊。1925 年收歸官辦，代理省金庫，之後并於江西銀行。不久，改稱"江西地方銀行"。參閱戴建兵《中國近代紙幣》。

江西地方銀行紙幣

江西地方銀行於 1925 年至 1927 年發行。該行成立於 1925 年。江西省政府財政廳爲使全省紙幣發行達到統一，避免發行機關過多，紙幣太濫，將贛省銀行、江西公共銀行、江西官銀錢號歸并於江西銀行，改組爲江西地方銀行，官督商辦。資本額定爲三百萬圓。該行成立初期，因來不及印鈔，故利用原贛省銀行 1924 年版改銀行名稱發行，發行銀圓券壹圓、伍圓、拾圓三種。票面同江西贛省銀行兌換券，加蓋"江西地方銀行"名稱。1926 年國民革命軍進攻江西，直系軍閥鄧如琢爲籌集軍餉，要該行發行無本鈔票一千三百萬圓，其中有的票面上印有"復興隆"字樣，銅元票發行四百萬串。由於濫發紙幣，無法兌現，銀行隨之停業倒閉。參閱戴建兵《中國近代紙幣》。

江西裕民銀行紙幣

江西裕民銀行於 1928 年至 1945 年發行。該行成立於 1928 年 1 月 7 日，總行設在南昌市，資金額爲一百萬圓，官商各半。彭飛健爲行長，程達一爲副行長。爲統一金融市場，由分支機構大量發行輔幣，取締雜票。1940 年商股退出。資本增爲五百萬圓。發行銀圓券壹分、伍分、壹角、貳角、伍角、壹圓、伍圓、拾圓、貳毫、伍毫、壹佰圓、貳佰圓、肆佰圓十三種，二十三種版面，分豎版、橫版。票面印有"江西裕民銀行"，四周花邊裝飾，主要圖案有塔、帆船、山水、景和花額等。銅元票有拾枚、壹佰枚兩種，五種版面，橫版。票面印有"江西裕民銀行"字樣，四周花邊裝飾，主要圖案有頤和園、山景、亭等。參閱徐楓、趙隆業《中國各省地方銀行紙幣圖錄》。

江西裕民銀行紙幣（拾枚）

江西建設銀行紙幣

江西建設銀行於 1930 年 12 月至 1946 年發行。該行成立於 1930 年 12 月，由江西建設廳創辦，總行設在南昌市，資本定爲一百萬圓。銀圓券壹分、伍分、壹角、貳角、伍角五種，七種版面，橫版。票面印有"江西建設銀行"字樣，四周花邊裝飾，主要圖案有長城、電塔、大樓、花額等。發行銅元券面額有拾枚、伍拾枚、壹佰枚三種。1940 年底各種紙幣流通額爲三百四十四萬餘圓，1941 年後陸續收回。參閱戴建兵《中國近代紙幣》。

江西省銀行紙幣

江西省銀行於 1945 年至 1949 年發行。該行成立於 1945 年，總行設在南昌市。抗戰勝利後江西裕民銀行遷回南昌市，改名爲江西省銀行，實收資本五百萬圓。1949 年版的銀圓券，面額有壹角、貳角、伍角三種，橫版。票面印有"江西省銀行輔幣券"字樣，四周花邊裝飾，主要圖案有花額等。未及發行，1949 年 5 月 21 日中國人民解放軍就已解放南昌市。參閱戴建兵《中國近代紙幣》。

湖南銀行紙幣

湖南銀行於 1912 年至 1918 年發行。該行成立於 1912 年 2 月，由湖南官錢局改組而成。發行有銀兩券、銀圓券、銅元券。銀兩券有壹兩、伍兩、拾兩三種。民國五年，一度增發伍拾、伍佰兩二種，橫版。票面印有"湖南銀行""柒伍洋銀"字樣，四周花邊裝飾，主要圖案爲雙孔雀。銀圓券壹圓、伍圓、拾圓三種，四個版面，橫版。票面印有"湖南銀行""柒伍洋銀"字樣，四周花邊裝飾，主要圖案有孔雀及亭兩種。銅元券有拾枚、貳拾枚、叁拾枚、伍拾枚、壹佰枚五種，十五個版面，橫版。票面印有"湖南銀行""當十銅元"字樣，四周花邊裝飾，主要圖案有花額、閣、街景等，背面有發行説明及"湖南銀行"方印。湖南銀行 1918 年被搶劫，加上連年軍閥混戰，爲支付浩大軍政費用，濫發紙幣，致難以維持，於 1918 年倒閉。參閱徐楓、趙隆業《中國各地方銀行紙幣圖録》。

湖南實業銀行紙幣

湖南實業銀行於 1912 年至 1918 年發行。該行成立於 1912 年 7 月，資本原定二百萬圓，實收長平銀六十四萬兩。總行設在長沙市，寧鄉、衡陽、常德等地設分行。發行銀圓券壹圓兩種版面，銀兩票有壹兩、伍兩二種，銅圓券有貳拾枚、叁拾枚、壹佰枚、貳佰枚四種，五個版面，橫版。票面印有"湖南實業銀行"字樣，四周花邊裝飾，主要圖案有花額、景、樓、塔和老人頭像等。據徐楓、趙隆業《中國各省地方銀行紙幣圖録》：到 1916 年 3 月該行紙幣銀兩票達一百零二萬餘兩，銀圓票三百四十三萬圓，銅元票五千八百八十四萬餘串。該行 1916 年發行的銅元票、銀圓票製作精美、圖案特殊，票面印長有雙角之老人頭像。省政府爲維持湖南銀行紙幣價值，强行要求各行停業。但該行因資本雄厚，仍暗中營業，發行紙幣。1914 年湖南銀行統一貨幣發行權，1918 年被迫停業。參閱戴建兵《中國近代紙幣》。

湖南實業銀行紙幣（壹圓）

裕湘銀行紙幣

裕湘銀行於 1918 年至 1920 年發行。該行成立於 1918 年 8 月 18 日，資本一百萬圓，張敬堯以第七十一、十八師的軍餉作基金。發行銅元券壹拾枚、貳拾枚、壹百枚三種，四種版面，銀圓券壹圓、伍圓兩種，橫版。票面印有"裕湘銀行"字樣，四周花邊裝飾，主要圖案有閣、花額、街景等。爲維持軍閥混戰之巨額軍政費用，裕湘銀行因濫發紙幣使幣值下跌。商會及群衆請求收回，後遭官方拒絶引起不滿，

裕湘銀行紙幣（壹百枚）

上告北京政府財政部，張敬堯被迫開兌，但條件極嚴。1920 年湖南省掀起"驅張運動"，張敬堯離湘，該行在維持二年零三個月後，於1920 年倒閉。參閱戴建兵《中國近代紙幣》。

湖南省銀行紙幣

湖南省銀行於 1929 年至 1949 年發行。該行成立於 1929 年 1 月 1 日，資本二百萬圓。總行設在長沙市，常德、衡陽、邵陽、洪江、津市、益陽、安化、東坪等地設分行。發行銀圓券壹圓、伍圓、拾圓、貳分、叁分、伍分、壹角、貳角、伍角九種，二十一個版面。銅元券貳佰文、叁佰文、壹仟文三種。共發行紙幣二十四個版面，分豎版、橫版。票面印有"湖南省銀行"，或利用"長沙銀行"票加蓋"此鈔由湖南省銀行發行兌現"字樣，四周花邊裝飾，主要圖案有亭、閣樓、行屋、牌坊、愛晚亭、湖景等。至 1938 年 8 月市面流通紙幣二千一百十七萬餘圓。1938 年，因戰爭影響，該行隨省政府遷至沅陵，1939 年 2 月遷至耒陽。1946 年又遷回長沙市營業。由於該幣濫發引起幣值狂跌，且中央銀行提高金圓券、銀圓券與該行紙幣之收兌比率，致使該行被迫停業。參閱戴建兵《中國近代紙幣》。

湖北官錢局紙幣

湖北官錢局於 1896 年至 1926 年發行，亦稱官票。該局成立於 1896 年 4 月，實收資本估平銀五萬兩，錢五萬串。為方便貿易，防止奸商壓價勒索，由張之洞發起創設官錢局，印製錢票、銀圓票。總行設在漢口市，宜昌、樊城、老河口、武穴、安陸等地設分局。發行錢票壹串、伍串、拾串、伍佰串、壹仟串、壹仟文六種，八個版面；銅元券壹佰枚一種；銀兩券伍

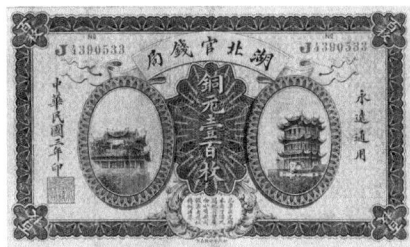

湖北官錢局紙幣（壹百枚）

兩、拾兩二種、三個版面。僅見銅元券壹百枚一種，橫版。票面印有"湖北官錢局"字樣，四周花邊裝飾，主要圖案有閣樓等。銀圓券壹圓、伍圓、拾圓三種，六個版面。僅見壹圓券一種，豎版。票面印有"湖北官錢局""光緒三十年正月吉日"字樣，四周花邊裝飾，主要圖案雙龍等。據調查資料，到 1926 年 2 月 28 日止，共發行流通銀票二千七百六十兩，銀圓券六萬餘圓，錢票九千一百七十九萬餘串。官錢局初期發行紙幣，信譽甚好，但從 1912 年開始，鄂省都督黎元洪為解決軍餉，下令增印錢票開始，多次濫發紙幣，造成票值日跌。1926 年北伐軍攻克武漢，成立武漢國民政府，湖北官錢局隨省政府垮臺而倒閉。參閱戴建兵《中國近代紙幣》。

湖北省銀行紙幣

湖北省銀行於 1928 年至 1949 年發行。該行成立於 1928 年 11 月 1 日，總行設在漢口，資本額二百萬圓，唐有壬任行長。發行銀圓兌換券伍分、壹角、貳角、伍角、壹圓、伍圓、拾圓七種，十四種版面，分豎版、橫版。票面印有"湖北省銀行"字樣，四周花邊裝飾，主要圖案有黃鶴樓、塔、江景等。1935 年國民黨政府實行法幣改革，該行主要發行輔幣券。為與日軍搶購軍用物資，進行貨幣戰，1939 年該行呈准發行壹圓、伍圓小額本票。1949 年國民

湖北省銀行紙幣（伍角）

黨政府發行金圓券、銀圓券後，該幣陸續收兌。參閱戴建兵《中國近代紙幣》。

福建銀號紙幣

福建銀號於 1911 年至 1915 年發行。該號成立於 1911 年 8 月，由福建官錢局改組而成。總行設於福州市，屬地方官辦，實收資本為臺伏三十萬圓。臺伏票可分壹圓、貳圓、叁圓、伍圓、壹拾圓、貳拾圓、叁拾圓、壹佰圓、壹仟圓九種。票面的金額需逐張以毛筆填寫，發行小洋票面額分壹圓、貳圓、叁圓、伍圓和拾圓五種，價格按票面所標臺新議平七錢捧番通用。未見實物，形制不詳。參閱戴建兵《中國近代紙幣》。

福建銀行紙幣

福建銀行於 1915 年至 1922 年發行。該行成立於 1915 年 8 月，實收資本二十一萬圓，由福建銀號改組而成，總行設在福州市。發行有小洋票、大洋票、小銀圓票。僅見壹圓、伍圓、拾圓三種，六個版面，橫版。票面印有"福建銀行"字樣，四周花邊裝飾，主要圖案有塔、山景、牌坊、花額等。因地方軍閥李原吉為鞏固實力，維持巨大的軍政費用，福州銀行過量發行紙幣以供軍餉，紙幣價值貶值。1922 年，李原吉倒臺後，該行因擠兌而倒閉。參閱戴建兵《中國近代紙幣》。

福建省銀行紙幣

福建省銀行於 1925 年至 1949 年發行。該行成立於 1925 年 10 月 5 日，總行設在福州市。徐桴為理事長，壽昌田為總經理。資本實收二十萬圓。銀圓票壹分、伍分、壹角、貳角、伍角、壹圓、伍圓、拾圓八種，十六個版面，均橫版。票面印有"福州省銀行"字樣，四周花邊裝飾，主要圖案有亭、於山白塔、庭院、船、銀行大樓、橋等。1949 年曾發行銀元兌換券，面額有壹分、伍分、壹角、貳角、伍角五種，橫版。票面印有"福建省銀行兌換券"字樣，四周花邊裝飾，主要圖案有行屋、塔等。因戰爭影響，總行 1938 年遷南平，後又遷永安，1945 年抗戰勝利後遷福州市。僅 1945 年上期發行額達四千一百四十七萬餘圓。1949 年 8 月福建解放，福建省銀行亦隨舊省政府跨臺而倒閉，福建省人民政府以舊人民幣一億二千萬圓收兌。參閱徐楓、趙隆業《中國各地方銀行紙幣圖錄》。

福建銀行紙幣（壹圓）

廣東實業銀行紙幣

廣東實業銀行於 1917 年至 1920 年發行。該行成立於 1917 年 6 月 8 日，由廣東官錢局改組而成，官商合辦，資本三百萬圓。照章程規定，廣東實業銀行屬地方金融機關，沒有紙幣發行權，祇能使用中國銀行鈔票。但為拓展業務，便利交收，於 1917 年、1919 年分別發行壹圓、伍圓、拾圓、伍拾圓票四種，橫版。票面四周有花欄裝飾，四角有阿拉伯數字面值，主要圖案為景色，印有"廣東實業銀行""廣州總行"字樣及面值、日期、編號，票面有英文，票背印有中英文票名、發行日期等，計發行額四萬圓。1920年該行結束業務。參閱吳志輝、肖茂盛《廣東貨幣三百年》。

廣東省銀行兌換券

廣東省銀行於1920年發行。該行成立於1920年8月。據區季孿《廣東紙幣史》資料：由於中國銀行廣東分行紙幣值低，維持無力，為活躍廣東經濟，鞏固信用，粵省財政廳長龔政呈請督軍省長"擬籌設信用鞏固之銀行，定名為廣東省銀行……發行兌換券，代理金庫，行銷國幣"。開業之初，即發行1918年版廣東省銀行兌換券，面額有壹圓、伍圓、拾圓、伍拾圓、壹百圓五種。僅見壹圓、伍拾圓、壹百圓三種，橫版。票面印有"廣東省銀行兌換券"字樣，四周花邊裝飾，主要圖案有塔、建築等。開業月餘，桂軍失敗，粵軍返旆，行長譚海秋離職，廣東省銀行停業。參閱吳志輝、肖茂盛《廣東貨幣三百年》。

廣東省銀行兌換券（壹百圓）

省立廣東銀行紙幣

省立廣東銀行於1920年至1924年發行。該行成立於1920年12月15日，廣東省銀行停業後，粵省政府派程天斗清查該行財產及債務

情況，并接任行長。呈請省長批准把該行收歸官辦。據區季孿《廣東紙幣史》資料，呈報財政廳，"將廣東省銀行命定為省立廣東省銀行。嗣後有關銀行發生一切兌換券、文件、帳據、均用省立廣東省銀行名義"。將原"廣東省銀行兌換券"壹圓、伍圓、拾圓、伍拾圓、壹百圓五種加蓋"省立"兩字發行，為整理紙幣又發"省立廣東銀行紙幣"貳毫、伍毫兩種小額票，橫版。票面四周有花欄裝飾，印有"省立廣東省銀行紙幣""中華民國十一年印"字樣和面值、編號、印章，主要圖案有廣州五層樓、水鄉橋景等。因發行量超常，發行額達三千餘萬圓，紙幣暗中低折，商民恐慌發生擠兌。1923年1月，邱哲行長離任，紙幣低價過甚，難以維持而停止通用。後省財政廳多設法恢復其紙幣流通力，終因力不從心，於1924年該行停業倒閉，商民損失巨大。參閱吳輝、肖茂盛《廣東貨幣三百年》。

廣東省銀行紙幣

廣東省銀行於1931年至1949年發行。該行成立於1931年1月1日。原定資本為一千三百萬圓，沈載和為行長。該行的前身廣東中央銀行，因資本屬省庫所撥，應屬省立銀行，故改名。總行設廣州市，汕頭、香港設分行。北海、梅錄、韶州、海口、江門設支行，中山、南雄、惠陽、廣州西關等地設辦事處，大庚、廣州設兩個兌換所，全行職工三百六十人。發行銀圓券壹毫、貳毫、伍毫、伍分、壹角、伍角、壹圓、貳圓、伍圓、拾圓、壹佰圓十一種，四十種版面，橫版。票面印有"廣東省銀行"字樣、"大洋票"或"銀毫券"或"大洋"字樣，四周花邊裝飾，主要圖案有塔、樓、

廣東省銀行紙幣（壹圓）

宮、船、五層樓、黃花崗、孫中山像等。1935年11月，國民政府進行法幣改革，規定中央、交通、中國、農民四大銀行紙幣爲法幣，但由於廣東、廣西兩省習慣使用毫銀、毫券，而不執行法幣政策，後國民政府同意，廣東財政廳於11月4日頒布貨幣管理辦法，核定廣東省銀行、廣州市銀行紙幣爲法幣。爲防止日僞在海南島套取法幣，又發行了瓊崖流通券壹圓、貳圓、伍圓三種。僅見壹圓、伍圓兩種，橫版。票面印有"廣東省銀行""瓊崖區"或"瓊崖區兌換券"字樣，四周花邊裝飾，主要圖案有紀念碑、紀念堂、黃花崗碑、孫中山像等。1949年國民黨政府推行金圓券失敗，即推行銀圓券。由廣東省銀行發行了大量銀圓券，不久廣州解放，廣東省銀行停業。參閱吳志輝、肖茂盛《廣東貨幣三百年》。

廣西銀行紙幣

廣西銀行於1912年至1922年，1932年至1945年發行。該行成立於1912年3月1日，行址設在桂林後庫街。山西范椿年爲總經理。該行前身爲廣西官銀錢號，由廣西巡撫張鳴岐將其改組而成。資本額省平花銀一百萬兩。發行銀圓券面額有壹圓、伍圓兩種，因票面印有黑色蟠龍，俗稱"烏龍票"。發行二百萬圓。發行輔幣券壹角、伍角兩種，六十萬圓。辛亥革命後，陸榮廷統治廣西，因廢兩改

圓，資本額改爲一百三十萬圓。發行銀圓券壹毫、壹角、貳角、伍角、壹圓、伍圓、拾圓七種，二十四個版面，橫版。票面印有"廣西銀行"字樣，四周花邊裝飾，主要圖案有盤龍、山路、樓房、山水、橋等，票面上方正中印有三面旗幟，中間爲國旗，兩邊爲陸、海軍軍旗，背面有廣西都督陸榮廷布告。該行計發行額二千八百五十三萬餘圓。由於籌集巨大的軍政費用，超量發行紙幣，造成幣值日跌。1920年舊桂系和粵系軍閥之間兩廣爭霸，桂系戰敗，陸榮廷下野，廣西銀行於1922年倒閉停業。新桂系重操廣西軍政大權後，1932年再度成立廣西銀行，實收資本三百四十萬圓。總行設在桂林，另設七個營業區，即桂林、柳州、南寧、福州、玉林、龍州、八步。加蓋地名戳記發行，發行銀圓券壹角、伍角、壹圓、伍圓、拾圓五種，九種版面。1935年國民政府實行法幣政策，但桂系抵命不辦，在1937年10月12日公布《管理貨幣辦法》中，宣布廣西照舊使用。後在中央政府的強大壓力之下，纔被迫接受法幣與桂鈔的法定比率且同時流通。廣西紙幣由於濫發而幣值大跌。抗戰勝利後，廣西銀行改組爲廣西省銀行。參閱戴建兵《中國近代紙幣》。

【烏龍票】

即廣西銀行紙幣。係廣西銀行發行的票面印有黑色蟠龍的紙幣。見該文。

廣西省銀行紙幣

廣西省銀行於1925年至1931年，1945年至1949年發行。該行成立於1926年5月，總行設在梧州市，先後在桂林、南寧、百色、玉林、龍州設分支機構，黃維爲行長，資本額三百萬圓。發行銀圓券壹毫、貳毫、伍毫、壹

角、貳角、伍角、壹圓、伍圓、拾圓、貳拾伍圓十種，十九種版面，分竪版、横版。票面印有"廣西省銀行"字樣，四周花邊裝飾，主要圖案有塔、香爐、象鼻山、山水、樓、花額等。至1928年發行額達一千三百萬餘圓。1929年蔣桂戰爭中，桂系軍閥戰敗，紙幣停兑，銀行倒閉停業。1945年抗戰勝利後，廣西銀行又改稱廣西省銀行，總行設在桂林，資本一千五百萬圓，官商合辦。1949年，國民黨政府金圓券政策失敗，推行銀圓券。廣西省銀行準備發行"廣西省輔幣流通券"，面額有壹角、貳角、伍角、拾角、伍拾角五種，横版。票面印有"廣西省輔幣流通券"字樣，四周花邊裝飾，主要圖案有房屋、花額等。由香港印務有限公司印製，但未及發行，廣西南寧解放，廣西省銀行倒閉。參閱戴建兵《中國近代紙幣》。

廣西省銀行紙幣（拾圓）

廣西農民銀行紙幣

廣西農民銀行於1937年至1938年發行。該行成立於1937年1月26日，資本額定爲小洋三百萬圓，由省銀行農村業務部劃出改組而成，發行額一千萬圓。計劃發行壹圓、伍圓兩種，横版。票面印有"廣西農民銀行""農產證券"，四邊花邊裝飾，主要圖案有農民像、耕地等。但由於廣西正值抗戰，强行幣值統一，均未發行。1940年4月，爲了加强廣西省金融力量，活躍經濟，將廣西農民銀行并入廣西銀行。

參閱徐楓、趙隆業《中國各省地方銀行紙幣圖錄》。

富滇銀行紙幣

富滇銀行於1912年至1939年發行。該行成立於1912年2月9日，資本八百餘萬圓，總行設在昆明市，分行設在個舊、騰冲、河口、下關、思茅、昭通，而在上海、香港等地設有分支機構。發行銀圓券壹角、貳角、半圓、壹圓、伍圓、拾圓、伍拾圓、壹佰元八種，三十四種版面，横版。票面印有"富滇銀行""雲南富滇銀行兑換券""擁護共和紀念幣"字樣，四周花邊裝飾，主要圖案有旗、象、景、閣、雙塔、地球、狀元樓、五華山、碧鷄坊等。該行成立之初，因發行數量不多，可以兑換，信譽亦好。但由於雲南軍閥混戰不止，耗資巨大，靠銀行發行超額紙幣維持，幣值遂日

富滇銀行紙幣（拾圓）

益跌落。1929年政府欠款達七千七百多萬圓。1925年、1926年政府借款占銀總數的百分之七十五、百分之七十六之多。1939年3月1日，該紙幣在雲南停止使用。參閱戴建兵《中國近代紙幣》。

雲南殖邊銀行紙幣

雲南殖邊銀行於1919年至1928年發行。該行成立於1914年3月，總行設在北京，昆

明設分行。據周保鑾《中國銀行史》稱：成立該行是爲"謀邊地實業之發展，以抵制外人紙幣侵占"，并"由雲南經安南達香港等爲第五營業綫"。1919 年，該行與北京總行脫離關係，改組爲雲南地方官商辦的雲南殖邊銀行，發行銀元券壹圓、伍圓、拾圓、伍拾圓、壹佰圓五種，橫版。票面四周有花欄裝飾，四角有漢文面值，主要圖案爲花額、城樓等，印有"雲南官商合辦殖邊銀行"字樣和面值、日期、編號、地點。該幣由美鈔公司印製，發行額八十萬圓，1928 年停業，紙幣收回。參閱戴建兵《中國近代紙幣》。

富滇新銀行紙幣

富滇新銀行於 1932 年至 1949 年發行。該行成立於 1932 年 9 月 1 日。總行設在昆明市，李培炎爲行長。該行前身爲富滇銀行，龍雲掌握雲南大權後將其改組而成，號稱資本額二千餘萬圓。發行銀元券壹圓、伍圓、拾圓、伍拾圓、壹佰圓五種，橫版。票面印有"雲南富滇新銀行"字樣，四周花邊裝飾，主要圖案有花額、地球、馬、鳳等。發行銅圓券伍仙、拾仙、貳拾仙、伍拾仙四種。銅圓券主要圖案有塔、樹、閣樓、其他同銀圓券。1935 年國民政府推行法幣政策，雲南地方當局拒不執行，1937 年經過雙方討價還價，達成協議，將該行紙幣作爲法幣的輔幣券流通。抗日戰争進入相持階段，中央勢力進入雲南，强行推行法幣，并下令該行服從中央的金融法令。1945 年 7 月蔣介石免除了龍雲在雲南的職務，富滇新銀行被接管。後因國民黨政府推行金圓券，超額發行，物價飛漲，幣值猛跌，該行紙幣兌折金圓券甚少，幾成廢紙。1949 年 4 月，停止流通。參閱戴建兵《中國近代紙幣》。

雲南省銀行紙幣

雲南省銀行於 1949 年 2 月至 1950 年 3 月發行。該行成立於 1949 年 7 月 1 日，總行設在昆明市。資本爲半開銀幣一千萬圓。發行定額本票拾圓、貳拾圓、伍拾圓、壹佰圓四種，竪版。票面四周花邊裝飾，印有"雲南省銀行定額本票"字樣，發行時間、印戳等，背面有發行說明。計發行七千四百張，半開銀幣三十三萬餘圓。參閱湯國彥《雲南歷史貨幣》。在香港印製之銀圓兌換券壹圓，橫版。票面印有"雲南省銀行"字樣，四周花邊裝飾，主要圖案花額。但未及發行，1950 年 3 月昆明解放，該行被人民政府收管，紙幣停止流通。參閱戴建兵《中國近代紙幣》。

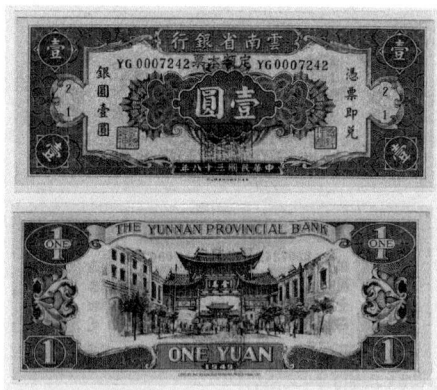

雲南省銀行紙幣（壹圓）

貴州銀行紙幣

貴州銀行於 1911 年至 1934 年發行。該行成立於 1911 年 9 月，由清末貴州官錢局改組而成，資本實收估平銀十四萬餘兩，總行設在貴陽市。發行銀元券壹角、貳角、伍角、壹圓、伍圓、拾圓六種，十八種版面，橫版。票面印有"貴州銀行"字樣，四周花邊裝飾，主要圖案有雙鳳、甲秀樓等，背面印有工廠、唐繼堯布告。發行存款券壹角、貳角、伍角、壹圓、伍圓、拾圓六種，橫版。票面印有"貴州銀行存款券"字樣，四周花邊裝飾，主要圖案有扶鳳山等。因軍閥混戰，爭權奪利，而使貴州銀行發行的紙幣種類繁多。貴州都督唐繼堯1912年發行銅元券，人稱"花票"。1922年袁祖銘回黔主政，於1923年發行一百萬元新幣，因劉顯世再度回黔主政，袁遂退出四川，紙幣僅流通七天，人稱"七日票"。1923年唐繼虞任貴州省長，於1924年發行新幣一千一百九十四萬餘圓，因所發部分黔票右側粘貼附張，人稱"尾巴票"。新發黔票因印刷粗糙，票面很快模糊不清，貴州銀行又將紙幣收回，重新編號，加蓋紅章重新發行，人稱"加章黔幣"。爲在邊遠地區使用，在加章黔幣上加蓋黑戳，人稱"墨戳黔幣"。1926年周西城治黔由省金庫發行銀行兌換券，又稱"金庫券"。1925年3月財政廳發行定期兌換券，類似存款，又稱"存款券"。1934年又將存款券分攤各縣蓋章發行，稱"納稅流通券"，終因戰事頻繁，耗資巨大，幣值慘跌，旋即失敗。該行於1934年倒閉。參閱戴建兵《中國近代紙幣》。

貴州銀行存款券

貴州銀行於民國年間發行的紙幣。僅見伍角、壹圓、拾圓三種，橫版。票面四周有花欄裝飾，四角有漢文面值，主要圖案有風景、閣樓、花額、亭橋圖，印有"貴州銀行存款券"字樣和面值、日期、編號和印章，票背有英文行名、面值，主要圖案有亭橋圖等。參閱北京錢幣學會《中國紙幣標準圖錄》。

貴州省銀行紙幣

貴州省銀行於1941年至1949年發行。該行成立於1941年6月7日，資本額爲六百萬圓，實收三百萬圓，官商合辦，總行設在貴陽，總經理賴永初。發行銀圓輔幣券面額有壹分、伍分、壹角、伍角、本票壹圓券五種，橫版。票面印有"貴州省銀行"字樣，四周花邊裝飾，主要圖案有花額，發行額一百萬圓。因貴陽市很快解放，實際僅發行了伍分、壹角、伍角券三種。參閱戴建兵《中國近代紙幣》。

四川銀行紙幣

四川銀行成立於1911年，唐宗堯爲經理。辛亥年發行銅元票貳拾枚一種，竪版。票面四周有花欄裝飾，上方橫書"四川銀行發行"，其下正中印有"憑票取當拾銅元貳拾枚""臨時兌換""僞造者斬"字樣，左右爲編號、印造日期，蓋有"奉軍政命壬子年五月取大漢新銅幣"印記，左邊有騎縫印章。1912年發行銅元票有拾枚、貳拾枚兩種，竪版。票面四周花邊裝飾，上方橫書"四川銀行發行"，其下正中"當拾銅元　枚"，兩側印有"市面流通僞造者斬""數號等字不得塗改"字樣，票面下方爲發行日期，右邊有騎縫編號和印章。

該行又代四川軍政府財政司發行"大漢四川軍政府軍用銀票"。發行銀圓票壹圓、伍圓兩種，橫版。票面印有"四川銀行發行"字樣，四周花邊裝飾，主要圖案花額等。至1912年底發行總額達一千五百萬餘圓。由於該幣發行數額巨大，幣值大跌。1913年底并入濬川源銀行。1921年發行銀圓兌換券有壹圓、貳圓、伍圓三種，橫版。票面印有"四川銀行兌換券"字樣，四周花邊裝飾，主要圖案有塔、亭，票背有"此票由四川銀行兌現"字樣。1923年8月再度成立四川銀行，行址在重慶市朝天觀街，由重慶城石印公司趕印紙幣。發行有銀圓券壹圓、伍圓、拾圓三種，豎版。票面印有"四川銀行"字樣，背面薛濤井圖案。發行一百萬圓，不久四川銀行倒閉。參閱戴建兵《中國近代紙幣》。

四川地方銀行紙幣

四川地方銀行於 1933 年至 1937 年發行。該行 1933 年開始籌建，即開始辦理銀行業務，正式成立於 1934 年 1 月 12 日，總行設在重慶市下陝南街，唐華爲總經理，資本額爲二百萬圓。發行銀圓券壹角、伍角、壹圓、伍圓、拾圓五種。僅見貳角、伍角、壹圓三種，除伍角豎版外均橫版。票面印有"四川地方銀行"字樣，四周花邊裝飾，主要圖案有山景、亭，背面印有英文名稱、面值等。發行制錢票壹仟文一種，豎版。四周有花欄裝飾，正上方主要圖案爲房屋，其下印有"四川地方銀行萬縣分行"，票面下方爲面值、日期、編號，背面爲英文。1935 年 6 月 14 日，該銀行流通紙幣達三千二百萬餘圓。由於軍政費用極大，提款過多，發生擠兌紙幣，1935 年 11 月改組爲四川省銀行而停業。1937 年 2 月 7 日，該行停止發行紙幣。參閱戴建兵《中國近代紙幣》。

四川省銀行紙幣

四川省銀行於 1935 年至 1949 年發行。該行成立於 1935 年 11 月 1 日，總行設在重慶市，該行前身是四川地方銀行。由於國民政府推行法幣政策，將該行印就 1937 年版的銀圓券加蓋"中國農民銀行"行名而發行。面額有伍圓、拾圓兩種，伍分、伍角兩種，四種版面，分橫版、豎版。票面印有"四川省銀行"字樣，四周花邊裝飾，主要圖案有花額、山城、亭閣。不久，重慶解放，四川省銀行停止營業。參閱戴建兵《中國近代紙幣》。

西康省銀行紙幣

西康省銀行於 1937 年至 1949 年發行之藏幣。該行成立於 1937 年 8 月，總行設在康定（今西昌市），資本五十萬圓。西康地區於 1928 年改爲省，多數地區是以藏族爲主的少數民族聚居地。1938 年 8 月呈准發行藏幣券二百萬圓，藏幣壹圓合法幣肆角肆分。發行藏幣壹角、貳角、伍角、半圓、壹圓、伍圓六種。僅見貳角、半圓、壹圓、伍圓四種，橫版。票面印有"西康省銀行"字樣，四周花邊裝飾，主要圖案有塔、百靈廟、歸綏延壽寺、西藏布達拉宮、風景、花額等，背面有藏文"西康省銀行"和面值等。1949 年金圓券崩潰後，曾發行銀圓券，不久，西康解放，西康省銀行停業。參閱戴建兵《中國近代紙幣》。

直隸省銀行紙幣

直隸省銀行於 1910 年至 1928 年發行。該行成立於 1910 年 9 月 1 日，由天津銀號改組而成，總行設在天津市，實收資本一百三十萬兩。袁世凱洪憲帝制失敗，北洋政府爲支付巨額軍費不得不靠發行大量紙幣來維持。制錢票貳百圓一種，銅元票伍枚、拾枚、貳拾枚、伍拾枚、肆拾枚、壹佰枚六種，十四種版面，橫版。票面印有"直隸省銀行"或"天津""北京"地方字樣，四周花邊裝飾，主要圖案爲花額、庭院等。銀圓票壹角、貳角、壹圓、叁圓、伍圓、拾圓、壹佰圓七種，十個版面。票面主要圖案有行屋、山海關、長城、花額等，其他同銅元票。到 1927 年，該行紙幣的流通額約爲八百萬圓。由於紙幣發行過多，幣值日降。1927 年北伐革命軍進逼華北，該行宣布於 12 月 5 日停兌，隨北洋政府垮臺而徹底失敗。參閱戴建兵《中國近代紙幣》。

河北省銀行紙幣

河北省銀行於 1929 年至 1949 年發行。該行成立於 1929 年 3 月，資本四百萬圓，代理省金庫，有紙幣發行權，總行設在北京，天津、唐山、石家莊、保定設分行。1930 年總行遷天津。1937 年日本侵占我華北地區後，該行由日偽政權接收，大量發行紙幣，至 1939 年底達六千三百五十九萬圓，幣值大跌，幾成廢紙。爲和日偽進行貨幣戰，搶購物資，解決部分財政支出，國民政府於 1939 年 8 月成立新的河北省銀行，行址設重慶，於 1941 年 4 月 11 日開業，資本一百萬圓，發行額達三十萬圓。1945 年抗戰勝利後，該行遷回河北省。發行銀圓票壹角、貳角、伍角、壹圓、貳圓、伍圓、拾圓七種，十二種版面。發行銅元券拾枚、貳拾枚、肆拾枚、陸拾枚、壹佰枚五種，橫版。票面印有"河北省銀行"字樣，四周花邊裝飾，主要圖案有湖濱、亭、長城、塔、天壇、頤和園、北海、角樓、花額等，多數紙幣上印有地方名"天津"。1929 年發行紙幣票面印有"河北銀行"。華北解放後，該銀行停業。參閱戴建兵《中國近代紙幣》。

察哈爾興業銀行紙幣

察哈爾興業銀行於 1916 年至 1928 年發行。該行成立於 1916 年 11 月，總行設在張家口，資本實收大洋八十萬圓，官督商辦。1921 年改官辦，在北京、瀋陽、天津設分行。發行銀圓券壹角、貳角、伍角、壹圓、伍圓、拾圓六種，八種版面，橫版。票面印有"察哈爾興業銀行"，多數紙幣印有"北京""張家口"地名，

四周花邊裝飾，主要圖案有山景、村景、北海、橋、湖亭、花額等。銅元券拾枚、貳拾枚、肆拾枚、伍拾枚、壹佰枚五種，十三種版面，橫版。票面四周有花欄裝飾，主要圖案爲山景、花額等，印有"察哈爾興業銀行"字樣和面值、日期、編號、地名。據 1923 年 6 月 25 日《銀行月刊》載，發行額達一百四十萬餘圓。1928 年停業。參閱戴建兵《中國近代紙幣》。

熱河興業銀行紙幣

熱河興業銀行於 1917 年至 1933 年發行。該行成立於 1917 年，由熱河官銀號和熱河公益錢局合併改組而成，屬官商合辦，總行設在承德市，資本定額爲二百萬圓，1923 年收歸官辦。發行小洋角票、大洋票、小洋票、銅元票、匯兌票、銀角票、銀圓票、輔幣流通券、輔幣匯兌券九種。發行銀元券壹角、貳角、叁角、肆角、伍角、陸角、拾角、貳拾角、叁拾角、伍拾角、壹圓、伍圓、拾圓十三種，五十六種版面。銅元券拾枚、貳拾枚、叁拾枚、伍拾枚、壹佰枚、貳佰枚六種，十種版面，橫版。票面名稱有"熱河興業銀行""熱河省興業銀行""興業銀行""熱河省興業銀行匯兌券"等多種，四周花邊裝飾，主要圖案有閣、湖濱、長城、花額等。有的紙幣上印有"熱河""凌源"等地名。1933 年 2 月，熱河被日軍侵占，該行被日偽"滿州中

熱河興業銀行紙幣（拾圓）

央銀行"收并。參閱戴建兵《中國近代紙幣》。

豫泉官銀錢局紙幣

豫泉官銀錢局於 1896 年至 1923 年發行。該局成立於 1896 年 5 月，總行設在開封，資本實收銀九萬兩，護本銀一萬兩。發行鈔票的種類：錢票、銀兩票、新舊銀圓票、新舊銅元票、新銅元小票、本票、新本鈔等九種。除制錢票和一種壹圓票竪版外，其他均橫版。銀圓票壹圓、伍圓、拾圓三種，六種版面。銅元票拾枚、貳拾枚、伍拾枚、壹佰枚四種，六種版面，票面印有"豫泉官銀錢局""河南豫泉官銀錢局"字樣，四周花邊裝飾，主要圖案有閣、樓、塔、岳飛像、花額等。制錢票有壹仟文一種。原係石印，後改銅版機印。由於該行發行準備不足，超量發行，因而幣值日跌，信譽低下。1923 年吳佩孚占據河南，將該局改組爲河南省銀行。參閱戴建兵《中國近代紙幣》。

河南省銀行紙幣

河南省銀行於 1923 年至 1927 年，1946 年至 1949 年發行。該行成立於 1923 年 7 月 1 日，由原豫泉官銀錢局改組開辦，總行設在開封，資本五百萬圓，在北京、天津、徐州、青島、漢口設分行。發行銅元券和銀元券。銀圓券壹圓、伍圓、拾圓三種，六種版面。銅元券拾枚、貳拾枚、伍拾枚、壹佰枚四種，橫版。舊票加蓋地名"省"字，新票印有"河南省銀行"字

河南省銀行紙幣（拾圓）

樣，四周花邊裝飾，主要圖案有殿、龍亭、頤和園、閣、花額等。銀圓券有三種，一爲舊豫泉官銀錢局紙幣、一種爲加蓋紅色"省"字樣紙幣，一種爲加蓋"河南""天津"地名票。由於軍事需要，有伍圓、拾圓票加蓋臨時軍用戳記或河南省紅色關防印記，大量投入市場流通。該行紙幣超量發行與廢紙無异。1927 年北伐軍進武漢，吳佩孚在湖北戰敗，河南省銀行停業。1946 年 7 月 1 日又將農工銀行改名河南省銀行，1949 年 4 月底宣布停業。參閱戴建兵《中國近代紙幣》。

河南省農工銀行紙幣

河南省農工銀行於 1928 年至 1946 年發行。該行成立於 1928 年 3 月，總行設在開封，資本定爲五百萬圓，官商合辦，由財政廳長魏宗晋兼任總理，發行銅元券。1928 年 10 月一度并入西北銀行。1929 年 3 月恢復舊名。1934 年改官辦，發行銀行兌換券。銀圓券伍分、壹角、貳角、伍角、壹圓、伍圓六種，七種版面。銅元券拾枚、貳拾枚、伍拾枚、壹佰枚四種，七種版面，橫版。票面印有"河南農工銀行"或"匯兌券""河南"字樣，四周花邊裝飾，主要圖案有村舍、耕地、樓亭殿塔、牌樓、孫中山像等。1935 年國民政府推行法幣政策，該行發行輔幣券。抗戰時期，爲與日僞進行貨幣戰，又發行壹圓券。該行 1945 年抗戰勝利後遷回開封，1946 年 7 月 1 日改爲河南省銀行。參閱戴建兵《中國近代紙幣》。

山東銀行紙幣

山東銀行於 1912 年至 1926 年發行。該行成立於 1912 年 8 月，總行設在濟南市，資本五十萬兩。後由山東總商會接辦，改爲商辦，

資本額爲一百萬圓。發行銀兩票、銀圓票、制錢票三種。銀圓票壹圓、伍圓、拾圓三種，八種版面。僅見壹圓、拾圓兩種，橫版。票面印有"山東銀行""濟南"字樣，四周花邊裝飾，主要圖案有村景、亭。1925 年山東軍閥張宗昌創辦山東省銀行，山東銀行因與其名稱衝突而改名爲山東商業銀行。1920 年版紙幣票面加蓋"山東商業銀行"名稱流通。該行 1926 年 3 月倒閉。參閱戴建兵《中國近代紙幣》。

山東省銀行紙幣

山東省銀行於 1925 年至 1928 年發行。該行是奉系軍閥張宗昌統治山東期間設立的銀行，1925 年 9 月開業，總行設在濟南，實收資本大洋二百萬圓。規定在山東境內除加蓋有山東地名的中國、交通銀行紙幣外，祇允許山東省銀行有紙幣發行權，將青島地方銀行改爲山東省銀行分行，并將已收回的青島地方銀行紙幣加蓋"山東省銀行"字樣重新發行。發行銀圓券壹角、貳角、壹圓、伍圓、拾圓、伍拾圓、壹佰圓七種，十五種版面，橫版。舊票加蓋行名，新幣票面印有"山東省銀行"、或有"天津""濟南"字樣，四周花邊裝飾，主要圖案有碑、泰山、湖濱、花額等。銅元券伍吊文一種，豎版。四周花邊裝飾，主要圖案花額。1927 年張宗昌爲抵抗北伐軍，支付巨大軍政費用，超量發行數千萬圓，使紙幣幣值大跌，1928 年

山東省銀行紙幣（壹圓）

張宗昌倉皇北逃，該行隨之倒閉。參閱戴建兵《中國近代紙幣》。

山東省民生銀行紙幣

山東省民生銀行於 1932 年至 1948 年發行。該行是韓復榘任山東省主席期間建立的金融機構，1932 年 7 月開業，資本額定爲六百萬圓，實收資本三百萬圓。總行設在濟南，青島、周村、威海、棗莊、惠民、烟臺、臨沂等地市設支行或辦事處。發行壹角、貳角、伍角、伍圓、拾圓五種，六種版面，橫版。票面印有"山東省民生銀行"字樣，四周花邊裝飾，主要圖案有船、湖亭、牌樓、田間勞動和花額。抗日戰爭爆發以後，總行遷重慶，其餘辦事處均停業。抗日戰爭勝利後，該行沒有正式復業，但國民黨省政府仍以該行名義發行紙幣。1948 年濟南解放，該行被人民政府收兌而停業。參閱戴建兵《中國近代紙幣》。

山東省民生銀行紙幣（壹角）

山東平市官錢總局紙幣

山東平市官錢總局於 1931 年至 1937 年發行之紙幣。該局 1931 年成立，總局設在濟南，濰縣、博山、濟寧、滕縣、臨清等地設分局。資本二十萬圓，實收十五萬圓。發行銀圓輔幣券壹角、貳角、伍角三種，銅元券拾枚、貳拾枚、伍拾枚、壹佰枚四種，橫版。票面印有"山東平市官錢總局"字樣，四周花邊裝飾，主要圖案有牌樓、火車、村景等。該局最先發

行的是以"角"爲單位的銀圓輔幣券，1935 年
11 月國民政府推行法幣政策，因輔幣奇缺，特
許該局發行以"枚"爲單位的銅元票調濟流
通。角票發行額達二百萬圓。1937 年濟南淪陷，
該錢局關閉。參閱戴建兵《中國近代紙幣》。

山西省銀行紙幣

山西省銀行於 1919 年至 1949 年發行。該
行成立於 1919 年 8 月 1 日，總行設在太原市
鼓樓街，資本三百萬圓，實收資本一百一十七
餘萬圓，官督商辦。山西省省長閻錫山爲解決
山西財政困難和軍費而設，1930 年改爲官辦。
到 1935 年全省陸續建立二十七所支行。1930
年，閻錫山與蔣介石進行中原大戰，戰敗逃
至大連，該行爲支持閻之大戰而發行紙幣達
六千五百三十萬圓，幣值大跌，人民損失慘重。
1932 年閻錫山再度上臺，控制山西省銀行，發
行新晉鈔，并收兌舊鈔。到 1941 年，該行陸
續發行纍計已達一億三千萬圓。發行銀圓券壹
角、貳角、伍角、壹圓、伍圓、拾圓、伍拾圓、
壹佰圓八種，三十種版面。兌換券壹角、壹圓。
銅元券拾枚、貳拾枚、伍拾枚、壹佰枚、貳佰
枚、伍佰枚六種，十種版面。該行發行之銀圓
券、銅元券，統稱晉鈔。除壹角竪版外，餘均
橫版。票面印有"山西省銀行"，多數加蓋地方
名發行，有"太原""天津""汾陽""忻縣""山
西""長治"等等，四周花邊裝飾，主要圖案有
村景、湖濱、塔亭、前門、行屋、寺院、牌坊、
礦山、救國門等等。1948 年 7 月 1 日，重新改
組山西省銀行。1949 年，太原市解放，太原市
人民政府軍管會金融接管組接收了山西省銀行。
參閱戴建兵《中國近代紙幣》。

綏遠平市官錢局紙幣

綏遠平市官錢局於 1920 年至 1940 年發行。
該局成立於 1920 年 6 月 27 日，總行設在歸綏
（即今呼和浩特），資本伍萬圓，陳延硅任經理。
發行銀圓券和銅元券，橫版。銅元券拾枚、貳
拾枚、叁拾枚、伍拾枚、壹佰枚五種，八種版
面。銀圓券壹角、貳角、伍角、壹圓、伍圓、
拾圓六種，十八個版面。票面印有"綏遠平市
官錢局"或"綏遠平市官錢局兌換券"字樣，
四周花邊裝飾，主要圖案有亭、牌坊、庭院、
山路、村景、駱駝、田野、殿宇等。該幣有新

綏遠平市官錢局紙幣（拾圓）

鈔、舊鈔之分。1920 年至 1933 年發行流通的
爲舊鈔，流通了十四年，收繳銷毀。1931 年 3
月 15 日至 1940 年發行的爲新鈔，流通達十年
之久。舊鈔在流通期間，連年軍閥混戰，幾度
貶值。新鈔發行後十足兌換，1937 年發行達
五百萬餘圓。後包頭以東被日軍侵占，1937 年
11 月該行被日僞銀行接收。參閱徐楓、趙隆業
《中國各省地方銀行紙幣圖錄》。

綏遠省銀行紙幣

綏遠省銀行於 1941 年至 1949 年發行。該
行成立於 1941 年 1 月 1 日，資本一百萬圓，王
國英爲總經理，總行設在歸綏（今呼和浩特），
寧夏、蘭州設辦事處。銀圓券伍分、壹角、貳
角、貳角伍分、伍角、壹圓、伍圓七種，竪版。

票面印有"綏遠省銀行"字樣，四周花邊裝飾，主要圖案有花額等。1949 年 5 月至 7 月北京、天津、太原已解放，國民黨發行的銀圓券没有流通到該省，祇發行了輔幣券一百萬圓。1949 年 9 月綏遠和平解放，該行紙幣被人民銀行收兑。1950 年 1 月 15 日停兑。參閲徐楓、趙隆業《中國各省地方銀行紙幣圖録》。

東三省官銀號紙幣

東三省官銀號於 1909 年至 1932 年發行。該銀號成立於 1909 年，由東三省總督徐世昌改組奉天銀號而成，總號設在奉天（今瀋陽），天津、上海、北京設分號，資本六十萬兩。1918 年東北廢兩改圓，資本達一百萬圓。1924 年，爲統一發行東北地區的紙幣，活躍經濟，東三省銀行、奉天興業銀行并入東三省官銀號，資本增到二千萬圓。爲着找零需要，方便貿易，該銀號内設奉天公濟平市銀號，專發銅元券。到 1931 年，該號有分支機構八十八個。發行小洋券、大洋券、哈大洋券、匯兑券、銅元券五種，横版。銀圓券伍分、半角、壹角、貳角、伍角、拾角、伍拾角、壹佰角、壹圓、伍圓、拾圓、伍拾圓、壹佰圓十三種，四十種版面。銅元券伍枚、拾枚、貳拾枚、伍拾枚、壹佰枚五種，十五種版面。總計發行額六千八百一十餘萬圓（不含天津九十六萬圓），匯兑券匯票十餘億圓，現大洋票三千二百五十萬圓，哈爾濱各地大洋票一百六十萬圓，銅元券六千萬枚。票面印有"東三省官銀號""東三省官銀匯兑券"字樣，許多加蓋地名及印章票發行，地名票有"奉天""遼寧""東三省""天津"等。四周花邊裝飾，主要圖案有村景、山景、火車、城堡、殿、橋、庭院、花額等。由於大量發行，

幣值日跌。1932 年日軍侵占奉天，該銀號并入日僞"滿州中央銀行"。參閲戴建兵《中國近代紙幣》。

東三省銀行紙幣

東三省銀行於 1920 年至 1924 年發行。該行成立於 1920 年 10 月 29 日，總行設在哈爾濱市，張作霖爲籌措軍政費用和統一東北三省的幣制而設，資本八百萬圓。張作霖自認一百萬圓，奉天出一百萬圓，遼寧、吉林、黑龍江各二百萬圓。發行有銀圓匯兑券"東三省銀行匯兑券"，蓋有"哈爾濱"地名，面額有壹圓、伍圓、拾圓三種，四種版面。兑換券有伍分、壹角、貳角、伍角、壹圓、伍圓、拾圓七種，九種版面，横版。票面印有"東三省銀行兑換券""東三省銀行"字樣，四周花邊裝飾，主要圖案有閣、塔、牌坊、花額等。1924 年并入東三省官銀號。參閲徐楓、趙隆業《中國各省地方銀行紙幣圖録》。

奉天興業銀行紙幣

奉天興業銀行於 1913 年至 1924 年發行之紙幣。該行成立於 1913 年 1 月，由奉天農業銀行改組而成，資本一百三十萬圓，實收資本一百萬圓，屬官商合辦。初期發行"奉天興業總銀行"兑換券，有壹圓、伍圓、拾圓三種，四種版面。1917 年後改稱"奉天興業銀行"，發行四厘債券，有壹圓、伍圓、拾圓三種，十三種版面，横版。票面印有"奉天興業銀行"或"奉天興業總銀行"字樣，四周花邊裝飾，主要圖案有閣、皇宮、湖濱、花額等。據張家驤《中華幣制史》，到 1923 年計發行額六七百萬圓。1924 年并入東三省官銀號。參閲戴建兵《中國近代紙幣》。

東北邊業銀行紙幣

東北邊業銀行於 1919 年至 1937 年發行。該行成立於 1919 年，總行設在北京市，庫倫、張家口、天津設分行。皖系軍閥徐錚任西北邊使，爲統管和流通邊疆地區的金融而設，并有代理國庫、發行紙幣特權。皖系垮臺，直系曹錕掌握了邊業銀行。第二次直奉大戰，曹錕倒臺，張作霖入主北京。於 1925 年 4 月 10 日在天津法租界巴黎道該行舊址成立新邊業銀行，重新在北京、濟南、張家口、瀋陽、上海、哈爾濱設分行。1926 年 6 月該行總行遷至瀋陽，并在東北各地廣設分行，其紙幣在東北地區流通日廣。發行大洋券有哈爾濱和奉天（今瀋陽）地名之區別，面額壹角、貳角、伍角、壹圓、伍圓、拾圓、伍拾圓、壹佰圓八種，十七種版面，橫版。票面印有“東北邊業銀行”字樣，多數加蓋地名發行，地名有“奉天”“哈爾濱”等，四周花邊裝飾，主要圖案有亭、花額等。1932 年該行被日僞“滿州中央銀行”吞并。參閱戴建兵《中國近代紙幣》。

吉林永衡官銀錢號紙幣

吉林永衡官銀錢號於 1909 年至 1932 年發行之紙幣。該官銀錢號成立於 1909 年 8 月 1 日，由原吉林永衡官帖局、吉林永衡官錢局合併而成，資本爲大洋一千萬圓，總行設吉林省城西大街，在上海、天津、大連及省內等十八處設分號。發行銀圓官帖、吉林小洋票（俗稱執帖）、吉林和哈爾濱大洋票（俗稱永大洋、亦稱大執帖）、匯兌執帖小洋券、匯兌執帖大洋券、銅元券六種。吉林永衡官帖有壹吊、貳吊、叁吊、伍吊、拾吊、伍拾吊、壹佰吊七種，三十一種版面，豎版。銅元券有伍枚、拾枚、

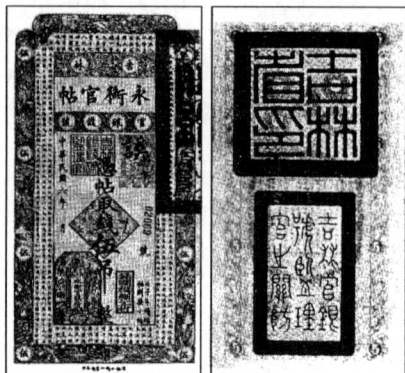

吉林永衡官銀錢號官帖（伍吊）

貳拾枚、伍拾枚、壹佰枚五種。吉林小洋票有壹角、貳角、伍角、壹圓、伍圓、拾圓、伍拾圓七種，十種版面。吉林大洋票有壹圓、伍圓、拾圓、伍分、壹角、貳角、伍角七種，十九種版面。哈爾濱大洋票有壹圓、伍圓、拾圓三種，五種版面。匯兌執帖小洋券有壹圓、叁圓、伍圓、拾圓四種。匯兌執帖大洋券有壹圓、叁圓兩種，總共七十七種版面。該幣初期發行之官帖票爲豎版，其他爲橫版。官帖票面印有“吉林官錢號”“永衡官帖”字樣，有發行編號、面值、日期及印章等。其他票面印有“吉林永衡官銀錢局”字樣，四周花邊裝飾，主要圖案有行屋、帆船、長城、閣、火車、頤和園、庭院、塔、城樓等。1932 年日軍侵占吉林省，該行被日僞“滿州中央銀行”吞并。參閱戴建兵《中國近代紙幣》。

黑龍江廣信公司紙幣

黑龍江廣信公司於 1904 年至 1932 年發行。該公司成立於 1904 年 10 月 18 日，資本原定五十萬兩，實收二十萬兩，官商合辦。1905 年加入官股十萬兩，商股二十一萬二千三百兩，總行設在齊齊哈爾。1904 年，日俄戰爭在東北爆發，俄華道勝銀行祇收不貸，市面銀根奇緊，

爲方便流通活躍經濟，抵制俄國紙幣——羌帖以及私商地方錢幣，由黑龍江將軍達桂、黑龍江副都統程德全批准創立。1920 年，該公司將黑龍江官銀號并入，1930 年又改名爲黑龍江省官銀號。發行紙幣有官帖、匯兌券、兌換券、大洋券、哈爾濱大洋券、四厘債券（注：因半年付息一次，年息百分之四，故稱四厘債券）六種。官帖有壹吊、貳吊、叁吊、伍吊、拾吊、貳拾吊、叁拾吊、伍拾吊、壹佰吊九種，二十六種版面，竪版。兌換券有壹角、貳角、伍角三種。大洋券有壹圓、伍圓、拾圓三種。哈爾濱大洋券有壹角、貳角、伍角、壹圓、伍圓、拾圓六種。匯兌券壹角、貳角、伍角、壹圓、伍圓、拾圓六種，十八種版面。四厘債券有壹圓、伍圓、拾圓三種。共計五十九種版面。該紙幣除官帖竪版外，其他橫版。票面印有"黑龍江廣信公司"字樣。官帖主要圖案雙龍、山水、人物，有發行編號、面值及日期、發行印章等。其他券面印有"匯兌券"或"兌換券輔幣券"字樣，四周有花邊裝飾，主要圖案有村景、牌坊、山海關、樓、亭閣、花額等。該公司大量發行紙幣，幣值日低。僅官帖前後發行一百一十八點七億吊，四厘債券發行四千萬圓。1932 年 7 月 1 日，該號爲日僞"滿州中央銀行"吞并。參閱戴建兵《中國近代紙幣》。

黑龍江官銀號紙幣

黑龍江官銀號於 1908 年至 1920 年發行。該官銀號成立於 1908 年 12 月，由東三省總督徐世昌、黑龍江巡撫周村模批准創辦，爲奉天官銀號在齊齊哈爾建立的黑龍江官銀分號，但發行説明是"黑龍江官銀號"。黑龍江官銀分

號發行小銀圓券拾圓一種，銅元券伍枚、拾枚、貳拾枚、叁拾枚、伍拾枚、壹佰枚、拾陸吊（即伍佰枚）、叁拾貳吊（即壹仟枚）八種。黑龍江官銀號發行小銀圓券壹角、貳角、伍角、拾角、伍拾角五種，十種版面。印有"黑龍江官銀號小銀圓券"或"江省通用小銀圓"計十九種版面。銅元券竪版，其他券爲橫版。僅見銅元券伍佰枚一種。票面印有"黑龍江官銀號"字樣，有面值、編號、日期及印章，主要圖案是花額和人物等。1920 年 12 月與廣信公司合并。參閲戴建兵《中國近代紙幣》。

秦豐銀行紙幣

陝西秦豐銀行於 1911 年至 1918 年發行。該行成立於 1911 年 12 月，實收資本銀二十八萬八千四百六十一兩，由秦豐官錢局改組而成，屬地方官辦。發行兩種銀兩票，一種由原陝西官銀錢號的龍票改製而成，面額有壹兩、貳兩、伍兩、拾兩、貳拾兩、叁拾兩六種，亦稱舊式銀兩票；一種新式銀兩票"陝西秦豐銀行兌換券"，面額有壹兩、伍兩、拾兩三種，僅見拾圓一種，橫版。票面印有"陝西秦豐銀行兌換券"字樣，四周花邊裝飾，主要圖案有雙龍、雙獅、花額等。先後發行額達三佰二十六萬九千兩。因支持巨大的軍政費用，發行過多，幣值下跌無法兌換，於 1914 年 5 月停兌，1918 年 5 月呈准歸并富秦銀行。參閲戴建兵《中國近代紙幣》。

陝西富秦銀行紙幣

陝西富秦銀行於 1918 年至 1926 年發行。該行成立於 1918 年 5 月，由秦豐銀行改組而成，曾將富秦錢局并入，後又分辦。銀兩券壹兩、貳兩、叁兩、伍兩、拾兩五種，銀圓票壹

圓、叁圓、伍圓、拾圓四種。僅見銀圓券壹圓、伍圓兩種，橫版。票面印有“陝西富秦銀行”字樣，四周花邊裝飾，主要圖案有西安城、花額等。1921 年停兌，1926 年停辦。參閱戴建兵《中國近代紙幣》。

陝西省銀行紙幣

陝西省銀行於 1931 年至 1949 年發行。該行成立於 1931 年 2 月，資本五百萬圓，官商合辦。陝西各縣設分行或辦事處。該行成立之初，因來不及印製，呈請批准借用西北銀行秦安地名壹圓票，甘肅地名銅元票分別加蓋“陝西省銀行”行名，改爲銀圓票和角票發行。1928年、1931 年和 1934 年發行三次銀圓券，有壹圓、伍圓、拾圓三種，九種版面。輔幣券有壹角、貳角兩種，六種版面。共計十五種版面，橫版。除改行名發行紙幣外，新印紙幣票面印有“陝西省銀行”字樣，四周花邊裝飾，主要圖案有小雁塔、石油廠廠景、花額等。1949 年因國民黨推行金圓券失敗，又發行銀圓輔幣券。陝西解放，該行停業。參閱戴建兵《中國近代紙幣》。

甘肅官銀錢局紙幣

甘肅官銀錢局於 1906 年至 1914 年發行。該局成立於 1906 年 12 月，資本爲銀五萬兩，後增至十二萬兩。發行銀兩票壹兩、貳兩二種，制錢票壹串、伍佰文兩種。僅見貳兩票一種。

甘肅官銀錢局銀兩票（貳兩）

票面印“甘肅官銀錢局”“蘭平足錢”字樣，中間爲“貳兩”面額，額左右分別豎印“如敢私造假票照私鑄例治罪”和“通省永遠行用准完錢糧釐稅”的說明，左邊爲發行日期“光緒三十三年　月　日”和印章，右邊爲發行編號、印章，四周爲龍紋吉祥雲、海水紋裝飾，四角爲面值，票背面爲“陝甘總都部堂示”，其全文爲：“此票通省行用，實作蘭平足銀貳兩。無論官民款項，暨行使各府廳州縣，俱照向用平色補平，如有格外掯勒，扭禀就近衙門懲究。”（標點爲編者加）上海中興儀器局印。三色印製，極爲精緻。爲清鈔之珍罕品。1914 年 6 月該局改名爲甘肅官銀總號。參閱戴建兵《中國近代紙幣》。

甘肅官銀總號紙幣

甘肅官銀總號於 1914 年至 1923 年發行。該號成立於 1914 年 6 月，地址設在蘭州，由甘肅官銀錢局改組而成。額定發行白銀三十七萬三千兩，實發行額達四十餘萬兩。發行銀兩票壹兩、貳兩、伍兩、拾兩四種，豎版。票面印有“甘肅官銀號兌換券”“蘭平銀”字樣，有發行面值、編號、日期及印章，四周有花邊裝飾，四角漢字面值，主要圖案有二面五色旗等。1920 年，甘肅財政局大量向官銀號透支，據張令琦《解放前四十年甘肅金融貨幣簡述》：“總額達三百萬兩之巨。”致使官銀號銀庫空虛，票值狂跌，1922 年歇業，1923 年停業。參閱戴建兵《中國近代紙幣》。

甘肅銀行紙幣

甘肅銀行於 1922 年發行。該行由甘肅官銀號於 1922 年 12 月改組而成，資本一百萬兩，實收資本十四萬餘兩。發行壹圓、伍圓、拾圓

三種。壹圓合銀七錢一分。1925 年發行額達
九十萬兩。因國民黨軍隊於下半年入甘，政局
動蕩，該行停頓。1928 年馮玉祥下令該行由西
北銀行管轄，1929 年因改組爲甘肅農工銀行而
停業。因未見實物，具體形制不詳。參閲戴建
兵《中國近代紙幣》。

甘肅農工銀行紙幣

甘肅農工銀行於民國十八年（1929）發行。
該行由甘肅銀行、平市官錢局合并而成，於
1929 年成立。發行銅元券拾枚、貳拾枚、伍拾
枚、壹百枚四種。在西寧、凉州等處設辦事處，
由原甘肅平市官錢局紙幣加蓋行名、地名發行。
1930 年因中原大戰，西北銀行倒閉，該行受牽
連而停兑。1932 年陝軍孫蔚如入駐甘肅，成立
陝西省銀行甘肅分行，將該行紙幣收兑，該行
停業。因未見實物，具體形制不詳。參閲戴建
兵《中國近代紙幣》。

甘肅農民銀行紙幣

甘肅農民銀行於 1934 年發行。爲調劑金
融，發展農業生産，甘肅省政府呈准財政部批
准，於 1934 年將甘肅平市官錢局改組而成，資
本五十萬圓，訂印紙幣二百七十萬圓。面額有
壹圓、伍圓、拾圓三種，僅見樣票伍圓一種，
橫版。票面四周有花欄裝飾，四角有漢文面值，
主要圖案爲田野，印有“甘肅農民銀行”字樣
和面值、日期、編號等。準備發行，但因設立
中國農民銀行蘭州分行，即令該行停業，紙幣
全部銷毁。參閲戴建兵《中國近代紙幣》。

甘肅（省）平市官錢局紙幣

甘肅（省）平市官錢局 1923 年至 1929 年，
1931 年至 1940 年發行。該局成立時間不詳。
據于廷明《中國錢幣》（1990 年第二期），該

局成立於 1920 年至 1923 年之間。早期發行的
分竪版、橫版，僅見拾枚一種。票面印有“甘
肅平市官錢局”和發行説明，四周有花邊裝
飾，印製簡單，發行時間不詳。後期發行的均
橫版，僅見伍角一種。票面印有“甘肅平市官
錢局”字樣，四周花邊裝飾，主要圖案白塔山、
中山鐵橋等。1927 年發行銅元券貳拾枚、伍拾
枚、壹佰枚三種，發行額四萬串。1929 年該
行并入甘肅農工銀行，發行銅元券拾枚、貳拾
枚、伍拾枚、壹佰枚四種，發行額達四十七萬
六千八百六十四串。1931 年又將甘肅農工銀行
改名爲甘肅省平市官銀錢局，發行銅元券拾枚、
貳拾枚、肆拾枚、伍拾枚、壹佰枚五種。1934
年該局再次發行銅元券，面額拾枚、貳拾枚、
伍拾枚、壹佰枚四種。1935 年該局又改名爲
甘肅平市官錢局，分別於 1934 年、1936 年發
行伍角輔幣券計五百二十三萬圓，銅元券二百
萬串。1939 年再次發行伍角輔幣券五百萬圓。
1939 年 6 月 1 日將該局改組爲甘肅省銀行。參
閲戴建兵《中國近代紙幣》。

甘肅省銀行紙幣

甘肅省銀行於 1939 年至 1949 年發行。該
行成立於 1939 年 6 月 1 日，額定資本一千萬
圓。該行由省政府及財政部合辦，將原甘肅省
平市官錢局改組而成。在省内外廣設分支機構，
規定原甘肅省平市官錢局發行的輔幣券、銅元
券繼續流通使用。發行銀圓輔幣券伍分、壹角、
貳角、伍角及金圓、銀圓本票壹角、貳圓、拾
圓、佰圓多種，竪版。票面印有“甘肅省銀行”
字樣。至今未見實物，圖案不詳。1941 年將該
局紙幣收回，停止流通，改行使流通國家銀行
紙幣。1941 年、1944 年二次發行銀圓輔幣券

五角，計五百一十萬圓。1944 年底結束發行業務。1948 年、1949 年，國民黨政府推行金圓券、銀圓券，甘肅省銀行爲解決流通，金圓券、銀圓券由各分支機構發行，發行總額一百萬圓，1949 年 8 月全部兌回。不久，甘肅解放，該行停業。參閱戴建兵《中國近代紙幣》。

青海平市官銀錢局紙幣

青海平市官銀錢局於 1931 年至 1935 年發行。僅見青海財政廳維持券伍圓一種，橫版。票面印有青海平市官銀錢局的英文字母，四周花邊裝飾，主要圖案有帆船等。該局成立時間不詳。青海省主席馬麟爲解決軍政費用，於 1931 年設青海省金庫，發行維持券壹角、壹圓、伍圓、拾圓四種。後改名青海平市官錢局，因隸屬財政廳，故所發行紙幣又稱財政維持券，發行壹圓、伍圓、拾圓三種。1935 年再次發行該券二百萬圓。因馬麟與其叔爭當省主席，大量發行假券，從而使券值飛落，物價飛漲。商民怨聲載道，擠兌異常。1935 年該局停兌倒閉。參閱戴建兵《中國近代紙幣》。

青海省銀行紙幣

青海省銀行於 1945 年至 1949 年發行。該行成立於 1945 年 11 月，實收資本二千萬圓，官商合辦。實際上成爲馬步芳控制地方金融、籌措軍政費用的工具，馬責成該行管理省金庫，對抗中央銀行。發行維持券壹圓、伍圓、拾圓三種。1949 年國民黨推行金圓券，馬步芳以人民拒用金圓券，市場缺乏找零爲由發行銀圓券壹分、貳分、壹角、貳角、伍角五種，發行額達二萬六千五百一十圓。1949 年 6 月 12 日因發現僞幣，下令收回。參閱戴建兵《中國近代紙幣》。

青海實業銀行紙幣

青海實業銀行於 1947 年至 1949 年發行。該行成立於 1947 年 1 月 4 日，資本三千萬圓，實收資本法幣一億圓，合銀圓三萬七千〇三十七圓。該公司是馬步芳控制青海地方金融、搜括民財的私人機構。發行壹分、貳分、伍分、壹角、貳角、伍角六種，橫版。票面印有"青海實業銀行"字樣，四周花邊裝飾，主要圖案爲花額。1948 年，法幣急劇貶值，1949 年國民黨政府推行金圓券又遭失敗，後又推行銀圓券，馬步芳以此爲藉口，發行一組單面五色套印的"青海實業銀行"銀圓券，發行額達四萬〇一百圓，投放市場後迅速擠垮了金圓券。但由於發現僞幣，引起擠兌。到 1949 年 8 月，未兌之數僅三百圓左右。不久，青海解放，該行關閉。參閱戴建兵《中國近代紙幣》。

寧夏省銀行紙幣

寧夏省銀行於 1931 年至 1938 年發行。該行成立於 1931 年 1 月 1 日，資本額定爲二百萬圓，1934 年時實收資本一百五十一萬圓。該行由馬鴻賓主寧時創辦，爲寧夏省第一家銀行。該行創辦之前，1925 年中國銀行張家口分行已在寧夏設辦事處，發行過壹圓、伍圓、拾圓紙幣，這是寧夏第一次發行紙幣。1906 年西北銀行在寧夏設立辦事處，發行壹角、貳角、伍角、壹圓、伍圓、拾圓六種紙幣。該行於 1931 年發行銀圓券壹圓、伍圓、拾圓三種。1933 年馬鴻逵主寧，爲籌措軍政費用，抵抗孫殿英攻寧，發行新紙幣二百七十萬圓，面額有壹圓、伍圓、拾圓三種。1937 年發行額又增爲六百四十五萬圓。1938 年春該行改組爲寧夏銀行。僅見壹角、伍圓兩種，橫版。票面印有"寧夏省銀行"字樣，四周花邊裝飾，主要圖案有村景、花額等。參閱戴建兵《中國近代紙幣》。

寧夏銀行紙幣

寧夏銀行於 1938 年至 1949 年發行。該行成立於 1938 年 6 月 1 日，由寧夏省政府將寧夏省銀行改組而成，資本一百五十萬圓，官商合辦。該行開業之初，因來不及印新鈔，加上輔幣急需，采取從寧夏省銀行舊紙幣中選出輔幣券、銅元券、法幣券計約四十萬圓以作急用。1942 年 6 月發行輔幣券壹角、貳角兩種，發行額約一百萬至二百萬之間。1949 年 5 月 16 日又發行十萬圓銀圓券，面額有伍分、壹角、叁角三種，橫版。票面印有"寧夏銀行"字樣，四周花邊裝飾，主要圖案有寶塔。1949 年 9 月 23 日寧夏解放，該券停止流通。參閱戴建兵《中國近代紙幣》。

新疆藩庫、新疆財政司、新疆財政廳紙幣

新疆省藩庫、財政司、財政廳於 1912 年至 1939 年發行之紙幣。新疆藩庫於 1912 年發行省藩庫官票，面額四百文，折銀一兩，計發二十六萬七千二百兩。此票面有雙龍圖案，因稱"老龍票"，比新疆官錢局紙幣票面小，亦稱"小型老龍票"。1912 年至 1932 年發行大小紙幣票、油布票，面額有壹佰文、肆佰文、貳仟文、肆仟文四種，二十五種版面。1932 年至 1939 年發行銀兩票，面額有叁兩、伍兩、拾兩、伍拾兩四種，十四種版面，分竪版、橫版。票面印有"新疆財政廳庫官票"字樣，有發行編號、面值、日期及印章等，四周花邊裝飾，主要圖案有雙龍、雙獅，或加蓋地名喀什道專

用、喀什和田專用、阿山道專用等，背面印有布告等。由於新疆軍閥戰爭不斷，爲籌措軍費而大量發行紙幣，通貨膨脹，物價飛漲，尤其 1937 年抗戰興起，省票價值狂跌，商民叫苦不迭。1939 年新疆商業銀行成立，廢兩改圓，該幣停止流通。參閱戴建兵《中國近代紙幣》。

新疆商業銀行紙幣

新疆商業銀行於 1939 年至 1948 年發行。該行成立於 1939 年 1 月 1 日，資本定爲五百萬圓，官商合辦。1939 年新疆廢兩改圓，以方便結算和貿易，最初發行額二千萬圓，規定壹圓與大洋壹圓等值，信譽較好。1939 年至 1946 年末共發行紙幣一百三十億六千萬圓。面額有壹分、叁分、伍分、壹角、貳角、伍角、壹圓、叁圓、伍圓、拾圓、伍拾圓、壹佰圓、貳佰圓、伍佰圓、貳仟圓、伍仟圓、壹萬圓、貳萬圓、拾萬圓、貳拾萬圓、伍拾萬圓二十一種，二十六種版面。該

新疆商業銀行紙幣（叁分）

幣除壹萬圓、貳萬圓、伍拾萬圓竪版外，其他均橫版。票面印有"新疆商業銀行"字樣，四周花邊裝飾，主要圖案有汽車、發電廠、羊群、孫中山像、收割、新疆商業銀行行屋、伊斯蘭瑪札、勞作圖、財政廳樓房等。由於大量發行紙幣，造成大規模的通貨膨脹、物價飛漲。國民黨推行金圓券失敗。1948 年 9 月 2 日，該行改名新疆省銀行。參閱戴建兵《中國近代紙幣》。

新疆省銀行紙幣

新疆省銀行於 1948 年至 1949 年發行。1948 年 9 月新疆商業銀行改名爲新疆省銀行。該行前期發行銀兩券，面額有伍兩、拾兩兩種。該紙幣爲期票，竪板。票面印有"新疆省銀行"字樣，四周花邊裝飾，主要圖案有紅山寶塔等。後期發行紙幣壹佰萬圓，叁佰萬圓、陸佰萬圓、叁仟萬圓、陸仟萬圓、陸億圓、叁拾億圓、陸拾億圓八種，橫版。票面印有"新疆省銀行"字樣，四周花邊裝飾，主要圖案有孫中山像，背面主圖爲新疆銀行大樓。發行紙幣面額之大創全國之最。由於超量發行，物價飛漲，與廢紙無异。陸拾億圓新幣合當時金圓券壹萬圓，

新疆省銀行紙幣（陸拾億圓）

僅買一盒火柴。國民黨推行金圓券失敗後，又推行銀圓券。1949 年 1 月，包爾漢任新疆主席，進行幣制改革，宣布六千億圓舊幣合新銀圓票壹圓。發行額達四百三十四萬二千圓。1949 年 9 月 25 日新疆和平解放，1951 年 10 月 1 日人民政府收兑銀圓票，該行紙幣停止流通。參閱戴建兵《中國近代紙幣》。

市縣銀行、錢局、商會、銀號紙幣

熱河公益錢局紙幣

熱河公益錢局於 1912 年至 1921 年發行。由熱河總商會於 1912 年 1 月創辦，資本二萬兩。發行制錢票和小洋票兩種。1917 年與熱河官銀號合并成立熱河興業銀行，1921 年收兑。因未見實物，具體形制不詳。參閱戴建兵《中國近代紙幣》。

察哈爾商業錢局紙幣

察哈爾商業錢局於 1933 年至 1937 年發行。該局由宋哲元主政時令會計科長王毓俊籌備，於 1933 年 12 月 10 日開業，資本額五十萬元。總局設在張家口市，天津、北京、宣化、蔚縣、懷來、涿鹿設分局。發行銀圓票、銅元票兩種。銀圓票壹角、貳角、壹圓、伍圓、拾圓五種，僅見伍圓一種，橫版。票面四周有花欄裝飾，四角有漢文面值，主要圖案爲帆船，印有"察

哈爾商業錢局""平津通用"或"張家口"等字樣和發行日期、編號和印章。銅元票未見實物，具體形制不詳。參閱戴建兵《中國近代紙幣》。

綏區屯墾督辦辦事處合作社支付券

内蒙綏區屯墾督辦辦事處合作社於民國年間發行。僅見伍角、壹圓兩種。伍角券爲竪版，四周花欄裝飾，四角漢文面值，上部印有名稱、編號、圖案，下部印有面值、印章、日期，背面有英文名稱、面值、日期、簽字等。壹圓券爲橫版，票面四周有花欄裝飾，四角有漢文面值，主要圖案爲

綏區屯墾督辦
辦事處合作社支付券
（伍角）

建築圖。票面印有"綏區屯墾督辦辦事處合作社支付券""包頭"字樣和編號、印章。具體文字資料不詳。參閱張志中《中國紙幣》。

察哈爾省編遣欠餉定期庫券

察哈爾省於民國十八年（1929）發行的定期庫券。僅見伍圓一種，橫版。票面四周有花紋裝飾，四角有大寫漢字面值，主要圖案爲火車，印有"察哈爾省編遣欠餉定期庫券""民國十八年印"等字樣和面值。參閱張志中《中國紙幣》。

呼倫貝爾官商錢局紙幣

呼倫貝爾官商錢局於民國七年年至九年（1918—1920）發行。面額有壹角、伍角、叁圓、伍圓、拾圓、貳拾伍圓、壹佰圓七種，橫版。票面四周有花邊裝飾，四角有漢文面值，主要圖案有風景、房屋、花額，印有漢蒙文"呼倫貝爾官商錢局"、漢文"呼倫各旗"和蒙文面值、日期、印章，票背主要圖案爲寺院圖和發行説明。參閱張志中《中國紙幣》。

呼倫貝爾官商錢局紙幣

多倫縣商會紙幣

多倫縣商會於1930年經當地政府批准發行。僅見銅元兌換券貳拾枚一種，銀圓票伍圓一種，橫版。銅元券票面四周有花欄裝飾，四角有漢文大寫面值，主要圖案爲風景、花額，印有"多倫縣商會銅元兌換券""一律通行通用"字樣和面值、日期、編號及印章。銀圓票

票面四周有花欄裝飾，四角有漢文面值，主要圖案爲房屋、花額，印有"多倫縣商會"字樣和面值、日期、編號及印章。參閱張志中《中國紙幣》。

吉林樺川縣濟樺錢號紙幣

濟樺錢號於民國年間發行。僅見民國七年（1918）九月一日發行壹吊錢票一種，豎版。票面四周由外層爲花紋、內層爲文字兩部分組成花欄裝飾，花欄內有大寫漢文"壹"字，票內正上方印有"吉林樺川縣濟樺錢號"字樣，其下正中豎書"憑帖當市錢壹吊整"，左右爲發行日期、編號。參閱張志中《中國紙幣》。

吉林樺樹儲蓄銀行紙幣

樺樹儲蓄銀行於民國期間發行。僅見民國七年發行的錢帖拾吊一種，豎版。票面四周由外層爲花紋、內層爲文字兩部分組成的花欄裝飾，票內正上方印有"吉林樺樹縣儲蓄銀行"字樣，其下正中"憑票存到吉帖拾吊整"，左右爲發行日期、編號、印章。參閱張志中《中國紙幣》。

濱江商會臨時存票

濱江商會於民國年間發行。僅見壹圓、叁圓、伍圓、拾圓四種，橫版。票面四周有花欄裝飾，四角有大寫漢文面值，主要圖案風景、花額，印有"濱江商會臨時存票"字樣和面值、日期、編號和印章，其中拾圓票底紋爲阿拉伯數字面值組成。參閱張志中《中國紙幣》。

濱江商會發行臨時輔幣

濱江商會於民國年間發行。僅見半角、壹角、貳角三種，橫版。票面四周有花欄裝飾，四角有漢文大寫面值，主要圖案爲花額、建築、火車等，印有"濱江商會發行臨時輔幣""足拾

角兌換券帖壹元"字樣和面值、日期、編號、印章。參閱張志中《中國紙幣》。

同江縣金融救濟券

　　黑龍江省同江縣於民國年間發行的紙幣。有壹角、伍圓、拾圓三種，兩個版面，橫版。票面四周有花欄裝飾，四角有漢文大寫面值，主要圖案爲風景、花額，印有"同江縣金融救濟券""富銘"字樣和面值、編號等。參閱張志中《中國紙幣》。

密山縣地方金融流通券

　　黑龍江省密山縣於民國年間發行的紙幣。僅見伍圓一種，橫版。票面四周有花欄裝飾，四角有大寫漢文面值，主要圖案爲火車、花額，印有"密山縣地方金融流通券"字樣和面值、日期、編號及印章。參閱張志中《中國紙幣》。

穆陵縣地方財務處金融救濟券

　　黑龍江省穆陵縣於民國年間發行的紙幣。僅見伍圓一種，橫版。票面四周有花欄裝飾，四角有大寫漢文面值，主要圖案爲風景、銀元圖案，印有"穆陵縣地方財務處金融救濟券"字樣和面值、日期、編號及印章。參閱張志中《中國紙幣》。

雙城縣地方儲蓄銀行紙幣

　　黑龍江省雙城縣地方儲蓄銀行於民國年間發行。僅見叁吊一種，竪版。票面四周由外層爲人物、内層爲文字兩部份組成花欄裝飾，花欄中正上方有"雙城縣地方儲蓄銀行存票"，其下印有面值、日期、編號及印章。參閱張志中《中國紙幣》。

東三省軍用票

　　東三省於民國年間發行流通之軍用紙幣。僅見壹圓一種，橫版。票面四周有花欄裝飾，主要圖案爲鷹圖，印有"東三省軍用票"字樣。發行單位、數量、日期不詳。參閱張志中《中國紙幣》。

直隸省官錢局紙幣

　　直隸省官錢局於民國年間發行。該局於1921年11月成立，屬地方官辦，初期發行銅元票，僅見拾枚一種，橫版。票面四周有花欄裝飾，四角有漢文面值，主要圖案爲長城，印有"直隸省官錢局""天津"字樣和面值、日期、編號及印章。後逐漸被省直隸銀行控制，專門發行直隸省銀行銅元票，在該票上注明"直隸官錢局代發行兌現"字樣。1926年發行新版銅元票均係直隸省銀行字樣。1924年起各版由財政部印，之後隨直隸銀行一起倒閉。參閱張志中《中國紙幣》。

京兆銀錢局紙幣

　　京兆銀錢局於1926年發行。財政部設立的平市官錢局倒閉後，爲調整金融流通，京兆尹李垣命中國農工銀行呂漢雲和財政部次兼代部務夏仁虎籌辦該局，發行銅元券。該局於1926年12月14日開業，資本十二萬圓，屬官商合辦。銅元票僅見貳拾枚一種，橫版。票面四周有花欄裝飾，四角有漢文面值，主要圖案爲軍艦、花額，印有"京兆銀錢局""北京"字樣和發行日期、編號及印章。1928年京兆尹公署裁撤，呂漢雲和北平市長何其鞏商議，擬將該局官股移至北平市財政局名下，將京兆改爲北平，何不同意，遂改由河北省財政廳接受，易名爲河北銀錢局，原京兆銀錢局鈔票由河北銀錢局收回換發新鈔。參閱戴建兵《中國近代紙幣》。

北平市銀行紙幣

　　北平市銀行於1936年發行。該行於1928

年開始籌辦，因資金缺乏未開設。1935 年 11 月，由秦德純下令創辦，冀察政務委員會核准、北平市財政局撥足資金，1936 年 3 月 6 日成立理事會，定名爲北平市銀行。1936 年 3 月 14 日開業。發行銀圓券、銅元券兩種。銅元券有貳拾枚、貳拾伍枚兩種。銀圓券有貳分、貳角、壹圓、伍圓四種，橫版。僅見貳分、貳角兩種。票面四周有花欄裝飾，四角有漢文面值，主要圖案爲牌坊、塔等，印有 "北平市銀行" "每拾分兌國幣壹角" 或 "每拾角兌國幣壹圓" 字樣和面值、日期、編號及印章。該幣由財政部印製局印製，後因日本入侵華北而停發。參閱戴建兵《中國近代紙幣》。

北平市銀行紙幣（貳分）

天津市銀行紙幣

天津市銀行於 1929 年發行。因找零需要，天津市財政廳以天津市銀行籌備會議名義發行紙幣，由屠宰稅擔保，發行銀圓票十二萬圓、銅元票八萬圓。面額有壹角、貳角、伍角、拾枚、貳拾枚、伍拾枚六種。未發現實物，具體形制不詳。參閱戴建兵《中國近代紙幣》。

直隸省金庫兌換券

直隸省於民國十七年（1928）發行的金庫兌換券紙幣，有壹圓、伍圓、拾圓三種，僅見壹圓、拾圓兩種，橫版。票面四周有花欄裝飾，四角有漢文面值，主要圖案爲建築、風景，印有 "直隸省金庫兌換券" 字樣和面值、日期、編號和印章，票背印有發行説明、方形大印。由財政部印製局印。參閱張志中《中國紙幣》。

直隸省庫定期流通券

直隸省庫於民國十五年（1926）發行的定期流通券。銀圓票有壹角、貳角、壹圓、伍圓四種，竪版。票面四周有花欄裝飾，四角有漢文面值，正上方橫書 "直隸省庫定期流通券"，其下 "三月期滿憑票兌現"，票面正中竪書 "壹圓"，左右爲發行日期和編號、印章，票背印有發行説明、印章。該幣由山東官印。參閱北京錢幣學會《中國紙幣標準圖録》。

正定縣商會救濟市面兌換券

正定縣商會於民國年間發行的兌換券，僅見壹角一種，橫版。票面四周有花欄裝飾，四角有漢文面值，主要圖案有塔景，印有 "正定縣商會救濟市面兌換券" 字樣和面值、日期、編號及印章。參閱張志中《中國紙幣》。

行唐縣商界維持會金融救濟會紙幣

行唐縣商界維持會於民國年間發行。僅見貳角一種，橫版。票面四周有花欄裝飾，四角有漢文面值，主要圖案有塔景，印有 "行唐縣商界維持會金融救濟會" 字樣和面值、日期、編號及印章。參閱張志中《中國紙幣》。

河北省冀縣臨時流通券

河北省冀縣於民國年間發行。僅見壹圓一種，橫版。票面四周有花欄裝飾，四角有漢文面值，主要圖案爲閣樓、花額，印有 "河北省冀縣臨時流通券" "公私款項一律通用" 字樣和面值、日期、編號及印章。參閱張志中《中國紙幣》。

大漢銀行軍用票

大漢銀行於民國初期發行。辛亥革命後闔

錫山任山西都督，爲解決軍隊費用，將原大淸銀行山西分行改爲大漢銀行，資本白銀四十萬兩。發行銀圓票兩種版面。利用光緒三十三年兌換券加蓋"大漢銀行"行名，面額有壹圓、伍圓、拾圓三種。僅見壹圓一種，橫版。票面四周有花欄裝飾，四角有漢文面值，主要圖案有蓬蓮花額，花額中有紋龍、面值，印有滿漢文"大漢銀行兌換券""上海通用銀圓""光緒三十三年印"等字樣，蓋有"大漢銀行"印章。另一種版爲 1911 年發行，面額有壹角、貳角、伍角、壹圓、叁圓、伍圓六種，橫版。票面四周有花欄裝飾，主要圖案爲花額，印有"大漢銀行軍用票""晋省通用"和發行日期等，背面蓋矩形大紅印章，圖案精美。參閱山西錢幣學會《中國山西歷代貨幣》、丁張弓良《中國軍用鈔票史略》。

山西晋勝銀行紙幣

山西晋勝銀行於民國二年（1913）發行。該行由地方官府於 1913 年成立，資本爲洋銀十萬圓。發行銀圓票壹圓、叁圓、伍圓、拾圓四種。發行小銀圓票面額不詳。因無實物發現，具體形制不詳。參閱戴建兵《中國近代紙幣》。

綏西墾業銀號紙幣

綏西墾業銀號於 1932 年發行。太原綏靖公署爲活動金融，扶植綏西墾牧事業，於 1932 年 8 月成立該銀號，總號設在包頭市，太原、天津、綏遠設分號，資本五十萬圓。發行紙幣壹角、貳角、壹圓、伍圓四種，橫版。票面四周有花欄裝飾，四角有漢文面值，主要圖案爲城牆、牌坊、閣樓、亭等，印有"綏西墾業銀號""太原"等字樣和面值、日期，編號和印章。參閱山西錢幣學會《中國山西歷代貨幣》。

山西省省鐵兩行聯合辦事處小紙幣

山西鐵路兩行聯合辦事處於 1940 年發行。僅見貳角伍分一種，橫版。票面四周有花欄裝飾，四角有漢文面值，主要圖案爲建築圖、花額等，印有"山西省省鐵兩行聯合辦事處""專爲找零匯兌法幣"等字樣和面值、日期、編號和印章，票背面印有英文行名、面值、簽字等。參閱山西錢幣學會《中國山西歷代貨幣》。

山西省金庫兌換券

山西省金庫於民國十六年（1927）發行。僅見壹圓、貳角兩種，橫版。票面四周有花欄裝飾，四角有漢文面值，主要圖案爲亭景圖，印有"山西省金庫兌換券"字樣和面值、日期、編號及編號。參閱山西錢幣學會《中國山西歷代貨幣》。

山西省金庫兌換券（貳角）

山西省編遣欠餉定期庫券

山西省於民國期間發行。僅見伍圓一種，橫版。票面四周有花欄裝飾，四角有漢文面值，主要圖案爲城門樓，印有"山西省編遣欠餉定期庫券"字樣和面值、日期、編號。參閱山西錢幣學會《中國山西歷代貨幣》。

平遥蔚豐商業銀行紙幣

平遥蔚豐商業銀行於民國年間發行。僅見銅元票伍拾枚一種，竪版。票面四周有海水、五蝠圖組成的花欄裝飾，正上方有"平遥蔚豐商業銀行"字樣，正中印有"憑票發銅元伍拾

枚整”，左右爲發行日期和編號。參閱張志中
《中國紙幣》。

江蘇財政司南京兌換券

江蘇財政司於 1912 年發行。發行壹圓、伍
圓、拾圓三種。僅見壹圓、拾圓兩種，橫版。
票面四周有洋蓮紋花欄裝飾，四角有漢文、阿
拉伯數字面值，主要圖案爲花額，印有“江蘇
財政司南京兌換券”字樣和面值、日期、編號
及印章，票背面有花欄裝飾，印有四方形、橢
圓形、八邊形三枚印章。參閱北京錢幣學會
《中國紙幣標準圖録》。

江蘇財政廳紙幣

江蘇財政廳於 1939 年發行。僅見銅元票
壹枚、伍枚、拾枚、拾伍枚、叁拾枚五種，橫
版。票面四周有花欄裝飾，四角有漢文、阿拉
伯數字面值，主要圖案爲房屋、寶塔、花額圖，
印有“江蘇財政廳”字樣和面值、日期和印章，
票背印有行名、面值和發行説明。參閱北京錢
幣學會《中國紙幣標準圖録》。

江蘇平市官錢局紙幣

江蘇平市官錢局於 1924 年發行。僅見銅
元票拾枚、壹佰枚兩種，橫版。票面四周有花
欄裝飾，四角有漢文面值，主要圖案爲城門樓、
花額，印有“江蘇平市官錢局”“完糧納稅一律
通用”“憑票即付不挂失票”字樣和面值、日
期、編號和印章，票背印有中英文行名、阿拉
伯數字面值等。參閱北京錢幣學會《中國紙幣
標準圖録》。

徐州平市官錢局紙幣

徐州市平市官錢局於 1933 年發行。發行銀
元票壹角、貳角、伍角三種。僅見壹角、貳角
兩種，竪版。票面四周有花樣裝飾，四角有漢

文面值，主要圖案爲花額、塔景等，印有“江
蘇徐州平市官錢局”字樣和面值、日期、編號
及印章，票背印有英文行名、阿拉伯數字面值。
參閱北京錢幣學會《中國紙幣標準圖録》、張志
中《中國紙幣》。

鎮江縣商會臨時分幣券

鎮江縣商會於民國期間發行。僅見壹分一
種，橫版。票面四周有花欄裝飾，四角有漢文
面值，主要圖案爲房屋、花額，印有“鎮江縣
商會臨時分幣券”字樣和面值、日期、編號及
印章。參閱張志中《中國紙幣》。

揚州和大銀行紙幣

揚州和大銀行於民國年間發行。僅見伍圓
一種，橫版。票面四周有花欄裝飾，四角有漢
文面值，主要圖案爲雙龍戲珠、花額，印有
“揚州和大銀行”字樣和面值、日期、編號及印
章等。參閱張志中《中國紙幣》。

浙江軍政府軍用票

浙江軍政府於 1911 年發行。浙江軍政府於
1911 年 11 月 4 日成立，湯壽潛爲都督。爲籌
集軍餉，在上海印製發行軍用鈔票。僅見壹圓
一種，橫版。票面四周有花欄裝飾，四角有漢
文面值，主要圖案爲花額、岳飛像，印有“浙
江軍政府軍用票”字樣和面值、日期，票背有
發行通告。參閱張志中《中國紙幣》、丁張弓良
《中國軍用鈔票史略》。

浙江省軍用票

浙江省於民國年間發行。僅見壹圓一種，
橫版。票面四周有花欄裝飾，四角有漢文面值，
主要圖案爲建築圖、花額，印有“浙江軍用票”
字樣和面值、日期、編號及印章。參閱張志中
《中國紙幣》。

六安縣地方銀號紙幣

江蘇六安縣地方銀號於 1930 年發行。僅見壹角、壹圓兩種,橫版。票面四角有花欄裝飾,四角有漢文面值,主要圖案有塔景、樓塔景。壹角票印有英、漢文"六安縣地方銀號"字樣、面值、日期、編號和印章,由漢字面值組成底紋。壹圓票背面印有英文行名、面值。參閱北京錢幣學會《中國紙幣標準圖錄》。

皖蕪軍政分府理財部軍用鈔票

皖蕪軍政分府於 1912 年發行。該府成立於 1912 年 1 月 10 日,柏文蔚爲都督。二次革命時,又兼討袁總司令。爲解決軍政費用,發行軍用鈔票壹圓一種,橫版。票面四周有花欄裝飾,主要圖案花額,印有"皖蕪軍政分府理財部軍用鈔票"字樣和面值、日期、編號。參閱張志中《中國紙幣》。

安徽全省軍用券

安徽省於民國八年(1919)發行。僅見壹圓一種,橫版。票面四周有花欄裝飾,四角有漢文、阿拉伯數字面值,主要圖案爲麥穗、旗子,印有"安徽全省軍用券"字樣和面值、日期、印章。參閱張志中《中國紙幣》。

福建東南銀行紙幣

福建東南銀行於 1928 年發行。該行由福建財政廳、建設廳准照股份公司備案,於 1928 年 7 月成立,資本一百萬元。發行銀圓票壹圓、伍圓兩種,橫版。票面四周有花欄裝飾,主要圖案爲公園景色、房屋圖,印有"福建東南銀行"字樣和面值、日期、編號及印章。參閱北京錢幣學會《中國紙幣標準圖錄》。

東興匯兌局紙幣

福建東興匯兌局於民國年間發行。僅見伍角一種,橫版。票面四周有花欄裝飾,四角有漢文面值,主要圖案爲建築物,印有"東興匯兌局"字樣和面值、日期、編號及印章。參閱張志中《中國紙幣》。

久大匯兌局紙幣

福建久大匯兌局於民國年間發行。僅見伍角一種,橫版。票面四周有花欄裝飾,四角有漢文面值,主要圖案爲亭景,印有"久大匯兌局"字樣和面值、日期、編號及印章。

莆仙源匯兌局紙幣

莆仙源匯兌局於民國年間發行。僅見貳角一種,橫版。票面四周有花欄裝飾,四角有漢文面值,主要圖案爲建築物,印有"莆仙源匯兌局"字樣和面值、日期、編號及印章。1935 年 9 月,國民黨政府財政部以該行未要財政部注冊爲名令其停辦。1936 年 1 月,該行鈔票以五成兌換法幣,後改爲七成二兌收。

江西儲蓄銀行紙幣

江西儲蓄銀行於 1912 年發行。該行成立於 1912 年 8 月,資本五萬元,由江西民國銀行撥付,發行鈔票。初期經營尚好,1916 年停業。因未發現實物,具體形制不詳。參閱戴建兵《中國近代紙幣》。

江西勸業銀行紙幣

江西勸業銀行於 1912 年發行。該行成立於 1912 年,資本二十萬圓,實收資本六萬圓。1916 年因放款收回困難而停業。因未見紙幣實物,具體形制不詳。參閱戴建兵《中國近代紙幣》。

江西官銀錢號紙幣

江西官銀錢號於民國十二年(1923)發行。該號成立於 1923 年 11 月。發行紙幣有銅元票、銀元票兩種。銅元票有壹枚、拾枚、百枚三種。銀元票有壹角、貳角、伍角、壹圓、伍圓五種。銅元票僅見拾枚一種，四周有花欄裝飾，四角有漢文面值，主要圖案爲風景，印有"江西官銀錢號銅元兌換券"字樣和面值、日期、編號及印章。參閱張志中《中國紙幣》。

江西公共銀行紙幣

江西公共銀行於民國十二年（1923）發行。該行成立於1923年，由江西善後討論會發起，官督商辦。資本一百萬圓，實收資本五十萬圓，總行設在南昌市。發行銅元票、銀圓票兩種。銅元票有拾枚、壹百枚兩種。銀圓票有壹圓、伍圓、拾圓三種。信用尚好。因未見實物，具體形制不詳。1925年因物價上漲，幣值日跌，經營虧損，其官股部分并入江西銀行。1926年停業。參閱戴建兵《中國近代紙幣》。

江西平市官錢局紙幣

江西平市官錢局於民國十六年（1927）發行的紙幣。該局成立於1927年，發行銅元票有拾枚、貳拾枚、壹佰枚三種，兩次發行計六十四萬吊，約合二十萬圓。因政局不穩，紙幣發行混亂，信用不好，遭多次擠兌，被迫於1927年11月停業，委托江西裕民銀行代兌，1928年將收回紙幣全部銷毀并公布作廢。參閱戴建兵《中國近代紙幣》。

南昌市立銀行紙幣

江西南昌市立銀行於1929年發行的紙幣。該行成立於1929年2月1日，總行設在南昌市，屬官商合辦，資本定額一百萬圓。發行銅元票和銀元票。銅元票有拾枚、伍拾枚、壹百枚三種。僅見面額拾枚一種，橫版。票面四周有花欄裝飾，四角有漢文面值、日期，主要圖案爲房景、花額，印有"南昌市立銀行"字樣和面值、日期、編號及印章。該行遷至吉安後，發行拾枚券，印有"江西""吉安"字樣，主要圖案爲閣樓。銀元票面額有伍分一種，票面四周有花欄裝飾，四角有漢文面值，主要圖案爲田景，印有"南昌市立銀行"字樣和面值、日期、編號及印章。1939年日本侵占南昌市，該行遷往吉安。1946年遷回南昌市復業。1937年止發行二百四十萬餘元。1941年停業。參閱張志中《中國紙幣》。

江西財政廳有利流通券

江西財政廳於民國年間發行。僅見壹圓一種，橫版。票面四周有花欄裝飾，四角有漢文面值，主要圖案爲亭景、花額，印有"江西財政廳有利流通券"字樣和日期、編號、印章。參閱張志中《中國紙幣》。

贛省暫行軍用手票

江西省於民國十一年（1922）發行的軍用票。僅見壹圓一種，橫版。票面四周有花欄裝飾，四角有漢文面值，主要圖案爲三枚印章，印有"贛省暫行軍用手票"字樣和面值、日期、編號、印章。參閱張志中《中國紙幣》。

興國地方臨時流通券

江西興國縣於民國年間發行。僅見壹圓一種，橫版。票面四周有花欄裝飾，四角有漢文面值，主要圖案爲天壇，花額，印有"興國地方臨時流通券"字樣和日期、編號、印章。參閱張志中《中國紙幣》。

永豐第五區善後臨時流通券

永豐第五區於民國年間發行。僅見拾枚一種，橫版。票面四周有花欄裝飾，四角有漢文面值，主要圖案有天壇圖、花額，印有"永豐第五區善後流通券"字樣和面值、日期、編號、印章。參閱張志中《中國紙幣》。

青島地方銀行紙幣

　　青島地方銀行於 1924 年發行。該行成立於 1924 年。由吳佩孚指令膠澳商埠督辦高洪恩創建。資本七十五萬圓，發行有銅元券、銀圓票兩種。銅元券拾枚、叄拾枚、伍拾枚、壹佰枚四種，由財政部錢制局印製，加蓋地名。因未見實物，具體形制不詳。銀圓票壹圓、伍圓、拾圓三種。僅見票樣壹圓一種，橫版。票面四周有花欄裝飾，四角有漢文面值，主要圖案爲紀念碑圖、花額，印有"青島地方銀行"字樣和面值、日期、編號及印章。第二次直奉戰爭後，張宗昌主張將該行改爲山東省銀行青島分行。1926 年青島又成立了一個商辦的青島地方銀行，呈准發行銅元票，印製後沒有發行。1933 年清理該行，將銅元票加蓋"青島市農工銀行"行名發行。七七事變後該行停業。參閱北京錢幣學會《中國紙幣標準圖錄》。

山東省金庫券

　　山東省於民國十五年（1926）發行的紙幣。面額有壹角、貳角、壹圓、伍圓、拾圓五種。僅見壹圓、伍圓、拾圓三種，橫版。票面四周有花欄裝飾，四角有漢文面值，主要圖案爲耕作、閣樓、花額，印有"山東省金庫券""中華民國十五年"字樣和面值、編號及印章，加蓋

山東省金庫券（壹圓）

"民國拾柒年柒月柒日兌現"文字説明，票背面有發行説明，大方紅印章和張宗昌簽名等。由山東官印刷局印製。參閱北京錢幣學會《中國紙幣標準圖錄》。

山東省金庫兌換券

　　山東省於民國年間發行的紙幣。僅見未流通伍圓一種，橫版。票面四周有花欄裝飾，四角有漢文面值，主要圖案爲花額，印有"山東省金庫兌換券"字樣和日期、編號、印章。參閱張志中《中國紙幣》。

山東省庫券

　　山東省於民國年間發行的紙幣。有壹圓、伍圓、拾圓三種，僅見未流通伍圓一種，橫版。票面四周有花欄裝飾，四角有漢文面值，主要圖案爲建築圖、花額，印有"山東省庫券"字樣和日期、編號、印章。參閱張志中《中國紙幣》。

直魯省軍用券

　　民國年間發行。有壹角、貳角、伍角、壹圓四種，橫版。票面四周有花欄裝飾，四角有漢文面值，主要圖案爲戰士紀念亭，印有竪書"直魯省軍用券"字樣和面值、編號及印章，票背有英文行名、面值。參閱北京錢幣學會《中國紙幣標準圖錄》。

山東省軍用票

　　山東省於民國十五年（1926）發行。面額

山東省軍用票（壹圓）

有壹角、貳角、伍角、壹圓、伍圓、拾圓六種，三個版面，橫版。票面四周有花欄裝飾，四角有漢文面值，主要圖案爲長城、城門、牌坊等，印有"山東省軍用票"字樣和面值、編號及印章，票背印有英文行名等。參閲張志中《中國紙幣》。

濟南同豐銀號紙幣

濟南同豐銀號於民國年間發行。僅見銅元票壹吊一種，豎版。票面四周有花欄裝飾，票内正上方橫書"濟南同豐銀號"，其下正中豎書"憑票發忚京錢壹吊整"，左右爲發行日期、編號及説明，蓋有發行印章等。參閲張志中《中國紙幣》。

烟臺商會臨時維持金融券

烟臺商會於民國年間發行的紙幣。僅見壹角、壹圓兩種，橫版。票面四周有花欄裝飾，四角有漢文面值，主要圖案爲閣樓、花額，印有"烟臺商會臨時維持金融券"字樣和面值、日期、編號及印章。參閲張志中《中國紙幣》。

烟臺市銀錢局紙幣

烟臺市銀錢局於民國二十七年（1938）發行的紙幣。僅見壹圓一種，橫版。票面四周有花欄裝飾，四角有漢文面值，杏黃色，主要圖案爲閣樓、花額，印有"烟臺市銀錢局"字樣和面值、紅色編號及印章，票背主要圖案爲建築，印有"完糧納稅一律通用"和發行日期。該幣四色套印，印製精美。

寧津縣財務局錢票

山東寧津縣財務局於民國年間發行。僅見未流通之叁吊一種，豎版。票面四周由内層爲八仙人物圖、阿拉伯數字面值，外層爲花紋兩部分組成，花欄裝飾，四角有漢方面值，正上方橫印"寧津縣財務局"，其下豎印面值、日期、編號等，票右邊有騎縫編號，票背主要圖案爲農舍，印有英文發行名稱等。

河南省金庫流通券

河南省金庫於民國年間發行。僅見加蓋壹圓一種，豎版。利用河南豫泉官銀錢局紙幣加蓋"河南財政廳"大方印。參閲北京錢幣學會《中國紙幣標準圖録》。

河南省臨時軍用票

河南省於民國年間發行的加蓋臨時軍用票。1923年豫泉官銀錢局改組爲河南省銀行。行址設在開封市，天津、青島、徐州設分行，資本額伍佰萬圓。發行壹圓、伍圓、拾圓三種。僅見伍圓、拾圓兩種。利用原河南省銀行1923年版紙幣，加蓋"河南"兩字，票背加蓋"臨時軍用"銘文及"河南省印"紅色大方印章。該幣信譽極好。1927年國民革命軍由武漢北上，該行停業。參閲北京錢幣學會《中國紙幣標準圖録》。

河南興業銀行紙幣

河南興業銀行於1927年發行。該行由吳佩孚、陳向元發起，於1927年2月開業，發行鈔票。在北伐戰爭中，吳佩孚在湖北汀橋等地被北伐軍打敗，退守河南。1927年3月奉系軍閥張作霖以"援吳"爲名，令張學良南下，迅速占領鄭州、開封、洛陽，吳佩孚逃往西安，該行隨之停業。因未見實物，具體形制不詳。參閲戴建兵《中國近代紙幣》。

鄂州興業銀行紙幣

鄂州興業銀行於民國元年（1912）發行。該行成立於1912年4月，行址設在漢口市，屬官商合辦。初名"元洪銀行"，1912年7月黎元洪下令改名。1913 年 12 月還官股銀三萬兩，改爲商辦，發行紙幣。因未見實物，具體形制不詳。參閱戴建兵《中國近代紙幣》。

湖南儲蓄銀行紙幣

湖南儲蓄銀行於民國元年（1912）發行。該行由湖南銀行撥資，於 1912 年 10 開辦，屬地方官辦，行址在長沙。資本長平銀二十萬兩，存戶達三萬，存款約五百萬圓。1918 年隨湖南銀行倒閉而停業。因未見實物，具體形制不詳。參閱戴建兵《中國近代紙幣》。

湖南通商銀行紙幣

湖南通商銀行於民國十年（1921）發行。1920 年 11 月 23 日，湖南發生政變，趙恒惕趕走譚延闓，湖南金融業全部停業，爲解決金融流通問題，由湖南總商會發起，於 1921 年 1 月 14 日成立該行，資本定爲一百萬圓。實際籌款四十萬圓。發行銅元票、銀圓票兩種。銅元票有貳拾枚、叁拾枚、壹佰枚三種，銀圓票有壹圓、伍圓兩種，合計發行約三百萬圓。由於該行紙幣爲不兌現紙幣，信譽差，不久即停業。參閱戴建兵《中國近代紙幣》。

湖南通商銀行紙幣（貳拾枚）

湘西農民銀行紙幣

湘西農民銀行於民國二十一年（1932）發行。該行成立於 1932 年 9 月 11 日，行址設在鳳凰縣城道門口，湘西十一個縣均設代辦處。資本額六十萬圓，官商合辦，其中官股三十萬圓，十一個縣籌股三十萬圓。實際僅籌到一半。經湘西地方當局特許發行紙幣，發行銀元票面額有壹角、叁角、壹圓三種，發行額三十萬圓。因未發現實物，具體形制不詳。參閱戴建兵《中國近代紙幣》。

湖南財政廳紙幣

湖南財政廳於 1920 年至 1936 年發行。面額有壹圓、伍圓、拾圓三種，七種版別。該幣爲無記名債券流通券，由湖南官紙務局印製。因未見實物，具體形制不詳。參閱北京錢幣學會《中國紙幣標準圖錄》。

湖南定期有利金庫證券

湖南省於 1920 年發行。面額僅見壹圓、伍圓、拾圓三種，橫版。票面四周有花欄裝飾，花欄正上方中有發行第八期編號，四角有漢文面值，印有"湖南定期有利金庫證券"字樣、面值、日期、編號和簽名、印章，底紋由漢文面值和留白"金庫證券"組成，票背有發行説明和"湖南財政"大方印章。參閱北京錢幣學會《中國紙幣標準圖錄》。

湖南省短期庫券

湖南省於民國年間發行。僅見壹圓一種。票面四周有花欄裝飾，四角有漢文面值，主要圖案爲亭景，印有"湖南省短期庫券"字樣和面值、日期、編號及簽名、印章。該紙幣爲湖南官紙幣局印製。參閱張志中《中國紙幣》。

湖南省金庫券

湖南省金庫於 1926 年至 1927 年發行，有壹圓、伍圓、拾圓三種。因未見實物，具體形制不詳。參閱北京錢幣學會《中國紙幣標準圖錄》。

長沙市銀行紙幣

長沙市銀行於 1928 年發行。發行銀圓票壹圓、伍圓、拾圓三種，橫版。未見實物，具體形制不詳。輔幣券僅見伍分一種，橫版。票面四周有花欄裝飾，四角有漢文面值，主要圖案有建築圖、花額等，有"長沙市銀行""湖南"字樣和面值、日期、編號及印章。參閱張志中《中國紙幣》。

湘潭縣銀行紙幣

湘潭縣銀行於民國年間發行。僅見壹角一種，豎版。票面四周有花欄裝飾，四角有漢文面值，正上方橫書"湘潭縣銀行"，下方豎書"憑兌銀幣壹角"字樣，印有發行日期、編號及印章。參閱張志中《中國紙幣》。

湘潭縣銀行紙幣（壹角）

湘潭商會錢票

湘潭商會於民國年間發行。僅見貳拾文、伍拾文兩種，橫版。票面四周有花欄裝飾，四

湘潭商會錢票（貳拾文）

角有漢文面值，主要圖案爲風景、建築圖，印有"湘潭商會"字樣和面值、日期、編號及印章。參閱張志中《中國紙幣》。

常德財產管理處流通券

常德財產管理處於民國年間發行。僅見伍串一種，橫版。票面四周有花欄裝飾，四周有漢文面值，主要圖案爲人物圖，印有"常德財産管理處流通券"字樣和面值、日期、編號及印章。參閱張志中《中國紙幣》。

廣州市市立銀行紙幣

廣州市市立銀行於民國十六年（1927）發行的紙幣。該行成立於 1927 年 10 月 10 日，資本三十萬圓，1935 年增資至三百萬圓，1928 年 3 月 10 日開始發行紙幣，有憑票和銀毫票兩種。憑票有壹毫、伍毫、壹圓、伍圓、拾圓、伍拾圓、壹佰圓七種。銀毫票有壹毫、貳毫、壹圓、伍圓、拾圓、伍拾圓六種。憑票僅見壹毫一種，豎版。票面四周有花欄裝飾，四角漢文面值，正上方橫書"廣州市市立銀行銀幣兌換券"字樣，其下爲花額、紋章、簽字、印章等，票背印有英文行名、編號、面值，主要圖案爲孫中山肖像。1931 年英國華德路有限公司印製的銀毫票，僅見壹毫一種，橫版。票面四周有花欄裝飾，四角有漢文面值，主要圖案爲建築物、花額，印有"廣州市市立銀行"字樣和面值、日期、編號及印章，票背印有英文行名、編號、面值，主要圖案爲孫中山肖像。1931 年版美國鈔票公司印製的銀毫票，僅見拾圓一種，正面豎版，票面四周有花欄裝飾，四角有漢文面值，主要圖案爲花額，正上方橫書"廣州市市立銀行"，其下左右側分別印有"中華民國二十年七月一日發""憑票即付""持票人通用銀毫"等字樣和面值、簽字及印章，背面爲橫版，有英文行名、面值及編號，主要圖案爲孫中山肖像。1932 年英國華德路有限公司印製的壹圓銀毫票與美國鈔票公司 1931 年印製的基本相同。其他面額紙幣，均竪版。四周有花欄裝飾，正上方橫書"廣州市市立銀行"，其下爲花額，主要圖案有孫中山像、紀念牌、五層樓、中山紀念堂、花額，左右兩側印有發行說明、簽字及印章，發行日期在下部花欄框中，票背面均橫版，印有英文行名、面值、編號，正中有孫中山肖像。1937 年 6 月 21 日，財政部下令將該行紙幣收回。1938 年該行紙幣由中央、中國交通銀行以國幣陸續收兌銷毀，隨之該行停業。參閱北京錢幣學會《中國紙幣標準圖錄》。

揭陽縣臨時輔幣維持委員會臨時輔幣流通券

廣東揭陽縣臨時輔幣維持委員會於民國二十七年（1938）發行。僅見伍角一種，橫版。票面四周有花欄裝飾，四角有漢文面值，主要圖案爲鼓樓圖景，印有"揭陽縣臨時輔幣維持委員會臨時輔幣流通券"字樣和面值、日期、編號及印章，票背主要圖案爲村景。參閱肖茂盛等《廣東歷代貨幣圖集》。

廣西省金庫庫券

廣西省金庫於 1923 年至 1936 年發行。有壹圓、伍圓、拾圓三種。僅見壹圓、拾圓兩種，竪版。面票四周有花欄裝飾，四角有漢文面值，主要圖案爲國民黨國徽、廣西省政府大廈、花額等，印有"廣西省金庫""南寧"或"梧州"地名及"廣西省金庫國幣庫券"字樣和面值、日期、編號及印章。壹圓票背面印有建築物圖、

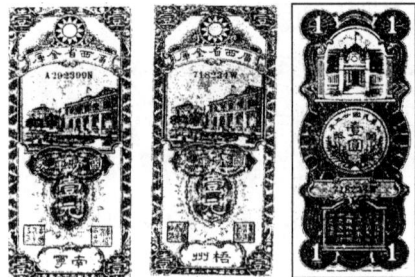

廣西省金庫庫券（壹圓）

銀圓圖和發行說明。該幣由英國華德路有限公司印製。參閱張志中《中國紙幣》、北京錢幣學會《中國紙幣標準圖錄》。

廣西軍用鈔票

廣西省於民國年間發行。僅見壹圓一種，三種版面，竪版。票面四周有花欄裝飾，四角有漢文面值，主要圖案爲花額，印有"廣西軍用鈔票""民國十一年五月發行"字樣和面值、發行說明及印章，票面左邊有騎縫編號及印章。參閱張志中《中國紙幣》。

桂林地方銀行紙幣

桂林地方銀行於民國年間發行。僅見壹圓、貳圓兩種，橫版。票面四周有花欄裝飾，四角有漢文面值，主要圖案爲花額，印有"桂林地方銀行"字樣和面值、日期、發行說明及印章。參閱張志中《中國紙幣》。

桂林地方銀行紙幣（貳圓）

華川銀行紙幣

華川銀行於 1911 年發行。辛亥革命初，四川建立了軍政府，爲解決軍政費用，於 1911

年在重慶創立了華川銀行，發行紙幣。因資料不全，具體情況不詳。1912 年 11 月，該行并入浚川源銀行。參閲戴建兵《中國近代紙幣》。

利用官錢莊紙幣

利用官錢莊於 1912 年發行的銅元票。爲找零需要，於 1912 年 4 月成立該錢莊，隸屬四川銀行，下設八個分莊。發行銅元票有壹佰文、貳佰文、伍佰文三種，總額一百二十四萬餘串，一串可兌換軍用票一圓。1914 年總莊并入浚川源銀行後停業。未見實物，具體形制不詳。參閲戴建兵《中國近代紙幣》。

成都公濟錢莊紙幣

成都公濟錢莊於 1923 年發行的銅元票。因四川省銀號紙幣商民不樂使用，劉成勛又命商會創立該錢莊，發行銅元票。該票壹佰文、貳佰文、伍佰文三種，橫版。票面四周有花欄裝飾，主要圖案爲花額、風景圖，印有"成都公濟錢莊""今收到""銅元執照""右款無息隨時交付"字樣和面值、日期、編號及印章。貳佰文面額底紋有留白空心字"公濟錢莊"。票背有發行說明，伍佰文票背面爲閣樓照片。參閲高文、袁愈高《四川近代紙幣圖録》。

重慶市民銀行紙幣

重慶市民銀行於 1931 年發行。該行成立於 1931 年 1 月 5 日。行址設在重慶市狀元橋，資本五十萬圓，實收資本十二萬圓，屬官商合辦。發行紙幣壹角、貳角、伍角、壹圓、伍圓、拾圓六種，流通於四川五十二個市縣。發行最多時達一百三十萬圓。1934 年 8 月改爲重慶市銀行，該幣由大東書局印製。未見實物，具體形制不詳。參閲高文、袁愈高《四川近代紙幣圖録》。

四川省政府建設庫券

四川省政府於 1936 年發行。面額有伍拾元、壹佰元兩種。票面正面主要圖案爲建築物，背面加蓋中國農民銀行發行字樣。未見實物，具體形制不詳。參閲北京錢幣學會《中國紙幣標準圖録》。

天府儲蓄銀行紙幣

天府儲蓄銀行於民國十七年（1928）發行。僅見壹圓一種，竪版。票面四周有花欄裝飾，四角有漢文面值，主要圖案花額，正上方橫書"天府儲蓄銀行"，其下印有面值、編號及發行日期、印章等。參閲張志中《中國紙幣》。

國民革命軍二十一軍短期公債保證券

國民革命軍二十一軍於民國年間發行。僅見壹圓一種，橫版。票面四周無花欄裝飾，四角有漢文面值，主要圖案爲花額，花額中印有"國民革命二十一軍短期公債保證券"字樣，無發行日期、編號。參閲高文、袁愈高《四川近現代紙幣圖録》。

國民革命軍二十一軍臨時軍費籌備處借墊券

國民革命軍二十一軍於民國十八年（1929）發行。僅見壹拾圓一種，竪版。票面四周有花欄裝飾，四角有漢文面值，主要圖案爲花額，正上方橫書"國民革命軍二十一軍臨時軍費籌備處借墊券"字樣，其下方竪書發行條例、面值、日期，大方紅色印章，右邊有騎縫編號、印章。參閲高文、袁愈高《四川近現代紙幣圖録》。

川陝邊防督辦署臨時軍費借墊券

川陝邊防督辦署於民國二十二年（1933）在達縣發行。僅見壹圓、伍圓兩種，橫版。票面四周有花欄裝飾，四角有漢文面值，主要

川陝邊防督辦署臨時軍費借墊券（壹圓）

圖案爲花額，印有"川陝邊防督辦署臨時軍費""借墊券"字樣和面值、編號、督辦印章、達縣地名，還有"寒"或"金"字，票背印有發行條例。參閱高文、袁愈高《四川近代紙幣圖錄》。

江北縣糧稅借墊券

四川省江北縣於民國二十七年（1938）發行的糧稅借墊券。僅見壹圓一種，竪版。票面四周有花欄裝飾，四角有漢文面值，正上方橫書"江北縣糧稅壹圓借墊券"字樣，其下印有發行說明、日期及五個大紅印章，右邊有騎縫編號。參閱高文、袁愈高《四川近現代紙幣圖錄》。

成都市市政公所銅元票

成都市市政公所於民國十三年（1924）在成都發行。僅見銅元票壹枚兩種，橫版。票面四周有花欄裝飾，主要圖案爲花額，印有"成都市市政公所發行""兌換當拾銅元壹枚"或"兌換當貳拾銅元壹枚"字樣和發行編號、印

成都市市政公所銅元票（壹枚）

章，背面印有發行說明。參閱高文、袁愈高《四川近現代紙幣圖錄》。

重慶市政公所兌換券

重慶市政公所於民國十三年（1924）在重慶發行。僅見拾文、伍拾文兩種，橫版。票面四周有花欄裝飾，四角分別有"市""政""公""所"四字，主要圖案爲花額，印有"重慶市政公所兌換券"字樣和面值、編號、印章，背面有發行說明及大型印章。參閱高文、袁愈高《四川近現代紙幣圖錄》。

簡陽縣錢券

四川省簡陽縣於民國十二年（1923）發行。僅見未流通壹佰文一種，橫版。票面四周由銅錢組成花欄裝飾，四角有漢文面值，印有"合制錢壹佰文"字樣和發行日期、編號，有"簡陽縣印"大紅方印和"縣商會章"等。參閱高文、袁愈高《四川近現代紙幣圖錄》。

涪陵縣臨時兌換券

四川省涪陵縣於民國十七年（1928）發行。僅見未流通壹圓一種，竪版。票面四周有花欄裝飾，四角有漢文面值，正上方橫書"涪陵""臨時兌換券"，其下方印有"計兌銀洋壹圓整"字樣，背面印有發行說明。參閱高文、袁愈高《四川近現代紙幣圖錄》。

南江縣銅元流通券

四川省南江縣政府於民國年間發行的銅元票。僅見未流通壹仟文、伍仟文兩種，竪版。票面四周有花欄裝飾，四角有漢文面值，正上方橫書"銅元流通券"，中間爲面值，其下爲"南江縣政府製發"等字樣。參閱高文、袁愈高《四川近現代紙幣圖錄》。

宜賓縣墊款執票

四川省宜賓縣於民國十七年（1928）發行。僅見壹圓一種，竪版。票面四周有花欄裝飾，正上方横書"執票"兩字，票面印有發行布告及面值、日期、印章，票右邊有騎縫編號、印章。參閲高文、袁愈高《四川近現代紙幣圖録》。

瀘縣衣錦鎮團務臨時錢票

四川瀘縣衣錦鎮團務於民國十四年（1925）二月發行的臨時錢票。面額有壹釧（即壹仟）、伍佰、貳佰文三種。現僅見壹仟文一種，横版。票面四周有花欄裝飾，四角有漢文"壹"字，主要圖案爲花額，印有"瀘縣衣錦鎮團務臨時錢票"字樣和面值、日期、編號、簽名及印章，票背有發行説明。參閲高文、袁愈高《四川近現代紙幣圖録》。

雙流縣教育局現款券

四川雙流縣教育局於民國年間發行。僅見壹圓一種，横版。票面四周有花欄裝飾，四角有阿拉伯數字面值，主要圖案爲花額，印有"雙流""教育局現款券"字樣和面值、編號等，票背有發行説明。參閲高文、袁愈高《四川近現代紙幣圖録》。

貴州省政府總金庫金庫券

貴州省政府總金庫於民國十九年（1930）發行。有壹拾圓、伍拾圓、壹佰圓三種。僅見壹拾圓、伍拾圓兩種，横版。票面四周有花欄裝飾，四角有漢文面值，印有"貴州省政府總金庫金庫券"字樣和面值、日期、方形大紅印章，背面有發行説明。參閲北京錢幣學會《中國紙幣標準圖録》。

貴州省公署定期有利兑券

貴州省公署於民國年間發行。僅見拾圓一種，竪版。票面四周有花欄裝飾，四角有阿拉伯數字面值，主要圖案爲花額，正上方横書"貴州省公署定期有利兑券"字樣，其下印有面值及英文發行名稱等。參閲張志中《中國紙幣》。

貴州省財政廳籌餉局定期兑换券

貴州省財政廳籌餉局於民國十四年（1925）發行。有壹圓、伍圓、拾圓三種，横版。票面四周有花欄裝飾，四角有阿拉伯數字面值，印有"貴州財政廳籌餉局定期兑换券"字樣和面值、日期、編號及印章。參閲張志中《中國紙幣》。

貴州財政廳籌餉局定期兑换券（壹圓）

雲南全省公錢局紙幣

雲南全省公錢局於 1911 年發行。1911 年 10 月 30 日，蔡鍔領導了雲南反清起義，并成立軍都督府。爲擴大戰果，發動了"援川""援黔"等戰争，耗資繁浩，省庫空虚，爲解決龐大的軍政費用問題，於 1911 年籌設該局，局址設在昆明，并在昭通、蒙自、個舊、思茅、騰越等地設分局，資本一百萬圓。發行銀兩票和錢票。1912 年 2 月 9 日改組爲雲南富滇銀行。因未見實物，具體形制不詳。參閲戴建兵《中國近代紙幣》。

雲南靖國軍軍用銀行兌換券

雲南靖國軍軍用銀行於民國年間發行。僅見壹圓、伍圓、拾圓三種，橫版。票面四周有花欄裝飾，四角有漢文面值，主要圖案爲花額，印有"雲南靖國軍軍用銀行兌換券"字樣和發行面值、日期、編號和印章。參閱張志中《中國紙幣》。

雲南省銀行銀圓定額本票

雲南省銀行於民國三十八年（1949）發行的銀圓本票。僅見壹拾圓、貳拾圓、伍拾圓、壹佰圓四種，豎版。票面四周有花欄裝飾，四角有阿拉伯數字、漢文面值，正上方橫書"雲南省銀行銀圓定額本票"字樣，其下印有發行編號、面值、日期、簽字、印章，左邊有騎縫編號和印章。參閱張志中《中國紙幣》。

雲南省銀行銀圓定額本票（壹拾圓）

西北銀行西安分行紙幣

西北銀行西安分行於 1928 年發行。1924 年馮玉祥設立西北銀行，總行設在張家口。1927 年馮玉祥主持西安政務，接管富秦銀行并改爲西北銀行西安分行，次年發行紙幣，代

西北銀行西安分行紙幣（壹圓）

理省庫，成爲陝省唯一紙幣發行機關。發行壹角、貳角、壹圓、伍圓、拾圓五種。角票由上海協順印刷公司印製，圓票由財政部印刷局印製。1929 年 5 月停業。參閱戴建兵《中國近代紙幣》。

陝北地方實業銀行紙幣

陝北地方實業銀行於民國十九年（1930）發行。該行由國民黨八十六師師長井岳秀招集二十三個縣的鄉紳開會，於 1930 年 12 月開業，總行行址在榆林，井岳秀任董事長。資本五十萬元，實收六萬餘圓。發行銀元票、銅元票兩種。銀元票壹角、貳角、壹圓、伍圓四種，僅見壹圓一種，橫版。票面四周有花欄裝飾，四角有漢文面值，主要圖案爲風景、花額，印有"陝北地方實業銀行""榆林"字樣和面值、日期、編號及印章。銅元票有拾枚、貳拾枚、伍拾枚三種。該票由榆林印製。銅元票未見實物，具體形制不詳。1936 年 2 月井死後，該行由於經營不善，發生擠兌而每况愈下，1944 年陝西省銀行責令其停業清理。參閱戴建兵《中國近代紙幣》。

陝西庫券

陝西省於民國十九年（1930）發行的紙幣。僅見拾圓一種，橫版。票四周有花欄、四角有漢文面值，主要圖案爲花額、印有"陝西庫券"字樣和發行面值、日期、期號、印章。參閱張志中《中國紙幣》。

陝西財政廳軍用鈔票

陝西財政廳於民國年間發行的紙幣。僅見壹兩一種，橫版。票面四周有花欄裝飾，四角有漢文面值，印有"陝西財政廳發行軍用鈔票""議平銀壹兩"字樣和發行日期、編號及印

章。參閱張志中《中國紙幣》。

西北銀行甘肅分行紙幣

西北銀行甘肅分行於 1927 年至 1931 年發行。該行爲馮玉祥的軍事銀行，隨軍遷移。於 1927 年 9 月在甘肅設立，12 月在蘭州設分行，在天水、平凉、肅州、酒泉、甘州（張掖）、凉州、西寧、寧夏設辦事處。發行銀元票、銅元票兩種。銀元票壹角、貳角、伍角、壹圓、伍圓、拾圓六種，發行額達三百五十萬圓。因未見實物，具體形制不詳。銅元票僅見貳拾枚一種。票面同西北銀行紙幣，加蓋甘肅地名。參閱戴建兵《中國近代紙幣》。

富隴銀行紙幣

富隴銀行於 1931 年發行。該行由甘肅省於 1931 年將原西北銀行改組而成，資本一百五十萬圓。采用董事會制管理，將原西北銀行紙幣加蓋富隴銀行戳記發行，見有壹角、貳角、壹圓、伍圓、拾圓五種，發行額達三百六十萬圓。1932 年 3 月因陝軍入甘，該行停辦，其發行紙幣由財政部以每圓作價一角五分收兌後銷毀。參閱戴建兵《中國近代紙幣》。

隴東銀號紙幣

隴東銀號於 1924 年發行。該號由隴東鎮守

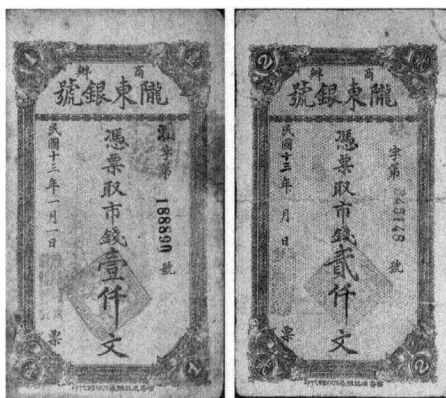

隴東銀號紙幣（壹仟文、貳仟文）

使張兆押於 1924 年創立，號址設在平凉。發行制錢票壹仟文、貳仟文、銀圓票壹圓。制錢票豎版，銀圓票橫版。銀圓票票面中間有花欄裝飾，四角有漢文面值，主要圖案有塔景，印有"隴東銀號"字號和面值、日期等。參閱戴建兵《中國近代紙幣》。

隴南鎮守使署糧餉局紙幣

隴南鎮守使署糧餉局於 1921 年至 1924 年在隴南地區發行。該局由隴南鎮守使孔繁錦於 1921 年設立，發行紙幣，面額有壹仟文、貳仟文、叁仟文三種，豎版，票背有發行布告等。因未見實物，形制不詳。參閱戴建兵《中國近代紙幣》。

隴南實業銀號紙幣

隴南實業銀號於 1923 年發行。隴南鎮守使孔繁錦於 1923 年成立隴南實業銀號，發行紙幣。面額有壹圓、伍圓、拾圓、壹仟文、貳仟文、叁仟文六種。因未見實物，具體形制不詳。參閱戴建兵《中國近代紙幣》。

甘肅省金庫券

甘肅省金庫於民國年間發行的紙幣。僅見壹圓一種，豎版。票面四周有花欄裝飾，四角有漢文面值，正上方橫書"甘肅金庫券"，其下右有面值、日期、編號，"甘肅省印"大方章等。參閱張志中《中國紙幣》。

甘肅軍需錢號紙幣

甘肅省於民國年間發行的軍用票。僅見未流通壹串文一種，豎版。票面無花欄裝飾，正上方爲兩面交叉的旗子，之下橫書"甘肅軍需錢號"，其下印有面值、編號、日期等。參閱張志中《中國紙幣》。

甘肅軍事善後流通券

甘肅省於民國十五年（1926）發行的紙幣。僅見壹角一種，橫版。票面四周有花欄裝飾，四角有漢文面值，主要圖案爲花額，印有"甘肅軍事善後流通券"字樣和面值、日期、編號等。參閱張志中《中國紙幣》。

青海財政廳維持券

青海財政廳於民國年間發行的紙幣。有壹角、壹圓、伍圓、拾圓四種。僅見伍圓一種，橫版。票面四周有花欄裝飾，四角有漢文面值，主要圖案爲建築景色，印有"財政廳維持券""青海"字樣和面值日期等，背面有英文行名、面值，主要圖案爲帆船。該幣由財政部印製。參閱張志中《中國紙幣》。

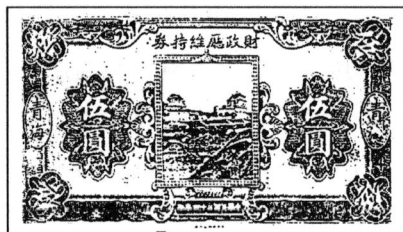

青海財政廳維持券（伍圓）

迪化官錢局紙幣

迪化官錢局於宣統元年（1909）至1932年發行。該局成立於1909年，屬地方官辦。發行肆拾文、壹佰文兩種。幣材有紙、油布兩類。肆拾文爲正方形版。票面四周有花欄裝飾，四角印有"紅錢肆拾"四個字，票面印有維漢文"迪化官錢局專行阿山道屬""憑票發足紅錢肆拾文"字樣和日期、編號等。壹百文爲竪版。該幣由新疆財政廳製幣局製。參閱戴建兵《中國近代紙幣》。

興隆銀行紙幣

興隆銀行於宣統三年（1911）發行。該幣由新疆藩司撥銀而成立，發行紙幣。由於政府虧損數額巨大，開業數目，無法運營而被迫停業。未見實物，具體形制不詳。參閱戴建兵《中國近代紙幣》。

新疆殖邊銀行紙幣

新疆殖邊銀行於1915年發行。該行係殖邊銀行在新疆設立的分行，資本五萬圓。發行壹佰文、貳佰文、肆佰文三種，壹佰文未見使用。主要圖案爲長城、頤和園等。未見實物，具體形制不詳。後因殖邊銀行上海分行發生擠兌，該行受牽連而告停業。參閱戴建兵《中國近代紙幣》。

新疆省金庫券

新疆省金庫於1931年發行的紙幣。有壹兩、伍錢、貳錢三種。由財政部印製局印。未見實物，具體形制不詳。參閱北京錢幣學會《中國紙幣標準圖錄》。

新寧鐵路公司紙幣

新寧鐵路公司於民國年間發行。有壹圓、伍圓、拾圓三種。僅見壹圓一種，竪版。票面四周有花欄裝飾，四角有漢文面值，主要圖案爲火車圖案、花額，票上方印有"新寧鐵路公司"字樣，其下印有面值、日期、印章，票背印有英文行名、編號等。參閱北京錢幣學會《中國紙幣標準圖錄》。

阿爾泰通用銀券

阿爾泰於1918年發行的銀圓票。僅見壹圓、伍圓、拾圓三種，橫版。票面四周有花欄裝飾，四角有漢文面值，主要圖案爲馬車運輸圖，印有"阿爾泰通用銀券"字樣和面值、日期、編號及印章。參閱張志中《中國紙幣》。

和田區行政長紙幣

和田區於 1935 至 1936 年發行的紙幣。僅見叁兩一種，橫版。票面四周有花欄裝飾，主要圖案爲花額，印有維文發行名稱，漢文面值、編號和日期，印有大紅色方印，票背有維文發行説明、印章。參閲北京錢幣學會《中國紙幣標準圖録》。

和田行政長公署流通券

和田行政長公署於 1935 年發行的紙幣。僅見壹兩一種，橫版。票面四周有花欄裝飾，主要圖案爲花額，印有維文行名，漢文面值、編號日期、印章，印有紫色矩形印章，票背有漢維文發行説明、印章。參閲北京錢幣學會《中國紙幣標準圖録》。

新疆奇臺商會流通券

新疆奇臺商會於民國二十二年（1933）發行的紙幣。僅見伍兩一種，竪版。票面四周有花欄裝飾，四角有阿拉伯數字，漢文面值，印有維漢文"新疆奇商會流通券""當官票銀伍兩整"字樣和日期、編號、印章。參閲張志中《中國紙幣》。

兑换土貨券

山西太原經濟建設委員會於 1933 年發行的票券。由閻錫山提倡使用土貨，并在太原、太谷等地設立土貨商場，發行土貨兑换券。面額有壹角、貳角、壹圓三種。僅見壹角、壹圓兩種，橫版。票面四周有花欄裝飾，四角有漢文面值，主要圖案爲樓房建築圖等，印有"土貨兑换券""太原經濟建設委員會發行"字樣和面值、日期、編號及印章。壹角幣由西北實業公司印刷廠製，壹圓幣由西北印刷廠印。參閲山西錢幣學會《中國山西歷代貨幣》。

太谷農工銀行紙幣

太谷農工銀行於民國年間發行。僅見壹圓、壹百枚兩種，橫版。票面四周有花欄裝飾，四角有漢文面值，主要圖案爲閣樓、花額，印有"太谷農工銀行"等字樣和面值、編號及印章。壹百枚幣面印有"範村鎮"三字。參閲山西綫學會《中國山西歷代貨幣》。

文水農工銀行紙幣

山西文水農工銀行於民國年間發行。僅見壹圓一種，橫版。票面四周有花欄裝飾，四角有漢文面值，主要圖案爲車輛圖，印有"文水農工銀行"字樣和面值、日期、編號及印章，底紋由漢字面值組成。參閲山西錢幣學會《中國山西歷代貨幣》。

交城農工銀行紙幣

交城農工銀行於民國二十年（1931）發行。僅見壹角一種，橫版。票面四周有花欄裝飾，四角有漢文面值，主要圖案爲花額、樓房建築等，印有"交城農工銀行"等字樣和面值、日

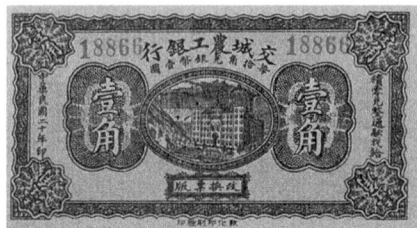

交城農工銀行紙幣（壹角）

期、編號及印章。由敦化印刷社印。參閲山西錢幣學會《中國山西歷代貨幣》。

山西省縣銀號兑换券

山西省縣銀號於民國年間發行的紙幣。僅見加蓋"五寨"縣名貳角券一種，橫版。票面四周有花欄裝飾，四角有漢文面值，主要圖案爲亭景、花額，印有"山西省縣銀號兑换券"

等字樣和面值、編號及印章。由山西省銀行代印。參閱山西錢幣學會《中國山西歷代貨幣》。

文水縣銀號兌換券

文水縣銀號於民國二十三年（1934）發行的紙幣。僅見壹角、貳角、壹圓三種，橫版。票面四周有花欄裝飾，四角有漢文面值，主要圖案爲亭、閣樓、牌樓等，印有"文水縣銀號兌換券"字樣和面值、日期、編號及印章。參閱山西錢幣學會《中國山西歷代貨幣》。

聞喜縣銀號兌換券

山西聞喜縣銀號於民國二十三年（1934）發行的紙幣。僅見壹圓一種，橫版。票面四周有花欄裝飾，四角有漢文面值，主要圖案爲花額、閣樓圖案等，印有"聞喜縣銀號兌換券"等字樣和面值、日期、編號及印章。參閱山西錢幣學會《中國山西歷代貨幣》。

武鄉縣銀號兌換券

山西武鄉縣銀號於民國二十三年（1934）發行的紙幣。僅見壹圓一種，橫版。除發行名稱不同外，其他票面均與聞喜縣銀號兌換券壹圓票面同。底紋由漢文面組成。參閱山西錢幣學會《中國山西歷代貨幣》。

五臺縣銀號兌換券

山西五臺縣銀號於民國二十四年（1935）發行的紙幣。僅見貳分一種，橫版。票面四周有花欄裝飾，四角有漢文面值，主要圖案爲塔景，花額印有"五臺縣銀號兌換券"字樣和面值、日期、印章，底紋由漢文面值組成，由西北印刷廠印製。參閱山西錢幣學會《中國山西歷代貨幣》。

沁縣銀號兌換券

沁縣銀號兌換券於民國二十三年（1935）發行的紙幣。僅見壹角一種，橫版。票面四周有花欄裝飾，四角有漢文面值，主要圖案爲城門樓、花額，印有"沁縣銀號兌換券"字樣和面值、日期、印章，底紋由漢文面值組成。參閱山西錢幣學會《中國山西歷代貨幣》。

壽陽縣銀號兌換券

山西壽陽縣銀號於民國二十四年（1935）發行的紙幣。僅見貳角一種，橫版。票面四周有花欄裝飾，四角有漢文面值，主要圖案爲亭景、花額，印有"壽陽縣銀號兌換券"字樣和面值、日期、印章，底紋由漢文面值組成。由西北印刷廠印。參閱山西錢幣學會《中國山西歷代貨幣》。

石樓縣銀號財記兌換券

山西石樓縣銀號財記於民國二十四年（1935）發行的紙幣。僅見壹角一種，橫版。票面四周有花欄裝飾，四角有漢文面值，主要圖案爲牌樓、花額，印有"石樓縣銀號財記兌換券"字樣和面值、日期、印章，底紋由漢文面值組成。由西北印刷廠印。參閱山西錢幣學會《中國山西歷代貨幣》。

榆社縣銀號流通券

山西榆社縣銀號於民國年間發行的紙幣。僅見貳角一種，橫版。票面四周有花欄裝飾，四角有漢文面值，主要圖案爲山亭景、花額，印有"榆社縣銀號流通券""維持幣面輔助金

榆社縣銀號流通券（貳角）

融"字樣和面值、編號、印章。參閱山西錢幣學會《中國山西歷代貨幣》。

霍縣地方流通券

山西霍縣於民國二十五年（1936）發行的紙幣。僅見壹圓一種，橫版。票面四周有花欄裝飾，四角有漢文面值，主要圖案爲房屋圖，印有"霍縣地方流通券"字樣和面值、日期、編號及印章。參閱山西錢幣學會《中國山西歷代貨幣》。

陽曲縣金融維持券

山西陽曲縣於民國二十五年（1936）發行的紙幣。僅見壹圓一種，橫版。票面四周有花欄裝飾，四角有漢文面值，主要圖案爲城市景色。印有"陽曲縣金融維持券"字樣和面值、日期、編號及印章，兩側印有地名"陽曲縣"。參閱山西錢幣學會《中國山西歷代貨幣》。

交城縣維持金融兌換券

山西交城縣於民國二十五年（1936）發行的紙幣。僅見壹圓一種，橫版。票面四周有花欄裝飾，四角有漢文面值，主要圖案爲湖景、花額等，印有"交城縣維持金融兌換券"字樣和面值、日期、編號及印章。由西北實業公司印刷廠印。參閱山西錢幣學會《中國山西歷代貨幣》。

太谷縣地方救濟金融會兌現券

太谷縣於民國年間發行的紙幣。僅見壹圓一種，橫版。票四周有花欄裝飾，四角有漢文面值，主要圖案爲房屋圖、花額等，印有"太谷縣地方救濟金融會兌現券"字樣和面值、編號等，底紋由漢文面值組成。由太原範華製版印刷廠承印。參閱山西錢幣學會《中國山西歷代貨幣》。

平遙縣錢業救濟金融合作社銀圓券

平遙縣錢業救濟金融合作社於民國二十年（1931）發行的紙幣。僅見壹圓一種，橫版。票面四周有花欄裝飾，四角有漢文面值，主要圖案爲廟宇、花額，印有"平遙縣錢業救濟金融合作社發行臨時銀圓券""平遙"等字樣和面值、日期、編號及印章，有加蓋"日升昌代兌"字樣。由太原範華製版廠承印。參閱山西錢幣學會《中國山西歷代貨幣》。

文水縣農村經濟維持會兌換券

山西文水縣農村經濟維持會於民國年間發行的紙幣。僅見貳角、伍角兩種，橫版。票面四周有花欄裝飾，四角漢文面值，主要圖案爲歐式洋房、花欄等，印有"文水縣農村經濟維持會"字樣和面值、編號、印章，加蓋有"文水農工代兌省幣"字樣。參閱山西錢幣學會《中國山西歷代貨幣》。

山陰縣農民貸借合作社兌換券

山西山陰縣農民貸借合作社於民國二十四年（1935）發行的紙幣。僅見壹角一種，橫版。票面四周有花欄裝飾，四角有漢文面值，主要圖案爲花額，印有"山陰縣農民貸借合作社"字樣和面值、日期、編號及印章。由財政部北平印刷局印。參閱山西錢幣學會《中國山西歷代貨幣》。

崞縣公立錢局銀元券

山西崞縣公立元錢局於民國二十年（1931）發行的紙幣。僅見伍角一種，橫版。票面四周有花欄裝飾，四角有漢文面值，主要圖案爲橋景、花額等，印有"崞縣公立錢局""原平"等字樣和面值，日期、編號及印章，下半部分由漢文面值組成底紋。該幣由北平財政部印刷局印。參閱山西錢幣學會《中國山西歷代貨幣》。

崞縣公立當局兌換券

　　山西崞縣公立當局於民國二十二年（1933）發行的紙幣。僅見壹圓一種，橫版。票面四周有花欄裝飾，四角有漢文面值，主要圖案爲天壇圖、花額，印有"公立當局"字樣和面值、日期、編號、印章，蓋有地名"崞縣"印記。參閱山西錢幣學會《中國山西歷代貨幣》。

商業銀行幣

中國實業銀行紙幣

　　中國實業銀行於 1919 年 12 月至 1935 年發行的紙幣。該行前身是李士偉（中國銀行總裁）、周學熙（前財政總長）於 1915 年 9 月籌辦的民國實業銀行，董事長爲龔仙舟，總經理胡祖同，實收資本三百五十萬零七千四百圓。總行設於天津市，南京、天津、漢口、青島、廈門等地設有分行，杭州、蘇州、無錫、蕪湖、鎮江、北平、唐山、濟南設有支行，全國二十多個城市設立辦事處。1932 年 4 月總行遷到上海。初係官督商辦，1927 年成爲官商合辦銀行。發行壹圓、伍圓、拾圓、伍拾圓、壹佰圓五種，橫版。票面四周有花欄裝飾，四角有漢文面值，主要圖案爲民居、花額、神馬馳海圖等，印有"中國實業銀行""政府特許發行""憑票即付國幣　圓"字樣和日期、編號、地名等。票背主要圖案爲耕作圖、萬里長城圖景。1922 年版爲財政部印刷局承印。1924、1931 年版爲美國鈔票公司印製。1935 年版壹圓幣由英國華德路印

鈔公司印製。待印完後已實行法幣政策，祇好加蓋"交通銀行二十四年十一月發行"字樣進行流通。該行由於準備金充足，因而幣值穩定，信譽良好。1935 年 11 月 4 日國民政府實行幣制改革，該行由交通銀行接收，隨後停業。參閱徐楓、趙隆業《中國商業銀行紙幣圖錄》。

中國農工銀行紙幣

　　中國農工銀行於 1927 年至 1935 年發行的紙幣。該行的前身爲大宛農工銀行，1918 年 12 月 4 日開業，1920 年改商辦，因業務擴大，於 1927 年 2 月改現名。首任經理卓定謀、副經理呂志琴，總行設在北京市。上海、漢口、天津、杭州、長沙、南京等地設分行，1931 年 2 月遷上海。發行壹角、貳角、伍角、壹圓、伍圓、拾圓六種，橫版。票綿四周有花欄裝飾，四角有漢文面值，花欄中印有發行日期，票面中印有"中國農工銀行"，主要圖案有花額、牛耕田、橋、長城、帆船。民國十六年（1927）版紙幣加蓋北京、天津、漢口地名。1934 年版紙幣上北平、上海、天津地名紙幣爲原版印刷。至 1935 年底發行量計一千六百四十五萬餘圓。由財政部、美鈔公司、華德路印鈔廠等印製。1935 年國民政府實行法幣政策，該行由中央銀行接收。其未發行紙幣加蓋中央銀行名稱使用。參閱《商業銀行圖錄》。

中國實業銀行紙幣（伍圓）

農商銀行紙幣

農商銀行於 1922 年至 1935 年發行的紙幣。該行由財政部、農商部於 1920 年 6 月 9 日提出呈請，經大總統批准，於同年 7 月 2 日成立。總行設在北京，上海、天津設分行，資本一百七十二萬餘圓。齊耀珊、高凌蔚任正、副總裁。發行壹圓、伍圓、拾圓、伍拾圓、壹佰圓五種，橫版。票面四周有花欄裝飾，四角有漢文面值，主要圖案爲花額、河船、收割、頤和園等，印有"農商銀行"字樣和面值、編號、地名。該行於 1929 年 3 月 10 日停業。1933 年 8 月復業，增設漢口、長沙分行。1935 年由中國銀行接收而停業。共發行二百八十餘萬圓。由財政部、德國印刷廠、美鈔公司印製。參閱徐楓、趙隆業《中國商業銀行紙幣圖錄》。

中南銀行紙幣

中南銀行於 1921 年至 1935 年發行的紙幣。該行由南洋爪哇華僑黃奕住出資，經財政部批准，於 1921 年 6 月在上海開業。資本（實收）七百五十萬元。黃奕住任董事長，胡筆江任總經理。在天津、北京、廈門、漢口、南京、杭州、蘇州、鼓浪嶼、泉州、無錫、香港等地先後設分支行、辦事處。該行有發行鈔票的特權。經胡筆江提議，爲保證紙幣的信譽，與鹽業、金城、大陸三家銀行設立四行準備庫，專司發行之事。中南、鹽業、金城、大陸四家銀行於

中南銀行紙幣（拾圓）

1926 年向四行準備庫訂立領用紙幣辦法，即分別印有 "S" "Y" "K" "C" 等領券標記。由於信譽好，發行量在 1922 年至 1925 年間僅次於中國、交通銀行，達一億零三百萬。面額有壹圓、伍圓、拾圓、伍拾圓、壹佰圓五種，除 1927 年華德路公司印製壹圓爲竪版外，其他均橫版。票面四周有花欄裝飾，四角有漢文大寫面值。主要圖案爲花額、日晷、人物頭像，印有"中南銀行"字樣和面值、日期、編號、地名。其中最具特色的爲竪版壹圓票，票面漢、滿、蒙三個婦女頭像，中間印有民國三年袁頭銀幣背面圖，其下印有"憑票即付中華民國國幣壹圓"十二字。票背上印英文行名，下印回、藏族兩婦女頭像，中間印民國三年袁頭銀幣正面圖，其下印有英文説明與簽字，1931 年、1932 年版印有水印"中南"兩字。1935 年該行由中央銀行接收而停業。該幣由美鈔公司、華德路、德納羅公司印製。整個紙幣設計新穎美觀。參閱徐楓、趙隆業《中國商業銀行紙幣圖錄》。

中國墾業銀行紙幣

中國墾業銀行於 1925 年至 1935 年發行的紙幣。該行於 1925 年 9 月成立，命名爲墾殖銀行，總行設在天津，後遷上海，改爲中國墾業銀行。主要負責人爲秦祖澤、俞佑庭。資本一百二十五萬圓。發行壹圓、伍圓、拾圓三種，橫版。票面四周有花欄裝飾，四角有漢文面值，主要圖案有山景、庭院、花額，印有"中國墾業銀行"字樣和面值、日期、編號、地名。由英國華德路公司印製。參閱徐楓、趙隆業《中國商業銀行紙幣圖錄》。

勸業銀行紙幣

　　勸業銀行於 1920 年至 1930 年發行的紙幣。該行成立於 1920 年 10 月，行址設在北京。主要負責人爲張壽鏞、吳師善。資本二百三十九萬圓，屬官商合辦性質。發行壹角、貳角、壹圓、伍圓、拾圓、伍拾圓、壹佰圓七種，橫版。票面四周有花欄裝飾，四角有漢文面值，主要圖案爲花額、廟宇、頤和園、山城。印有"勸業銀行"字樣和面值、日期、編號、地名。由美國鈔票公司、財政部印製。1930 年 6 月該行停業。參閱徐楓、趙隆業《中國商業銀行紙幣圖録》。

厦門勸業銀行紙幣

　　厦門勸業銀行於 1918 年以後發行的紙幣。面額有壹分、壹角、伍角、壹圓、叁圓五種。僅見壹角、伍角兩種，橫版。票面四周有花欄裝飾，四角有漢文面值，票面主要圖案爲牌樓、廟宇、花額。印有"厦門勸業銀行"字樣和面值、編號。參閱徐楓、趙隆業《中國商業銀行紙幣圖録》。

厦門勸業銀行紙幣（伍角）

中國絲茶銀行紙幣

　　中國絲茶銀行於 1926 年至 1928 年發行的紙幣。該行由張子青創辦，成立於 1926 年 1 月，屬股份公司性質。行址設在天津。資本五百萬圓，實收一百二十五萬圓。該行有紙幣發行權，發行壹角、貳角、壹圓、伍圓、拾圓五種，橫版。票面四周有花欄裝飾，四角有漢文面值，主要圖案爲采茶圖、庭院、花額，印有"中國絲茶銀行"字樣和面值、日期、編號、地名，票背主要圖案爲抽絲圖，印有發行日期、地名等。由財政部印製。1928 年 5 月該行結束。參閱徐楓、趙隆業《中國商業銀行紙幣圖録》。

潢川蠶業銀號紙幣

　　河南潢川蠶業銀號於 1928 年發行的紙幣。面額有壹角、貳角、壹佰文、伍佰文、壹仟文五種，橫版。票面四周有花欄裝飾，四角有漢文面值，主要圖案爲塔、牌坊、亭、種地、花額，印有"潢川蠶業銀號""憑票即付執此爲憑"字樣和面值、日期、編號等。上海中華印刷廠印製。參閱徐楓、趙隆業《中國商業銀行紙幣圖録》。

雲南個碧鐵路銀行紙幣

　　雲南個碧鐵路銀行於 1922 年發行的紙幣。爲修建雲南個舊至蒙自東北三十千米的碧色寨一段鐵路，籌辦銀行，籌集資金。發行壹圓、伍圓、拾圓三種，橫版。票面四周有花欄裝飾，四角有漢文面值，主要圖案爲火車、山房、寺廟、花額，印有"雲南個碧鐵路銀行"字樣和面值、日期、編號等。由美國鈔票公司印製。參閱徐楓、趙隆業《中國商業銀行紙幣圖録》。

晉綏地方鐵路銀號紙幣

　　晉綏地方鐵路銀號於 1934 年發行。該號成立於 1934 年 7 月，總號設在太原。其宗旨是以發展晉綏兩省地方鐵路及扶助有關鐵路之建設事業。資本五百萬圓，發行壹角、貳角、伍角、壹圓、伍圓、拾圓六種，橫版。票面四周有花欄裝飾，四角印有漢文面值，主要圖案爲火車、花額，印有"晉綏地方鐵路銀號"字樣和面值、日期、編號，由財政部、西北印刷廠印製。參閱徐楓、趙隆業《中國商業銀行紙幣圖錄》。

晋北鹽業銀號紙幣

晋北鹽業銀號於 1935 年 1 月發行。該號成立於 1935 年 1 月，總行設在岱岳，太原設有分行。其宗旨是扶助鹽户經濟，調濟鹽區各縣金融。資本二十萬圓，發行壹角、貳角、壹圓、伍圓、拾圓五種，橫版。票面四周有花欄裝飾，四角有漢文面值，主要圖案爲湖亭、塔、閣樓、北海、花額，印有"晋北鹽業銀號""通用銀圓"字樣和面值、日期、編號、地名。西北印刷廠印製。該號於 1937 年七七事變前與山西省銀行合并而停業。參閱徐楓、趙隆業《中國商業銀行紙幣圖錄》。

綏西墾業銀號紙幣

綏西墾業銀號於 1932 年至 1933 年發行。該號成立於 1932 年 8 月，總號設在包頭，在太原、天津、綏遠設分號。其宗旨是用金融扶助綏西墾牧事業。資本五十萬圓，發行壹角、貳角、壹圓、伍圓、拾圓五種，橫版。票面四周有花欄裝飾，四角印有漢文面值，主要圖案爲亭、城牆、牌坊、風景、花額，印有"綏西墾業銀號"字樣和面值、日期、編號、地名。由西北印刷廠、財政部印。該號於 1937 年七七事變前與山西省銀行合并而停業。參閱徐楓、趙隆業《中國商業銀行紙幣圖錄》。

華富殖業銀行紙幣

華富殖業銀行於 1916 年發行。該行成立於 1916 年 5 月，行址設在北京，奉天設分行。主要負責人姚錫光、任鳳賓。資本一百三十二萬圓，屬股份公司性質，發行伍角、壹圓、伍圓、拾圓、伍拾圓、壹圓六種，橫版。票面四周有花欄裝飾，四角印有漢文面值，主要圖案爲山塔、城門、墾荒等，印有"華富殖業銀行"字樣和發行面值、日期、編號、地名，有的加蓋"債券""一概通用隨時兌換"的印記。由財政部印製。參閱徐楓、趙隆業《中國商業銀行紙幣圖錄》。

奉省商業銀行紙幣

奉省商業銀行於民國三年（1914）發行。該行由奉天商務總會提議，經奉天巡撫使和財政廳批准，各商號集資，於 1914 年創辦。發行有半角、壹角、貳角、伍角四種，橫版。僅見貳角券一種。票面四周有花欄裝飾，四角有漢文面值，主要圖案爲花額，印有"奉省商業銀行""隨市通用""不挂失票"字樣和面值、日期、編號及印章。1918 年停發，隨之收回停止流通。參閱戴建兵《中國近代紙幣》。

奉天農業總銀行紙幣

奉天農業總銀行於 1912 年發行。該行成立於 1912 年，行址設在奉天。由奉天都督張錫鑾創辦。發行伍角、壹圓、伍圓、拾圓四種，橫版。票面四周有花欄裝飾，四角有漢文面值，主要圖案爲花額，印有"奉天農業總銀行""憑票即付東三省通用銀圓不掛失票"字樣和面值、日期、編號。由北洋官報局石印。1913 年初改組爲官商合辦的奉天興業銀行。參閱徐楓、趙隆業《中國商業銀行紙幣圖錄》。

濱江農業銀行紙幣

濱江農業銀行於 1919 年發行。該行成立於 1919 年，行址設在吉林省濱江縣。資本十萬圓，發行壹圓、叁圓、伍圓三種，竪版。票面四周有花欄裝飾，四角有漢文面值，主要圖案爲五色旗、國民黨黨旗、鐵血十八星軍旗，印

有"濱江農業銀行""存票"字樣和編號、印
章，票背有發行告示。參閱徐楓、趙隆業《中
國商業銀行紙幣圖錄》。

粵華合作總社銀幣流通券

　　粵華合作總社於民國年間發行。僅見壹圓
一種，橫版。票面四周有花欄裝飾，四角有漢
文面值，主要圖案爲花額。印有"粵華合作總
社銀幣流通券"字樣和面值、日期、編號及印
章。參閱張志中《中國紙幣》。

商辦潮汕鐵路股份有限公司兌換券

　　商辦潮汕鐵路股份有限公司於民國年間發
行。僅見伍圓一種，橫版。票面四周有花欄裝
飾，四角有漢文面值，主要圖案爲火車圖，張
榕軒、張耀軒兄弟像，印有"汕頭""商辦潮汕
鐵路股份有限公司兌換券"字樣。存世極罕。
參閱張志中《中國紙幣》。

貴州總商會商錢局兌換券

　　貴州總商會商錢局於民國年間發行。僅見
伍百文一種，橫版。票面四周有花欄裝飾，主
要圖案爲花額，印有"貴州總商會商錢局兌換
券"字樣和面值、編號及印章。參閱張志中
《中國紙幣》。

貴州義安公司紙幣

　　貴州義安公司於民國年間發行。僅見壹千
文一種，橫版。票面四周有花欄裝飾，四角有
漢文面值，主要圖案爲花額，印有"貴州義安
公司"字樣和面值、日期及印章等。參閱張志
中《中國紙幣》。

貴州裕黔公司制錢票

　　貴州裕黔公司於民國年間發行。僅見壹千
文一種，橫版。票面四周有漢文面值，主要圖
案爲花額，印有"貴州裕黔公司"字樣和面值、

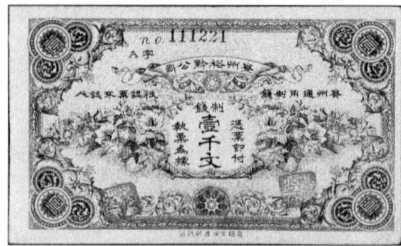

貴州裕黔公司制錢票（壹千文）

日期及印章等。參閱張志中《中國紙幣》。

榮昌縣安富鎮商會錢票

　　四川榮昌縣安富鎮商會於民國年間發行。
僅見伍拾文一種，橫版。票面四周有花欄裝飾，
四角有漢文面值，主要圖案爲花額，印有"榮
昌縣安富鎮商會錢票"字樣和面值、編號、簽
名及印章，票背有方形大印章。由榮昌縣印製。
參閱高文、袁愈高《四川近現代紙幣圖錄》。

隆昌縣商會找補券

　　四川隆昌縣商會於民國十五年（1926）發
行。僅見伍拾文一種，橫版。票面四周有花欄裝
飾，主要圖案爲花額，印有"隆昌縣商會找補
券"字樣、面值、簽名及印章，票背有發行説
明。參閱高文、袁愈高《四川近現代紙幣圖錄》。

南江縣商會通用券

　　四川南江縣商會於民國年間發行的制錢
票。僅見布幣壹串文一種，橫版。票面四周有
花欄裝飾，四角有漢文面值，主要圖案爲聚寶
盆圖，印有"南江縣商會通用券"字樣和面
值、編號等。參閱高文、袁愈高《四川近現代
紙幣圖錄》。

川康平民商業銀行禮券

　　川康平民商業銀行於 1942 年發行。僅見伍
拾圓一種，豎版。票面四周有紅色欄框，正上
方橫書"川康平民商業銀行""禮券"，其下有
面值、"憑券付款概不掛失"字樣，主要圖案爲

商業大廈圖，有編號。參閱高文、袁愈高《四川近現代紙幣圖錄》。

成都西南商業儲蓄銀行平民儲金證

成都西南商業儲蓄銀行於 1930 年發行，僅見伍圓一種，豎版。票面四周有花欄裝飾，四周有漢文面值，主要圖案爲花額，印有"成都西南商業儲蓄銀行""平民儲金證"字樣，其下爲編號、面值、發行説明。參閱高文、袁愈高《四川近現代紙幣圖錄》。

永川縣商會規定各商行使錢票

四川永川縣商會於民國十五年（1926）發行。僅見拾文、貳拾文兩種，橫版。票面四周有花欄裝飾，四角有漢文面值，主要圖案爲花額，印有"永川縣商會規定各商行使錢票"字樣和面值，經手人簽名印章，票背爲發行説明。參閱高文、袁愈高《四川近現代紙幣圖錄》。

太谷實業銀號紙幣

山西太谷實業銀號於民國二十三年（1934）發行。僅見壹角一種，橫版。票面四周有花樣裝飾，四角有漢文面值，主要圖案爲房屋圖、花額，印有"太谷實業銀號"等字樣和面值、日期、編號及印章，票面底紋由漢文面值組成。參閱山西錢幣學會《中國山西歷代貨幣》。

甘肅農工銀行紙幣

甘肅農工銀行於 1929 年至 1932 年發行。該行成立於 1929 年。係由甘肅省銀行與甘肅平市官錢局合并改組而成，發行的紙幣都是由接收來的西北銀行、甘肅平市官錢局的紙幣上加蓋"農工銀行"或"甘肅農工銀行"印。現僅見銅元票貳拾枚、壹佰枚兩種，銀圓票伍圓一種，橫版。伍圓、貳拾枚票爲西北銀行票加蓋票；壹佰枚銅元票爲甘肅平市官錢局票加蓋票。

1932 年，該行由陝西省銀行蘭州分行接收，遂停業。參閱徐楓、趙隆業《中國商業銀行紙幣圖錄》。

修銅農工銀行紙幣

修銅農工銀行於 1926 年發行的銅元票。僅見拾枚一種，橫版。票面四周有花欄裝飾，四角有漢文面值，主要圖案爲建築物，印有"修銅農工銀行""修銅西縣""銅元債券"字樣和面值、日期。參閱徐楓、趙隆業《中國商業銀行紙幣圖錄》。

北平農工銀行紙幣

北平農工銀行於 1935 年發行。該行成立於 1935 年，係由昌平農工銀行、通縣農工銀行合并而成。由財政部批准專發銅元券，面額有拾枚、貳拾枚、叁拾枚，肆拾枚、伍拾枚五種，橫版。票面四周有花欄裝飾，四角有漢文面值，主要圖案爲民居、耕作圖、花額，印有"北平農工銀行""財政部特准"字樣和面值、日期、編號。"七·七"事變後該行停業。由財政部北平印刷局承印。參閱徐楓、趙隆業《中國商業銀行紙幣圖錄》。

青島市農工銀行紙幣

青島市農工銀行於 1933 年發行。該行成立於 1933 年 5 月 8 日，行址設在青島市。董事長宋雨亭，總經理王仰先。資本十萬圓。利用青島地方銀行未發行之銅元券，加蓋"青島市農工銀行"發行。僅見壹佰枚一種，橫版。票面四周有花欄裝飾，四角有漢文面值，主要圖案爲房屋、花額，印有"青島市農工銀行"字樣和面值、日期、編號。1935 年的青島農工銀行銅元票逐步退出流通。由財政部印刷。參閱徐楓、趙隆業《中國商業銀行紙幣圖錄》。

山東聊城農工銀行紙幣

　　山東聊城農工銀行於 1924 年發行。該行成立於 1923 年，行址設在聊城，屬股份公司性質。僅見未流通伍圓一種，橫版。票面四周有花欄裝飾，四角有漢文面值，主要圖案爲聊城光岳樓、花額，印有"山東聊城農工銀行""中華民國十三年"等字樣、印章。參閱徐楓、趙隆業《中國商業銀行紙幣圖錄》。

隴南實業銀號紙幣

　　隴南實業銀號於 1923 年發行。該號由隴南鎮守使孔繁錦於 1923 年創立，號址設在天水市。僅見壹仟文、貳仟文兩種，橫版。票面四周有花欄裝飾，四角有漢文、阿拉伯數字面值，主要圖案爲黃帝像、古人像，印有"隴南實業銀號"字樣和面值、日期、編號。該幣紙質粗劣，印製粗糙。參閱徐楓、趙隆業《中國商業銀行紙幣圖錄》。

粵南實業銀行紙幣

　　粵南實業銀行於 1925 年發行的大洋票和毫洋券。該行成立於 1925 年，由粵南軍閥鄧本殷創辦。僅見壹圓兩種版面，橫版。票面四周有花欄裝飾，四角有漢文面值，主要圖案有庭院、

粵南實業銀行紙幣（壹圓）

天壇，印有"粵南實業銀行""公私款項一律通用憑票即付不掛失票"的字樣和面值、編號、印章。有的票面印有"毫洋"兩字。該幣由香港商務印書館印製。國民革命軍南征討伐鄧部，1926 年 2 月把海南的鄧部殘餘全部消滅，該行停業。參閱徐楓、趙隆業《中國商業銀行紙幣圖錄》。

淮海實業銀行紙幣

　　淮海實業銀行於 1920 年發行。該行成立於 1920 年，行址設在南通市。創始人張謇，銀行總經理爲張謇之子張孝若。資本二十五萬圓，屬股份公司性質。僅見壹圓、伍圓兩種，橫版。票面四周有花欄裝飾，四角有漢文面值，主要圖案爲花額、張孝若像，印有"淮海實業銀行匯兌券"字樣和面值、編號。該行 1925 年 3 月停業。參閱徐楓、趙隆業《中國商業銀行紙幣圖錄》。

湖南實業公司紙幣

　　湖南實業公司於 1912 年發行。根據都督命令以湖南實業公司的名義發行制錢票，以支持辛亥革命。有壹佰文、貳佰文、叁佰文三種。僅見叁佰文一種，豎版。票面四周有花欄裝飾，四角印有漢文、阿拉伯數字面值，花欄中有海水、雙龍戲珠圖，印有"湖南"兩字。票面印有"憑票發錢叁佰文整"，其左右爲發行日期、編號，票背有發行告示。參閱徐楓、趙隆業《中國商業銀行紙幣圖錄》。

山東工商銀行紙幣

　　山東工商銀行於 1918 年發行。該行成立於 1918 年，行址設在濟南市，主要負責人馬官和。資本十五萬圓，有紙幣發行權。僅見未流通伍圓一種，橫版。票面四周有花欄裝飾，四

角有漢文面值，主要圖案爲黃河洛口鐵橋、山景，印有"山東工商銀行""通用銀圓憑票即付"字樣和面值、編號。該行 1925 年 10 月停業。參閲徐楓、趙隆業《中國商業銀行紙幣圖録》。

湖南寶興礦業銀行紙幣

湖南寶興礦業銀行於 1912 年發行。該行成立於 1912 年 10 月。總行設在長沙，平江設分行。主要負責人謝鍾楠、陳毓菜。資本三十萬圓，發行銀兩票壹兩、叁兩、伍兩、拾兩四種，橫版。票面四周有花欄裝飾，四角有漢文面值，主要圖案爲平江金礦、水口山鉛礦圖，印有"湖南寶興礦業銀行"字樣和面值、日期、編號。發行壹佰枚銅元票一種，竪版。未見實物，形制不詳。1914 年 2 月該行奉財政部令并入湖南銀行而停業。參閲徐楓、趙隆業《中國商業銀行紙幣圖録》。

黑龍江庫瑪爾河金礦局紙幣

黑龍江庫瑪爾河金礦局發行。該局係黑龍江廣信公司的附屬企業。發行壹圓、伍圓、拾圓三種，橫版。票面四周有花欄裝飾，四角有漢文面值，主要圖案爲輪船、山水、花額，印有"黑龍江庫瑪爾河金礦局""兑換羌洋買賣貨物沿江各廠一律通用"字樣和面值、日期、編號。由浜江墨林堂石印。參閲徐楓、趙隆業《中國商業銀行紙幣圖録》。

寰一雄黃公司紙幣

湖南湘西寰一雄黃公司於 1925 年發行。僅見貳角、壹圓兩種，橫版。票面四周有花欄裝飾，四角有漢文面值，主要圖案爲雙龍環繞地球，印有"寰一雄黃公司""駐津市本公司兑現"字樣和面值、日期、編號。由湘西澧縣印

製。參閲徐楓、趙隆業《中國商業銀行紙幣圖録》。

裕華礦務公司紙幣

四川懋功縣裕華礦務公司於 1915 年發行。僅見伍圓、拾圓兩種。伍圓票爲橫版，票面四周有花欄裝飾，四角有漢文面值，主要圖案爲花額，印有"裕華礦務公司""礦區通用銀元""衹認票不認人"字樣和面值、日期、編號。拾圓票爲竪版，票面四周有花欄裝飾，花欄內正上方橫書"裕華礦務公司"六個字，其下正中印"票存通用銀圓拾圓整"，左右兩側分別爲發行日期、編號。該票背面均印有"裕華礦務股份有限公司總管理處之章"紅印一方。該幣爲商務印書館天津印刷局印。參閲徐楓、趙隆業《中國商業銀行紙幣圖録》。

富華煤礦公司紙幣

遼寧本溪富華煤礦公司於 1914 年發行。僅見壹角、貳角兩種，橫版。票面四周有花欄裝飾，四角有漢文面值，主要圖案爲雙獅、花額，印有"富華煤礦公司""奉天本溪縣田什付溝"字樣和面值、日期、編號。貳角票面還印有"付小洋奉票概不挂不票"，其"不挂失票"的"失"字誤印成"不"字，這在紙幣中很少見，票背印有五色旗。由天津東華石印局印。參閲徐楓、趙隆業《中國商業銀行紙幣圖録》。

大中銀行紙幣

大中銀行於 1919 年發行。該行成立於 1919 年 3 月，總行設在重慶，原有資本一百萬圓，1921 年將資本擴大到四百萬圓。主要負責人爲汪雲松、何鼎臣。1920 年財政部農商局呈准發行兑換券，面額有壹角、貳角、伍角、壹圓、伍圓、拾圓六種，橫版。票面四周有花欄

装飾，四角有漢文面值，主要圖案爲長城、塗山景、鍾，印有"大中銀行""財政部印製局核准""通用銀圓"字樣和面值、日期、編號。有的紙幣分別蓋有"漢口""青島""天津""北京""重慶"等地名，票背有英文票名、面值和發行日期、編號。該行 1933 年 12 月改組，李贊候爲總經理。1934 年 8 月總行遷上海，1935 年國民政府實行幣制改革，該行將未發行的新鈔和收回舊鈔交由交通銀行保存。參閱徐楓、趙隆業《中國商業銀行紙幣圖錄》。

大中銀行紙幣（壹圓）

邊業銀行紙幣

邊業銀行於 1919 年至 1932 年發行。該行成立於 1919 年 8 月，行址設在庫倫，由徐樹錚創建，資本一百二十五萬圓，發行壹角、貳角、伍角、壹圓、伍圓、拾圓、伍拾圓、壹百圓八種，橫版。四周有花欄裝飾，四角有漢文面值，主要圖案爲駝隊、宮殿、河邊村、亭、北海橋、閣樓、鋤地、學校、天壇，印有"邊業銀行"字樣和面值、日期、編號、地名。1920 年總行遷北京。1924 年後受張作霖控制，又改遷天津。1926 年總行又回瀋陽。該幣不同地名券用不同顏色。由財政部、美鈔公司印製。參閱徐楓、趙隆業《中國商業銀行紙幣圖錄》。

豐業銀行紙幣

豐業銀行於 1921 年開始發行。該行成立於 1920 年 2 月，行址設在歸綏（今呼和浩特市），主要負責人蔡成勛。資本二十六萬圓，發行壹圓、伍圓、拾圓三種，僅見壹圓一種，橫版。票面四周有花欄裝飾，四角有漢文面值，主要圖案爲花額、山景，印有"豐業銀行"字樣和發行日期、編號、地名。參閱徐楓、趙隆業《中國商業銀行紙幣圖錄》。

上海永亨銀行紙幣

上海永亨銀行於 1920 年發行。該行成立於 1918 年 1 月，行址設在上海市，主要負責人施肇曾、朱惠生。資本二十五萬圓，屬股份公司性質。僅見未流通券壹圓、拾圓兩種，橫版。票面四周有花欄裝飾，四角有漢文面值，主要圖案爲鐵路飛機，印有"上海永亨銀行兌換券"字樣和面值、日期、編號，票背印有寶塔。由美國鈔票公司印製。該行 1929 年停業。參閱徐楓、趙隆業《中國商業銀行紙幣圖錄》。

商辦隴東銀號紙幣

商辦隴東銀號於 1924 年開始發行。該號成立於 1924 年，行址設在甘肅平涼，爲隴東鎮守使張兆鉀創建。發行制錢票、銀兩票兩種。制錢票僅見壹佰文、貳佰文、壹仟文三種，豎版。票面四周有花欄裝飾，四角有漢文面值，主要圖案爲鼓樓、花額，印有"商辦隴東銀號""公私款項一律通用""憑票即付不挂失票"字樣，左右爲發行日期、編號。由西安印刷廠印製。壹圓票由中華書局 1925 年印製，橫版。票面印有河邊塔。未見實物，具體形制不詳。參閱徐楓、趙隆業《中國商業銀行紙幣圖錄》。

東南銀行紙幣

東南銀行於 1928 年發行。該行成立於 1928 年 7 月。資本一百萬圓。發行壹圓、伍圓、拾圓三種，僅見未流通拾圓一種，橫版。票面四周有花欄裝飾、四角有漢文面值，主要圖案爲樓房，印有"福建""東南銀行"字樣和面值、日期、編號。發行額一百一十萬圓。1935 年政府以擅發紙幣爲由，以 1：0.72 收兌，隨之停業。參閱徐楓、趙隆業《中國商業銀行紙幣圖録》。

察哈爾商業錢局紙幣

察哈爾商業錢局於 1933 年至 1937 年發行。該行成立於 1933 年 12 月 10 日。總局設在張家口，天津、北平、宣化、蔚縣、懷來、涿鹿設分局。資本五十萬圓，發行銀元票、銅元票兩種。銀元票僅見壹角、貳角、壹圓、伍圓、拾圓五種，銅元票有拾枚、貳拾枚、叁拾枚、肆拾枚、壹佰枚五種，橫版。票面四周有花欄裝飾，四角有漢文面值，主要圖案爲山城、帆船、山景、花額。印有"察哈爾商業錢局"字樣和面值、日期、編號，票面印有"張家口"地名的，流通於察南地區，印有"平津通用"字樣的則流通於北平、天津地區。1937 年抗日戰爭初，該行被日僞"蒙疆銀行"吞并。參閱徐楓、趙隆業《中國商業銀行紙幣圖録》。

察哈爾商業錢局紙幣（貳角）

奉省商業銀行紙幣

奉省商業銀行於 1913 年至 1918 年發行。該行成立於 1913 年，行址設在瀋陽市。由奉天商務總會向各商號集資創辦，屬股份性質。發行的紙幣有奉省商業總銀行的直型小洋匯兌券、奉省商業銀行的小洋輔幣券。僅見貳角、伍角、貳拾圓三種。小洋輔幣券爲橫版，票面四周有花欄裝飾，四角有漢文面值，主要圖案爲樓、塔、山、商會、船、行屋、花額，印有"奉省商業銀行"字樣和面值、日期、編號，以及"隨市通用不挂失票"或"永遠通用不掛失票"等字樣，背面印有發行告示。因發行紙幣未被政府批准，於 1918 年被省政府取締。參閱徐楓、趙隆業《中國商業銀行紙幣圖録》。

南昌裕贛商業銀行紙幣

南昌裕贛商業銀行於 1925 年以後發行。僅見拾枚一種，橫版。票面四周有花欄裝飾，四角有阿拉伯數字面值，主要圖案爲閣樓、街景，印有"南昌裕贛商業銀行""民國十四年印行"字樣和編號。由南昌百花洲豐記石印局代印。參閱徐楓、趙隆業《中國商業銀行紙幣圖録》。

全贛公共銀行紙幣

全贛公共銀行於 1920 年至 1925 年發行。該行成立於 1920 年，主要負責人爲包竺峰、傅紹庭。資本二十五萬圓，官商合辦。僅見拾枚一種，橫版。票面四周有花欄裝飾，四角有漢文面值，左右印有"完糧納稅一律通用"，主要圖案爲村景，印有"全贛公共銀行"字樣和面值、日期、編號，票背主要圖案爲村景，印有英文票名和發行編號。1925 年該行并入江西銀行。該幣由南昌百花洲銘記石印。參閱徐楓、趙隆業《中國商業銀行紙幣圖録》。

周村商業銀行紙幣

山東周村商業銀行於 1916 年發行。該行成立於 1916 年，爲支援討伐袁世凱的革命軍而籌集資金和發展商品經濟而創辦。僅見伍圓、拾圓兩種，橫版。票面四周有花欄裝飾，四角有漢文面值，主要圖案爲塔、亭、花額，印有"周村商業銀行""通用銀圓憑票即付"字樣和面值、日期、編號、地名。該幣的英文名稱爲 Commercial Bank，没有周村名稱。參閱徐楓、趙隆業《中國商業銀行紙幣圖録》。

山東商業銀行紙幣

山東商業銀行於 1925 年以後發行。該行由張宗昌創辦。發行的紙幣采用山東銀行紙幣加蓋該行名稱，發行壹圓、伍圓、拾圓，僅見拾圓一種，横版。票面四周有花欄裝飾，四角有漢文面值，主要圖案爲花額、亭。印有"山東銀行"字樣和面值、日期、編號、地名。票面兩側加蓋"山東商業銀行"。參閱徐楓、趙隆業《中國商業銀行紙幣圖録》。

福利銀號紙幣

福利銀號於 1933 年發行。總號設在北平東交民巷，天津、宣化設有分號。僅見貳角、伍圓兩種，横版。票面四周有花欄裝飾，四角有漢文面值，主要圖案爲鹿群、花額，印有"福利銀號""匯兑票"字樣和面值、日期、編號，票背面加蓋"此券每拾角换國幣壹圓整""察綏各地本號辦事處一律照兑"及地名等。參閱徐楓、趙隆業《中國商業銀行紙幣圖録》。

鎮江通惠銀號紙幣

鎮江通惠銀號於 1912 年發行。僅見未流通票壹圓、伍圓兩種，横版。票面四周有花欄裝飾，四角有漢文、阿拉伯數字面值，主要圖案爲花額、塔、雙蝠擁地球，印有"鎮江通惠銀號""鎮江通用銀圖衹認票不認人""憑票即付執此爲照"字樣和面值、日期、編號、英文鎮江地名，票背印有英文票名、發行日期、編號。參閱徐楓、趙隆業《中國商業銀行紙幣圖録》。

江西惠通銀行紙幣

江西惠通銀行於 1920 年發行。該行成立

鎮江通惠銀號紙幣（壹圓）

於 1920 年 5 月，行址設在南昌市。主要負責人鄒揆工，資本三十萬圓。僅見銅元票拾枚一種，横版。票面四周有花欄裝飾，四角有漢文面值，主要圖案爲花額、風景，印有"江西惠通銀號""憑票即付不挂失票"字樣和面值、日期、編號。1926 年該行停業。參閱徐楓、趙隆業《中國商業銀行紙幣圖録》。

振商銀行紙幣

江西振商銀行於 1923、1924 年發行。該行成立於 1918 年 8 月，總行設在南昌市，主要負責人胡伯年。資本二十萬圓，屬股份公司性質。僅見銅元券拾枚一種，横版。票面有花欄裝飾，四角有漢文面值，主要圖案爲花額、頤和園，印有"振商銀行"字樣和面值、日期、編號、地名。該幣由南昌百花洲銘記石印。參閱徐楓、趙隆業《中國商業銀行紙幣圖録》。

西安通惠錢號紙幣

西安通惠錢號於 1920 年發行。僅見 1920 年版制錢票壹仟文一種，竪版。票面四周有花欄裝飾，花欄内正上方爲花額，其下印有"西安通惠錢號"，再下正中印"憑票取制錢壹千文整"，左右爲發行日期及編號，票面上蓋有"商業"兩字，左右有騎縫編號及印章。參閱徐楓、趙隆業《中國商業銀行紙幣圖録》。

豫豐銀號紙幣

北京豫豐銀號於 1915 年及以後發行。僅見

1915 年版銀圓票壹圓、伍圓兩種，1929 年版銅元票肆拾枚一種，均橫版。票面四周有花欄裝飾，四角有漢文面值，主要圖案爲插有五色旗的房屋、城牆、花額，印有"豫豐銀號"字樣和面值、日期、編號、地名。參閱徐楓、趙隆業《中國商業銀行紙幣圖錄》。

汕頭陳源大銀行紙幣

汕頭陳源大銀行於 1924 年發行。該行爲廣東省私人開辦。僅見壹圓、伍圓、拾圓三種，橫版。票面四周有花欄裝飾，四周有漢文面值，主要圖案爲亭、湖濱、捕魚、花額，印有"汕頭陳源大銀行"和面值、日期、編號、汕頭地名等。參閱徐楓、趙隆業《中國商業銀行紙幣圖錄》。

振華銀行紙幣

江西南昌振華銀行於 1923 年發行。該行成立於 1922 年 5 月，行址設在南昌市，主要負責人張淑儼。資本二十萬圓，屬股份公司性質，僅見銅元票拾枚一種，橫版。票面四周有花欄裝飾，四角有"振""華""銀""行"四字，主要圖案爲花額，印有"振華銀行""特許發行一律通用"字樣和面值、日期、編號。該行 1927 年 5 月停業。該幣由南昌百花洲銘記印製。參閱徐楓、趙隆業《中國商業銀行紙幣圖錄》。

財政部平市官錢局紙幣

財政部平市官錢局於 1914 年至 1926 年發行。北洋政府財政總長熊希齡進行幣制改革，爲統一幣制，禁止私發紙幣，市面銅元缺乏，紙幣輔幣更缺。爲解決金融流通問題，於 1914 年設立該局。局址設在保定市，主要負責人陳福頤。在濟南、太原、西安、開封、洛陽、徐州、張家口、熱河等地設分局、支局達二十餘

財政部平市官錢局紙幣（貳角）

所。資本一百萬兩。發行銅元票和銀圓輔幣券兩種，均橫版。銅元票拾枚、貳拾枚、肆拾枚、伍拾枚、壹佰枚五種。票面四周有花欄裝飾，四角爲阿拉伯數字面值，主要圖案爲頤和園、天壇，印有"財政部平市官錢局"字樣和面值、日期、編號、地名，背面主要圖案爲北海白塔。輔幣券可見貳角、伍角兩種。票面主要圖案爲牌坊，注明"憑票即付幣券 角"外，其他形制基本同銅元票。1926 年 12 月該局改組爲官商合辦的京兆銀錢局。該幣由財政部印刷局（即北京白紙坊印鈔廠），或由美鈔公司、私人印刷廠如京華、商務、和濟印刷廠印刷。參閱徐楓、趙隆業《中國商業銀行紙幣圖錄》。

自貢商會錢票

自貢商會於 1918 年發行。僅見壹仟文兩種，豎版。票面四周有花欄裝飾，票面正上方印有"自貢商會通寶源流"字樣，其下正中爲"憑票值錢壹千文正"，左右爲發行日期、編號、自貢商會印章等，右邊有騎縫編號、印章，票背印有山水仙鶴圖，印有"此票由本商會負責收回"等字。另一版票，花欄爲人物組成，四角有"昭""信""流""通"四字，票面印有"憑票發錢壹仟文整"，左右爲發行日期、編號，右爲騎縫印章，花欄外正上方雙獅圖，票背印有發行說明。參閱高文、袁愈高《四川近現代紙幣圖錄》。

重慶中和銀行無息存票

重慶中和銀行於1922年至1932年發行。該行成立於1922年6月，總行設在重慶市。總經理爲總商會會長溫友松，劉湘軍部秘書周季梅、原商會會長趙資生任副總經理。先後在漢口、上海、成都、宜賓、盧縣、萬縣等地設分支機構。資本六十萬，屬軍商合辦性質。發行壹圓、伍圓、拾圓三種，橫版。票面四周有花欄裝飾，四角有漢文、阿拉伯數字面值，主要圖案爲花額、房屋風景圖，印有"重慶中和銀行無息存票"字樣和面值、日期，票背面印有英文票名、面值和説明。1926年初袁軍（祖銘）占領重慶，一度停業。5月恢復營業。1930年5月因營業不慎，發生擠兑，1932年7月關閉。

四川西北銀行紙幣

四川西北銀行於1930年至1935年發行。該行成立於1930年10月，行址設在四川三臺縣。由二十九軍軍款作抵，資本二十萬圓，發行三十至四十萬圓。閬中、南部設分行，安縣設代辦處。僅見壹圓一種，橫版。票面四周有花欄裝飾，四角有漢文面值，主要圖案爲閣樓、花額，印有"四川西北銀行"字樣和發行日期、編號、地名、印章，票背有英文票名、面值等，主要圖案爲風景圖。紅軍入川後，隨田頌堯失敗而停業。參閱高文、袁愈高《四川近現代紙幣圖録》。

成都市政府公益券經理處制錢票

成都市政府公益券經理處於1929年發行。僅見連存根伍拾釧文、貳佰釧文兩種，竪版。票面四周有花欄裝飾，正上方橫印"成都市政府公益券經理處"，正中印"憑票兑發銅元釧文整"，左側"右款便期無息兑取此據"字樣

和發行日期、發行單位、編號，蓋有"專繳券價兑獎不得流通市面""本票不挂失止兑塗改概不生效"印文，左邊有騎縫編號、印章，票背爲古建築照片。參閱高文、袁愈高《四川近現代紙幣圖録》。

成都恒裕銀號紙幣

成都恒裕銀號於民國年間發行。僅見伍圓存票一種，橫版。票面四周有花欄裝飾，四角有漢文、阿拉伯數字面值，主要圖案爲大橋風景圖，印有"成都恒裕銀號""存票"字樣和面值、編號，票背印有英文。參閱高文、袁愈高《四川近現代紙幣圖録》。

鴻蔚亨字號紙幣

成都鴻蔚亨字號於1931年發行。僅見伍圓一種，橫版。票面四周有花欄裝飾，四角有漢文面值，主要圖案爲塔風景，印有"鴻蔚亨字號""成都"字樣和面值、日期、編號，票背印有英文。參閱高文、袁愈高《四川近現代紙幣圖録》。

成都裕豐字號紙幣

成都裕豐字號於1931年發行。僅見拾圓、貳拾圓兩種，橫版。票面四周有花欄裝飾，四

成都裕豐字號紙幣（貳拾圓）

角有漢文面值，主要圖案爲閣樓，印有"成都裕豐字號"字樣和面值、日期、編號，票背印有英文。參閱高文、袁愈高《四川近現代紙幣圖録》。

重慶銀行紙幣

重慶銀行於 1934 年至 1949 年發行。該行成立於 1934 年 8 月 29 日，前身爲重慶市民銀行，總經理潘昌猷。資本二十萬圓，屬私人銀行。先後在成都、萬縣設分行，上海、自流井、內江、新都設辦事處。發行壹角、貳角、伍角、壹圓、伍圓、拾圓六種，橫版。僅見貳角、壹圓兩種。票面四周有花欄裝飾，四角有漢文面值，主要圖案爲亭景、房屋風景等，印有"重慶銀行"字樣和面值、日期、編號，票背面印有英文，主要圖案爲花額、鷹、雙地球圖等。參閱高文、袁愈高《四川近現代紙幣圖録》。

長壽縣銀行紙幣

長壽縣銀行於 1941 年發行。資本十萬圓，董事長楊其昌，經理張君達。僅見壹角一種，竪版。票面四周有花欄裝飾，花欄中有漢文面值，主要圖案爲亭、花額，印有"長壽縣銀行"字樣和面值、日期、編號，票背印有英文、印章。參閱高文、袁愈高《四川近現代紙幣圖録》。

資中縣銀行紙幣

資中縣銀行於 1943 年發行。該行成立於 1943 年 1 月，蘭紹侶爲董事長，林湘北爲總經理。資本五十萬圓，僅見壹圓一種，橫版。票面四周有花欄裝飾，印有"資中縣銀行臨時找補券"字樣和面值、日期、編號，蓋有財政科長、經理、監察印章。由崇文印刷局代印。參閱高文、袁愈高《四川近現代紙幣圖録》。

民間幣

蔚盛長記錢票

山西平遥蔚盛長記於民國年間發行。僅見未流通之樣票一種，竪版。票面四周由文字組成花欄裝飾，正上方橫書"蔚盛長記"字樣，其下印有面值、日期、印章等。參閱山西省錢幣學會《中國山西歷代貨幣》。

積成店錢票

山西定襄縣宏道積成店於民國四年（1915）發行。僅見伍拾串、肆佰文兩種，竪版。伍拾串票面四周有花紋圖案組成花欄裝飾，正上方橫書"積成店"三字，其下竪書面值、編號、日期及印章、日期、面值、編號爲手工書寫。肆佰文票面四周由內層爲文字，外層爲花紋兩部分組成花欄裝飾，正上方橫書"執照"兩字，其下方竪書面值、日期、編號及印章。日期、面值、編號爲手工書寫。參閱山西省錢幣學會《中國山西歷代貨幣》。

廣溢泳錢票

山西文水縣梁家堡廣溢泳記於民國六年（1917）發行。僅見未流通之樣票一種，竪版。票面四周由內層爲文字、外層爲圖案兩部分組成花欄裝飾，正上方橫書"廣溢泳"三字，其下竪書面值、日期等。參閱山西省錢幣學會《中國山西歷代貨幣》。

義泰隆錢票

山西平遥縣岳壁村義泰隆記於民國年間發

行。僅見未流通的樣票一種，竪版。票面四周由内層爲文字、外層爲人物圖案兩部分組成花欄裝飾，正上方橫書"義泰隆"三字，其下竪書面值、日期等。參閱山西錢幣學會《中國山西歷代貨幣》。

平遥縣晋生麵粉公司内部麵粉支付券

平遥縣晋生麵粉公司於民國二十三年（1934）發行的紙幣。僅見壹圓一種，橫版。票面四周有花欄裝飾，四角有漢文面值，主要圖案爲城門樓、花額等，印有"平遥""晋生麵粉公司内部麵粉支付券"字樣和面值、日期、編號及印章，底紋由漢文面值組成。參閱山西錢幣學會《中國山西歷代貨幣》。

崇興義錢票

山西遼縣拐兒鎮崇興義於民國十四年（1925）發行。僅見壹佰枚一種，竪版。票面四周由内層爲文字、外層爲花鳥圖案兩部分組成花欄裝飾，正上方橫書"拐兒鎮崇興義"六字，其下竪書面值、日期、編號等。參閱山西錢幣學會《中國山西歷代貨幣》。

太原縣晋逢煤礦支付券

太原縣晋逢煤礦於民國年間發行的紙幣。僅見貳角一種，橫版。票面四周有花欄裝飾，四角有漢文面值，主要圖案爲城門樓、花額，印有"太原縣""晋逢煤礦支付券"字樣和面值、日期、編號、印章。參閱山西錢幣學會《中國山西歷代貨幣》。

義和成記錢票

山西太原北格鎮義和成記於民國六年（1917）發行。僅見壹仟文一種，竪版。票面四周由内層爲文字、外層爲花紋圖案兩部分組成花欄裝飾，四角分別有"晋""泉""通""記"

四字，正上方花欄中有"原邑北格鎮"字樣，花欄外正上方有一篆書"晋家通訊"紅色菱形印章。票面正上方橫書"義和成記"，其下竪寫發行面值、日期、編號，印章爲半邊印記章，左邊有騎印章。參閱山西錢幣學會《中國山西歷代貨幣》。

聚和惠當紙幣

山西岱岳縣聚和惠當店於民國二十四年（1935）發行。僅見壹圓一種，橫版。票面四周有花欄裝飾，四角有漢文面值，主要圖案爲閣樓、花額，印有"聚和惠當"字樣和面值、日期、編號及印章。參閱山西錢幣學會《中國山西歷代貨幣》。

永興當紙幣

山西長子縣大堡頭村永興當店於民國二十三年（1934）發行。僅見貳角一種，橫版。票面四周有花欄裝飾，四角有漢文面值，主要圖案爲鐵路、花額，印有"永興當"字樣和面值、日期、編號及印章，底紋由漢文面值組成。西北印刷廠印製。參閱山西省錢幣學會《中國山西歷代貨幣》。

德和當紙幣

山西沁縣德和當店於民國二十二年（1933）發行。僅見伍角券一種，橫版。票面四周有花欄裝飾，四角有漢文面值，主要圖案爲天壇等，印有"德和當"字樣和面值、日期、編號及印章，蓋有"沁縣"地名。由太原範華製版印製廠承印。參閱山西錢幣學會《中國山西歷代貨幣》。

五臺建安公合錢莊兑换券

山西五臺縣建安公合錢莊於民國十七年（1928）發行。僅見伍角一種，橫版。票面四周有花欄裝飾，四角有漢文面值，主要圖案樓房、花額，印有"五臺建安公合錢莊兌換券"字樣和面值、日期、編號及印章等。參閱山西省錢幣學會《中國山西歷代貨幣》。

晋交永生慶錢票

山西交城縣營兒村晋交永生慶於民國年間發行。僅見銅元票伍拾枚一種，橫版。票面四周有花欄裝飾，主要圖案爲花額，印有"晋交永生慶""銅元伍拾枚""兌換村銅元帖"等字樣，蓋有"營兒村"地名、印章。參閱山西省錢幣學會《中國山西歷代貨幣》。

交邑大泉玉錢票

山西交城縣段村交邑大泉玉店於民國年間發行的銅元票。僅見貳拾枚一種，橫版。票面四周有花欄裝飾，主要圖案爲花額，印有"交邑大泉玉""銅元貳拾枚"字樣，票面底紋有"大泉玉記"暗記。參閱山西省錢幣學會《中國山西歷代貨幣》。

大同永兌換券

山西交城縣大同永記於民國二十一年（1932）發行。僅見貳角一種，橫版。票面四周有花欄裝飾，四角有漢文面值，主要圖案爲建築物、花額，印有"大同永兌換券"字樣和面值、日期、編號及印章。太原文華印刷廠印。參閱山西省錢幣學會編《中國山西歷代貨幣》。

王川堡村公所借發券

山西交城縣廣興鎮王川堡村公所於民國年間發行。僅見利用"大同永兌換券"票加蓋紅色"王川堡村公所借發券"貳角一種。其形制同"大同永兌換券"。參閱山西省錢幣學會編《中國山西歷代貨幣》。

文水信義亨銀號紙幣

山西文水縣石侯信義亨銀號於民國年間發行。有銀圓票、銅元票兩種。銀圓票僅見伍角一種，橫版。票面四周有花欄裝飾，四角有漢文面值，主要圖案爲火車，印有"文水信義亨銀號"字樣和面值、日期、編號及印章。銅元票僅見貳拾枚一種，橫版。票面四周有花欄裝飾，主要圖案花額，印有"文水信義亨銀號""銅元貳拾枚"字樣和編號、印章。票面底紋上有"信義亨記"暗記。參閱山西省錢幣學會《中國山西歷代貨幣》。

寶慶瑞錢票

山西文水縣大城南村寶慶瑞於民國年間發行。僅見壹百枚一種，橫版。票面四周有花欄裝飾，主要圖案爲花額，印有"寶慶瑞""銅元壹百枚""晋文大城南村"字樣等。參閱山西省錢幣學會《中國山西歷代貨幣》。

文邑北齊村復成永兌換券

山西文水縣文邑北齊村復成永於民國年間發行。僅見貳分一種，橫版。票面四周有花欄裝飾，四角有漢文面值，印有"文邑北齊村復成永兌換券"等字樣和面值、印章等。參閱山西省錢幣學會《中國山西歷代貨幣》。

公義信兌換券

山西文水縣裏洪村公義信於民國二十五年（1936）發行。僅見叁分一種，橫版。票面四周有花欄裝飾，四角有漢文面值，主要圖案爲輪船、花額，印有"文水縣裏洪村""公義信兌換券"字樣和面值、日期、編號及印章。參閱山西省錢幣學會《中國山西歷代貨幣》。

晋文德合永記紙幣

山西文水縣明陽村晋文德合永記於民國

二十一年（1932）發行。僅見壹角一種，橫版。票面四周有花欄裝飾，四角有漢文面值，主要圖案有城門樓，印有"晋文德合永記"字樣和面值、日期、編號及印章。參閱山西省錢幣學會《中國山西歷代貨幣》。

裕盛和兌換券

山西文水縣西莊村裕盛和於民國二十六年（1937）發行。僅見壹角一種，橫版。票面四周有花欄裝飾，四角有漢文面值，主要圖案爲樓房、花額，印有"裕盛和兌換券"字樣和面值、日期、編號及印章。參閱山西省錢幣學會《中國山西歷代貨幣》。

文水縣東宜亭村信用合作社紙幣

文水縣東宜亭村信用合作社於民國二十四年（1935）發行。僅見壹角一種，橫版。票面四周有花欄裝飾，四角有漢文面值，主要圖案爲城門樓，印有"文水縣東宜亭村信用合作社""農田一畝擔保壹圓"字樣和面值、日期、編號及印章，底紋由漢文面值組成。由西北印刷廠製。參閱山西省錢幣學會《中國山西歷代貨幣》。

文水縣南安村信用合作社紙幣

山西文水縣南安村信用合作社於民國二十四年（1935）發行。僅見壹角一種，橫版。票面四周有花欄裝飾，四角有漢文面值，主要圖案爲村景，印有"文水縣南安村信用合作社""文水縣第三區"等字樣和面值、日期、編號及印章。參閱山西省錢幣學會《中國山西歷代貨幣》。

孝子渠信用合作社紙幣

山西文水縣孝子渠信用合作社於民國二十六年（1937）發行。僅見伍角一種，橫版。票面四周有花欄裝飾，四角有漢文面值，主要圖案爲輪船，印有"文水""孝子渠信用合作社"字樣和面值、日期、編號及印章。參閱山西省錢幣學會《中國山西歷代貨幣》。

晋文晋源泉銅元券

山西文水縣晋源泉於民國二十三年（1934）發行。僅見貳拾枚一種，橫版。票面四周有花欄裝飾，主要圖案爲花額，印有"晋文""晋源泉"字樣和面值、日期、編號等。參閱山西省錢幣學會《中國山西歷代貨幣》。

文水縣榆林村農民救濟會借發券

山西文水縣榆林村農民救濟會於民國年間發行。僅見改票貳拾角一種。在"晋源泉"票上加蓋印文爲"文水縣榆林村農民救濟會借發券"橢圓形印，發行序號、年、月係人工手寫，其形制同"晋源泉"票。參閱山西錢幣學會《中國山西歷代貨幣》。

大長永銀號錢票

山西交城縣大長永銀號於民國年間發行。僅見壹佰枚一種，橫版。票面四周有花欄裝飾，主要圖案爲花額，印有"交城縣""大長永銀號"字樣和面值、編號及印章。參閱山西省錢幣學會《中國山西歷代貨幣》。

文水縣西北安村公所借票

文水縣西北安村公所於民國年間發行的銀元票。僅見利用"大長永銀號"票加蓋票壹角一種，橫版。除加蓋面值外，還有加蓋"農田擔保"字樣和印文爲"文水縣西北安村公所借票"橢圓形印章。其形制同"大長永銀號"票。參閱山西錢幣學會《中國山西歷代貨幣》。

文水雲周村公所發兌換券

山西文水縣雲周村公所於民國二十六

年（1937）發行的紙幣。僅見伍角一種，橫版。票面四周有花欄裝飾，四角有漢文面值，主要圖案爲建築物，印有"文水雲周村公所發""救濟金融兌換農產"字樣和面值、日期、編號及印章。參閱山西省錢幣學會《中國山西歷代貨幣》。

文水縣下曲鎮衛生醫館兌換券

山西文水縣下曲鎮衛生醫館於民國二十七年（1938）發行的紙幣。僅見壹角一種，橫版。票面四周有花欄裝飾，四角有漢文面值，主要圖案爲閣樓、花額，印有"文水縣下曲鎮""衛生醫館兌換券"字樣和面值、日期、印章。參閱山西錢幣學會《中國山西歷代貨幣》。

文水縣酒業公會兌換券

山西文水縣酒業公會於民國年間發行的紙幣。僅見壹圓一種，橫版。票面四周有花欄裝飾，四角有漢文面值，主要圖案爲村景、花額，印有"文水縣酒業公會兌換券""孝義鎮豐源裕代兌"字樣和面值、編號、印章。參閱山西錢幣學會《中國山西歷代貨幣》。

山西文水縣酒業公會兌換券

文水縣南安村公所信用券

山西文水縣南安村公所於民國二十五年（1936）發行。僅見伍角一種，橫版。票面四周有花欄裝飾，四角有漢文面值，主要圖案爲樓房圖案，印有"村公所信用券""文水縣南安村"等字樣和面值、日期、編號及印章。參閱

山西省錢幣學會《中國山西歷代貨幣》。

文水馬村金融券

山西文水馬村於民國二十六年（1937）發行的紙幣。僅見伍角一種，橫版。票面四周有花欄裝飾，四角有漢文面值，主要圖案爲火車、建築物圖，印有"文水馬村金融券"字樣和面值、日期、編號及印章。參閱山西省錢幣學會《中國山西歷代貨幣》。

文水縣北關金融維持券

山西文水縣北關於民國二十六年（1937）發行的紙幣。僅見貳角一種，橫版。票面四周有花欄裝飾，四角有漢文面值，主要圖案爲村景，印有"文水縣北關金融維持券"字樣和面值、日期、編號及印章。參閱山西省錢幣學會《中國山西歷代貨幣》。

文水縣明陽河西村農產兌換券

山西文水縣明陽河西村農產合作社於民國二十七年（1938）發行。僅見貳分一種，橫版。票面四周有花欄裝飾，四角有漢文面值，主要圖案爲火車、花額，印有"文水縣明陽河西村""農產兌換券"字樣和面值，編號及印章。參閱山西省錢幣學會《中國山西歷代貨幣》。

文水縣麻家堡農產兌換券

山西文水縣麻家堡於民國二十六年（1937）發行。僅見伍角一種，橫版。票面四周有花欄裝飾，四角有漢文面值，主要圖案爲歐式建築物，印有"文水縣麻家堡""農產兌換券"字樣和面值、日期、編號及印章。參閱山西省錢幣學會《中國山西歷代貨幣》。

永發源隆記兌換券

山西隰縣石咀會永發源隆記於民國十八年（1929）發行的紙幣。僅見壹圓一種，橫版。票

面四周有花欄裝飾，四角有漢文面值，主要圖案爲塔景，印有"隰縣石咀會永發源隆記"等字樣和面值、日期、編號及印章。該幣五色印製，精美。參閱山西省錢幣學會《中國山西歷代貨幣》。

臨縣兔坂鎮自盛楊銀券

山西臨縣兔坂鎮自盛楊於民國年間發行的紙幣。僅見貳角一種，橫版。票面四周有花欄裝飾，四角有漢文面值，主要圖案爲村景，印有"臨縣兔坂鎮自盛楊"等字樣和面值、編號及印章。參閱山西省錢幣學會《中國山西歷代貨幣》。

蕙聚成記銀券

山西平遥寧固皁村蕙聚成記於民國二十六年（1937）發行的紙幣。僅見壹角一種，橫版。票面四周有花欄裝飾，四角有漢文面值，主要圖案爲鐵路、花額，印有"平遥寧固皁村""蕙聚成記"字樣和發行面值、日期、編號及印章。參閱山西省錢幣學會《中國山西歷代貨幣》。

石樓縣經濟合作社聯合社合作券

山西石樓縣經濟合作社聯合社於民國三十二年（1943）發行。僅見壹圓一種，橫版。票面四周有花欄裝飾，四角有漢文面值，主要圖案爲村景，印有"石樓縣經濟合作社聯合社合作券"字樣和面值、日期、編號及印章。參閱山西省錢幣學會《中國山西歷代貨幣》。

鄉寧縣經濟合作社聯合社合作券

山西鄉寧縣經濟合作社聯合社於民國三十二年（1943）發行。僅見伍圓一種，橫版。票面四周有花欄裝飾，四角有漢文面值，主要圖案爲塔、花額，印有"鄉寧縣經濟合作社聯合社合作券"字樣和面值、日期及印章。參閱山西省錢幣學會《中國山西歷代貨幣》。

榆次要村鎮公所銀券

山西榆次要村鎮公所於民國年間發行。僅見壹角一種，橫版。票面四周有花欄裝飾，印有"榆次要村鎮公所""戌壹"等字樣和面值、日期、編號及印章。參閱山西省錢幣學會《中國山西歷代貨幣》。

祁縣前營村農産社兑換券

山西祁縣前營村農産社於民國年間發行。僅見伍分一種，橫版。票面四周有花欄裝飾，主要圖案爲建築物，印有"祁縣前營村""農産社兑換券"字樣和面值、日期、編號及印章。參閱山西省錢幣學會《中國山西歷代貨幣》。

汾陽縣尹家社村農民合作社銀券

山西汾陽縣尹家社村農民合作社於民國二十六年（1937）發行的紙幣。僅見貳角一種，橫版。票面四周有花欄裝飾，四角有漢文面值，主要圖案爲鐵路、花額，印有"汾陽縣尹家社村""農民合作社"等字樣和面值、日期、編號及印章。參閱山西省錢幣學會編《中國山西歷代貨幣》。

晋盛當銅圓兑換券

山西潞城縣微子鎮晋盛當店於民國年間發行。僅見未流通票貳吊文一種，竪版。票面四周有花欄裝飾，四角有漢文面值，花欄正上方印有"山西潞城縣""銅圓兑換券""微子鎮晋盛當"字樣，票面竪書面值、編號、日期等，票

晋盛當銅圓兑換券
（貳吊文）

背印有"謹防假冒""留神細看"字樣，主要圖案爲山水垂釣、火車、下棋等。

晋生祥銅圓兑換券

山西潞城縣晋生祥於民國年間發行。僅見未流通票貳吊文一種，竪版。票面四周有花欄裝飾，四角有漢文面值，花欄中正上方印有"山西潞城縣""銅圓兑換券""晋生祥"字樣，票面竪書發行面值、日期、編號等，票背印有"不許塗抹"字樣和面值，主要圖案爲火車、下棋圖。

萬泰亨錢票

山西洪洞縣萬泰亨於民國年間發行。僅見未流通票叁佰枚一種，竪版。票面四周有花欄裝飾，四角有漢文面值，花欄外正上方有留白方框。票面正上方橫書"洪洞""萬泰亨"字樣，其下方竪書面值、日期、編號等，票背面印有"留神細看"等字樣，主要圖案爲火車、輪船圖，底紋由漢文面值組成。由天津北馬路華東石印局石印。

廣利錢局錢票

山西廣靈縣廣利錢局於民國年間發行。僅見未流通伍拾枚一種，橫版。票面四周有花欄裝飾，四角有漢文面值，主要圖案爲花額，印有"山西省廣靈縣""廣利錢局"字樣和面值、日期、編號等，票背印有隸字"川流不息"以及發行名、面值等，主要圖案爲城門樓。

大同縣商會紙幣

山西大同縣商會於民國十七年（1928）發行。僅見未流通叁圓一種，橫版。票面四周有花欄裝飾，四角有漢文面值，主要圖案爲橋景，印有"大同縣商會"字樣和發行面值、日期等。參閱戴建兵《中國近代紙幣》。

聚興厚錢票

黑龍江八通縣聚興厚店於民國元年（1912）發行。僅見捌佰文一種，竪版。票面四周由内層爲《三國史論》文、外層爲花紋兩部分組成花欄裝飾，花欄中有漢文面值。票面正上方橫書"江省八通縣""聚興厚""四時吉慶"字樣，其下竪書面值、編號、日期，蓋有印章等，票背面印有發行告示。

明水縣商會錢票

黑龍江明水縣商會於民國十二年（1923）發行。僅見拾伍吊一種，竪版。票面四周有帆船、塔樓圖案組成花欄裝飾，四角有漢文面值，正上方橫書"黑龍江明水縣""商會"字樣，其下竪書面值、日期、編號，蓋有印章等，票右邊有騎縫編號、印章，背面印有"細看真假"以及發行告示，主要圖案爲風景。

大有泉錢票

黑龍江依安縣大有泉於民國十三年（1924）發行。僅見貳拾吊一種，竪版。票面四周由内層爲文字、外層爲花紋兩部分組成花欄裝飾，正上方橫書"黑龍江省依安縣""大有泉"字樣，其下竪書面值、日期、編號，蓋有印章，票右邊有騎縫編號、印章，票背面有發行告示，主要圖案爲村景。

濟樺錢號錢票

吉林樺川縣濟樺錢號於民國七年（1918）發行。僅見叁吊一種，竪版。票面四周由内層爲《論語》文、外層爲花紋兩部分組成花欄裝飾，花欄中有漢文面值，票正上方橫書"吉林樺川縣""濟樺錢號"字樣，其下竪書面值、日期、編號，鈐印章，票右邊有騎縫編號、印章，背面有漢文面值和由散射狀曲綫花紋組成的底紋。

永源和棧錢票

吉林省吉林市財神廟胡同永源和棧於民國五年（1916）發行未流通之紙幣。僅見拾吊一種，豎版。票面四周由內層爲《大學》文，外層爲花紋兩部分組成花欄裝飾，花欄中有漢文面值，正上方橫書"吉林""永源和棧""財神廟衚衕"字樣，其下豎書面值、日期、編號等，票背有發行告示、面值。由吉林永衡印書局製。

永源和棧錢票（拾吊）

順成號錢票

吉林省吉林市城北上河灣街順成號於民國年間發行。僅見叄吊、未流通樣票壹吊兩種，豎版。壹吊票面四周由內層爲《治家格言》文，外層爲花紋兩部分組成花欄裝飾，底邊兩角有漢文面值，正上方橫書"吉林城北""順成號""上河灣街"字樣，其下豎書面值、日期、編號等，票背印有詩文。叄吊票面四周由海水、雙龍紋組成花欄裝飾，四角有漢文面值，正上方橫書"城北上河灣""吉林""順成號"字樣，其下方豎書面值，日期、編號，鈐印章等，票背面有《治家格言》文、面值。由吉林洪順石印局印製。

懷德堂錢票

吉林省吉林市上河灣石磠子南溝懷德堂於民國年間發行。僅見未流通伍吊一種，豎版。票面四周由內層爲詩詞、外層爲花紋兩部分組成花欄裝飾，花欄中有漢文面值，正上方橫書"吉林上河灣""懷德堂""石磠子南溝"字樣，其下方豎書面值、日期、編號等，票背有發行告示，主要圖案爲碼頭、皇陵。由吉林永衡印書局製。

天義錢號錢票

吉林榆樹縣青山堡天義錢號於民國十年（1921）發行。僅見貳拾吊一種，豎版。票面四周內層爲《快哉亭記》文，外層爲花紋，兩部分組成花欄裝飾，底邊兩角有漢文面值，正上方橫書"吉林榆樹縣""天義錢號""青山堡"字樣，其下豎書面值、日期、編號，鈐印章、印記，票背印有《戰國策》文，主要圖案爲建築物。

裕發金錢票

吉林榆樹縣土橋子裕發金於民國八年（1919）發行。僅見叄拾吊一種，豎版。票面四周由內層爲《北山移文》文，外層爲人物圖案兩部分組成花欄裝飾，四角有漢文面值。正上橫書"吉林榆樹縣""土橋子""裕發金"字樣，其下豎書面值、日期、編號及印章，蓋有"大新立屯福春錢局代付"印記，票背主要圖案有村景、火車港口、街景等。

華民公司錢票

吉林榆樹縣五棵樹華民公司於民國年間發行。僅見未流通票拾吊一種，豎版。票面四周內層爲《千字文》文，外層爲花額兩部分組成花欄裝飾，四角有漢文面值，正上方橫書"吉林榆樹縣""華民公司""五棵樹"字樣，其下豎書面值、日期、編號，鈐印章、印記，票背有發行告示，主要圖案爲公園、街景。

同業公司匯票

吉林榆樹縣弓棚子同業公司於民國年間發

行。僅見未流通樣票貳拾吊一種，竪版。票面四周由内層爲《千字文》文、外層爲人物圖案兩部分組成花欄裝飾，四角有漢文面值，正上方橫書"榆樹弓棚子""同業公司""匯票"字樣，其下方竪書面值、日期、編號，鈐印章，票背印有發行告示，主要圖案爲村景等。

通遠錢號錢票

吉林榆樹縣弓棚子鎮通遠錢號於民國年間發行。僅見未流通票拾吊一種，竪版。票面四周由内層爲《諸葛亮出師表》文、外層爲人物圖案兩部分組成花欄裝飾，四角有漢文、阿拉伯數字面值，正上方橫書"吉林榆樹""弓棚子鎮""通遠錢號"字樣，其下方竪書面值、日期、編號，鈐印章、印記，票背印有發行告示、面值，主要圖案爲雙鳳、山水圖。

利源錢號匯票

吉林榆樹縣弓棚子鎮利源錢號於民國年間發行。僅見未流通票伍拾吊一種，竪版。票面四周有花欄裝飾，四角分別有"利""源""錢""號"四字，花欄中正上方印有"吉林榆樹縣弓棚子鎮""匯票"字樣，其下方印有竪書面值、日期、編號，鈐印章、印記，票背主要圖案爲街景。

聚升當錢票

吉林榆樹縣土橋子鎮聚升當於民國年間發行。僅見未流通拾吊一種，竪版。票面四周由内層爲《千字文》文，外層爲花紋兩部分組成花欄裝飾，四角有漢文面值，正上方橫書"吉林榆樹縣""土橋子鎮""聚升當"字樣，其下方竪書面值、日期、編號，鈐印章、印記，票背印有隸書《千字文》，主要圖案爲城門樓、山景。長春登雲閣石印。

純聚永錢號匯票

吉林舒蘭縣珠琦河街純聚永錢號於民國年間發行。僅見未流通票拾吊一種，竪版。票面四周由内層爲《戰國策》文、外層爲花紋兩部分組成花欄裝飾，花欄中有漢文面值，正上方橫書"吉林舒蘭珠琦河街""純聚永錢號匯票"字樣，其下竪書面值、日期、編號，鈐印章、印記，票背有告示，主要圖案爲皇陵、塔景等。

萬慶和錢局錢票

吉林五常縣山河屯萬慶和錢局於民國九年（1920）發行。僅見貳拾吊一種，竪版。票面四周由内層爲文字、外層爲花紋兩部分組成花欄裝飾，正上方橫書"吉林五常縣""萬慶和錢局""山河屯"字樣，其下竪書面值、日期、編號，鈐印章、印記，票背主要圖案爲火車、門樓等。

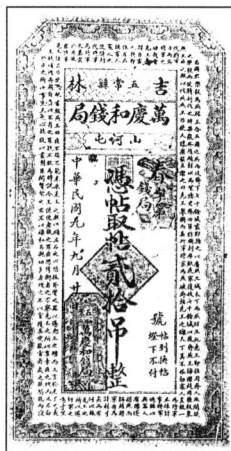

萬慶和錢局錢票（貳拾吊）

大德錢號錢票

吉林五常縣五常堡大德錢號於民國年間發行。僅見未流通票拾吊一種，竪版。票面四周由内層爲碑文、外層爲花紋兩部分組成花欄裝飾，花欄中有漢文面值，正上方橫書"吉林五常縣""大德錢號""五常堡"字樣，其下竪書面值、日期、編號，鈐印章、印記等，票背有詩文，主要圖案爲村景。

實業錢號錢票

吉林五常縣太平山實業錢號於民國年間發行。僅見未流通票叁拾吊一種，竪版。票面四周由內層爲《北山移文》文、外層爲花紋兩部分組成花欄裝飾，花欄中有阿拉伯數字、漢文面值，正上方橫書"吉林五常縣""實業錢號"字樣，其下方豎書面值、日期、編號，鈐印章、印記，票背有警句格言，主要圖案爲鴛鴦戲水圖。

天成玉債票

吉林五常縣天成玉記於民國八年（1919）發行。僅見拾吊一種，豎版。票面四周由火車、街景、人物圖景組成花欄裝飾，花欄中有阿拉伯數字、漢文面值，正上方橫書"吉林五常縣""天成玉"字樣，其下方豎書面值、日期、編號，鈐印章、印記，票背主要圖案爲城樓。

德潤錢號錢票

吉林五常縣向陽山德潤錢號於民國二年（1913）發行。僅見拾吊一種，豎版。票面四周由內層爲碑文、外層爲花紋兩部分組成花欄裝飾，花欄中有漢文面值，正上方橫書"吉林五常縣""德潤錢號""向陽山"字樣，其下方豎書面值、日期、編號，鈐印章、印記，票背印有《戰國策》文，主要圖案爲塔景、皇陵等。

吉升錢號錢票

吉林五常縣太平山吉升錢號於民國八年（1919）發行。僅見拾吊一種，豎版。票面四周由火車、建築物、人物、文字組成花欄裝飾，四角有漢文、阿拉伯數字面值，正上方橫書"吉林五常縣""太平山""吉升錢號"字樣，其下方豎書面值、日期、編號，鈐印章、印記，還蓋有"榆樹縣大新立屯積成祥糧錢代付"印記，票背主要圖案爲建築物。

慶和永錢票

河北冠縣趙村慶和永記於民國年間發行。僅見未流通票叁吊一種，豎版。票面四周由海水、雙龍紋組成花欄裝飾，四角有漢文面值，正上方橫書"冠邑河北趙村""慶和永"字樣，其下方豎書面值、日期、編號等，票背主要圖案爲聚寶盆。

瑞豐號錢票

河北河間縣城東北米各莊鎮瑞豐號於民國年間發行。僅見未流通票壹吊一種，豎版。票面四周由仙鶴、閣樓圖案組成花欄裝飾，四角有漢文面值，正上方橫書"河間城東北米各莊鎮""瑞豐號"字樣，其下方豎書面值、日期、編號等，票背主要圖案爲火車、城門樓等。由天津北馬路華東石印局印製。

榮昌新記錢票

河北河間縣保安屯榮昌新記於民國年間發行。僅見未流通票壹吊一種，豎版。票面四周有花欄裝飾，花欄中有漢文，阿拉伯數字面值，正上方有雙獅圖，印有"河間保安屯"，其下橫書"榮昌新記""憑帖取"，再下方豎書"壹吊"字樣和發行日期、編號等，票背印有"失票不管概不掛號"字樣及面值。由天津宮北東華石印局四色印製，頗精美。

廣信銀號錢票

河北河間縣景和鎮廣信銀號於民國年間發行。僅見未流通票壹吊一種，豎版。票面四周有花欄裝飾，花欄中有漢文面值、發行地名，正上橫書"廣信銀號"字樣，其下豎書面值、日期、編號等，票背主要圖案爲花額。

順興和錢票

河北河間縣府南辛莊順興和記於民國年間發行。僅見未流通票壹吊一種，豎版。票面四周由海水紋、雙龍紋組成花欄裝飾，四角有漢文、阿拉伯數字面值，正上橫書"河間府南辛莊""順興和"字樣，其下竪書面值、日期、編號，底紋由漢文面值組成，票背印有花額、面值。

慶信錢票

河北河間縣禪閣村慶信記於民國年間發行。僅見未流通票壹佰枚一種，竪版。票面四周有花欄裝飾，四角有漢文面值，正上方有鹿、鶴圖，印有"河間禪閣村""慶信"字樣，票正中花框內竪書面值、日期、編號等，主要圖案花額，票背面爲橫版，印有花額、面值。由天津宮北東華石印局石印。

三聚永錢票

河北河間縣正村鎮三聚永記於民國年間發行。僅見未流通票貳吊一種，竪版。票面四周爲海水紋、雙龍紋組成花欄裝飾，四角有漢文面值，正上方橫書"河間正村鎮""三聚永"字樣，其下方竪書面值、日期、編號，底紋由漢文面值組成，票背主要圖案爲花額。由天津宮北東華石印局印。

天泉涌錢票

河北河間縣城北左家莊天泉涌記於民國年間發行。僅見未流通票壹吊一種，竪版。票面四周由雙獅、雙鳳、牡丹花組成花欄裝飾，正上方橫書"河間城北左家莊""天泉涌"字樣，其下方竪書面值、日期、編號，票背主要圖案爲山水、城門等。該幣三色套印，印刷精美。由天津北馬路華東石印局印製。

復興成錢票

河北河間縣前修羅村復興成記於民國年間發行。僅見未流通票壹吊一種，竪版。票面四周由內層爲雙旗和八仙人物圖、外層爲花紋兩部分組成花欄裝飾，四角有漢文面值，正上方印有"河間""前修羅村""復興成"字樣，其

下方竪書面值、日期、編號，底紋由漢文面值組成，票背主要圖案爲花額。由天津宮北東華石印局石印。

福義興暫時救濟金融券

河北昌黎縣侯里新莊福義興於民國年間發行。僅見未流通票伍吊、拾吊兩種，竪版。伍吊票面四周由內層爲《進學解》文、外層爲文物圖兩部分組成花欄裝飾，正上方橫書"昌黎侯里新莊"，其下竪書面值、日期、編號，分別蓋有八邊形、正方形文字大紅印章，票背主要圖案爲戲劇人物圖。拾吊票面四周有花欄裝飾，四角有漢文面值，正上方橫書"昌黎侯里莊""福義興""暫時救濟金融券"字樣，其下方竪書面值、日期、編號等，票背面印有下棋、垂釣圖。

義聚公錢票

河北昌黎縣泥井鎮義聚公於民國十八年（1929）發行。僅見面額伍吊、未流通拾吊各一種，竪版。拾吊票面四周由內層爲《進學解》文外層爲文物圖兩部分組成花欄裝飾，正上方橫書"昌黎""泥井鎮""義聚公"字樣，其下竪書面值、日期、編號，印有"昌黎億慶德代付"字樣，票背主要圖案爲火車、雙龍、雙鳳圖。伍吊票面除四周花欄由內層爲文字、外層爲人物圖案組成花欄裝飾，四角有漢文面值等不同拾吊錢裝飾外，其他基本相同。

文聚和錢票

河北故城縣夏莊文聚和記於民國年間發行。僅見未流通票壹吊一種，竪版。票面四周有花欄裝飾，四角有"文""聚""和""記"四字，花欄中有阿拉伯數字、漢文面值，正上方橫書"故邑夏莊""文聚和"字樣，其下方竪書面值、

日期、編號。底紋由漢文面值組成，票背主要圖案爲火車、輪船圖。由天津北馬路華東石印局石印。

華昌號錢票

河北任丘縣城内華昌號記於民國四年（1915）發行。僅見叁吊一種，竪版。票面四周由人物圖組成花欄裝飾，花欄中有"任丘"兩字，正上方橫書"移城内華昌號"字樣，其下竪書面值、日期、編號及印章，票背主要圖案爲工廠、花額。

鑫聚成錢票

河北任丘縣城内鑫聚成記於民國年間發行。僅見未流通票伍吊一種，竪版。票面四周由亭、雙獅、雙鳳、八仙圖案組成花欄裝飾，底邊兩角有漢文面值，正上方橫書"任丘城内""鑫聚城"字樣，其下方竪書面值、日期、編號，底紋由漢文面值組成，票背主要圖案爲工廠、火車圖。

義增隆錢票

河北安平縣王哥莊義增隆記於民國年間發行。僅見未流通票叁吊一種，竪版。票面四周由内層爲《滕王閣序》文、外層爲人物及花紋兩部分組成花欄裝飾，正上方橫書"安平縣王哥莊""YI TSENG LUNG"字樣，其下竪書面值、日期、編號，票背主要圖案爲聚寶盆。由天津北馬路聚文石印局印。

安平錢票

河北安平縣於民國年間發行。僅見未流通無發行名稱錢票陸仟一種，竪版。票面四周有花欄裝飾，四角有漢文面值，正上方橫書"安平"兩字，其下方竪書面值、日期、編號，票背主要圖案花額，印有銘文。由奉天石印。

育生恒錢票

河北獻縣八章鎮育生恒於民國年間發行。僅見未流通票叁吊一種，竪版。票面四周由閣樓、仙鶴圖組成花欄裝飾，四角有漢文面值，正上方橫書"獻縣""八章鎮""育生恒"字樣，其下方竪書面值、日期、編號，底紋由漢文面值組成，票背主要圖案爲火車、輪船、福禄壽三星圖。

福盛和錢票

河北獻縣八章鎮福盛和布店於民國六年（1917）發行。僅見叁吊一種，竪版。票面四周由海水、雙龍紋組成花欄裝飾，四角有阿拉伯數字、漢文面值，正上方橫書"獻縣八章鎮""福盛和"字樣，其下方竪書面值、日期、編號，鈐印章，票右邊有騎縫編號、印章，底紋由漢文面值組成，票背主要圖案爲火車、城門樓。由天津宮北東華石印局印。

義利昌錢票

河北深縣城東小榆科義利昌於民國三年（1914）發行。僅見貳吊一種，竪版。票面四周有花欄裝飾，四角分別爲"義""利""昌""記"四字，正上方橫書"深州城東小榆科""義利昌"字樣，其下方竪書面值、日期、編號，鈐印章，票背四周有花欄裝飾，印有面值。由天津北馬路華東石印局石印。

成聚興錢票

河北深縣北溪村成聚興記於民國年間發行。僅見未流通票壹吊一種，橫版。票面四周有花欄裝飾，四角有漢文面值，主要圖案鹿、鶴圖，印有"深縣北溪村""成聚興"等字樣和面值、日期、編號。由天津北馬路華東石印局石印。參閱戴建兵《中國近代紙幣》。

玉順生錢票

河北涿鹿縣玉順生於民國二年（1913）發行。僅見面額壹千文一種，竪版。票面四周由內層爲文字、外層爲八仙人物圖兩部分組成花欄裝飾，四角分別有“玉”“順”“生”“記”四字，正上方橫書“涿鹿”“玉順生”字樣，其下方竪書面值、日期、編號，鈐印章。

西公順錢票

山東烟臺西公順於民國年間發行。僅見未流通樣票一種，竪版。票面四周有人物圖案組成花欄裝飾，正上方橫書“烟臺”“西公順”字樣，其下方竪書面值，其左右兩側爲《千字文》文。

裕增德錢票

山東烟臺裕增德於民國年間發行。僅見未流通票叁佰文一種，竪版。票面四周由人物圖案組成花欄裝飾，正上方橫書“裕增德”三字，其下方竪書面值，左右爲《桃花源記》文，票背面爲人物、銘文組成。

德成公錢莊錢票

山東烟臺德成公錢莊於民國年間發行。僅見未流通票壹千文一種，竪版。票面印有漢德文“烟臺德成公錢莊”“憑票取疵市錢壹千文”字樣，主要圖案爲雄鷹，底紋爲洋蓮紋，票背印有漢、德文行名，主要圖案爲牡丹花。印刷精美。

裕興和慶記錢票

山東周村匯龍街裕興和慶記於民國年間發行。僅見未流通票壹吊一種，竪版。票面四周有花欄裝飾，四角有漢文、阿拉伯數字面值，正上方橫書“周村匯龍街”“裕興和慶記”字樣，其下方竪書面值、日期、編號等，票背主要圖案爲松鶴、輪船。由周村華中印刷所印。

元興銀號錢票

山東周村元興銀號於民國年間發行。僅見未流通票叁吊一種，竪版。票面四周有花欄裝飾，四周有漢文面值。正上方橫印“周村”“元興銀號”字樣，其下方竪印面值、日期、編號，底紋由留白“元興銀號”字樣，票背主要圖案爲碼頭。由濟南西門里興華印刷局膠版印。

華記鴻信銀號錢票

山東濟南華記鴻信銀號於民國年間發行。僅見未流通票壹仟文一種，竪版。票面四周有花欄裝飾，四角分別有“鴻”“信”“銀”“號”四字，正上方橫印“濟南華記”“鴻信銀號”“商埠緯四路”字樣，其下竪印面值、日期、編號及支發時間，票背主要圖案花額。由濟南西門里華中石印局印。

元亨利錢票

山東歷城東北鄉李官莊元亨利於民國年間發行。僅見未流通票叁吊文一種，竪版。票面四周有花欄裝飾，四角有漢文面值，正上方橫印“歷邑東北鄉李官莊”“元亨利”字樣，其下竪印面值、日期、編號，底紋爲留白“元亨利記”四字，票背主要圖案爲建築物。由濟南西門里華中石印局印。

源興和錢票

山東榮城海頭院村源興和於民國十七年（1928）發行。僅見壹佰文一種，竪版。票面四周由內層爲《刑賞忠厚之至論》文、外層爲人物圖案兩部分組成花欄裝飾，正上方橫印“海頭院村”“源興和”字樣，其下方竪印面值、日期、編號，票背印有發行説明等。由威海公益局印。

榮邑公積紙幣

山東榮城三區蔭子夼商務公會於民國十六年（1927）發行。僅見未流通票壹仟文一種，豎版。票面四周有花欄裝飾，四角有漢文面值，正上方橫印"榮邑""公積紙幣"字樣，其下方豎印面值、日期、編號，花欄外正上方蓋有"岔河崖敬業堂代付"字樣，票背主要圖案爲雙鳳、建築物等，蓋有兌換説明印。

三合永錢票

山東榮城江家口三合永於民國十二年（1923）發行。僅見壹佰文一種，豎版。票面四周有花欄裝飾，四角有漢文面值，正上方橫印"榮邑江家口""三合永"字樣，其下豎印面值、日期、編號、印章，票背主要圖案爲花額。該幣四色套印，印製精美。

德聚東錢票

山東榮城崖頭東楚家莊德聚東於民國十一年（1922）發行。僅見壹佰文一種，豎版。票面四周有花紋花欄裝飾，四角有阿拉伯數字面值，花欄外正上方印有"崖頭東楚家莊"字樣，花欄中正上方橫印"榮邑""德聚東"字樣，其下方豎印面值、日期、編號和印章，票右邊騎縫印章，票背主要圖案爲花額。

義和號錢票

山東榮城石島北八河村義和號於民國二十二年（1933）發行。僅見貳佰文一種，豎版。票面四周由內層爲詩文、外層爲花紋兩部分組成花欄裝飾，花欄正上方有"榮邑"兩字。正上方橫印"石島北八河村""義和號"字樣，其下方豎印面值、日期、編號及印章，票背主要圖案爲花紋，票右有橢圓形騎縫章。

榮邑仁盛德錢票

山東榮城西夏莊村仁盛德於民國十五年（1926）發行。僅見未流通票貳仟文一種，豎版。票面四周有花欄裝飾，花欄外正上方橫印"西夏莊村"，花欄中正上方有"榮邑仁盛德"字樣，其下豎印面值、日期、編號等，票背主要圖案爲山莊圖。由威海公益局印。

同盛涌紙幣

山東平度縣南鄉柴家窪同盛涌於民國二十七年（1938）發行。僅見貳角一種，橫版。票面四周有花欄裝飾，四角有漢文面值，主要圖案爲天壇、花額，印有"平渡南鄉""同盛涌""柴家窪"字樣和面值、日期、編號及印章，票背主要圖案爲建築物。

復盛號紙幣

山東平度縣女兒村復盛號於民國二十九年（1940）發行。僅見伍角一種，豎版。票面四周有花欄裝飾，四角有漢文面值，正上方橫印"復盛號"字樣，其下主要圖案爲樓房圖，印有發行日期、面值、印章及發行地址，票背主要圖案爲樓房圖。

增茂成錢票

山東平度縣東鄉後滕家增茂成於民國年間發行。僅見未流通票叁仟文一種，豎版。票面四周由內層爲《送楊少尹序》文、外層爲青銅文物圖案兩部分組成花欄裝飾，四角有漢文面值，正上方橫印"平度東鄉後滕家""增茂成"字樣，其下方豎印面值、日期、編號，蓋有《陋室銘》文字印章，票背四周有人物圖案并印有《治家格言》。

永盛號錢票

山東平度縣東鄉郝家疃永盛號於民國年間

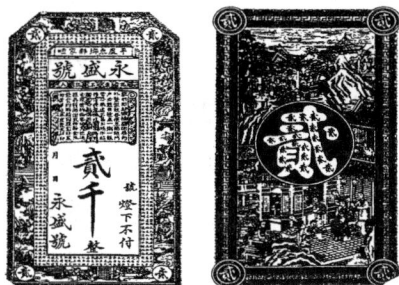

永盛號錢票（貳千文）

發行。僅見未流通票貳千文一種，竪版。票面四周由內層爲韓愈《送李願歸盤谷序》文、外層爲人物圖案兩部分組成花欄裝飾，四角有漢文面值，正上方橫印"平度東鄉郝家疃""永盛號"字樣，其下方竪印面值、日期、編號，蓋有《治家格言》文字印章，票背主要圖案爲人物圖。由平度南門里聚文祥印刷局印。

增盛德錢票

山東平度縣東鄉古峴增盛德於民國年間發行。僅見未流通票貳仟文一種，竪版。票面四周有動物、風景圖案組成花欄裝飾，花欄中有"古峴""古峴增盛德記"字樣，花欄外正上方有"平度東鄉"四字，票面正上方橫印"增盛德"字樣，其下竪印面值、日期、編號，票背主要圖案爲花額。

復聚公錢票

山東平度縣杜哥莊復聚公於民國年間發行。僅見未流通票壹仟文一種，竪版。票面四周有雙獅、雙龍紋組成花欄裝飾，花欄中正上方有"平度杜哥莊"，其下有"復聚公"字樣，再下竪印面值、日期、編號，蓋有一大型文字印章，票背主要圖案爲人物圖。由青島福海石印書館承印。

繼伯堂錢票

山東平度縣東北鄉祝溝繼伯堂於民國十六

（1927）發行。僅見未流通票壹仟文一種，竪版。票面四周由內層爲《送楊少尹序》文、外層爲古董圖案兩部分組成花欄裝飾，四角有漢文面值，正上方橫印"平度東北鄉祝溝""繼伯堂"字樣，其下方竪印面值、日期、編號，票背主要圖案爲火車、輪船圖。

瑞昌祥錢票

山東平度縣古峴鎮瑞昌祥於丙寅年（1926）發行。僅見未流通票貳仟文一種，竪版。票面四周由山水、樓閣組成花欄裝飾，四角有漢文面值，花欄外正上方有"平度"兩字，票面正上方橫印"古峴鎮""瑞昌祥"字樣，其下方竪印面值、日期、編號，票背主要爲人物圖案并印有《春夜宴桃李園叙》文。由烟臺東華裕印刷局代印。

德合福錢票

山東平度縣白埠德合福於民國年間發行。僅見未流通票伍千文一種，竪版。票面四周由內層爲《送楊少尹序》文、外層爲青銅文物圖案兩部分組成花欄裝飾，四角有漢文面值，正上方橫印"平度白埠""德合福"字樣，其下方竪印面值、日期、編號，蓋有《陋室銘》文字印章，票背主要圖案爲樓閣。

雙合盛錢票

山東萊陽葉稼莊雙合盛於民國年間發行。僅見未流通票壹仟文一種，竪版。票面四周由內層爲《治家格言》、外層爲人物圖案兩部分組成花欄裝飾，正上方橫印"葉稼莊""雙合盛"字樣，其下方竪印面值、日期、編號，票背主要圖案爲火車、輪船、碼頭。

福星藥房紙幣

山東萊陽姜畎福星藥房於民國二十八年

（1939）發行。僅見未流通票貳角一種，橫版。票面四周有花欄裝飾，四角有漢文面值，主要圖案爲建築物圖，印"萊陽姜畦""福星藥房"字樣和面值、日期、編號，票背主要圖案爲建築圖。

永興成錢票

山東萊陽西鄉堤上村永興成於民國十二年（1923）發行。僅見未流通票壹仟文一種，竪版。票面四周由鹿、鶴、松樹圖組成花欄裝飾，花欄中有"堤上永興成記"字樣和漢文面值，花欄外正上方有"萊陽西鄉堤上村"字樣。票面正上方橫印"永興成"三字，其下竪印面值、日期、編號，票背主要圖案爲鍾馗打鬼圖。

源盛泰錢票

山東萊陽馬家泊源盛泰於丙寅年（1926）發行。僅見未流通票貳吊一種，竪版。票面四周由內層爲《辨奸論》文、外層爲古董圖案兩部分組成花欄裝飾，四角有漢文面值，正上方橫印"萊邑馬家泊""源盛泰"字樣，其下竪印面值、日期、編號，票背主要圖案爲萬壽山、石舫圖。

瑞泰興錢票

山東萊陽玩底集瑞泰興於辛酉年（1921）發行。僅見壹吊一種，竪版。票面四周由內層爲《滕王閣序》、外層爲人物圖案兩部分組成花欄裝飾，四角有漢文面值，花欄外正上方有"萊邑"兩字和發行印記。票面正上方橫印"玩底集""瑞泰興"字樣，其下竪印面值、日期、編號及印章，票背主要圖案爲火車、輪船圖。

永興合錢票

山東萊陽堤上永興合於民國年間發行。僅見未流通票壹仟文一種，竪版。票面四周有花欄裝飾，四角有阿拉伯數字、漢文面值，花欄外正上方有"萊陽"兩字。票面正上方橫印"堤上永興合"字樣，其下方竪印面值、日期、編號、印章，票背主要圖案爲神仙人物圖。由烟臺福裕東書局代印。四色套印，印製精美。

瑞聚昶錢票

山東即墨縣瑞聚昶於民國年間發行。僅見未流通票伍吊一種，竪版。票面四周由八仙圖組成花欄裝飾，四角有漢文面值，正上方橫印"即墨縣""瑞聚昶"字樣，其下方竪印面值、日期、編號，票背有發行告示。

華永茂錢票

山東即墨金口華永茂於民國年間發行。僅見未流通票壹吊一種，竪版。票面四周有花欄裝飾，四角有漢文面值，正上方橫印"華永茂"三字，其下正中竪印面值，其兩側由鹿、鶴、松樹圖組成，票右邊有騎縫編號，票背主要圖案爲山莊圖。

同豐恒錢票

山東即墨金口同豐恒於民國年間發行。僅見未流通票貳吊一種，竪版。票面四周由內層爲《辨奸論》文、外層爲古董圖案兩部分組成花欄裝飾，四角有漢文面值，正上方橫印"金口""同豐恒"字樣，其下方竪印面值、日期、編號，票背主要圖案爲萬壽山、石舫圖。

魁興號錢票

山東即墨金口魁興號於民國年間發行。僅見未流通票壹吊一種，竪版。票面四周由內層爲《韓愈上尚書》文、外層爲人物圖案兩部分組成花欄裝飾，四角有漢文面值，正上方橫印"即墨金口""魁興號"字樣，其下方竪印面值、日期、編號，票背主要圖案爲人物圖案并印有

《刑賞之至論》文。

永興和錢票

山東即墨埠口永興和於民國年間發行。僅見未流通票壹吊一種，竪版。票面四周由人物圖案組成花欄裝飾，正上方橫印"埠口""永興和"字樣，其下方竪印面值，其左右印有文章，票背主要圖案爲古代仕女人物圖。

文邑公積紙幣[1]

山東文登雲光鄉二區商會於民國年間發行。僅見未流通票壹仟文一種，竪版。票面四周有花欄裝飾，花欄外正上方印有"東仙王家德興號代付"字樣，左右分別爲發行日期、編號，正上方橫印"文邑""公積紙幣"，其下方正中竪印面值，其左右爲《勸學篇》文，票背爲雙獅、雙鳳圖。由威海華豐印務所印。

和興仁錢票

山東文登山後孫家和興仁於民國十三年（1924）發行。僅見壹仟文一種，竪版。票面四周由內層爲《閱江樓記》文、外層爲人物圖案兩部分組成花欄裝飾，外欄外正上方印有"高村集北"字樣，正上方橫印"文邑""山後孫家""和興仁"字樣，其下方竪印面值、日期、編號，票背主要圖案爲雙鳳、閣樓。

文邑公積紙幣[2]

山東文登雲光鄉二區公積會於民國十六年（1927）發行。僅見未流通之壹仟文一種，竪版。票面四周有花欄裝飾，花欄外正上方有"沽泊陳家東元興代付"字樣，票面正上方橫印"文邑""公積紙幣"字樣，其下方竪印面值、日期、編號，票背主要圖案爲山莊，印有"沽泊陳家東元興代付""西仙王家公積會"字樣。

長泰和錢票

山東文登虎口山長泰和於民國十二年（1923）發行。僅見未流通之壹仟文一種，竪版。票面四周有花欄裝飾，花欄外正上方有"虎口山"三字，左右分別爲發行日期、編號，正上方有"文邑""長泰和"字樣，其下正中竪印面值，左右爲《滕王閣序》文，票背主要圖案爲花額。

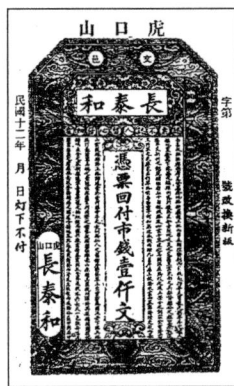

長泰和錢票（壹仟文）

和聚祥錢票

山東惠民縣城裏大寺前和聚祥於民國年間發行。僅見未流通之叁吊一種，竪版。票面四周由麒麟、雙鳳、人物圖案組成花欄裝飾，四角有漢文面值，正上方橫書"惠民城裏大寺前""和聚祥"，其下方竪印面值、日期、編號，票背主要圖案爲火車、莊園。由濟南西門里興華印刷局膠版印。

宏順號錢票

山東惠民劉家橋宏順號於民國年間發行。僅見未流通壹吊一種，竪版，票面四周有花欄裝飾，四周有漢文面值，正上方橫印"劉家橋""宏順號"字樣，其下竪印面值、日期、編號，票背主要圖案爲閣樓，底紋由漢文面值成散射圖形組成。由濟南西門里興華印刷局膠版印。四色印製，製作精美。

三泉涌錢票

山東惠民流波塢北周商莊三泉涌於民國年間發行。僅見未流通之拾吊一種，竪版。票面四周有花欄裝飾，四角有漢文面值，正上方橫印"流波塢北周商莊""三泉涌"字樣，其下方豎印面值、日期、編號，底紋有留白"三泉涌"字樣，票背主要圖案爲山水圖。由惠民華中石印局石印。

仁稷堂錢票

山東長山縣城北省莊仁稷堂於民國年間發行。僅見未流通之壹吊一種，豎版。票面四周有花欄裝飾，四角有漢文面值，正上方橫印"長山城北省莊""仁稷堂"字樣，其下方豎印面值、日期、編號，票背主要圖案爲閣樓圖。由濟南西門里華中石印局印。

福順東錢票

山東長山周村後街福順東於民國年間發行。僅見未流通之貳吊文一種，豎版。票面四周有花欄裝飾，四角有漢文面值，正上方橫印"長山福順東"字樣，其下方豎印面值、日期、編號，蓋有"周村後街福順東代支錢"字樣，票背主要圖案爲花額。由濟南西門里華中石印局印。

義豐成錢票

山東章丘水寨鄉義豐成於民國年間發行。僅見未流通之伍吊文一種，豎版。票面四周有花欄裝飾，四角有漢文面值，正上方橫印"章丘水寨鄉""義豐成"字樣，其下方豎印面值、日期、編號，底紋由留白"義豐成記"字和漢文面值組成，票背主要圖案有輪船、花額。由天津北馬路華中印刷局膠版印。

裕泰銀號錢票

山東章邑劉家趙莊裕泰銀號於民國年間發行。僅見未流通之貳吊一種，豎版。票面四周有花欄裝飾，四角有漢文面值，正上方橫印"章邑城東劉家趙莊""裕泰銀號"字樣，其下方豎書面值、日期、編號，鈐印章，票背主要

圖案爲農舍。由濟南市西關估衣市街華西印刷局印。

恒德號錢票

山東海陽縣堡上村恒德號於民國年間發行。僅見未流通票壹吊一種，豎版。票面四周有花欄裝飾，四角有漢文面值，正上方橫印"海邑堡上村""恒德號"字樣，其下方豎印面值、日期、編號，票背主要圖案爲福州風景圖。由煙臺新華東義記印。

福興祥錢票

山東海陽小灘村福興祥於民國年間發行。僅見未流通之壹仟文一種，豎版。票面由花鳥、人物圖組成，正上方留白處橫印"海邑""福興祥"字樣，其下方留白處豎印面值，發行名稱及地址。票面欄外正上方印有"小灘村"，右邊有發行編號，票背圖案爲旗幟、山莊等。

同興和錢票

山東海陽同興和於民國年間發行。僅見未流通之貳吊一種，豎版。票面四周由內層爲文字，外層爲雙龍及八仙圖兩部分組成花欄裝飾，正上方橫印"海邑""同興和"字樣，其下方豎印面值、日期、編號，票背主要圖案爲火車、城門樓。由天津北馬路華中石印局石印。

大生盛錢票

山東海陽西北莊大生盛於民國年間發行。僅見樣票一種，豎版。票面四周由人物圖組成花欄裝飾，正上方留處橫印"海邑""大生盛"字樣，其下方留白處豎印面值、發行名稱，票面欄上方印有"西北莊"，左邊有發行編號，票背主要圖案爲人物圖。

復成東紙幣

山東海陽縣雙鳳莊復成東於民國二十三

年（1934）年發行。僅見未流通票貳角一種，橫版。票面四周有花欄裝飾，四角有漢文面值，主要圖案爲亭、房景，印有"海陽縣雙鳳莊""復成東"字樣和面值、日期、編號，花欄外正上方印有"所集兑换"字樣，票背主要圖案爲橋、塔景。

永立盛記錢票

山東栖邑樓底集永立盛記於民國十一年（1922）發行。僅見未流通之壹吊文一種，橫版。票面四周有花欄裝飾，四角有漢文面值，主要圖案爲村景，印有"永立盛記"字樣和面值、日期、編號。花欄外正上方有"樓底集"，左邊有"改換新版"等字樣，票背主要圖案爲建築物。

增元利錢票

山東黄縣增元利於民國丙寅年（1926）發行。僅見貳吊一種，竪版。票面四周有花欄裝飾，四角有漢文面值，主要圖案爲城門樓、烟臺山，印有"黄邑""增元利"字樣和面值、日期、編號及印章，左邊有騎縫印章，票背主要圖案爲汽車、山景，由志榮印書社代印。

振華公司錢票

山東黄縣城南大脉張家振華公司於民國年間發行。僅見未流通之壹吊一種，竪版。票面四周由蝴蝶圖案組成花欄裝飾，花欄外正上方印有"城南大脉張家"右邊有騎縫編號。票面正上方留白處竪印面值、其左右由人物圖案構成，票左下方還有"振華髮網莊"發行名稱，票背主要圖案爲人物，在票面左下邊有"BOND"水印。

大義德錢票

山東牟平魯家夼大義德於民國年間發行。

僅見未流通壹吊一種，竪版。票面四周由内層爲花欄裝飾、外層爲人物圖案兩部分組成花欄裝飾，正上方橫印"牟平魯家夼""大義德"字樣，其下竪印面值、日期、編號，票背主要圖案爲人物圖。

文興德記錢票

山東牟平縣文興德記於民國年間發行。僅見壹吊一種，竪版。票面四周由人物圖案組成花欄裝飾，花欄外右邊有編號。票面正上方橫印"牟平文興德記"字樣，其下方竪印面值，左右爲文字，左下方還有"牟平文興德記"發行名稱，票背主要圖案爲山莊。由烟臺鍾聲報社代印。

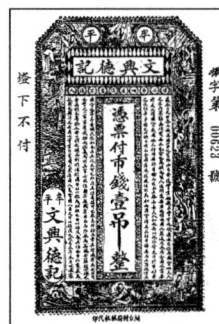

文興德記錢票（壹吊）

厚德堂紙幣

山東牟平縣珠港村厚德堂於民國三十年（1941）發行。僅見未流通壹圓一種，橫版。票面四周有花欄裝飾，四角有漢文面值，主要圖案爲建築物，印有"牟平縣珠港村""厚德堂"字樣和面值、日期，票背主要圖案爲天壇圖案。

義興德紙幣

山東牟平縣陳家屯義興德於民國二十年（1931）發行。僅見壹角一種，橫版。票面四周有花額裝飾，四角有漢文面值，主要圖案爲村景，印有"義興德"字樣和面值、日期、編號及印章。花欄外正上方印"牟平陳家屯"字樣，票背主要圖案爲湖景。由威海公益印刷局製版。

德泉永紙幣

山東牟平縣徐永莊德泉永於民國二十四年

（1935）發行。僅見壹角一種，橫版。票面四周有花欄裝飾，四角有漢文面值，主要圖案爲飛機圖，印有"牟平縣徐永莊""德泉永"字樣和面值、日期及印章，票背主要圖案爲閣樓山景。由烟臺復興印刷局代印。

益都茂盛祥紙幣

山東益都茂盛祥於民國十九年（1930）發行。僅見叁角一種，橫版。票面四周有花欄裝飾，四角有漢文面值，主要圖案有建築圖、花額等，印有"益都茂盛祥"字樣和發行日期、編號及印章。參閱張志中《中國紙幣》。

臨淄東興油坊紙幣

臨淄東興油坊於民國年間發行。僅見貳角一種，橫版。票面四周有花欄裝飾，四角有漢文面值，主要圖案有塔、花額等，印有"臨淄東興油坊"字樣和發行面值、日期、編號和印章。

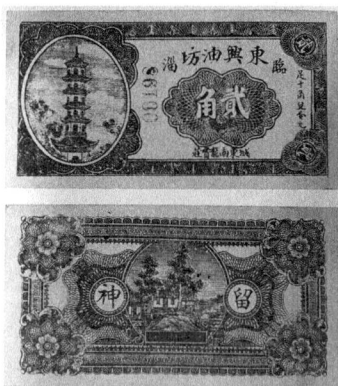

臨淄東興油坊紙幣（貳角）

東順涌錢票

山東牟平縣許家東順涌記於民國年間發行。僅見未流通之壹吊一種，竪版。票面四周由人物圖案組成花欄裝飾，正上方留白處橫印"牟平""東順涌"字樣，其下方留白處竪印面值，其左右爲閣樓、山景圖組成，票左下方有"許家東順涌記"發行名稱，票背主要圖案爲人物圖。

仁盛德錢票

山東威海西夏莊仁盛德於民國十六年（1927）發行。僅見未流通壹仟文一種，竪版。票面四周有花欄裝飾，四角有漢文面值，花欄外正上方印有"西夏莊"三字。票面正上方橫印"威海""仁盛德"字樣，其下方竪印面值、日期、編號，票背主要圖案爲房屋、山景，印有"威海泊於家集溫泉會社注冊"字樣。由威海公益印務局印。

豫升祥錢票

山東威海豫升祥於民國十一年（1922）發行。僅見壹仟文一種，竪版。票面四周由內層爲《岳陽樓記》文、外層爲古董圖案兩部分組成花欄裝飾，四角分別有"源""遠""流""長"四字，正上方橫印"威海""豫升祥"字樣，其下竪印面值、日期、編號及印章，票背主要圖案爲雙鳳、閣樓圖。

三成泰錢票

山東益都金嶺鎮東石毛托三成泰於民國年間發行。僅見未流通貳吊一種，竪版。票面四周有花欄裝飾，四角有阿拉伯數字、漢文面值，正上方橫印"益都金嶺鎮東石毛托""三成泰"字樣，其下方竪印面值、日期、編號，票背印有面值、行名。由周村承文石印局印。

杏山堂錢票

山東益都（今青州）城西坡子莊杏山堂於民國年間發行。僅見未流通叁吊一種，竪版。票面四周有花欄裝飾，四角有漢文面值，正上方橫印"益都城西坡子莊""杏山堂"字樣，其下方竪印面值、日期、編號，票背主要圖案爲山水、城堡。由青州文友齋石印。

德記保元堂錢票

山東青州城北河東莊德記保元堂於民國年間發行。僅見未流通壹吊一種，豎版。票面四周由人物、風景圖組成花欄裝飾，四角分別有"青州"兩字和漢文面值，正上方橫印"德記""保元堂"字樣，下方豎印面值、日期、編號，票背有人物、神仙圖，印有漢文面值組成散射狀紋飾。由烟臺東華裕印刷局代印。

益豐號紙幣

山東益都（今青州）城東郝永慶益豐號於民國二十一年（1932）發行。僅見叁角一種，豎版。票面圖案爲房屋，正上方橫印"益都城東郝家莊""益豐號"字樣和面值、説明、日期及印章，票背圖案爲花額。由青州隆興德印。

協和泰錢票

山東青州城北西巷於家莊協和泰於民國年間發行。僅見未流通叁吊一種，豎版。票面四周由人物、古董圖組成花欄裝飾，四角有漢文面值，花欄外正上方有一對雙獅圖。票面橫印"協和泰"字樣，其下豎印面值、日期、編號及印章，票背主要圖案爲福祿壽三星、松鶴圖，花欄外正上方印有聚寶盆圖案。由青州衛街廣固書莊石印。

龍江商會紙幣

山東龍江商會於民國二十六年（1937）發行。僅見伍角一種，橫版。票面四周有花欄裝飾，四角有阿拉伯數字、漢文面值，主要圖案爲建築物，印有"龍江商會"字樣和發行面值、日期、編號及印章。由益文館代印。參閱戴建兵《中國近代紙幣》。

華茂錢莊錢票

山東栖霞縣松山華茂錢莊於民國十五年（1926）發行。僅見壹吊一種，橫版。票面四周有花欄裝飾，四角有漢文面值，主要圖案爲花額，印有"華茂錢莊"字樣和面值、日期、編號及印章，花欄外正上方橫印"栖邑松山"字樣，票背主要圖案爲山莊。由烟臺越文館四色印製，製作精美。

泰豐號錢票

山東栖霞縣松山店泰豐號於民國年間發行。僅見樣票一種，豎版。票面四周由內層爲文字、外層爲古董圖案兩部分組成花欄裝飾，四角有漢文面值，正上方橫印"栖邑松山店""泰豐號"字樣，其下豎印面值，票右邊有騎縫編號，票背主要圖案爲嬰戲圖。印製精美。

裕豐祥紙幣

山東栖霞縣北甲溝裕豐祥於民國年間發行。僅見利用泰豐號錢票加蓋發行地名、發行名稱、面值貳角一種。有編號和印章。其他裝飾同泰豐號錢票。

源豐興記錢票

山東栖霞縣城里源豐興記於民國十年（1921）發行。僅見壹吊一種，橫版。票面四周有花欄裝飾，四角有漢文面值，主要圖案爲山莊，印有"源豐興記"等字樣和發行面值、日期、編號及印章，票背主要圖案爲湖、山景。由烟臺華昌印書製。

同豐棧記錢票

山東栖霞縣城裏同豐棧記於民國年間發行。僅見未流通之壹仟文一種，豎版。票面四周由人物圖組成花欄裝飾，花欄外正上方印有"栖邑城裏"，右邊有騎縫編號。票面正上方留空處印有"同豐棧記"，其下留空處豎印面值，左右爲《治家格言》文，票左下方有"栖邑同豐棧記"發行名稱，票背面爲山莊圖案。

永祥號錢票

山東恩縣龐莊永祥號於民國年間發行。僅見未流通票貳吊一種，竪版。票面四周有雙龍、海水紋組成花欄裝飾，四角有阿拉伯數字、漢文面值，正上方橫印"山東恩縣龐莊""永祥號"字樣，其下竪印面值、日期、編號及印章，票背主要圖案爲花額。由天津北馬路華東石印局石印。

益生堂紙幣

山東壽光益隆道田益生堂於民國二十五年（1936）發行。僅見貳角、貳角伍分兩種，橫版。票面四周有花欄裝飾，四角有漢文面值，主要圖案爲捉魚圖，印有"益生堂"字樣和面值、日期、編號及印章，票背主要圖案爲花額。由濰縣和記膠版印刷局印。

福隆號紙幣

山東壽光縣城西王家老屋福隆號於民國二十八年（1939）發行。僅見未流通壹角、貳角、叁角三種，橫版。票面四周有花欄裝飾，右邊兩角有漢文面值，主要圖案爲天壇圖，印有"壽光福隆號"字樣和面值、日期、編號等。該幣單面印刷，由壽光北海鉛石美術印刷所印。

農豐糧棧紙幣

山東壽光城西南大李家莊農豐糧棧於民國十五年（1926）發行。僅見叁角一種，橫版。票面四周有花欄裝飾，四角有漢文面值，主要圖案爲山莊，印有"壽光""農豐糧棧"字樣和面值、日期、編號及印章等，票背主圖案爲山莊。由壽光合記代印。

瑞豐號錢票

山東曹縣城裏瑞豐號於民國五年（1916）發行。僅見貳仟文一種，竪版。票面四周有花欄裝飾，四角有漢文面值，正上印有"曹州城裏""瑞豐"字樣，其下竪印面值、日期、編號，底紋留白處有"瑞豐號記"字樣，票背主要圖案爲下棋、垂釣圖。由濟南西門裏華中石印局膠版印。

福聚成紙幣

山東利津縣城裏小隅頭福聚成於民國年間發行。僅見伍元樣票一種，竪版。票面四周由雙獅圖、花紋、吉祥雲組成花欄裝飾，其正上印有"武定府""利津縣城裏小隅頭"，兩則有"票面不准過批"字樣，花欄内正上橫印"福聚成"字樣，其下竪印面值、日期、編號等，票背主要圖案爲福禄壽三星、松鶴圖。由濟南印製。

永增福濰莊錢票

山東廣饒縣南圪塔莊永增福濰莊於民國年間發行的。僅見未流通叁吊一種，竪版。票面四周有花欄裝飾，四角有漢文面值，正上橫印"廣饒南圪塔莊""永增福濰莊"字樣，其下竪印面值、編號，底紋留白處有"永增福記"字樣，票背主要圖案爲閣樓圖。由濰縣東關下河街聚興石印局印。

恒祥號錢票

山東廣饒西關恒祥號於民國年間發行。僅見未流通票貳吊一種，竪版。票面四周有花欄裝飾，四角有漢文面值，正上方橫印"廣饒西關""恒祥號"字樣，其下竪印面值、日

恒祥號錢票（貳吊）

期、編號等，票背主要圖案爲碼頭圖。由濟南西門里大中印刷局膠版印。

恒升號紙幣

山東廣饒城東徐家灣恒升號於民國年間發行。僅見未流通之貳角、叁角兩種，橫版。票面四周有花欄裝飾，四角有漢文面值，主要圖案爲房屋山景，正上方印有"恒升號"字樣和面值、日期、編號，票背主要圖案爲歐式建築。由壽光北海印製所印。

同德成錢票

山東博興縣興福鎮同德成於民國年間發行。僅見未流通之伍吊文一種，竪版，票面四周由内層爲《進學解》文、外層爲古董圖兩部分組成花欄裝飾，花欄外正上方有"博興縣"字樣，票面正上方橫印"興福鎮""同德成"字樣，其下方竪印面值、日期、編號，票背主要圖案爲人物圖案。由烟臺誠文德代印。

福興成錢票

山東桓臺演馬莊福興成於民國年間發行。僅見未流通票貳吊一種，竪版。票面四周有花欄裝飾，四角有漢文面值，正上方橫印"桓臺演馬莊""福興成"字樣，其下方竪印面值、日期、編號，底紋留白"福興成"三字，票背主要圖案爲閣樓。由濟南西門里華東石印局印。

義泰成紙幣

山東桓臺城北金家慶義泰成於民國二十七年（1938）發行。僅見叁角、伍角兩種，橫版。票面四周有花欄裝飾，四角有漢文、阿拉伯數字面值，主要圖案爲天壇圖，印有"義泰成"字樣和面值，日期，編號及印章，地名，票背主要圖案爲花額。

鼎豐錢票

山東鄆城北關鼓樓街鼎豐記於民國年間發行。僅見未流通票貳吊一種，竪版。票面四周由海水、雙龍紋組成花欄裝飾，四角有漢文面值，正上橫印"鄆邑北關鼓樓街路西""鼎豐"字樣，其下竪印面值、日期、編號，票背主要圖案爲閣樓、古樹、建築圖。

雙興號錢票

山東巨野城西新興本集雙興號於民國年間發行。僅見未流通之貳仟文一種，竪版。票面四周有花欄裝飾，四角有漢文面值，正上方印有"巨野城西新興本集大隅首東路北""雙興號"字樣，其下竪印面值、日期、編號，票背主要圖案爲山水圖。由巨野城内瑞文齋石印局印。

德慶永錢票

山東霑化黃升店德慶永於民國年間發行。僅見未流通之貳吊一種，竪版。票面四周有花欄裝飾，四角有漢文面值，正上印有"霑化黃升店""德慶永"字樣，其下竪印面值、日期、編號。底紋由漢文面值組成，票背主要圖案爲碼頭。由濟南西門里都司門口華東石印局印。

永昌號錢票

山東濱縣里則鎮小吳莊永昌號於民國年間發行。僅見未流通之貳吊一種，竪版。票面四周有花欄裝飾，四角有漢文面值，正上方橫印"濱縣里則鎮小吳莊""永昌號"字樣，其下竪印面值、日期、編號，票背主要圖案爲閣樓。由濟南西門里華東石印局印。

永太合錢票

山東無棣東關永太合於民國年間發行。僅見未流通票叁吊一種，竪版。票面四周有山莊圖、花紋組成花欄裝飾，四角分别有

"永""太""合""記"四字，正上方橫印"無棣東關""永太合"字樣，其下方竪印面值、日期、編號及印章，票背主要圖案爲碼頭，印有"營業要目"。由無棣文業印刷。

復順成錢票

山東鄒平東南鄉逯家莊復順成於民國年間發行。僅見未流通之壹吊一種，竪版。票面四周有花欄裝飾，四角有漢文面值，正上方橫印"鄒平東南鄉逯家莊""復順成"字樣，其下方竪印面值、日期、編號，票背主要圖案爲林景。由濟南西門里實業印刷局印。

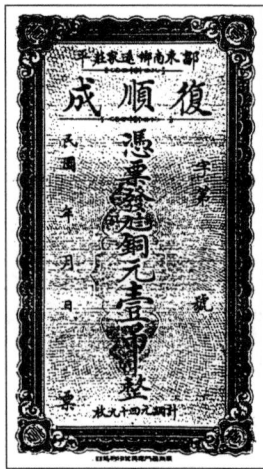

復順成錢票（壹吊）

鴻興永錢票

山東招遠縣東良村鴻興永於民國十四年（1925）發行。僅見壹吊一種，橫版。票面四周有花欄裝飾，四角有漢文面值，圖案爲建築物，印有"招遠縣東良村""鴻興永"字樣和面值、日期、編號及印章，票背圖案爲村景。

天錫棧錢票

山東樂陵縣城南胡家集天錫棧於民國年間發行。僅見未流通之叁吊一種，竪版。票面四周有花欄裝飾，四角有漢文面值，正上方橫印"樂陵縣""城南胡家集""天錫棧"字樣，其下方竪印面值、日期、編號，底紋留白"天錫棧"三字，票背主要圖案爲牌坊、聚寶盆。由山東樂陵興文石印局印。

復興隆錢票

山東昌邑復興隆於民國年間發行。僅見叁吊一種，竪版，較狹長。票面四周有花欄裝飾，花欄外上方有雙獅擁花球圖。票面正上方橫印"昌邑""復興隆"字樣，其下方竪印面值、日期、編號及印章，底紋由留白"復興隆記"四字，票背主要圖案爲人物游園圖，印有留白"昌邑復興隆記"字樣。由濟南西門里實業印刷局印。

雙聚福錢票

山東都昌苑家莊雙聚福於民國二十八年（1939）發行。僅見肆仟文一種，竪版，狹長。票面四周由人物圖案組成花欄裝飾，四角分別有"信""實""通""商"四字，花欄外正上方有人物圖。票面正上方橫印"都昌苑家莊""雙聚福"字樣，其下方竪印面值、日期、編號及印章，票背圖案爲牧馬圖，印有留白"都昌雙聚福記"六字。由濰縣東關魯寧印刷社代印。

人和堂錢票

山東高密縣柴溝南李家莊人和堂於民國年間發行。僅見未流通之壹千文一種，竪版，較長。票面四周由人物圖案組成花欄裝飾，四角分別有"高密"字樣和漢文面值，花欄外正上方有下棋圖。票面正上方橫印"柴溝南李家莊""人和堂"字樣，其下方竪印面值、日期、編號，票背主要圖案下棋、閱讀、耕作圖。由高密通德堂印。

恒豐泰錢票

山東沂南燕子湖莊恒豐泰於民國年間發行。僅見未流通之叁吊一種，竪版，較長。票面四周由內層爲《赤壁賦》文、外層爲人物圖案兩部分組成花欄裝飾，花欄外正上方有印有《蘭亭序》文、發行地址。票面正上方横印"恒豐泰"字樣，其下方竪印面值、日期、編號及印章，票背主要圖案爲火車圖。

恒順永錢票

山東諸城筆墨莊恒順永於民國十一年（1922）發行。僅見伍千文一種，竪版，較長。票面四周由花欄裝飾，四角分別有"源""遠""流""長"四字，正上方有一橢圓形發行印章。票面正上方有福、禄、壽三星圖，其下横書"諸城筆墨莊""恒順永"字樣，再下竪印面值、日期、編號及印章，底紋存留白"財源茂盛"四字，票背主要圖案爲城門樓、古樹、建築物圖。

中和成錢票

河南林縣臨洪中和成於民國三年（1914）發行。僅見伍百文一種，竪版。票面四周有花欄裝飾，下邊兩角有漢文、阿拉伯數字面值，正上方横印"中和成"字樣，其下竪印面值、日期、編號及印章，底紋留白"林縣紙幣"四字，票背面有發行告示，長方形"林縣商號分會圖記"大紅篆字印章。

張隆慶錢票

河南商城南鄉盛家莊張隆慶於民國十七年（1928）發行。僅見伍串文一種，竪版。票面四周由内層爲《治家格言》文、外層爲紅樓夢人物圖案兩部分組成花欄裝飾，外欄外正上方印有"商邑南鄉"字樣。票面正上方印有"商邑盛家莊""張隆慶"字樣，其下方竪印面值、日期、編號及印章，蓋有紅色長方形印章。票背主要圖案爲人物圖、印有文字裝飾。

天興厚錢票

江蘇邳縣官湖鎮天興厚於民國年間發行。僅見壹百枚一種，竪版。票面四周由内層爲《諸葛亮出師表》文、外層爲人物圖案兩部分組成花欄裝飾，花欄外正上方有人物圖案。票面正上方横印"天興厚"字樣，其下方竪印面值、日期、編號及印章，票右邊有騎縫印章。票背横版，主要圖案爲火車圖。由濟南西門里華中石印局印。

利風和錢票

湖北通山楊芳林上五里塘頭利風和於民國年間發行。僅見壹佰枚一種，竪版。票面四周由花紋組成花欄裝飾，四角有阿拉伯數字、漢文面值，花欄外正上方有交叉雙旗圖，之下有"通山楊芳林上五里塘頭"字樣。票面正上横印"利風和"字樣，其下竪印面值、日期、編號及印章。票背面印有發行名稱。

協昌錢票

江西武寧縣石門協昌於民國年間發行。僅見壹佰文一種，竪版。票面四周由花紋組成花欄裝飾，票面正上方印有"江西武寧縣""石門協昌"字樣，其下方竪印面值、日期、編號及印章，票背主要圖案爲山水圖。

生盛棧錢票

江西萬載縣潭埠生盛棧於民國年間發行。僅見壹佰文一種，竪版。票面四周由人、龍、鳳、鳥、獸動物圖案組成花欄裝飾，花欄外正上方有輪船圖，正上方印有"萬載潭埠""生盛棧"字樣，其下方竪印面值、日期、編號，票背主要圖案爲花額。該幣三色印刷，較精美。

德昌和錢票

江西萬載縣黄茅德昌和於民國年間發行。

僅見未流通之貳伯（佰）文一種，竪版。票面四周由農舍、五畜圖案組成花欄裝飾，花欄外正上方印有"圖寶源流"四大字，票面正上方印有"萬載黃茅""德昌和"字樣，其下竪印面值、編號，票背主要圖案爲福、禄、壽三星圖。由株潭華湘石印局代印。

青蚨至錢票

江西萬載縣仙源青蚨至於民國年間發行。僅見壹佰文一種，竪版，票面四周由蝙蝠、旗子圖案組成花欄裝飾，花欄外正上印有"信實通商"四字，票面正上方印有"萬載仙源""青蚨至"字樣，其下竪印發行面額、編號、發行名稱等，票背主要圖案爲嬰戲圖。由袁州同益石印代印。

正裕福錢票

江西萬載縣仙源正裕福於民國年間發行。僅見壹串文一種，竪版。票面四周由人物、鳥獸圖案組成花欄裝飾，票面正上方印有"萬載仙源""正裕福"字樣，其下竪印面值、編號、發行名稱及印章，背面有花紋裝飾圖案。

聚豐和錢票

江西萍鄉北土塘聚豐和於民國十七年（1928）發行。僅見壹串文一種，竪版。票面四周由人物圖案組成花欄裝飾，正上方印有"萍北土塘""聚豐和"字樣，其下方竪印面值、日期、編號、印章，背面印有發行名稱等。

九江益康錢莊錢票

江西九江益康錢莊於民國年間發行。僅見拾枚一種，橫版。票面四周有花欄裝飾，四角有漢文面值，主要圖案爲閣樓景，印有"九江益康錢莊"字樣和發行面值、印章。參閱戴建兵《中國近代紙幣》。

裕華錢票

湖南益陽三塘街裕華米莊於民國十九年（1930）發行。僅見未流通票壹串文一種，竪版。票面四周由雙龍、海水紋組成花欄裝飾，正上方橫印"裕華"字樣，其下方竪印面值、日期、編號及印章，底紋由留白"裕華米莊"四字，背面主要圖案爲雙龍魚圖，印有"益陽三塘街""裕華米莊"字樣。

龔森泰錢票

湖南益陽六里道觀冲龔森泰屠坊於民國十四年（1925）發行。僅見貳拾枚一種，橫版。票面四周有花欄裝飾，四角有"信""實""通""商"四字，主要圖案爲樓房、莊園，印有"益陽六里道觀冲""龔森泰"字樣和面值、日期、編號，票背主要圖案爲樓房，印有"六里道觀冲龔森泰屠坊"字樣。由益陽廣德石印局印製。

餘慶長錢票

湖南益陽鮓埠餘慶長於民國二十年（1931）發行。僅見未流通票貳串文一種，竪版。票面四周由内層爲文字、外層爲人物圖案，兩部分組成花欄裝飾，四角分別有"餘""慶""長""號"四字，正上方橫印"益陽鮓埠""余慶長"字樣，背面花欄由瓜、蝶圖案組成。由漢口青龍街任源石印公司代印。四色印製、精美。

新化振興美錢票

湖南新化縣長龍界響鼓洞振興美於民國五年（1916）發行。僅見壹拾枚一種，橫版。票面四周有花欄裝飾，四角有漢文面值，主要圖案花額，印有"長龍界響鼓洞""新化振興美"字樣和面值、日期、編號，票背主要圖案爲牡丹花卉圖。由新化西門振新代印。

成美錢票

湖南安化敷溪成美於民國年間發行。僅見未流通票貳拾枚一種，橫版。票面四周有花欄裝飾，四角爲漢文面值，主要圖案爲閣樓、街景，印有"安化敷溪成美"字樣和面值、日期、編號及印章，票背主要圖案爲山莊圖，印有"安化敷溪正街成美票"字樣。

晋泰恒錢票

湖南瀏陽東東門晋泰恒於民國年間發行。僅見壹串文一種，竪版。票面四周由風景圖組成花欄裝飾，四角分別印有"壹""串""文""整"四字，正上方印有"晋泰恒"字樣，其下方竪印面值、日期、編號及印章，背面有花欄裝飾，印有"晋泰恒號"字樣。由瀏陽石印局代印。

甡記紙幣

湖南益陽六里甡記於民國年間發行。僅見貳角一種，橫版。票面四周有花欄裝飾，四角有阿拉伯數字面值，主要圖案爲塔景，印有"益陽六里""甡記"字樣和發行面值、編號、發行名稱及印章，票背主要圖案爲城堡圖，印有"沿溪轆塘甡記南貨號"字樣。由益陽二堡姚泰華石印書紙社代印。

銀莊紙幣

廣東汕頭東里銀莊於民國三年（1914）發行。僅見拾元一種，竪版。票面四周由人物、花紋圖案組成花欄裝飾，四角有漢文、阿拉伯數字面值，花欄外正上方有歐式建築圖，左右有發行編號、印章，花欄中正上方印有"汕頭東里"字樣，之下有"銀莊"字樣，再下竪印面值、日期，底紋有留白漢文面值。票背橫版，主要圖案爲人物街景，印有中英文"東汕陳華隆銀莊"和面值。該幣由外國印製，比較精美。

裕成莊紙幣

廣東汕頭總商會裕成莊於民國十一年（1922）發行。僅見伍圓、拾圓兩種，竪版。票面四周有花欄裝飾，四角有阿拉伯數字面值，花欄外正上方有花額圖案，花額内印有輪船圖，左右有騎縫編號及印章，下邊打印編號，正上方橫印"汕頭""裕成莊"字樣，其下方竪印面值、日期、印章、印記，底紋有留白漢文面值組成，票背爲橫版，主要圖案爲花額，印有中英文發行名稱。該幣由外國印製，十分精美。

永聚茂莊紙幣

廣東澄海南砂永聚茂於民國二十一年（1932）發行。僅見未流通票壹圓一種，橫版。票面四周有花欄裝飾，四角有漢文面值，主要圖案爲歐式錢莊樓房，印有"永聚茂莊"字樣和發行面值、日期、中英文發行地名，票背主要圖案爲火車、人物圖案，印有中英文"南砂永聚茂銀票"等。

歧關車路有限公司預購乘車券

廣東歧關車路有限公司於民國二十二年（1933）發行。僅見貳毫一種，橫版。票面四周有花欄裝飾，四角有漢文面值，主要圖案爲汽車運輸圖，印有"歧關車路有限公司預購乘車券"字樣和發行面值、日期、編號及印章，底紋由漢文面值組成，票背面有英文名。由香港鈔票公司印。

裕廣銀號紙幣

裕廣銀號於民國年間發行。僅見壹圓一種，橫版。票面四周有花欄裝飾，主要圖案爲街景、花額，印有"裕廣銀號"字樣和面值、日期、編號及印章。參閱張志中《中國紙幣》。

乾利亨錢票

四川瀘州東門內乾利亨於民國年間發行。僅見樣票壹仟文一種，豎版。票面四周由內層爲文字、外層爲人物圖案兩部分組成花欄裝飾，花欄外正上方印有人物風景圖。票面正上方印有"瀘州東門內""乾利亨"字樣，其下方豎印面值。參閱戴建兵《中國近代紙幣》。

福記行錢票

上海雲南路四馬路口福記行於民國十四年（1925）發行。僅見面額廿（即二十）枚一種，橫版。票面四周有花欄裝飾，四角有漢文面值，主要圖案爲建築物，印有"上海""福記行"等字樣和面值、日期、編號及印章。參閱戴建兵《中國近代紙幣》。

津記紙烟公司兌換條

天津津記紙烟公司於民國十二年（1923）發行流通之兌換條。僅見參枚一種，豎版。票面四周有綫框組成，正上方橫印"津記紙烟公司"，其下方豎印面值、日期、編號及印章，兌付地名等。參閱戴建兵《中國近代紙幣》。

津記紙烟公司兌換條（參枚）

聚寶銀樓紙幣

山東阿邑北張家山聚寶銀樓於民國二十七年（1938）發行。僅見貳角、叁角兩種，橫版。票面四周有花欄裝飾，四角有漢文面值，主要圖案爲建築物，印有"聚寶銀樓"字樣和面值、

日期、編號及印章，票背主要圖案爲花額。

黃山館德泰昶錢票

烟臺黃山館德泰昶於民國十四年（1925）發行。僅見未流通壹吊一種，橫版。票面四周有花欄裝飾，四角有漢文面值，主要圖案爲村景，印有"黃山館德泰昶"字樣和面值、日期、編號及印章，票背主要圖案爲塔、山景。

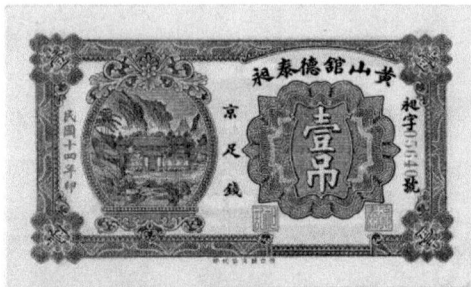

黃山館德泰昶錢票（壹吊）

公平正錢票

通邑南區松港公平正於民國十七年（1928）發行。僅見貳串文一種，橫版。票面四周有花欄裝飾，四角有阿拉伯數字，漢文面值，主要圖案爲汽車圖，印有"道邑南區""公平正"字樣和發行面值、日期、編號及印章，票背面印有發行說明。

大房福豐和兌換條

大房福豐和於丙寅年（1926）發行流通之兌換條。僅見貳串文一種，豎版。票面有"商業往來不繳官項計條錢貳串文"字樣。"愛字第　號丙寅年　月大房福豐和條"爲印刷字外，其他爲手寫體。蓋有發行印章、印記。票背面印"通山六里沙壠""美草印局"字樣和發行說明。

江津九龍場錢票

四川江津九龍場於民國十四年（1925）發行。僅見拾文一種，橫版。票面四周有花欄裝飾，四角有阿拉伯數字面值，印有"江津九龍

場錢票”“代制錢拾文”“民國十四年發行貳佰
兑現”等字樣，票背有發行説明。參閲高文、
袁愈高《四川近現代紙幣圖録》。

巴縣石板場第五區第五隊找補券

巴縣石板場第五區第五隊於民國十五年
（1926）發行。僅見伍拾文一種，横版。票面四
周有花欄裝飾，四角有阿拉伯數字面值，主要
圖案爲花額，印有“巴縣石板場第五區第五隊
找補券”字樣和面值、日期、編號及印章，票
背面有發行説明。參閲高文、袁愈高《四川近
現代紙幣圖録》。

德和銀號紙幣

成都德和銀號於民國二十一年（1932）發
行。僅見伍角一種，横版。票面四周有花欄裝
飾，四角有漢文面值，主要圖案爲塔景、花額
等，印有“成都”“德和銀號”字樣和面值、日
期、編號及印章。參閲高文、袁愈高《四川近
現代紙幣圖録》。

孫長順銀號錢票

四川彭水縣江口鎮孫長順銀號於民國年間
發行。僅見壹串文一種，横版。票面四周有
花欄裝飾，主要圖案爲塔景等，印有“彭水
縣”“江口鎮”“孫長順”字樣和面值、日期、
編號及印章，票背主要圖案爲田間圖。該幣印
製精美。參閲高文、袁愈高《四川近現代紙幣
圖録》。

孫長順銀號錢票（壹串文）

紹清源錢號錢票

四川珙縣紹清源錢號於民國二十二年
（1933）發行。僅見拾仟文一種，竪版。票面
四周有由松鶴、海水、蝴蝶圖案組成花欄裝飾，
正上方横書“珙縣”“紹清源”五字，正下方
竪書面值、日期、編號等。參閲高文、袁愈高
《四川近現代紙幣圖録》。

成都成豐字號紙幣

成都成豐字號於民國年間發行。僅見未流
通票伍圓一種，竪版。票面四周有花欄裝飾，
四角分別有“無”“息”“存”“券”字樣，正
上方横書“成都成豐字號”，其下竪書面值、
日期、經理簽名、印章、編號等，左有騎縫編
號、印章。參閲高文、袁愈高《四川近現代紙
幣圖録》。

同益無息支票

四川成都同益於民國年間發行。僅見未流
通伍圓一種，竪版。票面四周有花欄裝飾，四
角分別有“成”“都”“同”“益”四字，正上方
横書“同益無息支票”，其下竪書面值、日期、
編號等。參閲高文、袁愈高《四川近現代紙幣
圖録》。

隆昌華川隆質錢票

四川隆昌華川隆質記於民國十四年（1925）
發行。僅見伍拾文、壹百文兩種，竪版。票面
四周有花紋裝飾，正上方印有“隆昌”兩字，
其下竪書面值、日期、編號及印章，票背有發
行説明。參閲高文、袁愈高《四川近現代紙幣
圖録》。

江津七星鎮永安場錢票

江津七星鎮永安場於民國十五年（1926）
發行。僅見拾文一種，横版。票面四周有花欄

裝飾，四角有漢文面值，印有"江津七星鎮永安場通用錢票""欠制錢拾文"等字樣和日期、編號、印章等。參閱高文、袁愈高《四川近現代紙幣圖錄》。

永川亞光石印社錢票

四川永川亞光石印社於民國年間發行。僅見拾文一種，橫版。票面四周有花欄裝飾，四角有阿拉伯數字面值，印有"永川亞光石印社"字樣和面值、印章，底紋有留白"錢票"兩字。參閱高文、袁愈高《四川近現代紙幣圖錄》。

永川大安場商業錢票

四川永川縣大安場於民國年間發行流通之商業錢票。僅見貳拾文一種，橫版。票面四周有花欄裝飾，四角印有"壹""百""現""兌"字樣，主要圖案花額，印有"永川大安場商業錢票"字樣和面值，有發票、經承人簽名等。由永川書畫館代印。參閱高文、袁愈高《四川近現代紙幣圖錄》。

永川馬銀場通用錢票

四川永川馬銀場於民國十五年（1926）發行的通用兌換錢票。僅見壹拾文一種，橫版。票面四周有花欄裝飾，四角有"通""用""錢""票"字樣，印有"永川馬銀場""拾張兌現壹佰"字樣和面值、印章等。參閱高文、袁愈高《四川近現代紙幣圖錄》。

永川九龍場團練辦事處錢票

四川永川九龍場團練辦事處於民國年間發行。僅見拾文一種，橫版。票面四周有花欄裝飾，主要圖案爲花額，印有"永川九龍場團練辦事處銀票"字樣和印章。參閱高文、袁愈高

《四川近現代紙幣圖錄》。

永川茶店場通用錢票

四川永川茶店場於民國年間發行。僅見拾文、貳拾文兩種，橫版。票面四周有花欄裝飾，四角有阿拉伯數字面值，主要圖案花額，印有"永川茶店場通用錢票"字樣和面值、經手人簽名、印章等。參閱高文、袁愈高《四川近現代紙幣圖錄》。

永川茶店場通用錢票（拾文）

永川陳食新場裕豐泰藥房錢票

四川永川陳食新場裕豐泰藥房於民國年間發行。僅見貳拾串一種，橫版。票面四周有花欄裝飾，主要圖案爲花額，印有"永川陳食新場裕豐泰藥房錢票"字樣和面值，經手人簽名及印章。由永川書畫館代印。參閱高文、袁愈高《四川近現代紙幣圖錄》。

永川陳食新場協盛昌錢票

四川永川陳食新場協盛昌於民國年間發行。僅見貳拾文一種，橫版。票面四周有花欄裝飾，四角有"壹""百""兌""現"四字，主要圖案花額，印有"永川陳食新場協盛昌錢票"字樣和面值、發票經手人簽名、印章。參閱高文、袁愈高《四川近現代紙幣圖錄》。

新民主主義革命時期的人民貨幣

北伐戰爭時期農民協會貨幣

　　1926 年 5 月至 1927 年 7 月北伐戰爭時期由各地農民協會發行的貨幣。1924 年由國共兩黨爲基礎的革命統一戰綫的建立和之後的北伐戰爭的勝利，推動了農村反帝反封建農民運動的蓬勃發展，廣東、江西、湖南、湖北等省紛紛建立了地方農民協會。爲方便交易、制止高利借貸、發展經濟，有的農民協會建立銀行。以農民協會或銀行或信用合作社等名義發行布幣、流通券、信用券、有期證券等，均屬信用貨幣性質。這時期發行的貨幣數量少，時間短約半年，流通範圍小，印製簡單、粗糙，體現了人民貨幣萌芽時期的形態和特點。由於農民運動的蓬勃發展，農民勢力和權威的擴大，發行信用貨幣又有財産擔保，可隨時兌現，所以信用好，在農會地區暢行無阻。1927 年第一次國内革命戰爭失敗後，農會遭到鎮壓，其貨幣停止發行。參閲馬飛海等《中國歷代貨幣大系·新民主主義革命時期人民貨幣》。

瀏東平民銀行紙幣

　　瀏東平民銀行於 1927 年在湖南瀏陽發行的紙幣。該行成立於 1926 年冬，集資股本總額六萬圓。以瀏東六區公有財産十五萬圓作保證金，發行紙幣總額二十四萬圓。根據《試辦章程》規定："本信用合作社之旨，以制止高利借貸，提倡平民儲蓄，活潑地方金融，增進農工生活爲唯一的目的。"該幣因隨時十足兌現，信譽卓著。見有常洋伍角兌換券，常洋貳角信用券各一種，橫版。票面分別印有"瀏東平民銀行臨時兌換券""瀏東平民銀行信用券"字樣，四周花邊裝飾，主要圖案分別爲村景和鋸木、耕地等，票背印有該銀行章程摘録。（上海博物館藏）

瀏陽金剛公有財産保管處有期證券

　　瀏陽金剛公有財産保管處於 1927 年在瀏陽金剛區發行的紙幣。農民運動的興起，經營爆竹的商户因害怕紛紛携款外逃，生産停頓，爲維持爆竹生産，農民協會召集各公法團體聯席會議，決定以金剛公有財産作擔保，成立金剛公有財産保管處，發行有期證券。見有壹角、貳角、壹圓三種，六個版面，橫版，分印刷紙幣和手寫紙幣兩種。票面印有"瀏陽金剛公有財産保管處"字樣，四周花邊裝飾，主要圖案有村景、塔等。手寫紙幣票面有手寫面值、編號和兌換時限，票背有發行説明。此種有期證

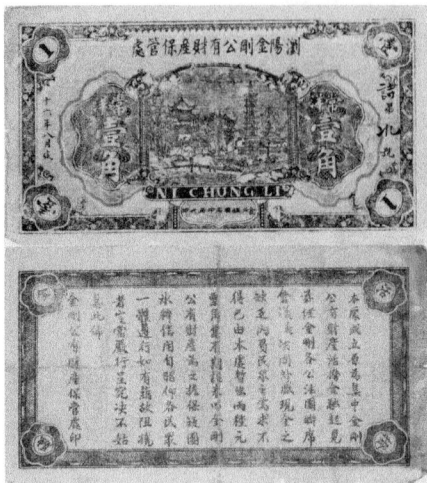

瀏陽金剛公有財產保管處有期證券（壹角）券屬遠期本票，即票據性質。參閱《中國革命根據地貨幣》。

黃岡縣農民協會信用合作社流通券

黃岡縣農民協會信用合作社於 1927 年在黃岡縣發行的紙幣。該信用社成立於 1927 年 3 至 4 月間，資本光洋六萬圓。北伐戰爭勝利使湖北省農民運動轉向公開，1927 年 3 月湖北省農民協會召開了第一次代表大會，黃岡縣亦成立了區農民協會十六處，會員達十一萬人。爲便利農民借貸，決定成立信用合作社，發行流通券。僅見壹串文一種，橫版。票面、背印有 "農民協會信用合作社流通券" 字樣，四周花邊裝飾，主要圖案風景等。流通於黃岡縣團風鎮地區。（中國錢幣學會藏）

土地革命戰爭時期蘇區貨幣

1927 年 8 月至 1937 年 7 月土地革命戰爭時期由中國共產黨領導的各革命根據地蘇維埃政權發行的貨幣，簡稱 "蘇區貨幣" 或 "蘇幣"。1927 年 4 月 12 日蔣介石背叛革命，國共合作破裂。中國共產黨獨立地擔負起領導中國革命的任務。1927 年 8 月 1 日，周恩來等領導了南昌起義，打響武裝反抗國民黨的第一槍。中共 "八七會議" 確定實行土地革命和武裝起義的方針。毛澤東領導了秋收起義，幷於 1928 年初在井岡山建立了第一個農村革命根據地。朱德將南昌起義保留下來的部隊帶到井岡山與毛澤東領導的隊伍會師，建立了中國工農紅軍。隨着革命鬥爭的發展，中國共產黨創建了十三個根據地，成立了蘇維埃政府，開創農村包圍城市、武裝奪取政權的勝利道路。國民黨在軍事上的圍攻和經濟上的封鎖給根據地經濟和人民生活造成極大困難。爲了支援戰爭、打破封鎖、發展生產、調劑金融、活躍市場、改善人民生活，許多根據地建立了蘇維埃銀行，發行了貨幣，有銀幣、銅幣、紙幣和布幣四大類。貨幣發行的數量、時間、範圍隨根據地創建的時間、大小、範圍而變化。貨幣製作的材料有銀、銅、土紙、粗布、細布和色布；圖案多是手工描繪，蠟紙刻印、木刻、石刻印刷；銀圓有的進行仿製，有的就干脆在原銀圓上加鈐記號，投入使用，這都反映了蘇區貨幣是在革命戰爭的艱苦環境中誕生、發展起來的特點。蘇區貨幣發展有以下四個階段：早期蘇區貨幣，發展中的蘇區貨幣，中華蘇維埃共和國國家銀行成立時之蘇區貨幣，中央紅軍到達陝北前後的陝甘寧革命根據地貨幣。它經歷了一個分散發行流通到比較集中發行流通，由區縣銀行、特區銀行到省銀行的貨幣，最後統一爲中華蘇維埃共和國國家銀行貨幣的過程。參閱馬飛海等《中國歷代貨幣大系·新民主主義革命時期人民貨幣》。

耒陽工農兵蘇維埃政府勞動券

　　耒陽工農兵蘇維埃政府於 1928 年發行的紙幣。1928 年 1 月，朱德、陳毅領導南昌起義保留下來的部隊在湘粵贛三省交界地區組織年關起義，占領了宜章、彬州、資縣、永興、耒陽等縣。2 月 19 日在耒陽縣城杜陵書院成立耒陽工農兵蘇維埃政府，發行了"耒陽工農兵蘇維埃政府勞動券"，僅見壹圓一種、橫版。票面四周花邊裝飾，票背蓋耒陽工農兵蘇維埃政府圓形印章。這是第一個印有馬克思、列寧像的蘇區貨幣。該幣係白色土紙，藍色石印（耒陽縣黨史資料徵集辦公室藏）。同時，還發行一種票面印有"耒陽第十三區工農兵蘇維埃政府勞動券""中華蘇維埃元年印"字樣，票背蓋有"耒陽第十三區工農兵蘇維埃政府"圓形印章。僅見壹角、貳角兩種。參閱《中國革命根據地貨幣》。

東古平民銀行銅元券

　　東古平民銀行於 1929 年至 1930 年在東固發行的紙幣。該行成立於 1928 年 8 月，行址在東固鎮，行長黃啓綏。由紅軍二、四團捐助資金四千圓。發行銅元票拾枚、貳拾枚、伍拾枚、壹佰枚四種。僅見拾枚一種，橫版。票面印有"東古平民銀行"字樣，四周花邊裝飾，主要圖

案風景。屬蠟板刻字油印幣。參閱《中國革命根據地貨幣》。1930 年 3 月贛西蘇維埃政府成立後，改爲東古銀行，發行東古銀行銅元票。僅見拾枚一種，橫版，紅綠套色石印。票面印有"東古銀行"字樣，主要圖案爲亭等，票背主要爲藍色圖案田野鄉村。發行額二十萬圓。目前僅存兩張。1930 年底江西工農銀行成立發行銅元票後，該幣停止發行。參閱《中國錢幣》1989 年第三期。

坑口墟消費合作社銀毫票

　　閩西杭武縣第三區坑口墟消費合作社於 1930 年至 1931 年在杭武縣發行的紙幣。1929 年，毛澤東、朱德、陳毅率紅四軍主力，於 7 月間建立了閩西根據地。1930 年 3 月 18 日召開了閩西第一次工農兵代表大會，成立了閩西工農民主政府。1929 年 9 月 3 日第七號通告，爲穩定金融市場，要求縣政府開辦農民銀行，鼓勵群衆創辦合作社，發行紙幣。僅見毫半銀一種，橫版。票面有馬克思、列寧像和"蘇維埃政府准許發行""全世界無產階級聯合起來"字樣，票背印有"坑口墟消費合作社"字樣。（福建龍岩市博物館藏）

閩西工農銀行輔幣券

　　閩西工農銀行於 1930 年至 1932 年在閩西

發行的紙幣。該行成立於 1930 年 11 月 7 日。行址設在龍巖縣，後遷移至長汀縣城，行長阮山。資金二十萬圓。發行紙幣壹角、貳角、伍角、壹圓四種。壹角、貳角橫版印製，票面印有"閩西工農銀行輔幣券"字樣，主要圖案有紅旗、太陽、群衆等。五角券豎版印製，票面印有"閩西工農銀行"字樣，四周花邊裝飾，主要圖案八一紅旗。壹圓票爲暫用票，票面印有馬克思、列寧像及"閩西工農銀行"字樣，票背印有"全世界無產階級聯合起來"字樣。該幣信譽好，幣值穩定，人民樂於使用。（上海博物館、福建省博物館藏）

江西工農銀行紙幣

江西工農銀行於 1930 年至 1932 年在贛南發行的紙幣。該行成立於 1930 年 11 月 17 日，資金一百萬圓。因戰爭原因，新票未發行，暫將吉安的輔幣壹角券加蓋"江西工農銀行暫借發行券""赤色區通用"兩個印章和"江西省蘇維埃政府財政部"方印，發行使用。1931 年 7 月，江西省蘇維埃政府加撥大洋五萬圓爲該行基金，發行銅幣券拾枚、伍佰文、壹仟文三種，銀幣券壹圓一種。拾枚卷有黑、綠色兩種，橫版。票面印有"江西工農銀行"字樣，四周花邊裝飾，銅幣券主要圖案爲村景、閣樓等。銀幣券票面有馬克思、列寧像。（上海博物館藏）

中華蘇維埃共和國國家銀行紙幣

中華蘇維埃共和國國家銀行於 1932 年至 1934 年在瑞金等地區發行的紙幣。該行成立於 1932 年 3 月，行長毛澤民、李六如。行址在瑞金葉坪。1930 年底至 1931 年 9 月紅軍取得第三次反"圍剿"勝利，11 月 7 日在瑞金召開第一次全國工農兵代表大會，建立了有二十一個縣、

中華蘇維埃共和國國家銀行紙幣（壹圓）

面積達五萬平方千米、人口二百五十萬的中央根據地，成立了中華蘇維埃共和國臨時中央政府。爲籌措資金，發展經濟，遂成立該銀行，發行貨幣。發行銀圓券伍分、壹角、貳角、伍角、壹圓五種，十個版面，橫版。票面印有"中華蘇維埃共和國國家銀行"字樣，四周花邊裝飾，主要圖案有紅軍集會、花額等。其中貳角、壹圓券票面印有列寧像。（上海歷史博物館藏）

監利縣蘇維埃信用券

監利縣蘇維埃政府於 1930 年在湖北監利縣發行的紙幣。僅見貳角券一種，橫版。票面印有"監利縣蘇維埃信用券"字樣，四周花邊裝飾，主要圖案五星、黨徽等。該幣屬湘鄂西根據地的早期貨幣。1930 年 10 月以後，因統一使用鄂西農民銀行信用券，該幣停止使用。參閱《中國革命根據地貨幣》。

沔陽縣蘇維埃政府信用券

沔陽縣蘇維埃政府於 1930 年在湖北沔陽縣發行的紙幣，屬湘鄂西根據地早期貨幣。僅見伍角一種，橫版。票面印有"沔陽縣蘇維埃政府信用券""憑券發兌"字樣，四周花邊裝飾，主要圖案五星，票背面有"信用券使用條例"。該幣屬蠟板刻寫油印幣，簡單粗糙。1930 年 10 月以後，因統一使用鄂西農民銀行信用券，該券停止使用。參閱《中國革命根據地貨幣》。

石首農業銀行信用券

石首農業銀行於 1930 年在湖北石首縣發行的紙幣。僅見壹圓一種，橫版。票面印有"石首農業銀行""擴大赤色區域""實行武裝暴動""奪取政權"字樣，四周花邊裝飾，主要圖案房屋，背面印有"中國革命十大要求"並蓋"石首縣蘇維埃政府"方印。該幣屬湘鄂西根據地早期貨幣。（中國錢幣學會藏）

鄂西農民銀行紙幣

鄂西農民銀行於 1930 年至 1931 年在湘鄂兩地區發行的紙幣。該行成立於 1930 年 11 月，行址設在石首縣城關，行長戴補天。僅見壹角、貳角、壹圓、伍圓四種，八個版面，橫版。票面印有"鄂西農民銀行"字樣，四周花邊裝飾，主要圖案有天檀、塔、五星、花額、建築等。壹角、貳角券背面印有"活動赤區金融""完成地方暴動"字樣。五角、壹圓券票背印有"鄂西農民銀行信用券條例"，並蓋有"鄂西農民銀行"方印。該行信用條僅見貳角一種，豎版印製。票面印有"鄂西農民銀行""信用條貳角"等字樣，四周花邊裝飾。1931 年 11 月以後，

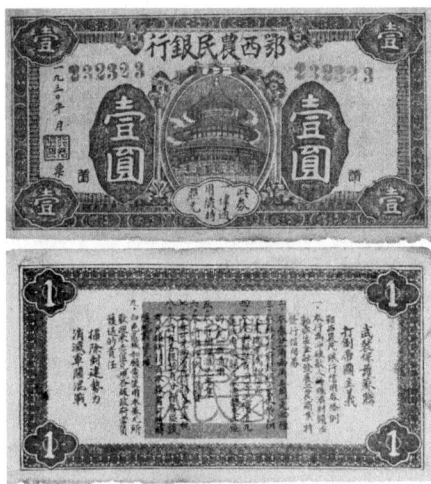

鄂西農民銀行紙幣（壹圓）

統一使用中華蘇維埃共和國國家銀行湘鄂西特區分行的貨幣，該幣停止發行使用。（中國人民銀行上海市分行、上海博物館藏）

中華蘇維埃共和國國家銀行湘鄂西特區分行紙幣

中華蘇維埃共和國國家銀行湘鄂西特區分行於 1931 年至 1933 年在湘鄂西地區發行的紙幣。1931 年 6 月湘鄂西蘇維埃政府成立，將鄂西農民銀行改名爲湘鄂西省農民銀行，行長崔琪。爲了統一貨幣制度，1931 年 11 月以後統一使用由湘鄂西省農民銀行發行的中華蘇維埃共和國國家銀行湘鄂西特區分行紙幣。僅見壹角、貳角、伍圓、壹圓四種，十一種版面，橫版。票面印有"中華蘇維埃共和國國家銀行湘鄂西特區分行"字樣，四周花邊裝飾，主要圖案有閣樓、建築、花額等，票背有的印有"衝破敵人經濟封鎖""實現蘇維埃的政綱"字樣。1933 年紅軍退出湘鄂西根據地後該幣停止使用。（中國人民銀行上海市分行、安徽省分行、江蘇省分行及中國錢幣學會藏）

鄂北農民銀行紙幣

鄂北農民銀行於 1931 年至 1932 年發行的貨幣。1931 年 6 月，紅三軍解放房縣縣城，成立房縣蘇維埃政府。1931 年 7 月在房縣城西街設鄂北農民銀行。該行發行有信用券、兌換條信用券等伍角、壹圓兩種，橫版。票面印有"鄂北農民銀行"字樣，四周花邊裝飾，石版印製，正面印有列寧像，票背印有"鄂北農民銀行信用券條例"。兌換條僅見壹串文一種，豎版手寫。票面印有"鄂北農民銀行照付"字樣。1932 年 5 月紅軍撤出根據地後該幣停止使用。

鶴峰蘇維埃銀行銅幣券

鶴峰蘇維埃銀行於 1931 至 1932 年在湘鄂邊區發行的紙幣。1929 年 2 月，紅軍第二次解放鶴峰縣城，成立了鶴峰縣蘇維埃政府，爲了活躍經濟，於 1931 年成立鶴峰蘇維埃銀行，發行銅幣券。現收集到鶴峰縣木刻伍佰文印板一塊，橫版。版面刻有 "鶴峰蘇維埃銀行" 字樣，四周花邊裝飾，主要圖案人物。1932 年紅軍撤離鶴峰縣，該券停止發行。參閱《中國革命根據地貨幣》。

平江縣工農銀行紙幣

平江縣工農銀行於 1930 年至 1931 年在湖南平江地區發行的紙幣。1928 年 7 月，平江起義後，平江縣工農革命政府成立。1930 年 7 月平江縣蘇維埃政府成立。該行成立於 1930 年 11 月。行址開始設在謝江塔裏墩，後遷至周坊、白竹坑。銀行經理黃慶懷。僅見壹角、貳角、伍角、壹元四種，橫版。票面印有 "平江縣工農銀行" 字樣，四周花邊裝飾，主要圖案爲鶴、風景、人像、建築等，票背印有 "平江縣工農兵蘇維埃政府布告" 和 "平江縣工農兵蘇維埃政府財政委員會" 方印。共發行一萬三千圓。1931 年 11 月統一爲湘鄂贛省工農銀行銀洋票後，該幣停止發行，兌換收回。（中國錢幣學會、江西省博物館藏）

萬載縣工農兵銀行洋票

萬載縣工農兵銀行於 1931 年在本縣發行流通之洋票。1930 年 7 月萬載縣蘇維埃政府成立，1931 年 1 月建立萬載縣工農兵銀行，行址設在陵田鄉黃家灣，後遷至楓嶺頭，行長鍾學槐，化名甘雨農。發行銀洋票六千圓，見有壹角、貳角、壹圓三種，四個版面，橫版。票面印有 "萬載縣工農兵銀行" 字樣，四周花邊裝飾，其中壹角、貳角票面印有馬克思像，壹圓券票面主要圖案爲建築，票背印有雙獅圖案等。1931 年 11 月該幣停止發行。（中國人民銀行上海市分行藏）

瀏陽工農兵銀行洋票

瀏陽工農兵銀行於 1931 年在瀏陽地區發行的洋票。1930 年 4 月瀏陽縣蘇維埃政府成立，11 月建立了瀏陽工農兵銀行，發行銀洋票。行址設在小河王家大屋，行長黃仁，發行銀洋票一萬圓。僅見壹角、貳角、叁角三種，橫版。票面印有 "瀏陽工農兵銀行" 字樣，四周花邊裝飾，主要圖案有農村生活景色。貳角、叁角的背面印有 "瀏陽縣蘇維埃政府布告"，蓋有 "瀏陽縣蘇維埃政府" 方印。1931 年 11 月該幣停止發行。（中國人民銀行上海市分行、江西省博物館藏）

銅鼓縣生產合作社洋票

銅鼓縣生產合作社於 1931 年 11 月受委托發行的銀洋票。僅見壹角、貳角兩種，分豎版、橫版。票面印有 "銅鼓縣生產合作社" 字樣，并有手寫編號。屬蠟板刻寫油印幣。1931 年該幣停止發行。（銅鼓縣秋收起義紀念館藏）

修水縣立赤色消費合作總社銅元票

修水縣立赤色消費合作總社於 1931 年在修水縣發行的銅元票。1930 年 6 月修水縣蘇維埃政府成立。1931 年修水縣蘇維埃政府委托修水縣赤色消費合作總社發行銅元票，僅見壹佰文、伍佰文兩種，橫版。票面印有 "修水縣立赤色消費合作總社" 字樣，四周花邊裝飾，主要圖案有花額、建築等，票背印有發行說明。另見票面印 "修水縣立總合作社" 字樣的壹佰文、叁佰文兩種，橫版。票面四周花邊裝飾，主要圖案有建築，票背有發行說明。屬蠟板刻寫油印幣，粗糙簡單。1931 年 11 月該幣停止發行。（上海、江西博物館藏）

宜春縣工農兵銀行銀洋票

宜春縣工農兵銀行於 1931 年在宜春地區發行。1930 年宜春蘇維埃政府成立。1931 年 7 月設立宜春縣工農兵銀行，行址設在慈化冷水，後遷北塘。銀行經理歐陽柏。爲活躍經濟、振興實業，并抵制借貸、辦理儲蓄業務，發行銀洋票。僅見貳角、叁角兩種，橫版。票面印有"宜春工農兵銀行"字樣，四周花邊裝飾，主要圖案有建築等，背面印有"宜春縣蘇維埃政府布告"并蓋有"宜春縣蘇維埃政府"方印。1931 年 11 月該幣停止發行。（上海博物館藏）

湘鄂贛省工農銀行紙幣

湘鄂贛省工農銀行於 1931 年至 1934 年發行。1931 年 11 月，爲了統一貨幣制度，湘鄂贛省決定收回平江、瀏陽、宜春、萬載、修水等縣工農兵銀行發行的紙幣，成立湘鄂贛省工

湘鄂贛省工農銀行紙幣（貳百文）

農銀行，發行銅元券和銀洋券兩類貨幣。行址最初設在修水的上杉，後遷萬載的小源，再遷平江的十八洞。銀行負責人先後爲李國華、劉文初、涂正坤和成功。銅元券有壹百文、貳百文、伍百文、壹串文四種，九個版面，橫版。票面印有"湘鄂贛省工農銀行""銅元"或"銅元錢"字樣，四周花邊裝飾，主要圖案有塔、閣樓、輪船、火車、馬匹、山川等。銀洋券有壹角、貳角、叁角、五角、壹圓伍種，十個版面，橫版。票面印有"湘鄂贛省工農銀行""銀洋"字樣，四周花邊裝飾，主要圖案有農村、人物、風景、塔、人像等，其中有的貳角、壹圓幣票背印有"湘鄂贛省工農兵蘇維埃政府布告"，有的貳角券票背印有"蘇維埃經濟政策"十條。1934 年 1 月，紅軍撤離根據地，該幣停止發行。（銅元票湖南省博物館藏，銀洋票中國人民銀行上海市分行藏）

陽新縣沿河區農民銀行銅幣券

陽新縣沿河區農民銀行於 1931 年在沿河地區發行的紙幣。僅見壹串文一種，爲竪式手寫體紙幣。票面有"陽新沿河區"字樣，有手寫編號、日期等。（上海博物館藏）

陽新縣大鳳區農民銀行銅幣券

陽新縣大鳳區農民銀行於 1931 年在大鳳地區發行的紙幣。僅見貳串文一種，爲橫式手工書寫紙幣，票面有"陽新縣大鳳區農民銀行"字樣，有手寫編號、日期等。參閱《中國革命根據地貨幣》。

陽新縣龍燕區農民銀行兌換券

陽新縣龍燕區農民銀行於 1930 年在龍燕地區發行的兌換券。爲直條式手寫體紙幣。僅見一千文一種，紙條左下角蓋有"龍燕區農民銀

行代辦所"朱印。1931 年該幣停止發行。參閱《中國革命根據地貨幣》。

陽新縣福豐區農民銀行兌換券

陽新縣福豐區農民銀行於 1930 年發行的紙幣。行址設在福豐區石家大橋，負責人程向陽。僅見伍佰文、貳串兩種，伍佰文爲直條式手寫體紙幣，左下方蓋有"福豐區農民銀行"印章（上海博物館藏）。貳串文爲橫式。票面印有"鄂東總行福豐分行""鄂字第 388號""一九三一年農民銀條"字樣和面值，其中"農民銀"三字是用紅色油印蓋上的，該幣爲棉竹紙質、石刻印製。

大冶第五區農民銀行兌換券

大冶第五區農民銀行於 1930 年在大冶地區發行的紙幣。僅見貳串文一種，爲直條式手寫紙幣。票面有"大冶第五區農民銀行"字樣，有手寫編號、日期等。參閱《中國革命根據地貨幣》。

鄂東農民銀行銅幣券

鄂東農民銀行總行於 1930 年至 1931 年在陽新縣金龍地區發行的紙幣。1930 年鄂東農民銀行成立，總行行址設在陽新縣金龍區，銀行負責人曹俊白。發行銅幣券，僅見壹串文一種，橫版。票面印有"鄂東農民銀行"字樣，四周花邊裝飾，主要圖案有雙旗等，票背有"十月革命歌"。總行爲更換新版，發行"鄂東總行"銅幣券，僅見貳串文一種，兩種版面，橫版。票面印有"鄂東總行"或"鄂東農民銀行總行"字樣，四周花邊裝飾，主要圖案爲花額、行屋、大門、馬克思像，票背印有"打倒帝國主義""武裝保護蘇聯"等政治口號。1932 年 3、4 月間，該幣全部收回。參閱《中國革命根據地貨幣》。

鄂東南工農兵銀行銅幣券

鄂東南工農兵銀行於 1931 年至 1932 年在鄂東南地區發行的紙幣。1931 年 1 月紅軍粉碎了國民黨軍隊第一次"圍剿"後，根據地不斷擴大，爲了使鄂東農民銀行銅幣券流通範圍擴大，將鄂東農民銀行改組爲鄂東南工農兵銀行，發行紙幣。僅見伍百文、壹串文、貳串文、伍串文四種，橫版。票面印有"鄂東南工農兵銀行"字樣，四周花邊裝飾，主要圖案有五星、閣樓、城門樓、村景等，票背印有"蘇維埃經濟政策"文。參閱《中國革命根據地貨幣》。

鄂東工農銀行銅幣券

鄂東工農銀行於 1932 年在鄂東南發行的紙幣。1931 年紅軍粉碎國民黨軍隊的三次"圍剿"後，擴大了革命根據地。1932 年 2 月 20 日，湘鄂贛蘇維埃政府爲統一鄂東南地區的貨幣制度和提高蘇幣信譽，將鄂東南工農兵銀行改組爲鄂東工農銀行，發行壹串文、貳串文、伍串文、拾串文銅幣券四種，橫版。票面印有"鄂東工農銀行"字樣，四周花邊裝飾，主要圖案有山景、城門樓、建築等，票背印有"蘇維埃經濟政策"文，有發行説明、宣傳口號等。該行發出通告，限定於四月十五日前將大冶、通山、武寧等十多個銀行銅幣券一律收回。1932

鄂東工農銀行銅幣券（拾串文）

年 5 月又將該銀行改爲鄂東南工農銀行。該幣
停止發行。（中國人民銀行上海分行藏）

鄂東南工農銀行銅幣券

　　鄂東南工農銀行於 1932 年 5 月在鄂東南地
區發行的紙幣。該行於 1932 年 5 月由鄂東工
農銀行改組而成。發行銅圓券貳佰文、伍佰文、
伍串文三種，橫版。票面印有“鄂東南工農銀
行”字樣，四周花邊裝飾，主要圖案有村景、
花額等，票背印有告“勞苦群衆們”文和“蘇
維埃經濟政策”文。1933 年紅軍退出根據地後，
該幣停止發行。（上海博物館、中國人民銀行上
海市分行藏）

中華蘇維埃共和國湘贛省工農銀行紙幣

　　中華蘇維埃共和國湘贛省工農銀行於 1932
年至 1934 年在湘贛地區發行的紙幣。1931 年
10 月湘贛省蘇維埃政府成立，1932 年 1 月 15
日湘贛省工農銀行正式開業，銀行行長由省政
府副主席譚餘保兼任，行址設在永新縣城東門，
發行紙幣壹角、壹圓兩種，三個版面，橫版。
票面印有“中華蘇維埃共和國湘贛省工農銀行”
字樣，四周花邊裝飾，主要圖案爲風景，其中
壹圓票面印有馬克思、列寧像。券面組別用
“亞”“歐”“非”“美”“澳”五大洲編號，票背
印有“工農銀行五大任務”文。1933 年 2 月，
該幣停止發行。（中國錢幣學會、上海博物館
藏）

中華蘇維埃共和國國家銀行湘贛省分行紙幣

　　中華蘇維埃共和國國家銀行湘贛省分行於
1932 年至 1934 年在湘贛地區發行的紙幣。爲
了統一金融組織，根據蘇區中央局的指示，中
華蘇維埃共和國國家銀行湘贛省分行由中華蘇

維埃共和國湘贛省工農銀行改組而成，行長和
行址不變。發行銅元券和銀圓券。銅元券僅見
拾枚一種，橫版。票面印有“中華蘇維埃共和
國國家銀行湘贛省分行”字樣，四周花邊裝飾，
主要圖案人物、地球、黨旗等。銀圓券有伍分、
壹角、貳角、壹圓四種，七個版面，均橫版。
票面印有“中華蘇維埃共和國國家銀行湘贛省
分行”字樣，四周花邊裝飾，主要圖案有地球、
村舍等，壹圓票面印有列寧像。1934 年 8 月，
紅軍撤出了根據地後，該幣停止發行。（上海博
物館藏）

贛東北特區貧民銀行銀圓票

　　贛東北特區貧民銀行於 1931 年在信江地區
發行的紙幣。該行成立於 1930 年 10 月，行址
設在弋陽縣芳家墩，後遷至橫峰縣的葛源和楓
樹塢，行長是邵忠和張其德。成立該行目的是
爲了穩定蘇區金融，控制現金出口，發展蘇區
經濟。僅見貳角、伍角兩種，橫版。票面印有
“贛東北特區貧民銀行”字樣，四周花邊裝飾，
主要圖案爲五星，票背印有使用説明。1931 年
底該幣停止發行。（江西省博物館藏）

贛東北省蘇維埃銀行銀圓票

　　贛東北省蘇維埃銀行於 1932 年至 1934 年
在贛東北地區發行的紙幣。該行由贛東北特區
貧民銀行於 1931 年底改組而成，行址設在楓樹
塢，行長張其德。發行銀圓券壹角、伍角、壹
圓三種，五個版面，橫版。票面印有“贛東北
省蘇維埃銀行”字樣，四周花邊裝飾，主要圖
案有五星、紅旗，票背有發行使用説明，蓋有
“贛東北省蘇維埃銀行”方印。1932 年底該幣
停止發行。（中國人民銀行上海市分行藏）

贛東北省蘇維埃銀行閩北分行銀圓券

贛東北省蘇維埃銀行閩北分行於 1932 年至 1933 年在閩北發行的紙幣。該行成立於 1931 年冬，行址設在崇安縣大安，銀行負責人有徐福元、鄧文木、林漢卿、夏興、查瑞明、元金山、徐羅福。閩北山區盛産茶葉、竹木、紙張等，歷來比較富饒。蘇區政府爲發展經濟、穩定金融而決定建立銀行，發行紙幣。面額有壹角、貳角、伍角、壹圓四種，六個版面，橫版。票面印有"贛東北省蘇維埃銀行閩北分行"字樣，四周花邊裝飾，中間五星圖案，背面有發行使用説明，蓋有"贛東北省蘇維埃銀行閩北分行"方印。1933 年該幣停止發行。（江西省博物館、中國人民銀行上海市分行藏）

閩浙贛省蘇維埃銀行紙幣

閩浙贛省蘇維埃銀行於 1933 年至 1934 年在閩浙贛地區發行的紙幣。隨着根據地的擴大，1932 年底贛東北省蘇維埃銀行改組爲閩浙贛省蘇維埃銀行。行址設在橫峰縣楓樹塢，行長張其德。發行銀圓券壹角、壹圓兩種，三個版面，橫版。票面印有"閩浙贛省蘇維埃銀行"字樣，四周花邊裝飾，主要圖案地球，中間紅旗，票背有發行使用説明。銅元券有拾枚一種，主要圖案爲五星，其他與銀圓券同。由於閩浙贛省蘇維埃銀行按有多少財産發多少紙幣的原則，嚴格控制財政性發行，故紙幣的信用很好，群衆樂於使用。1934 年 10 月，紅軍北上抗日，該幣停止發行。（江西省博物館藏）

閩浙贛省蘇維埃銀行閩北分行紙幣

閩浙贛省蘇維埃銀行閩北分行於 1933 年至 1935 年在閩浙贛地區發行的紙幣。該行成立於 1933 年，由贛東北省蘇維埃銀行閩北分行改組

閩浙贛省蘇維埃銀行閩北分行紙幣（壹圓）

而成。發行壹角、貳角、壹圓三種，橫版。票面印有"閩浙贛省蘇維埃銀行閩北分行"字樣，四周花邊裝飾，主要圖案有五星，背面有使用説明。1935 年 1 月閩北分區黨政機關撤出大安後，該幣停止發行。（中國人民銀行上海市分行藏）

鄂豫皖特區蘇維埃銀行紙幣

鄂豫皖特區蘇維埃銀行於 1931 年至 1932 年發行的紙幣。該行成立於 1930 年 10 月，行址設在黃安縣七里坪，後遷至新集，行長鄭位三。鄂豫皖根據地位於三省交界的大別山區，係在黃安、麻城農民起義的基礎上發展起來，1930 年成立了鄂豫皖特區蘇維埃政府。爲發展蘇區經濟，蘇區政府決定成立銀行、發行紙幣。僅見壹圓一種，橫版。票面印有"鄂豫皖特區蘇維埃銀行"字樣，四周花邊裝飾，主要圖案爲歐式樓房（中國人民銀行上海市分行藏）。亦曾發行"鄂豫皖區蘇維埃銀行"幣，僅見伍角、壹圓兩種，橫版。票面印有"鄂豫皖區蘇維埃銀行"字樣，四周花邊裝飾，主要圖案有建築、歐式樓房等。1932 年該幣停止發行。（上海博物館、中國人民銀行上海市分行藏）

鄂豫皖省蘇維埃銀行紙幣

鄂豫皖省蘇維埃銀行於 1932 年在鄂豫皖地區發行的紙幣。該行成立於 1932 年 2 月，由鄂豫皖特區蘇維埃銀行改名而成，又稱"鄂豫皖省蘇維埃工農銀行"。發行銀幣券伍角、壹圓兩種，三個版面，橫版。票面印有"鄂豫皖省蘇維埃銀行"字樣，四周花邊裝飾，主要圖案有歐式樓房、建築等。另發行有鄂豫皖省蘇維埃工農銀行銀幣券貳角、伍角兩種，三個版面，橫版。票面印有"鄂豫皖省蘇維埃工農銀行"字樣，四周花邊裝飾，主要圖案有馬克思像、建築物。（上海博物館、安徽省六安烈士紀念館藏）

鄂豫皖蘇維埃經濟公社紙幣

鄂豫皖省蘇維埃經濟公社於 1932 年在鄂豫皖地區發行的紙幣。該社成立於 1931 年 5 月，總社社址設在新集，各縣、區設經濟分社。經濟公社（即公營商店）經營進出口貿易、批發零售等業務。經批准自行印發的輔幣券，僅見銅元券貳串文一種，兩個版面，橫版。票面印有"鄂豫皖蘇維埃經濟公社"字樣，四周花邊裝飾，主要圖案爲建築物、列寧像等。1932 年 10 月，該幣停止發行。（上海博物館藏）

經濟公社流通券

經濟公社於 1933 年至 1935 年在鄂豫皖地區發行的油布票。1932 年 10 月紅四方面軍主力轉移，紅二十五軍在鄂豫皖堅持游擊戰。經濟公社爲着融通金融，在紙張缺乏的情況下用白布刷桐油的辦法印油布票。僅見伍佰文、壹串文、貳串文、伍串文四種，竪版。票面印"經濟公社流通券"字樣，有發行編號、面值和日期。1935 年紅二十五軍北上抗日，該油布票

停止發行。（上海博物館藏）

鄂西北特區蘇維埃銀行紙幣

鄂西北特區蘇維埃銀行於 1931 年至 1932 年在鄂豫皖發行的紙幣。該行成立於 1931 年 5 月 15 日，行址設在金家寨，後遷麻埠，行長吳保才。鄂西北地區盛産竹、木、茶、漆等，物産豐實，爲發展山區經濟、活躍蘇區金融，蘇區政府遂成立該行，發行紙幣。僅見貳角、壹圓、伍圓三種，五個版面，橫版。票面印有"鄂西北特區蘇維埃銀行"字樣，四周花邊裝飾，主要圖案有馬克思像、歐式樓房等，票背印有"爭取全國蘇維埃勝利"字樣。1932 年該幣停止發行。參閱《中國革命根據地貨幣》，現藏上海博物館和安徽六安烈士紀念。

川陝省蘇維埃政府工農銀行紙幣

川陝省蘇維埃政府工農銀行於 1933 年至 1935 年在川陝地區發行的貨幣。1933 年 2 月川陝省蘇維埃政府成立，爲了統一貨幣發展經濟，於 1933 年 12 月成立川陝省蘇維埃政府工農銀行，又稱中華蘇維埃共和國川陝省工農銀行，行址設在通江縣城，行長鄭義齋。發行銅幣券、銀幣券、布幣券三種。銅幣券壹串文一種，橫

川陝省蘇維埃政府工農銀行紙幣（壹串文）

版。票面印有列寧像（上海博物館藏）；叁串文一種，豎版。票面印有"土地歸農民""政權歸蘇維埃""八小時工作"字樣，并印有紅五星、三名紅軍騎馬圖案，票背印有"全世界無產階級聯合起來"字樣，主要圖案爲列寧像。參閱《收藏》第四十期。布幣（銅幣券）有貳串文、叁串文、伍串文、拾串文四種，十二個版面，豎版，票面印有"全世界無產階級聯合起來"字樣，主要圖案爲紅星中間一個拳頭，紙幣的正背面底紋由"增加工農生產""發展社會經濟"藝術字組成，其中有一種爲紅油布，三種爲藍油布印製。（金城文化博物館、上海市博物館、四川省博物館藏）銀幣券有壹圓一種，橫版。正面印有"川陝省蘇維埃政府工農銀行"字樣，主要圖案有馬克思、列寧像，票背印有"全世界無產階級聯合起來"字樣，主要圖案爲一排拖拉機。（四川省博物館藏）

川陝省蘇維埃政府發行貨幣，對衝破封鎖、開展貿易、活躍蘇區經濟、改善人民生活起到了積極的作用。1935年3月紅軍轉移，該幣停止發行。

中華蘇維埃共和國國家銀行西北分行紙幣

中華蘇維共和國國家銀行西北分行於1935年至1936年在陝甘地區發行的貨幣。該行成立於1935年11月下旬，行址設在瓦窯堡，後遷至保安。行長林伯渠、曹菊如。1935年11月，國民黨統治區幣制改革，銀價飛漲，爲了穩定根據地金融、防止白銀外流、收回銀幣，該行發行蘇維埃紙幣和布幣。紙幣有壹分、伍分、壹角、貳角、壹圓五種，五個版面，票面印有"中華蘇維埃共和國國家銀行西北分行"字樣，

四周花邊裝飾，主要圖案有人物，其中壹角、貳角券爲豎版印製，壹圓券正面有列寧像（上海博物館、中國人民銀行上海市分行藏）。布幣券有壹角、貳角、壹圓三種，四個版面，票面印有"中華蘇維埃共和國國家銀行西北分行"字樣，四周花邊裝飾，主要圖案爲鐮刀、斧頭、列寧像，其中壹角、貳角券爲豎版，壹圓爲橫版。1936年該幣停止發行。（中國錢幣學會、中國人民銀行安徽分行藏）

中華蘇維埃人民共和國國家銀行西北分行紙幣

中華蘇維埃人民共和國國家銀行西北分行於1936年至1937年在陝甘地區發行的紙幣。1936年，中華蘇維埃共和國國家銀行西北分行改名爲中華蘇維埃人民共和國國家銀行西北分行。行址設在保安，後遷至延安。行長林伯渠、曹菊如。僅見壹分、伍分、貳角、伍角、壹圓、貳圓六種，六個版面，彩色橫版。票面印有"中華蘇維埃人民共和國國家銀行西北分行"字樣，四周花邊裝飾，主要圖案爲群衆集會會場、陣地、列寧像等，其中貳角票有紙質、布質兩種。1937年紅軍改編爲八路軍，該行改稱陝甘寧邊區銀行，該幣全部收回。（中國人民銀行上海市分行、甘肅省博物館藏）

陝甘邊區農民合作社銀行兌換券

陝甘邊區農民合作社銀行1935年發行的兌換券（布幣）。1934年秋，陝甘邊區蘇維埃政府於華池縣南梁寨子灣成立，因市場上缺少輔幣，遂由陝甘邊區蘇維埃政府財經委員會印製發行兌換券。兌換券爲布質，采用蠟紙刻版，油印之後塗上桐油漆凉乾而成。僅見貳角一種，豎版。票面印有"陝甘邊區農民合作社銀行兌

換券"字樣，四周花邊裝飾，主要圖案花額。1935 年 11 月後該券停止發行。

陝甘省蘇維埃銀行紙幣

陝甘省蘇維埃銀行於 1935 年在陝甘地區發行的紙幣。1935 年陝甘省蘇維埃政府成立，由陝甘省蘇維埃政府財政部印製發行陝甘省蘇維埃銀行銀幣券、布幣券和銅幣券三種，橫版，由蠟板刻寫後油印而成。票面印有"陝甘省蘇維埃銀行""中華蘇維埃共和國五年制"字樣，即 1935 年製。銀幣券有壹角、伍角、壹圓三種，四個版面。布幣券有壹圓一種，二個版面，其中一種爲藍布印製（中國錢幣學會藏）。銅幣券有貳拾枚一種。參閱《中國革命根據地貨幣》。

神府特區抗日人民革命委員會銀行流通紙幣

神府特區蘇維埃財政部於 1936 年至 1937 年發行的紙幣。神府特區蘇維埃政府成立於 1934 年 12 月，爲了發展經濟、穩定金融而發行紙幣。僅見伍分、壹角、貳角、伍角、壹圓五種，五個版面，橫版。票面印有"神府特區抗日人民革命委員會銀行流通紙券"字樣，壹角、貳角、伍角"券"錯版爲"卷"，四周花邊裝飾，主要圖案有花額。另有布質幣壹角、貳角、伍角三種，票面圖樣同紙幣券。參閱《中國革命根據地貨幣》。

全面抗戰時期人民貨幣

抗日戰争起止時間 1931 年 9 月至 1945 年 8 月。本處特指 1937 年 7 月至 1945 年 8 月全面抗日戰争時期由中國共産黨領導的各抗日民主根據地發行的貨幣。期間，華北、西北地區各銀行發行的貨幣簡稱"邊幣"；華中地區各銀行發行的貨幣簡稱"抗幣"，亦將全面抗戰時期的人民貨幣統稱"抗幣"。1935 年 8 月中國共産黨發表了停止内戰、一致抗日的《八一宣言》。1936 年 12 月發生了震驚中外的西安事變。西安事變和平解決，促成了國共兩黨的第二次合作。1937 年 7 月 7 日蘆溝橋事變發生後，全面抗日戰争序幕拉開。八路軍和新四軍深入敵後，先後創建了晋察冀、晋冀魯豫、晋綏、山東、蘇中、淮北、淮南、豫鄂邊、蘇南、皖中、浙東、廣東瓊崖等抗日根據地。各根據地先後建立了近四十個銀行并發行了貨幣，共發行紙幣面額二十八種，本票十種，計五百零二個版面。各根據地貨幣的發行數量、印刷質量、流通時間和範圍都和各個根據地的發展密切相關。陝甘寧邊區是中國共産黨中央所在地，發行貨幣比較有計劃，有系統。華中根據地戰争頻繁，時進時退，貨幣發行繁雜。華北地區相對穩定，冀幣、邊幣、西農幣、北海幣發行連續。（見馬飛海等《中國歷代貨幣大系·新民主主義革命時期人民貨幣》及中國人民金融研究所、財政部財政科學研究所《中國革命根據地貨幣》）

延安光華商店代價券

　　陝甘寧邊區政府所轄陝甘寧邊區銀行於
1938 至 1941 年以延安光華商店的名義發行的
紙幣，流通於陝甘寧邊區。爲何不以地區銀行
名義，而以商店名義發行貨幣？根據國共第二
次合作訂立之協議，邊區不設立銀行，也不發
行貨幣。八路軍供給由國民黨政府發給法幣。
因法幣值高，找零不便，邊區又不便以銀行名
義發行貨幣，祇得以商店名義發行圓以下代價
券，面額有貳分、伍分、壹角、貳角、伍角、
柒角伍分六種，七個版面，其中壹角、貳角券
爲竪版，其他橫版。票面印有"光華商店代價
券"或"延安光華商店代價券"字樣，四周花
邊裝飾，主要圖案有紡棉、亭、延安城等，除
其中一種伍角、柒角伍分券外，其餘背面均有
文字說明。（上海博物館藏）至 1941 年 1 月皖
南事變後，國民黨停發了八路軍軍餉，對邊區
實行經濟封鎖，邊區政府遂頒令禁止法幣流通，
并於 1941 年 2 月授權邊區銀行發行陝甘寧銀行
幣，逐漸將該代價券收回。

陝甘寧邊區銀行紙幣

　　陝甘寧邊區政府所轄陝甘寧邊區銀行於
1941 年至 1945 年在陝甘寧根據地發行的紙幣。
該行成立於 1937 年，前身是中華蘇維埃共和
國國家銀行西北分行，行長曹菊如。總行設在
延安，下設綏德、關中、三邊和隴東四個分行，
分行以下設支行和辦事處。銀行成立初期，沒
有以銀行名義發行貨幣。1941 年 1 月皖南事變
後，國民黨對邊區進行經濟封鎖，停發八路軍、
新四軍之軍餉，使邊區財政遇到困難。邊區政
府於 1941 年 1 月 30 日頒布法令，禁止法幣在
邊區流通，於同年 2 月 18 日起發行陝甘寧邊區

銀行幣壹角、貳角、伍圓、拾圓、伍拾圓、壹
佰圓、貳佰圓、伍佰圓、壹仟圓、伍仟圓十種，
十六個版面，均橫版。票面印有"陝甘寧邊區
銀行"，四周花邊裝飾，主要圖案有城門、牧
羊、長城、延安、風景、樓房等。（中國人民銀
行上海市分行藏）發行"陝甘寧邊區銀行三邊
分行"布幣壹佰圓一種，橫版。票面印有"陝
甘寧邊區銀行三邊分行""只限三邊使用""憑
票即兌邊幣"字樣。（中國錢幣學會藏）發行
"陝甘寧邊區銀行本票"伍佰圓、壹萬圓、伍萬

陝甘寧邊區銀行紙幣（壹仟圓）

圓三種。1948 年 1 月，陝甘寧邊區與晋綏解放
區合并爲西北解放區，該行與晋西北農民銀行
合并成立西北農民銀行，該幣遂停止發行。參
閱《中國革命根據地貨幣》。

陝甘寧邊區貿易公司商業流通券

　　陝甘寧邊區貿易公司於 1944 年至 1948 年
在陝甘寧地區發行的紙幣。1943 年 1 月國民黨
發動第二次反共高潮，對邊區實行經濟封鎖，
邊區物資供應緊張，法幣價值日跌，造成物價
上漲。爲了穩定邊區幣制，融通金融，經陝甘
寧邊區政府批准發行流通券，規定流通券壹圓
相當於邊幣貳拾圓，與邊幣同時流通，互相兌
換。這一新經濟措施對邊區發展生產、恢復經

濟、穩定物價等起到了積極作用。發行紙幣伍圓、拾圓、貳拾圓、伍拾圓、壹佰圓、貳佰圓、貳佰伍拾圓、伍佰圓、壹仟圓、貳仟圓、伍仟圓十一種，十六個版面。除用陝甘寧邊區銀行伍佰圓券加蓋"陝甘寧邊區貿易公司商業流通券""暫作流通券使用"字樣一種爲橫版外，其他均豎版。票面印有"陝甘寧邊區貿易公司商業流通券"字樣，四周花邊裝飾，主要圖案爲花額、延安、長城等，票背有發行文字説明。（中國人民銀行上海分行、上海博物館藏）

西北農民銀行紙幣

西北農民銀行於 1940 年至 1948 年在晉綏邊區發行的紙幣。該行成立於 1940 年 5 月。初時稱晉西北農民銀行，發行有"西北農民銀行"幣和"晉西北農民銀行"幣。1942 年實行"精兵簡政"，晉西北農民銀行和晉西北貿易局合併辦公，統一由晉西北行政公署財政處領導。1948 年 1 月晉西北農民銀行與陝甘寧邊區銀行合併，改稱西北農民銀行，西北農民銀行幣成爲西北解放區的統一本位幣。發行紙幣伍分、貳角、伍角、壹圓、貳圓、伍圓、拾圓、伍拾圓、壹百圓、伍百圓、壹千圓、貳千圓、伍千圓、壹萬圓、伍萬圓十五種，二十九個版面。其中伍分券、一種拾圓券爲豎版，其他均橫版，有兩種貳圓券印"晉西北農民銀行"，其他券印"西北農民銀行"字樣，四周花邊裝飾，主要圖案有建築、耕田、紡紗、風景、牧羊、寶山塔等。1948 年 10 月該行合並於中國人民銀行，成爲中國人民銀行西北分行。1948 年 12 月該幣停止發行。（中國人民銀行上海市分行、上海博物館、中國國家博物館藏）

晉察冀邊區銀行紙幣

晉察冀邊區銀行於 1938 年至 1948 年在晉察冀地區發行的紙幣。該行成立於 1938 年 3 月 20 日，行址設在阜平縣，後遷至張家口市。1943 年至 1945 年，該行設立阜平、河間、承德三個分行，宣化、康莊、勝芳、安國、辛集和遵化六個支行。發行銅元券貳拾枚一種，豎版，墨綠色。銀元券有壹角、貳角、伍角、壹圓、貳圓、伍圓、拾圓、伍拾圓、壹佰圓、貳佰圓、伍佰圓、壹仟圓、伍仟圓十三

晉察冀邊區銀行紙幣（壹仟圓）

種，三十二個版面。除壹角、貳角、伍角券和一種拾圓券爲豎版外，其他均爲橫版。票面印有"晉察冀邊區銀行"字樣，四周花邊裝飾，主要圖案有古建築、牧羊、長城、耕地、收割、運輸、風景等，其中壹仟圓、伍仟圓票面印有"晉察冀邊區銀行兑換券"字樣，主要圖案爲城門樓、村景。1947 年 11 月晉察冀邊區銀行與冀南銀行合併成立華北銀行，該幣停止發行。（上海博物館藏）

靈壽縣調劑金融兑換券

靈壽縣於 1938 年在靈壽縣發行的紙幣。僅見貳角一種，橫版。票面印有"靈壽縣調劑金融兑換券""每拾角兑付邊幣壹圓""中華民國二十七年印"字樣，紫色。票背紅色。

冀中第五行政區銀錢局流通券

冀中第五行政區銀錢局於 1939 年在晉察冀

邊區發行的紙幣。面額有壹角、貳角、伍角三種，其中壹角、貳角爲豎版，伍角橫版。票面印有"冀中第五行政區銀錢局"字樣，四周花邊裝飾，主要圖案有人物、風景、天壇等，票背面印有"抗戰建國"字樣。壹角爲墨綠色，貳角票面爲玫瑰色，背面爲醬色。伍角票面深綠色，背面醬黃色。

冀中區武强縣農村合作社流通券

冀中區武强縣農村合作社於 1939 年在晉察冀邊區發行的紙幣。有伍分、壹角、貳角、伍角四種，豎版。票面印有"冀中區武强縣農村合作社流通券"字樣，四周花邊裝飾，主要圖案有耕地、火車、輪船、人物等，票背印有"中華民國二十八年印"字樣。

冀中區安平縣農村合作社流通券

冀中區安平縣農村合作社於 1939 年在安平縣發行的紙幣，僅見壹角、伍角兩種，豎版。票面印有"冀中區安平縣農村合作社流通券"或"安平縣農村合作社流通券"字樣，四周花邊裝飾，主要圖案有建築、火車等。

冀中區任邱縣農村合作社流通券

冀中區任邱縣農村合作社於 1939 年在任邱縣發行的紙幣。僅見伍角一種，豎版。票面印有"冀中區任邱縣農村合作社流通券"字樣，主要圖案爲牌坊，綠色套印醬紅色，背面橘紅色。

冀中區安新縣農村合作社流通券

冀中區安新縣農村合作社於 1939 年在安新縣發行的紙幣。僅見伍角一種，豎版。票面印有"冀中區安新縣農村合作社流通券""抗戰建國"字樣，主要圖案爲閣樓，紫紅色。票背深綠色。

冀中區無極縣農村合作社流通券

冀中區無極縣農村合作社於 1939 年在無極縣發行的紙幣。僅見壹角、貳角兩種，豎版。票面印有"冀中區無極縣農村合作社流通券""積成拾角兌付國幣壹圓"字樣，四周花邊裝飾，主要圖案爲閣樓。

冀中區大城縣農村合作社流通券

冀中區大城縣農村合作社於 1940 年在大城縣發行的紙幣。僅見壹角、伍角兩種，豎版。票面印有"冀中區大城縣農村合作社流通券"，四周花邊裝飾，分別爲紫色，藍色。票背分別爲橘紅色和綠色。

冀中區文新縣農村合作社流通券

冀中區文新縣農村合作社於 1940 年在文新縣發行的紙幣。僅見壹角、貳角兩種，豎版。票面印有"冀中區文新縣農村合作社流通券""民國二十九年印"或"中華民國二十九年印"字樣，四周花邊裝飾，主要圖案爲建築物。參閱《中國革命根據地貨幣》。

冀中區肅寧縣農村合作社流通券

冀中區肅寧縣農村合作社於 1940 年在肅寧縣發行的紙幣。僅見貳角、伍角兩種，豎版。票面印有"冀中區肅寧縣農村合作社流通券"，四周花邊裝飾，主要圖案分別爲耕田、車水灌田，票背印有"流通券發行所"字樣。

冀中區獻縣農村合作社流通券

冀中區獻縣農村合作社於 1940 年在獻縣發行的紙幣。僅見壹角、貳角兩種，豎版。票面所有"冀中區獻縣農村合作社流通券""抗戰必勝"字樣，四周花邊裝飾，票面主要圖案爲建築物。

冀中區任河縣農村合作社流通券

冀中區任河縣農村合作社於 1940 年在任河縣發行的紙幣。僅見貳角、伍角兩種，豎版。票面印有"冀中區任河縣農村合作社流通券""抗戰建國"字樣，四周花邊裝飾，主要圖案爲牌坊。

冀中區容城縣農村合作社流通券

冀中區容城縣農村合作社於 1940 年在容城發行的紙幣。僅見伍角一種，竪版。票面印有"冀中區容城縣農村合作社流通券"字樣，四周花邊裝飾，主要圖案爲建築物。參閱《中國革命根據地貨幣》。

冀中區建國縣農村合作社流通券

冀中區建國縣農村合作社於 1941 年在建國縣發行的紙幣。僅見貳角、伍角兩種，竪版。票面印有"冀中區建國縣農村合作社流通券"字樣，四周花邊裝飾，主要圖案爲建築物。票面貳角爲紫紅色，伍角爲藍色。

冀中區高陽縣農村合作社流通券

冀中區高陽縣農村合作社於 1941 年在高陽縣發行的紙幣。僅見伍角一種，橫版。票面印有"冀中區高陽縣農村合作社流通券"字樣，四周花邊裝飾，左、右兩個圖案分別爲種地、農村織布，綠色，票背爲醬黃色。

晋察冀邊區第七行政區合作社流通券

晋察冀邊區第七行政區合作社於 1941 年至 1942 年在晋察冀邊區發行的紙幣。僅見壹角、貳角、伍角三種，五個版面。其中除貳角爲橫版印製外，其餘均爲竪版。票面印有"晋察冀邊區第七行政區合作社流通券"，四周花邊裝

晋察冀邊區第七行政區合作社流通券（伍角）

飾，主要圖案爲大橋、建築物等。（上海博物館藏）

冀中區徐水縣農村合作社流通券

冀中區徐水縣農村合作社於 1940 年在徐水縣發行的紙幣。僅見伍分、壹角、貳角、伍角四種，竪版。票面印有"冀中區徐水縣農村合作社流通券"字樣，四周花邊裝飾，主要圖案有塔、北海、飛機、長城、北京太和殿等。（上海博物館藏）

冀中區深縣農村合作社流通券

冀中區深縣農村合作社於 1939 年至 1940 年在深縣發行的紙幣。僅見壹角、貳角、伍角三種，竪版。票面印有"冀中區深縣農村合作社流通券"字樣，四周花邊裝飾，主要圖案有村景等。（上海博物館藏）

饒陽縣農村合作社流通券

饒陽縣農村合作社於 1940 年在饒陽縣發行的紙幣。僅見貳角、伍角兩種，竪版。票面印有"饒陽縣農村合作社流通券"字樣，四周花邊裝飾，主要圖案爲天壇、農村風景。

冀中區安國縣農村合作社流通券

冀中區安國縣農村合作社於 1941 年在安國縣發行的紙幣。僅見伍角一種，竪版。票面印有"冀中區安國縣農村合作社流通券"字樣，四周花邊裝飾，主要圖案爲風景。

冀中區蠡縣農村合作社流通券

冀中區蠡縣農村合作社於 1941 年在蠡縣發行的紙幣。僅見伍角一種，竪版。票面印有"冀中區蠡縣農村合作社流通券"字樣，四周花邊裝飾，主要圖案爲建築物。

冀中區河間縣農村合作社流通券

冀中區河間縣農村合作社於 1941 年在河

間縣發行的紙幣。僅見壹角一種，竪版。票面印有"冀中區河間縣農村合作社流通券"字樣，四周花邊裝飾，主要圖案建築物。

冀中區獻高縣農村合作社流通券

冀中區獻高縣農村合作社於 1941 年在獻高縣發行的紙幣。僅見貳角、伍角兩種，竪版。票面印有"冀中區獻高縣農村合作社流通券"字樣，四周花邊裝飾，主要圖案爲建築物、風景等。

冀中區新安縣農村合作社流通券

冀中區新安縣農村合作社於 1940 年在新安縣發行的紙幣。僅見貳角、伍角兩種，竪版。票面印有"冀中區新安縣農村合作社流通券"字樣，四周花邊裝飾，主要圖案風景等，票背印有"新安縣農村合作社流通券"字樣。

博野縣農村合作社流通券

博野縣農村合作社於 1941 年在博野縣發行的紙幣。僅見伍角一種，竪版。票面印有"博野縣農村合作社流通券"英漢文，四周花邊裝飾，主要圖案爲輪船。

冀中區交河縣農村合作社流通券

冀中區交河縣農村合作社於 1940 年在交河縣發行的紙幣。僅見伍角一種，竪版。票面印有"冀中區交河縣農村合作社流通券"字樣，四周花邊裝飾，主要圖案爲建築物。

冀中區定縣農村合作社流通券

冀中區定縣農村合作社於 1940 年在定縣發行的紙幣。僅見伍角一種，竪版。票面印有"冀中區定縣農村合作社流通券"字樣，四周花邊裝飾，主要圖案爲火車。

晉察冀邊區銀行（冀熱遼）紙幣 [1]

晉察冀邊區銀行於 1945 年統一印製、限定在冀熱遼地區發行的紙幣。有伍圓、拾圓、伍拾圓、壹佰圓、貳佰圓、伍佰圓、壹仟圓、貳仟圓、伍仟圓九種，十一個版面，橫版。票面印有"晉察冀邊區銀行""冀熱遼"字樣，四周花邊裝飾，主要圖案爲帆船、牧羊、耕地等。（中國人民銀行上海市分行藏）

上黨銀號紙幣

上黨銀號於 1938 年 8 月至 1939 年在山西省長治發行的紙幣。上黨爲長治古稱。該銀號成立於 1938 年 8 月，由山西"犧牲救國同盟會"及其掌握的地方政權第三、五行政專員公署支持和幫助下創辦起來。銀號設在泌縣郭村，薄一波兼任經理，副經理侯振亞，實際負責人王鶴五。發行紙幣壹角、貳角、伍角、壹圓、伍圓五種，橫版。票面印有"上黨銀號""公私款項一律通用"字樣，四周花邊裝飾，主要圖案有鐵路、風景、樓房、天壇等。1939 年 10 月，冀南銀行成立，該號宣告結束。據《新華日報》資料：1942 年已收回上黨銀號幣一百一十萬元，并在軍民代表監督下當衆焚毁。

上黨銀號紙幣（伍圓）

山西省第五行政區救國合作社兑换券

山西省第五行政專員公署於 1940 年在山西省發行的紙幣。有貳角、伍角兩種，橫版。票面四周花邊裝飾，主要圖案爲建築物，印有"山西省第五行政區救國合作社兑换券""積成拾角兑换壹元""中華民國二十九年印"字樣。

參閱《中國革命根據地貨幣》。另發行有"冀南農民合作社兌換券"幣，見有壹角、伍角兩種，橫版。票面四周采用花邊裝飾，主要圖案有建築物等。（上海博物館藏）

冀南銀行紙幣

冀南銀行於 1939 年至 1948 年在晋冀魯豫邊區發行的紙幣，亦稱冀鈔。該行成立於 1939 年 10 月 15 日，總行設在太行區，行長高捷成。建行之宗旨是發行管理全邊區的金融、排擠肅清敵偽貨幣、促進貿易、繁榮市場。發行銅幣券拾枚、貳拾枚兩種，三個版面，橫版。票面四周花邊裝飾，主要圖案爲大橋。票面爲墨綠色。（上海博物館、上海歷史博物館藏）發行紙

冀南銀行紙幣（貳拾伍圓）

幣壹角、貳角、貳角伍分、伍角、壹圓、貳圓、叁圓、伍圓、拾圓、貳拾圓、貳拾伍圓、伍拾圓、壹佰圓、貳佰圓、伍佰圓、壹仟圓、貳仟圓十七種，五十五個版面。票面四周花邊裝飾，其中貳拾伍圓、伍拾圓、壹佰圓爲竪版，其他均橫版，主要圖案有火車、風景、耕田、天壇、前門、午門、寶塔、牌坊、輪船、村舍等。早期發行的壹角、貳角、伍角券票面印有"公私款項一律通用"字樣。爲了控制地區內流通之貨幣，在紙幣上加印"太行""太岳""平原""滏西"等字樣。1941 年 9 月，魯西行政專員公署所轄三十三個縣劃歸晋冀豫區，冀鈔流通範圍擴大到全冀晋豫區，成爲整個晋冀魯豫邊區的

法定本位幣。1947 年 11 月石家莊市解放，成立華北銀行，冀鈔成爲全華北地區的法定本位幣。1948 年 12 月 1 日中國人民銀行成立，冀鈔停止發行。（上海博物館藏）

太岳區經濟局商業流通券

晋冀魯豫太岳行署批准太岳區經濟局於 1945 年在太岳區發行的紙幣。以太岳經濟局及其所屬鹽業公司、工廠、商店的全部財産作基金，由太岳區的冀南銀行作保證，發行其商業流通券。面額有伍圓、伍拾圓、壹佰圓三種，竪版。票面印有"太岳區經濟局商業流通券"字樣，四周花邊裝飾，主要圖案爲花額，票背有發行說明。參閱《中國革命根據地貨幣》。

魯西銀行紙幣

魯西銀行是中共魯西區黨委在八路軍 115 師後勤部（或稱供給部，代號"江東部"）的幫助下，於 1940 年 3 月在魯西抗日根據地梁山泊東平湖土山村、戴廟一帶創建的。115 師後勤部吕麟任魯西行署財政處長兼魯西銀行首任行長（總經理），地方干部張廉方任副行長（副經理）。該行於 1940 年 5 月至 1946 年發行紙幣，時稱"魯鈔"，最初流通於魯西行署所轄四個專署 33 個縣區。1941 年 7 月魯西區并入冀魯豫區，從此魯鈔流通範圍擴大，成爲整個冀魯豫邊區市場的主要貨幣。兩區合并時，吕麟調往山東，張廉方接任行長。該行紙幣分本幣、本票和臨時流通券。本幣面額有十四種：肆分、伍分、壹角、貳角、貳角伍分、伍角、壹圓、貳圓、伍圓、拾圓、貳拾圓、貳拾伍圓、伍拾圓、壹佰圓，共三十種券別；本票僅面額貳佰圓券別一種；臨時流通券面額有貳佰圓、叁佰圓、伍佰圓三種，券別四種（伍佰圓兩種）。除

壹角、一種貳角和叁佰圓券爲竪版外，其他均橫版。本幣、本票票面印"魯西銀行"字樣，臨時流通券票面印"魯西銀行臨時流通券"字樣。主要圖案有山房、鋤地、天壇、馬拉犁、澆園、割稻、前門、火車、輪船、栽稻、野廟山、銅牛、閣臺、牌坊等。部分券別票面有"泰運""湖西""魯西南"字樣，分別爲魯西行署第一專署區、冀魯豫行署湖西專署區、冀魯豫行署第三專署區簡稱。早期不少券別背面有"呂麟"拼音手書簽名，或"呂麟"與"张廉方"拼音手書簽名，後期券別拼音手書簽名改爲"张廉方""華夫"。行名"魯"常見寫法四點如"火"，藏界俗稱"火魯"。1945年12月1日，晋冀魯豫邊區政府發出指示，確定魯西銀行併入冀南銀行，成爲冀南銀行冀魯豫區行，從此發行冀南銀行幣，與魯鈔等值流通之後魯西銀行名義仍存在，個別券種仍發行。爲減少貨幣種類，便於商民交易，1947年6月曾通告收回魯鈔。1948年4月27日，冀南銀行、冀魯豫區行下達關於各級銀行繼續收兑魯鈔、不准再於市場流通的指示。目前魯西幣多數品種有實物存世，中國錢幣博物館、齊魯錢幣博物館、上海博物館、山東博物館、河南博物院及個人藏家多有收藏，僅湖西版貳角伍分、湖西版伍角等個別券種尚未發現。參閱山東省錢幣學會《魯西銀行貨幣》。

【魯鈔】

即魯西銀行紙幣。此稱行用於魯西銀行紙幣流通時期。見該文。

北海銀行紙幣[1]

抗日戰爭時期北海銀行發行的紙幣。1938年4月，北海銀行由中共掖縣縣委創建的膠東抗日游擊隊第三支隊開始籌辦，後在三支隊并入的八路軍山東縱隊第五支隊支持下，於1938年12月1日正式宣告成立，因根據地北臨大海，故銀行冠以"北海"之名。張玉田爲首任行長，陳文其爲副行長兼黃縣分行行長。初期爲公私合營股份製形式，公股、私股各占總股金十分之三、十分之七。首批北海幣有壹角、貳角、伍角、壹圓四種，正面圖案爲掖縣火神閣、鼓樓和縣政府門景，均加蓋"掖縣"地名。隨着根據地的擴大，北海銀行逐漸從膠東發展到山東其他戰略區。1940年6月，清河區北海銀行在壽光成立。10月前後，總行在魯中成立，由山東抗日民主政權最高領導機關——山東省戰時工作推行委員會（簡稱"省戰工會"）領導，省戰工會委員兼財政處長艾楚南任總行行長，原一縱供給部後方辦事處主任洒海秋任副行長。1941年夏，冀魯邊分行在樂陵成立。1942年9月，濱海分行在魯東南成立。1943年5月，魯中分行在沂南縣萬良莊成立。1943年

魯西銀行紙幣（貳圓）

北海銀行紙幣（壹角）

秋，渤海分行在清河和冀魯邊兩分行合并的基礎上成立。1942 年秋，魯南建立了北海銀行辦事處，後改爲支行，1944 年 7 月升級爲分行。这時的北海幣已在山東根據地廣泛流通，發還了民股，完全公營。1942 年，根據地因形勢惡化縮小，物價上漲，爲穩定北海幣幣值，遂采取分區發行辦法，各區北海幣都印本區字頭，如 "膠東" "濱海" "魯中"，通告各區之間互不流通。抗戰時期發行的北海幣有伍分、壹角、貳角、貳角伍分、伍角、壹圓、貳圓、伍圓、拾圓、貳拾伍圓、伍拾圓、壹百圓十二種，版別超過百種。四周花邊裝飾，主要圖案有湖景、牌坊、天壇、前門、帆船、輪船、火車、古塔、樓房、推車、挑担、驢拉水車、牧羊、牛耕、馬耕、鋤地、汲水、插秧、收割、打場、紡織等。由於根據地物資匱乏，印鈔的紙張、油墨采購到什么用什么，所以同一个版印出來的紙幣在紙的規格、墨的顏色上往往會有差別。爲防止誤會，區別版別，就在票面加上 "發" "展" "農" "村" "經" "濟" "繁" "榮" "生" "產" "建" "設" 等不同字頭。1945 年 8 月，日本投降，山東各根據地基本聯成一片，北海幣不再限區流通。該幣是抗日根據地發行券別品種最多的紙幣，對發展經濟、扶植生產、穩定金融、支持抗日根據地的武裝鬥爭發揮了很大的作用。參閲山東省錢幣學會《北海銀行貨幣大系》。

益壽臨廣流通輔幣

益（都）、壽（光）、臨（朐）、廣（饒）在山東地區發行的紙幣。僅見貳角一種，橫版。票面印有 "益壽臨廣流通輔幣" 字樣，四周花邊裝飾，主要圖案爲歐式建築，票背面印有 "伍拾角兌換法幣伍圓" 字樣。參閲《中國革命根據地貨幣》。

鹽阜銀行紙幣

鹽阜銀行於 1941 年至 1945 年在華中蘇北地區發行的紙幣。該行成立於 1942 年 4 月 10 日，資本五十萬圓。發行紙幣壹角、貳角、伍角、壹圓、貳圓、伍圓、拾圓七種，十八個版面。除壹角、伍角豎版外，其他橫版。票面印有 "鹽阜銀行" 字樣，四周花邊裝飾，主要圖案爲人物、耕地、紀念碑等。（上海博物館、中國人民銀行江蘇省分行藏）

鹽阜銀行紙幣（伍角）

淮海地方銀行紙幣

淮海地方銀行於 1942 年在華中蘇北地區發行的紙幣。該行成立於 1941 年 6 月，總行設在張圩，資本一百萬圓。塘溝、高溝、吳集、湯溝、麻垛、老張集、里仁集、大興集、陰平等主要集鎮設代理處，主要業務是兌換淮海幣。抗日民主政府規定，完糧納稅，淮海幣一律通用。其後逐漸代替了法幣，成爲淮海地區抗日根據地的主要貨幣。僅見壹圓一種，橫版。票面印有 "淮海地方銀行" "民國三十一年印" 字樣，四周花邊裝飾，主要圖案爲閣樓風景。1942 年冬敵僞對淮海區發動進攻，該幣流通範圍隨根據地縮小而縮小，由於戰爭中損失了相當一批未發行的淮海幣，爲防止敵僞用以破壞抗日根據地金融市場，抗日民主政府遂宣布部

分淮海幣停止流通。1943 年 3 月後，該幣停止使用。（中國人民銀行上海市分行藏）

江淮銀行紙幣

江淮銀行於 1941 年至 1945 年在華中江淮地區發行的紙幣。該行成立於 1941 年春，行址設在抗日根據地蘇中行署內，屬地方性銀行，歸新四軍軍部直接領導。印刷廠之印刷設備器材從上海采購，印刷、製版工人從上海聘請。發行紙幣貳角、伍角、壹圓、伍圓、拾圓、貳拾圓六種，十九種版面，橫版。票面印有「江淮銀行」字樣，四周花邊裝飾，主要圖案有耕地、帆船、鋸木、插秧、建築、車水、織布、毛澤東像，其中壹圓幣有胡服（劉少奇）的英文簽名，還有加蓋「作伍圓」和「蘇中」「鹽阜」「蘇」「浙」等字樣者。1945 年 8 月，江淮銀行并入華中銀行。該幣停止流通。

江淮銀行紙幣（伍圓）

惠農銀行券

蘇南抗日根據地惠農銀行於 1942 年 12 月至 1943 年 10 月在蘇南地區發行的紙幣。該行成立於 1942 年 12 月，行址設在蘇南丹陽延陵鎮。發行紙幣壹角、貳角、伍角、壹圓、伍圓、拾圓六種。現僅見伍圓、拾圓兩種，橫版。票面四周有花欄裝飾，四角有漢文面值，下花欄中印有「中華民國三十一年印」和中、英文行名、幣值，花欄內正上方印有「惠農銀行」四字，左右爲編號，主要圖案爲農村景色、農民揚場圖，圖案兩側爲面值，票背印有英文行名、幣值及日期，主要圖案爲花額、池塘、寶塔等。紙質爲道林紙。1943 年 10 月，由於日軍「掃蕩」，戰爭形勢緊張，惠農銀行停辦。參閱《中國錢幣》1993 年第三期。

江淮銀行蘇中第一支行流通券

江淮銀行蘇中第一支行於 1943 年至 1945 年在江淮地區發行的紙幣。僅見貳角一種，橫版。票面印有「江淮銀行蘇中第一支行」「中華民國三十二年印」字樣，四周花邊裝飾，主要圖案爲民國錢幣，屬藍色油印版。（上海博物館藏）

江淮銀行蘇中第三支行流通券

江淮銀行蘇中第三支行於 1943 年至 1945 年在江淮地區發行的紙幣。僅見伍角、壹圓兩種，橫版。有一種伍角券上下花邊裝飾，票面印有「江淮銀行」字樣，主要圖案爲插秧，灰紫色，票背有「蘇中第三支行發行」字樣，另一種及壹圓券均四周花邊裝飾。伍角券票面印有「江淮銀行蘇中第三支行發行」字樣，主要圖案爲帆船，綠色，票背紅色。壹圓券票面印有「江淮銀行」字樣，主要圖案爲勞動圖，票背印有「第三支行發行」字樣，該幣藍色。（中國人民銀行上海市分行、中國人民銀行江蘇省分行藏）

蘇中第四行政區流通券

蘇中第四行政區於 1944 年在江淮地區發行的紙幣。僅見壹圓一種，橫版。票面印有「蘇中第四行政區流通券」「作壹圓」字樣，四周花邊裝飾，主要圖案爲牛頭，票面爲紅色，背面爲紫色。（上海博物館藏）

江淮銀行五分區支行流通券

江淮銀行五分區支行於 1945 年在江淮地區發行的紙幣。僅見壹圓一種，橫版。票面印有"江淮銀行五分區支行流通券""完糧納稅一律通用""糧作基金價值穩定"字樣，四周花邊裝飾，票背印有"每百元作公糧二百市斤"字樣。（中國人民銀行江蘇省分行藏）

江淮銀行東南辦事處代價券

江淮銀行東南辦事處於 1945 年在江淮地區發行的紙幣。僅見伍圓、拾圓兩種，橫版。票面印有"江淮銀行東南辦事處代價券"字樣，沒有花邊裝飾，主要圖案爲插秧、農作物，其中拾圓票爲姜黃色。（中國人民銀行江蘇省分行藏）

江淮流通券

江淮地區於 1945 年發行的紙幣。僅見伍圓一種，橫版。票面印有"江淮流通券"字樣，四周花邊裝飾，主要圖案帆船，票面姜黃色。（中國人民銀行江蘇省分行藏）

江都縣流通券

江蘇江都縣於 1944 年在本縣發行的紙幣。僅見伍圓一種，橫版。票面印有"江都縣流通券"字樣，四周花邊裝飾，主要圖案耕田、施肥，票面紫色，背面姜黃色。

江都河南流通券

江蘇江都縣河南地區於 1944 年在本地區發行的紙幣。僅見壹角一種，橫版。票面印有"江都河南流通券"字樣，四周花邊裝飾，主要圖案爲車水。票面藍色，背面紅色。

江高寶興流通券

江蘇江都、高郵、寶應、興化等縣於 1945 年在本區聯合發行的紙幣。僅見伍角、壹圓兩種，橫版。票面印有"江都寶興流通券"字樣，四周花邊裝飾。伍角券主要圖案爲耕田，票面藍色，票背姜黃色。壹圓券主要圖案爲輪船、電機、火車，票面爲姜黃色。（上海博物館藏）

如泰靖流通券

江蘇如皋、泰興、靖江等縣於 1945 年在本地區發行的紙幣。僅見壹圓一種，橫版。票面印有"如泰靖流通券"字樣，四周花邊裝飾，主要圖案爲輪船、帆船，票面橘紅色，背面淺藍色。

東南流通券

江蘇東南行署於 1945 年在本區發行的紙幣。僅見壹圓一種，橫版。票面印有"東南流通券"字樣，四周花邊裝飾，主要圖案爲耕地、鋤地。票面爲粉紫色，票背面爲橘紅色。（上海博物館藏）

南通縣流通券

江蘇南通縣於 1945 年在本縣發行的紙幣。僅見壹圓一種，橫版。票面印有"南通縣流通券"字樣，四周花邊裝飾，主要圖案爲帆船。票面紅色，背面橘色。（上海博物館藏）

阜東縣第四區流通券

阜東縣第四區於 1941 年在本區發行的紙幣。僅見伍角一種，豎版。票面印有"阜東縣第四區流通券""完糧納稅一律通用"字樣，主要圖案爲孫中山半身頭像，背面印有"此券在本市境內一律通用"字樣。該票棉皮紙質，藍色。（中國人民銀行江蘇省分行藏）

東臺縣流通券

江蘇東臺縣於 1944 年在本區發行的紙幣。僅見壹圓一種，橫版。票面印有"東臺縣流通券"字樣，四周花邊裝飾，主要圖案爲耕田。

票面爲淺灰色，背面爲橘紅色。

興化縣流通券

江蘇興化縣於 1944 年在本區發行的紙幣。僅見壹圓一種，横版。票面印有 "興化縣流通券" 字樣，四周花邊裝飾，主要圖案是村景。票面淺藍色，背面印有 "興化" 兩字，橘黄色。

泰興縣流通券

江蘇泰興縣於 1945 年在本縣發行的紙幣。僅見壹圓一種，兩種版面，横版。綫條式刻版，票面印有 "泰興縣流通券" "江淮銀行泰興辦事處印" 字樣，其中一種主要圖案是風景，票背印有發行説明，醬色。（上海博物館、中國人民銀行江蘇省分行藏）

泰興公營商店流通券

泰興縣公營商店於 1945 年在本縣發行的紙幣。僅見壹圓一種，横版，綫條式刻版。票面印有 "泰興公營商店流通券" 字樣，主要圖案爲耕田。

江南商業貨幣券

蘇南第二區經濟委員會於 1941 年 4 月 18 日在江南地區發行的紙幣。有壹角、貳角、伍角、壹圓四種。現僅見壹角、貳角、伍角三種，横版。票面印有 "江南商業貨幣券" 字樣，四周花邊裝飾，主要圖案有建築物、帆船、花額。銅板雕刻製版，平版印刷，紙質優良，印刷精美。（上海博物館、上海歷史博物館藏）

馬迹山臨時流通券

新四軍馬迹山軍政委員會於 1942 年 8 月在江南地區發行的紙幣。僅見伍分一種，竪版，近似方形，是目前所見人民貨幣版面長短比例最小的鈔票。票面印有 "馬迹山臨時流通券" 字樣，四周花邊裝飾。背面有編號、印章。

1943 年 9 月新四軍撤出該地區後停止使用。（無錫博物館藏）

金壇縣輔幣券

江蘇金壇縣政府於 1945 年在本縣發行的紙幣。僅見伍角一種，横版。票面印有 "金壇縣輔幣券" 字樣，四周花邊裝飾，主要圖案花額，背面有發行説明。（中國人民銀行江蘇省分行藏）

溧陽縣流通券

江蘇溧陽縣政府於 1945 年在本縣發行的紙幣。僅見伍角一種，横版，蠟紙刻版印刷。票面印有 "溧陽縣流通券" 字樣，四周花邊裝飾，主要圖案爲麥穗、五角星，背面印有 "此券兩張兑換抗幣壹圓" "此券只限溧陽縣流通" 字樣。

宜溧縣政府財政經濟局金融流通券

江蘇宜溧縣政府財政經濟局於 1945 年在本縣發行的紙幣。僅見伍角一種，横版，臘紙刻寫油印製作。票面印有 "宜溧縣政府財政經濟局金融流通券" "本券只限在本縣流通" "積拾角兑換抗幣壹圓" "中華民國三十四年印" 字樣，票背蓋有 "宜溧縣政府財政經濟局圖印" 方章。參閲《中國革命根據地貨幣》。

溧水城區金融調劑委員會流通券

溧水城區金融調劑委員會於 1945 年發行的紙幣。僅見貳角一種，横版。票面印有 "溧水城區金融調劑委員會流通券" "大中華民國三十四年印" 等字樣，四周花邊裝飾。該紙幣屬臘紙刻寫油印製作。（溧陽縣黨史資料徵集辦公室藏）

水北鎮商業流通券

江蘇溧陽縣水北鎮於 1945 年發行和流通於

本鎮之紙幣。僅見伍分一種，竪版。票面印有"水北鎮商業流通券"字樣，四周花邊裝飾，主要圖案爲人物風景。（溧陽縣黨史資料徵集辦公室藏）

茅東臨時流通券

江蘇茅東於1945年發行和流通於本區之紙幣。僅見伍角一種，橫版。票面印有"茅東臨時流通券""此流通券暫代抗幣完糧納税一律通用"字樣，四周花邊裝飾，主要圖案爲花額。（上海博物館藏）

江南銀行紙幣

江南銀行於1945年6月發行的紙幣。該行成立於1945年6月，發行準備金主要是物資、糧食。僅見壹圓、伍圓兩種，銅版紙橫版印製。票面印有"江南銀行"字樣，四周花邊裝飾，主要圖案爲插秧，石橋等（中國人民銀行浙江省分行藏）。輔幣券有貳角、伍角兩種，橫版。票面印有"江南銀行江寧辦事處輔幣券""湖熟"字樣，四周方框綾條裝飾，背面有發行説明。參閲《中國革命根據地貨幣》。

江南銀行紙幣（伍圓）

淮北地方銀號紙幣

淮北地方銀號於1941年至1946年在淮北抗日根據地發行的紙幣。該銀號成立於1941年6月。發行紙幣壹角、貳角、伍角、壹圓、貳圓、伍圓、拾圓、貳拾圓八種，三十四個版面。其中壹圓一種竪版，其他均橫版。票面印有"淮北地方銀號"，或印有"抗幣""拾圓"字樣，四周花邊裝飾，主要圖案有耕地、毛澤東像、風景、勞動、拉車、帆船等。淮北地區各縣設縣銀號，各區設區銀號，金融穩定，信譽良好。（上海博物館、中國錢幣學會藏）

淮上地方銀號流通券

淮上地方銀號於1945至1946年在淮北抗日根據地發行的紙幣。僅見伍圓、拾圓、貳拾圓三種，橫版。票面印有"淮上地方銀號流通券"或"淮上地方銀號"字樣，四周花邊裝飾，其中"拾圓"券是借用"豫皖蘇邊地方銀號"票，塗去銀號後加蓋"淮上地方銀號"字樣而發行，主要圖案有石橋、湖泊、耕田等。（中國人民銀行上海市分行藏）

豫皖蘇邊地方銀號幣

豫皖蘇邊地方銀號於1940年在淮北抗日根據地發行的紙幣。僅見壹圓、拾圓兩種，橫版。票面印有"豫皖蘇邊地方銀號"字樣，四周花邊裝飾，主要圖案爲勞動、湖泊。（上海博物館藏）

永城縣地方紙幣

永城縣地方政權於1942年發行的紙幣。僅見伍圓一種，橫版。票面印有"永城縣地方紙幣"字樣，四周花裝飾，主要圖案建築物，票背面有人物頭像。（上海博物館藏）

淮南銀行紙幣

淮南銀行於1942年至1945年在淮南地區發行和流通之紙幣。淮南銀行成立於1942年2月，總行設於盱眙縣。發行的紙幣面額有壹角、伍角、壹圓、伍圓、拾圓、作法幣二十五圓、作法幣五十圓、壹佰圓八種，二十九個版面，橫版。票面印有"淮南銀行"，或有"作法幣二十五圓""作法幣五十圓"字樣，四周花邊裝飾，主要圖案有村景、人物、陣地、耕地、建築物、大會場、插秧等，其中拾圓、壹佰圓印有毛澤東水印像。（上海博物館、中國錢幣學會藏）

豫鄂邊區建設銀行幣

豫鄂邊區建設銀行於 1941 年至 1946 年在豫鄂邊區發行的紙幣。豫鄂邊區是新四軍第五師於 1939 年開闢的抗日根據地，面積九萬多平方千米，人口一千三百萬，有三十九個縣建立了民主政權，活動範圍達六十多個縣。為解決軍政費用，於 1941 年初創辦銀行，發行紙幣，主要流通於鄂豫皖三省交界的大別山抗日根據地。面額有伍角、壹圓、貳圓、叁圓、伍圓、拾圓、伍拾圓、壹佰圓、貳佰圓、伍佰圓、壹仟圓十一種，十六個版面，橫版。票面印有"豫鄂邊區建設銀行"字樣，四周花邊裝飾，圖案有火車、村舍、工廠、風景等。（中國錢幣學會藏）

襄西生產運銷合作社臨時兌換券

襄西生產運銷合作社為解決輔幣短缺問題，便於經商貿易，於 1942 年至 1946 年發行和流通之紙幣。僅見壹圓一種，橫版。票面印有"襄西生產運銷合作社臨時兌換券"字樣，四周花邊裝飾，背面有發行說明。（上海博物館藏）

襄河貿易管理分總局流通券

襄河貿易管理分總局於 1945 年至 1946 年在襄河地區發行的紙幣。僅見伍百圓一種，豎版。票面印有"襄河貿易管理分總局流通券"字樣，四周花邊裝飾，面額為手工毛筆填寫，背面有"發行流通券條例"四條。參閱《中國革命根據地貨幣》。

大江銀行紙幣

大江銀行於 1943 年至 1945 年在皖中地區發行的紙幣。該行由皖中行署籌建和領導，於 1943 年 6、7 月間正式成立。發行紙幣壹角、伍角、壹圓、貳圓、伍圓、拾圓、貳拾圓七種，三十七個版面，分橫版、豎版。最初為木板刻印，後多用石板印製。票面印有"大江銀行"字樣，四周花邊裝飾，主要圖案有大橋、塔、耕地、人物等，其中五角、壹圓、貳圓、拾圓或首次出現"工農兵學商"人物像，背面有相應的錘子、鐮刀、槍支、書本和算盤。（中國錢幣學會藏）

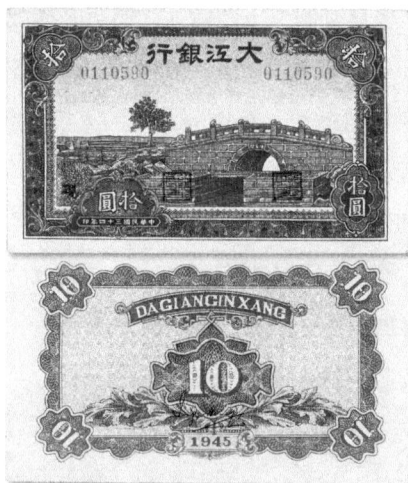

大江銀行紙幣（拾圓）

永大號代價券

永大號於 1945 年在皖中地區發行的代價券。僅見五角一種，橫版。票面印有"永大號代價券"字樣，四周花邊裝飾，主要圖案為耕地，蠟板刻印。（上海博物館藏）

南義合作社輔幣

南義合作社於 1945 年在皖中地區發行的輔幣券。僅見一角一種，豎版。票面印有

"南義合作社"字樣，票面姜黃色。（上海博物館藏）

直一區民眾合作社兑換券

直一區民眾合作社於 1942 年在皖中地區發行的兑換券。僅見一角一種，橫版。票面印有"直一區民眾合作社兑換券"字樣，四周花邊裝飾，主要圖案爲建築物。（上海博物館藏）

浙東銀行紙幣

浙東銀行於 1944 年至 1945 年在浙東地區發行的紙幣。僅見輔幣券貳角一種，竪版。票面印有"浙東銀行輔幣"字樣，單面印刷，正面蓋有地名。（上海博物館藏）另有壹圓一種，橫版。票面印有"浙東銀行"字樣，四周花邊裝飾，主要圖案爲挑水。（上海歷史博物館藏）浙東地方本位幣有伍角、壹圓、伍圓、拾圓四種，十四個版面，橫版。票面印有"浙東銀行""浙東地方本位輔幣"字樣，四周花邊裝飾，主要圖案有收割、村景等。（浙江省博物館、中國人民銀行江蘇省分行藏）

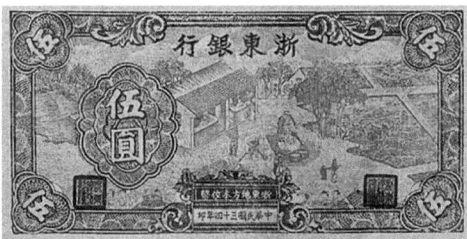

浙東銀行紙幣（伍圓）

浙東銀行三北支行臨時兑換券

浙東銀行三北支行於 1945 年在浙東三北地區發行的兑換券。僅見伍角、壹圓兩種，三個版面，分橫版，竪版。票面印有"浙東銀行三北支行臨時兑換券""抗幣"字樣，四周花邊裝飾，蠟板刻印。（中國錢幣學會、浙江省博物館藏）

浙東銀行餘姚支行臨時兑換券

浙東銀行餘姚支行於 1945 年在浙東餘姚地區發行的紙幣。僅見伍角一種，票面印有"浙東銀行餘姚支行""臨時兑換券"字樣，四周花邊裝飾，主要圖案爲插秧。發行餘姚地方本位券貳角、壹圓兩種，橫版。票面印有"浙東銀行餘姚支行""餘姚地方本位輔幣"字樣，四周花邊裝飾，主要圖案爲種田。（中國人民銀行上海市分行藏）

浙東銀行上虞支行臨時兑換券

浙東銀行上虞支行於 1945 年在浙東上虞地區發行的紙幣。僅見壹角、貳角兩種，三個版面，橫版。票面印有"浙東銀行上虞支行""臨時兑換券"字樣，四周花邊裝飾，臘板刻印。紙質粗糙，刻印簡單。（中國人民銀行上海市分行藏）

浙東敵後臨時行政委員會金庫兑換券

浙東敵後臨時行政委員會於 1944 年在浙東地區發行的紙幣。僅見拾圓一種，橫版。票面印有"浙東敵後臨時行政委員會金庫兑換券"，四周花邊裝飾，主要圖案勞作圖，背面印有"浙東敵後臨時行政委員會"字樣。

浙東行政公署金庫兑換券

浙東行政公署於 1945 年在浙東地區發行的紙幣。僅見五圓、拾圓兩種，三個版面，竪版。票面印有"浙東行政公署金庫兑換券""抗幣"字樣，四周花邊裝飾。僅一面有蠟板刻印，印製簡單。（中國人民銀行上海市分行藏）

鎮海縣政府臨時流通兑換券

鎮海縣政府於 1945 年在浙東鎮海縣境內發行的紙幣。僅見伍角、壹圓、伍圓三種，橫版。票面印有"鎮海縣政府臨時流通兑換券""抗

幣"字樣,四周花邊裝飾,主要圖案有耕地、收割等,背面有"本縣境內一律通用"字樣。(中國人民銀行上海市分行藏)

慈溪縣觀城區署臨時兌換券

慈溪觀城區署於 1945 年在浙東慈溪縣境內發行的紙幣。僅見壹角、貳角、伍角、壹圓、貳圓、伍圓六種,八個版面,分豎版、橫版。票面印有"慈溪縣觀城區署臨時兌換券""抗幣"字樣,四周花邊裝飾,主要圖案有鋤草、花額、小船等。紙質粗糙,印製簡單,僅單面印刷。(中國人民銀行上海市分行藏)

慈溪縣莊橋區署抗幣輔用券

浙江慈溪縣莊橋區黃思鄉公所於 1945 年在新三鄉地區流通使用的紙幣。僅見壹圓一種,橫版。票面印有"慈溪縣莊橋區署抗幣輔用券""抗幣"字樣,四周花邊裝飾。蠟板刻印。(上海博物館藏)

慈溪縣莊橋區署抗幣臨時兌換券

慈溪縣莊橋區署於 1945 年在本區內發行的紙幣。僅見壹圓、伍圓兩種,分橫版、豎版。票面印有"慈溪縣莊橋區署抗幣臨時兌換券""抗幣"字樣,四周花邊裝飾,蠟板刻印。(浙江省博物館、中國人民銀行上海市分行藏)

慈溪縣丈亭區通用輔幣

慈溪縣丈亭區於 1945 年在本區內發行的紙幣。僅見壹角、伍角、壹圓三種,豎版。票面印有"慈溪縣丈亭區通用輔幣"字樣,四周綫條方框裝飾,主要圖案人物,票背有發行説明,并有區長楊熙誠等的署名。(中國人民銀行上海市分行藏)

澍山區抗幣臨時兌換券

浙江澍山區於 1945 年在本區內發行的紙幣。僅見有伍角、壹圓兩種,四個版面,豎版。票面印有"澍山區臨時兌換券""澍山區抗幣臨時兌換券"字樣,四周綫條方框裝飾。蠟紙油印,紙質粗糙。(中國錢幣學會藏)

長興縣流通券

長興縣於 1945 年 8 月在本縣境內發行的紙幣。僅見壹角、貳角兩種。分豎版、橫版。票面印有"長興縣流通券"字樣,四周綫條方框裝飾。屬蠟板刻寫油印紙幣,票幅小,印製簡單。(上海博物館藏)

泗安區臨時流通券

浙江泗安區於 1945 年在本區內發行的紙幣。僅見貳角、伍角、柒角伍分三種,六個版面,橫版單面印製。票面印有"泗安區臨時流通券"字樣,四周綫條方框裝飾。屬蠟板刻寫油印紙幣,票幅較小,印製簡單。

雙溪商用券

浙江雙溪於 1939 年在江南地區發行的紙幣。僅見伍分一種,橫版。票面印有"雙溪商用券"字樣,四周花邊裝飾,主要圖案爲建築物。(常熟市錢幣學會藏)

鄞江鎮臨時輔幣代用券

浙江鄞江鎮於 1945 年 8 月在本區內發行的紙幣。僅見壹角、伍角兩種,橫版單面印製。票面印有"鄞江鎮臨時輔幣代用券"字樣,四周綫條方框裝飾。屬蠟板刻寫油印紙幣。(浙江省博物館藏)

鄞縣古林區署抗幣臨時兌換券

浙江鄞縣古林區署於 1945 年在本區內發行的紙幣。僅見伍角一種,橫版。票面印有"鄞

縣古林區署抗幣臨時兑換券"字樣，四周綾條方框裝飾。屬臘板刻寫油印紙幣。（浙江省博物館藏）

鄞縣武陵區輔幣臨時兑換券

鄞縣武陵區於 1945 年在本區内發行的紙幣。僅見壹圓一種，竪版。票面印有"鄞縣武陵區輔幣臨時兑換券"字樣，四周綾條方框裝飾。屬蠟板刻寫油印紙幣。（浙江省博物館藏）

鄞縣武陵區鳳岙鎮公所臨時兑換券

鄞縣武陵區鳳岙鎮公所在本區内發行的紙幣。僅見壹圓一種，竪版。票面印有"鄞縣武陵區鳳岙鎮公所臨時兑換券"字樣，四周綾條方框裝飾。屬蠟板刻寫油印紙幣。（浙江省博物館藏）

新四軍浙東游擊縱隊金蕭支隊金庫兑換券

新四軍浙東游擊縱隊金蕭支隊於 1945 年在浙東地區發行的紙幣。僅見拾圓、伍拾圓、壹佰圓三種，屬蠟板刻寫油印紙幣。拾圓幣爲橫版，其他爲竪版。票面印有"新四軍浙東游擊縱隊金蕭支隊金庫兑換券"字樣，四周花邊裝飾，票背印有發行説明。（浙江省博物館藏）

梁弄鎮商會臨時兑換券

浙江南山縣梁弄鎮商會經根據地民主政府批准於 1945 年發行的臨時輔幣券。僅見貳角、伍角兩種，橫版。票面四周有花欄裝飾，正上方橫書"梁弄鎮商會臨時兑換券"，其下正中竪書面值，周圍爲五星和綾飾，兩側印有"抗幣"兩字，中下部橫書"臨時經濟委員會"字樣，蓋有兩個紅色篆文印章。土質皮紙。屬蠟刻黑色油印製。

瓊崖東北區政府代用券

海南瓊崖東北區政府於 1942 年在瓊崖地區發行的紙幣。僅見壹圓一種，橫版。票面四周花邊裝飾，印有"瓊崖東北區政府代用券"字樣，主要圖案爲耕田。計劃發行四十萬圓，實際發行二十萬圓，主要流通於瓊山、文昌等地區。參閲吴志輝、肖茂盛《廣東貨幣三百年》。

第三次國内革命戰争時期人民貨幣

這一時期的人民貨幣主要包括從 1945 年 8 月至 1951 年 3 月在各根據地政權和解放區及其人民政權控制地區發行的貨幣。抗戰勝利後，國民黨政府撕毀《雙十協定》，於 1946 年發動了反共反人民的内戰。各解放區爲發展工農業生産、融通金融、支持解放戰争、改善人民生活，西北、華北、山東解放區原有的銀行繼續發行貨幣。隨着解放戰争的不斷勝利和解放區的逐步擴大，冀察熱遼、東北、旅順大連、内蒙古、中原及華南等地區都建立了銀行，發行貨幣。戰争形勢發展很快，到 1948 年，全國解放已經勝利在望，各解放區進一步聯接起來，貨幣的統一工作急待解決。1948 年 12 月 1 日，華北人民政府徵得山東省政府、陝甘寧、晋綏兩邊區政府同意，爲適應戰争形勢的發展和國民經濟建設的需要，以華北銀行、北海銀行、西北農民銀行爲基礎，合并成立中國人民銀行，發行全國統一流通的中國人民銀行幣，簡稱"人民幣"。"人民幣"的誕生標志着新中國統一的貨幣體系的開始，宣告了國民黨政府舊的貨幣體系的結束。1949 年春天，解放戰争以摧枯拉朽之勢迅猛向全國發展，解放區發展到哪裏，人民幣就發行到哪裏。1949 年 10 月 1 日，中華人民共和國成立，我國大部分省、區基本上完成了以人民幣統一市場的貨幣工作。1951 年 3 月 11 日又分別統一了東北銀行幣、内蒙古人民銀行幣和新疆省銀行幣。至此，全國除臺灣和西藏外，實現了貨幣制度的統一。第三次國内革命戰争時期，人民貨幣共發行了二十八種面額，四百九十九個版面。參閲馬飛海等《中國歷代貨幣大系》及中國人民銀行金融研究所、財政部財政科學研究所《中國革命根據地貨幣》。

晋察冀邊區銀行（冀熱遼）紙幣[2]

晋察冀邊區銀行於 1946 年至 1948 年在晋察冀地區發行的冀熱遼紙幣。面額有拾圓、壹佰圓、貳佰圓、伍佰圓、壹仟圓、貳仟圓、伍仟圓七種，七個版面，橫版。票面印有"晋察冀邊區銀行""冀熱遼"字樣，四周花邊裝飾，主要圖案有火車、種地、大橋等。（中國人民銀行上海市分行藏）

晋察冀邊區銀行（冀熱遼）紙幣（貳佰圓）

冀中香河縣流通券

冀中香河縣於 1946 年在晋察冀地區發行的紙幣。僅見伍拾圓一種，橫版。票面印有"香河縣流通券"，四周花邊裝飾，主要圖案爲古建築，票面紅色，背面有發行説明，紫色。（上海博物館藏）

晋察冀冀東第十四專署流通券

晋察冀冀東第十四專署於 1946 年在冀東發行的紙幣。僅見伍拾圓一種，橫版。票面印有"晋察冀冀東第十四專署流通券"，四周花邊裝飾，主要圖案天壇，票面紅色，背面緑色。（上海博物館藏）

雁北復興茂分總店流通券

雁北復興茂分總店於 1946 年在雁北地區發行的紙幣。僅見拾圓一種，橫版。票面印有"雁北復興茂分總店流通券"字樣，四周花邊裝飾，主要圖案爲耕地、村舍，票背印有"經理周隆南""副經理青劍剛"字樣。

寶坻縣流通券

寶坻縣於 1946 年在本縣境内發行的紙幣。僅見伍拾圓、壹佰圓兩種，竪版。票面印有"寶坻縣流通券"字樣，四周花邊裝飾，主要圖案爲火車、輪船，背面有發行説明。

熱河省銀行地方流通券

熱河省銀行於 1946 年至 1948 年在冀察熱遼地區發行的紙幣。該行成立於解放戰爭時期，發行地方流通券。面額有拾圓、貳拾圓、伍拾圓、壹百圓、貳百圓五種，十一個版面，橫版。票面印有"熱河省銀行地方流通券"字樣，四周花邊裝飾，主要圖案有村景、長城、火車、耕地、種田等。（上海博物館藏）

熱河省利民商店流通券

熱河省利民商店於 1946 年在冀察熱遼地區發行的紙幣。僅見拾圓一種，橫版。票面印有"熱河省利民商店流通券"字樣，四周花邊裝飾，主要圖案爲火車，票背有發行説明。參閲《中國革命根據地貨幣》。

長城銀行冀察熱遼流通券

長城銀行於 1948 年在冀察熱遼地區發行的紙幣。1948 年 2 月，東北行政委員會冀察熱遼辦事處決定成立長城銀行，發行冀察熱遼流通券，作爲全區法定貨幣。面額有壹佰圓、貳

長城銀行冀察熱遼流通券（伍佰圓）

佰圓、伍佰圓、壹仟圓、伍仟圓五種，九個版面，橫版。票面四周花邊裝飾，印有"長城銀行""冀察熱遼流通券"字樣，主要圖案長城、毛澤東像、耕田、城門樓等。圖案主題突出集中，印製比較精美。（上海博物館、中國錢幣學會藏）

北海銀行紙幣 [2]

北海銀行於 1946 年至 1948 年在山東地區

北海銀行紙幣（伍百圓）

發行的紙幣。面額有壹圓、貳拾伍圓、伍拾圓、壹百圓、貳百圓、伍百圓、壹千圓、貳千圓八種，四十三個版面，橫版。票面四周花邊裝飾，印有"北海銀行""山東"字樣，主要圖案有村景、牧羊、耕地、碑、種地、運輸、收糧、鐵路、建築物、人物等。隨着流通量的不斷增加，北海幣票面最高額也由抗戰前的伍拾圓而逐漸升高到壹佰圓、貳佰圓、伍佰圓等。1948 年 12 月 1 日，北海銀行、華北銀行、西北農民銀行合并成立中國人民銀行，并發行人民幣。規定北海幣 100 圓，兑換人民幣 1 圓。北海幣逐漸被人民幣代替。

華中銀行紙幣

第三次國内革命戰爭時期華中銀行在華中地區發行的紙幣。該行成立於 1945 年 8 月，大江、江南、淮南、江淮、浙東、鹽阜、淮北地方銀行等七個銀行合併而成。淮海戰役之前，該行隨軍南下，遷回蘇北，發行華中幣。該行發行的紙幣有伍角、壹圓、貳圓、伍圓、拾圓、貳拾圓、伍拾圓、壹百圓、貳百圓、伍百圓、

華中銀行紙幣（壹百圓）

壹千圓、貳千圓、伍千圓十三種，四十七個版面，橫版。票面四周花邊裝飾，印有"華中銀行"字樣，主要圖案有火車、插秧、帆船、長城、天壇、村景、北海、萬壽山、輪船、建築物、耕地、毛澤東像等。

皖西流通券

皖西解放區於 1948 年至 1949 年在華東皖西地區發行的紙幣。面額有伍分、壹角、貳角、貳角伍分四種，五個版面，橫版。票面四周花邊裝飾，印有"皖西流通券"字樣，主要圖案有輪船、建築物、毛澤東像等，票背印有"工商總局""公私款項一律通用"字樣。主要流通於皖西解放區，發行額一萬五千圓。該幣同銀圓等值，信譽好，使用方便。（上海博物館藏）

工商管理局皖西四專紙幣

皖西工商管理總局於 1948 年至 1949 年在皖西地區發行的紙幣。僅見伍角一種，三個版面，橫版。票面四周花邊裝飾，印有"工商管理局皖西四專"字樣，主要圖案爲村景，背面印有"工商管理局"字樣和發行說明。（中國錢幣學會藏）

浙東行政公署第三行政區督察專員分署金庫券

浙東行政公署第三行政區督察專員公署於 1949 年在華東地區發行的紙幣。見有壹角、伍角、壹圓三種，橫版。票面四周花邊裝飾，印有"浙東行政公署第三行政區督察專員分署金庫券"字樣，主要圖案麥穗，背面有發行說明。該幣屬蠟板刻寫油印幣，印製簡單。（中國錢幣學會藏）

東北銀行紙幣

東北銀行於 1945 年至 1951 年在東北解放區發行的紙幣，該行成立於 1945 年 11 月 15 日，總行設在瀋陽市。發行紙幣伍角、壹圓、伍圓、拾圓、伍拾圓、壹佰圓、貳佰圓、貳佰伍拾圓、伍佰圓、壹仟圓、伍仟圓、壹萬圓、伍萬圓、拾萬圓十四種，五十二個版面，橫版。票面四周花邊裝飾，印有"東北銀行""地方流通券"或"遼東"或"吉江流通券"或"遼西"字樣，主要圖案有輪船、耕地、建築、火車、人物、毛澤東像、拖拉機耕地等。

東北銀行紙幣（壹圓）

牡丹江實業銀行紙幣

牡丹江實業銀行於 1945 年至 1946 年在東北解放區發行的紙幣。面額有拾圓、伍拾圓、壹佰圓三種，四個版面，橫版。票面四周花邊裝飾，印有"牡丹江實業銀行"字樣，主要圖案有火車、耕地等。（中國錢幣學會藏）

吉東銀行地方流通券

吉東銀行於 1946 年 4 月至 1946 年 8 月在東北解放區發行的紙幣。該行成立於 1946 年 4 月，總行設延吉市。發行紙幣拾圓、壹佰圓兩種，橫版。票面四周花邊裝飾，印有"吉東銀行地方流通券"字樣，主要圖案爲牧羊、工廠

等。同年 8 月并入吉林省銀行。（中國造幣公司
瀋陽造幣廠、上海博物館藏）

吉林省銀行地方流通券

　　吉林省銀行於 1946 年至 1947 年在東北解
放區發行的紙幣。該行成立於 1946 年 3 月，行
址設在磐石縣，1947 年 10 月并入東北銀行。
面額有伍圓、拾圓、伍拾圓、壹佰圓四種，橫
版。票面四周花邊裝飾，印有“吉林省銀行地
方流通券”字樣，主要圖案有火車、城門樓、
建築物等。

嫩江省銀行紙幣

　　嫩江省銀行於 1946 年至 1947 年在東北解放
區發行的紙幣。該行成立於 1946 年 6 月 11 日，
總行設在齊齊哈爾市，1947 年 3 月改稱東北銀
行嫩江省支行。面額有伍圓、拾圓、伍拾圓、壹
佰圓四種，七個版面，橫版。票面四周花邊裝
飾，印有“嫩江省銀行”字樣，主要圖案有耕
地、火車、人物、戰場等。（上海博物館藏）

關東銀行紙幣

　　關東銀行於 1948 年在東北解放區發行的紙
幣。該行於 1947 年 4 月由大連銀行改組而成。
面額有壹圓、伍圓、拾圓、伍拾圓、壹百圓五
種，橫版。票面四周花邊裝飾，印有“關東銀
行”字樣，主要圖案有山水圖，背面爲輪船圖
等。（上海博物館藏）

合江銀行合江地方經濟建設流通券

　　合江銀行於 1945、1946 年在東北解放區
發行的紙幣。面額有壹角、伍角、壹圓、拾圓
四種，五個版面，橫版。票面四周花邊裝飾，
印有“合江銀行”“合江地方經濟建設流通券”
字樣，主要圖案有風景、樓房等。

黑龍江省銀行黑河地方流通券

　　黑龍江省銀行於 1946 年在東北地區發行
的紙幣。僅見壹佰圓一種，橫版。票面四周花
邊裝飾，印有“黑龍江省銀行”“黑河地方流通
券”字樣，票面藍色。背面黃色。

松江貿易公司流通券

　　松江貿易公司於 1946 年在東北解放區發
行的紙幣。僅見伍拾元一種，橫版。票面四周
花邊裝飾，印有“松江貿易公司流通券”字
樣，主要圖案爲人物。參閱《中國革命根據地
貨幣》。

遼北省第一專區兌換券

　　遼北省第一專區於 1946 年在遼北一區發
行的紙幣。僅見拾圓一種，橫版。票面四周花
邊裝飾，印有“遼北省第一專區兌換券”字樣，
主要圖案有火車、輪船等。（中國造幣公司瀋陽
造幣廠藏）

寧安縣地方銀行流通券

　　寧安縣地方銀行於 1945 年至 1946 年在
東北地區發行的紙幣。僅見壹佰圓一種，橫
版。票面四周花邊裝飾，印有“寧安縣地方銀
行”“僞造紙幣依法處罰”字樣，主要圖案爲寶
塔。參閱《中國革命根據地貨幣》。

克東縣糧穀交易存款證

　　克東縣於 1946 年至 1947 年在本縣發行，
用於糧穀交易的有價證券。面額有拾圓、壹佰
圓兩種，橫版。票面四周花邊裝飾，印有“克
東縣糧穀交易存款證”字樣。

納文慕仁盟政府流通券

　　納文慕仁盟政府於 1946 年在内蒙古地區發
行的紙幣。僅見壹佰圓一種，橫版。票面四周
花邊裝飾，印有蒙文“納文慕仁盟政府”字樣，

主要圖案爲五角星，藍色。

興安總省政府暫行流通券

興安總省政府於 1945 年 10 月在內蒙古解放區發行的紙幣。面額有伍圓、拾圓、壹佰圓三種，橫版。票面四周花邊裝飾，印有蒙文"興安總省政府暫行流通券"字樣，票背面印有"興安總省政府暫行流通券"字樣。參閱《中國革命根據地貨幣》。

興安省政府暫時流通券

興安省政府於 1946 年至 1947 年在內蒙古解放區發行的紙幣。面額有拾圓、伍拾圓、壹佰圓三種，橫版。票面四周花邊裝飾，印有蒙文"興安省政府"和漢文"暫行流通券"字樣，主要圖案有藝術麥穗、鋤頭，票背印有漢文"興安省政府"字樣。（上海博物館藏）

興安省政府東蒙各旗縣地方流通券

興安省政府於 1946 年在內蒙古解放區發行的紙幣。面額有伍圓、伍拾圓、壹佰圓三種，橫版。票面四周花邊裝飾，印有蒙文"興安省政府"和漢文"東蒙各旗縣地方流通券"字樣，主要圖案爲花額，背面印有漢文"興安省政府"字樣。參閱《中國革命根據地貨幣》。

內蒙銀行紙幣

內蒙銀行於 1947 年至 1948 年在內蒙古解放區發行的紙幣。1947 年 4 月 23 日，在內蒙烏蘭浩特市舉行內蒙古人民代表大會，5 月 1 日成立內蒙古人民政府，6 月 1 日東蒙銀行改爲內蒙銀行，發行銀行流通券。面額有壹佰圓、貳佰圓、伍佰圓三種，四個版面。除伍佰圓爲竪版外，其餘均橫版。票面四周花邊裝飾，印有蒙文"內蒙銀行""內蒙各旗縣公私款通用"字樣，主要圖案爲火車、樓房等，票背面印有

漢文紙幣名稱等。（中國造幣公司瀋陽造幣廠、上海博物館藏）

內蒙古人民銀行紙幣

內蒙古人民銀行於 1948 年至 1951 年在內蒙古地區發行的紙幣。1948 年 6 月 1 日內蒙銀行改組爲內蒙古人民銀行，發行新幣。面額有貳佰圓、伍佰圓、貳仟圓、壹萬圓、伍萬圓五種，五個版面，橫版。票面四周花邊裝飾，印有"內蒙古人民銀行""內蒙旗縣"字樣，主要圖案有牧馬、牧羊等，票背印有蒙文紙幣名稱等。（上海博物館，中國人民銀行上海市分行藏）

內蒙古人民銀行紙幣（伍萬圓））

中州農民銀行紙幣

中州農民銀行於 1946 年至 1949 年在中原地區發行的紙幣。該行成立於 1948 年 5 月，發行紙幣壹圓、貳圓、叁圓、伍圓、拾圓、貳拾圓、伍拾圓、壹佰圓、貳佰圓九種，二十一個版面。除壹圓、伍圓爲竪版外，其他均橫版。票面四周花邊裝飾，印有"中州農民銀行"及地名"東""陝南""桐柏""江漢"字樣，主要圖案有輪船、帆船、火車、建築物、耕地、插秧等。該幣流通於河南省隴海綫以南、湖北省長江以北、安徽省津浦路以西的廣大地區。

中州農民銀行紙幣（壹百圓）

1949 年 3 月 10 日中州農民銀行改爲中國人民銀行中原區行，中州幣停止發行流通。（上海博物館、中國錢幣學會藏）

方城縣流通券

方城縣於 1948 年在本縣發行之紙幣。有壹圓、貳圓兩種，僅見貳圓一種，竪版。票面四周花邊裝飾，印有“方城縣流通券”字樣，主要圖案有帆船，票背有發行説明。

宛西貿易公司流通券

宛西貿易公司於 1948 年在中原地區發行的紙幣。僅見貳圓一種，竪版。票面四周花邊裝飾，印有“宛西貿易公司流通券”字樣，主要圖案爲花額、五星。票背有發行説明。（上海博物館藏）

老河口市臨時流通券

老河口市於 1948 年在中原地區發行的紙幣。僅見壹圓一種，橫版。票面四周花邊裝飾，印有“老河口市臨時流通券”字樣，主要圖案爲塔，票背有發行説明。（上海博物館藏）

漢通商店流通券

漢通商店於 1948 年在漢江地區發行的紙幣。僅見貳拾圓一種，橫版。票面四周花邊裝飾，印有“漢通商店流通券”字樣，主要圖案爲風景，票背有文字説明。（上海博物館藏）

襄城縣人民民主縣政府流通券

襄城縣人民民主縣政府於 1948 年在河南發行的紙幣。僅見貳圓一種，竪版。票面四周花邊裝飾，印有“襄城縣人民民主縣政府流通券”字樣，主要圖案爲風景，票面紅色，背面藍色。（中國人民銀行河南省分行藏）

鄭州流通券

鄭州市政府於 1948 年在鄭州發行的紙幣。

僅見貳圓一種，橫版。票面四周花邊裝飾，印有“鄭州流通券”字樣，主要圖案爲建築物，票面藍色，背面紅色。（上海博物館藏）

魯山商業流通券

魯山縣政府於 1948 年在本縣發行的紙幣。僅見壹圓一種，竪版。票面四周花邊裝飾，印有“魯山商業流通券”字樣，主要圖案爲帆船，背面有發行説明。（中國人民銀行河南省分行藏）

寶豐縣流通券

河南寶豐縣政府於 1948 年發行的紙幣。僅見貳圓一種，竪版。票面四周有花邊裝飾，印有“寶豐縣流通券”字樣，主要圖案爲農民趕牛耕地。票面淺紫色，背面黑色，印有發行説明。（中國人民銀行河南省分行藏）

禹縣流通券

河南禹縣政府於 1948 年發行的紙幣。僅見壹圓、貳圓兩種，竪版。票面四周有花邊裝飾，印有“禹縣流通券”字樣，主要圖案爲大廈、火車。壹圓票面紅色，背綠色；貳圓票面藍色，背紅色。票面蓋有縣政府騎縫印章。（中國人民銀行河南省分行藏）

郟縣流通券

河南郟縣民主政府於 1948 年發行的紙幣。僅見貳圓一種，竪版。票面四周有花邊裝飾，印有“郟縣民主政府流通券”字樣，主要圖案爲亭臺、樹木，票面淺紅色，票背爲藍色，印有“公私款項一律通用”字樣等。（中國人民銀行河南省分行藏）

裕民行流通券

裕民行於 1949 年在潮汕地區發行的紙幣。該行成立於 1948 年底，發行裕民行流通券，面額有壹角、貳角、伍角、壹圓、拾圓五種，七個版面，橫版。票面印有"裕民行"或"裕民行流通券"字樣，主要圖案爲裕民行牌坊、農民田間勞作、村景等，票背圖案有別墅花園、湖邊亭、帆船出海等。1949 年 7 月該行并入南方人民銀行。參閱《中國革命根據地貨幣》、馬飛海等《中國歷代貨幣大系》。

新陸行流通券

新陸行於 1949 年 5 月在海陸豐、五華、紫金一帶發行的紙幣。面額有壹角、貳角、伍角、貳圓、伍圓五種，五個版面，橫版。票面四周花邊裝飾，印有"新陸行""鄭達忠""麥友儉"字樣，其中伍圓有"流通券"字樣，主要圖案有橋亭、榕樹、涼亭、山村等。1949 年 7 月該行并入南方人民銀行。參閱《中國革命根據地貨幣》、馬飛海等《中國歷代貨幣大系》。

南方人民銀行紙幣

南方人民銀行於 1949 年在華南地區發行的紙幣。該行成立於 1949 年 7 月 8 日，是華南解放區統一的法定貨幣，流通於華南廣大地區。面額有壹角、貳角、伍角、壹圓、伍圓、拾圓六種，八個版面，橫版。票面四周花邊裝飾，印有"南方人民銀行"字樣，主要圖案有工農團結圖、建築物、花額等。其中一種拾圓版原爲"閩粵贛地區銀行"幣，改行名"南方人民銀行"發行。（中國人民銀行安徽省分行藏）

南方人民銀行紙幣（拾圓）

粵贛湘邊人民流通券

粵贛湘邊縱隊司令部於 1949 年在華南地區發行的紙幣。1949 年 1 月 1 日粵贛湘邊縱隊成立，配合南下大軍解放華南，同年 8 月擊潰胡璉兵團後，粵贛湘邊與粵閩贛邊區聯成一片。爲統一貨幣，方便流通，決定發行人民流通券，面額有貳角、伍角、壹圓、伍圓、拾圓五種，六個版面。除壹圓爲竪版外，其他均爲橫版。票面四周花邊裝飾，印有"粵贛湘邊人民流通券""財經委主任黃松堅"字樣，主要圖案有耕田、牛車、小船、村景等。該幣屬蠟板刻寫油印版面。（廣東省博物館藏）

新豐縣信用欠票

在新豐縣的廣東人民解放軍粵贛邊支隊第二團於 1949 年發行之信用欠票。1948 年冬，部隊爲解決給養向群衆籌借錢糧，決定以新連河邊區財政委員會的名義發行欠票。面額有壹角、貳角、伍角、壹圓四種，現僅見壹圓一種，橫版。票面四周有花欄裝飾，主要圖案爲穀穗圖，印有"信用欠票""廣東人民解放軍粵贛邊支隊第二團發"字樣和發行面值、日期、印章，油印製成。該幣主要流通於新豐縣東南部、連平縣南部，河源縣北部地區。實際上僅發行了四千圓。廣東解放後，以壹圓兌回二十斤穀的比價收回。參閱吳志輝、肖茂盛《廣東貨幣三百年》。

潮饒豐邊縣軍民合作社流通券

廣東潮饒豐邊縣軍民合作社於 1949 年 7 月發行的紙幣。1949 年，潮饒豐邊縣行政委員會成立。根據區黨委指示，於 1949 年 7 月 1 日成立邊縣軍民合作社并發行紙幣。面額有壹角、貳角、伍角、壹圓四種，橫版。票面四周有花欄裝飾，主要圖案爲蔬菜圖，印有"軍民合作社"字樣和面值、日期、印章，票背印有"潮饒豐行政委員會軍民合作社流通券"字樣和發行號碼。主要流通於潮安、饒平、豐順三縣的解放區及沿海游擊區。該幣以套色油墨印製。1949 年 10 月 23 日潮汕全境解放，該幣按南方券同一比率收回，停止流通。（潮州市博物館藏）

海豐民主縣政府臨時流通券

海豐民主縣政府於 1949 年在海豐縣發行的紙幣。面額有壹角、貳角、壹圓、貳圓、伍圓五種，五個版面。除伍圓竪版外，其他均橫版。票面四周花邊裝飾，印有"海豐民主縣政府臨時流通券""縣長""總發行人"字樣，主要圖案有花額等。（廣東省博物館藏）

閩西軍民合作社流通券

閩西軍民合作社於 1949 年在閩西地區發行的紙幣。1949 年 6 月，福建省永定縣解放，成立了邊區軍民合作社閩西分社，簡稱閩西軍民合作社，發行流通券。面額有伍分、壹角、壹圓、拾圓四種，六個版，橫版。票面四周花邊裝飾，印有"軍民合作社流通券""閩西"字樣，主要圖案有軍民團結、合作建設、田間休息、樓房、山林紅旗圖等。屬蠟板刻印，製作精美。（中國人民銀行上海市分行藏）

洛陽流通券

河南中州農民銀行洛陽市分行於 1948 年 9 月發行的紙幣。面額有壹圓、貳圓、貳拾圓三種，現僅見貳圓一種，竪版。票面四周有花欄裝飾，四角有漢文、阿拉伯數字面值，主要圖案爲花額，印有"洛陽流通券""中華民國卅七年""九月印"和洛陽市市長楊少橋英文簽名"yang.s.q"，票背印有發行説明。紙質爲道林紙。1949 年 1 月該紙幣收兑，停止流通，由於發行量少，使用時間短，故存世極罕。參閲《中國錢幣》1992 年第二期。

紫金縣人民政府流通券

廣東紫金縣人民政府於 1949 年在紫金縣發行的紙幣。僅見伍毫、伍角兩種，橫版。票面四周花邊裝飾，印有"紫金縣人民政府"或"紫金縣人民政府發行紫金人民流通券"字樣，背面有發行説明。參閲《中國革命根據地貨幣》。

瓊崖臨時人民政府光銀代用券

海南瓊崖縣人民政府於 1949 年在瓊崖縣發行的紙幣。面額有伍分、壹角、伍角三種，分橫版、竪版。票面四周花邊裝飾，婦女抱禾穗圖、禾穗花額圖案，有馮白駒、何濬簽字，印有"瓊崖臨時人民政府光銀代用券"，該幣爲蠟板刻印，印製簡單。於 1951 年 2 月停止流通。（中國人民銀行上海市分行藏）

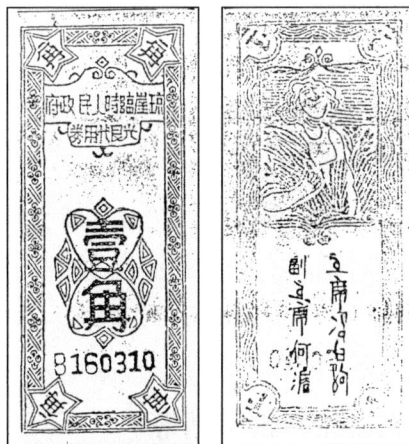

瓊崖臨時人民政府光銀代用券（壹角）

滇黔桂邊貿易流通券

滇黔桂邊區於 1949 年在華南地區發行的紙幣。因人民解放軍南下未曾發行，後加蓋戳記作爲雲南省人民革命公債券發行。面額有壹圓、伍圓兩種，橫版。票面四周花邊裝飾，印有"滇黔桂邊貿易局流通券"，主要圖案毛澤東像，背面爲人物、馬等豐收圖。（上海博物館藏）

河源縣信用流通券

廣東河源縣於 1948 至 1949 年在河源縣發行的紙幣。1948 年 12 月 2 日河源縣人民政府成立，爲穩定金融、發展經濟，發行信用流通券。面額有伍角、壹圓、貳圓、伍圓、拾圓、貳拾圓六種，七個版面。除伍角、壹圓券橫版外，其他均豎版。票面四周花邊裝飾，印有"河源縣信用流通券"字樣，主要圖案有花額、駱駝、農民耕作、工農團結、輪船遠航、農民豐收、農民鋤地等。該紙幣屬蠟板刻寫油印幣，印製簡單粗糙。參閱馬飛海等《中國歷代貨幣大系·新民主主義革命時期人民貨幣》。

連和縣信用流通券

連和縣人民政府於 1949 年在連和縣發行的紙幣。1949 年 1 月 1 日連和縣人民政府成立，爲穩定金融、發展經濟而發行信用流通券。面額有壹圓、貳圓、叁圓三種，四個版面，分豎、橫版。票面四周花邊裝飾，印有"連和縣信用流通券"字樣，主要圖案有農民耕作圖、山莊圖、花額等。該紙幣屬蠟板刻寫油印幣，印製簡單粗糙。參閱馬飛海等《中國歷代貨幣大系·新民主主義革命時期人民貨幣》。

中國人民銀行幣（舊幣）

中國人民銀行於 1948 年 12 月 1 日至 1955 年 5 月 10 日發行流通使用的人民幣，亦稱第一套人民幣，又稱"舊幣"。1948 年 12 月 1 日，中國人民銀行在華北銀行、北海銀行、西北農民銀行合併改組的基礎上成立，行址設在石家莊，首任總經理南漢宸、副總經理胡景澐、關學文。1949 年 1 月北平和平解放，總行遷至北京。之後，全國各大區、省、市相繼成立中國人民銀行分、支行。到 1951 年底，除西藏自治區和臺灣省外，全國範圍內的貨幣已經統一，人民幣成爲中華人民共和國唯一的法定貨幣。到 1953 年，發行的面額有壹圓、伍圓、拾圓、貳拾圓、伍拾圓、壹佰圓、貳佰圓、伍佰圓、壹仟圓、伍仟圓、壹萬圓、伍萬圓十二種，六十二種版面，均橫版。此外，中國人民銀行江西省分行發行伍圓、拾圓、貳拾圓三種豎版臨時流通券。票面柳體"中國人民銀行"字樣，爲董必武同志親筆墨寶，四周花邊裝飾，主要圖案有工廠、牧羊、帆船、紡紗、運輸、火車、輪船、風景、人物、耕田、長城、煉鋼、割禾、大橋、牧馬、駱駝、新華門等等。采用了石印、凸印、凹印、膠印、凹凸合印、凸膠合印、膠凹套印等七種工藝。它的發行，清除了國民黨政府發行的各種貨幣，結束了國民黨統治下幾十年通貨膨脹和中國近百年外幣、金銀在市場上流通、買賣的歷史，支持和促進了人民戰爭的全面勝利，在建國初期爲發展經濟，促進繁榮發揮了重要作用。1953 年 3 月 1 日發行第二套人民幣，亦稱"五三"版，舊幣停止流通。參閱中國人民銀行貨幣發行司《人民幣圖冊》。

中國人民銀行幣舊幣（壹萬圓）

索 引

索引凡例

一、本索引爲詞條索引，凡正文詞條欄目出現的主詞條均用"*"標示，副詞條則無特殊標識。

二、本索引諸詞條收錄順序以漢語拼音音序爲基礎，兼顧古音、方言等差异，然爲方便檢索，又與音序排列法則有异，原則如下：

首先，以詞條首字所對應的拼音字母爲序排列，詞條首字相同（讀音亦同）者爲同一單元；詞條首字不同但讀音相同的各個單元，一般按照各單元詞條首字的筆畫，由簡至繁依次排列。例如以 huáng 爲首字的詞條，則按首字筆畫依次分作"皇""黄"等不同單元；又如以 diāo 爲首字的詞條，則按首字筆畫依次分作"虭""蛁""貂"等不同單元。此外，爲方便查閲和比較，在對幾個同音且各祇有一個詞條的單元排序時，一般將兩個或幾個含義相同或相近的單元鄰近排列。如"埋頭蛇""貍蟲""薶頭蛇"都屬於 mái 爲首字的單元，且"埋頭蛇"與"薶頭蛇"含義相同，因此這三個單元的排列順序是"貍蟲""埋頭蛇""薶頭蛇"。

其次，同一單元内按各詞條第二字讀音之音序排列，第二字讀音相同者則按第三字讀音之音序排列，以此類推。例如以"皇"爲首字的單元各詞條的排列依次爲"皇戎、皇帝鹵簿金節……皇貴妃儀仗金節……皇史宬……皇太后儀駕卧瓜……皇庭"。

三、本索引中詞條右側的數字爲該詞條在正文位置的起始頁碼。

四、本索引所收詞條僅限於正文、附錄中明確按主、副詞條格式撰寫的詞條，而在其他行文中涉及的詞條不收錄。

五、多音字、古音字或方言字詞條按其讀音分屬相應的序列或單元，如"大常"古音爲 tàicháng，因此歸入音序 T 序列；又如"葛上亭長"，"葛"是多音字，此處讀 gé，因此歸入音序 G 序列之 ge 的二聲單元；互爲通假的詞條，字雖异然而讀音同者，如"解食""解倉"皆爲芍藥别稱，因"食"與"倉"通，故"解食"讀音與"解倉"同；等等。

六、某些詞條多次出現，在正文中以詞條右上標記數字爲標志，如"朝¹""朝²""百足¹""百足²"等，索引中亦按照其右上標記數字的順序排列。詞條相同但讀音不同的則按照其讀音分屬相應的音序序列和單元。如"蟒¹"（měng）、"蟒²"（mǎng），"蟒¹"歸入音序 M 序列之 meng 的三聲單元，"蟒²"則歸入音序 M 序列之 mang 的三聲單元。

七、某些特殊詞條，如數字詞條、外文字母詞條等，則收入《索引附錄》。

A

阿爾泰通用銀券 * 348

阿克蘇官錢局紙幣 * 254

阿克蘇錢局銀元 * 189

愛鵝堂記錢票 * 258

安徽光緒銀幣 * 173

安徽九星銅元 * 135

安徽全省軍用券 * 336

安徽省地方銀行紙幣 * 308

安徽省銀行紙幣 * 308

安徽省中華銀行紙幣 * 307

安徽裕皖官錢局紙幣 * 249

安平錢票 * 376

安陽之法化 * 26

安臧 * 33

B

八銖錢 * 41

巴縣石板場第五區第五隊
找補券 * 393

白金 154

白鹿皮幣 * 214

白人刀 * 29

百貼之寶 * 100

半睘 * 32

半釿 * 31

蚌貝 * 16

保大元寶 * 74

保寧通寶 * 101

寶坻縣流通券 * 424

寶豐縣流通券 * 429

寶恒興銀號銀兩票 * 265

寶恒興銀號銀圓票 * 270

寶恒銀號銀兩票 * 264

寶慶瑞錢票 * 367

寶慶元寶 * 96

寶善銀行銀圓票 * 286

寶源金店銀兩票 * 273

北德盛銀號銀圓票 * 270

北海銀行紙幣 [1]* 414

北海銀行紙幣 [2]* 425

北京儲蓄銀行兌換銀票 * .. 288

北京路交鈔 * 219

北京義豐銀號銀圓票 * 270

北平農工銀行紙幣 * 357

北平市銀行紙幣 * 332

北宋銀鋌 * 159

北洋光緒通寶零用一文 * .. 132

北洋光緒一兩銀幣 * 172

北洋經武銀號紙幣 * 252

北洋天津銀號銀元票 * 243

北洋天津銀號紙幣 * 243

北洋銀元局銅元票 * 243

貝幣 * 16

比輪 * 54

邊業銀行紙幣 * 360

便換 214

便錢會子 218

濱江農業銀行紙幣 * 355

濱江商會發行臨時輔幣 * .. 331

濱江商會臨時存票 * 331

丙辰喀造中華民國銅幣 * .. 144

丙午大清銀幣 177

博山刀 * 28

博野縣農村合作社流通券 * .. 412

布貨十品 * 49

布錢 50

布泉 [1]* 50

布泉 [2]* 61

C

財政部定期有利國庫券 * .. 300

財政部短期有利兌換券 * .. 300

財政部軍需匯兌局兌換券 * .. 300

財政部平市官錢局紙幣 * .. 363

財政部特別流通券 * 300

財政部有利流通券 * 300

蠶桑公社錢票 * 273

曹錕文裝像紀念金幣 * 209

曹錕武裝像紀念金幣 * 209

曹錕像紀念幣 * 195

察哈爾商業錢局紙幣 * 330

察哈爾商業錢局紙幣 * 361

察哈爾省編造欠餉定期
庫券 * 331

察哈爾興業銀行紙幣 * 319

長安 * 34

長城銀行冀察熱遼
流通券 * 425

長發厚銀號銀兩票 * 265

長發厚銀號銀圓票 * 271

長命守富貴銀錢 * 164

長沙乾益字號銀餅 * 157

長沙市銀行紙幣 * 341

長盛和號借票 * 282

長壽縣銀行紙幣 * 365

長泰和錢票 * 381

長興縣流通券 * 422

長垣一金 31

長垣一釿 31

常德財產管理處流通券 * .. 341

常平五銖 * 60

潮饒豐邊縣軍民合作社
流通券 * 430

陳五銖 59

成白刀 * 29

成帛刀 29

成都成豐字號紙幣 * 393

成都公濟錢莊紙幣 * 343

成都恒裕銀號紙幣 * 364

成都市市政公所銅元票 * .. 344

成都市政府公益券經理處
制錢票 * 364

成都西南商業儲蓄銀行平民
儲金證 357

成都裕豐字號紙幣 * 364

成發號錢帖 * 261

成聚興錢票 * 376

成美錢票 * 391

承華普慶銀錢 * 165

程德全像紀念銀幣 * 193

充善堂銅元票 * 274

崇寧通寶 * 85

崇寧元寶 * 86

崇寧重寶 * 86

崇慶通寶 * 108

崇慶元寶 * 108

崇興義錢票 * 366

崇禎通寶 * 118

重和通寶 * 87

重稜錢 66

重輪乾元重寶 * 66

重輪乾元重寶銀錢 * 164

重慶官銀號紙幣 * 297

重慶市民銀行紙幣 * 343

重慶市政公所兌換券 * 344

重慶銀行紙幣 * 365

重慶中和銀行無息存票 * .. 364

重熙通寶 * 102

褚玉璞像紀念銀幣 * 196

"川"字邊鑄銅元 * 138

"川"字嘉禾銅元 * 138

川康平民商業銀行禮券 * .. 356

川陝邊防督辦署臨時軍費
借墊券 * 343

川陝省蘇維埃政府工農銀行
紙幣 * 405

川陝省蘇維埃政府造幣廠
銅幣 * 146

春安番銀票 * 277

純聚永錢號匯票 * 373

淳化元寶 * 78

淳化元寶金錢* 203

淳熙通寶* 91

淳熙元寶* 90

淳祐通寶* 98

淳祐元寶* 98

慈溪縣觀城區署臨時
兌換券* 422

慈溪縣丈亭區通用輔幣* .. 422

慈溪縣莊橋區署抗幣
輔用券* 422

慈溪縣莊橋區署抗幣臨時
兌換券* 422

慈禧像紀念銀幣* 192

慈禧像壽字金幣* 209

錯刀 47

D

大安寶錢* 105

大安通寶* 105

大安元寶* 103

大本營度支處發行軍用
鈔票* 295

大長永銀號錢票* 368

大朝通寶* 109

大朝通寶銀錢* 165

大成店記錢票* 258

大成銀號鈔票* 270

大德錢號錢票* 373

大德通寶* 110

大定通寶* 107

大房福豐和兌換條* 392

大觀通寶* 86

大漢銀行軍用票* 333

大漢銀行暫行軍用手票* .. 299

大吉五銖* 58

大江銀行紙幣* 420

大康六年紀年銅錢* 103

大康通寶* 103

大康元寶* 103

大曆元寶* 67

大遼天慶 104

大明通寶* 119

大明通行寶鈔* 225

大齊通寶* 74

大清寶鈔* 232

大清戶部銀行紙幣* 233

大清金幣* 206

大清銅幣銅元* 132

大清銀行兌換券版* 235

大清銀行紙幣* 234

大慶元銀號銀圓票* 267

大泉當千* 53

大泉二千* 54

大泉五百* 53

大泉五千* 54

大泉五十 48

大泉五銖* 50

大生盛錢票* 382

大蜀通寶* 72

大順通寶* 119

大宋通寶* 96

大宋元寶* 96

大唐通寶* 75

大同縣商會紙幣* 371

大同永兌換券* 367

大統五銖* 60

大冶第五區農民銀行
兌換券* 402

大義德錢票* 383

大義通寶* 115

大有泉錢票* 371

大元通寶* 111

大中華民國雲南銅元* 136

大中通寶* 115

大中銀行紙幣* 359

丹巡貼寶* 100

道光寶藏銀幣* 187

道光通寶* 125

得壹元寶* 66

德昌當銅元票* 284

德昌和錢票 * 389

德成公錢莊錢票 * 377

德春堂錢帖 * 282

德合福錢票 * 379

德和當紙幣 * 366

德和銀號紙幣 * 393

德記保元堂錢票 * 385

德聚東錢票 * 378

德慶永錢票 * 387

德泉永紙幣 * 383

德潤錢號錢票 * 374

德潤生錢票 * 275

德生堂錢票 * 274

德盛昌號錢帖 * 258

德裕燒鍋錢票 * 279

迪化官錢局紙幣 * 348

迪化光緒銀元 * 188

迪化餉銀銀幣 * 188

滇藩司鈔 * 250

滇黔桂邊貿易流通券 * 431

滇粵桂援贛聯軍軍用票 * .. 294

滇字金幣 * 207

丁未大清銀幣 * 182

鼎豐錢票 * 387

鼎新茂號錢帖 * 260

定滇軍司令部發行軍用

鈔票 * 295

定平一百 * 55

東北邊業銀行紙幣 * 324

東北銀行紙幣 * 426

東古平民銀行銅元券 * 397

東南流通券 * 417

東南銀行紙幣 * 360

東三省官銀號紙幣 * 249

東三省官銀號紙幣 * 323

東三省軍用票 * 332

東三省民國銀幣 * 176

東三省銀行紙幣 * 323

東三省造光緒銀幣 * 175

東三省造宣統銀幣 * 175

東盛長錢帖 * 262

東順涌錢票 * 384

東臺縣流通券 * 417

東興匯兌局紙幣 * 336

東周 * 33

董卓五銖 * 51

端平通寶 * 97

端平元寶 * 97

端平重寶 * 97

段祺瑞像紀念幣 * 195

段祺瑞像紀念金幣 * 209

兌換土貨券 * 349

對文五銖 52

多倫縣商會紙幣 * 331

E

鵝眼錢 * 58

鄂北農民銀行紙幣 * 399

鄂東工農銀行銅幣券 * 402

鄂東南工農兵銀行銅幣券 * .. 402

鄂東南工農銀行銅幣券 * .. 403

鄂東農民銀行銅幣券 * 402

鄂西北特區蘇維埃銀行

紙幣 * 405

鄂西農民銀行紙幣 * 399

鄂豫皖省蘇維埃銀行

紙幣 * 405

鄂豫皖省蘇維埃政府

銀幣 * 191

鄂豫皖蘇維埃經濟公社

紙幣 * 405

鄂豫皖特區蘇維埃銀行

紙幣 * 404

鄂州興業銀行紙幣 * 339

F

砝碼錢 62

方城縣流通券 * 429

方圓四朱 * 61

方折刀 28

飛錢 * 214

汾陽縣尹家社村農民合作社

銀券 * 370

豐貨 * 55

豐盛恒號錢帖 * 260

豐泰永錢帖 * 281

豐業銀行紙幣 * 360

豐裕慶記錢帖 * 257

奉省商業銀行紙幣 * 355

奉省商業銀行紙幣 * 361

奉天公議商局紙幣 * 248

奉天官銀號銀元票 * 248

奉天官銀號紙幣 * 252

奉天機器局光緒銀幣 * 174

奉天紀年光緒銀幣 * 175

奉天農業總銀行紙幣 * 355

奉天興業銀行紙幣 * 323

奉天一兩銀幣 * 175

涪陵縣臨時兌換券 * 344

符記友恭堂錢票 * 274

福記行錢票 * 392

福建東南銀行紙幣 * 336

福建都督府中華元寶銀幣 * .. 180

福建官局造光緒銀幣 * 180

福建官錢局紙幣 * 253

福建省毫銀銀幣 * 181

福建省銀行紙幣 * 312

福建省造光緒銀幣 * 180

福建銀幣廠造中華銀幣 * .. 180

福建銀號紙幣 * 312

福建銀行紙幣 * 312

福建永豐官錢局票 * 237

福聚成紙幣 * 386

福利銀號紙幣 * 362

福隆號紙幣 * 386

福寧萬壽金錢 * 204

福慶當錢帖 * 284

福盛和錢票 * 376

福盛涌記錢票 * 275

福聖寶錢 * 105

福壽喜字金幣 * 209

福順東錢票 * 382

福順和號錢帖 * 258

福星榮號錢帖 * 284

福星藥房紙幣 * 379

福興成錢票 * 387

福興恒錢票 * 275

福興祥錢票 * 382

福興總局銀兩票 * 261

福義興暫時救濟金融券 * .. 375

阜昌通寶 * 109

阜昌元寶 * 108

阜昌重寶 * 109

阜東縣第四區流通券 * 417

阜豐銀行錢票 * 272

富滇新銀行紙幣 * 316

富滇銀行紙幣 * 315

富華煤礦公司紙幣 * 359

富隴銀行紙幣 * 347

富錢 55

復成東紙幣 * 382

復聚公錢票 * 379

復盛號紙幣 * 378

復順成錢票 * 388

復興成錢票 * 375

復興隆錢票 * 388

G

甘肅（省）平市官錢局紙幣 * 327

甘肅官銀錢局紙幣 * 326

甘肅官銀總號紙幣 * 326

甘肅軍事善後流通券 * 296

甘肅軍事善後流通券 * 348

甘肅軍需錢號紙幣 * 347

甘肅孔造五文銅元 * 140

甘肅農工銀行紙幣 * 327

甘肅農工銀行紙幣 * 357

甘肅農民銀行紙幣 * 327

甘肅壬戌年造雙旗二十文銅元 * 140

甘肅省金庫券 * 347

甘肅省銀行紙幣 * 327

甘肅省造孫中山像金幣 * .. 208

甘肅省造孫中山像銀幣 * .. 184

甘肅雙旗九星當二十銅元 * .. 140

甘肅司鈔 * 251

甘肅銀行紙幣 * 326

甘肅袁世凱像銀幣 * 187

甘肅造幣廠黨徽雙旗銅元 * 141

甘肅中華民國紀念幣 * 140

甘肅中華民國開國紀念幣 * .. 141

甘肅中華民國十文銅元 * .. 140

甘肅中華銅幣二十文銅元 * .. 140

甘肅中華銅幣民國紀念雙旗二十文銅元 * 140

贛東北省蘇維埃銀行閩北分行銀圓券 * 404

贛東北省蘇維埃銀行銀圓票 * 403

贛東北特區貧民銀行銀圓票 * 403

贛省民國銀行紙幣 * 298

贛省銀行紙幣 * 308

贛省暫行軍用手票 * 337

高昌吉利 * 68

革命軍北伐勝利紀念銀幣 * .. 196

革命軍入閩紀念銀幣 * 196

更始五銖 * 50

庚午新疆喀什造中華民國雙旗銅幣 * 145

庚午新疆省城造中華民國雙旗銅幣 * 145

工商管理局皖西四專紙幣 * .. 426

公據 214

公據關子 217

公平正錢票 * 392

公式女錢 58

公義信兌換券 * 367

龔森泰錢票 * 390

共屯赤金 * 31

共字錢 * 31

骨貝 * 16

官赤仄 46

官交子 * 215

關東銀行紙幣 * 427

關子 * 216

光定元寶 * 107

光天元寶 * 71

光緒寶藏銀幣 * 188

光緒皇帝像銀幣 * 192

光緒金元金幣 * 206

光緒三十三年帝國獎牌銀幣 * 193

光緒通寶 * 127

光緒像壽字金幣 * 208

光緒元寶銅元 * 132

光緒重寶 * 127

廣東"壽"字銀幣 * 168

廣東地方善後內國公債 * .. 294

廣東官錢局銀元票 * 247

廣東官錢局紙幣 * 253

廣東民國毫銀幣 * 169

廣東七二反版銀幣 * 168

廣東七三反版銀幣 * 168

廣東省金庫券 * 295

廣東省銀行兌換券 * 313

廣東省銀行紙幣 * 313

廣東省造光緒銀幣 * 168

廣東省造鎳幣 * 147

廣東省造宣統銀幣 * 169

廣東實業銀行紙幣 * 312

廣東五羊銅元 * 136

廣利錢局錢票 * 371

廣泉慶錢帖 * 281

廣西官銀錢號銀票 * 247

廣西軍用鈔票 * 342

廣西民國八年壹仙銅幣 * .. 136

廣西民國二十八年古布壹分

銅元 * 136

廣西民國二十八年仙版

銅元 * 136

廣西農民銀行紙幣 * 315

廣西省金庫庫券 * 342

廣西省銀行紙幣 * 314

廣西省造民國銀幣 * 182

廣西銀行軍用票 * 296

廣西銀行銀元券 * 251

廣西銀行紙幣 * 314

廣信銀號錢票 * 374

廣興乾記錢帖 * 255

廣益公司銅元票 * 280

廣溢泳錢票 * 365

廣源號記錢帖 * 262

廣源銀號紙幣 * 264

廣政通寶 * 72

廣州大清銀行兌換銀元票 * .. 236

廣州市市立銀行紙幣 * 341

癸酉新疆喀什造中華民國雙旗

銅幣 * 145

鬼臉錢 * 37

桂林地方銀行紙幣 * 342

貴州官爐三花銀餅 * 158

貴州官錢局估平足銀

銀兩票 * 250

貴州官錢局銀幣 * 177

貴州民國卅八年銀幣 * 178

貴州汽車銀幣 * 177

貴州黔寶銀餅 * 158

貴州黔字銅元 * 143

貴州省財政廳籌餉局定期

兌換券 * 345

貴州省公署定期有利兌券 * .. 345

貴州省銀行紙幣 * 317

貴州省造鎳幣 * 149

貴州省政府總金庫金庫券 * .. 345

貴州義安公司紙幣 * 356

貴州銀行存款券 * 317

貴州銀行紙幣 * 316

貴州裕黔公司制錢票 * 356

貴州總商會商錢局兌換券 * .. 356

峎縣公立當局兌換券 * 352

峎縣公立錢局銀元券 * 351

國民革命軍二十一軍短期公債

保證券 * 343

國民革命軍二十一軍臨時軍費

籌備處借墊券 * 343

國民革命軍總司令部

軍需券 * 296

國民軍金融流通券 * 299

國民軍聯軍總司令部

軍用票 * 298

國民政府財政部國庫券 * .. 300

H

哈爾濱軍艦壹分銅元 * 143

甘丹刀 * 28

海豐民主縣政府臨時

流通券 * 431

漢代銀鋌 * 159

漢金五銖 * 202

漢通商店流通券 * 429

漢興 * 55

漢元通寶 * 70

合江銀行合江地方經濟建設

流通券 * 427

合盛元匯兌莊銀圓票 * 282

何記榮利全銀圓票 * 274

和豐公司錢票 * 280

和華銀行銀兩票 * 286

和聚祥錢票 * 381

和順源銀號銀圓票 * 266

和田區行政長紙幣 * 349

和田行政長公署流通券 * .. 349

和興仁錢票 * 381

和州行用錢牌 * 38

河北民國十三年中華銅幣 * .. 142

河北省冀縣臨時流通券 * .. 333

河北省銀行紙幣 * 319

河南省金庫流通券 * 339

河南省臨時軍用票 * 339

河南省農工銀行紙幣 * 320

河南省銀行紙幣 * 320

河南興業銀行紙幣 * 339

河南豫泉官錢局制錢票 * .. 242

河南豫泉官銀號紙幣 * 242

河南中華民國二十年銅元 * .. 141

河南中華民國銅元 * 141

河南中華民國伍百文銅元 * .. 142

河源縣信用流通券 * 432

鶴峰蘇維埃銀行銅幣券 * .. 400

黑龍江官銀號紙幣 * 325

黑龍江廣信公司銀元錢帖 * .. 247

黑龍江廣信公司紙幣 * 324

黑龍江庫瑪爾河金礦局

紙 幣 * 359

黑龍江省官銀分號紙幣 * .. 247

黑龍江省銀行黑河地方

流通券 * 427

黑龍江省造光緒銀幣 * 176

亨和祥錢帖 * 277

亨利鏑記番銀票 * 257

恒德號錢票 * 382

恒豐泰錢票 * 388

恒豐裕典錢票 * 278

恒和銀號銀兩票 * 263

恒茂銀兩票 * 280

恒慎錢票 * 278

恒升號錢帖 * 262

恒升號紙幣 * 387

恒順永錢票 * 389

恒祥號錢票 * 386

恒益通錢帖 * 281

弘光通寶 * 119

弘治通寶 * 116

宏順德號錢帖 * 260

宏順號錢票 * 381

洪化通寶 * 121

洪武通寶 * 115

洪武通寶金錢 * 205

洪憲飛龍金幣 * 206

鴻盛久錢票 * 278

鴻順森號錢帖 * 278

鴻蔚亨字號紙幣 * 364

鴻興永錢票 * 388

厚德堂紙幣 * 383

後至元 113

呼倫貝爾官商錢局紙幣 * .. 331

湖北本省光緒銀幣 * 169

湖北大清銀幣 * 170

湖北官錢局紙幣 * 241

湖北官錢局紙幣 * 311

湖北光緒銀幣 * 170

湖北會子 218

湖北糧餉局銅元票 * 242

湖北省銀行紙幣 * 311

湖北省造鎳幣 * 148

湖北宣統銀幣 * 170

湖北銀元局銀元票 * 241

湖廣會子 218

湖南寶興礦業銀行紙幣 * .. 359

湖南財政廳紙幣 * 340

湖南儲蓄銀行紙幣 * 340

湖南大清銀行銀餅 * 157

湖南定期有利金庫證券 * .. 340

湖南阜南官局銀餅 * 157

湖南阜南官錢局紙幣 * 253

湖南官局銀餅 * 157

湖南官錢局銀餅 * 157

湖南官錢局紙幣 * 238

湖南洪憲紀念幣 * 139

湖南洪憲開國紀念銀幣 * .. 194

湖南紀年光緒銀幣 * 181

湖南九星銅元 * 139

湖南民國雙旗嘉禾銅元 * .. 139

湖南商錢局銀兩票 * 272

湖南省短期庫券 * 340

湖南省金庫券 * 340

湖南省蘇維埃政府造銀幣 * .. 190

湖南省憲成立紀念幣 * 139

湖南省憲成立紀念銀幣 * .. 195

湖南省銀行紙幣 * 311

湖南實業公司紙幣 * 358

湖南實業銀行紙幣 * 310

湖南通商銀行紙幣 * 340

湖南無紀年光緒銀幣 * 181

湖南銀行紙幣 * 310

湖南造光緒金幣 * 208

澔山區抗幣臨時兌換券 * .. 422

澔山區臨時輔幣 * 149

户部大清銀幣 * 177

户部官票 * 231

户部光緒銀幣 * 177

户部乾字官號錢票 * 233

户部宇字官號錢票 * 233

户部造幣總廠光緒銀幣 * .. 182

護理臺南府正堂忠臺南

官銀票 * 240

華昌號錢票 * 376

華川銀行紙幣 * 342

華富殖業銀行紙幣 * 355

華記鴻信銀號錢票 * 377

華茂錢莊錢票 * 385

華民公司錢票 * 372

華商上海信成銀行銀圓票 * .. 287

華商通業銀行鈔票 * 286

華盛官帖局紙幣 * 252

華永茂錢票 * 380

華中銀行紙幣 * 425

淮北地方銀號紙幣 * 419

淮海地方銀行紙幣 * 415

淮海實業銀行紙幣 * 358

淮南銀行紙幣 * 419

淮上地方銀號流通券 * 419

懷德堂錢票 * 372

寰一雄黃公司紙幣 * 359

皇帝通寶 * 129

皇建元寶 * 107

皇慶通寶銀錢 * 165

皇慶元寶 * 111

皇宋通寶 * 80

皇宋元寶 * 98

黃岡縣農民協會信用合作社

流通券 * 396

黃花崗紀念銀幣 * 197

黃山館德泰昶錢票 * 392

黃興像紀念銀幣 * 194

潢川蠶業銀號紙幣 * 354

惠農銀行券 * 416

匯河源燒鍋錢票 * 280

匯通銀號銀圓票 * 268

彙恒同銀號銀圓票 * 268

會昌開元通寶 * 67

會同通寶 * 101

會子 * 217

蕙聚成記銀券 * 370

貨布 * 49

貨泉 * 49

霍縣地方流通券 * 351

J

積成店錢票 * 365

吉東銀行地方流通券 * 426

吉林廠平銀幣 * 167

吉林大清銀行兌換銀票 * .. 236

吉林官錢局銀元票 * 239

吉林樺川縣濟樺錢號

紙幣 * 331

吉林樺樹儲蓄銀行紙幣 * .. 331

吉林紀年光緒銀幣 * 171

吉林省銀行地方流通券*..427

吉林無紀年光緒銀幣*......170

吉林永衡官帖局官帖*......239

吉林永衡官銀錢號紙幣*..324

吉升錢號錢票*................374

吉字圓孔銀幣*................166

集成厚銀號銀圓票*.........270

集春號錢票*...................275

集珍隆記兌票*................257

己巳新疆喀什造中華民國黨徽
銅元*....................144

己巳新疆喀什造中華民國雙旗
銅元*....................145

己巳新疆喀造中華民國黨徽
銅元*....................145

己巳新疆省城造中華民國雙旗
銅幣*....................145

己酉宣統一文銅元*.........133

冀南銀行紙幣*................413

冀中第五行政區銀錢局
流通券*..................409

冀中區安國縣農村合作社
流通券*..................411

冀中區安平縣農村合作社
流通券*..................410

冀中區安新縣農村合作社
流通券*..................410

冀中區大城縣農村合作社

流通券*..................410

冀中區定縣農村合作社
流通券*..................412

冀中區高陽縣農村合作社
流通券*..................411

冀中區河間縣農村合作社
流通券*..................411

冀中區建國縣農村合作社
流通券*..................411

冀中區交河縣農村合作社
流通券*..................412

冀中區蠡縣農村合作社
流通券*..................411

冀中區任河縣農村合作社
流通券*..................410

冀中區任邱縣農村合作社
流通券*..................410

冀中區容城縣農村合作社
流通券*..................411

冀中區深縣農村合作社
流通券*..................411

冀中區肅寧縣農村合作社
流通券*..................410

冀中區文新縣農村合作社
流通券*..................410

冀中區無極縣農村合作社
流通券*..................410

冀中區武強縣農村合作社

流通券*..................410

冀中區獻高縣農村合作社
流通券*..................412

冀中區獻縣農村合作社
流通券*..................410

冀中區新安縣農村合作社
流通券*..................412

冀中區徐水縣農村合作社
流通券*..................411

冀中香河縣流通券*.........424

濟樺錢號錢票*................371

濟南同豐銀號紙幣*.........339

濟陰*............................32

濟榆錢局錢票*................273

繼伯堂錢票*...................379

嘉定安寶*......................94

嘉定崇寶*......................94

嘉定封寶*......................95

嘉定洪寶*......................95

嘉定隆寶*......................95

嘉定全寶*......................94

嘉定泉寶*......................95

嘉定通寶*......................93

嘉定萬寶*......................94

嘉定新寶*......................95

嘉定興寶*......................96

嘉定永寶*......................93

嘉定元寶*......................93

嘉定珍寶 * 95

嘉定真寶 * 94

嘉定正寶 * 94

嘉定之寶 * 95

嘉定至寶 * 95

嘉定重寶 * 96

嘉靖通寶 * 116

嘉慶寶藏銀幣 * 187

嘉慶通寶 * 124

嘉泰通寶 * 92

嘉泰元寶 * 92

嘉熙通寶 * 98

嘉熙重寶 * 98

嘉祐通寶 * 82

嘉祐元寶 * 82

郟縣流通券 * 429

尖首刀 * 27

監利縣蘇維埃信用券 * 398

剪邊五銖 * 52

剪輪五銖 52

剪首刀 27

簡陽縣錢券 * 344

建國通寶 * 85

建武五銖 * 51

建炎通寶 * 88

建炎元寶 * 89

建炎重寶 * 88

建中通寶 * 67

劍稱銀餅 156

江北縣糧稅借墊券 * 344

江都河南流通券 * 417

江都縣流通券 * 417

江高寶興流通券 * 417

江淮流通券 * 417

江 淮 銀 行 東 南 辦 事 處
代 價 券 * 417

江 淮 銀 行 蘇 中 第 三 支 行
流通券 * 416

江 淮 銀 行 蘇 中 第 一 支 行
流通券 * 416

江淮銀行五分區支行流通券 * . 417

江淮銀行紙幣 * 416

江津九龍場錢票 * 392

江津七星鎮永安場錢票 * .. 393

江南光緒銀幣 * 173

江南紀年光緒銀幣 * 174

江南商業貨幣券 * 418

江南省造宣統銀幣 * 174

江南銀行紙幣 * 419

江南裕寧官銀錢局紙幣 * .. 245

江 南 裕 蘇 官 銀 錢 局 制
錢 票 * 244

江蘇財政司南京兌換券 * .. 335

江蘇財政廳紙幣 * 335

江蘇平市官錢局紙幣 * 335

江蘇省農民銀行紙幣 * 305

江蘇省銀行紙幣 * 306

江蘇銀行紙幣 * 306

江 蘇 裕 蘇 官 銀 錢 局 通 用
鈔票 * 245

江西財政廳有利流通券 * .. 337

江西儲蓄銀行紙幣 * 336

江西地方銀行紙幣 * 309

江西工農銀行紙幣 * 398

江西公共銀行紙幣 * 337

江西官錢局制錢票 * 244

江西官銀錢號紙幣 * 336

江西官銀錢總號紙幣 * 244

江西惠通銀行紙幣 * 362

江西建設銀行紙幣 * 309

江西民國銀行紙幣 * 297

江西民國銀行紙幣 * 308

江西平市官錢局紙幣 * 337

江西勸業銀行紙幣 * 336

江西壬子大漢銅幣 * 135

江西省銀行紙幣 * 309

江西辛亥大漢銅幣 * 135

江西銀錢號銀兩票 * 271

江西銀行紙幣 * 308

江西裕民銀行紙幣 * 309

江州行使錢牌 * 39

蔣介石像憲政紀念銀幣 * .. 197

交城農工銀行紙幣 * 349

交城縣維持金融兌換券 * .. 351

交通部京漢鐵路支付券 * ..300

交通銀行紙幣 * 288

交通銀行紙幣 * 304

交邑大泉玉錢票 * 367

角錢 51

揭陽縣臨時輔幣維持委員會

臨時輔幣流通券 * 342

節墨法化 * 25

節墨之法化 * 25

截首刀 * 27

金版 * 200

金鈑 200

金貝 * 17

金本位鎳幣 * 148

金錯刀 * 47

金代銀鋌 * 160

金錢義記 * 128

金壇縣輔幣券 * 418

金條 * 208

金銀關子 217

金圓流通金幣 * 205

金磚 208

津記紙烟公司兌換條 * 392

津字嘉禾銅元 * 134

晋北鹽業銀號紙幣 * 355

晋察冀邊區第七行政區合作社

流通券 * 411

晋察冀邊區銀行（冀熱遼）

紙幣 [1]* 412

晋察冀邊區銀行（冀熱遼）

紙幣 [2]* 424

晋察冀邊區銀行紙幣 * 409

晋察冀冀東第十四專署流通

券 * 424

晋交永生慶錢票 * 367

晋生祥銅圓兌換券 * 371

晋盛當銅圓兌換券 * 370

晋綏地方鐵路銀號紙幣 * .. 354

晋泰恒錢票 * 391

晋文德合永記紙幣 * 367

晋文晋源泉銅元券 * 368

晋陽刀 * 29

晋益升銀元票 * 280

京局庚子光緒銀幣 * 182

京口鎮大莊銀元票 * 263

京兆銀錢局紙幣 * 332

經濟公社流通券 * 405

經正記銀餅 * 157

景德元寶 * 79

景定元寶 * 99

景和 * 57

景祐元寶 * 80

靖康通寶 * 87

靖康通寶銀錢 * 164

靖康元寶 * 88

九江益康錢莊錢票 * 390

久大匯兌局紙幣 * 336

聚寶銀樓紙幣 * 392

聚昌當錢帖 * 283

聚豐和錢票 * 390

聚豐銀號銀兩票 * 264

聚豐銀號銀圓票 * 269

聚和惠當紙幣 * 366

聚升當錢票 * 373

聚盛當錢帖 * 283

聚順號錢票 * 276

聚興當錢帖 * 282

聚興厚錢票 * 371

聚興姓印錢局大洋票 * 273

據義豐號錢帖 * 259

君字貝 * 37

軍事內國公債券 * 294

軍需債券 * 289

軍政府造"漢"字湖北

銅幣 * 138

軍政府造"漢"字四川

銅幣 * 137

軍政府造雙旗四川銅幣 * .. 137

郡國五銖 * 45

K

喀什官錢局紙幣* 254

喀什餉銀銀幣* 190

喀什宣統元寶銀幣* 190

喀什造宣統銀幣* 190

開丹聖寶* 99

開封大清銀行兌換銀票*.. 236

開皇五銖* 62

開平通寶* 69

開慶通寶* 98

開禧通寶* 92

開禧元寶* 93

開元通寶* 64

開元通寶背殷鉛錢* 73

開元通寶金錢* 202

開元通寶銀錢* 164

康定元寶* 81

康熙年會票* 255

康熙通寶* 123

克東縣糧穀交易存款證*.. 427

坑口墟消費合作社銀毫票.. 397

空首布* 19

魁盛昌錢票* 256

魁興號錢票* 380

坤和典錢票* 278

L

老公餅 156

老河口市臨時流通券*...... 429

雷聲和錢票* 278

雷萬達錢票* 277

耒陽工農兵蘇維埃政府
勞動券* 397

耒子* 57

黎元洪像開國紀念銀幣*.. 193

離石* 32

李寶源錢號銀圓票* 272

李景林像紀念銀幣* 195

利風和錢票* 389

利用官錢莊紙幣* 343

利用通寶* 120

利源錢號匯票* 373

溧水城區金融調劑委員會
流通券* 418

溧陽縣流通券* 418

連布 23

連和縣信用流通券* 432

良金銅錢牌* 38

凉造新泉* 56

梁布* 21

梁弄鎮商會臨時兌換券*.. 423

兩淮會子 218

兩星五銖 59

兩甾* 34

兩銖* 57

兩柱錢* 59

兩柱五銖 59

遼北省第一專區兌換券*.. 427

遼陽公立銀行遼寧市錢票*.. 248

遼陽衛襄官帖局官帖*...... 249

臨安府行用錢牌* 38

臨縣兔坂鎮自盛楊銀券*.. 370

臨淄東興油坊紙幣* 384

麟趾金* 201

蘭字刀* 29

蘭字錢* 32

靈壽縣調劑金融兌換券*.. 409

瀏東平民銀行紙幣* 395

瀏陽工農兵銀行洋票*...... 400

瀏陽金剛公有財產保管處
有期證券* 395

六安縣地方銀號紙幣*...... 336

六合錢局錢票* 272

六泉 49

六字刀 26

隆昌華川隆質錢票* 393

隆昌縣商會找補券* 356

隆慶通寶* 117

隆武通寶 * 120

隆興通寶 * 90

隆興通寶金錢 * 203

隆興元寶 * 89

龍鳳黼黻圖金幣 * 207

龍鳳通寶 * 114

龍江商會紙幣 * 385

隴東銀號紙幣 * 347

隴南實業銀號紙幣 * 347

隴南實業銀號紙幣 * 358

隴南鎮守使署糧餉局

紙　幣 * 347

瀘縣衣錦鎮團務臨時

錢　票 * 345

魯鈔 414

魯山商業流通券 * 429

魯西銀行紙幣 * 413

陸軍部軍事用票 * 299

陸榮廷像金幣 * 209

洛陽流通券 * 431

M

馬迹山臨時流通券 * 418

馬蹄金 * 201

茅東臨時流通券 * 419

美興合記錢票 * 255

密山縣地方金融流通券 * .. 332

沔陽縣蘇維埃政府

信　用　券 * 398

民辦交子 * 215

民國八年山西中華銅幣 * .. 137

民國八年袁像金幣 * 206

民國黨徽古布銅元 * 134

民國鄂造袁世凱像銀幣 * .. 187

民國二十二年嘉禾圓孔

銅元 * 134

民國二十六年孫中山像古布

銀幣 * 186

民國二十三年船洋金幣 * .. 207

民國二十四年孫中山像

銀幣 * 185

民國二十五年孫中山像

銀幣 * 186

民國二十一年孫中山像

銀幣 * 185

民國廣東貳仙銅幣 * 136

民國廣東壹仙銅幣 * 135

民國蔣介石像銀幣 * 197

民國金本位幣 * 185

民國六年南京袁世凱像

銀幣 * 187

民國廿五年製嘉禾銅元 * .. 134

民國壬子江西銅幣 * 135

民國三年袁世凱像側面

銀幣 * 186

民國三年袁像金幣 * 206

民國三十八年白塔銅元 * .. 143

民國三十八年金幣 * 208

民國山東貳拾文銅元 * 142

民國十八年東三省銅元 * .. 143

民國十八年孫中山像側面

銀幣 * 184

民國十八年孫中山像嘉禾

銀幣 * 184

民國十八年孫中山像正面

銀幣 * 184

民國十二年龍鳳銀幣 * 172

民國十六年孫中山像金幣 * .. 207

民國十年山西中華銅幣 * .. 137

民國十年新疆喀什造雙旗

銅元 * 144

民國十七年甘肅孫中山像

銅元 * 141

民國十五年甘肅銅幣 * 140

民國十五年龍鳳銀幣 * 173

民國十五年孫中山像銀幣 * .. 183

民國十一年新疆喀什造雙旗銅

元 * 144

民國雙旗嘉禾銅元 * 133

民國孫中山像船洋銀幣*..185
民國五年嘉禾圓孔銅元*..134
民國新疆通寶雙旗銅元*..143
閩開元通寶*....................72
閩西工農銀行輔幣券*......397
閩西軍民合作社流通券*..431
閩浙贛省蘇維埃銀行閩北分行
紙幣*....................404

閩浙贛省蘇維埃銀行紙幣*..404
閩浙贛省蘇維埃政府銀幣*..191
明代金錠*....................204
明代銀錠*....................162
明刀*....................27
明道元寶*....................80
明化*....................35
明水縣商會錢票*....................371

明四*....................35
明月錢....................35
磨邊五銖....................52
磨郭五銖*....................52
莫榮新像金幣*....................209
牡丹江實業銀行紙幣*......426
穆陵縣地方財務處金融
救濟券*....................332

N

內蒙古人民銀行紙幣*......428
內蒙銀行紙幣*....................428
納文慕仁盟政府流通券*..427
男錢....................50
南昌市立銀行紙幣*....................337
南昌裕贛商業銀行紙幣*..361
南方人民銀行紙幣*......430
南江縣商會通用券*....................356
南江縣銅元流通券*....................344

南宋金牌*....................203
南宋金錠*....................203
南宋銀錠*....................159
南唐開元通寶*....................74
南通縣流通券*....................417
南義合作社輔幣*....................420
嫩江省銀行紙幣*....................427
倪嗣冲像紀念金幣*....................209
倪嗣冲像紀念銀幣*....................195

寧安縣地方銀行流通券*..427
寧津縣財務局錢票*....................339
寧夏省銀行紙幣*....................328
寧夏銀行紙幣*....................329
農豐糧棧紙幣*....................386
農工商部紀念獎牌銀幣*..192
農商銀行紙幣*....................353
女錢*....................58

P

牌坊錠*....................163
潘復森大錢票*....................277
斾錢當釿*....................23
皮氏*....................32
平肩弧足空首布*....................19
平江縣工農銀行紙幣*......400
平江縣蘇維埃政府銀幣*..191

平靖勝寶*....................130
平首布*....................20
平首方足布*....................21
平首尖足布*....................20
平首橋足布*....................20
平首銳角布*....................21
平首圓足布*....................22

平遙蔚豐商業銀行
紙幣*....................334
平遙縣晉生麵粉公司內部麵粉
支付券*....................366
平遙縣錢業救濟金融合作社
銀圓券*....................351
平字嘉禾銅元*....................134

莆仙源匯兌局紙幣* 336

普爾錢* 124

普亨社錢票* 273

Q

杢睘一釿* 32

杢垣一釿* 31

漆睘一釿 32

祁縣前營村農產社兌換券*..370

其昌莊銀圓票* 263

歧關車路有限公司預購

乘車券* 391

祺祥通寶* 126

祺祥重寶* 126

齊刀* 25

齊法化* 26

齊返邦䞮法化 26

齊建邦䞮法化* 26

齊明刀 28

齊造邦䞮法化 26

齊之法化* 25

契刀* 47

謙益厚記銀兩票* 275

乾道通寶* 90

乾道元寶* 90

乾道元寶金錢* 204

乾道重寶* 90

乾德元寶* 71

乾封泉寶[1]* 65

乾封泉寶[2]* 74

乾亨通寶* 76

乾亨重寶* 76

乾利亨錢票* 392

乾隆寶藏銀幣* 187

乾隆通寶* 123

乾聖元寶* 77

乾統元寶* 104

乾祐寶錢* 106

乾祐元寶* 106

乾元十當錢 66

乾元重寶* 65

錢貨六品* 48

錢引* 216

切頭刀 27

秦半兩* 40

秦豐官錢局紙幣* 254

秦豐銀行紙幣* 325

秦豐字號錢票* 276

秦漢金餅* 201

沁縣銀號兌換券* 350

欽差大臣獎紀念銀幣*......192

欽差大臣總糧臺餉銀票*..236

欽命校閱陸軍大臣銀幣*..193

青島地方銀行紙幣* 338

青島市農工銀行紙幣*......357

青蚨至錢票* 390

青海財政廳維持券* 348

青海平市官銀錢局紙幣*..328

青海省銀行紙幣* 328

青海實業銀行紙幣* 328

清代金錠* 205

清代銀錠* 162

清寧二年紀年銅錢* 102

清寧通寶* 102

慶成銀號銀兩票* 263

慶合燒鍋泉記錢票* 279

慶和永錢票* 374

慶曆重寶* 81

慶泰隆錢票* 277

慶信錢票* 375

慶元通寶* 91

慶元元寶* 92

慶元元寶銀錢* 165

磬折刀* 28

瓊崖東北區政府代用券*..423

瓊崖臨時人民政府光銀

代用券* 431

全贛公共銀行紙幣* 361

全字貝* 37

勸業銀行紙幣* 354

R

饒陽縣農村合作社流通券 *411

熱河公益錢局紙幣 *......... 330

熱河官銀號紙幣 *............ 251

熱河省利民商店流通券 *.. 425

熱河省銀行地方流通券 *.. 425

熱河興業銀行紙幣 *......... 319

人和堂錢票 *................ 388

仁稷堂錢票 *.................... 382

仁盛德錢票 *.................... 384

仁義和記錢票 *................ 275

榮昌縣安富鎮商會錢票 *.. 356

榮昌新記錢票 *................ 374

榮邑公積紙幣 *................ 378

榮邑仁盛德錢票 *............ 378

如泰靖流通券 *................ 417

瑞昌祥錢票 *.................... 379

瑞豐號錢票 *.................... 374

瑞豐號錢票 *.................... 386

瑞聚昶錢票 *.................... 380

瑞泰興錢票 *.................... 380

銳鋒刀 27

S

三成泰錢票 *.................... 384

三分錢 *........................ 42

三官錢 *........................ 46

三國金餅 *...................... 202

三合永錢票 *.................... 378

三聚永錢票 *.................... 375

三孔布 *........................ 22

三鳥銀幣 185

三泉涌錢票 *.................... 381

三益號銀兩票 *................ 276

三益銀號銀兩票 *............ 263

三銖錢 *........................ 42

三字刀 26

山東東路交鈔 *................ 218

山東工商銀行紙幣 *......... 358

山東官銀號銀兩票 *......... 243

山東聊城農工銀行紙幣 *.. 358

山東平市官錢總局紙幣 *.. 321

山東商業銀行紙幣 *......... 362

山東省金幣 *.................... 207

山東省金庫兌換券 *......... 338

山東省金庫券 *................ 338

山東省軍用票 *................ 338

山東省庫券 *.................... 338

山東省民生銀行紙幣 *...... 321

山東省銀行紙幣 *............ 321

山東省造鎳幣 *................ 148

山東銀行紙幣 *................ 320

山東造孫中山像銀幣 *...... 186

山東製造局銀餅 *............ 158

山西晉勝銀行紙幣 *......... 334

山西晉泰官銀錢號紙幣 *.. 252

山西開國紀念幣 *............ 137

山西省編遣欠餉定期
庫券 *............................ 334

山西省第五行政區救國合作社
兌換券 *........................ 412

山西省金庫兌換券 *......... 334

山西省省鐵兩行聯合辦事處
小紙幣 *........................ 334

山西省縣銀號兌換券 *...... 349

山西省銀行紙幣 *............ 322

山西省造鎳幣 *................ 148

山陰縣農民貸借合作社
兌換券 *........................ 351

陝北地方實業銀行紙幣 *.. 346

陝甘邊區農民合作社銀行
兌換券 *........................ 406

陝甘寧邊區貿易公司商業
流通券 *........................ 408

陝甘寧邊區銀行紙幣 *...... 408

陝甘省蘇維埃銀行紙幣 *.. 407

陝甘通用孔輔銅元 *......... 140

陝西財政廳軍用鈔票 *...... 346

陝西大清銀行兌換銀票*..237

陝西東路交鈔*.................218

陝西富秦錢局紙幣*.........254

陝西富秦銀行紙幣*.........325

陝西官銀錢號銀兩票*......240

陝西庫券*.........................346

陝西省銀行紙幣*.............326

陝西省造光緒銀幣*.........181

陝西巡撫部院銀票*.........240

陝西中華民國銅元*.........142

陝西中華民國銀幣*.........155

汕頭陳源大銀行紙幣*......363

商辦潮汕鐵路股份有限公司

兌換券*.............................356

商辦隴東銀號紙幣*.........360

上黨銀號紙幣*.................412

上海四明銀行銀圓票*......286

上海永亨銀行紙幣*.........360

紹定通寶*...........................97

紹定萬歲銀錢*.................165

紹定元寶*...........................97

紹清源錢號錢票*.............393

紹聖通寶*...........................84

紹聖元寶*...........................84

紹熙通寶*...........................91

紹熙元寶*...........................91

紹興通寶*...........................89

紹興元寶*...........................89

牲記紙幣*.........................391

神府特區抗日人民革命委員會

銀行流通紙幣*.................407

沈郎錢*.............................55

慎和祥典錢票*.................279

升昌錢局銅元票*.............273

升昌銀號銀兩票*.............264

升昌銀號銀圓票*.............268

升恒茂錢帖*.....................276

生盛棧錢票*.....................389

省立廣東銀行紙幣*.........313

盛京寶泉興錢票版*.........283

盛京華盛官錢局官帖*......249

聖宋通寶*.........................85

聖宋元寶*.........................85

聖宋重寶*.........................96

十布.................................49

十竹齋借票*.....................225

石貝*.............................17

石樓縣經濟合作社聯合社

合作券*.............................370

石樓縣銀號財記兌換券*..350

石首農業銀行信用券*......399

實業錢號錢票*.................373

壽昌元寶*.........................103

壽慈萬壽銀錢*.................165

壽陽縣銀號兌換券*.........350

蜀通官錢局紙幣*.............253

雙城縣地方儲蓄銀行紙幣*...332

雙合盛錢票*.....................379

雙聚福錢票*.....................388

雙流縣教育局現款券*......345

雙盛和錢帖*.....................276

雙盛興錢帖*.....................256

雙溪商用券*.....................422

雙興號錢票*.....................387

水北鎮商業流通券*.........418

水陸平安*.........................129

順成號錢票*.....................372

順成裕號錢帖*.................260

順和典錢票*.....................279

順天元寶*.........................66

順興號錢票*.....................276

順興和錢票*.....................374

順治通寶*.........................122

私交子*.............................215

四出文錢*.........................51

四出五銖.........................51

四川地方銀行紙幣*.........318

四川官錢局錢票*.............237

四川官錢局制錢票*.........297

四川官銀號銀圓票*.........297

四川光緒銀幣*.................176

四川軍政府造銀幣*.........176

四川梅花黨徽銅元*.........138

四川球獅銀幣*.................193

四川省銀行紙幣 * 318

四川省造鎳幣 * 148

四川省政府建設庫券 * 343

四川雙旗貳百文銅幣 * 138

四川銅元局制錢票 * 237

四川西北銀行紙幣 * 364

四川醒獅銅元 * 137

四川宣統銀幣 * 176

四川銀行紙幣 * 317

四川銀元局銀元票 * 237

四川造孫中山像銀幣 * 184

四錢當釿 * 23

四曲文錢 34

四星五銖 59

四銖半兩 * 42

四柱錢 * 59

四柱五銖 59

四字刀 25

泗安區臨時流通券 * 422

嗣統通寶 * 128

松江貿易公司流通券 * 427

聳肩尖足空首布 * 19

宋通元寶 78

宋元通寶 * 78

蘇中第四行政區流通券 * .. 416

綏區屯墾督辦辦事處合作社

支付券 * 330

綏西墾業銀號紙幣 * 334

綏西墾業銀號紙幣 * 355

綏遠平市官錢局紙幣 * 322

綏遠省銀行紙幣 * 322

孫長順銀號錢票 * 393

孫像開國紀念金幣 * 206

孫中山陵墓紀念幣 * 196

孫中山像開國紀念幣 * 183

孫中山像鎳幣 * 148

T

臺南官銀錢總局錢票 * 241

臺南官銀總局官銀票 * 241

臺灣筆寶銀餅 * 156

臺灣籌防總局道府銀票 * .. 240

臺灣花籃銀餅 156

臺灣如意銀餅 * 156

臺灣壽星銀餅 * 156

大貨六銖 60

太古莊銀元票 * 262

太谷農工銀行紙幣 * 349

太谷實業銀號紙幣 * 357

太谷縣地方救濟金融會

兌現券 * 351

太和五銖 * 60

太貨六銖 * 59

太平百錢 * 54

太平聖寶 * 130

太平天國 * 130

太平通寶 [1] * 78

太平通寶 [2] * 128

太平通寶金錢 * 203

太平通寶銀錢 * 164

太夏真興 * 56

太原縣晋逢煤礦支付券 * .. 366

太岳區經濟局商業

流通券 * 413

泰昌通寶 * 117

泰定通寶 * 112

泰定元寶 * 112

泰豐號錢票 * 385

泰和交鈔 * 219

泰和通寶 * 108

泰和重寶 * 108

泰興公營商店流通券 * 418

泰興縣流通券 * 418

泰興銀號銀圓票 * 269

壇子金 202

譚邦刀 * 27

譚浩明像紀念銀幣 * 194

唐代金餅 * 202

唐代金鋌 * 202

唐代銀餅 * 155

唐代銀鋌 * 159

唐國通寶 * 75

唐繼堯紀念幣 * 136

唐繼堯像金幣 * 207

陶貝 * 17

替天行道 * 128

天策府寶 * 73

天朝萬順 100

天成銀號銀兩票 * 266

天成玉債票 * 374

天成元寶 * 69

天聰汗錢 * 122

天聰通寶 122

天德合錢帖 * 281

天德和當錢帖 * 282

天德通寶 * 73

天德重寶 * 73

天定通寶 * 114

天恩合銀號銀兩票 * 265

天福元寶 * 69

天府儲蓄銀行紙幣 * 343

天國聖寶 * 129

天國太平 * 130

天國通寶 * 129

天漢元寶 * 71

天嘉五銖 * 59

天監五銖 * 58

天津北洋造光緒銀幣 * 171

天津德和錢號銀圓票 * 272

天津宮南慶隆錢局
銀圓票 * 273

天津世昌銀號銀圓票 * 269

天津市銀行紙幣 * 333

天津溢源銀號銀圓票 * 268

天津銀號銀兩票 * 243

天津造孫中山像銀幣 * 183

天曆元寶 * 112

天祿通寶 * 101

天茂泉錢帖 * 281

天命汗錢 * 121

天命通寶 * 121

天啓年造銀錢 166

天啓年造銀錢 166

天啓通寶 [1] * 114

天啓通寶 [2] * 118

天啓通寶銀錢 * 166

天啓銀豆銀錢 * 166

天慶寶錢 * 106

天慶銀號銀圓票 * 269

天慶元寶 [1] * 104

天慶元寶 [2] * 106

天泉涌錢票 * 375

天盛元寶 * 106

天聖元寶 * 80

天順亨記匯券 * 255

天錫棧錢票 * 388

天禧通寶 * 79

天顯通寶 * 100

天興厚錢票 * 389

天義錢號錢票 * 372

天義銀號銀兩票 * 264

天億成號錢帖 * 260

天佑通寶 * 114

天宇銀錢號銀兩票 * 276

天贊通寶 * 100

天增長錢帖 * 281

天字銀錢號錢票 * 232

鐵半兩 * 42

鐵貨布 * 77

鐵錢會子 218

鐵順天元寶 * 77

通彩高記番銀票 * 257

通順成號錢帖 * 260

通行泉貨 100

通遠錢號錢票 * 373

通正元寶 * 71

同德成錢票 * 387

同豐恒錢票 * 380

同豐棧記錢票 * 385

同合公銀號銀圓票 * 269

同吉當錢帖 * 282

同江縣金融救濟券 * 332

同升當錢帖 * 283

同盛涌紙幣 * 378

同心銀號銀圓票 * 270

同興和錢票 * 382

同興義記錢票 * 274

同業公司匯票 * 372

同益無息支票 * 393

同治通寶 * 126

同治重寶 * 127

銅貝 * 17

銅鼓縣生產合作社洋票 * .. 400

銅錢關子 217

統和元寶 * 101

W

宛西貿易公司流通券 * 429

皖燕軍政分府理財部軍用
鈔票 * 336

皖西北道區蘇維埃銅幣 * .. 146

皖西北蘇維埃銅幣 * 146

皖西流通券 * 426

萬德錢店錢票 * 260

萬亨號錢票 * 256

萬聚銀號銀兩票 * 263

萬曆礦銀銀錢 * 165

萬曆年造銀錢 166

萬曆通寶 * 117

萬曆銀豆銀錢 * 166

萬慶和錢局錢票 * 373

萬泰亨錢票 * 371

萬新祥號錢帖 * 259

萬義川銀號銀圓票 * 267

萬裕源銀號銀圓票 * 267

萬裕源銀號銀圓票 * 268

萬載縣工農兵銀行洋票 * .. 400

王川堡村公所借發券 * 367

王嘉錫票 * 225

王永盛銀餅 * 157

蔚長永記錢票 * 259

蔚隆厚銀號銀圓票 * 271

蔚盛長記錢票 * 365

蔚盛長記銀票 * 281

魏五銖 * 53

文牒 214

文聚和錢票 * 375

文水馬村金融券 * 369

文水農工銀行紙幣 * 349

文水縣北關金融維持券 * .. 369

文水縣東宜亭村信用合作社
紙幣 * 368

文水縣酒業公會兌換券 * .. 369

文 水 縣 麻 家 堡 農 產
兌 換 券 * 369

文 水 縣 明 陽 河 西 村 農 產
兌 換 券 * 369

文水縣南安村公所信用券 * ... 369

文 水 縣 南 安 村 信 用 合 作 社
紙 幣 * 368

文 水 縣 農 村 經 濟 維 持 會

兌換券 * 351

文水縣西北安村公所借票 * ... 368

文 水 縣 下 曲 鎮 衛 生 醫 館
兌換券 * 369

文水縣銀號兌換券 * 350

文水縣榆林村農民救濟會
借發券 * 368

文水信義亨銀號紙幣 * 367

文水雲周村公所發兌換券 * ... 368

文信 * 34

文興德記錢票 * 383

文 邑 北 齊 村 復 成 永
兌 換 券 * 367

文邑公積紙幣 [1]* 381

文邑公積紙幣 [2]* 381

聞喜縣銀號兌換券 * 350

烏龍票 314

無紀年孫中山像銀幣 * 183

五分錢 * 41

五臺建安公合錢莊兌換券 * ... 366

五臺縣銀號兌換券 * 350

五行大布 * 61

五銖白錢 * 62

武鄉縣銀號兌換券 * 350

武陽三孔布 * 23

戊辰新疆喀造中華民國黨徽

銅元 * 144

戊辰新省喀造黨徽民國

銅元 * 144

戊辰新省喀造中華民國黨徽

銅元 * 144

戊申光緒一文銅元 * 132

戊申吉字一兩銀幣 * 171

X

西安通惠錢號紙幣 * 362

西北農民銀行紙幣 * 409

西北銀行甘肅分行紙幣 * .. 347

西北銀行西安分行紙幣 * .. 346

西北銀行紙幣 * 296

西公順錢票 * 377

西康省銀行紙幣 * 318

西秦公所富廠錢票 * 284

西王賞功金錢 * 205

西王賞功銀錢 * 166

西周 * 33

熙寧通寶 * 83

熙寧元寶 * 83

熙寧重寶 * 83

廈門勸業銀行紙幣 * 354

咸淳元寶 * 99

咸豐寶藏銀幣 * 187

咸豐通寶 * 125

咸豐元寶 * 126

咸豐重寶 * 125

咸康元寶 * 71

咸平通寶銀錢 * 164

咸平元寶 * 79

咸通玄寶 * 68

咸雍通寶 * 102

鄉寧縣經濟合作社聯合社

合作券 * 370

湘鄂贛省工農銀行紙幣 * .. 401

湘鄂西省蘇維埃政府銅幣 * ... 145

湘潭商會錢票 * 341

湘潭縣銀行紙幣 * 341

湘西農民銀行紙幣 * 340

襄城縣人民民主縣政府

流通券 * 429

襄河貿易管理分總局

流通券 * 420

襄西生產運銷合作社臨時

兌換券 * 420

祥發錢店錢票 * 272

祥豐番銀票 * 261

祥符通寶 * 79

祥符元寶 * 79

祥和銀號銀圓票 * 269

餉金金幣 * 206

蕭梁鐵五銖 * 58

蕭耀南紀念幣 * 139

小節墨刀 26

小泉直一 * 48

小五銖 * 46

孝建四銖 * 57

孝子渠信用合作社紙幣 * .. 368

協昌錢票 * 389

協成鈺銀號銀圓票 * 269

協和泰錢票 * 385

協心公錢帖 * 262

斜肩弧足空首布 * 20

新成號錢帖 * 256

新豐縣信用欠票 * 430

新化振興美錢票 * 390

新集生大銀號銀元票 * 266

新疆阿造中華民國雙旗

銅幣 * 143

新疆藩庫、新疆財政司、新疆

財政廳紙幣 * 329

新疆官錢總局大型老龍票 * ... 239

新疆光緒銀圓銀幣 * 189

新疆光緒元寶銀幣 * 189

新疆紅錢 * 124

新疆喀什大清銀幣 * 189

新疆喀什道大清銀幣 * 190

新疆喀什壹錢銀幣 * 189

新疆喀什造民國銅元 * 144

新疆喀造洪憲銅幣 * 144

新疆喀造中華民國銅幣 * .. 143

新疆奇臺商會流通券 * 349

新疆壬子雙旗銅元 * 143

新疆三體文銀幣 * 188

新疆商業銀行紙幣 * 329

新疆省光緒銀幣 * 189

新疆省金庫券 * 348

新疆省銀行紙幣 * 330

新疆殖邊銀行紙幣 * 348

新陸行流通券 * 430

新民新集公司角票 * 280

新寧鐵路公司紙幣 * 348

新盛和號錢帖 * 259

新四軍浙東游擊縱隊金蕭支隊

金庫兌換券 * 423

鑫聚成錢票 * 376

信成銀行通用銀票 * 287

信益同錢號銀圓票 * 272

信義儲蓄銀行紙幣 * 287

興安省政府東蒙各旗縣地方

流通券 * 428

興安省政府暫時流通券 * .. 428

興安總省政府暫行流通券 * ... 428

興朝通寶 * 119

興定寶泉 * 220

興國地方臨時流通券 * 337

興化縣流通券 * 418

興隆銀行紙幣 * 348

興順公號錢帖 * 259

行唐縣商界維持會金融救濟會

紙幣 * 333

行在會子 218

杏山堂錢票 * 384

匈奴刀 27

修水縣立赤色消費合作總社

銅元票 * 400

修銅農工銀行紙幣 * 357

徐世昌像紀念金幣 * 209

徐世昌像紀念銀幣 * 195

徐世昌像銅元 * 134

徐天啓 114

徐州平市官錢局紙幣 * 335

宣德通寶 * 116

宣和通寶 * 87

宣和通寶銀錢 * 164

宣和元寶 * 87

宣和元寶金錢 * 203

宣和元寶銀錢 * 164

宣統寶藏 * 133

宣統寶藏銀幣 * 188

宣統吉字銀幣 * 171

宣統年造戶部大清銀幣 * .. 172

宣統三年戶部大清銀幣 * .. 172

宣統通寶 * 128

巡貼千寶 * 100

Y

烟臺商會臨時維持

金融券 * 339

烟臺市銀錢局紙幣 * 339

延安光華商店代價券 * 408

延祐通寶 * 111

延祐元寶 * 111

綖環五銖 * 51

鹽阜銀行紙幣 * 415

晏平一百 55

雁北復興茂分總店

流通券 * 424

燕刀 28

陽曲縣金融維持券 * 351

陽新縣大鳳區農民銀行

銅幣券 * 401

陽新縣福豐區農民銀行兌換券* 402

陽新縣龍燕區農民銀行兌換券* 401

陽新縣沿河區農民銀行銅幣券* 401

揚州和大銀行紙幣* 286

揚州和大銀行紙幣* 335

楊永豐錢店照票* 256

楊允興錢帖* 255

珧貝* 16

一化* 34

伊犁官錢總局制錢票* 239

宜賓縣墊款執票* 345

宜春縣工農兵銀行銀洋票* ... 401

宜溧縣政府財政經濟局金融流通券* 418

蟻鼻錢* 37

益昌銀號鹽銅錢票* 266

益都茂盛祥紙幣* 384

益豐號紙幣* 385

益生堂紙幣* 386

益壽臨廣流通輔幣* 415

益陽久通公司錢票* 280

義豐成錢票* 382

義和成記錢票* 366

義和號錢票* 378

義和銀號銀圓票* 270

義聚公錢票* 375

義利昌錢票* 376

義瑞源銀兩票* 279

義盛錢帖* 277

義順和號錢帖* 259

義泰成紙幣* 387

義泰隆錢票* 365

義興德紙幣* 383

義興合錢鋪銀兩票* 272

義增隆錢票* 376

賹化* 35

賹六化* 36

賹四化* 35

殷黌序錢票* 278

鄞江鎮臨時輔幣代用券* .. 422

鄞縣古林區署抗幣臨時兌換券* 422

鄞縣武陵區鳳岙鎮公所臨時兌換券* 423

鄞縣武陵區輔幣臨時兌換券* 423

銀鈑 154

銀貝* 17

銀布幣* 154

銀會子 217

銀五銖* 164

銀莊紙幣* 391

印子金 201

應感通寶* 88

應曆通寶* 101

應聖元寶* 77

應天元寶* 77

應運通寶* 88

應運元寶* 88

雍正通寶* 123

永安五百* 77

永安五銖* 60

永安一百* 76

永安一千* 77

永安一十* 76

永昌當錢帖* 283

永昌號錢票* 387

永昌和錢票* 279

永昌通寶* 118

永城縣地方紙幣* 419

永川茶店場通用錢票* 394

永川陳食新場協盛昌錢票* .. 394

永川陳食新場裕豐泰藥房錢票* 394

永川大安場商業錢票* 394

永川九龍場團練辦事處錢票* 394

永川馬銀場通用錢票* 394

永川縣商會規定各商行使錢票* 357

永川亞光石印社錢票* 394

永大號代價券 * 420

永發源隆記兌換券 * 369

永 豐 第 五 區 善 後 臨 時
流 通 券 * 337

永光 * 57

永合東錢票 * 279

永聚茂莊紙幣 * 391

永樂通寶 * 116

永樂通寶銀錢 * 165

永樂伍拾兩金錠 * 205

永立盛記錢票 * 383

永利銀號銀圓票 * 268

永曆通寶 * 120

永隆通寶 * 72

永平五銖 * 60

永平元寶 * 70

永盛號錢票 * 378

永盛銀號銀圓票 * 271

永順隆號錢帖 * 259

永太合錢票 * 387

永通泉貨 * 75

永通萬國 * 61

永祥號錢票 * 386

永興成錢票 * 380

永興當紙幣 * 366

永興合錢票 * 380

永興和錢票 * 381

永源和棧錢票 * 372

永增福濰莊錢票 * 386

有道號錢票 * 258

有郭半兩 42

余豐祥錢莊銀圓票 * 263

余中和老店錢票 * 256

榆次要村鎮公所銀券 * 370

榆莢錢 * 41

榆社縣銀號流通券 * 350

餘慶長錢票 * 390

禹縣流通券 * 429

玉順生錢票 * 377

育生恒錢票 * 376

郁森盛銀餅 * 157

裕成莊紙幣 * 391

裕發金錢票 * 372

裕豐祥紙幣 * 385

裕廣銀號紙幣 * 391

裕華礦務公司紙幣 * 359

裕華錢票 * 390

裕茂恒號錢帖 * 261

裕茂隆號錢帖 * 257

裕民通寶 * 121

裕民行流通券 * 429

裕盛和兌換券 * 368

裕泰銀號錢票 * 382

裕通銀行紙幣 * 297

裕湘銀行紙幣 * 310

裕興和慶記錢票 * 377

裕源祥銀號銀圓票 * 267

裕增德錢票 * 377

豫鄂邊區建設銀行幣 * 420

豫 鄂 皖 贛 四 省 農 民 銀 行
紙幣 * 300

豫豐銀號紙幣 * 362

豫泉官銀錢局紙幣 * 320

豫升祥錢票 * 384

豫皖蘇邊地方銀號幣 * 419

元代餅金 * 204

元代課金 * 204

元代銀錠 * 161

元德通寶 * 105

元德重寶 * 106

元豐通寶 * 83

元符通寶 * 84

元符重寶 * 85

元亨利錢票 * 377

元嘉四銖 * 56

元狩五銖 * 45

元統元寶 * 112

元興銀號錢票 * 377

元祐通寶 * 84

元貞通寶 * 110

元貞通寶銀錢 * 165

元貞元寶 * 110

垣字錢 * 31

爰金 201

原始布 * 15

袁世凱像飛龍銀幣 * 194

袁世凱像共和紀念銅元 * .. 133

袁世凱像共和紀念銀幣 * .. 194

袁世凱像開國紀念銀幣 * .. 193

袁世凱像鎳幣 * 147

袁世凱像七分面銀幣 * 186

袁像共和紀念金幣 * 207

袁正記垣錢票 * 275

圓首刀 * 28

源長永錢帖 * 281

源豐興記錢票 * 385

源聚號錢帖 * 261

源聚恒銀號銀兩票 * 266

源茂恒銀號銀兩票 * 265

源盛泰錢票 * 380

源順合記銀兩票 * 275

源興和錢票 * 377

粵贛湘邊人民流通券 * 430

粵桂討赤軍總司令陳軍用

鈔票 * 296

粵華合作總社銀幣

流通券 * 356

粵南實業銀行紙幣 * 358

雲南大清銀行兌換銀票 * .. 236

雲南干崖新成銀莊紙票 * .. 251

雲南個碧鐵路銀行紙幣 * .. 354

雲南官錢局銀兩票 * 251

雲南光緒銀幣 * 178

雲南金片幣 * 207

雲南靖國軍軍用銀行

兌換券 * 346

雲南民國二十一年雙旗

銅元 * 136

雲南民國三十八年銀幣 * .. 179

雲南全省公錢局紙幣 * 345

雲南省銀行銀圓定額

本票 * 346

雲南省銀行紙幣 * 316

雲南省造鎳幣 * 147

雲南雙旗銀幣 * 178

雲南唐繼堯像銀幣 * 194

雲南宣統銀幣 * 178

雲南造孫中山像銀幣 * 186

雲南殖邊銀行紙幣 * 315

Z

暫編陸軍獨立兵團第六團代幣

券 * 299

增茂成錢票 * 378

增盛德錢票 * 379

增元利錢票 * 383

詹信安錢票 * 284

戰國半兩 * 40

戰國金餅 * 201

張隆慶錢票 * 389

張學良像紀念銀幣 * 197

張作霖像紀念金幣 * 209

張作霖像紀念銀幣 * 197

漳州謹慎銀幣 * 154

漳州軍餉"曾"字銀幣 * .. 154

漳州軍餉成功銀幣 * 155

漳州軍餉七十四銀幣 155

招納信寶 * 99

招納信寶金錢 * 204

招納信寶銀錢 * 165

昭武通寶 * 120

趙刀 28

折背刀 28

浙東敵後臨時行政委員會金庫

兌換券 * 421

浙東行政公署第三行政區督察

專員分署金庫券 * 426

浙東行政公署金庫兌換券 * .. 421

浙東銀行三北支行臨時

兌換券 * 421

浙東銀行上虞支行臨時

兌換券 * 421

浙東銀行餘姚支行臨時

兌換券 * 421

浙東銀行紙幣* 421

浙江地方實業銀行紙幣* ..307

浙江地方銀行紙幣* 307

浙江爾寶光緒銀幣* 179

浙江二十二年光緒銀幣* ..179

浙江二十三年光緒銀幣* ..179

浙江缶寶光緒銀幣* 179

浙江官錢局鷹洋票* 250

浙江軍政府軍用票* 335

浙江民國銀幣* 179

浙江省軍用票* 335

浙江省農業銀行紙幣* 307

浙江省銀行紙幣* 307

浙江興業銀行紙幣* 285

浙江銀行紙幣* 253

貞觀寶錢* 105

貞祐寶券* 219

貞祐通寶* 108

針首刀* 27

振華公司錢票* 383

振華銀行紙幣* 363

振商銀行紙幣* 362

鎮海縣政府臨時流通
兌換券* 421

鎮江通惠銀號紙幣* 362

鎮江縣商會臨時分幣券* ..335

鎮威第三、四方面軍團兵站
庫券* 299

正德通寶金錢* 205

正德永銀號銀圓票* 266

正定縣商會救濟市面
兌換券* 333

正隆元寶* 107

正裕福錢票* 390

政和通寶* 86

政和通寶金錢* 203

政和通寶銀錢* 164

政和重寶* 87

鄭州流通券* 429

直百* 52

直百五銖* 52

直便會子 218

直刀 28

直隸省官錢局紙幣* 332

直隸省金庫兌換券* 333

直隸省軍用流通券* 298

直隸省庫定期流通券* 333

直隸省銀行紙幣* 318

直魯省軍用券* 338

直一區民眾合作社兌換券* ..421

指垛* 214

至大通寶* 110

至大銀鈔* 223

至大元寶* 111

至道元寶* 79

至和通寶* 82

至和元寶* 81

至和重寶* 82

至寧元寶* 108

至順通寶* 112

至順元寶* 112

至元通寶 [1]* 110

至元通寶 [2]* 113

至元通寶金錢* 204

至元通行寶鈔* 223

至正通寶* 113

至正之寶* 113

至治通寶* 111

至治元寶* 111

致和元寶* 112

置樣五銖 62

中國墾業銀行紙幣* 353

中國農工銀行紙幣* 352

中國農民銀行紙幣* 305

中國人民銀行幣（舊幣）..432

中國商務公會股券* 289

中國實業銀行紙幣* 352

中國絲茶銀行紙幣* 354

中國蘇維埃造列寧側像
銀幣* 190

中國通商銀行紙幣* 285

中國銀行紙幣* 304

中和成錢票* 389

中華革命軍義餉憑單 290

中華革命軍銀票* 290

中華國軍需票* 289

中華國民銀行券* 294

中華民國度支部兌換券* .. 300

中華民國共和紀念幣* 133

中華民國河南省造十文 141

中華民國金幣券* 290

中華民國靖國軍軍用鈔票* .. 298

中華民國軍用鈔票* 298

中華民國開國紀念幣* 133

中華民國陸海空軍副總司令部
紙幣* 299

中華民國陸海空軍總司令部
戰時通用票* 296

中華民國南京軍用鈔票* .. 298

中華民國新政府債券* 294

中華民國粵省軍政府通用
銀票* 293

中華民國浙江銀行紙幣* .. 306

中華民務興利公司債券* .. 289

中華蘇維埃川陝省造銀幣* .. 191

中華蘇維埃共和國國家銀行

西北分行紙幣* 406

中華蘇維埃共和國國家銀行
湘鄂西特區分行紙幣* 399

中華蘇維埃共和國國家銀行
湘贛省分行紙幣* 403

中華蘇維埃共和國國家銀行
銀幣* 191

中華蘇維埃共和國國家銀行
紙幣* 398

中華蘇維埃共和國銅幣* .. 146

中華蘇維埃共和國五年
銀幣* 192

中華蘇維埃共和國湘贛省工農
銀行紙幣* 403

中華蘇維埃人民共和國國家
銀行西北分行紙幣* 406

中華元寶民國紀念幣銀幣* .. 193

中華元寶銅幣* 135

中南銀行紙幣* 353

中統元寶* 110

中統元寶交鈔* 222

中外通寶銀幣* 167

中興恒錢票* 277

中央銀行東北九省流通券* .. 302

中央銀行兌換券和法幣* .. 301

中央銀行關金券* 302

中央銀行金圓券* 303

中央銀行銀元券* 303

中央造幣廠工竣孫中山像
銀幣* 197

中州農民銀行紙幣* 428

鍾官赤側* 46

鍾靈堂銀票（布質）* 262

周村商業銀行紙幣* 361

周元通寶* 70

朱提銀 154

珠重一兩十二* 33

珠重一兩十三* 33

珠重一兩十四* 34

助國元寶* 69

壯國元寶* 70

滋生恒號錢帖* 260

資中縣銀行紙幣 365

子紺錢 46

紫紺錢 46

紫金縣人民政府流通券* .. 431

自貢商會錢票* 363

總理紀念幣* 196

總理遺囑紀念銀幣* 196

總理營務處銀票* 236